IMPRIMERIE DE E. POCHARD,
RUE DU POT-DE-FER, N° 14, A PARIS.

RECUEIL GÉNÉRAL

DES

ANCIENNES LOIS FRANÇAISES,

Depuis l'an 420 jusqu'à la révolution de 1789;

CONTENANT LA NOTICE OU LE TEXTE DES PRINCIPAUX MONUMENS DES MÉROVINGIENS, DES CARLOVINGIENS ET DES CAPÉTIENS,

Qui ne sont pas abrogés, ou qui peuvent servir, soit à l'interprétation, soit à l'histoire du Droit public et privé,

Avec notes de Concordance, Table des matières, et Dissertations.

PAR MM.

JOURDAN, Docteur en Droit, Avocat à la Cour royale de Paris;
DECRUSY, Avocat à la Cour royale de Paris;
ISAMBERT, Avocat aux Conseils du Roi et à la Cour de cassation.

« Voulons et Ordonnons qu'en chacune Chambre de nos Cours de
« Parlement, et semblablement es Auditoires de nos Baillis et
« Sénéchaux y ait un livre des Ordonnances, afin que si aucune
« difficulté y survenait, on ait promptement recours à icelles. »
(*Art. 79 de l'Ordonn. de LOUIS XII, mars 1498, 1er de Blois.*)

QUATRIÈME LIVRAISON.

1401 — 1437.

PARIS,

Chez {BELIN-LEPRIEUR, LIBRAIRE-ÉDITEUR, QUAI DES AUGUSTINS, N° 55;
{VERDIÈRE, LIBRAIRE, QUAI DES AUGUSTINS, N° 25.

JANVIER 1825.

RECUEIL GÉNÉRAL

DES

ANCIENNES-LOIS

FRANÇAISES.

FIN DU RÈGNE DE CHARLES VI
ET COMMENCEMENT DU RÈGNE DE CHARLES VII,

PUBLIÉS PAR MM. ISAMBERT ET DECRUSY.

TOME VIII.

1415 - 1437.

ORDONNANCES DES VALOIS.

SUITE DU RÈGNE DE CHARLES VI.

GOUVERNEMENT DU ROI.

N°. 585. — LETTRES *portant pouvoir aux maire et jurés de Noyon d'appeler au conseil de la ville des bourgeois qui seront tenus de s'y rendre, sous peine d'amende* (1).

Noyon, avril 1414. (C. L. X, 208.)

CHARLES, etc. Savoir faisons à tous présens et à venir, de la partie des maire et jurez de la ville de Noion, à nous avoir esté humblement exposé que par nos predecesseurs roys de France (2), ilz soient fondez en corps et en commune, et à ceste cause aient beffroy, cloche, séel et tout ce que à corps et commune peut et doit appartenir, avecques plusieurs autres biaux droiz et prérogatives (3); et à ces tiltres aient lesdiz maire et jurez le regard, cognoissance du gouvernement et police de ladicte ville; et il soit ainsi que aucuns des habitans d'icelle ville, ont été ou temps passé reffusans et delayans d'aler en la chambre de ladicte ville quant

---

(1) Cette ordonnance, quoique spéciale, a trait à une matière trop intéressante (le régime municipal) pour être négligée ici. (V. l'ouvrage du président *Henrion* sur le pouvoir municipal.) (Isambert.)

(2) L'établissement de cette commune date du temps de Louis-le-Gros; mais la première charte est perdue. (V. note, p. 138, 1ᵉʳ vol. de cette collection.)

(3) V. *Dissertation* de Brequigny, préface du tome XI, p. 42. (*Idem.*)

ils y étoient appellez (1), pour avoir deliberacion et advis des choses touchant le gouvernement et police dessusdiz, et aussi de obeir ausdiz maire et jurez, ès choses touchant ledit office qui a été ou grand prejudice et dommaige dudit gouvernement, et du bien de la chose publique, et dont grans inconvéniens ont été sur le point d'avenir et pourroient encores plus, se sur ce n'estoit par nous pourveu, si comme dient lesdiz maire et jurez, en nous humblement requerant nostre bonne et convenable provision.

Pourquoi nous voulans tousjours pourveoir aux bon gouvernement et pollice des bonnes villes de nostre royaume, et obvier aux inconveniens qui par deffault de ce pourroient avenir, comme dit est, ausdiz maire et jurez de ladicte ville de Noion, présens et à venir, avons donné et donnons de grace especial par ces presentes, plain povoir, auctorité et mandement espécial, de apeler et faire venir les habitans et demourans en ladicte ville de Noion, chiefs d'ostel, soient bourgeois de ladicte commune (2), ou autres, telz et en tel nombre que bon leur semblera, en ladicte chambre de ladicte ville et ailleurs ou mestier sera, avec lesdiz maire et jurez toutes et quantesfois que par eulz, le lieutenant du maire ou par l'un des sergens, lesdiz manans et habitans, chiefs d'ostel, comme dit est, sommez et requis en seront, pour avoir advis et delibéracion ensemble de et sur les choses consernans et regardans, et qui feront et seront à deliberer sur le bon gouvernement et autres affaires de ladicte ville, et leurs circonstances et dépendances, et à ce contraindre les refusans et delayans, sur peine de dix solz tournois pour chascune foiz qu'ilz en seront deffaillans, moitié à appliquer à nous, et l'autre moitié à ladicte commune; et pareillement voulons et ordonnons que lesdiz manans et habitans, chiefs d'ostel, soient contrains à peine de dix livres tournois à appliquer moitié à nous et moitié au prouffit de ladicte commune, à prendre et accepter tous les offices de ladicte ville là où ils seront nommez de par lesdiz maire et jurez, et à faire faire aux esleuz esdiz offices, les sermens accoustumez et introduis à ce.

Si donnons en mandement à nostre bailly de Vermandoiz; etc.

---

(1) Il paraît que c'était une petite oligarchie, et que les charges étaient plus onéreuses que profitables, comme dans les anciennes curies, sous la domination romaine, où l'on demandait comme un bienfait d'en être déchargé. (V. préface de la 2e livraison; et Dissertation de Brequigny, t. XI des ord. du Louvre, p. 47.

(2) Il est assez remarquable qu'il ne soit question là ni des nobles, ni des ecclésiastiques. (*Idem.*)

N°. 586. — ORDONNANCE *qui donne pouvoir aux gouverneurs de Compiègne, en appelant douze notables bourgeois, de délibérer sur les affaires sans convoquer le commun-peuple.*

Compiègne, mai 1414. (C. L. X, 211.)

CHARLES, etc. Savoir faisons à tous presens et à venir, que nous ayans en mémoire les grans maulx, inconvéniens et dommaiges irreparables qui sont n'aguaires avenuz à nous et à nostre royaume, par les assemblées de gens du commun peuple de nostre ville de Compiengne (1), qui n'ont pas eu ne n'ont sens, n'entendement de discerner et de pressentir le bien du mal, qui ou temps passé et puis peu de temps ença ont esté faictes par nos gens et les gouverneurs et actournez (2) de nostredicte ville de Compiengne, pour conseiller et deliberer des faiz et besongnes touchans et regardans nous et icelle nostre ville, moyennant lesqueles et l'ingnorance desdites gens, nostredicte ville et le pays d'environ a eu moult à souffrir, avons pour obvier aux inconveniens qui ou temps avenir pourroient sourdre (3) pour causes de semblables assemblées, et afin que les affaires et besongnes de ladicte ville puissent doresenavant estre meurement conseillées et gouvernées ou bien, prouffit et honneur de nous et de nostredicte ville, par les saiges et notables personnes d'icelle, ORDONNÉ et ORDONNONS par ces présentes, de nostre certaine science, plaine puissance et auctorité royal, et par grant et meure deliberacion de plusieurs de nostre sang et autres de nostre grant conseil,

Que doresenavant lesdits gouverneurs, appellez avecques eux douze des saiges et notables personnes de ladicte ville de Compiengne, se puissent assembler au lieu accoustumé de faire, et illec traictier, besongner et deliberer des faiz et besongnes d'icelle ville; et que ce qu'ilz feront et delibereront estre fait, vaille et tiengne, et soit d'autel effect et valeur, comme se fait et deliberé avoient esté par toute la communauté d'icelle, sans ce que desormais ils soient tenuz de faire convenir et assembler ledit commun peuple, ne que icelui commun peuple le puist contredire ne aler au contraire en quelque maniere que ce soit.

Si donnons en mandement au bailli de Senliz, etc.; et s'aucuns desdits habitans murmuroient ou s'efforçoient d'aucune chose

---

(1) Le suffrage était donc de droit universel. (Isambert.)
(2) Syndics, procureurs d'une commune. (V. *Glossaire* de Du Cange, *hoc v°*.)
(3) Naître.

(Vilevault.)

faire au contraire de ceste nostre presente ordonnance, qu'ils les punissent incontinent sans quelconque deport ou faveur, ainsi qu'il appartendra à faire : et affin que de ce ne puissent pretendre ignorance, que ces presentes ledit bailli ou son lieutenant face publier en son bailliage ès lieux accoustumez à faire criz et publicacions, là où il verra qu'il sera besoing.

Par le Roy, en son conseil, ou messeig^{rs} les ducs d'Orléans, de Bourbonnois, de Bar, et Loys duc en Bavyere, les contes d'Alençon, d'Eu, de la Marche et de Vendosme, le connestable, l'arcevesque de Sens, messire Robert de Boissay, messire Colart de Calleville et autres, estoient.

N°. 587. — TRAITÉ *de paix et d'alliance entre l'empereur Sigismond et le roi de France.*

Trente, 25 juin 1414. (Corps dip., p. 14.)

N°. 588. — ACCORD *entre le Roi et le Dauphin, d'une part, et le duc de Bourgogne, de l'autre* (1).

Arras, 4 septembre 1414. — Monstrelet, f° 265.)

N°. 589. — ORDONNANCE *qui donne au Dauphin* (2) *l'administration des finances du royaume* (3).

Senlis, 22 septembre 1414. (C. L. X, 219.) — Reg. au parl. le 27.

---

(1) V. ci-après les lettres du mois de février 1414. La comtesse de Hainault, sœur du duc, et le duc de Brabant, avaient sollicité cette paix du Roi, qui répondit, « que quand son cousin viendrait vers lui, il lui baillerait sûreté telle qu'il en devrait être content; et s'il voulait partir, il l'aurait : si misericorde, il était prêt à lui faire si grande et si abondammement qu'elle devrait suffire. (Juv. des Ursins, p. 282.)

(2) Il avait alors 18 ans accomplis. C'est une espèce de lieutenance générale qui est accordée au prince, sans doute à l'occasion d'une rechute de son père.

(3) Cette ordonnance est ainsi motivée :

« Pour la grande et parfaicte fiance que prenons et singulierement avons en nostredit ainsné filz le duc de Guienne daulphin de Viennois, attendans et regardans entre aucunes choses, que icelui nostre ainsné fils est à present, la Dieu mercy, en aage de grande et bonne congnoissance pour soy employer et povoir d'oresenavant exercer sa personne ès affaires de nostredit royaume, et de y estendre et vacquer ainsi que à lui appartient mieulx et lui touche de plus pres après nous, que à quelconque autre que ce soit, et pour plusieurs autres justes et raisonnables causes et consideracions à ce nous mouvans; et mesmement que pour la grant multitude des affaires qui affluent et surviennent incessamment chascun jour à nous et en nostredit royaume, nous ne y povons pas tousjours ne à toutes choses estre ne vacquer en nostre personne, icelui nostre ainsné filz, pour

N°. 590. — ORDONNANCE *pour le jugement, en vacation, des procès qui seront en état.*

Paris, 2 octobre 1414. (C. L. X, 223.)

CHARLES, etc. A nos amez et feaulx conseillers les presidens et aultres gens tenans nostre parlement à Paris : salut et dileccion. Nous pour le bien de justice, evident prouffit et utilité de noz subjez, et pour l'expedicion et abregement des causes et procès pendans, et lesquelx de jour en jour surviennent et affluent en nostre court de parlement, pour la descharge et abregement d'icelle court, pour noz prochain et aultres parlemens avenir; actendu mesmes la charge que ycelle nostre court a à supporter, et les importunitez de pluseurs de nosdiz subgez, chascun jour requerans et poursuians l'avancement de leurs procès pendans en ycelle, et pour pluseurs aultres justes causes et raisons necessaires à ce nous mouvans;

Avons voulu et ORDENÉ, voulons et ORDENONS par ces presentes, que du jour que nostre derrenier parlement fut cloz et fermé, jusques au lendemain de la prochaine feste Saint-Martin d'iver que nostre prochain parlement commencera, vous ou aucun de vous, presidens en nostredit parlement, ou au moins l'un des presidens de nostre chambre des enquestes, avecques tous noz conseillers, tant de la chambre dudit parlement, que desdictes enquestes, qui pour lors seront à Paris, tant clers que laiz, ausquelx en ce cas, ycellui temps durant, voulons leurs gaiges estre paiez comme se nostredit parlement seoit, vous au jugement et expedicion seulement des procès pendans en nostredicte court, et tant à juger en nostredicte chambre de parlement que en la chambre desdictes enquestes, vacquez, besongnez et entendez diligemment et continuelment durant ledit temps; nonobstant que nostredit parlement ne siée pas de present; pourveu toutes voies que à ce faire vous soiez en nombre souffisant, et non autrement; lesquelx jugemens par vous ainsi faiz, nous voulons estre d'autel

---

nous aussi solaigier et relever de paines et de travaulx, avons de noz pleine puissance et auctorité royal, ordonné et commiz, ordonnons et commectons, et lui avons donné et donnons plain povoir, auctorité et mandement especiaulx par ces presentes, appelez à ce des gens de nostre grant conseil, telz et en tel nombre que bon lui semblera, de veoir, visiter et corriger pour nous et de par nous, par telles personnes en ce expertez et congnoissans qu'il lui plaira et bon lui semblera, l'estat de toutes nosdictes finances et des receptes et mises d'icelles, tant de nostredit demaine et desdiz aides de ceste presente année, etc.

effect, force et valeur, comme arrest; et yceulx estre pronunciez en nostre prochain parlement ou aultres parlemens avenir, come par vous sera ordené : car ainsi nous plaist-il et voulons estre fait, pour consideracion des choses dessusdictes.

Si vous mandons et expressément enjoignons, que ceste presente nostre voulenté et ordenance, vous mectez à effect et exécoucion selon sa forme et teneur : mandons et commandons par ces mesmes presentes à noz amez et feaulx gens de noz comptes et tresoriers à Paris, que à vous conseillers, tant clers que laiz, etc.

Donné, etc. — Par le Roy, à la relacion du conseil.

N°. 591. — LETTRES *sur l'indult* (1) *accordé aux officiers du parlement.*
Paris, 14 octobre 1414. (C. L. X, 224.)

N°. 592. — PROCÈS-VERBAL *de délibération* (2) *du parlement pour convoquer des représentans au concile de Constance.*
12 novembre 1414. (Reg. du parlement. — Mém. des pairs, p. 690.)

N°. 593. — LETTRES *portant érection du comté d'Alençon en duché-pairie.*
Paris, 1er janvier 1414. (C. L. X, 228.)

N°. 594. — LETTRES *qui autorisent le parlement à contraindre les gens d'église à faire les réparations de leurs églises et maisons bénéficiales* (3).
Paris, 29 janvier 1414. (C. L. X, 250.) — Publié le 14 février.

N°. 595. — LETTRES *portant confirmation de la paix d'Arras, et d'abolition en faveur des partisans du duc de Bourgogne, sous la condition entre autres que le duc renoncera à toutes alliances faites ou à faire au préjudice du Roi* (4).
Paris (1), février 1414. (Monstrelet, f° 211-213.)

---

(1) Moyen d'être pourvu de bénéfices ecclésiastiques, sans recourir au pape. « Le pape, dit *Pasquier*, accorda cet indult au parlement, afin que par cette manière de gratification, la cour ne s'opposât plus si souvent aux annates et autres pernicieuses coutumes que le pape levait sur le clergé; chose que la cour de parlement ne voulait aucunement recevoir. »

(2) Il y avait alors 8 maîtres des requêtes, 5 présidens, 12 conseillers-lais, 3 conseillers-clercs, 16 conseillers-lais d'une autre chambre, 14 conseillers-clercs des enquêtes, 9 conseillers-clers des enquêtes, 16 conseillers des enquêtes, 6 conseillers des enquêtes du palais, 3 greffiers.

(3) Les ecclésiastiques ne touchaient rien alors sur le trésor.

(4) Il y eut abolition à tous et de tous cas, excepté à cinq cents, qu'on devait bailler par écrit. (Juvénal des Ursins.) Ce qui fut fait l'année suivante. (Isambert.

N°. 596. — *Lettres portant que ceux à qui le Roi a donné de bénéfices pendant les troubles ne pourront en être évincés par les précédens possesseurs* (1).

Paris, 16 février 1414. (C. L. X, 251.)

N°. 597. — *Décret du concile de Constance, portant que les conciles généraux sont supérieurs au pape* (2).

Constance, 6 avril 1415. (Conciles, édit. royale, XXIX, pag. 261.) — Labbe, XIII, 22.)

In nomine sanctæ et individuæ Trinitatis, Patris et Filii, et Spiritûs Sancti, Amen.

Hæc sancta Synodus Constantiensis generale concilium faciens, pro extirpatione ipsius schismatis, et unione et reformatione ecclesiæ Dei in capite, et in membris, ad laudem omnipotentis Dei, in spiritu sancto legitimè congregata, ad consequendum faciliùs, liberiùs unionem et reformationem ecclesiæ Dei, ordinat, deffinit, decernit, et declarat, ut sequitur.

Et primò, declarat quod ipsa in spiritu sancto legitimè congregata, concilium generale faciens, et ecclesiam catholicam representans, potestatem à Christo immediatè habet, cui quilibet, cujusque status, vel dignitatis, etiam si papalis existat, obedire tenetur, in his quæ pertinent ad fidem, et extirpationem dicti schismatis, et reformationem dictæ ecclesiæ, in capite et in membris.

Item declarat, quod quicumque, cujuscumque conditionis, status, dignitatis, etiam si papalis existat, qui mandatis, statutis, seu ordinationibus, aut præceptis hujus sacræ synodis, et cujuscumque alterius concilii legitimè congregati, super præmissis seu ad ea pertinentibus, factis vel faciendis, obedire contumaciter contempserit, nisi resipuerit, condignæ prœnitentiæ subjiciatur, etiam ad alia juris subsidia, si opus fuerit, recurrendo.

---

(1) Cette décision prouve que le parti du duc d'Orléans conservait sa supériorité. Aussi le duc de Bourgogne fit-il difficulté de jurer la paix. (Vilevault. — Monstrelet, f° 214.)

(2) La déclaration du clergé gallican de 1682 est conforme à ces principes. (Isambert.)

GOUVERNEMENT DU DAUPHIN (1).

Mai 1415. (Monstrelet, f° 195.)

N°. 598. — DÉCRET *du concile de Constance, qui déclare le pape Jean XXIII hérétique.*

Constance, 2 mai 1415. (Dumont, Corps diplom., p. 27.)

N°. 599. — ACTE *du concile de Constance, qui condamne la doctrine de Wiclef* (2), *et ordonne l'exhumation de ses os.*

Constance, 4 mai 1415. (Corps diplom., p. 28.)

N°. 600. — LETTRES *qui confirment un accord fait avec les commissaires du roi d'Arragon, sur l'abolition des lettres de marque et de représailles, et le mode de satisfaction* (3).

Paris, 10 mai 1415. (C. L. X, 235.)

---

(1) Ce prince fit appeler au Louvre les prevôts de Paris et des marchands, avec l'Université et grand nombre de bourgeois, et là fit exposer, par l'évêque de Chartres, son chancelier, l'état du gouvernement depuis le couronnement de son père; et pour remédier aux abus, il déclara qu'il prenait le gouvernement, et se notifiait en cette qualité à eux et à tous autres. Après quoi, les membres de l'assemblée se retirèrent chez eux. Les ducs de Berry, d'Orléans et de Bourbon étaient présens. Le Roi était malade à l'hôtel Saint-Paul. (Isambert.)

(2) Cette doctrine était analogue à celle que les protestans ont reproduite plus tard. — Les propositions condamnées sont, entre autres : que l'évêque ou prêtre qui est en péché mortel ne peut ordonner ni donner le baptême efficacement; que la messe n'est pas d'institution divine; que la confession est inutile, quand le pécheur est sincèrement repentant; qu'un mauvais pape n'a aucun pouvoir sur les fidèles; que depuis Urbain VI il n'y a pas eu de bon pape, et que l'on doit vivre indépendant d'eux, comme les Grecs; que c'est contre les écritures que les ecclésiastiques ont des biens. — Un prélat ne doit pas excommunier, sans savoir si l'excommunication est approuvée par Dieu; le clerc excommunié peut avoir recours au Roi et à son conseil; — il est permis de prêcher la parole de Dieu sans autorisation du pape ou des évêques. Les seigneurs temporels peuvent s'emparer des églises; les hommes du peuple peuvent corriger leurs maitres délinquans. Les dimes sont des aumônes volontaires et non une dette. — Les frères sont tenus de gagner leur vie par les travaux et non par la mendicité. Tout dérive de la nécessité; c'est un péché de fonder des monastères et de s'y renfermer. On ne doit pas enrichir des clercs. L'église romaine est la synagogue de Satan. Les décrétales sont apocryphes, c'est une stupidité de les étudier. L'élection du pape par les cardinaux est une invention du diable. C'est une fatuité de croire aux indulgences du pape et des évêques. Les sermens sont une chose illicite. Toutes les religions indifféremment ont été introduites par le diable. (Idem.)

(3) V. notes sur l'ordonn. du 10 août 1355; et l'arrêt de la cour de cassation du 18 juin 1824, sur les art. 84 et 85 du Code pénal.

N°. 601. — **Lettres** *donnant commission à Jean Mauloue pour rédiger une ordonnance concernant la juridiction du prévôt des marchands et échevins de Paris* (1).

Paris, 27 mai 1415. (C. L. X, 23.)

CHARLES, etc. A nostre amé et féal conseiller en nostre court de parlement, M. Johan Mauloue : salut et dileccion.

De la partie du procureur général de nous et de nostre bonne ville de Paris, sur le fait de la marchandise de l'eaue d'icelle ville, nous a esté exposé, que jasoit ce que icelle nostre bonne ville ait esté fondée et décorée de plusieurs et notables droiz, tant en fait de jurisdicion comme autrement, et aussi que pour garder et maintenir nostre dicte bonne ville et les marchans et marchandises chascun jour venans et affluans en icelle, avec tout ce qui en peut deppendre, en bons termes, bonne police et bon régime, certaines ordonnances aient de long temps et de grant ancienneté esté faictes, constituées et ordonnées pour le bien et utilité de ladicte marchandise, et de tout le bien de la chose publique; mais pour ce que plusieurs des registres, livres, chartres, lettres et autres enseignemens faisans mencion des choses dessusdictes, ont esté puis aucun temps en çà perduz et adirez, plusieurs des parties qui ont fait convenir chascun jour, et mettre en cause quant ilz ont mesprins et offensé contre lesdites ordonnances ou autrement, les denyent et mettent en ny, pour assopper les procès contre eulz encommencez, et à ce qu'ilz ne puissent etre convaincuz ne attains des cas dont ilz sont accusez, et en quoy ilz ont mesprins et offensé, et pour pourvéoir à ce, ledit exposant s'est autrefois trait par devers nous en nous donnant entendre les choses dessusdictes avecques plusieurs autres plus à plain contenues en certaines noz autres lettres par nous à lui ottroiées, par lesquelles en autres choses estoit et est mandé au premier huissier de nostredicte court, qui requis en seroit, qu'il feist commandement à nos chiers et bien amez les prevost des marchans et eschevins de nostredicte bonne ville, qu'ilz, ou leur lieutenant ou commis de par eulz, en la présence de nostredit huissier ou de l'un de noz autres officiers, procédassent pour sur toutes les choses dessusdictes et chascunes d'icelles,

---

(1) V. cette ordonn. ci-après, février 1415; et l'ordonn. de 1672, *dite de la ville*, modifiée en 1824. — Nous donnons le texte de celle-ci, à cause de l'importance qui s'attache à tout ce qui appartient à la rédaction des lois. (Isambert.)

enquérir et savoir des coutumes, status, ordonnances, usages et communes observances, et que tout ce qui seroit trouvé avoir esté usité et accoustumé, tant par usage comme autrement, feust mis en nouveaulx articles, et rapporté par devers nous ou nostre amé et féal chancellier, pour sur le tout bailler lettres telles qu'il appartiendra, ainsi que ces choses et autres peuvent plus à plain apparoir par nosdictes autres lettres, sur le contenu et effect desquelles n'a peu avoir esté procédé, obstans les grans occupacions qui depuis l'impettracion d'icelles, sont toujours intervenues; laquelle chose redonde ou garant grief, préjudice et dommage de nous qui prenons la moictié en forfaittures, amendes et autres exploiz de ladicte prévosté et eschevinage, et aussi de tout le bien publique, en nous humblement requerant sur ce estre pourveu de remede convenable.

Pourquoy nous eue considéracion à ce que dit est, voulans à ceste besongne qui est grosse, et qui aussi touche nous et tout le bien commun, estre tantost et briefment pourveu, vous mandons et commettons que reprinses par vous nosdictes autres lettres dont dessus est faicte mencion, et en la présence desdiz prevost et eschevins ou de leur lieutenant ou commis de par eulx, vous procédez pour entendre et vacquer à ladicte besogne, et pour icelle faire et parfaire de point en point selon leur forme et teneur de nosdictes autres ainsi par nous autreffois ottroiées.

Car ainsi nous plaist-il estre fait, etc.

N°. 602. — Décret *du concile de Constance portant qu'aucun pape ne sera élu sans le consentement du concile* (1).

Mai 1415. (Corps diplom., p. 41.)

N°. 603. — Décret *du concile de Constance qui déclare erronée la doctrine de ceux qui pensent qu'un tyran peut être mis à mort, même par ceux qui lui ont prêté serment* (2).

Constance, 5 juillet 1415. (Dumont, Corps diplom., 44.)

Præcipuâ solicitudine volens hæc sacrosancta synodus extirpationem errorum et hæresum in diversis mundi partibus invalescentium providere, sicut tenetur, et ad hoc collecta est;

---

(1) Les trois prétendans, Jean XXIII, Benoît XIII et Grégoire XII, sont exclus. Ce décret du concile était provoqué par les circonstances d'alors. (Isambert.)

(2) Le duc de Bourgogne avait appelé au concile de la condamnation prononcée contre la doctrine de Jean Petit. (*Idem.*)

super accepit quod nonnullæ assertiones erroneæ in fide et bonis moribus, ac multipliciter scandalosæ, totiusque reipublicæ statum et ordinem subvertere molientes, dogmatizatæ súnt, inter quas hæc assertio delata est : quilibet tyrannus potest et debet licitè et meritoriè occidi per quemcumque vassallum suum vel subditum, etiam per clanculares insidias, et subtiles blanditias vel adulationes, non obstante quocumque præstito juramento, seu confœderatione factis cum eo, non expectata sententia vel mandato judicis cujuscumque.

Adversùs hunc errorem satagens hæc sancta synodus insurgere, et ipsum funditùs tollere, præhabitâ deliberatione maturâ, declarat, decernit et deffinit hujus modi doctrinam erroneam esse in fide et in moribus, ipsamque tanquam hæreticam, scandalosam, et ad fraudes, deceptiones, mendacia, proditiones, perjuria vias dantem, reprobat et condemnat. Declarat insuper, decernit et diffinit, quod pertinaciter doctrinam hanc perniciosissimam asserentes, sunt hæretici, et tanquam tales juxta canonicas sanctiones puniendi.

N°. 604. — LETTRES *du Roi portant désignation nominale des cinq cents bannis, partisans du duc de Bourgogne.*

Paris, 23 juillet 1415. (Monstrelet, f° 217.)

N°. 605. — LETTRE *du roi d'Angleterre au roi de France pour l'engager à lui donner satisfaction amiable.*

Château de Hantonne, 5 août 1415. (Monstrelet, f° 217 (1).

N°. 606. — LETTRE *du roi de France en réponse à celle du roi d'Angleterre* (2).

Lille, 24 août 1415. (Juvénal des Ursins, p. 291.)

N°. 607. — LETTRES *qui accordent abolition au duc de Bourgogne* (3).

Paris, dernier août 1415. (Juvénal des Ursins, p. 300.)

---

(1) Elle n'est pas dans Rymer. (Isambert.)

(2) Cette guerre, qui fut si funeste à la France, commença aussitôt après par la descente de Henri à Harfleur, avec seize cents vaisseaux, six mille baronnets, vingt-quatre mille archers. Quant à l'injustice de la guerre de la part de l'Angleterre, elle est avouée par *Hume*. Henri V débutait par demander la couronne de France après la mort du Roi. (Isambert.)

(3) D'après ces lettres, il se désista lui-même, le 24 septembre, de ses réserves et protestations lors de la paix. (Juvénal des Ursins, p. 306.)

N°. 608. — Lettres portant abolition aux cinq cents bannis partisans du duc de Bourgogne, à l'exception de quarante-cinq, à cause de leurs excès dans la sédition cabochienne.

Paris, dernier août 1415. (Juvénal des Ursins, p. 507.)

N°. 609. — Lettres portant règlement pour la punition des blasphémateurs (1).

Paris, 7 septembre 1415. (C. L. X, 243.)

N°. 610. — Lettre du roi d'Angleterre au dauphin de France, portant qu'à raison de l'infirmité de son père, le Dauphin doit terminer la querelle entre les deux couronnes en combat singulier, et déclare faire cette offre sans avoir consulté son conseil.

Harfleur, 16 septembre 1415. (Rymer, IX, pag. 313.)

N°. 611. — Lettres portant que les vicomtes, les receveurs et les collecteurs des décimes seront contraints de venir compter à la chambre des comptes dans les temps qui leur seront marqués, sur peine de perdre leur office et d'une amende de quarante livres parisis au moins.

Paris, 18 septembre 1415. (C. L. X, 246.)

N°. 612. — Lettres portant convocation itérative de tous les vassaux, sous peine de corps et d'avoir, pour repousser l'invasion des Anglais, sous les ordres du Dauphin, lieutenant général, et ordre aux bourgeois et habitans des villes de remettre tous les engins, canons et artilleries inutiles, à charge de restitution.

Meulan, 20 septembre 1415. (Monstrelet, f° 220.)

---

(1) Charles VI, prêt à marcher contre le roi d'Angleterre pour se rendre le ciel propice, ratifia par ces lettres les publications et défenses faites précédemment contre les blasphémateurs, en ajoutant, à titre de nouvelles peines, que tout blasphémateur paierait pour amende deux livres de cire vierge pour chaque blasphème; il chargea la Reine, le Dauphin, l'Inquisiteur de la foi et l'Université de procurer l'exécution desdites lettres. (Vilevault.)

Voyez les notes sur l'ordonn. du 7 mai 1397, 3e livraison, pag. 777.

SEPTEMBRE 1415.

N°. 613. — DÉCRET *du concile de Constance portant que le clergé a droit d'informer contre les hérétiques, et de les punir corporellement, malgré la puissance temporelle* (1).

Constance, session 19°, 23 septembre 1415. (Corps dipl.; p. 48.)

Præsens sancta synodus ex quovis salvo conductu per imperatorem, reges et alios seculi principes, hæreticis, vel de hæresi diffamatis, putantes eosdem sic à suis erroribus revocare, quocumque vinculo se adstrinxerint, concesso, nullum fidei catholicæ vel jurisdictioni ecclesiasticæ præjudicium generari, vel impedimentum præstari posse, seu debere declarat, quo minus, dicto salvo conductu non obstante, liceat judici competenti et ecclesiastico, de hujus modi personarum erroribus inquirere, et alias contra eos debite procedere, eosdemque punire, quantum justitia suadebit, si suos errores revocare pertinaciter recusaverint, etiam si de salvo conductu confisi, ad locum venerint judicii, alias non venturi : nec sic promittentem, cum fecerit quod in ipso est, ex hoc in aliquo remansisse obligatum. Quo statuto sive ordinatione lectis idem statutum fuit approbatum per dominos episcopos quatuor nationum, ac reverendissimum patrem dominum cardinalem episcopum Ostiensem nomine collegii cardinalium, per verbum, *placet*.

N°. 614. — DÉCRET *du concile de Constance portant que les biens des églises ne peuvent être aliénés, même avec la permission du Pape, par l'autorité temporelle, sous quelque prétexte que ce soit* (2).

Constance, 19° session, 23 septembre 1415. (Corps dipl., p. 48.)

---

(1) Si ce principe était vrai, le clergé exercerait la puissance législative, et la constitution serait théocratique. La souveraineté appartiendrait à une autorité étrangère. — Les actes des conciles n'obligent que le for intérieur des croyans.
(Isambert.)

(2) Cela est contraire aux maximes des Pères et de la primitive église, et à la raison. L'Église doit supporter dans ses biens les charges publiques. Les gens de main-morte n'ont pas même de propriété parfaite. L'État, en pourvoyant à leurs besoins, peut affecter leurs biens à un service public. C'est ce qu'a fait Charles-Martel pour repousser les Sarrasins. (Isambert.)

N°. 615. — LETTRES *par lesquelles le duc de Bourgogne, duc et deux fois pair, et doyen des pairs, demande à servir en personne dans la guerre contre les Anglais, nonobstant la défense qui lui en avait été faite, et au duc d'Orléans, à cause que la paix était encore trop récente entre eux.*

Argilly, 24 septembre 1415. (Lancelot, Mém. des pairs, p. 696.)

N°. 616. — LETTRES *qui chargent les présidens du parlement de Paris de veiller à la sûreté de cette ville, sans préjudicier, pour l'avenir, à l'autorité du prevôt des marchands et échevins de la ville.*

Paris, 3 octobre 1415. (C. L. X, 247.)

N°. 617. — LETTRES *portant don au duc de Bretagne de toute juridiction temporelle dans le ressort de l'église de Saint-Malo.*

Rouen, octobre 1415. (C. L. X, 248.)

N°. 618. — RÉSOLUTION *du conseil présidé par le Roi, portant que l'on livrera bataille aux Anglais* (1).

Rouen, 20 octobre 1415. (Monstrelet, f° 221.)

N°. 619. — LETTRES *portant ordre aux juges séculiers et d'église de remettre en liberté les personnes comprises dans la précédente abolition* (2).

Rouen, 7 ou 13 novembre 1415. (Juvenal des Ursins, p. 318.)

N°. 620. — LETTRES *qui ordonnent de ne laisser passer par nul passage aucuns seigneurs ni aucuns gens d'armes du sang royal* (3), *ni autres, et de rompre les ponts et effondrer les bacs et grands bateaux au-devant de ceux qui voudraient venir devers Paris et autre part où le Roi serait.*

Rouen, 15 novembre 1415. — Publié au Châtelet le 21. (Juvenal des Ursins, pag. 319.)

---

(1) C'est par suite de cette résolution que fut livrée, le 25, la funeste bataille d'Azincourt, où périt la fleur de la noblesse française, et où le duc d'Orléans, antagoniste du duc de Bourgogne, fut fait prisonnier. (Isambert.)

(2) Celle du dernier août 1415 ci-dessus. A cette époque, on se croyait permis de punir sans jugement, comme aussi d'arrêter le cours de la justice par des abolitions. (Isambert.)

(3) Ces lettres étaient dirigées contre le duc de Bourgogne, qui s'avançait vers Paris avec une armée et les bannis, après la bataille d'Azincourt. (Isambert.)

FÉVRIER 1415.

N° 621. — LETTRES *portant établissement d'un hôtel des monnaies à Lyon.*

Paris, 13 décembre 1415. (C. L. X, 250.)

N° 622. — ORDONNANCE *rendue sur les représentations du parlement, relatives au gouvernement du royaume* (1).

Paris, 5 décembre 1415. (Juvénal des Ursins, p. 322.)

N° 623. — LETTRES *portant nomination du connétable d'Armagnac au gouvernement des finances et de toutes les forteresses du royaume* (2).

Paris, 12 février 1415. (Juvénal des Ursins, 329.)

N° 624. — LETTRES *qui ordonnent la levée d'un subside sur le clergé* (3)*, et qui défendent de s'assembler à l'encontre.*

Février 1415. (Juvénal des Ursins, 329.)

N° 625. — ORDONNANCE *du conseil sur le dénombrement des habitans de Paris.*

Février 1415. (Juvénal des Ursins, p. 329.)

N° 626. — RÉGLEMENT *général de police pour la juridiction du prévôt des marchands et échevins de Paris, et établissement de plusieurs offices pour la surveillance des ports et marchés de la même ville* (4).

Paris, février 1415. (C. L. X, 257.) — Publiées en l'auditoire de la prévôté les 12, 13, 14, 16 et 17.

CHARLES, etc. Savoir faisons à tous presens et avenir, de la partie du procureur general de nous et de nostre bonne ville de Paris, sur le fait de la marchandise de l'eaue, nous avoir esté exposé que comme pour le bien et utilité de nous, de nostre-

---

(1) Elle est perdue. Le premier président du parlement représenta que le Roi n'avait plus, contre ses ennemis, que le choix entre le duc de Touraine, son fils, le duc de Bourgogne et le duc de Bretagne. Le Dauphin vivait encore.
(Isambert.)

(2) Comme le Dauphin était mort, le duc d'Orléans prisonnier, le duc de Berry et autres princes nuls, le connétable, par cette nomination, devint le chef du parti opposé au duc de Bourgogne, et on l'appela parti des Armagnacs.
(Isambert.)

(3) Il fit des remontrances (qu'on trouve dans le *Spicilège*, tom. III, p. 659) dans l'esprit du décret du concile de Constance.

(4) V. *Nouveau Répertoire*, v° GRAINS, p. 3. Cette ordonnance indique quels étaient les réglemens alors subsistans sur la police des métiers et sur l'industrie. Les ordonnances postérieures de police en sont tirées. (Isambert.)

dicte bonne ville, de toute la chose publique, et des bourgois, marchans, manans et habitans et autres frequentans et affluans en icelle, et pour obvier aux fraudes, cautelles, decepcions et abuz qu'on en povoit faire et commettre ès biens, denrées et marchandises qui chaque jour estoient arrivées, conduites et amenées pour vendre, despendre, ou adenerer en nostredicte ville, tant par les marchans, voicturiers et autres conduisans et menans icelles, comme par les gens et officiers ordonnez et establiz pour icelles vendre ou faire vendre, visiter, mesurer, compter, ou distribuer, eussent esté faictes, constituées et ordonnées de long temps, et de grant ancienneté, par grant et meure deliberacion, plusieurs notables statuz, constitucions et ordonnances, et la prevosté des marchans et eschevinage d'icelle, fondez et decorez de plusieurs beaux et notables drois, franchises, libertez et prerogatives, tant en fait de jurisdicion, comme aussi pour maintenir, garder et conserver icelle nostre bonne ville et lesdits habitans, marchans et marchandises, en bon régime et vraie police et autrement; plusieurs desquelles ordonnances, statuz et constitucions, tant par la mutacion du temps et de ladite prevosté et eschevinage qui longuement ont esté gouvernées en nostre main, comme pour la diversité et multiplicacion des officiers tant de la garde de ladite prevosté qui a esté en nostredicte main, et aussi de la clergie d'icelle, qui par long temps et par plusieurs années a esté baillié à ferme en diverses mains, n'ont pas esté gardées ne observées en leurs termes; et plusieurs lettres, chartres et autres enseignemens faisans mencion d'icelles, ont esté perdues ou adirées, tellement que on ne les a peu bonnement recouvrer de ceulx qui les avoient en garde, pource que aucuns d'eulx sont pieça alez de vie à trespassement, et leurs biens transportez en divers lieux et places, et les autres sont alez demourer en lieux loingtains, parquoy plusieurs fraudes, abuz et decepcions ont esté depuis et sont chascun jour faictes et commises ou fait de ladicte marchandise et des officiers d'icelle; et aussi ont esté meuz plusieurs procès, debas et controverses entre nos subgiez, ou très-grant grief, dommage et prejudice de nous, de ladicte ville et de ladicte marchandise, et de toute la chose publique, et ou grand retardement de justice.

Pour obvier auxquelles fraudes, decepcions, abus, procès et debas, et affin de reformer le bien publique de bien en mieulx, et pour le garder, maintenir et conserver en très-bonne police ainsi que ad ce sommes principalmeat ordonnez, et que de tout

... cuer desirous, après ce que nous avons levé et osté la main qui de par nous avoit esté mise en ladicte prevosté, eschevinage, et ès drois, previleges, libertez, franchises et prerogatives d'icelle, eussions à la requeste de nostredit procureur, par noz autres lettres, commis nostre amé et feal conseiller en nostre parlement, maistre Jehan Mauloué, pour savoir et enquerir aveques lesdits prevosts et eschevins, et nostredict procureur, des ordonnances, coustumes, constitucions, status, usaiges et communes observances anciennes que l'en souloit garder, et dont le temps passé on a usé, et estoit necessaire et très-expedient de user ou temps avenir ou fait desdictes prevosté, eschevinage et marchandise, tant par bourgois, marchans, preudommes et autres anciens en ce congnoissans, comme par chartres, *vidimus*, livres, cayers, papiers, registres et autres enseignemens anciens, et tout ce raporter par articles pardevers nous ou nostre amé et feal chancellier, pour sur ce ordonner et bailler telles lettres comme il appartendroit; lequel nostre conseiller et lesdits prevosts et eschevins de nostredicte ville, et nostredict procureur, appellez plusieurs notables personnes, bourgoiz, marchans et autres de plusieurs et divers estats en grant nombre, aient sur ce procédé à grant et meure déliberacion, et eu l'advis des dessusdits, et aussi de la plus grant et saine partie des officiers sur le fait de ladicte marchandise, pour ce mandez pardevant eulx par plusieurs et diverses fois, et par eulx interroguez par serement sur lesdictes choses, si comme ilz nous ont relaté : Pourquoy nous eue consideracion ad ce que nostredicte ville est la souveraine et capital de nostre royaume, parquoy elle doit estre maintenue, gardée et conservée en bon regime et bonne police avant toutes autres, et ad ce que nous et noz predecesseurs roys de France, avons tousjours eu desir de ainsi le faire à nostre povoir; voulans ensuir les bonnes œuvres, constitucions, ordonnances et status de nosdits predecesseurs, et principalment au regart de la bonne police de nostredicte ville, et à l'augmentacion et conservacion du bien publique d'icelle, et de toute ladicte marchandise, et obvier ausdits abus, fraudes et deceptions, procès et debas, et afin que ladicte marchandise soit justement et loyaument demenée comme il appartient, oye sur ce que dit est la relacion de nostredit conseiller, desdits prevost des marchans et eschevins, et de nostredit procureur, avons, par grant et meure deliberacion de plusieurs de nostre grant conseil, et autres de nostre parlement, en ensuivant lesdites constitucions, ordonnances et status anciens, ordonné et par ces presentes, de nostre certaine science, plaine puissance et auctorité royal, ordonnons par maniere de statuz, constitucions, edis et ordonnances irrevocables, pour le bien publique, gouvernement et bonne police de ladicte ville et marchandise, les choses, poins et articles qui ensuivent.

Blez, Farines et Grains.

(1) Quant aucuns blez, farines et grains seront chargiez sur la riviere de Saine ou sur l'une des autres rivieres descendantes en ycelle, pour estre amenez vendre en ladicte ville de Paris, on ne les fera séjourner sur le chemin, ne sur les ports où ilz auront esté chargiez, que deux jours que ilz ne soient mis à chemin pour amener en ladicte ville, se par fortune de temps ou aultre neccessité ilz ne sont destourbez ou empeschez, sur paine de forfaiture.

(2) *Item.* Quant lesdiz blez, farines ou grains seront ainsi chargiez pour estre amenez vendre en ladicte ville de Paris, on ne les vendra ne descendra ou chemin, sinon que le marchant à qui ilz seroient, ait dit expressement en faisant son marchiez au voiturier qui les amenra, que il aura entencion de les vendre à aucun port ou marchié juré qui sera entre le lieu où ilz auront esté chargez et ladicte ville de Paris, et non autrement, sur paine de forfaicture.

(3) *Item.* Tous marchans pourront faire amener toutes manieres de grains et farines aval l'eaue, pour vendre en ladicte ville de Paris, au dessus des pons d'icelle, sans congié, sans hance et sans compaignie françoise, mais non pas ceulx qui es amenront ou feront venir d'aval l'eaue : car ilz ne les pourront mettre sur ladite riviere, entre le pont de Mante et ceulx de Paris, pour rebourcer contremont l'eaue, ne autrement, que ycelles denrées et marchandises ne soient forfaictes et confisquées, sinon que cellui ou ceulz à qui elles seront, soient bourgois de Paris et hancez de la marchandise de l'eaue : et s'ilz ne sont bourgois de Paris, ilz seront pareillement hancez, et avecques ce ilz auront compaignie françoise à eulx baillée par lesdits prevost et eschevins, sur ladicte paine.

(4) *Item.* Nul forain, soit marchant ou autre, ne descendra aucuns blez, farines ou grains sur terre en ladicte ville de Paris, ne mettra en grenier, synon ès places et marchiez establis et ordonnez, pour iceulx vendre et distribuer, sans le congié et licence desdits prevost et eschevins, sur paine de forfaicture.

(5) *Item.* Quant aucuns grains ou farines seront arrivez par ladicte riviere de Saine en ladicte ville de Paris, se c'est pour ung bourgois ou marchant de Paris, il prendra port partout où il trouvera lieu et place vuide et convenable; et iceulx grains descendra de bout à terre, et les fera mener au marchié ou en ses greniers, sans en prendre ne avoir congié : et s'il est deliberé de iceulx blez ou farines vendre, il mettra le tesmoing ou marchié, et iceulx asseurera (1) et mectra à pris selon le cours dudit marchié pour la journée.

(6) *Item.* Ung bourgois ou ung marchant de Paris, ne encherira aucuns grains ou farines en un mesme jour de marchié, ne les mectra à plus hault pris que ils auront esté mis et asseurez, mais à ung autre jour de marchié, il pourra envoyer le tesmoing de son grain ou farine estant en sa maison ou grenier, oudit marchié, et le encherir ou amendrir selon le cours d'icellui marchié, et non autrement, sur paine d'amende arbitraire.

(7) *Item.* Et quant ung marchant forain amenra blez, farines ou autres grains par ladicte riviere de Saine en ladicte ville de Paris, il prendra port s'il le treuve vuide; et s'il ne le treuve, il yra au prevost des marchans et eschevins, qui lui feront ordonner par les sergens ou commissaires de la marchandise de l'eau, de avoir port; et se son batel ou bateaux chargiez d'icelles marchandises, arrivent à jour de marchié, pource qu'il n'y a que deux marchiez en la sepmaine; c'est assavoir le mercredy et le samedy, ledit marchant yra incontinant porter le tesmoing de son grain au marchié, et le y tendra jusques à ce que ledit marchié soit finé; et se yceulx grains ou farines arrivent à autre jour que à jour de marchié, ce nonobstant il en yra porter le tesmoing en la place où se tendra ledit marchié, pour icelles marchandises vendre promptement, se faire se peut, et les y tiendra continuelment jusques à ce qu'ilz soient vendues, sur paine de soixante solz parisis d'amende.

(8) *Item.* Se lesdits marchans ou autres forains, ne peuvent icelles marchandises vendre ne en avoir delivrance souffisans, et que en attendans ycelle delivrance, leursdictes marchandises s'empirent sur la riviere, ou soient à trop grans frais et despens, tant pour les coustemens des bateaulx ou bateilliers, comme autrement, parquoy besoing leur soit de avoir provision de icelles marchandises descendre et mettre en grenier, ès cas dessusdits, se ilz requie-

---

(1) Ce mot signifie taxer, estimer, mettre à prix.

rent provision ausdits prevost et eschevins, ilz leur pourront licitement donner congié de icelles marchandises descendre et mettre en grenier, parmy ce que ilz n'encheriront point le pris à quoy le tesmoing aura esté mis et ladite place, et que icelles ne demourront à vendre que durant le temps de trois jours de marchiez prochains ensuivans; et que à chacun jour d'iceulx marchez ilz y porteront le tesmoing, et venderont leursdites denrées par eulx ou par aucun de leur famille, et non par autre, sinon par le congié desdits prevost des marchans et eschevins, et seront rabaissé chascun d'iceulx marchez, et au troisiesme marchié se vendront et delivreront du tout selon le pris et cours d'icellui; et qui fera le contraire, il forfera lesdictes marchandises.

(9) *Item.* Les blez, farines et autres grains que on amenra par terre eu ladicte ville de Paris, tant en charios, charretes, harnois, comme à sommes sur chevaulx et autres bestes, depuis qu'ilz seront chargez pour amener vendre en ladicte ville, ne seront vendus ne desliez sur le chemin, ainçois seront amenez tout droit en l'une des places ordonnées pour les vendre et distribuer à un chascun pour son argent; c'est assavoir, en la place de Greve, en la place des halles, et en la place de la Juifrie en la Cité; sans les vendre, ne descendre ailleurs pour vendre, sur paine de forfaicture.

(10) *Item.* Et après ce que ilz seront ainsy descendus esdictes places et marchez, ilz ne seront point transportez de la premiere place en autre; et aussi ne seront levez jusques à ce qu'ilz seront vendus, et sy n'y demourront que jusques à trois jours de marchiez; c'est assavoir de mercredy et de samedy, et au troisieme marchié, ilz seront venduz et delivrez du tout au pris que ilz pourront valoir pour le jour dudit marchié, et ne seront point mis en greniers, mais demourront esdictes places es sacs en quoy ilz seront; et se aucun les faisoit mettre en greniers en venant contre ce que dit est, les denrées seront forfaictes.

(11) *Item.* Et quant lesdits blez, farines et grains seront esdiz marchiez, ilz seront vendus à tous ceuls qui les vouldront avoir pour leur argent; et s'il avient qu'il en soit cherté ou necessité, on en baillera et distribuera également à chascun selon son estat, par porcion, et par provision de justice, se mestier est.

(12) *Item.* Quiconques amenra aucunes d'icelles marchandises esdites places et marchez, où il y ait aucune embouchure (1);

---

(1) Ces mots doivent signifier ici de la marchandise fardée; c'est-à-dire en

c'est assavoir que ilz ne soient aussi bonnes et souffisans dessoubz comme en la monstre, il forfera icelles denrées.

(13) *Item.* Aucun marchant ou autre ne yra audevant desdictes marchandises que on amenra esdictes places et marchiez, pour ycelles marchandises retenir ne acheter, par tesmoingne autrement, jusques à ce que elles seront descendues, desliées et exposées en vente ès places et marchez dessusdis, sur paine au marchant vendeur, de perdre ycelles denrées, et au marchant achetteur, le pris de l'achat qu'il aura fait.

(14) *Item.* Ceulz qui amenront blez ou farines, tant à charroy que à doz sur bestes, ne les deslieront ne vendront fors esdictes places et marchiez, et aux heures qui sur ce sont déterminées et ordonnées, qui sont telles comme cy-après est declairé; c'est assavoir, aux halles, après l'eure d'entre prime et tierce; en Greve, après l'eure de prime sonnée à Nostre-Dame; et en ladicte Juifrie, après ladicte heure : et qui fera le contraire avant les heures dessusdites, il perdera la marchandise.

(15) *Item.* Nul revendeur ne autre quel qu'il soit, qui aura acheté aucuns grains ou farines en aucunes desdictes places où se tiennent lesdiz marchiez, ne les revendra en ycelles places ou aucunes d'icelles, sur paine de forfaicture.

(16) *Item.* Nul revendeur de blez, farines ou autres grains, ne pourra iceulx mesurer oultre et pardessus ung setier le jour, et se plus en revent, il sera mesuré par ung mesureur-juré autre que par icelluy revendeur, et quiconque fera le contraire, il forfera lesdictes denrées.

(17) *Item.* Les revendeurs et les hostelliers, boulengiers et musniers de ladicte ville, n'achetteront ne feront achetier pour eulx nesdis grains ne farines en aucunes desdictes places et marchiez, jusques à ce que ledit marchié ait duré une heure, sur paine d'amende arbitraire.

(18) *Item.* Pource que plusieurs porteurs s'efforcent d'achetter ès marchiez, grant quantité de grains, tant pour revendre par eulx, comme pour porter sur lesdis revendeurs, et afferment plusieurs fois que c'est pour aucuns bourgeois ou autres de ladicte ville et n'est, ou grant prejudice de la chose publique, ordonnons que nul porteur ne achettera aucuns grains en aucuns desdiz marchiez pour lui ne aussi pour autre, se celluy pour qui il achettera,

---

par de l'artifice pour la faire paraistre plus belle qu'elle n'est, en mettant le bon dessus, et le mauvais au milieu ou au fond. (Vilevault.)

n'est present, ou autre pour lui, qui ne soit porteur ne revendeur, sur paine de soixante solz parisis d'amende.

(19) *Item*. Pour obvier aux fraudes que les musniers font et pevent faire chascun jour, quant ils sont boulengiers, en prenant la meilleure farine pour eulz et en anchérissant le droit de mouture, et aussi que les mesureurs prennent ou font prendre et retenir le meilleur grain pour eulz et autrement, ordonnons que aucun ne sera musnier et boulengier ensemble, ne aussi mesureur et boulengier ensemble, sur paine de soixante livres parisis d'amende.

(20) *Item*. Pource que pluseurs fraudes pevent estre commises par les marchans et boulengiers qui tiennent mesures en leurs maisons, et y mesurent les grains et farines qu'ils vendent, achettent et reçoivent; et pour eschever les debas qui en pourront survenir, ordonnons que lesdis marchans et boulengiers ne mesureront les grains et farines que ilz vendront, achetteront et recevront, sans appeler aucuns desdis mesureurs jurez, sur paine d'amende arbitraire.

(21) *Item*. Aucuns, soient marchans, revendeurs, hosteliers ou autres ayans mesures en leurs maisons, ne auront aucunes mesures se elles ne sont bonnes et loyales, signées et estallonnées à estallon du parlouer aux bourgois, au saing et à la lettre à quoy icelles mesures seront signées pour l'année, ainsi qu'il appartient, et mesmement ne tendront lesdis hosteliers en leurs hostelleries, aucunes mesures d'osier, soient piquotins ou autres, pour mesurer les grains qu'ilz livreront tant à leurs hostes que autrement, ainçois seront de bois, signées et estallonnées par la manier dessusdicte, sur paine de soixante solz parisis d'amende pour chascune fois que ilz et chacun d'eulx seront trouvez faisans le contraire de ceste presente ordonnance.

(22) *Item*. Pour ce que on fait plusieurs fraudes ou fait de ladite marchandise, parce que plusieurs marchans acompaignent avecques eulx des mesureurs de grains ou prejudice de la chose publique, ordonnons que doresenavant aucuns marchans ne acompaigneront avec eulx ou fait de ladicte marchandise, aucuns mesureurs, sur paine de perdre la marchandise, au regard desdis marchans, et pareillement au regart desdiz mesureurs, et d'amende arbitraire.

Des mesureurs de grains.

(23) *Item*. En la ville de Paris, aura par droit nombre, cin-

quante et quatre mesureurs de grains seulement, sans ce que aucun autre se puisse entremettre de faire l'office desdits mesureurs, sur paine d'amende arbitraire.

(24) *Item.* Quant ledit office de mesurage sera vacquant, lesdis prevost des marchans et eschevins, le donneront à homme qui par informacion deuement faicte, sera trouvé estre de bonne vie, renommée et honneste conversacion, sans aucun blasme ou reproche, habile, souffisant et ydoine pour ycellui office exercer.

(25) *Item.* Quant aucun sera institué oudit office de mesurage, il fera serement que justement et loyaument il exercera icellui office en sa personne, et gardera le droit du vendeur et de l'acheteur, et qu'il ne prendra ne demandera plus grant salaire que cellui qui est ordonné pour ledit office exercer, et aussi qu'il gardera les ordonnances, faictes tant sur ledit office comme sur ladicte marchandise de grains; et que s'il scet chose qui soit faicte ou prejudice des previlleges et franchises de ladicte ville, et contre lesdictes ordonnances d'icelle, incontinent il le fera savoir ausdits prevost et eschevins, ou au procureur de la marchandise, et obéira à leurs commandemens, et que de chose dont la congnoissance appartiegne à la jurisdicion desdis prevost et eschevins, il ne mettra ne fera mettre aucun en cause ailleurs que pardevant eulz.

(26) *Item.* Et après ce qu'il sera institué et aura fait ledit serement, il sera présenté et mis en possession dudit office par l'un des sergens de ladicte prevosté, que lesdis prevost et eschevins vouldront ad ce commettre, qui aura pour ce faire deux solz parisis seulement; et ce fait, il baillera caucion de la somme de dix livres parisis avant qu'il puisse exercer ledit office, sur paine de privacion d'icellui.

(27) *Item.* Et pour son past (1), donra à disner à ses compaignons, et pour son entrée, et aussi pour avoir le run (2) de la riviere, il paiera quarante solz parisis, lesquelz seront baillez aux

---

(1) Le *past* est le repas qu'étaient obligés de donner ceux qui étaient reçus dans quelques corps ou communautés. (V. le *Glossaire* de Du Cange, au mot *Pastus*.)

(2) Suivant le *Dictionnaire du commerce* par Savary, *ram* ou *run*, est un terme de commerce. Il y est dit que c'est un espace qu'on dispose dans le fonds de cale d'un vaisseau marchand, pour mettre les marchandises de sa cargaison. Il y a dans l'art. 29 de cette ordonn., en parlant des mesureurs de grains : « Ils exerceront leurs offices en personnes et par run ; c'est assavoir que des besongnes qui surviendront tant sur l'eau.... comme sur terre..., ung chascun mesureur aura une besongne à faire qui sera à ung marchant, etc. »

maistres de leur confrairie pour employer ès affaires d'icelle et de leurs offices.

(28) *Item.* Lesdits cinquante-quatre mesureurs seront partiz et proporcionnez en trois parties, ad ce que certaine quantité en soit l'une en greve, l'autre ès halles, et l'autre en la juifrie en la Cité de Paris, afin que le commun peuple en soit servy ainsi qu'il appartient; c'est assavoir, que en ladicte place de Greve, aura dix-huit mesureurs et non plus, et esdictes halles, vint-quatre mesureurs, et en ladite juifrie, douze et non plus.

(29) *Item.* Lesdits mesureurs feront continuelle residence, par especial ès jours et heures de marchiez esdictes places de Greve, des halles et de la juifrie, pour mesurer tout le grain que on y amenra et descendra, et aussi exerceront leurs offices en personne et par run; c'est assavoir que des besongnes qui survendront tant sur l'eaue ès nefz, bateaux ou vaisseaux, comme sur terre en charios, charrettes ou sur bestes à sommes et autrement, ung chascun mesureur aura une besongne à faire qui sera à ung marchant, et non autrement; et se il n'y a tant de besongnes comme il seront de mesureurs, et que aucuns d'eulx soyent oyseulx, iceulx n'en ayans aucunes besongnes, auront et feront les besongnes après surveuans, sans ce que ceulx qui auront besongne les puissent ne doyent en ce empescher, et ne pourront retenir autre besongne, jusques ad ce que celle qu'ilz auront commencée soit parfaite: et qui brisera le run, il paira cinq solz parisis d'amende pour chascune fois.

(30) *Item.* Aucun qui se portera pour clerc, ne pourra avoir l'office de mesurage.

(31) *Item.* Ung mesureur ne sera marchand de blez, farines et autres grains pour revendre, pour lui ne pour autruy, ou autrement à son proffit, en quelque manière que ce soit; et aussi ne portera clef d'aucun grenier, ne ne se fera facteur d'aucun marchant, ne hebergera en son grenier pour autruy aucuns grains, sur paine de privacion d'office, de perdre la marchandise, ou d'amende arbitraire, selon l'exigence du cas.

(32) *Item.* Nulz mesureurs ou autres ne mesureront esdictes places et marchez, jusques à tant que les signes establiz et ordonnez en chascune place seront sonnez; c'est assavoir aux Halles, après l'eure d'entre prime et tierce; en Greve, après prime sonnée à Nostre-Dame; en la juifrie, après ladicte heure, et non autrement, sur paine de soixante solz parisis d'amende.

(33) *Item.* Le mesureur qui mesurera blez, farines ou grains

où il y ait emboucheure; c'est assavoir, que ilx ne soient aussi bons et souffisans dessoubz comme en la monstre, et qu'ils ne soient bons, loyaulx et marchans, ladictte malefaçon ne dira à l'acheteur et ausdits prevost et eschevins, ou au procureur de la marchandise, perdra son office, et paiera soixante sols parisis d'amende.

(34) *Item.* Lesdits mesureurs auront pour leur salaire et pour livrer pelles, corbeilles et mesures, pour chascun setier de grain qu'ilz mesureront esdictes places et marchiez, deux deniers parisis à prendre sur le marchant vendeur; et pour chascun muy qu'ilz mesureront sur l'eaue, et en grenier, seize deniers parisis à prendre sur le marchant vendeur; et pour chascun muy qu'ilz mesureront sur l'eaue, et en grenier, seize deniers parisis à prendre sur le marchant vendeur; et du setier, au feur l'emplaige (1) selon ledict pris.

(35) *Item.* Et pour mesurer farines, pour ce qu'il y a plus grant peine à les mesurer que à mesurer les grains, et que il convient qu'ilz soient deux, ilz auront le double dudit salaire ordonné pour mesurer ledit grain ; c'est assavoir, pour chascun setier mesuré esdictes places et marchez, quatre deniers parisis, et pour chascun muy qu'ilz mesureront sur l'eaue et en grenier, deux solz huit deniers parisis, à prendre tout sur le marchant vendeur, et du setier, au feur l'emplaige, selon ledit pris.

(36) *Item.* Lesdits mesureurs ne mesureront blez, farines ne autres grains, à aucune mesure qui ne soit estallonnée à l'estallon du parlouer aux bourgois estant en l'ostel de ladicte ville, et signé au saing et à la lettre à quoy elles seront signées pour l'année, sur paine de soixante solz parisis d'amende pour chascune foix qu'ilz le feront.

(37) *Item.* Se lesdiz mesureurs ont aucune mesure qui soit egeulés ou ovens (2), parquoy elle ne soit loyale et souffisant à mesurer, ils porteront icelle mesure pour adjuster incontinant qu'ilz l'appercevront, en l'ostel de ladicte ville pardevers ledit prevost et eschevins, sur paine d'amende arbitraire, et se ladicte mesure ne peut plus estre adjustée, elle sera cassée, rompue et despecée, et tout le mesureur le fer.

(38) *Item.* Lesdits mesureurs ne achetteront aucuns grains ou farines pour envoyer à l'ostel d'un bourgois, se le bourgois n'y est present ou aucune personne pour lui, ne ne porteront le tes-

(1) C'est-à-dire à proportion, au *prorata*. (V. le Glossaire du Droit français, au mot *l'uremplaige*.)
(2) C'est-à-dire déjetée, rentrant en dedans.

moing du grains des bourgois au marchié, sur paine de soixante solz parisis d'amende.

(39) *Item.* Lesdis mesureurs ne laisseront aucunes mesures es greniers, ne ne presteront leurs mains l'un et l'autre, ou prejudice des autres mesureurs, au regard de leur run; et aussi ne mesureront aucunes avoines mouillées, ne grain meslé, jusques ad ce que ilz l'aient fait savoir ausdis prevost et eschevins ou au procureur de la marchandise, sur paine d'amende arbitraire.

(40) *Item.* Et aveques ce seront tenus iceulz mesureurs chascun en droit soy, se ilz scevent aucuns qui commettent aucunes fraudes en ladicte marchandise, ne qui trespassent les ordonnances dessusdictes, de incontinent le aler dire et denoncer ausdis prevost des marchans et eschevins, ou au procureur de la marchandise, sur la paine dessusdicte.

De la marchandise des vins.

(41) *Item.* Quant aucuns vins seront chargez sur la rivière de Saine, ou sur l'une des autres rivières descendens en icelle, pour estre amenez vendre en ladicte ville de Paris, ilz ne pourront estre vendus ne descendus ou chemin, sur paine de forfaicture, sinon que le marchant à qui seront iceux vins, ait dit expressement en faisant son marchié au voiturier qui yceulz amenra, que il aura entencion de les vendre à aucun port ou marchié juré qui soit entre le lieu où ils auront esté chargez en ladicte ville de Paris, et non autrement, sur ladicte paine de forfaicture.

(42) *Item.* Les marchans forains ou autres quelz qu'ilz soient, depuis que leurs vins seront chargez à aucuns pors sur les rivières dessusdictes, pour estre amenez vendre en ladicte ville, ne les feront en aucune maniere sujourner, demourer ne arrester en aucun lieu sur le chemin, se n'est en cas de neccessité; ainçois les feront venir tout droit au port de Greve pour y estre vendus, sur la paine dessusdicte.

(43) *Item.* Nul, soit marchant ou autre, ne yra au devant des vins que on amenra en ladicte ville de Paris, soit par eaue ou par terre, pour iceulx marchander, retenir ne achetter, jusques ad ce qu'ilz seront arrivez et exposez en vente, sur paine de perdre au marchant vendeur, iceulx vins, et l'achetteur, le pris de l'achat.

(44) *Item.* Ung chascun pourra faire venir toutes manieres de vins avec l'eaue, pour vendre en ladicte ville de Paris, au dessus des pons d'icelle, sans congié, sans hance et sans compaignie françoise; mais qui vouldra avaler lesdis pons, il fauldra que celui

à qui seront iceulx vins, soit hancé et bourgois de Paris; et s'il n'est bourgois de Paris, avec la hanse il aura compaignie françoise : car autrement les vins seront forfais et acquis à nous et à ladicte ville; et pource quant aucuns vins quelz qu'ilz soient, seront amenez, se c'est pour aller aval l'eaue au-dessoubz desdis pons, ils seront guerrez (1) en l'Isle Notre-Dame, et yront ceulx à qui ilz seront, pardevers les prevost des marchans et eschevins, pour estre hansez, se ils ne le sont, et aussi pour avoir compaignie françoise avecques ladite hanse, ou cas qu'ilz ne seront bourgois de Paris : car autrement ilz ne avaleront lesdis pons sur ladite paine de forfaiture.

(45) *Item.* Et se iceulx vins amenez en ladite ville aval l'eaue, ont esté amenez pour y estre vendus, ils seront amenez au port de Greve; et se c'est vin de Bourgongne, il sera fermé à la palée (2) du port de Bourgoigne; se c'est vin françois, il sera fermé à la palée du port françois, et se c'est vin de la riviere de Loire, comme de Montereul-Bellay, d'Orleans, de Ris, de Saint-Poursain, ou autres, il sera fermé aux palées des Moulins du Temple (3), se faire se peut; sinon à la premiere palée devers terre du port de Bourgoigne, et non autrement, sur paine d'amende arbitraire.

(46) *Item.* Et pour savoir la différence du vin françois et du vin de Bourgongne, toutes manieres de vins qui seront creus au dessus du pont de Sens, tant ceulx du païs de l'Aucerrois, comme ceulx du païs de Beaunois et d'ailleurs en icelles parties, et qui vendront par la riviere d'Yonne, seront appellez vins de Bourgongne, et se jaugeront à la jauge de Bourgongne; et pareillement toutes manieres de vins qui seront creus au dessoubz dudit pont de Sens, en venant aval l'eaue, et aussi les vins des creuz de Seine, de ville de Marne, et d'ailleurs ès parties d'environ, et pareillement du creu d'environ Paris et au dessoubz, en allant aval l'eaue et de la riviere d'Oyse et des parties d'environ, seront appellez vins françois, et se jaugeront à jauge françoise, et non autrement, sur paine de dix livres parisis d'amende.

----

(1) Il y a de même dans le *Traité de la police*, tom. III, p. 684, art. 4; mais à la p. 682, § 4, on y lit : « Les bateaux étant arrivez, doivent être garez aux ports de la Rapée, de Saint-Paul, etc. » *Garez* qui signifie *amarez*, paroit être la bonne leçon; c'est-à-dire lier ou attacher fortement avec un cordage.

(2) V. dans le *Glossaire* de Du Cange, au mot *Palagium*, un grand détail sur le droit que l'on payoit pour mettre à port et attacher à des pieux les bateaux chargés de marchandises. V. aussi le *Glossaire du droit français*, au mot *l'allage*.

(3) Les moulins du Temple étoient autrefois posés vis-à-vis la rue des Barres. (V. la p. 684, note marginale (a) du 3e vol. du *Traité de la police*.)

(47) *Item*. Les vins de la riviere de Loire, ne seront point vendus à la jauge, ainçois seront vendus ainsi qu'ilz seront ; et toutesfois chascune queue tendra de cinq à six stiers oultre moison (1) à la jauge françoise.

(48) *Item*. Les vins dessusdits et tous autres qui seront amenez par eaue pour vendre en ladite ville de Paris, sitost qu'ilz seront arrivez et fermez audit port de Greve es palées dessusdites, et aussi qu'ilz seront guerrez en l'isle, seront briefvement mis et exposez en vente ; c'est assavoir, les vins de Bourgoigne, dedens quinze jours, et les vins françois, dedens dix jours après ensuivans, compris eus le temps qu'ilz auront esté en ladite isle, se este y ont, sur paine de perdre le quart desdis vins.

(49) *Item*. Que ceulx qui vendront vin, tant en gros comme a detail, ne seront mixtions de deux vins ensemble, comme de vin blanc et vin vermeil, soit par remplage ou autrement ; et si ne rempliront leurs vins d'aucun vin, s'il n'est saing, loyal et marchant ; et aussi ne donneront nom à vin d'autre pays que de celui dont il sera creu, sur paine de perdre le vin et d'admende arbitraire.

(50) *Item*. Aucun soit marchant ou autre, ne achettera aucuns vins au port de Greve ou à l'Estape, en gros, pour iceulx revendre audit port ou à ladicte Estappe, sur paine de forfaicture ; et aussi ne vendra ou fera vendre lesdis vins, sinon par luy-mesme ou par sa mesgnie, ou par l'un des vendeurs de vins, sur paine d'amende arbitraire.

(51) *Item*. Pour ce que on fait plusieurs fraudes ou fait de ladicte marchandise, parce que plusieurs marchans accompaignent avec eulx aucuns vendeurs ou corretiers de vins, ou prejudice de la chose publique, ordonnons que doresenavant aucuns marchans ne accompaigneront avecques eulx on fait de ladicte marchandise, aucuns vendeurs ou corretiers, sur paine de forfaicture au regard desdis marchans, et semblablement desdis vendeurs ou corretiers, et d'amende arbitraire.

(52) *Item*. Pource que plusieurs marchans et vendeurs se sont efforciez quant ilz ont aucuns vins à vendre, de aler aval la ville devers les taverniers et autres secretement, et leur vendre les meilleurs desdis vins, et tellement que quant ilz commencent leurs ventes, on ne treuve que le reffuz, ordonnons que aucun marchant ou vendeur de vins, ne vende aucuns vins au port de

---

(1) Selon le *Tresor de Borel*, ce mot signifie *mesure*.

Greve, se n'est à heure de vente, les hanaps (1) dessus, et que les vins soient tous percez ; et sera la batellée toute entiere au commencement de leur vente, sans ce qu'il en y ait aucuns venduz, sur paine de dix livres parisis d'admende.

(53) *Item.* Aucun marchant ne rachetera ne mettra aucuns vins sur l'eaue, de bateau en autre, de son reffuz ou de plusieurs reffus, sur ladicte paine d'amende arbitraire.

(54) *Item.* Se aucun marchant amaine vins en plusieurs bateaux, par maniere d'alegement ou autrement, et tellement que quant ilz seront au port de Greve, ledit marchant ait mestier de mettre les uns vins avecques les autres, il ne le fera sans le congié desdis prevost et eschevins, sur la paine devant dicte.

(55) *Item.* Nul forain, soit marchant ou autre, s'il n'est bourgois stacionnaire, resident et demourant à Paris, et qu'il y ait tenu son domicile par an et par jour, ne descendra aucuns vins sur terre en ladite ville de Paris, pour yceulz vendre en gros ou à detail ou autrement en ordonner, par quelque maniere que ce soit ; et se aucun estrange achete vin en batel, il le prendra oudit batel et chargera en charrette ou chariot, et menra hors de la banlieue, sans aucunement le descendre sur terre en ycelle ville et banlieue sans ledit congié, sur paine de forfaire yceulx vins, moitié à nous et moitié à ladicte ville.

(56) *Item.* Nul ne fera taverne ne vendra vin à detail en ladicte ville de Paris, sans mettre serceau, afin que ladicte ville ne puisse estre fraudée de ses drois, tant de celui dessusdit et de criages et cellerages (2), comme d'autres, sur paine de soixante sols parisis d'amende.

(57) *Item.* Nul, soit marchant ou autre, ne vendra son vin estant sur l'eaue au port en Greve, synon à heure de vente qui est depuis prime sonnée à Nostre-Dame, jusques à douze heures ; et s'il est forain, il ne le vendra sur terre, mais le vendra sur ladicte riviere, sur paine d'amende arbitraire.

(58) *Item.* Quant aucuns bateaulx chargez de vins seront arrivez au port de Greve, et seront fermez au port de Bourgongne ou du port François pour y estre exposez en vente, on ne les deffermera pour mener autour dudit port ou ailleurs au devant des

---

(1) Espece de tasses, d'écuelles, etc. (V. le *Glossaire* de Du Cange, au mot *hanapus*).

(2) Suivant le *Glossaire du Droit français*, le cellerage est un droit seigneurial qui se prend quand le vin est mis en cellier.

autres vins exposez ou à exposer en vente, pour prendre avantaige ou gaigner lieu ou port ou prejudice des autres qui seront premiers venus, sur paine de soixante solz parisis d'amende, et de restablir les bateaulx ès lieux dont ilz auront esté ostez, aux despens de ceulz a qui ilz seront ou qui ce auront fait ou fait faire; et metteront tellement leurs bateaulx, que ilz ne pourront aucunement empescher le passage des autres qu'il convient chacun jour mener par ladicte riviere, tant en montant ou avalant, comme en faisant les descentes qui chascun jour sont affaire audit port, sur ladicte paine; et aussi ne sera aucun, quant les sergens ou commissaires feront faire le desbaclaige dudit port, refusant de souffrir desfermer son batel ou bateaux, sans les tirer avant ou arriere, ne sans y faire ou donner aucun empeschement sur la paine dessusdicte.

(59) *Item.* Quant aux vins venans des parties d'aval, en reboursant contremont ladicte rivière de Saine, pource que par privilege general, il ne loist à nul quel qu'il soit, de faire venir aucunes denrées, marchandises ou biens quelz qu'ilz soient, depuis le pont de Mante contremont ladicte riviere, s'il n'est hancé de la marchandise de l'eaue de ladicte ville de Paris, et qu'il ait compaignie françoise sinon que il soit bourgois de Paris, ouquel cas il ne lui faut que estre hancé; et qui fera le contraire, il forfera tout, moictié à nous et moictié à ladicte ville; et que à tous autres fault hance et compaignie françoise; c'est assavoir, d'un bourgois de Paris hancé de ladicte marchandise; et pource, quiconques fera venir aucans vins depuis ledit pont de Mente contremont ladicte riviere, il sera hancé, et s'il n'est bourgois de Paris, avec ce qu'il sera hancé, il aura compaignie françoise, sur la paine dessusdicte.

(60) *Item.* Quant aucun marchant du païs de Normendie, yra acheter des vins en Bourgongne ou ailleurs au dessus des pons de Paris ou en ladicte ville, pour mener aval, il yra pardevers lesdis prevost et eschevins pour prendre congié de ce faire et aussi pour lui bailler varlet françois qui soit personne honneste et sache lire et escrire; et soit hancé et demourant à Paris, pour aller avecques icellui marchant veoir faire l'achat desdis vins avecques les fraiz sur ce fais, et iceulx achatz et frais rapporter par escript devers lesdis prevost et eschevins; lequel varlet il menera avecques lui, et lui querra cheval, et paiera les despens de lui et de son cheval; et oultre pour son salaire, lui paiera pour chascun jour cinq solz parisis seulement, et ne yra autrement acheter

aucuns vins pour les faire passer par dessoubz lesdis pons de Paris, ne iceulx enerrer, retenir, achetter ne sur ce faire aucun traittié, ne bailler deniers à Dieu, que ledit varlet ne soit present, sur paine de forfaicture, moictié à nous et moittié à ladicte ville; et sera cellui qui sera baillié pour varlet, serement ausdis prevost et eschevins, quant ilz le bailleront, que bien et loyaument et diligemment il accompaignera ledit marchant, et fera ledit rapport par la maniere dessusdicte.

(61) *Item.* Et quant aucuns vins seront amenez par terre en ladicte ville, en charios, charrettes et autres harnois, pour vendre à l'Estappe et en Greve, depuis ce que ilz seront chargez pour estre amenez vendre en ladicte ville, pareillement ilz ne seront vendus ou chemin; mais seront amenez vendre à ladicte Estappe et non ailleurs, sur paine de forfaicture, moictié à nous et moictié à ladicte ville; et aussi ne seront descendus sur terre, mais seront vendus sur les voitures esquelles ilz seront amenez, sans mettre les lymons à terre, sur la paine dessusdicte.

(62) *Item.* Ladicte marchandise de vins sera demenée justement et loyaument à ladicte Estappe; et y seront gardées les ordonnances faictes sur le fait de ladicte marchandise, selon ce qu'il est accoustumé de estre fait en Greve; c'est assavoir, de y amener vins bons, loyaulx et marchans sans estre mixtionnez, de y faire bons et loyaulz emplaiges ainsi qu'il appartient, sans y commettre aucunes fraudes ou decepcions, sur paine de confiscation et de forfaicture, ou de admende arbitraire selon l'exigence du cas.

(63) *Item.* Puis que aucuns vins seront exposez en vente et affeurez, tant à l'Estappe que en Greve, ilz ne seront rencheriz ne venduz plus chiers que le pris à quoy ilz seront ou auront esté mis, sur paine d'amende arbitraire.

(64) *Item.* Ne seront aucuns desdis vins, après ce que ilz auront esté amenez pour vendre en ladicte ville par aucuns marchans forains, soit par eaue ou par terre, enlevez dudit port de Greve ne de ladicte Estappe, jusques à ce qu'ilz seront venduz, sur paine de forfaicture.

(65) *Item.* Puis que aucuns vins seront mis et exposez en vente, on ne clorra ne cessera icelle vente jusques à ce qu'elle soit faicte et parfaicte, ainçois se venderont continuelment lesdis vins aux jours et à heure de vente, sur paine d'amende arbitraire.

(66) *Item.* Pour ce que on amaine plusieurs pieces de vin, tant audit port de Greve comme à ladicte Estappe, qui ne tiennent

pas la moison qu'ilz doivent tenir, pourquoy pluseurs simples gens sont souventesfois fraudez et deceups en les achettant, cuidans qu'ilz tiennent la moison qu'ilz doivent tenir, ordonnons que dorsenavant aucun, soit marchant, vendeur, ou autre, ne vende aucune pièce de vin pour queue, se elle ne tient la moison que queue doit tenir; ne aucune pièce pour muy, se elle ne tient la moison que ung muy doit tenir selon la moison des lieux et païs dont ilz seront creuz; et se moins tiennent, les marchans ou vendeurs seront tenus de le rabatre aux marchans achetteurs.

Des Vins estranges.

(67) *Item.* Quant aucuns vins d'Osoye (1), Garnache, Malvoysie, Rosette, Musquadet ou autres vins estranges, seront chargiez, soit sur eaue ou sur terre, pour estre amenez en ladicte ville de Paris, ilz ne seront vendus ne descendus ou chemin, sur paine de forfaicture; synon que le marchant à qui seroit ycelle marchandise, ait dit expressement en faisant son marchié au voicturier qui ycelle amenra, que il aura entention de les vendre à aucun port ou marchié juré qui sera entre le lieu où ycelle marchandise sera chargée, et ladite ville de Paris, et non autrement, sur paine de forfaicture.

(68) *Item.* Quant aucuns d'iceulz vins seront arrivez en ladicte ville de Paris, ceulz à qui ilz seront ne les exposeront en vente pour estre vendus à détail, jusques ad ce qu'ilz seront asseurez, mis à pris par lesdis prevost des marchans et eschevins de ladicte ville, et ne seront vendus à plus haut pris que le pris auquel ilz seront asseurez, sur paine de forfaicture.

(69) *Item.* Que pour iceulz vins asseurez, ceulz à qui ilz seront diront et declareront au vray le lieu où ilz auront esté achetez, avec le pris et tous les frais que ilz auront cousté, tant en achat comme autrement, sans autre chose dire que la vérité, sur paine de forfaicture et de privation de la hance et des previleges, franchises et libertez de ladicte ville de Paris; et ad ce seront presens le clerc et le procureur de ladicte ville et marchandise: c'est assavoir, le clerc pour enregistrer les achatz et frais que ledit marchant dira, et ledit procureur pour soy informer, se mestier est, se ledit marchant a donné à entendre la vérité.

---

(1) Je n'ai rien trouvé sur ces différentes sortes de vins. Dans le *Glossaire de Ducange*, au mo. *Rosetum*, on lit que *vinum rosetum* est un vin composé avec des roses.

(70) *Item.* Que ès lieux où seront iceulz vins mis et descendus pour estre vendus à détail, se ils sont blans, ne aura aucuns autres vins blans, et se ce sont vins de rosette ou autres vins vermeulx, ne aura aucuns autres vins, soient blans ou vermeulx, que les vins dessusdis, sur paine de forfaicture.

(71) *Item.* Quant aucuns vins seront asseurez et mis à pris pour estre venduz ainsi qu'il appartient, ilz seront seellez sur les bondons, affin que on n'y puisse aucune chose mettre; et qui les desseellera ou y fera mistion, iceulz vins seront forfaiz et acquis à nous et à ladicte ville.

(72) *Item.* Pour yceulz vins asseurer, le prevost de marchans aura pour chascun tonneau, deux quartes, et les eschevins et le clerc de ladicte ville, chascun une quarte.

(73) *Item.* Et pareillement les sergens du parlouer aux bourgois auront pour estre presens pour iceulz vins asseurer et pour iceulz seeller et faire crier, pour chascun tonneau, cinq solz parisis.

(74) *Item.* Chascun tonneau desdis vins, paiera pour le droit du criage et cellerage de ladicte ville de Paris, huit solz parisis; et la queue, quatre solz parisis.

Des vendeurs de vins.

(75) *Item.* En la ville de Paris, aura selon le nombre ancien soixante vendeurs de vins seulement, sans ce que aucun autre se puisse entremettre de faire l'office desdis vendeurs, sur paine d'amende arbitraire.

(76) *Item.* Quant ledit office de vendage sera vacquant, lesdis prevost des marchans et eschevins, le donneront à homme qui par informacion deuement faicte, sera trouvé estre de bonne vie, renommée et honneste conversacion, sans aucun blasme ou reproche, habille, souffisant et ydoine pour ycellui office exercer.

(77) *Item.* Quant aucun sera institué oudit office de vendaige, il fera serement en jugement que bien, loyaument et diligemment il excercera ledit office en sa personne, et gardera le droit de son marchant, et lui rendera bon et loyal compte et reliqua, et qu'il ne prendra ne demandera plus grant salaire que cellui qui est ordonné pour ledit office faire et exercer; et aussi qu'il gardera les ordonnances faictes tant sur ledit office que sur ladicte marchandise de vins; et que s'il scet chose qui soit faicte ou prejudice des previleges et franchises de ladicte ville ou contre les ordonnances d'icelle, incontinant il le fera savoir ausdis prevost et eschevins ou au procureur de la marchandise, et obeira à leurs

commandemens; et que de chose dont la congnoissance appartiegne seulement ausdis prevost et eschevins, il ne mettra ne fera mettre aucun en cause ailleurs que pardevant eulx.

(78) *Item.* Et après ce qu'il sera institué et aura fait le serement, il sera presenté et mis en possession dudit office par l'un des sergéns de ladite prevosté et eschevinage, que ledit prevost et eschevins vouldront ad ce commettre, qui aura pour ce faire deux solz parisis seulement; et ce fait, il baillera pleiges; c'est assavoir, caucion bourgoise de cent dix livres parisis, avant qu'il puisse excercer ledit office, sur paine de privacion d'icelluy.

(79) *Item.* Si tost que aucun vendeur sera de nouvel mis en possession dudit office de vendage, il paiera d'entrée quarante solz parisis; et oultre pour chascun mois de l'an, huit deniers parisis, à paier aux quatre termes à Paris accoustumez; lesquels quarante solz et huit deniers parisis dessusdis seront bailliez au procureur de la communaulté des vendeurs de vins, pour augmenter les drois de leurs offices, et pour soustenir leur confrairie, et aussi pour aider à vivre aucuns desdis vendeurs, se ilz venoient ou cheoient en mendicité; lequel procureur devra et sera tenu d'en rendre compte et reliqua ausdis vendeurs ou à ceulx qui à ce seront commis de par eulx, toutes et quanteffoiz qu'il en sera requis.

(80) *Item.* Lesdis vendeurs excerceront leursdis offices en leurs propres personnes, tant au port de Greve comme à l'Estappe, et y vacqueront et feront bonne et souffisant residence pour duement et raisonnablement delivrer les marchans tant vendeurs comme achetteurs, et feront à ceulx à qui seront les vins qu'ilz vendront, leur argent bon, et les paieront promptement, leur vente faicte, ainsi comme il appartient, sans ce que aucuns d'eulx puissent faire excercer leursdis offices par leurs clers ne autres, sur paine de dix livres parisis d'amende.

(81) *Item.* Aucun vendeur ne aura à une fois que une batellée ou nacellée de vin pour vendre; car il ne peut avoir deux besongnes à une fois de plusieurs marchans, ne faire traictié ou marchié à eulx de avoir plusieurs besongnes pour une fois, ainçois sera tenu de achever entièrement celle qu'il aura commencée avant qu'il puisse l'autre entreprendre, se n'estoit que le marchant pour qui il vendroit, eust pluseurs batellées, ouquel cas il en pourra avoir à vendre deux à une fois tant seulement, et non autrement, sur paine de dix livres parisis d'amende.

(82) *Item.* Pource que plusieurs desdis vendeurs se sont effor-

… d'entreprendre couvertement à vendre plusieurs batellées de vin à une fois, en venant contre ce que dit est, et afin qu'on ne s'en apparçoive, ilz prestent leurs hanaps aux marchans pour mettre sur leurs vins, et d'iceulx prennent secretement le profit des ventes, ordonnons que doresenavant ilz ne prestent leursdis hanaps, ne entreprenent à faire lesdictes ventes secretes, sur la paine dessusdicte.

(83) *Item.* Et en tant que touche le salaire desdis vendeurs, ilz auront pour leur salaire des vins par eulx vendus, tant sur l'eaue comme en cellier, creuz ès païs de *Beaunays*, *Masconnois*, *Tournus*, *Dijonnois*, et ès parties d'environ au-dessus de *Cravant*, et du païs d'*Auxerrois*, quatre solz parisis de chascune queue, et deux solz parisis de chascun muy, ainsy que lesdictes queues et muis seront.

(84) *Item.* Les vins creuz oudit païs d'*Auxerrois* et ès parties d'environ, en venant jusques au pont de *Sens*, esquelz on use de jauge de *Bourgongne*, lesdis vendeurs auront pour chascune queue par eulx vendue tant sur l'eaue comme en cellier, quatre solz parisis, et de chascun muy, trois solz parisis, ainsy que lesdictes queues et muys seront.

(85) *Item.* Les vins creuz depuis ledit pont de *Sens* en aval, qui se jaugent à jauge françoise, lesdis vendeurs auront pour chascune queue par eulx vendue tant sur l'eaue que en cellier, deux solz parisis, et de chascun muy, seize deniers parisis, ainsy que lesdictes queues et muis seront.

(86) *Item.* Et des vins creuz ès pays de la rivière de Loire, comme Bis, Saint-Poursain, Soingny, Orléans, Monstereau-Bellay et autres, et aussi des vins crcus à Bar-sur-Aube et environ, lesdis vendeurs auront pour chascune queue par eulx vendue tant sur l'eaue comme en cellier, trois solz parisis, et du muy, dix-huit deniers parisis, ainsi que lesdictes queues et muis seront.

(87) *Item.* Des vins qu'on amenra vendre à l'Estappe, lesdis vendeurs auront de chascune queue par eulx vendue, de quelque païs que ce soit, deux solz parisis, et de chascun muy, douze deniers parisis, ainsi que lesdictes queues et muys seront.

(88) *Item.* Lesdiz vendeurs ne prendront pour leur salaire, fors le salaire dessus decleré, sur paine de dix livres parisis d'amende; et pareillement les marchans vendeurs ne autres n'en paieront plus, sur ladicte paine.

(89) *Item.* Lesdiz vendeurs ne yront en Greve pour vendre aucuns vins ne mettre leurs hanaps sur les vaisseaux ou sur les vins

estans en yceulz, pour commencer vente, jusques ad ce que prime soit toute sonnée à Notre-Dame, et durera ladicte vente depuis ladicte heure jusques à douze heures seulement, lesquelles douze heures sonnées, lesdis vendeurs osteront leurs hanaps et fineront ladicte vente, sur paine de soixante solz parisis d'amende.

(90) *Item*. Lesdits vendeurs ne commenceront à vendre aucuns vins audit port de Greve, se la batellée n'est toute entiere, tellement qu'il n'y ait eu aucuns vins venduz avant qu'ilz les aient exposez en vente; et si seront tous iceulz vins percez pour en donner à essaier à tous achetteurs, sur paine de dix livres parisis d'amende.

(91) *Item*. Et ne yront yceulz vendeurs en Greve pour vendre aucuns vins à jour de feste d'Apostre, d'euvangeliste ou autre solennelle feste commandée à garder, ne aussi à autre heure que à l'eure que ladicte vente est ordonnée, sur paine de soixante solz parisis d'amende pour chascune foiz qu'ilz le feront.

(92) *Item*. Ne yront au devant des marchans pour avoir les besongnes, et si ne vendront ne feront marchié de vendre autre vin jusques à ce que ceulx qu'ilz auront commencez à vendre soient tous vendus, sur paine de dix livres parisis d'amende.

(93) *Item*. Et ne seront taverniers ne ne venderont vin à detail ne en gros pour eulx ne à leur proffit, et si ne achetteront, marchanderont ne prendront en paiement aucuns vins des marchands dont ilz seront vendeurs; et se iceulx vendeurs ont des vins du creu de leurs heritaiges, ilz les pourront vendre en gros ou à detail sans fraude, et non autrement, sur ladicte paine de dix livres parisis, et de perdre la marchandise.

(94) *Item*. Ne seront lesdis vendeurs, vendeurs et corretiers ensemble; c'est assavoir, qu'ilz ne prendront point à leur proffit droit de courretaige, soit en le comptant à leur marchant ou autrement, en quelque manière que ce soit, sur paine de dix livres parisis d'amende.

(95) *Item*. Aucun vendeur ne commencera vente à l'Estappe, jusques à ce que prime soit toute sonnée à Nostre-Dame; et aussi ne vendra à ladicte Estappe que une charretée ou chariotée de vin à une foiz, ne entreprendra autre jusques à ce qu'il ait delivrée la premiere par lui entreprinse à faire, sinon que le marchant en ait plusieurs charretées ou chariotées, ouquel cas ung vendeur en pourra avoir ou vendre deux ou trois à une fois, se il plaist audit marchant, et non autrement, sur paine de dix livres parisis d'amende.

(96) *Item*. Aucun vendeur ne persera ou essaiera, ne se entre-

mettera de vendre aucuns vins amenez à ladicte Estappe, si ce n'est du consentement de cellui ou ceulx à qui ilz seront, sur paine de dix livres parisis d'amende, pour ce que il est loysible à ung chascun de vendre son vin se bon lui semble, sans aucun vendeur.

(97) *Item.* Aucun vendeur ne vendra, tant audit lieu de Greve, à ladicte Estappe que ailleurs, aucuns buvrages, comme prunelles, cidres, despences ou autres, sans le dire premierement et le faire savoir à cellui ou ceulx qui ledit buvraige vouldront achetter, sur ladicte paine de dix livres parisis d'amende.

(98) *Item.* Aucun vendeur ne vendra vins se ilz ne sont bons, sains, loyaulx et marchans; et se il scet aucun qui face le contraire, il le fera savoir ausdis prevost et eschevins ou audit procureur de la marchandise, sur paine de dix livres parisis d'amende.

(99) *Item.* Se aucun vendeur en vendant vins, apparçoit que il y ait aucunes queues ou muys qui ne tiennent pas la moison qu'ilz doivent tenir, il en advertira l'acheteur afin qu'il n'y soit point deceu, sur ladicte paine.

(100) *Item.* Lesdis vendeurs par previlege, pourront proceder sur tous ceulx à qui ilz vendront, bailleront et delivreront aucuns vins dedens ladicte ville de Paris, par voie d'arrest et d'emprisonnement, jusques à ce qu'ilz seront paiez de leur deu, sans ce que iceulx achetteurs puissent estre receuz à abandonnement en aucune maniere.

(101) *Item.* Pour obvier aux debas et procès qui par chascun jour pevent survenir entre lesdis vendeurs de vins, pour cause du vin par eulx vendu à l'Estappe, pour lequel aucuns desdis vendeurs se sont efforciez et efforcent chascun jour de entreprendre les uns sur les autres, en brisant les runs; et pour nourrir paix et amour entre iceulx vendeurs, ordonnons que doresenavant tout le proffit qui vendra et escharra à ladicte Estappe ausdis vendeurs et à chascun d'eulx, à cause de leur office, sera distribué entre eulx par la maniere qui s'ensuit; c'est assavoir, que un chascun vendeur qui vouldra aler à ladicte Estappe, sera tenu de y estre dedens neuf heures sonnées, et de y faire residence continuelle jusques à douze heures sonnées, s'il n'a faicte la besongne qui lui aura été ordonnée, sur paine d'estre debouté de la gaigne de la journée; et seront escripts les vendeurs qui y vendront dedens ladicte heure, par run ainsi que ilz vendront et seront mis en besongne selon ledict escript, lequel sera fait par l'un desdis vendeurs, en la presence de l'un de ses compaignons; lesquelz deux vendeurs pour ce faire seront esleuz pour servir par sepmaine par ceulx des-

dis vendeurs qui auront servy la sepmaine precedente, et ne pourront refuser à ainsi servir, sur paine de cinq solz parisis d'amende à appliquer à leur communaulté, s'ilz n'ont excusacion raisonnable, ouquel cas ilz pourront commettre de leurs compaignons en lieu d'eulx · et à yceulx ainsi esleuz, ou à ceulx qu'ilz commettront en lieu d'eulx, chascun desdis vendeurs qui vendra vin à ladicte Estappe, sera tenu de bailler l'argent qu'il recevra pour son salaire avant qu'il se parte hors de ladicte Estrappe ; et ilz seront tenus de paier tous lesdis vendeurs qui y auront esté, de leur gaigne de la journée, bien et loyaument par egal porcion ; et ce qui demourra chascun jour oultre et pardessus ce qui ne pourra venir à chascun desdis vendeurs en partaige jusques à quatre deniers parisis, sera mis en une boiste que l'un desdis vendeurs gardera, fermant à deux clefz que deux autres vendeurs garderont, pour emploier ledit argent au proffit de leurdicte communauté.

(102) *Item.* Que nul desdis vendeurs qui aura aucune besongne au port en Greve, ne pourra venir gaignier à ladicte Estappe, s'il n'est jour de feste, et se aucun d'eulx avoit aucunement besongne audit port en Greve ou fait de son office, il ne pourra venir gaignier à ladicte Estappe icelle journée, sur paine de restituer ce qu'il aura gaigné au proffit de ladicte communaulté ; et chascun vendeur qui sera chargié d'aucune besongne à ladicte Estappe, sera tenu de la parfaire avant qu'il parte de ladicte Estappe se vendre se peut pour la journée, sur paine de perdre ce qu'il aura gagné ladicte journée.

(103) *Item.* Iceulx vendeurs diront et denonceront à justice se ilz scevent aucuns qui trespassent lesdictes ordonnances faites sur la dicte marchandise, et les faultes que ilz aviseront audit port et à ladicte Estappe, et de ce feront rapport diligemment chascun d'eulx en droit soy, sur ladicte paine de dix livres parisis d'amende.

Des courretiers de vins.

(104 *Item.* En la ville de Paris, aura selon le nombre ancien, soixante corretiers de vin et non plus, sans ce que aucun autre se puisse entremettre de faire l'office desdis courretiers, sur paine d'amende arbitraire.

(105) *Item.* Quant ledit office de courretaige sera vacquant, lesdis prevost des marchans et eschevins le donrront à homme qui par informacion deuement faicte, sera trouvé estre de bonne vie, renommée et honneste conversacion, sans aucun blasme ou reproche, et habille, suffisant et ydoine pour ycellui office exercer.

(106) *Item.* Quant aucun sera institué oudit office, il sera se-

rement en jugement que bien, loyaument et diligemment il exercera ledit office en sa personne, et conseillera tous ceux qui vendront à lui pour achetter ou vendre aucuns vins, le mieulx et plus proffitablement que il pourra et saura; et qu'il ne prendra ne demandera plus grant salaire que celui qui est ordonné pour ledit office faire et excercer; et aussi qu'il gardera les ordonnances faictes tant sur ledit office que sur ladicte marchandise de vins; et que s'il scet chose qui soit faicte ou prejudice des previleges ou franchises de ladicte ville, ou contre les ordonnances d'icelle, incontinant il le fera savoir ausdis prevost et eschevins ou au procureur de la marchandise, et obeira à leurs commandemens; et que de chose dont la congnoissance appartieigne à la juridicion desdis prevost et eschevins, il ne mettra ou fera mettre aucun en cause ailleurs que pardevant eulx.

(107) *Item*. Et après ce qu'il sera institué et ara fait le serement, il sera presenté et mis en possession dudit office par l'un des sergens de ladicte prevosté et eschevinage, que lesdis prevost et eschevins vouldront à ce commetre, qui aura pour ce faire deux solz parisis seulement; et ce fait, il baillera caucion de trente livres parisis avant qu'il puisse excercer ledit office, sur paine de privacion d'icellui; et ne sera aucun qui se porte pour clerc mis oudit office.

(108) *Item*. Et quant aucuns desdis corretiers sera ainsi institué de nouvel, et mis en possession dudit office de courretaige, il paiera vint solz parisis d'entrée, et par chascun an quatre solz parisis à paier moitié à la Toussains, et moittié à Pasques; lesquelz vint solz et quatre solz dessusdiz, seront baillez au procureur de la communaulté desditz correttiers, pour soustenir les drois de leur office, et pour aidier à vivre aucuns desdiz correttiers, se ilz cheoient en mendicité : lequel procureur en rendra compte et reliqua ausdis Correttiers, ou à ceulx qui seront commis ad ce par leur communaulté, toutes et quantes foiz que il en sera requis.

(109) *Item*. Ne vendront lesdis correttiers aucuns vins en gros ne à détail pour eux ne pour autre, par quelque maniere que ce soit, ne se entremettront de ladicte marchandise des vins pour eulx ne à leur profit, sinon pour leur user, et aussi du vin de leur creu, sur paine de perdre la marchandise et de dix livres parisis d'amende.

(110) *Item*. Ne seront lesdis corretiers que deux pour essayer, achetter ou traittier aucune marchandise de vins; et aussi ne achetteront aucuns vins, sans le marchant acheteur ou sans son

congié; et se pardessus les deux premiers courretiers faisans icelle marchandise, survenoient aucuns autres corretiers, ilz ne se embattront point sur les deux premiers, sur paine de soixante solz parisis d'amende; et appartendra tout le salaire de ladicte marchandise seulement aux deux premiers.

(111) *Item.* Lesdis corretiers excerceront leursdis offices en personne, et feront continuelle residence aux jours de marchez, tant au port en Greve comme à l'Estappe et ailleurs pour l'exercice d'iceulz offices, afin que ceulz qui vendront ausdis lieux pour achetter aucuns vins, puissent estre par eulx conseillez, conduiz et menez ainsi qu'il appartient, sur paine de suspencion de leurs offices, et de admende arbitraire.

(112) *Item.* Lesdis courretiers ne yront à la vente en Greve pour achetter, percer ne essayer aucuns vins, jusques à ce que prime sera sonnée à Nostre-Dame que la vente commencera, et durera jusques à heure de midi, à laquelle heure ilz s'en yront; et aussi ne yront point boire audit lieu de Greve à jour de feste qui soit à garder, ne à autre heure que à ladicte heure de vente; et se ilz font le contraire, ils paieront soixante solz parisis d'amende pour chascune fois qu'ilz le feront.

(113) *Item.* Ne yront lesdis courretiers audevant des bateaulx ou vaisseaulx qui ameneront aucuns vins par eaue en ladicte ville au port en Greve, ne aussi audevant des charioz, charrettes ou autres voictures amenans vins par terre à vendre en icelle ville de Paris à l'Estappe ne autrement, sur paine de dix livres parisis d'amende, et de perdre les denrées s'ils les achettoient.

(114) *Item.* Se aucun courretier achette aucuns vins audit port de Greve pour aucun, lequel ne soit present ne autre pour lui avec ledit courretier, et un marchant ou bourgois de Paris y vient en sa personne, il pourra avoir s'il lui plaist lesdis vins pour le pris que ledit corretier les aura achettez, sans ce que ledit courretier y puisse mettre empeschement.

(115) *Item.* Ne seront lesdis courretiers ne aucuns d'eulx vendeurs et courretiers ensemble; c'est assavoir, qu'ilz ne prendront droit de vendaige, ne aussi ne porteront ne garderont clef d'autrui celier où il y ait vin à vendre, sur paine de dix livres parisis d'amende.

(116) *Item.* Les marchans et aultres qui vouldront achetter vins, n'auront aucun courretier, s'il ne leur plaist; et se ilz declairent qu'ilz n'en veulent point, les marchans vendeurs ne seront point tenus de les paier; et oultre ce ne se bouteront aucuns

desdis courretiers ès besongnes, entre les achetteurs et vendeurs de vins, se ilz ne sont appellez ou menez par iceulz achetteurs, sur paine de dix livres parisis d'amende.

(117) *Item.* Se aucuns courretiers mainent aucuns achetteurs pardevers les marchans et vendeurs, et le marchié fait, ilz tesmoingnent et afferment que les acheteurs sont souffisans et solvables, et que de leur courretaige ilz se paient, et après il avient que les achetteurs soient trouvez moins souffisans et non solvables, iceulz courretiers en feront restitucion et en pourront estre poursuis par lesdis marchans et vendeurs; et si paieront dix livres parisis d'amende.

(118) *Item.* S'aucun corretier en marchandant ou faisant vendre aucuns vins en ladicte ville, apparçoit que il y ait aucunes queues ou muis qui ne tiennent pas la moison qu'ilz devront tenir, il en avertira l'achetteur, affin qu'il n'y soit deceu, sur paine d'amende arbitraire.

(119) *Item.* Et se aucuns desdis corretiers sont hostelliers, ilz n'auront que quatre queues de vin en leurs hostelz à une foiz, et pour vendre à leurs hostes seulement, sans ce que ilz les puissent vendre hors leursdiz hostelz à pos ne autrement, fors seulement à leursdiz hostes : et si-tost que deux desdictes quatre queues seront beues, et ilz en vouldront achetter des autres, ilz en demanderont congié ausdis prevost et eschevins, sur paine de dix livres parisis d'amende.

(120) *Item.* Et en tant que touche le salaire desdis courretiers, ilz auront pour leurs salaires des vins par eulz achettez ou qu'ilz feront vendre, tant sur l'eaue comme en cellier, creuz ès païs de Beaunoys, Masconnois, Tornus, Dijonnois et des parties d'environ au dessus du païs d'Aucerrois, deux solz parisis de chascune queue, et douze deniers parisis de chascun muy, ainsi que les dictes queues et muis seront.

(121) *Item.* Des vins creuz oudit païs d'Aucerrois et ès parties d'environ en venant jusques au pont de Sens, esquelz on use de jauge de Bourgongne, lesdis courrettiers auront pour chascune queue par eulz achettée ou qu'ilz feront vendre, tant sur l'eaue comme en cellier, deux solz parisis, et de chascun muy, dix-huit deniers parisis, ainsi que lesdictes queues et muis seront.

(122) *Item.* Des vins creuz depuis ledit pont de Sens en aval, qui seront jaugiez à jauge françoise, lesdis courretiers auront pour chascune queue par eulz achettée ou qu'ilz feront vendre,

tant sur l'eaue comme en cellier, douze deniers parisis, et de chascun muy, huit deniers parisis, ainsi que lesdictes queues et muis seront.

(123) *Item.* Des vins creuz ès païs de la riviere de Loire, comme Ris, Saint-Poursain, Soingny, Orléans, Monstereau-Bellay et autres, et aussi des vins creuz à Bar-sur-Aube et environ, lesdis correttiers auront pour chascune queue par eulz achettée, ou qu'ilz feront vendre, dix-huit deniers parisis, et du muy neuf deniers parisis, ainsi que lesdictes queues et muis seront.

(124) *Item.* Et des vins que on amenra pour vendre à l'Estappe, lesdis correttiers auront pour chascune queue par eulz achettée ou qu'ilz feront vendre, de quelque païs que ce soit, douze deniers parisis, et de chascun muy, six deniers parisis, ainsi que lesdictes queues et muis seront.

(125) *Item.* Et ne prendront lesdis correttiers leursdis salaires fors par la maniere dessus declairée, et sur les marchans vendeurs seulement, sur paine de dix livres parisis d'amende; et pareillement lesdis marchans vendeurs ne autres, n'en doivent plus paier, sur ladicte paine.

(126) *Item.* Lesdis correttiers retiendront par escript devers eulx, les noms des marchans, et le pris des vins qu'ilz achetteront, et les journées pour la conservacion du droit d'iceulx marchans, pour ce que souventesfoiz ilz vendent leurs vins à creance, sur la paine dessusdicte.

(127) *Item.* Diront lesdis courretiers, chascun en droit soy, s'ilz scevent aucuns qui trespassent lesdictes ordonnances faictes sur ladicte marchandise, et les faultes qu'ilz aviseront ou sauront estre faictes audit port à ladite Estappe, et incontinant en feront rapport pardevers lesdis prevost et eschevins ou le procureur de la marchandise, sur ladicte paine de dix livres parisis d'amende.

Des jaugeurs de vins.

(128) *Item.* En ladicte ville de Paris, aura par nombre douze jaugeurs de vins et non plus; c'est assavoir, six maistres et six apprentis; et ne pourra aucun autre s'entremettre de faire l'office desdis jaugeurs, sur paine d'amende arbitraire.

(129) *Item.* Quant ledit office de jaugeur vacquera, lesdis prevost des marchans et eschevins le donrront à homme qui par informacion deuement faicte, sera trouvé estre de bonne vie, renommée et honneste conversacion, sans aucun blasme ou reproche, et habille, souffisant et ydoine pour ycelui office exercer.

(130) *Item*. Quant on instituera aucun oudit office, il fera serement que bien loyaument et diligemment il exercera ledit office en sa personne, tant à la conservacion du droit du marchant ou autre achetteur, comme du marchant vendeur; et qu'il ne prendra ne demandera plus grant salaire que celui qui est ordonné pour ledit office faire et exercer; et aussi qu'il gardera les ordonnances faictes tant sur ledict office que sur ladicte marchandise de vins et autres deppendens du fait dudit office; et que se il scet chose qui soit faicte ou prejudice des privileges, franchises et libertez de ladicte ville ou contre les ordonnances d'icelle, incontinant il le fera savoir ausdis prevost et eschevins, ou au procureur de la marchandise, et obeira à leurs commandemens; et que de chose dont la congnoissance appartieigne à la juridicion desdis prevost et eschevins, il ne mettra ou fera mettre aucun en cause ailleurs que pardevant eulz.

(131) *Item*. Et après ce qu'il sera institué et aura fait ledit serement, il sera presenté et mis en possession dudit office par l'un des sergens de ladicte prevosté et eschevinage, que lesdis prevost et eschevins vouldront à ce commettre, qui aura pour ce faire deux solz parisis seulement; et ce fait, il fera son past; c'est assavoir, qu'il donrra à disner aux autres jaugeurs, et paiera aux six principaulx maistres leurs salaires de lui apprendre et noncier la science et industrie de ladicte jauge.

(132) *Item*. Servira l'un des maistres jaugeurs jusques à ung an, sans ce qu'il puisse faire ne exercer ledit office, ne entreprendre à tirer ou jauger aucuns vins ou autres choses neccessaires à jauger, que ce ne soit en la presence de sondit maistre ne aussi jusques à ce que il soit experimenté et tesmoingné par lesdis maistres souffisant et ydoine après ce que il aura servy par ledit an entier, et que il ait une jauge du vrai patron en tel cas coustumé, sur paine de vint livres parisis.

(133) *Item*. Nul desdis maistres ne aura que ung aprentis seulement, lequel lui sera baillié par lesdis prevost des marchans et eschevins; et quant l'un d'iceulz offices sera vacquant, il sera donné à l'un desdis aprenans qui premier aura esté mis pour estre aprentis à iceulz maistres ou à l'un d'eulz; et ne aprendront lesdis maistres ledit mestier et science à aucun autre, fors à celui ou ceulz à qui lesdis offices seront données par lesdis prevosts des marchans et eschevins, sur paine de privacion d'office, et de amende arbitraire.

(134) *Item*. Iceulx maistres, chascun en droit soy, prendront

et auront leurs jauges justes et de vrai patron, selon l'eschantillon ou estalon qui est en l'ostel de ladicte ville, sur la paine dessusdicte.

(135) *Item.* Iceulx jaugeurs auront chacun sa marque et telle que il leur plaira, pourveu que elles seront différens l'une de l'autre, et que on les pourra et saura congnoistre, affin que se ilz commettent aucunes fraudes ou faultes en leursdictes jauges faisant, que l'en puisse clerement savoir celui qui'ce aura fait, pour en estre puny comme de raison; et seront leurs marques enregistrées et marquées en l'ostel de ladicte ville.

(136) *Item.* Nul de quelque estat ou condicion qu'il soit, ne aura ne tendra jauge en ladicte ville de Paris, ne n'en usera, ou aucunement ne se entremettra de fait de jaugaige, sinon lesdis douze jaugeurs jurez, sur paine d'admende arbitraire.

(137) *Item.* Lesdis maistres jaugeurs ne jaugeront aucuns vins estranges, huilles, miel, gresses ne cuves à fouler vin, sans estre deux desdis maistres ensemble, sur paine de soixante solz parisis d'amende.

(138) *Item.* Lesdis jaugeurs yront jaugier dedens ladicte ville de Paris, toutes et quantesfois qu'ilz en seront requis, pourveu qu'ilz soient oisiez d'aller, et qu'il soit heure compectant, sur ladicte paine.

(139) *Item.* Aucun desdis jaugeurs ne aura pour son salaire pour chascune pièce de vin qu'il jaugera, de quelque longueur ou grosseur que elle soit, que trois deniers, à prendre sur le marchant vendeur seulement; et pour jauger ung caque de verjus, deux deniers parisiz du vendeur; et pour jauger vins estranges, huilles et gresses, il aura pour chacune pièce, six deniers parisis à prendre sur le marchant vendeur.

(140) *Item.* Lesdis jaugeurs yront jauger par toute la prevosté et vicomté de Paris, toutes et quantesfois que ilz en seront requis par les hotagers de Paris ou l'un d'eux, parmi ce que cellui qui le menra, lui devra livrer cheval et despens; et aura pour chascun tonnel jauger, le pris dessus dit, ne plus n'en demandera, sur paine de dix livres parisis d'amende.

(141) *Item.* Se aucun jaugeur a jaugé aucun vaisseau, et cellui ou ceulx qui vendront ou achetteront se douptent de la jauge que elle ne soit mie juste, rapeller la pourront pardevant ung des autres jaugeurs; et quant icellui jaugeur aura jaugé, et lui et le premier jaugeur s'accordent, on n'en pourra plus rappeller; et se ilz ne s'accordent, on en pourra encores rappeller et avoir

tiers jaugeur, et la jauge qui sera trouvée véritable par les deux d'iceulx trois, demoura pour juste et vraye; et aura chascun desdis jaugeurs pour chascune foiz, le pris devant dit; c'est assavoir, pour chascune foiz qu'il aura jaugié et refaugié, trois deniers, jasoit ce que on ait rappellé la jauge.

(142) *Item.* Nul jaugeur ne jaugera seul aucun vin ou autres vaisseaulx qui seront jaugez de l'un des autres jaugeurs, sur paine de soixante solz parisis d'amende.

(143) *Item.* Se aucun jaugeur treuve que aucun face contre lesdictes ordonnances, il le doit incontinant aler dire et denoncier audit prevost des marchans et eschevins, ou au procureur de la marchandise, sur paine de suspencion de son office et de admende arbitraire.

Des deschargeurs de vins.

(144) *Item.* En ladicte ville de Paris, aura grant quantité de deschargeurs pour labourer les vins qui viennent chascun jour en grant nombre en ladicte ville, selon l'advis et discreccion des prevost des marchans et eschevins d'icelle ville, sans ce que aucun se puisse entremettre de faire l'office de deschargeur, s'il ne lui est donné par lesdis prevost et eschevins, sur paine d'amende arbitraire.

(145) *Item.* Quant ledit office de deschargeur sera vacquant, lesdis prevost des marchans et eschevins le donront à homme qui par informacion deuement faicte, sera trouvée estre de bonne vie, renommée et honneste conversacion, sans aucun blasme ou reproche, et habile, souffisant et ydoine pour icellui office excercer.

(146) *Item.* Quant on instituera aucun oudit office, il fera serement que bien loyaument et diligemment il excercera icellui office en sa personne, et fera residence continuelle à jours ouvrables sur le cay du port de Greve et aux autres lieux et places accoustumées pour ledit office faire et excercer, et aussi en son ouvrouer, afin que un chascun qui en aura affaire en puisse promptement finer, et qu'il ne prendra ne demandera plus grant salaire que cellui qui est ordonné pour ledit office faire et excercer, et aussi qu'il gardera les ordonnances faictes tant sur ledit office que sur ladicte machandise de vins; et que s'il scet aucun estranger qui face descendre vin sur terre en ladicte ville, ne autre chose qui soit faicte ou prejudice des privileges et ordonnances d'icelle, il le fera incontinant savoir ausdis prevost et eschevins, ou au procureur de ladicte marchandise, et obeira à leurs comman-

demens et que de chose dont la congnoissance appartiegne à la juridicion desdis prevost et eschevins, il ne mettra ne fera mettre aucun en cause que pardevant eulz.

(147) *Item.* Et après que il sera institué et aura fait ledit serment, il sera presenté et mis en possession dudit office par l'un des sergens de ladicte prevosté et eschevinage, que lesdis prevost et eschevins vouldront ad ce commettre, qui aura pour ce faire deux solz parisis seulement; et ce fait, il baillera caucion bourgeoise de la somme de trente livres parisis avant qu'il puisse excercer ledit office, sur paine de privacion d'icellui pource que il est tenu à cause de sondit office, de faire le labouraige des vins qu'il labourera à ses perilz et fortunes.

(148) *Item.* Lesdis deschargeurs ne marchanderont ne feront marchander de ladicte marchandise de vin, pour eulx ne à leur proffit, en gros, à detail ne autrement, ne ne feront taverne tant comme ilz excerceront ledit office de deschargeur, se ce n'est de vin de leur creu tant seulement, sur paine de perdre la marchandise, et de dix livres parisis d'amende.

(149) *Item.* Ne prendront ne ne auront aucuns corretaiges de vins, sur paine de dix livres parisis d'amende; et se ilz scevent aucun qui le face autre que les corretiers de ladicte marchandise, ilz le diront et denonceront à justice, sur ladicte paine.

(150) *Item.* Ne yront lesdis deschargeurs sur la vente en Grève, tant comme ladicte vente durera, qui ne les appellera pour leur baillier vins à labourer; et sitost qu'il auront seigné les vins que on leur baillera, ilz s'en retourneront sur le cay où ils se doivent tenir; et aussi ilz ne prendront ne commenceront à labourer aucuns vins audit port de Greve, jusques à ce que ladicte vente soit faicte et parfaicte, sur paine de soixante solz parisis d'amende, affin qu'ilz n'empeschent pas ladicte vente.

(151) *Item.* Se aucun deschargeur a prins à labourer vins estans en une nef ou batel, et pour les oster lui convieigne mettre sa nacelle par derriere le cul des nefz ou bateaulx estans près de ladicte nef ou batel, cellui ou ceulx à qui seront lesdictes nefz ou bateaulx, defferneront ou souffreront defferner le cul de leursdictes nefz ou bateaulx, pour laissier entrer la nacelle pour oster lesdiz vins; et le deschargeur labourera incontinant lesdis vins, et ostera ladicte nacelle sitost qu'il aura labouré, et aussi refermera lesdictes nefz en l'estat qu'elles estoient paravant; et qui fera le contraire, le marchant paiera vint solz parisis d'amende, et autant le deschargeur.

(152) *Item.* Nul deschargeur ne mettra sur costez, sur bort ne sur levée de nef ou batel, que un tonel de vin tant seulement à une fois; et s'ils fait le contraire, il paiera vingt solz parisis d'amende avecques les dommaiges qui s'en ensuivront.

(153) *Item.* Nul deschargeur ne laissera vins en nacelle pour demourer de nuit en ycelle, qui soit ou demeure fermée à terre ladicte nuit; et s'il ne les peut tous labourer la journée, et il en demeure en ycelle nacelle, il la fermera à tout le vin au batel ou vaissel dont il sera venu, ou autre part, si seurement hors de terre que aucun n'y ait dommaige; et qui fera le contraire, il paiera vingt solz parisis d'amende toutesfoiz qu'il le fera, et les dommages qui par son deffault escherront.

(154) *Item.* Et en tant qu'il touche le salaire desdiz deschargeurs, pour raison et à cause de leurs offices, pour les vins par eulx labourez en ladicte ville de Paris, pource que par chascun jour leur survient pluseurs vins à labourer en pluseurs et diverses manieres, et que pour la diversité d'iceulz labourages, ilz ont prins ou temps passé salaires moult excessifs, sur plusieurs simples gens tant soubz umbre du charroy qu'ilz livroient comme autrement, parquoy seroit besoing et neccessité de obvier ad ce, et y ordonner salaire raisonnable pour le temps avenir: pour ces causes, ordonnons que nul deschargeur pour la peine de lui et de ses varlez, et pour livrer filez, harnoiz, flette et toutes autres choses neccessaires, excepté le charroy seulement, pour ce que on y peut pas bonnement mettre limitacion pour la distence des lieux où l'en maine lesdis vins, ne pourra dorcsenavant demander, prendre ne avoir des vins qu'il labourera, plus grant salaire que cellui qui s'ensuit; c'est assavoir, pour prendre une queue de vin ou deux muis pour une queue en une nef ou batel, et de la nef ou batel les mettre en une flette, et de la flette charger en chariot ou charrette, deulx solz parisis, de quelque moison que ladicte queue ou muis seront.

(155) *Item.* De labourer en descente vin qui sera de bout à terre; c'est assavoir, de prendre une queue ou deux muis en une nef ou batel, et du batel charger en charrette ou chariot. six deniers parisisis pour chaque, et trois deniers pour mui de quelque moison que lesdictes queues et muis seront.

(156) *Item.* De rascher vins de batel en autre, bort à bort, se c'est d'une batellée frettée entiere, seize deniers parisis du tonneau, et huit deniers de la queue, et des autres batellées qui ne seront pas entieres, vingt deniers parisis du tonneau, et dix de-

niers de la queue, à prendre et compter quatre muis pour le tonnel, et deux muis pour la queue, ainsi que lesdictes queues et muis seront : et se il les fault cueillir parmy le port en plusieurs nefz ou bateaulx, ilz auront deux solz parisis pour tonnel par la maniere dessusdicte.

(157) *Item.* De mettre vin de la rue en une sale, ou en autre lieu semblable, où il ne faille point devaler, quatre deniers pour queue, et trois deniers pour muy, ainsi que lesdictes queues et muis seront.

(158) *Item.* Pour descendre vin en cellier ou en cave, et mettre sur chantiers, pourveu qu'il n'y ait que un labourage; c'est assavoir, que les degrez soient tous à l'endroit l'un de l'autre, huit deniers pour queue, et six deniers pour muy; et se il fault deux labourages, tellement que il conviengne avoir double filé; c'est assavoir, couppler son filé à deulx foiz, douze deniers pour queue, et neuf deniers pour muy, ainsi que lesdictes queues et muis seront.

(159) *Item.* De tirer vin contremont les degrez d'une cave ou d'un cellier, deux solz parisis pour queue, et seize deniers pour muy, pourveu qu'il n'y ait que un labourage comme dessus : c'est assavoir, que les degrez soient tous drois, tellement que on puisse labourer du long du filé et à une foiz, mais s'il y avoit deux paires de degrez, qui ne feussent pas l'un à l'endroit de l'autre, parquoy il faillist reploier le filé, et faire double labouraige et que en iceulz degrez eust plus de cinq marches et que par tout faille labourer à filé, trois solz pour queue, et deux solz pour muy, ainsi que lesdictes queues et muis seront; et sera tenu le deschargeur parmi ce, de charger le vin en la charrette ou chariot, s'il est prest.

(160) *Item.* Pour descendre une chariotée de vin d'un chariot sur les carreaux, soit que le chariot ait toute sa charge ou non, seize deniers parisis, pourveu que ledit deschargeur sera tenu parmy ledit pris de mettre le vin dessus lesdis carreaux en une sale ou aultre lieu sans devaler, se il plaist à cellui à qui sera ledit vin, et aussi de descendre ycellui vin en divers lieux, se mestier est, sans devaler comme dit est.

(161) *Item.* Pour soustraire vin que on appelle mettre vin de cellier en cave, et de cave en cellier, sur chantiers; c'est assavoir, au regard de cellui qui sera mis de cellier en cave, huit deniers pour queue, et six deniers pour muy; et au regard de celui qui sera tiré de cave, et mis en cellier aussi sur chantiers, s'il

de cinq marches à monter, seize deniers pour queue, et douze deniers pour muy, ainsi que lesdictes queues et muis seront : et n'est pas à entendre que se aucun peut faire labourer les vins pour mendre salaire que cellui ou ceulz dessus declairez en ce present article ne autres precedens, ne le puissent prendre, mais lesdis deschargeurs n'en pourront plus demander, sur paine d'amende arbitraire.

(162) *Item*. Quiconques reffusera des maistres dessusdis, par fraude, à faire les labourages pour les pris dessusdis au plus hault, puis qu'ilz ou aucun d'eulz en sera requis, il perdra le mestier, et sera banny de la vicomté de Paris ung an.

(163) *Item*. Lesdis deschargeurs, chascun en droit soy, diront et denonceront toutes les fraudes qu'ilz aviseront ou sauront estre faictes ou fait de ladicte marchandise, ou qui trepasseront les ordonnances dessusdictes, incontinant que ilz les sauront, aux dessusdis prevost des marchands et eschevins, ou au procureur de la marchandise, sur paine d'amende arbitraire.

(164) *Item*. Et pour mieulz faire, tenir et garder les ordonnances dessusdictes, en leur termes, sans enfraindre, tant au regard de la marchandise de vins et des offices des vendeurs, corretiers, jaugeurs et deschargeurs, comme autrement, audit port de Greve, aura deux commissaires ordonnez par lesdis prevost et eschevins, jurez et sermentez, pour diligemment aviser, visiter et rapporter ce que par eulz sera trouvé estre fait contre lesdictes ordonnances, et aussi pour faire arriver les bateaulx venans audit port, et faire oster les vinz avec les autres choses necessaires à faire pour le bien publique; et auront puissance de faire toutes manieres d'arrests, ajournemens et autres exploits touchans justice seulement, et de adjourner les parties contre le procureur de nous et de ladicte ville, sur le fait de la marchandise de l'eaue; et pour ce faire, auront le quint des amendes ou forfaictures qui par eulz vendront à congnoissance, avec les autres drois et proffiz pour ce faire appartenans.

Des crieurs de vins et de corps.

(165) *Item*. En ladicte ville de Paris aura vingt-quatre crieurs de vins et de corps par nombre; et pour ce que de present en y a grant quantité oultre ledit nombre, ordonnons que après le trespassement de ceulz qui trespasseront doresenavant, leursdiz offices de criages seront non impetrables, jusques ad ce qu'ilz soient reduis audit nombre de vingt-quatre, sans ce que aucun

autre se puisse entremettre de faire ledit office, sur paine d'amende arbitraire.

(166) *Item.* Quant ledit office de crieur vacquera, lesdis prevost des marchans et eschevins le donrront à homme qui par information deuement faicte, sera trouvé estre de bonne vie, et renommée et honneste conversacion, sans aucun blasme ou reproche, et habille, souffisant et ydoine pour icellui office excercer.

(167) *Item.* Quant on instituera aucun oudit office, il fera serement que bien loyaument il exercera icellui office en sa personne, et qu'il ne prendra ne demandera plus grant salaire que cellui qui est ordonné pour ledit office exercer, et qu'il gardera les ordonnances faictes tant sur ledit office que sur ladicte marchandise; et que s'il scet chose qui soit faicte ou prejudice des privileges, franchises et libertez de ladicte ville, ou contre les ordonnances d'icelle, il le fera savoir ausdis prevost et eschevins ou au procureur de la marchandise, et obeira à leurs commandemens; et que de chose dont la congnoissance appartiegne ausdis prevost et eschevins, il ne mettra aucun en cause ailleurs que pardevant eulz.

(168) *Item.* Et après ce qu'il sera institué et aura fait ledit serement, il sera presenté et mis en possession dudit office par l'un des sergens de ladicte prevosté et eschevinage, que lesdis prevost et eschevins vouldront ad ce commettre, qui aura pour ce faire deux solz parisis seulement; et ce fait il baillera caucion de soixante solz ung denier parisis pour le pot et pour le hanap que on leur baille pour crier les vins aval ladicte ville.

(169) *Item.* Paiera pour son entrée la somme de trente-deux solz parisis, pour convertir et emploier ès services et messes celebrées pour leur confrairie; et oultre paiera pour chascune sepmaine deux deniers parisis pour mettre en la boiste de leurdicte confrairie, pour estre emploiez et convertiz à aidier ceulz d'iceulz crieurs qui cherront en mendicité ou neccessité de maladie ou de viellesse, parquoy ilz ne puissent leursdiz offices exercer ne gaigner leur vie.

(170) *Item.* Donrra les chappeaux de roses aux maistres qui yront querir leur confrairie à la Saint Martin le Bouillant, et aussi tous iceulz crieurs accompaigneront cellui qui portera le baston de leurdicte confrairie les jours et veille de la feste dudit Saint Martin; et cellui qui deffauldra, paiera demie livre de cire au proffit de leur confrairie, s'il n'a excusation legitime.

(171) *Item.* Tous iceulz crieurs exerceront leurs offices en

leurs personnes; et quant aucuns d'eulz yra en pelerinage en aucuns lieux loingtains, il en prendra congié ausdis prevost et eschevins, et ycellui congé donné, sera enregistré par le clerc de de la ville, sur paine de soixante solz parisis d'amende.

(172) *Item.* Tous lesdis crieurs, quant l'un d'eulz sera trespassé, ou l'une de leurs femmes, yront conduire le corps d'icellui trespassé depuis l'ostel ou le lieu où le corps dudit trespassé sera prins, jusques au lieu de la sepulture, à toutes leurs cloches, en ycelles sonnant au devant du corps, en le portant en terre, et seront vestus de leurs robes de confrairie, se aucunes en ont, sur paine de demie livre de cire à applicquer à leurdicte confrairie, sur ung chascun defaillant.

(173) *Item.* Et avec ce seront deux d'iceulx crieurs entour icellui corps du crieur trespassé, l'ung tenant ung pot de vin, et l'autre ung beau hannap pour presenter et donner à boire à tous ceulx qui porteront le corps, et à tous autres qui boire vouldront; et mettront reposer ledit corps à chascun carrefour sur deux tresteaux, et en ycellui reposant, presenteront à boire à ceulx qui là seront presens, aux despens de ladicte confrairie.

(174) *Item.* Ne crieront iceulz crieurs aucune taverne pour quelque personne que ce soit voulant faire crier vin en taverne en ladicte ville, sinon qu'ils saichent certainnement que il soit et ait esté stacionnaire, demourant, residant et tenant son domicile en ladicte ville, par an et par jour, en telle maniere qu'il puisse et doie joir des privileges de ladicte ville, et autrement ilz ne la crieront, mais s'ilz treuvent ou scevent le contraire, ilz le yront incontinant dire et denoncier ausdis prevost et eschevins ou au procureur de ladicte ville, sur paine d'amende arbitraire et de privacion d'office.

(175) *Item.* Et pour ce que nul ne doit vendre vin en ladicte ville de Paris, à detail sans serceau, afin que ladicte ville ne soit fraudée de ses droits, tant de criages et celeraiges, comme d'autres, se lesdis crieurs soevent aucun de quelque estat ou condicion qu'il soit, qui vende ou face vendre aucun vin en ladicte ville sans serceau, ilz le yront dire et denoncier ausdis prevost et eschevins, ou au procureur de ladicte ville, sur paine d'amende arbitraire, et de privacion d'office.

(176) *Item.* Lesdits crieurs ne crieront aucuns vins, si ce n'est depuis prime; c'est assavoir, depuis huit heures jusques à midi, excepté aux cinq vigiles qui sont, à la Toussains, Saint Martin, Noel, le premier jour de l'an, et la Tiphaine, esquelles vigiles

ils crieront vin cleré, saugé, roumarin, et toutes manieres de vins tout le jour jusques à quevrefeu, et non autrement, sur paine de soixante solz parisis d'amende.

(177) *Item*. Quant ils auront crié aucuns vins par la dicte ville pour aucunes gens, soient bourgois ou autres, et on ne les veut paier de leur salaire, ilz retendront le hanap qu'ilz auront, pour leur deu, et le porteront par devers lesdis prevost des marchans et eschevins, pour être paiez.

(178) *Item*. Aucun ne se entremettra en ladicte ville de Paris, de querir robes, manteaulx et chaperons, pour obseques et funerailles, que lesdis crieurs, sur paine d'amende arbitraire.

(179) *Item*. Un crieur ne criera en ladicte ville de Paris sur un corps seulement pour jour, afin que un chascun d'eulx ait des besongnes par égal porcion, au mieulx que faire se pourra, sur paine de soixante solz parisis d'amende.

(180) *Item*. Se un crieur va en aucun hostel pour marchander d'aucune chose appartenant à son office, et il en survient ung autre, cellui qui survendra aura part au gaing du premier; et pareillement se il en va deux en ung hostel, et on marchande à l'un en delaissant l'autre, celui qui sera delaissié, aura part avecques cellui qui sera retenu.

(181) *Item*. Lesdis crieurs auront pour leur salaire de crier une taverne de vins autres que estrangers, huit deniers parisis; et de crier autres vins composez ou mistionnez, comme cleré, ou autres semblables, pour lesquelz crier ilz auront une belle touaile blanche, et un beau pot, et un hanap, pour chascun d'iceulx douze deniers parisis.

(182) *Item*. Et entant qu'il touche les autres tavernes que il fault crier en ladicte ville, tant de Garnache, Malvoisie, vin de Lieppe, vin d'Osoye, vin Bastart, vin de Rosette, vin de Muscadet, comme tous autres vins estrangers, lesdis crieurs auront pour les crier, quatre solz parisis, pource que ilz les crieront par tous les carrefours et ès hostelz royaulx de ladicte ville de Paris.

(183) *Item*. Auront lesdis crieurs pour crier corps, confrairies, huiles, ongnons, pois, feves, choses égarées, comme enfans, mullez, chevaulx et toutes autres choses qui appartiendront à crier en ladicte ville, tant par nuit que par jour, reservé busche et foing, cinq solz parisis; et pour crier vin aigre et vertjus, seize deniers parisis; et se c'est aucune personne d'estat trespassé qui aille crier deux fois, ilz auront huit solz parisis, et querront les

... et manteaulx, serges et chapperons qui appartiendront à ... pour les obseques et funerailles; et auront pour chascun ... teau et chapperon pour chascun jour, deux solz parisis, et ... chascune serge pour jour, seize deniers parisis; et pour chascun jour pour chascune robe pour ceulz qui porteront les torches, deux solz parisis, parmy ce qu'ilz paieront ceulx qui porteront lesdictes torches, et ne auront aucunes desdictes robes, manteaulx, chapperons ne sarges qui soient leurs propres, pour ... à leur proffit plus grand pris que dessus est dit, sur paine de soixante solz parisis d'amende.

(184) *Item.* Ne crieront lesdis crieurs aucuns enfans esgarez qui aient plus de huit ans d'aage, sans le congié et licence desdis prevost et eschevins, sur paine de vint solz parisis d'amende.

(185) *Item.* Pource que plusieurs personnes pourroient avoir abhominacion ou desplaisance ou vin que lesdis crieurs crieroient, se ils ne se maintenoient honnestement, ordonnons que doresenavant aucun crieur ne sera varlet d'estuves, fosseur, et si ne portera aucun corps au moustier, se ce n'est en cas de neccessité, sur paine d'amende arbitraire.

Des pontonniers du port au vin en Greve.

(186) *Item.* En la ville de Paris, aura par nombre deux pontonniers pour le port au vin en Greve, dont l'un sera apellé le pontonnier du port de Bourgongne, et l'autre, le pontonnier du port François; et ne se entremettra aucun autre de faire l'office desdis pontonniers, sur paine d'amende arbitraire.

(187) *Item.* Quant ledit office de pontonnage vacquera, lesdis prevost des marchans et eschevins le donrront à homme qui par informacion duement faicte, sera trouvé estre de bonne vie, renommée et honneste conversacion, sans aucun blasme ou reprouche, et habille, souffisant et ydoine pour ycelluy office excercer, prins par l'esleccion de bons marchans, vendeurs, correctiers de vins, et par maronniers, voicturiers et gens en ce congnoissans.

(188) *Item.* Quant aucun sera institué oudit office, il sera serement que justement et loyaument il fera et excercera icelluy office en sa personne, et qu'il ne prendra ne demandera plus grant salaire que cellui qui est ordonné pour ledit office faire et excercer; et aussi qu'il gardera les ordonnances faictes tant sur ledit office comme sur le fait de ladicte marchandise qui chascun jour se fera oudit port; et que s'il scet chose qui soient faicte ou prejudice des franchises et libertez de ladicte ville ne des or-

donnances d'icelle, incoutinant il le fera savoir ausdis prevost et eschevins, ou au procureur de la marchandise, et obeira à leurs commandemens; et que de chose dont la congnoissance appartiegne à la jurisdiction desdis prevost et eschevins, il ne mettra ou fera mettre aucun en cause ailleurs que pardevant eulx.

(189) *Item.* Et après ce qu'il sera institué et aura fait ledit serement, il sera presenté et mis en possession dudit office par l'un des sergens de ladicte prevosté et eschevinage, que lesdis prevost et eschevins vouldront ad ce commettre, qui aura pour ce faire, deux solz parisis seulement.

(190) *Item.* Pour faire et excercer ledit office, lesdis pontonniers seront continuelle residence audit port de Greve; c'est assavoir, le pontonnier du port de Bourgoingne, au port de Bourgoingne, et le pontonnier du port françois, au port françois; et auront chascun certaine quantité de flettes, selon ce que la riviere sera grande ou petite, pour faire pont où passaige convenable pour passer, rapasser, aler et venir marchans, vendeurs, courrectiers, jaugeurs et toutes autres manieres de gens qui iront audit port, tant pour achetter aucuns vins à heure de vente, comme autrement; et en ycellui passage faisant, deffermeront leurs flettes quant il fauldra oster aucuns bateaux vis ou chargez, pour passer toutes manieres de gens qui auront à faire audit port, les uns après les autres, et ledit passaige continueront par chascun jour depuis le souleil levant jusques ad ce qu'il soit nuit; et lors crieront hors et ens, afin que les varlès ou groumez des marchans se ils sont hors leurs bateaux sur le cay ou ailleurs, se retraient en leurs bateaulx, se bon leur semble; et aussi s'il y a aucuns marchans ou autres sur iceulx bateaulx, qu'ilz se retraient pareillement pour aler hors ou ens; et ce fait, osteront leurs flettes et les fermeront à chesne et serreure, tellement que aucun ne s'en puisse aidier pour aler sur ledit port ne ailleurs, sur paine d'amende arbitraire.

(191) *Item.* Et avecques ce seront lesdis pontonniers bons ouvriers; c'est assavoir, batelliers bien congnoisans ou fait et industrie du labouraige de la riviere, afin que s'il y a aucuns bateaulx estans ausdis pors, qui s'en aille aval l'eaue, qu'ilz les saichent et puissent mettre à sauvetté, et aussi pour fermer les hunes et les filez d'iceulx bateaux chascun jour venens audis pors; car de ce faire seront tenuz à cause de leursdis offices, sur paine d'amende arbitraire, et de recouvrer sur eulx les dommages qui par leur detfault se pourroient ensuir.

(192) *Item.* Lesdis pontonniers ne se entremettront de ladicte marchandise de vins, ne n'en marchanderont pour eulx ne à leur profit en gros, à detail ne autrement, se n'est du vin de leur cru; ne aussi ne se entremettront de vendaige ne de courretaige de vins, sur paine de dix livres parisis d'amende, et de perdre la marchandise.

(193) *Item.* Ne seront voicturiers ne auront bateaulx pour faire voictures ou bailler à louages quelz qu'ilz soient, fors seulement les bateaulx ou flettes qui leur seront neccessaires pour faire les passaiges ausdis pors, par la maniere dessusdicte, et sur ladicte paine.

(194) *Item.* Et pour faire et excercer yceulx offices par la maniere que dit est, lesdis pontonniers aront pour leur droit et salaire; c'est assavoir, le pontonnier du port de Bourgongne, pour chascune batellée de vin qui sera fermée à la palée dudit port, appellée la palée de Bourgoingne, et aussi dessoubz les moulins du Temple, pourveu que il sera tenu de y faire et bailler passaige, aussi bien que aux autres, deux solz parisis; et le pontonnier du port françois, si aura pour chascune batellée qui sera amenée et fermée à la palée dudit port, douze deniers parisis; et ne prendront lesdiz pontonniers aucune chose des vins qui seront amenez et descenduz de bout à terre, s'ilz n'ont esté fermez ou atachez ausdites palées par un jour et une nuit; et se lesdis bateaux arrivent le soir et sont deschargez au matin, et par ce ne soient que la nuit à l'un desdis pors, ilz n'en auront que la moitié dudit salaire, et plus n'en prendront, sur paine d'amende arbitraire.

(195) *Item.* Lesdis pontonniers se prendront garde des fraudes qui pourront estre commises ausdis pors, tant sur le fait de la marchandise que contre lesdictes ordonnances, et aussi des previleges et franchises de ladicte ville, et rapporteront incontinant ce qu'ilz ou l'un d'eulx trouvera estre fait au contraire, pardevers lesdis prevost et eschevins, ou le procureur de la marchandise, sur paine de dix livres parisis d'amende.

Des courretiers de chevaulx sur le fait de la marchandise.

(196) *Item.* En la ville de Paris, aura seulement deux courretiers pour louer les chevaulx aux marchans menans voictures par la riviere de Saine, sans ce que aucun se puisse entremettre de faire l'office desdis courretiers, sur paine d'amende arbitraire.

(197) *Item.* Quant ledit office de courretaige vacquera, lesdis prevost des marchans et eschevins le donront à homme qui par

informacion deuement faicte, sera trouvé estre de bonne vie, renommée et honneste conversacion, sans aucun blasme ou reproche, et habille, souffisant et ydoine pour icellui office excercer, prins par l'élection de bons marchans, mariniers, voicturiers et gens en ce congnoissans.

(198) *Item.* Quant on instituera aucun oudit office de courretaige, il sera serement que bien loyaument et diligemment il excercera ycellui office en sa personne, et qu'il bandra bons et loyaulx fardeaux aux bateaux ou nefz selon la charge des chevaulx, en gardant le droit tant des marchans que des voicturiers, et qu'il ne prendra ne demandera plus grant salaire que celui qui est ordonné pour ledit office excercer; et aussi qu'il gardera les ordonnances faictes tant sur ledit office que sur le fait de la marchandise; et que s'il scet chose qui soit faicte ou prejudice des privileges, franchises et libertez de ladicte ville, ou contre les ordonnances d'icelle, incontinant il le fera savoir ausdis prevost et eschevins ou au procureur de la marchandise, et obeira à leurs commandemens, et que de chose dont la congnoissance appartieigne à la juridicion desdis prevost et eschevins, il ne mettra ne fera mettre aucun en cause ailleurs que pardevant eulx.

(199) *Item.* Et après ce que il sera institué et ara fait ledit serement, il sera presenté; c'est assavoir, mis en possession dudit office par l'un des sergens de ladicte prevosté et eschevinage, que lesdis prevost et eschevins vouldront ad ce commettre, qui aura pour ce faire deux sols parisis seulement.

(200) *Item.* Un chascun desdis courretiers, quant il aura quis et trouvé chevaulx à aucun marchant, voicturier ou autre, selon ce qu'il appartient, aura pour son salaire pour avoir quis lesdis chevaulx, et pour les habiller, seulement douze deniers parisis pour chacune courbe, c'est assavoir, six deniers du marchant, et six deniers du voicturier, ou cas que lesdis courretiers ou l'un d'eulx seront presens à abiller lesdis chevaulx, et aussi à revisiter les fardeaux; c'est assavoir se les bateaulx ont trop ou pou pour la charge desdis chevaulx.

(201) *Item.* Se le voicturier qui boutera les bateaux hors, et aussi se les bateaux qui seront chargez pour lesdictes marchandises mener, ne sont bons, convenables et souffisans, lesdis courretiers le feront savoir à justice pour y pourveoir par raison; et ou cas que lesdis corretiers le recelleront ou n'en feront leur devoir, ilz l'amenderont à justice d'amende arbitraire.

(202) *Item*. Lesdis courretiers delivreront les marchans ou voicturiers qui vendront devers eulx, le plus diligemment qu'ilz pourront, et prefereront sur toutes choses les premiers qui seront adreciez vers eulx, et aussi aviseront que les bateaulx qui menent lesdictes marchandises, soient bons, souffisans et convenables, afin que aucun inconvenient n'en puisse avenir aux marchandises qu'ilz menront; et se ilz les treuvent autres, ilz feront commandement à ceulz à qui ils seront ou aux voicturiers qui les conduiront ou vouldront charger, que dedens certain temps à eulx prefigé ilz les ostent et ne les mettent plus en besongne, se ilz ne pevent plus bonnement servir; et s'ilz pevent servir, jusques à ce qu'ilz soient rapareillez et mis en bon et souffisant estat, sur paine de les perdre; et ou cas que ilz s'efforceront de faire le contraire, après ledit commandement, lesdis courretiers les feront mettre hors de l'eaue sur terre, et en feront leur raport ausdis prevost et eschevins, ou au procureur de la marchandise, pour les faire vendre au proffit de nous et de ladicte ville.

(203) *Item*. Lesdiz courretiers ne seront charrettiers ne voicturiers, gardes de bateaux, ne n'auront nefz ou bateaulx qui soient leurs, pour mener aucunes marchandises, et aussi ne tendront pour eulx ne pour autres aucuns chevaulx à louage ne autrement sinon seulement ung cheval pour leur chevaucher en leurs besongnes et affaires. Et avecques ce ne marchanderont d'aucune marchandise sur ladicte riviere, ne ne seront hostelliers de charrettiers ou voicturiers par eaue, sur paine de perdre la marchandise, et de amende arbitraire selon l'exigence du cas.

Du merrien et buche.

(204) *Item*. Quant aucune marchandise de merrien ou buche sera chargée sur ladicte riviere de Saine, ou sur l'une des autres riviere descendans en ycelle, pour estre amenée vendre en ladicte ville de Paris, elle ne sera vendue ne descendue ou chemin, sur paine de forfaicture, sinon que le marchant à qui sera ycelle marchandise, ait dit expressement en faisant son marché au voicturier qui ycelle amenra, que il aura entencion de la vendre à aucun port ou marché juré qui sera entre le lieu où icelle marchandise sera chargée et ladicte ville de Paris, et non autrement, sur paine de forfaicture.

(205) *Item*. Quant aucunes desdictes marchandises seront chargées sur ladicte riviere de Saine, ou sur l'une des autres rivieres descendans en ycelle, pour amener vendre en ladicte ville de

Paris, les marchans, maronniers, voicturiers ou autres à qui elles seront, ne les feront sejourner sur les pors où elles auront esté chargées, ne aussi sur le chemin, que deux jours, que ceulx qui les devront amener ne les mettent à chemin pour amener en ladicte ville de Paris, se par fortune ou neccessité de temps, ilz ne sont destourbez ou empeschez, sur paine de forfaicture.

(206) *Item.* Quant un marchant forain amenra gros merrien en ladicte ville de Paris, il le mettra au dessus de la bonde des barres, et ne le mettra ne descendra dedens ladicte ville de Paris sur terre, se n'est par le congié et licence desdis prevost eschevins, sur paine de confiscacion et forfaicture.

(207) *Item.* Tous marchans quelz qu'ilz soient faisans venir buche quelle que ce soit, d'amont l'eau; c'est assavoir, de devers Bourgoingne ou Champaigne, ou d'autre lieu d'audessus des pons de Paris, la pevent amener ou faire venir au port en Greve ou a la bucherie de petit pont, sans congié, sans hanse et sans compaignie française; mais non pas ceulx qui en ameineront ou feront venir d'aval l'eaue : car ilz ne la pourront mettre sur ladicte riviere, ne aussi aucun merrien entre le pont de Mente et ceulx de Paris pour rebourser contremont l'eaue ne autrement, que ycelles denrées et marchandises ne soient forfaictes ou confisquées, sinon que cellui ou ceulx à qui seront ycelles marchandises, soient bourgois de Paris, et hancez de la marchandise de l'eaue; et se ilz ne sont bourgois de Paris, ilz seront tenuz d'estre hansez, et avecques ce auront compaignie française à eulx baillée par lesdiz prevost et eschevins, sur ladicte paine.

(208) *Item.* Et après ce que aucuns marchans, soient de Paris ou forains, auront amené ou fait venir aucune buche, tant au port de Greve comme à l'escolle Saint-Germain, et à la bucherie du petit pont, elle sera mise à pris et exposée en vente dedens le tiers jour après ce que elle sera arrivée, se le marchant peut avoir port pour y mettre planche, sans ce qu'il puisse plus attendre, s'il n'est jour de feste commandée; et icelle buche vendra continuellement à qui en vouldra avoir jusques ad ce qu'elle soit toute vendue : et aussi iceulx marchans procederont par run, sans mettre leurs bateaulx l'un devant l'autre, pour oster le run à cellui qui le devra avoir, sur paine de soixante solz parisis d'amende pour chascune foiz qu'ils feront le contraire, et de restablir les bateaux ès lieux dont ilz auront esté ostez, aux despens de ceulx à qui ilz seront, ou qui ce auront fait ou fait faire ; et mettront tellement leurs nefs ou bateaux, qu'ilz ne puissent aucunement

empescher le passaige des autres nefz ou bateaulx qu'il conviendra mener par ladicte riviere, tant en avalant que en montant, sur la paine dessusdicte.

(209) *Item.* Aucuns marchans ne tendront ne exposeront en vente aucuns bateaulx chargiez de ladicte marchandise, au dessus du ruisseau qui vient de la ruelle Saint-Jehan, pource que les descentes des autres marchandises s'y doivent faire, ne aussi au dessus de la palée du port François, ne ne meneront leurs bateaulx chargez de ladicte marchandise autour de ladicte palée du port François, pour mettre devant les autres bateaulx qui seront exposez ou à exposer en vente, sur paine de soixante solz parisis d'amende.

(210) *Item.* Nul marchant ayant buche à vendre en ladicte ville de Paris, à aucun desdis pors, ne fera aucun alegement de son bateau de une mesme buche, sinon en cas de neccessité, peril ou fortune; ouquel cas il tendra son alegement derriere le batel dont il aura esté fait, et tousjours sera ledit allegement derriere icellui grant batel, sur paine de soixante solz parisis d'amende.

(211) *Item.* Tous marchans, voicturiers, maronniers et autres à qui seront les bateaulx menens icelles marchandises ou autres, pour vendre esdis pors et places, tantost que lesdis bateaulx seront mis à port, osteront les gouvernaulx estans en iceulx et les mettront en l'eaue au long des bors, affin qu'ilz ne nuisent, prejudicient ou empeschent les places aux autres, sur paine de vint solz parisis d'amende.

(212) *Item.* Quant aucune buche sera arrivée en ladicte ville de Paris, et qu'elle sera à port et aura son run pour estre mise et exposée en vente, incontinant que les trois premiers jours de sa premiere vente seront passez, le marchant et le juré molleur ou compteur de buche, qui fera icelle besongne, yront en l'ostel de la ville pardevers lesdis prevost et eschevins, pour y faire mettre rabais tel qu'il appartendra par raison, selon la discrecion desdis prevost et eschevins, en continuant ycellui rabais de trois jours en trois jours, comme dit est dessus, jusques ad ce que elle sera toute vendue, sur paine de soixante solz parisis d'amende.

(213) *Item.* Puis que aucun marchant quel qu'il soit, aura exposé aucune buche en vente, il ne la fera descendre ne mettre en chantiers pour ycelle revendre, sinon ès places ordonnées pour icelles marchandises vendre en plain marchié à un chascun, sur paine de forfaicture au regart des marchans forains, et d'amende arbitraire au regard de ceulx de Paris; excepté seulement que un

marchant bourgois de Paris, pourra prendre de sa buche qui aura exposée et mise en vente pour son user tant seulement, par le congié desdis prevost et eschevins, et non autrement, sur ladicte paine.

(214) *Item.* Nul marchant forain ne mettra ne descendra aucune buche, perches, merrien à charrons, latte, essaune (1) ne autres semblables denrées ou marchandises, en granches ou chantiers sur terre, ainçois les vendra ès places et marchez establiz et ordonnez pour icelles marchandises vendre et distribuer, ou les vendra et distribuera ès bateaulx où elles auront esté amenées, et non autrement, sur paine de confiscacion et forfaicture.

(215) *Item.* Nul ne desliera buche pour icelle relier ou diminuer; ainçois toutes manieres de marchans et autres vendens buche, vendront icelle en la forme et maniere qu'elle esté faicte et amenée et achettée au lieu où elle aura esté faicte, pourveu que elle soit bonne, loyale et marchande, et de la fourniture dont elle doit estre, et non autrement, sur paine de forfaicture.

(216) *Item.* La buche de costerez de mole, que on amenra pour vendre en ladicte ville de Paris, sera de la moison et fourniture qui s'ensuit; c'est assavoir, les costerez de la mendre moison, auront de gros hante et rondin, qui est à dire, tant que ung homme peut tenir entre deux mains estendues, avec un pouce escaché entre les deux poulces, pour ledit rondin; et de long la mendre aura deux piez entre deux tailles; et la buche de mole que on amenra d'amont l'eaue d'audessus des pons de Paris, aura la mendre trois piez et demy de long, et celle d'aval l'eaue de audessoubz desdiz pons, la mendre de deux piez et demy, et deux doiz de long, et de gros plain poing et deux doiz, selon l'estalon qui est en l'ostel de la ville.

(217) *Item.* Nul ne meslera aucune buche; c'est assavoir, mettre grosse et menue ensemble, ne aussy n'y fera aucun parement en mectant belle buche par dessus et autre par dessoubz, ainçois sera la buche qui sera en un bastel, toute pareille, d'une mesme lieure, et aussi belle dessoubz comme dessus; et qui fera le contraire, par fraude ou decepcion, il forfera les denrées et le admendera d'amende arbitraire.

---

(1) L'essaune ou l'essau que nous appelons *bardeau*, est un petit ais de bois propre à couvrir les toits au lieu de tuiles. (V. le *Glossaire* de Du Cange, au mot *Scindula*; et le *Dictionnaire du commerce* par Savary, au mot *Esseau*.)

(218) *Item.* Et se aucun marchant ne peut faire la charge de sa batel d'une pareille et semblable buche, et il veuille parfaire ladicte charge d'autre buche et non pareille, il mettra des hars entre deux, ou y fera telle autre difference que on la pourra et saura clerement congnoistre, ad ce que aucun n'y puisse estre fraudé ou deceu, et exposera l'une avant l'autre en vente, sans vendre l'une jusques ad ce que la première exposée en vente sera vendue, ou au moins mettra chascune à son pris, sans fraude ou deception, sur la paine dessusdicte.

(219) *Item.* Nul n'achettera aucunes desdictes marchandises exposées en vente en ladicte ville de Paris, en aucuns des pors dessusdiz, pour icelles revendre en chantier ne ausdis pors, sur paine de forfaicture et d'amende arbitraire.

(220) *Item.* Nul marchant ne autre qui se entremette de ladicte marchandise de buche, soit crochetteur ou autre, ne comptera ou mollera, ne ne fera compter ou moller aucune buche en son chantier ne ailleurs en ladicte ville, oultre trois molles le jour, de buche de molle, ne aussi ne comptera aucuns costerez ou autre buche qui se vendra à compte, oultre ung quarteron, et de gloe oultre demi-cent, sans avoir deux compteurs et molleurs jurez de ladicte marchandise, sur paine d'amende arbitraire.

(221) *Item.* Quant aucune buche sera exposée en vente en aucun des pors dessusdis, cellui à qui ladicte buche sera, ne la pourra faire vendre, sinon par lui, sa femme, ou mesgnie domestique, se n'est par le congié et licence desdis prevost et eschevins, sur paine d'amende arbitraire.

(222) *Item.* Puis que aucune buche sera une fois asseurée et mise à pris, elle ne sera rencherie ne mise à plus haut pris, sur paine d'amende arbitraire.

(223) *Item.* Pour ce que aucuns marchans se sont efforcez ou temps passé, de faire d'un chantier d'une mesme buche, divers tas ou monsseaulx de buche, sans aparence d'aucune difference, afin qu'ilz peussent rencherir leur buche d'un mesme chantier, quant bon leur sembleroit, en venant contre l'ordonnance dessusdicte, ordonnons que doresenant aucun marchant ne fera d'un chantier plusieurs tas ou monsseaulx, qu'il n'y ait veue clere entre yceulx tas de l'espasse de deux dois tout au long, tellement que on puisse clerement apparcevoir la difference d'iceulx tas, comme ce s'estoient divers chantiers, sur paine d'amende arbitraire.

(224) *Item.* Les marchans vendens buche, tant en leurs mai-

sons que en chantiers et sur l'eaue, ne ouvreront leursdictes maisons ne chantiers à jour de feste d'apostre ou autre solennelle feste, ne ne mettront planche en leurs bateaulx pour vendre leurdicte buche, se n'est en cas de neccessité, ou pour seigneurs ; et aussi ne mettront ou laisseront leur buche à jour ouvrable en la rue hors de leursdictes maisons ou chantiers, afin que le chemin n'en soit empesché, se n'est en la chargeant ou descendant, sur paine de soixante solz parisis d'amende.

(225) *Item.* Puis que aucune buche sera amenée d'aval l'eaue pour vendre en ladicte ville de Paris, elle sera vendue au port ou en la place de l'escolle Saint-Germain, et non ailleurs; et celle qui sera amenée d'amont l'eaue, sera vendue au port de Greve ou de la bucherie de petit pont, sans ce que on mette ou vende ladicte buche venant d'amont l'eaue, audit port de l'escolle Saint-Germain, ne aussi celle qui vient d'aval l'eaue, ausdis pors de Greve ne de ladicte bucherie, et se vendra la buche de costere qui sera amenée audit port de Greve, dedens les bateaux où elle sera amenée ; et celle de mole, sur terre; et ne sera aucun mettre ne exposer aucune buche en vente sur l'eaue à l'un des pors dessusdis, sur paine d'amende arbitraire.

(226) *Item.* Depuis que aucune buche sera chargée et mise à chemin pour estre amenée à Paris, aucun ne yra audevant pour icelle marchander, retenir ne achetter, sur paine que le marchant vendeur perde la marchandise, et l'achetteur le pris de l'achat.

(227) *Item.* Quant aucun merrien de fou (1) et tout autre mens merrien que les huchers, escriniers et faiseurs de fourreaux d'espée, ont accoustumé de mettre en besongne, sera amenée par eaue et par aucuns marchans forains, pour vendre en ladicte ville de Paris; se il est amené en flotte, il sera trois jours sans desflotter après ce qu'il sera arrivé; et pendent ce les floteurs qui l'auront amené, ou les marchans qui le auront fait venir, yront faire savoir aux huchiers, escripniers et faiseurs de fourreaux d'espées de ladicte ville, que la flotte est venue, affin que un chascun qui en vouldra avoir si en ait par égal porcion, ou selon sa possibilité; et ce fait, lesdis escriniers, huchiers et autres qui dudit bois vouldront avoir, yront desflotter et mettre sur terre ledit bois, pour le partir et distribuer entre eulz et autres qui en vouldront

---

(1) On trouve dans le *Trésor* de Borel, au mot *Fou*, que c'est du fouteau, du hêtre.

avoir, et en auront les bourgois de Paris pour leur user avant tous autres. Et s'il s'est amené en bateaulx, il sera descendu sur terre, et le fera pareillement savoir ausdis huchiers, escriniers et faiseurs de fourreaux d'espées, afin que chascun en ait par la manière dessus dicte; et se dedens lesdis trois jours, lesdis huchiers et autres qui en vouldront avoir, n'en font diligence, les marchans pourront vendre leur bois ou bon leur samblera, et ne vendront les marchans amenens ladicte marchandise, couvertement ne autrement, que par la manière que dit est, sur paine d'amende arbitraire.

Des compteurs et moleurs de buche.

(228) *Item.* En la ville de Paris aura par nombre quarente jurez compteurs et moleurs de buche, et non plus, sans ce que autre se puisse entremettre de excercer l'office desdis moleurs et compteurs, sur paine d'amende arbitraire.

(229) *Item.* Quant ledit office de compteur et moleur vacquera lesdis prevost des marchans et eschevins le donrront à homme qui par informacion deuement faicte, sera trouvé estre de bonne vie, renommée et honneste conversacion, sans aucun blasme ou reproche, et habille, souffisant et ydoine pour ycellui office excercer.

(230) *Item.* Quant ont instituera aucun oudit office de mollage, il fera serement que justement et loyalment il exercera ycellui office en sa personne, et gardera le droit du vendeur et de l'achetteur, et qu'il ne prendra ne demandera plus grant salaire que cellui qui est ordonné pour ledit office excercer; et aussi qu'il gardera les ordonnances faictes tant sur ledit office, comme sur ladicte marchandise, et que s'il scet chose qui soit faicte ou prejudice des franchises et libertez de ladicte ville, ne des ordonnances d'icelle, incontinant il le fera savoir ausdis prevost et eschevins ou au procureur de la marchandise, et obeira à leurs commandemens; et que de chose dont la congnoissance appartieigne à la juridicion desdis prevost et eschevins, il ne mettra ou fera mettre aucun en cause ailleurs que pardevant eulx.

(231) *Item.* Et après ce qu'il sera institué et aura fait ledit serement, il sera presenté et mis en possession dudit office par l'un des sergens de ladicte prevosté et eschevinage, que lesdis prevost et eschevins vouldront ad ce commettre, qui aura pour ce faire deux solz parisis seulement; et ce fait, il baillera au clerc de la

ville, pour sa lottre, cinq sols parisis; et quant il fera son past, deux pains et ung mais de char, et doux pos de vin.

(232) *Item.* Ung chascun desdis jurez, quant il fera son past, paiera d'entrée six livres parisis, pour mettre en la boueste de leur confrarie, et pour convertir et employer ès besougnes et affaires d'icelle et de leur communaulté.

(233) *Item.* Et s'aucun d'eulx chet en necessité de maladie, il prendra et aura sur les autres moleurs et compteurs, pour chascune sepmaine, quatre solz parisis.

(234) *Item.* Et quant iceulx jurez auront trop grant charge pour paier lesdis malades ou autrement, ilz mettront chascun d'eulx par chascune sepmaine, deux deniers parisis en leur boitte; et ceulx qui seront de ce faire refusans, paieront cinq solz parisis d'amende, moittié au proffit de nous et de ladicte ville, et moittié à leurdicte boitte.

(235) *Item.* Chascun desdis jurez aura les moles de fer pour moler chascun jour la buche ès places ad ce limitées, selon l'estalon qui est oudit hostel de la ville, pardevers lesdis prevost et eschevins; lesquelz moles leur seront baillez et livrez par les marchans pour qui ilz venderont, à leurs despens, et ne molera à molle ou anneau qui soit rompus, et aussi qu'il ne soit seigné au seing de la fleur de liz, sur paine de soixante solz parisis d'amende.

(236) *Item.* Lesdis jurez en molant buche ne mettront oudit mole ou annel, aucune buche qui ne soit bonne, loyale et marchande, de la fourniture et longueur qu'elle doit estre, et selon l'estalon qui est oudit hostel de ladicte ville, sur paine de soixante solz parisis d'amende.

(237) *Item.* Lesdis jurez auront pour leur droit et salaire de leursdis offices exercer, ce qui s'ensuit; pour chascun quarteron de buche de molle, moller ou compter, tant en l'eaue comme à terre, troiz solz quatre deniers parisis, dont le vendeur paiera la moittié et l'achetteur l'autre : ainsi est pour chascun mole, deux deniers tournoys, un denier pour l'achetteur et autant pour le vendeur.

(238) *Item.* Pour le cent de bourrées compter, deux deniers parisis; c'est assavoir, un denier parisis pour le vendeur, et un denier pour l'achetteur.

(239) *Item.* D'un cent de cousterez compter, tant sur l'eaue comme sur terre, deux deniers parisis; c'est assavoir, un denier du vendeur, et un autre de l'acheteur : du cent de falourdes à deux bars, six deniers parisis, trois deniers du vendeur et trois

FÉVRIER 1415.

deniers de l'achetteur: du cent de gloe, deux deniers, un denier du vendeur et un denier de l'achetteur: du millier de latte, quatre deniers du vendeur: de cent milliers d'essaune compter, dix solz parisis, à prendre sur le marchant vendeur; et sont lesdis compteurs tenuz de compter et moller tant sur terre comme sur eaue, tout autre bois et merrien qui se vent à cens et à milliers, de quelque longueur qu'il soit, selon l'estimacion dessusdicte: et ne pourront lesdis officiers prendre plus grand salaire, sur paine d'amende arbitraire.

(240) *Item*. Lesdis moleurs et compteurs auront droit de comptaige et molage, de toute maniere de buche vendue et livrée à Paris, à compte et à molle, supposé qu'ilz ne comptent ou mollent icelle buche, puis qu'ilz se seront à ce offers à ce faire; mais s'aucune buche est vendue en tache à batellées ou autrement, ainsi qu'elle sera, sans ce que elle soit vendue à molle ou à compte, lesdis molleurs n'y auront pour ce aucun droit de comptaige ou mollaige, se elle n'est par eulz comptée ou mollée, du consentement de ceulx à qui elle sera.

(241) *Item*. Lesdis compteurs et molleurs auront de chascun molle de buche qu'ils molleront, pour quelque personne que ce soit, une buche prinse en l'annel, sans ce que le marchant, soit vendeur ou achetteur, le puisse contredire, ou cas que on ne les vouldra paier de leurdit comptaige; c'est assavoir, de un denier; et ne pourra ledit marchant vendeur retenir la buche qui sera prinse par deffault du paiement de l'achetteur; ne aussi le marchant achetteur, par deffault du paiement du marchant vendeur ladicte buche, ainsi choisie, oudit annel, en payant ledit denier, sans le consentement desdis molleurs.

(242) *Item*. Lesdis jurez excerceront leursdis offices en leurs personnes, et feront continuelle residence à jours ouvriers, sur lesdis pors de Greve, de l'Escolle Saint Germain et de la Bucherie de petit pont, afin que le peuple en soit diligemment servi, sur paine d'amende arbitraire.

(243) *Item*. Feront lesdis jurez les ventes de chascune besongne qu'ilz auront justement et loyaument, et sans prendre autre besongne jusques à ce que celle qu'ilz auront entre mains soit parfaicte; et aussi feront bons et loyaulx rappors de trois jours en trois jours ausdis prevost et eschevins, pour faire rabais sur les ventes desdictes besongnes, à la voulenté et discreccion desdis prevost et eschevins, sur paine d'amende arbitraire.

(244) *Item*. Quant lesdis jurez treuveront ou sauront aucune

buche tant de molle, comme costerez, fagos ou bourrées, qui soit entremellée, et dont l'apparence sera plus belle dessus que dessoubz, ilz le feront savoir diligemment ausdis prevost et eschevins, ou audit procureur de la marchandise, pour y pourveoir, sur paine d'amende arbitraire.

(245) *Item*. Se aucun marchant treuve l'un desdis jurez oiseux, et il en ait afaire, icellui compteur et molleur yra faire la besongne d'icellui marchant, tantost et diligemment, s'il en est requis, soit sur terre ou sur l'eaue, sur paine de perdre son office et d'amende arbitraire.

(246) *Item*. Lesdis jurez seront deux dudit office ensemble, en tous lieux et en toutes places là où ilz auront à moller ou compter aucune buche ou autre merrien, sur paine d'amende arbitraire.

(247) *Item*. Lesdiz jurez se porporcionneront également par rue et par sepmaines, ad ce que les deux d'eulx soient par chascun jour de vente au port de la Bucherie de petit pont, pour moller et compter toute la buche qui chascun jour y sera vendue, et pour ycelle porter pardevers cellui qui sera ordonné et establi audit lieu de par lesdis prevost des marchans et eschevins, pour faire les rabais d'icelle, ainsi qu'il appartient; et le samedi precedent la sepmaine que ilz serviront, ilz yront au matin ou après disner en ladicte bucherie pardevers les deux autres jurez qui auront servy ycelle sepmaine, pour savoir l'estat du port et le pris à quoy la buche aura esté mise, soit par rabais ou autrement, icelle sepmaine, pour faire et continuer ledit rabais ainsi qu'il est acoustumé, sur paine de soixante solz parisis d'amende, à prendre tant sur chascun de ceulx qui auront servi, comme sur ceulx qui serviront la sepmaine ensuyvant.

(248) *Item*. Ne yront lesdis jurez audevant des marchans, bateaux ou vaisseaux, qui ameuront ladicte marchandise de buche en ladicte ville, ne aussi n'en marchanderont ne n'en feront vendre ne achetter par eulz ne par autre à leur proffit, sinon pour leur user tant seulement, sur paine de perdre la marchandise et d'amende arbitraire.

(249) *Item*. Entre la Toussains et Pasques, les fourriers de nous et d'autres de nostre sang, prendront telz molleurs qu'ilz leur plaira, et seront tenuz lesdis molleurs qu'ilz prendront, de les servir durant ledit temps, tant qu'il plaira ausdis fourriers, et que le seigneur à qui ilz seront, sera à Paris, pource que c'est le temps que l'en livre buche pour la court; et tant comme les-

molleurs serviront, ilz n'auront aucun run avec leurs compaignons, et la buche qu'ilz gaigneront en ce faisant, ilz ne la feront moller ne compter par eulx ne par autre que par leurs compaignons, se ilz la revendent; mais entre Pasques et la Toussains, pource que ce n'est pas le temps ordinaire que l'en doit livrer la buche à la court, aucun fourrier ne prendra autres molleurs que les premiers qu'il trouvera, sans ce que il ait aucun chois quant ad ce ; et ne perdront point les molleurs qu'il prendra, leur run avecques leurs compaignons, sinon tant qu'ilz molleront et compteront ladicte buche.

(250) *Item.* Se lesdis fourriers veulent avoir autre buche dont le run soit escheu à aucun molleurs, les autres molleurs que lesdis fourriers auront prins pour eulz servir, ne auront point le droit de mollage de ladicte buche, supposé qu'ilz la molent, mais appartendra a ceulx qui auront ledit run et besongne.

(251) *Item.* Lesdis jurez excerceront leursdis offices jusques aux blans murs, et ailleurs environ Paris, ou cas qu'ilz en seront requis par aucuns marchans, et qu'ilz en auront congié et licence desdis prevost et eschevins ou leur lieutenant, en leur paiant le droit et salaire dessus declairé avecques leurs despens.

(252) *Item.* Lesdis jurez se prendront garde, chascun en droit soy, des fraudes qui seront commises ausdis pors de Greve, de l'Escolle Saint-Germain et de la Bucherie de petit pont et ailleurs tant sur le fait de la marchandise que contre lesdictes ordonnances faictes sur icelle, et raporteront incontinant pardevers lesdis prevost et eschevins, ou le procureur de la marchandise, ce qu'ilz ou l'un d'eulz trouvera estre fait au contraire, sur les paines dessusdictes ou autres arbitraires, selon l'exigence du cas.

Du charbon.

(253) *Item.* Quant aucun charbon sera chargié sur la riviere de Saine, ou sur l'une des autres rivieres descendens en ycelle pour estre amené vendre en ladicte ville de Paris, il ne sera vendu, ne descendu ou chemin, sur paine de forfaicture, sinon que le marchant à qui sera icellui charbon, ait dit expressement en faisant son marchié au voicturier qui le amenra, que il aura entencion de le vendre à aucun port ou marchié juré qui sera entre le lieu où ledit charbon aura esté chargié et ladicte ville de Paris, et non autrement, sur ladicte paine de forfaicture.

(254) *Item.* Quant aucun charbon sera chargié sur ladicte riviere de Saine, ou sur l'une desdites rivieres, pour amener en

ladicte ville de Paris, nul ne le fera sejourner sur le chemin ne sur le port où il aura esté chargié, que deux jours, que ceulz qui le devront amener ne le mettent à chemin pour venir en ladicte ville, se par fortune de temps ou autre fortune ou neccessité, ilz ne sont destourbez ou empeschez, sur ladicte paine.

(255) *Item*. Tous marchans pourront faire amener charbon d'amont l'eaue, sans passer les pons de ladicte ville, sans congié, sans hanse ou compaignie françoise; mais s'aucun en fait venir d'aval en reboursant l'eaue, depuis le pont de Mente jusques aux pons de Paris, il sera hansé de la marchandise de l'eaue, et aura compaignie françoise se il n'est bourgois de Paris, ouquel cas il ne lui fault que hanse, ou autrement ledit charbon sera forfait.

(256) *Item*. Et quant les marchans feront venir charbon à aucun des pors de ladicte ville à ce ordonnez, ilz procederont à la delivrance d'icellui par run, se ilz pevent avoir port; et sitost qu'ilz pourront avoir port, ilz mettront planche en leurs bateaulx et mettront ledit charbon en vente le tiers jours après, se il n'est feste; et se lesdis bateaux ne pevent avoir port, ilz feront diligence incontinant qu'ilz l'auront, de mettre ledit charbon en vente, sur paine de soixante solz parisis d'amende.

(257) *Item*. Quant aucun charbon sera mis en vente à aucun desdis pors, sitost qu'il aura eu trois jours de vente, les mesureurs qui feront icelle besongne yront pardevers lesdis prevost et eschevins pour le asseurer et mettre à pris, et pour de trois jours en trois jours ensuivans, y faire rabais selon leur advis et discreccion, jusques ad ce que tout soit vendu, sur paine de soixante solz parisis d'amende.

(258) *Item*. Puis que un marchant aura exposé charbon en vente sur l'eaue, il ne le descendra pour mettre en chantier pour le revendre, ainçois sera tout vendu sur ladicte riviere, sur paine de le perdre et de soixante solz parisis d'amende.

(259) *Item*. Les marchans forains ne descendront charbon sur terre pour vendre en chantier ne autrement, ainçois le vendront ès bateaulx sur ladicte riviere, synon que le batel où sera ledit charbon, soit en dangier par fortune, ouquel cas ilz le pourront mettre en chantier par le congié desdis prevost et eschevins, et non autrement, sur paine de forfaicture.

(260) *Item*. Aucun marchant quel qu'il soit, ne achettera entre Pasques et la Toussains, aucun charbon sur riviere ne en ladicte

ville de Paris, pour ycellui mettre en grenier pour revendre en icelle ville, sur ladicte paine.

(261) *Item.* Un marchant ne exposera en vente charbon mouillé, et qu'il ne soit bon, loyal et marchant, ne aussi où il y ait plus brese que celle qui y pourra estre de tant que le charbon se pourra diminuer en le amenant, sans y commettre aucune fraude, sur ladicte paine.

(262) *Item.* Nul ne yra audevant du charbon que on amenra en ladicte ville, pour le achetter, et aussi le marchant à qui il sera, ne le vendra ou chemin ne jusques ad ce qu'il soit en ladicte ville, sur paine audit marchant vendeur de perdre le charbon, et à l'achetteur, le pris de l'achat.

(263) *Item.* Aucun ne achettera charbon exposé en vente en aucun desdis pors ne ailleurs en ladicte ville, pour revendre sur l'eaue ne en chantier, sur paine de perdre le charbon, et d'amende arbiraire.

(264) *Item.* Quant aucun charbon sera exposé en vente en aucun desdis pors, cellui à qui il sera ne le fera vendre, sinon par lui, sa femme ou mesgnie domestique, sans congié desdis prevost et eschevins, sur paine d'amende arbitraire.

(265) *Item.* Quant aucun charbon sera asseuré et mis à pris, on ne le encherira ne mettra à plus hault pris, mais en aura chascun au pris qu'il aura esté mis, sur paine d'amende arbitraire.

(266) *Item.* Et quant le charbon venant par terre sur charioz, charrettes et chevaulx, sera arrivé en ladicte ville, ceulz qui le amenront ne le deschargeront ne descendront en chantier ne ailleurs que és places cy-après declairées, ainçois le menront vendre par ladicte ville, et ne le mueront de sac en autre, sur ladicte paine de forfaicture et d'amende arbitraire.

(267) *Item.* Quant ledit charbon amené par terre, ne pourra estre vendu en le menant aval la ville la journée qu'il ara esté amené, on le descendra en l'une des places qui s'ensuivent; c'est assavoir, en la place de greve, aux hales, à la crois du tiroir, à la fontaine Gaucher et à la place Maubert, pour y estre vendu et distribué comme en plein marchié à qui en vouldra avoir son argent, et non ailleurs, sur ladicte paine.

(268) *Item.* Le charbon qui sera amené pour vendre en ladicte ville, soit par eaue ou par terre, ne sera mené ne transporté hors ladicte ville, mais y sera vendu et distribué, sur paine de forfaicture.

(269) *Item.* Pour obvier aux fraudes et decepcions que on a

fait ou temps passé, et peut on faire chascun jour ou charbon amené par terre sur charioz, charrettes, chevaulx et autres bestes, ou très-grant prejudice du bien publique, ordonnons que doresenavant les sacs esquelz sera amené ledit charbon, seront de certaine moison ; c'est assavoir, les uns de six minos chascun, les autres de trois minos chascun, et les autres d'un minot seulement chascun, afin que l'en puisse faire grans sommes et petites sommes ; laquelle grant somme sera de treize minos en deux grans sacs, de chascun six minoz, et de un petit sac d'un minot appellé le cart sommeau ; et la petite somme sera de neuf minos en moyens sacs de chascun trois minos ; lesquelz sacz seront estalonnez et adjoustez par chascun an une fois à l'estallon du parlouer aux bourgois, qui est en l'ostel de la ville ; et qui fera le contraire, il l'amendera d'amende, et sera le charbon forfait.

(270) *Item*. S'aucun fait doubte que le charbon qu'il achettera ne soit bon et convenable, et qu'il y ait plus brese que celle qui y devra estre raisonnablement selon ce que le charbon se peut ou pourra diminuer en le amenant, ou qu'il n'y ait mesure souffisant, il le pourra faire visiter et mesurer par l'un des mesureurs jurez, lequel sera tenu de faire son rapport sur ce, se il treuve aucune faulte, pardevers lesdiz prevost et eschevins, ou au procureur de la marchandise, sur paine de soixante solz parisis d'amende.

Des mesureurs de charbon.

(271) *Item*. En la ville de Paris a esté accoutumé d'avoir par nombre ancien, douze mesureurs de charbon seulement ; mais pour ce que depuis et oultre ledit nombre ancien, on y a mis un autre mesureur, et aussi pour eschever les debas, noises et procès estans entre lesdis mesureurs et les porteurs de ladicte marchandise de charbon, voulens entreprendre l'un sur l'autre, pour lesquels le peuple en a esté très-mal servy, et qu'il est très-expedient et necessité, afin que le peuple soit mieulx servy, qu'il y ait plus de porteurs et moins de mesureurs qu'il n'a esté accoutumé, ordonnons que le nombre de treize mesureurs sera ramené à neuf, et celluy desdis porteurs creu pareillement à neuf, et les trois mesureurs qui sont en procès contre les six porteurs ; c'est assavoir, Yvonnet le Barhardel, Jehan le Barhardel, et Bolin de Rouenne, pourront porter et mesurer tant comme ilz tendront l'office, et les autres mesureurs qui ont renoncié au portaige, ne pourront que mesurer seulement ; et pour ladicte reducion et creue faire, les quatres premiers offices d'iceulx mesurages vac-

..., ou que lesdis mesureurs laisseront, seront non impetrables quant au mesuraige, et en seront les trois converties en portaige; et deslors en avant n'aura en ladicte ville que neuf mesureurs et neuf porteurs de ladicte marchandise de charbon, et ne
s'entremettront aucunement sur l'office l'un de l'autre; c'est
assavoir, que lesdis mesureurs feront l'office de mesurage seulement, et les porteurs d'office de portaige pareillement, pour la
quelle ordonnance entretenir pour le temps avenir, ordonnons
premierement au regard desdis mesureurs, que ilz feront et excerceront yceulx offices de mesurage, sans ce que aucun s'en
puisse entremettre, sur paine d'amende arbitraire.

(272) *Item.* Quant ledit office de mesurage vacquera, lesdiz
prevost des marchands et eschevins le donront à homme qui par
informacion deuement faicte, sera trouvé estre de bonne vie, renommée et honneste conversacion, sans aucun blasme ou reproche, et habile, souffisant et ydoine pour ycellui office excercer.

(273) *Item.* Quant on instituera aucun oudit office, il fera serement que justement et loyalement il excercera icellui office en sa
personne, et gardera le droit du vendeur et de l'achetteur, sans
prendre ne demander plus grant salaire que cellui qui est ordonné
pour ledit office excercer, et aussi qu'il gardera les ordonnances
faictes tant sur ledit office comme sur ladicte marchandise de charbon: et que s'il scet chose qui soit faicte ou prejudice des previleges et franchises de ladicte ville, ne contre les ordonnances d'icelle
incontinant il le fera savoir ausdis prevost et eschevins, ou au
procureur de la marchandise, et obeira à leurs commendemens,
et que de chose dont la congnoissance appartieigne à la juridicion
desdis prevost et eschevins, il ne mettra ou fera mettre aucun
en cause ailleurs que pardevant eulx.

(274) *Item.* Et après ce que il sera institué et aura fait ledit serement, il sera presenté et mis en possession dudit office par l'un
des sergens de ladicte prevosté et eschevinage, que lesdis prevost et eschevins vouldront à ce commettre, qui aura pour ce
faire deux solz parisis seulement; et ce fait, il aura lettre d'icellui office, pour laquelle il paiera au clerc de la ville, un sac de
charbon, et avec ce baillera caucion bourgoise de dix livres parisis, avant qu'il puisse excercer ledit office, sur paine de privacion d'icellui.

(275) *Item.* Lesdis mesureurs excerceront leurs offices en leurs
personnes, et feront continuelle residence ès lieux et places où
l'en a accoustumé de vendre et descendre charbon, afin que ung

chascun puisse être servi ainsi qu'il appartient, sur paine de privacion d'office.

(276) *Item.* Pour iceulz offices excercer en leurs termes, quant il y aura aucune nef ou batel chargié de charbon, exposée en vente en aucun desdis pors, ilz auront ung minot, demy minot, et deux pelles pour mesurer ledit charbon à rez, à chascun qui en vouldra avoir; et pareillement quant il y aura aucun charbon à vendre sur terre, esdictes places sur ce limitées, ilz auront un minot, demi-minot et une pelle, sur paine de soixante solz parisis d'amende.

(277) *Item.* Lesdis mesureurs ne mesureront aucun charbon à la pelle, sinon en emplissant lesdis sacz estallonnez, mais mesureront tout l'autre charbon qui se vent autrement que au sac, au minot ou demy-minot, et non autrement, sur paine de soixante solz parisis d'amende pour chascune fois qu'ilz le feront.

(278) *Item.* Lesdis mesureurs auront chascun deux sacz de bonne moison, estallonnez et adjoustez par chascun an une fois à l'estallon qui est oudit hostel de ladicte ville, lesquelz sacz tendront chascun six minos mesurez à rez; et ne mettront ne mesureront charbon en aucun sac qui soit mouillé, sur paine de soixante solz parisis d'amende pour chascune fois.

(279) *Item.* Lesdis mesureurs ne mesureront charbon mouillé et qui ne soit bon, souffisant, loyal et marchant; et se ils treuvent le contraire, ilz le diront et denonceront incontinant ausdis prevost et eschevins, ou audit procureur de la marchandise, sur ladicte paine.

(280) *Item.* Feront lesdis mesureurs leurs rapors de trois jours en trois jours ausdis prevost et eschevins, de tous les bateaulz qui ameront aucun charbon en ladicte ville, pour les faire mettre en vente esdis pors, tantost après lesdis trois jours passez qu'ils seront venuz; et aussi pour faire les rabais ainsi qu'il est accoustumé, sur paine de soixante solz parisis d'amende.

(281) *Item.* Ne feront lesdis mesureurs porter aucun charbon en sacz, sinon aux porteurs jurez de ladicte ville de Paris, sur ladicte paine.

(282) *Item.* Iceulz mesureurs ne marchanderont ne s'entremettront, ne feront entremettre de ladicte marchandise de charbon, par eulx ne par autres à leur profit, ne aussi ne achetteront ne feront achetter aucun sour-tref, par quelque maniere que ce soit, sur paine de perdre la marchandise et d'amende arbitraire.

(283) *Item.* Excerceront leurs offices par run; c'est assavoir,

des besongnes qui surviennent et survendront tant sur l'eaue, nefz et bateaulx, comme sur terre, en charrios, charrettes, bestes ou autrement, un chascun d'eulx aura une besongne à faire qui sera à un marchant, sans en avoir autre jusques ad ce qu'elle soit parfaicte et que son run vieigne; et garderont leur l'un après l'autre, sur paine de cinq solz parisis d'amende pour chascune foiz qu'ilz ou aucun d'eulx le rompront.

(284) *Item.* Lesdis mesureurs clorront et desclorront les bateaux et nefz dont ilz seront mesureurs, et auront la charge; c'est assavoir, qu'ilz osteront les pieux et les cloisons estans dedens et environ iceulx bateaux ou vaisseaulx, pour garder et retenir ledit charbon; et seront tenuz de ce faire parmy le salaire que ilz ont pour icelles ventes faire, sur paine de soixante solz parisis d'amende.

(285) *Item.* Chascun desdis mesureurs aura pour son salaire de chascun batel ou nef chargée de charbon que il mesurera, et dont il aura la besongne, douze gros, qui valent seize solz parisis, à prendre sur le marchant vendeur.

(286) *Item.* Et pour mesurer le charbon qui sera vendu et delivré par menues parties; c'est assavoir, à mines, minnoz, chascun d'eulx aura pour chascun minot, un denier tournois, et de la mine, deux deniers tournois, à prendre sur les achetteurs.

(287) *Item.* Et pour chascun sac mesurer ou batel, lequel contient six minoz, au pris d'un gros le muy, qui fait pour le sac deux deniers parisis, à prendre sur les achetteurs; et de celui qui vendra par terre, pour chascun sac, deux deniers de l'achetteur, et un denier du vendeur.

(288) *Item.* Se lesdis mesureurs scevent aucunes faultes ou mesprentures qui soient faictes en ladicte marchandise, ne contre lesdictes ordonnances, incontinant ilz le diront et denonceront chascun en droit soy ausdis prevost et eschevins, ou au procureur de la marchandise, sur les paines dessusdictes ou autres arbitraires selon l'exigence du cas.

Des porteurs de charbon.

(289) *Item.* En ladicte ville de Paris, aura par nombre pour le temps avenir, neuf porteurs-jurez de charbon, sans ce que aucun autre se puisse entremettre de faire l'office desdits porteurs, sur paine d'amende arbitraire.

(290) *Item.* Quant ledit office vacquera, lesdis prevost des marchans et eschevins le donrront à homme qui par informa-

cion deuement faicte, sera trouvé estre de bonne vie, renommé et honneste conversacion, sans aucun blasme ou reproche, habille, souffisant et ydoine pour icellui office exercer.

(291) *Item.* Et quant on instituera aucun oudit office de partaige, il fera serement que justement et loyalement il exercera icellui office en sa personne, et gardera le droit du vendeur et de l'achetteur, sans prendre ne demander plus grant salaire que cellui qui est ordonné pour ledit office excercer; et aussi qu'il gardera les ordonnances faictes tant sur ledit office que sur la dicte marchandise; et que s'il scet chose qui soit faicte ou préjudice des franchises et libertez de ladicte ville, ne des ordonnances d'icelle, incontinant il le fera savoir ausdis prevost et eschevins, ou au procureur de la marchandise, et obeira à leurs commandemens; et que de chose dont la congnoissance appartiegne à la juridicion desdiz prevost et eschevins, il ne mettra ou fera mettre aucun en cause ailleurs que pardevant eulx.

(292) *Item.* Et après qu'il sera institué et aura fait ledit serement, il sera presenté et mis en possession dudit office par l'un des sergens de ladicte prevosté et eschevinage, que lesdis prevost et eschevins vouldront ad ce commettre, qui aura pour ce faire deux solz parisis seulement; et ce fait, il aura lettre d'icellui office, pour laquelle il baillera au clerc de ladicte ville, demy-sac de charbon, et avecques ce baillera caucion souffisante de la somme de cent solz parisis, avant qu'il puisse excercer ledit office, sur paine de privacion d'icellui.

(293) *Item.* Lesdis porteurs excerceront leurs offices en leurs personnes, et feront continuelle residence ès pors et places sur ce limittées, tant de Greve, de l'Escolle-Saint-Germain, comme autres, establies et ordonnées pour vendre ledit charbon; et auront chascun deux sacs pour porter le charbon par ladicte ville, ès lieulx où ilz le devront porter, afin que se l'un de leurs sacs est mouillé, qu'ilz portent en cellui qui sera sec; lesquelz sacs seront de bonne et juste moison, estalonnez et adjustez par chascun an une foiz, à l'estallon du parsouer aux bourgois qui est oudit hostel de ladicte ville, et tendra chascun sac six mines mesurez à rez; et ne mettront ne porteront aucun charbon en aucun sac qui soit mouillé, sur paine de vint solz parisis d'amende.

(294) *Item.* Et ne porteront aucun charbon mouillié et qui ne soit bon, loyal et marchant; et se ilz treuvent le contraire, ilz le

[...] et denonceront incoutinant ausdis prevost et eschevins, [...] procureur de la marchandise, sur paine de vint solz [...] d'amende.

(295) *Item*. Et ne se entremettront de ladicte marchandise de [char]bon, ne n'achetteront aucun sour-tref, ne n'en marchan[de]ront ne feront marchander par autrui à leur proffit, par quel[que] maniere que ce soit, sur paine d'amende arbitraire, et de [per]dre la marchandise.

(296) *Item*. Lesdis porteurs excerceront leursdis offices chas[cun] à son tour; c'est assavoir par run, afin que l'un gaingne [au]tant que l'autre par egal porcion, au mieulz et le plus egale[m]ent que faire se pourra, sur paine de cinq solz parisis, qui [enfrain]sera ledit run.

(297) *Item*. Lesdis porteurs auront pour leur salaire de porter [le]dit charbon parmy ladicte ville de Paris; c'est assavoir, pour [ch]ascun sac qu'ilz porteront depuis ladicte place de Greve, en [al]ant par la rue de la Tennerie, jusques a l'entrée du pont [N]ostre-Dame, et en tournant au bout dudit pont Nostre-Dame [p]ar la Planche de Mybray, en alant tout aval la rue de la Tixer[an]derie, jusques a la porte Baudet, et d'illec en tournant par la [r]ue Saint Gervais, jusques au port au foing, quatre deniers [pa]risis.

(298) *Item*. Pour chascun sac qu'ilz porteront depuis ledit [b]out du pont Nostre-Dame, en alant contremont ladicte rue de [l]a Tennerie, jusques en Chastellet, et de Chastellet, en alant par la rue Saint Denis, jusques à Saincte Katherine, et en tournant audit lieu de Saincte Katherine par la rue aux Lombars, en alant par les rues de la Verrerie, Anquetin-le-Faucheur (1), et en retournant par la rue de Tiron et la rue Froger-Lasnier, en descendant au bout de ladicte rue à la riviere de Saine, six deniers parisis.

(299) *Item*. Pour chascun sac qu'ilz porteront plus avant que les lieux dessus declairez, dedens les anciens murs de Paris, et en la cité, huit deniers parisis.

(300) *Item*. Pour chascun sac qu'ilz porteront entre lesdis

---

1) Cette rue se nomme aujourd'hui de *la Croix Blanche*. (V. l'*Histoire de Paris*, par Sauval, tom. I, p. 150). M. l'abbé Le Beuf dit dans son *Histoire de la ville de Paris et du diocese*, tom. I, 2ᵉ part., p. 507, note 151, qu'il est evident que la rue Tiron est celle que nous appelons aujourd'hui *Clocheperce*. La rue Froger-Lasnier est celle appelée *Geoffroy Lasnier*. V. l'*Histoire de Paris*, par Sauval, p. 150.

anciens murs et les bastides de ladicte ville, et aussi par [...] oultre les pons, vers Saincte Geneviefve et les Jacobins, de[...] les portes de ladicte ville, dix deniers parisis.

(301) *Item.* Pour chascun sac qu'ilz porteront ès fauxbo[urgs] de ladicte ville, douze deniers parisis; et seront tenuz lesdis p[or]teurs, moyennant ledit salaire, de porter ledit charbon en ch[as]cun hostel des bourgois et autres manens en ladicte ville, jusque[s] à deux planchiers ou estages de hault au dessus de chaussée, et [se] ilz le portent plus hault, ilz en seront payez oultre et par dessus [ce] que dit est, de ung denier pour chascune estage : et aussi se les[dis] porteurs prennent ou chargent ledit charbon en autres lieux [et] places que audit port et en ladite place de Greve, comme à l'[es]colle-Saint-Germain, à la Bucherie de petit pont ou ailleurs; [et] aussi se ilz portent moins de charbon que ung desdis sacs, il[z] seront paiez au feur l'emplaige selon la distance des lieux.

(302) *Item.* Se lesdis porteurs scevent aucunes fraudes q[ui] soient commises ou fait de ladicte marchandise, ne contre l[es] ordonnances dessusdictes, incontinant ilz le diront et denonce[]ront chascun en droit soy ausdis prevost et eschevins, ou [au] procureur de la marchandise, sur les paines dessusdictes [et] autres arbitraires, selon l'exigence du cas.

Du sel.

(303) *Item.* Quant aucun sel sera chargié sur ladicte riviere [de] Saine, ou sur l'une des autres rivieres descendens en ycelle, pour estre amené vendre en la ville de Paris, il ne sera vendu[,] descendu ou chemin, sur paine de forfaicture, sinon que l[e] marchant à qui sera icellui sel, ait dit expressement en fais[ant] son marchié au voicturier qui icellui amenra, que il aura intencion de le vendre à aucun port ou marchié juré qui sera entre l[e] lieu où icelle marchandise sera chargiée et ladicte ville de Paris, et non autrement, sur ladicte paine.

(304) *Item.* Tous marchans pourront faire amener ladite mar[]chandise d'amont l'eaue, jusques au dessus desdis pons de Paris, sans ycelle avaler par dessoubz lesdis pons, sans cougie, sa[ns] hance et sans compagnie françoise; mais ceulx qui en fero[nt] venir d'aval l'eaue en reboursant l'eaue, et par especial depuis [le] pont de Mante jusques à Paris, il faudra qu'ilz soient hansez e[t] qu'ilz aient compaignie françoise, s'ilz ne sont bourgois de Paris, ouquel cas ilz ne seront que hansez seulement; et qui autrement

..., la marchandise sera forfaicte et acquise à nous et à ladicte

(305) *Item.* Quant aucun sel sera amené par eaue en ladicte ville de Paris, pour estre vendu, il sera mené au port de la Saunerie, pour illec estre vendu, ou descendu, pour mettre en grenier.

(306) *Item.* Le sel qui sera amené par terre pour vendre en ladicte ville de Paris, sera amené en la place de la Saunerie, pour illec estre vendu, ou descendu, pour mettre en grenier, se ce n'est pour ung marchant ou bourgois de Paris.

(307) *Item.* Tous marchans quelz qu'ilz soient, depuis ce que auront amené ou fait venir aucun sel en ladicte ville, et il est une foiz asseuré et mis à pris, soit sur l'eaue, soit en grenier ou en la place de la Saunerie, il ne le encheriront ne mettront à plus hault pris, sur paine de perdre le sel, et de l'admender.

(308) *Item.* Tous marchans qui auront sel en greniers en ladicte ville, ne le tendront en grenier que quarante jours, sans ce que ledit grenier ne soit ouvert et que le sel estant en icellui, ne soit mis et exposé en vente; et ad ce seront contrains, lesdis quarante jours passez après ce que ycellui sel aura esté mis en grenier; et se ilz font le contraire, ilz le admenderont et perderont la marchandise.

(309) *Item.* Et avecques ce, quant aucun sel aura esté en grenier par quarante jours, et il sera exposé en vente ainsi que dit est, se les marchans ne le mettent à pris raisonnable, ilz y seront contrains, et y mettra on pris convenable eu regard au temps qu'ilz l'auront acheté, à quoi ilz seront astrains par serement, et aussi au temps qu'il sera vendu et à la monnoye qui courra, et sans ce que ilz le puissent enchérir ne mettre à plus hault pris que cellui où il aura esté mis, sur ladicte paine.

(310) *Item.* Puis que aucun sel sera parti et mis en chemin, soit par eaue ou par terre, pour estre amené vendre en ladite ville de Paris, nul ne le achettera, et aussi ne sera vendu ou chemin, mais sera amené au port, ou en place de la Saunerie, sur ladicte paine.

(311) *Item.* Nul ne achettera sel exposé en vente sur la rivière, pour icellui revendre en ladicte ville, sinon les marchans revendeurs, lesquelz en pourront achetter jusques à ung muy seulement pour une foiz, et non autrement, sur paine de perdre la marchandise et de l'admender.

(312) *Item.* Un marchant reverendeur qui achettera sel, soit

sur la riviere ou en grenier, pour revendre et debiter en menues parties, ne pourra achetter à une foiz, ne tenir en son hostel ne ailleurs que ung muy seulement, sur ladicte paine; lesquelles ordonnances de present ne pevent pas estre gardées en leurs termes, pour cause de la gabelle; mais nous voulons que neantmoins lesdictes ordonnances soient incorporées avecques les ordonnances des autres marchandises, pour en user quant il appartendra.

Des mesureurs de sel.

(313) *Item.* En la ville de Paris aura par nombre vingt-quatre mesureurs de sel seulement, sans ce que aucun se puisse entremettre de faire l'office desdis mesureurs, sur paine d'amende arbitraire.

(314) *Item.* Quant ledit office de mesurage vacquera, lesdis prevost et eschevins le donront à homme qui par information deuement faicte, sera trouvé estre de bonne vie, renommée et honneste conversacion, sans aucun blasme ou reproche, et habille, souffisant et ydoine pour ycellui office excercer.

(315) *Item.* Et quant on instituera aucun oudit office de mesuraige, il fera serement que justement et loyaument il excercera icellui office en sa personne, et gardera le droit du vendeur et de l'achetteur, sans prendre ne demander plus grant salaire que celui qui est ordonné pour ledit office excercer; et aussi qu'il gardera les ordonnances faictes tant sur ledit office comme sur ladicte marchandise, et que s'il scet chose qui soit faicte ou prejudice des privileges et franchises de ladicte ville, ne contre les ordonnances d'icelle, incontinent il le fera savoir ausdis prevost et eschevins, ou au procureur de la marchandise; et obeira à leurs commandemens, et que de chose dont la congnoissance appartiegne à la juridicion desdis prevost et eschevins, il ne mettra ou fera mettre aucun en cause ailleurs que pardevant eulx.

(316) *Item.* Et après ce qu'il sera institué et aura fait ledit serement, il sera presenté et mis en possession dudit office par l'un des sergens de ladicte prevosté et eschevinage que lesdis prevost et eschevins vouldront ad ce commettre, qui aura pour ce faire deux solz parisis seulement; et ce fait, il paiera à son entrée aux autres mesureurs anciens, six livres quatre solz parisis pour son past, lesquelz le recevront et tendront pour leur compaignon, et lui bailleront dès-lors en avant telle part et porcion qu'il lui competera et appartendra des salaires et proffiz à eulx appartenans;

et si feront à lui et à tous autres nouveaulx mesureurs, loyauté de ce qu'il gaigneront, sur paine de privacion d'office.

(317) *Item.* Lesdis mesureurs auront pour leur salaire, pour chascun muy de sel qu'ilz mesureront en l'eaue, et de bort à autre; c'est assavoir, en deux bateaulx l'un joingnant à l'autre, et mesurer en l'un le sel et le mettre en l'autre, douze deniers parisis, quant il sera à un marchant qui ne l'ait point vendu, et qui le veuille faire mener contremont l'eaue : et se il est vendu, ilz en auront deux solz parisis, douze deniers du vendeur, et douze de l'acheteur.

(318) *Item.* Et pour chascun muy de sel mesurer, qui sera descendu sur terre et mis en greniers, douze deniers parisis.

(319) *Item.* Auront de tout le sel qui sera vendu et distribué à detail ès greniers de ladicte ville de Paris, en gabelles, lequel ilz seront tenuz de mesurer, de chascun minot, un denier; de la mine, deux deniers, et au dessus, au feur l'emplaige, à prendre sur les marchans et tous autres achetteurs qui par chascun jour iront ou envoieront querir le sel esdis greniers pour leurs garnisons et user; et quant la vente du marchant à qui sera le sel, sera finée, pour celle foiz, ledit marchant leur paiera pour chascun muy, douze deniers, et non autrement.

(320) *Item.* Pour excercer ycellui office de mesurage, lesdis mesureurs ne bailleront ne livreront fors leur paine seulement : car les courretiers de sel leur bailleront et livreront les minos et les greniers ; c'est assavoir, grans draps pour mettre soubz la mine, pour garder le sel qui sera mesuré : les briseurs de sel leur livreront pelles ; et les fournisseurs, les ratoners à rere ledit sel, pource que lesdis briseurs, courretiers et fournisseurs, ont certains autres drois tant pour ce bailler et livrer, comme pour leurs offices excercer.

(321) *Item.* Lesdis mesureurs mesureront, adjusteront, estalonneront et signeront toutes les mesures des greniers à sel, et aussi les mesures à grain de la ville, banlieue, prevosté et viconté de Paris, de tous les lieux où lesdis prevost et eschevins ont droit de bailler lesdites mesures pour nous et ladicte ville, et les adjusteront aux estalons de cuivre qui sont oudit ostel de ladicte ville.

(322) *Item.* Lesdis mesureurs feront visitation desdictes mesures en laditte ville, prevosté et viconté de Paris, ès lieux dessusdis; et en especial, sur les marchans, regratiers, hosteliiers, taverniers et autres qui vendront et recevront aucuns gains et ten-

dront aucunes mesures, tant grans, moyennes comme petites, et les leur feront adjuster chascun an; et ou cas qu'ilz trouveront aucunes desdictes mesures non estalonnées ne signées à la letre de l'année, et qui ne soient bonnes, ils les mettront en la main de nous et desdis prevost et eschevins, sur paine de soixante solz parisis d'amende; et de ce auront commission, se mestier est, tant pour faire ladicte visitacion, comme pour adjourner les delinquans qu'ilz trouveront, pardevant iceulz prevost et eschevins, contre le procureur de nous et de nostredicte ville.

(323) *Item.* Un des anciens mesureurs aura une clef du lieu où sont les estalons d'icelles mesures, et l'un des nouveaulx l'autre; et avecques ce, toutesfoiz qu'ilz adjusteront aucunes mesures, ilz seront trois des plus anciens mesureurs, et trois des plus nouveaulz, afin d'aprendre tousjours l'office; c'est assavoir, un ancien et ung nouvel à adjuster la mesure, ung ancien et ung nouvel à signer et raboter, et un ancien et un nouvel, à aler querir les mesures par ladicte ville de Paris, et partout ailleurs où il appartendra; et ceulx qui feront un jour cellui office, ne le feront pas le lendemain, ainçois le feront les autres avant ce que ceulx qui auront ce fait, en facent plus; et prendront leur despens oudit office faisant; telz comme ilz regarderont et adviseront ensemble.

(324) *Item.* Pour adjuster les mesures que on apportera chascun jour oudit hostel de ladicte ville, ilz auront pour leur salaire; c'est assavoir, de chascune jasle à guesde où il fault plusieurs estallons, pour ce que elles sont de grant paine quant elles seront neuves et de douves, six solz parisis, et quant elles seront vieilles, trois solz parisis.

(325) *Item.* De chascun minot, tant à grain comme à sel, quant il sera neuf, seize deniers parisis, tant pour la paine de l'adjuster, jecter et raboter, comme pource que s'ilz le despecent, ilz seront tenuz de le rendre, et quant il sera viel, huit deniers parisis.

(326) *Item.* Pour demy-minot à sel adjuster, quant il sera tout neuf, huit deniers parisis; et quant il sera viez, en revisitacion ou autrement une foiz l'an, quatre deniers parisis.

(327) *Item.* Pour boisseau tant à blé que à sel, quant il sera neuf, huit deniers parisis; et quant il sera viez, pour revisitacion ou autrement, quatre deniers parisis; et pour boisseau à avoine, lequel est plus grant que cellui à blé, quant il sera neuf, huit deniers; et quant il sera viez, quatre deniers.

(328) *Item.* Pour le piquotin à avoine, autre que de osier, quant il sera neuf, huit deniers; et quant il sera viez, quatre deniers; et ne aura aucun hostellier piquotin d'osier, ainçois le aura de bois, signé au saing et à la lettre de ladicte ville, sur paine de soixante solz parisis d'amende.

(329) *Item.* Et pour demy-boisseau, tant à blé que à sel, quant il sera neuf, pour chascun quatre deniers parisis; et quant il sera viez, deux deniers parisis; et pour le quart, demy-quart, litteron et demy-litteron, pour pièce, quant il sera neuf, quatre deniers parisis; et quant il sera vielz, deux deniers parisis.

(330) *Item.* Auront de compter et tailler les quaques de harenc, quant on les descendra du batel, et de bort à autre, pour chascun caque, un denier; et pour cause du comptaige du cent de morues, huit deniers parisis; et pour le comptaige du millier de maquereaux, huit deniers; et pour le comptage du cent de beurre salé, quatre deniers; et pour le comptaige du cent d'aigrefins, quatre deniers parisis; pour le comptage du cent de anoncelles, quatre deniers parisis; et pour le comptaige du cent de siches, quatre deniers parisis, à prendre lesdites sommes sur les marchans vendeurs.

(331) *Item.* Lesdis mesureurs, quant il vendra aucun officier nouveau oudit office de mesurage, lui monstreront et apprendront à faire ce qu'il appartient pour icellui office faire et excercer.

(332) *Item.* Lesdis mesureurs se partiront et proporcionneront par moictié, afin que l'une moictié; c'est assavoir, les douze d'eulz labourent et besongnent un jour, et les autres labourent et besongnent l'autre jour ensuivant, affin qu'il n'y ait deffaulte, sur paine de soixante solz parisis d'amende.

(333) *Item.* Se il y a aucuns desdis mesureurs ouvrans en un jour, qui ait afaire en aucun lieu pour aucune certaine cause, et il prie un de ses compaignons qu'il vueille ouvrer pour lui en icelle journée, ledit compaignon, supposé qu'il soit pour ouvrer à autre journée, faire le pourra au proffit de cellui qui le priera, jusques à trois muis seulement, parmy ce que cellui qui priera sera tenu de certiffier son affaire à ses compaignons, au soir ou au matin, sur paine de vingt solz parisis d'amende.

(334) *Item.* Se aucuns desdis mesureurs ne sont aussi matin en la Saunerie au jour qu'ilz devront ouvrer comme les autres, et que les premiers n'aient labouré que deux muis de sel ou trois au plus, avant que les autres soient venuz, ilz ne seront point mis

en deffault de labourage, pourveu que yceulx derreniers mesureurs en mesurent autant que les premiers.

(335) *Item.* Lesdis mesureurs ne se pourront excuser du jour qu'ilz devront ouvrer, qu'ilz ne soient au matin à la saunerie à souleil levant, affin que les marchans puissent avoir mesureurs pour mesurer leur sel, sans attendre ou delayer, s'il n'y a cause raisonnable par quoy ilz ou l'un d'eulx n'y puissent estre, ou que aucuns de leurs compaignons vueillent ouvrer pour eulx, comme dit est, sur paine d'amende arbitraire.

(336) *Item.* Lesdis mesureurs esliront un boursier, lequel gardera les drois d'un chascun, aussi bien le droit des malades comme de ceulx qui seront en santé, et payera chascun d'eulx au bout de la sepmaine; et quant ilz seront relevez de leur maladie, ilz seront tenuz d'aler tout droit en la saunerie, afin que se on demande leurs compaignons, qu'ilz les enseignent; et se aucun d'eulx fait le contraire, il n'aura riens pour sa sepmaine.

(337) *Item.* Se il y a aucun d'eulx qui preigne congé de descharger poissons salez et autres marchandises, il apportera tout le proffit qui en ystra pardevers les autres, affin que un chascun d'eulx y ait autel proffit comme lui, sur peine de soixante solz parisis d'amende.

(338) *Item.* Lesdis mesureurs ne marchanderont ne feront marchander par eulx ne par autre, de ladicte marchandise de sel, ne des autres marchandises dont ilz s'entremettront à cause de leurs offices, sur paine d'amende arbitraire et de perdre la marchandise.

(339) *Item.* Se lesdis mesureurs scevent aucunes faultes qui soient commises ou fait de ladicte marchandise, ne contre lesdictes ordonnances, incontinant ilz le diront et denonceront chascun en droit soy, ausdis prevost et eschevins, ou au procureur de la marchandise, sur paine d'amende arbitraire.

Des Henouars-porteurs de sel.

(340) *Item.* En ladicte ville de Paris, aura par nombre vingt-quatre henouars-porteurs de sel seulement, sans ce que aucun autre se puisse entremettre de faire l'office desdis henouars, sur paine d'amende arbitraire.

(341) *Item.* Quant ledit office de henouars vacquera, lesdis prevost des marchans et eschevins le donrront à homme qui par informacion deuement faicte, sera trouvé estre de bonne vie, renommée et honneste conversacion, sans aucun blasme ou repro-

che, et habille, souffisant et ydoine pour icellui office excercer.

(342) *Item.* Quant on instituera aucun oudit office de henouart, il fera serement que justement, loyaument et diligemment il fera et excercera ledit office en sa personne, tant au proffit des marchans vendeurs, comme des marchans achetteurs, sans prendre ne demander plus grant salaire que cellui qui est ordonné pour ledit office excercer; et aussi qu'il gardera les ordonnances faictes tant sur ledit office, que sur ladicte marchandise; et que s'il scet chose qui soit faicte ou prejudice des previleges et franchises de ladicte ville, ne contre les ordonnances d'icelle, incontinant il le fera savoir ausdis prevost et eschevins, ou au procureur de la marchandise, et obeira à leurs commandemens; et que de chose dont la congnoissance appartieigne à la juridicion desdis prevost et eschevins, il ne mettra ou fera mettre aucun en cause ailleurs que pardevant eulz.

(343) *Item.* Et après ce que il sera institué et qu'il aura fait ledit serement, il sera presenté et mis en possession dudit office par l'un des sergens de ladicte prevosté et eschevinage que lesdis prevost et eschevins vouldront à ce commettre, qui aura pour ce faire deux solz parisis.

(344) *Item.* Lesdis henouars feront residence continuellement chascun jour ouvrable, en la place de la saunerie (1), et aussi sur les nefz, bateaulx et greniers, et partout où il appartendra, pour ledit office excercer, afin que par leur deffault les marchans ne autres ne demeurent à estre serviz ainsi qu'il appartient; et aussi feront et deserviront iceulz offices en leurs propres personnes.

(345) *Item.* Quant aucun henouart sera ainsi institué oudit office, il fera son past à tous les autres henouars, avant qu'il puisse excercer sondit office avecques eulx; c'est assavoir qu'il leur donra à disner à eulx tous ensemble, et outre payera pour son entrée, soixante-quatre solz parisis pour mettre en leur boueste qui est ordonnée pour mettre certain argent, pour faire celebrer certaines messes qu'ilz ont acoustumé de faire celebrer chascune sepmaine.

(346) *Item.* En tant qu'il touche le salaire desdis henouars, ilz auront pour porter sel des nefz atachéez aux degrez de la saunerie, au port qui y est, et le descendre et mettre ès greniers des sau-

---

(1) V. sur cette place et sur la rue de ce nom, qui est appelée aujourd'hui par corruption *de la Sonnerie*, les *Antiquités de Paris*, par Sauval, tom. 1, p. 162.

niers revendeurs en la saunerie, et aussi ès greniers des marchans estans en ycelle saunerie, depuis la porte de Paris, et tant comme ladicte saunerie se comporte, en venant par la rue Saint-Germain-l'Aucerrois, et retournant sur la riviere jusques aux estuves qui furent *Jehan Crieux*, seans sur la riviere, au lieu que l'en dit l'Abruvouer-Popin, et tout du long de la riviere depuis lesdis degrez jusques andit abruvouer, trois solz six deniers parisis pour muy.

(347) *Item*. Et samblablement par toute ladicte rue Saint-Germain, en venant jusques à la porte du Louvre, auront autel pris de porter, pourveu que les marchans à qui sera le sel, seront tenu de faire avaler leurs nefz à l'endroit des rues qui chéent en ladicte rue Saint-Germain, en alant depuis ledit abruvouer jusques à ladicte porte du Louvre, au plus près du grenier que l'en pourra bonnement; et aussi le feront par toute ladicte rue de la Saunerie et de St-Germain, d'un costé et d'autre des rues qui descendent sur la riviere; et tout du long de la dicte riviere: et se les marchans veulent faire porter leur sel oultre ladicte rue Saint-Germain, c'est assavoir, en la rue de Perrin-Gasselin (1), en la rue aux Lavendieres jusques en la Barre-Pidoe, en la rue aux Deux-Portes jusques en la rue Jehan-Lointier (2), où demeure maistre Michel Mignon, et tout du long d'icelle rue Jehan-Lointier, et aussi en venant en la rue Bertin-Porée jusques en la rue Guillaume-Porée (3), et en venant en la rue Thibault-aux-Dez jusques au coing de ladicte rue, et de ladicte rue Guillaume-Porée, en la Fosse-aux-Chiens, et en venant par la rue du Serf (4) où est la Monnoye, jusques à l'ostel de maistre Pierre de Berigny, qui est au coing de ladicte rue du Serf, et en venant par la place aux marchans jusques au carrefour de la Cave de Pontis (5), à

---

(1) Suivant Sauval, *ibid.*, tom. I, p. 125, cette rue se nomme aujourd'hui rue du *Chevalier du Guet*.

(2) Suivant Sauval, *ibid.*, tom. I, p. 144, cette rue est dite autrement des *Orfevres* ou des *Deux-Portes*. L'abbé Le Beuf, dans son *Histoire de la ville et tout le diocese de Paris*, tom. I, p. 579, note 9, dit qu'on l'écrit aujourd'hui *Jean-Lantier*.

(3) Selon Sauval, *ibid.*, tom. p. 118, c'est la rue des Deux-Boules, quartier Sainte-Opportune.

(4) Selon Sauval, *ibid.*, tom. I, p. 151, la rue du Cerf a pris depuis le nom de rue de la *Monnaie*.

(5) Sauval, *ibid.*, tom. I, p. 116, dit que la rue de Betisy s'appelait dans le treizième siècle et au commencement du quatorzième, la rue au *Comte de Pontis*. On lit dans l'abbé Le Beuf, *ibid.*, tom. I, pag. 582, rue aux *Quains de Pontis*

la maison où est le Gros-Tournois, et en venant par la rue des Noyers jusques à la maison de Jehan Selles, faisant le coing de la rue des Poullies; et en venant par la rue d'Autreriche (1) près du Louvre jusques à l'ostel du seigneur de la Roche-Guyon, et ès maisons et rues qui sont dedens lesdictes mettes, auront quatre solz six deniers parisis pour muy; et s'il convient porter le sel plus loing des lieux dessusdis, iceulz henouars en seront payez au feur l'emplaige, selon la distance des lieux.

(348) *Item.* Lesdis henouars auront de porter le muy de sel, du port de la Saunerie, en venant pardevant la grant boucherie de Paris, jusques à la maison Pierre Chappellu, quatre solz six deniers; et au-dessus en alant en la rue Saint-Jacques et jusques aux Planches de Mybray, et en l'escorcherie (2) et dessus la riviere, jusques audictes Planches de Mibray, cinq solz six deniers; et se ilz portent plus avant en venant en Greve, et oultre ou ailleurs de ce costé, ilz en seront paiez de plus grant salaire, eu regard à la distance du lieu; et s'ilz portent sel au Palais, ilz en auront dix solz du muy; et se ilz vont plus avant en la Cité, ilz en auront plus grant pris selon la distance du lieu; et se il avient que aucuns marchans facent porter leur sel de leurs greniers en la riviere, au port de la Saunerie, les henouars auront pris pareil du rapporter le sel en l'eaue du grenier, comme il a esté ordonné ci-dessus de le porter de l'eaue ou grenier; et en oultre pour ce que aucunes foiz les marchans de sel et regratiers de Paris, vendent de leur sel estant en grenier, et le livrent aux marchans dehors ou à aucuns regratiers pour revendre à Paris, ou à aucuns bourgois ou habitans de Paris, iceulx henouars auront un denier pour mine ou minot, de l'aporter du grenier en hault sur le seuil de l'uis, et pareil pris de aporter le sel des nefz de la saunerie, et le mettre en la place

---

et dans la note 34, il dit : « Cette rue étoit peut-être le bout occidental de ce « qu'on appelle la rue de *Betisy.* Le comte de Ponthieu y avoit un hôtel. Ce peut « aussi être la rue du Roule. »

(1) On lit plus bas, rue d'*Autriche.* Sauval, *ibid.*, tom. I, p. 148, assure que c'est la rue du Louvre. L'abbé Le Beuf, *ibid.*, tom. I, p. 585, note 40, ajoute : « Apparemment celle de Saint-Thomas, ou quelqu'autre rue remplie par les « nouveaux bâtimens du Louvre. »

(2) Sauval, *ibid.*, tom. I, p. 163, la nomme rue de la *Tannerie* ou de l'*Ecorcherie.* L'abbé Le Beuf, *ibid.*, tom. I, p. 600, notes 181 et 182, dit que l'Ecorcherie et la Triperie sont les rues situées entre la grande boucherie et la rue de Gèvres, et qu'on appelle à présent les rues de la Vieille-Place-aux-Vaux, du Pied-de-Bœuf et de la Tuerie.

d'icelle saunerie; et en tant que touche le labourage de sel que l'en fait de vuider une nef en l'autre bort à bort, iceulx henouars auront vint deniers pour muy; et seront ces choses payées au pris de seize solz le franc, nonobstant mutacion de monnoyes : c'est assavoir, que quant lesdis henouars apporteront sel d'aucuns greniers aus regratiers en la saunerie, iceulx henouars en seront paiez desdis regratiers en la maniere qui s'ensuit : c'est assavoir, des greniers estans sur la riviere jusques à l'abruvouer Popin, et en venant par la rue Saint-Germain d'un costé et d'autre, ilz auront quatre solz pour muy.

(349) *Item.* Des greniers estans en la rue de Perrin-Gasselin, en venant jusques à la Barre-Pidoe, et de là par la rue aux Lavendieres en venant sur la riviere, ils auront six solz.

(350) *Item.* Depuis la rue aux Lavendieres jusques en la rue Bertin-Porée, en comprenant la rue aux Deux-Portes, la rue Jehan-Lointier et la rue Guillaume-Porée, et sur la riviere, tant comme lesdictes rues se comportent, auront six solz.

(351) *Item.* Depuis la rue Bertin-Porée, jusques à la rue Thibault-aux-Dez, en allant jusques à l'ostel de la Trimouille, qui fait le coing de la rue aux Bourdonnoys, et sur la riviere, tant comme lesdictes rues se comportent, auront huit solz.

(352) *Item.* Depuis la rue Thibault-aux-Dez, jusques à la rue du Cerf où est la Monnoye, en alant jusques au coing de la maison maistre Pierre de Berigny, en comprenant la rue de la Fosse-aux-Chiens depuis ledit hostel de la Trimouille, en venant jusques au bout de ladicte rue du Cerf, et tant comme la riviere se comporte entre lesdistes rues, huit solz.

(353) *Item.* Depuis ladite rue du Cerf jusques à la place aux marchans, en venant jusques à la cave de Ponty, en comprenant les rues qui en dépendent tant par en hault jusques à ladicte cave, comme par embas, sur la riviere et cloistre Saint-Germain, dix solz.

(354) *Item.* Depuis laditte place jusques en la rue du Noyer, en comprenant le fossé Saint-Germain et en venant jusques à la riviere, douze solz parisis.

(355) *Item.* Depuis laditte rue du Noier, en alant jusques en la rue d'Autriche et jusques à l'ostel de la Roche, et sur la riviere tant comme lesdictes rues se comportent, quatorze solz; et des greniers qui sont ou seront en la Saunerie, en la rue de la Boucherie, en la rue Saint-Jaques de la Boucherie, jusques ou porche Saint-Jaques, lesdis henouars auront desdis regratiers pour ap-

porter le sel en la saunerie, quatre solz; et depuis ledit porche Saint-Jaques, en alant aux planches de Mibray et en la rue de l'Escorcherie ou en la Tennerie depuis lesdittes planches, six solz parisis.

(356) *Item.* Lesdis henouars pour porter une mine de sel à un bourgois ou habitant de Paris, en sa maison, auront douze deniers du plus loing qu'ils auront dedens l'ancienne closture de Paris; et s'ilz vont près, quatre deniers, et ou milieu, huit deniers, et dehors les portes, seize deniers.

(357) *Item.* Quiconques vouldra aler ou envoyer au grenier ou en la nef querir du sel pour son vivre ou sa garnison, il y pourra aler ou envoyer, et prendre du sel, et le veoir mesurer, et le aporter ou faire aporter par qui lui plaira, sans ce que lesdis henouars y puissent mettre empeschement, ne y reclamer aucun droit de portaige ou autre droit; et s'il avient que lesdis henouars soient refusans ou en demeure de ouvrer pour les pris dessusdis, et que aucune complainte en vieigne à justice, elle y pourvoiera, et sera donné congié aux marchans de prendre autres personnes telles qu'ilz vouldront, en deffault desditz henouars, et en seront lesdis henouars punis à l'ordonnance de justice.

(358) *Item.* Se aucuns marchans de sel, regratiers ou forains, veulent faire charger leur sel en charrettes hors les termes dessusdis, pour porter plus loing desdictes mettes, faire le pourront; et seront tenus les henouars de le mettre dedens ladicte charrette, en prenant un denier pour mine, soit de nef ou de grenier; et s'ilz font le contraire, ilz seront privez de leurs offices, et le amenderont d'amende arbitraire.

(359) *Item.* Lesdis henouars ne seront marchans, ne ne s'entremettront de ladicte marchandise de sel pour eulz ne pour autre, sur paine de perdre la marchandise et d'amende arbitraire.

(360) *Item.* Et à cause de leur office de henouart et de fournisseurs, ilz livreront les ratoueres à rere le sel qui sera mesuré par lesdis mesureurs de sel et porté par lesdis henouars; et pour garder le droit tant du vendeur comme de l'achetteur, esliront quatre des plus suffisans d'entre eulz pour faire l'office de fournisseur.

(361) *Item.* Se lesdis henouars scevent aucunes fraudes qui soient commises ou fait de ladicte marchandise, ne contre lesdictes ordonnances, incontinant ilz le diront et denonceront chascun en droit soy ausdis prevost des marchans et eschevins, ou au procureur de la marchandise, sur paine d'amende arbitraire.

Des briseurs de sel.

(362) *Item.* En la ville de Paris, aura par nombre quatre briseurs de sel seulement, sans ce que aucun autre se puisse entremettre de faire l'office desdis briseurs, sur paine d'amende arbitraire.

(363) *Item.* Quand ledit office de briseur vacquera, lesdis prevost des marchans et eschevins le donrront à homme qui par informacion deuement faicte, sera trouvé estre de bonne vie, renommée et honneste conversacion, sans aucun blasme ou reproche, et habille, souffisant et ydoine pour ycellui office exercer.

(364) *Item.* Et quant on instituera aucun oudit office, il fera serement que justement et loyaument il fera et exercera ledit office en sa personne le plus proffitablement qu'il pourra, au profit du marchant pour qui on labourera, sans prendre ne demander pour son salaire fors le droit tel qu'il est ordonné pour ledit office faire et exercer; et aussi qu'il gardera les ordonnances faictes tant sur ledit office que sur ladicte marchandise; et que s'il scet chose qui soit faicte au prejudice des privileges et franchises de ladicte ville, ne contre les ordonnances d'icelle, incontinant il le fera savoir ausdis prevost et eschevins, ou au procureur de la marchandise, et obeira à leurs commandemens, et que de chose dont la congnoissance appartiegne à la juridiction desdis prevost et eschevins, il ne mettra ou fera mettre aucun en cause que pardevant eulz.

(365) *Item.* Et après ce qu'il sera institué et qu'il aura fait ledit serement, il sera presenté et mis en possession dudit office par l'un des sergens de ladicte prevosté et eschevinage, que lesdis prevost et eschevins vouldront ad ce commettre, qui aura pour ce faire deux solz parisis d'amende.

(366) *Item.* Lesdis briseurs exerceront leurs offices en leurs personnes, et feront residence continuelle aux jours ouvrables, tant en la place de la Saunerie, sur les bateaulx et ès greniers sur terre, comme ailleurs où il appartendra pour leurs offices exercer, afin que les marchans et tous autres qui en auront afaire ne puissent estre retardez par leur deffaulte, sur paine de privacion d'office.

(367) *Item.* Quant il y aura aucun batel ou nef chargée de sel à mesurer, lesdis briseurs descouvrent ledit sel devant et derriere, et feront les tailles; c'est assavoir, rebourser ledit sel; et aussi feront voye et chemin aux mesureurs qui le mesureront, et aux porteurs qui le porteront et laboureront, tellement que lesdis me-

FÉVRIER 1415.

sureurs et henouars et chacun d'eulx pourront faire ce qu'il appartient à faire en leursdis offices, ainsi qu'il est accoustumé.

(568) *Item.* Iceulz briseurs briseront tout le sel mesuré, tant sur l'eaue ès bateaux ou nefz, comme sur terre ès greniers et ailleurs, qui est à entendre que ilz seront tousjours devant lesdis mesureurs, et leur debriseront et mettront devant eulz le sel que ilz mesureront ou pourront mesurer.

(569) *Item.* Livreront peles tant à eulx comme aux mesureurs, et à ceulx qui metteront en minot pour briser et mesurer tout le sel qui sera mesuré, vendu ou distribué, tant sur l'eaue comme sur terre, ès bateaulx ou nefz, et aussi ès greniers, quant ilz seront en vente.

(570) *Item.* Tout ce qu'ilz gaigneront sera baillié et distribué en commun à eulx quatre par egal porcion, tellement que autant en aura cellui qui sera absent comme le present, se ainsi n'est que le absent ne laisse à aler labourer malicieusement par fraude, pour laissier la paine à ses compaignons, ou qu'il n'ait juste excusation et raisonnable.

(571) *Item.* Lesdis briseurs ne se entremettront ne ne seront marchans de ladicte marchandise de sel, par quelque voye ou maniere que ce soit ou puisse estre, sur paine de perdre la marchandise et d'amende arbitraire.

(572) *Item.* Lesdis briseurs auront pour leur salaire pour chascune nef ou bateau de sel qui sera mesuré, et pour chascun grenier qui sera mis en vente, ung minot de sel des espouties; c'est assavoir du fons et nectaieures desdictes nefz, bateaux ou greniers, lequel minot de sel leur est ordonné pour livrer les pelles pour briser et mesurer le sel qui sera vendu, mesuré et distribué esdis bateaulx, nefz et greniers.

(573) *Item.* Auront pour briser chascun muy de sel qui sera mesuré ès nefz et bateaulx, et pour icellui descouvrir esdis bateaulx devant et derriere, et aussi pour faire les tailles et chemin aux henouars pour ledit sel porter, pour chascun muy, quatre deniers parisis.

(574) *Item.* Auront pour recevoir sel ès greniers, pour chascun muy, quatre deniers; et pour le recevoir en queues, pour ce qu'il y a plus de paine à le recevoir et mettre en queues que en grenier, pour chascun muy, six deniers.

(575) *Item.* Auront pour briser chascun muy de sel qu'ils briseront en grenier, six deniers, pour ce qu'il y a plus de paine à briser ledit sel ès greniers que aux nefz ou bateaulx; car le sel qui

se mesure sur l'eaue, si est nouvellement mis ès bateaulx, et est moitte et bien aisié à manier; mais cellui qui est ès greniers, si y est aucuneffoiz de quatre, cinq, six, sept ou huit ans, et tellement que il est si dur et entassé, que il le fault copper et briser à haches de fer ou autres ferremens, parquoy il leur est de plus grant paine et coustement.

(376) *Item.* Se lesdis briseurs scevent aucunes faultes qui soient commises ou fait de ladicte marchandise ne contre lesdictes ordonnances, ils le diront et denonceront incontinant chascun en droit soy auxdis prevost et eschevins, ou au procureur de la marchandise, sur paine d'amende arbitraire.

Des courretiers de sel.

(377) *Item.* En la ville de Paris, aura par nombre quatre courretiers de sel seulement, sans ce que aucun autre se puisse entremettre de faire l'office desdis courretiers, sur paine d'amende arbitraire.

(378) *Item.* Quant ledit office de courretaige vacquera, lesdis prevost des marchans et eschevins le donrront à homme qui par informacion deuement faicte, sera trouvé estre de bonne vie, renommée et honneste conversacion, sans aucun blasme ou reproche, habille, souffisant et ydoyne pour ycellui office exercer.

(379) *Item.* Quant on instituera aucun oudit office de courretaige, il fera serement que justement et loyaument il fera et exercera ledit office en sa personne, et conseillera le mieulz et plus proffitablement que il pourra tous ceulx qui vendront à lui pour achetter ou vendre aucun sel, et ne prendra ne demandera plus grant salaire que cellui qui est ordonné pour ledit office exercer; et aussi qu'il gardera les ordonnances faictes tant sur ledit office que sur ladicte marchandise; et que s'il scet chose qui soit faicte ou prejudice des privileges et franchises de ladicte ville ne contre les ordonnances d'icelle, incontinant il le fera savoir ausdis prevost et eschevins, ou au procureur de la marchandise, et obeira à leurs commandemens; et que de chose dont la congnaissance appartieigne à la juridicion desdis prevost et eschevins, il ne mettra ou fera mettre aucun en cause ailleurs que pardevant eulz, et leur donrra obeissance.

(380) *Item.* Et après ce que il sera institué et aura fait ledit serement, il sera présenté et mis en possession dudit office par l'un des sergens de ladicte prevosté et eschevinage, que lesdis prevos et eschevins vouldront ad ce commettre, qui aura pour ce

faire deux solz parisis seulement; et ce fait, il vacquera diligemment en la place de la Saunerie, sur le cay de la riviere, et aussi sur les bateaulx et en toutes les places de ladicte ville de Paris, où il cuidera qu'il y aura et repairera marchans ou autres voulans faire marchandise de sel; afin que il puisse et saiche enseigner, conseillier, conduire et mener les survenens et toutes manieres de gens qui de ladicte marchandise auront afaire, et tant pour vendre comme pour achetter, eschanger contre autres marchandises, ou autrement.

(581) *Item.* Lesdiz courrectiers ne marchanderont ne ne feront marchander pour eulz ne à leur proffit de ladicte marchandise de sel, sur paine de perdre la marchandise et de dix livres parisis d'amende.

(582) *Item.* Ne yront hors de ladicte ville de Paris audevant des nefz, bateaulx, vaisseaulx ou autres choses amenens sel en ladicte ville, sur ladicte paine, pource qu'ilz et chascun d'eulx pourroient commettre grans fraudes en la faveur d'aucun marchant qui auroit aucune grosse finance pour emploier oudit fait, parquoy ilz pourroient prendre et retenir tout ou la plus grant partie du sel qui vendroit en ladicte ville, ou prejudice des autres marchans et du bien de la chose publique; mesmement que se la gabelle n'avoit cours, plusieurs marchans forains et autres pourroient vendre et debiter leur sel sur la riviere et en la place de la saunerie, sans ce qu'il fust mis en grenier, parquoy le commun en auroit plus grant marchié.

(583) *Item.* Lesdis courretiers livreront les minos à quoy sera mesuré le sel, tant ès nefz ou bateaulx comme ès greniers, et en fourniront les mesureurs de sel; et aussi les greniers, de toille que on a acoustumé de mettre soubz les minos en mesurant.

(584) *Item.* Lesdis courrectiers auront pour leur salaire, pour chascun muy de sel que ilz feront vendre, et dont ilz pourchasseront, poursuivront, traitteront ou feront le marchié; quatre solz parisis, à prendre deux solz du marchant vendeur, et deux solz du marchant achetteur.

(585) *Item.* Auront pour chascune navée ou batellée de sel mesurée sur la riviere, une mine de sel, et pour chascun jour de grenier, quant ledit sel sera mesuré, une mine de sel semblablement comme des nefz ou bateaulx; lequel droit de sel ilz prendront pour livrer lesdis minos et greniers ou bannes de toille pour mettre soubz iceulx minoz, ainsi que dit est.

(586) *Item.* Se aucun sel après ce que il aura esté mis en gre-

nier en ladicte ville, est levé pour mener en autre grenier, soit dedens ladicte ville ou hors, lesdis courretiers en auront une mine pour livrer lesdis minos et greniers, pareillement que dit est.

(387) *Item*. Se lesdis courretiers scevent aucunes faultes qui soient commises ou fait de ladicte marchandise, ne contre les ordonnances dessusdictes, incontinant ilz le diront et denonceront ausdis prevost et eschevins, ou au procureur de la marchandise, sur paine d'amende arbitraire.

Du foing.

(388) *Item*. Quant aucun foing sera chargé sur la riviere de Saine, ou sur l'une des autres rivieres descendens en icelle, pour estre amené vendre en ladicte ville de Paris, il ne sera vendu ne descendu ou chemin, sur paine de forfaicture, sinon que le marchant à qui sera ledit foing, ait dit expressement en faisant son marchié au voicturier qui icellui amenra, que il aura entencion de le vendre à aucun port ou marchié juré qui sera entre le lieu où ycelle marchandise sera chargée, et ladicte ville de Paris, et non autrement, sur ladicte paine.

(389) *Item*. Depuis que aucun foing sera chargé et mis à chemin pour amener en ladicte ville, il ne sera vendu sur le chemin, et si ne yra aucun à l'encontre pour le acheter, jusques ad ce qu'il sera venu en ladicte ville, et mis et exposé en vente à l'un des pors establiz pour vendre ladicte marchandise, sur paine au marchant vendeur de perdre la marchandise, et à l'achetteur le pris de l'achat.

(390) *Item*. Tous ceulz qui feront amener foing d'amont l'eau d'au dessus des pons de ladicte ville de Paris, le pourront faire venir sans congié, sans hanse et sans compaignie françoise, sans avaler lesdis pons; mais ceulz qui en feront venir d'aval ladicte riviere, par especial depuis le pont de Mante en venant contremont par les destrois d'icelle riviere, jusques en ladicte ville, ne le pourront faire venir sans estre hancez et sans avoir compaignie françoise, synon qu'ilz soient bourgois, stacionnaires, residens et demourans à Paris, ouquel cas il ne leur fauldra que estre hancez seulement; et qui fera le contraire, il forfera les denrées, et seront acquises à nous et à ladicte ville.

(391) *Item*. Quant aucuns feront venir foing pour vendre en ladicte ville, à l'un des pors d'icelle ad ce ordonnez, ilz le mettront en vente, et procederont à la distribucion d'icellui le plustost que bonnement se pourra faire, sans empescher longuement le port, sur paine de dix livres parisis d'amende.

(392) *Item.* Depuis que il sera exposé en vente et affeuré et mis à pris, on ne le encherira ne mettra à plus hault pris, sur paine d'amende arbitraire.

(393) *Item.* Aussi depuis que aucun foing sera exposé en vente à l'un desdis pors, ne sera descendu sur terre, ne mis en granche, se n'est en cas de neccessité, sur ladicte paine.

(394) *Item.* Ceulz qui ameriront ou feront amener aucun foing pour vendre en ladicte ville, ne le mesleront, ainçois sera la marchandise semblable et toute une; et qui fera le contraire par fraude, il perdra la marchandise, et le admendera selon l'exigence du cas.

(395) *Item.* Le foing qui sera amené boteté pour vendre en ladicte ville, soit boteleure de ouvrage de Rouen, ou autrement, ne sera deslié, pigné, esrachié ne apeticié, ainçois sera vendu tel comme il aura esté chargé et amené, sur paine de perdre la marchandise et de amende arbitraire.

(396) *Item.* Nul marchant de foing ne portera ne fera porter aucun foing botellé aval ladicte ville, se il n'est vendu, fors seulement un boteau pour monstrer le tesmoing pour le faire crier, sur paine de soixante solz parisis d'amende.

(397) *Item.* Aucun ne sera marchant de foing et courretier ensemble de celle mesme marchandise, sur paine au regard du marchant, de perdre la marchandise, et samblablement au regard du courretier, et d'amende arbitraire.

(398) *Item.* Et samblablement aucun ne sera comporteur de foing et marchant ensemble, sur paine de soixante solz parisis d'amende.

(399) *Item.* Nul marchant de foing ne aura courrettier pour vendre son foing à détail, ne pour en paier ou donner courretaige; mais s'il a vendue sa navée ou batelée en granche, il pourra bien avoir courrettier et donner courretaige, et non autrement, sur paine de soixante solz parisis d'amende.

(400) *Item.* Les marchans qui auront foing en granche en ladicte ville ou dehors, pourront bien faire boteler leur foing et le faire lier à trois liens, pourveu que ilz feront ou feront faire leur euvre aussi bonne dedens comme dehors, sans fourreure, sans fraude, et sans le faire porter aval ladicte ville, fors ung boteau seulement pour monstrer le tesmoing, en ycellui faisant crier comme dit est ci-dessus; et qui fera le contraire par fraude, il perdra les denrées et le admendera selon l'exigence du cas.

(401) *Item.* Aucun marchant ne vendra foing en ladicte ville,

à un porteur de foing, se cellui pour qui ce sera, ou autre par lui, n'y est present, sur paine de soixante solz parisis d'amende.

(402) *Item*. Aucun marchant ne vendra foing à deux pris es nefz ou bateaulx sur la rivière en ladicte ville de Paris, sur ladicte paine de soixante solz parisis d'amende à chascune fois qu'ilz le feront.

(403) *Item*. Nul ne tendra foing à estal; c'est assavoir pour vendre sur la riviere, sinon dedens les nefz, bateaulx ou vaisseaux esquelz sera ladicte marchandise de foing, pour ce que il empescheroit le port et ladicte marchandise, sur ladicte paine.

(404) *Item*. Depuis ce que aucun foing sera descendu sur terre et mis en granche en ladicte ville, nul marchant ne le fera porter, soit botelé ou à boteler, de sa maison ou de sa granche, sur les pors de ladicte riviere, pour le y vendre ne autrement, sur ladicte paine de soixante solz parisis d'amende.

Des eschallas et merrien à treilles.

(405) *Item*. Quant aucuns eschalas, merrien à treilles, osier et ploion, seront chargez sur la riviere de Saine, ou sur les autres rivieres descendens en ycelle, pour estre amenez vendre en ladicte ville de Paris, ilz ne seront venduz ne descenduz ou chemin, sur paine de forfaicture, sinon que le marchant à qui seront ycelles marchandises, ait dit expressément en faisant son marchié au voicturier qui icelles amenra, que il aura entencion de les vendre à aucun port ou marchié juré qui sera entre le lieu où icelle marchandise sera chargée, et ladicte ville de Paris, et non autrement, sur ladicte paine.

(406) *Item*. Quand lesdites marchandises ou aucunes d'icelles seront chargées sur ladicte rivière, ou sur l'une desdites autres rivieres, pour amener vendre en ladicte ville les marchans, maronniers(1), voicturiers et autres à qui elles seront, ne les feront sejourner sur les pors où elles auront esté chargées, ne sur le chemin, que deux jours, que ceulx qui les devront amener ne les mettent à chemin pour les amener ès pors, lieux et places ordonnées pour les vendre, se par fortune de temps ou neccessité ilz ne sont empeschez; et qui fera le contraire par fraude, les denrées seront forfaictes.

(407) *Item*. Les quatraines auront chascune perche depuis

---

(1) Suivant le *Tresor* de Borel, à ce mot, il signifie *mariniers*.

le gros bout jusques à six pieds de hault, plain poing de gros à tout le moins.

(408) *Item.* Les sisaines auront chascune depuis le gros bout, jusques à six piés et demi de hault, et plain poing de gros à tout le moins.

(409) *Item.* Les perches à treilles qui seront en dousaines, auront au bout de huit piez de hault, la mendre un gros pouce fourny largement, et les quarterons depuis le gros bout, jusques à cinq piez de hault, un pouce fourny.

(410) *Item.* Les cinquantaines seront de compectant fourniture selon lesdis quarterons, fors ce qui y sera de menu pour faire les losanges des jardins, et n'y en pourra avoir en ladicte cinquantaine que demi-quarteron dudit menu : et pource que les pongnées de tous ne sont pas pareilles, mais ont les uns plus grans pongnées que les autres, et plus grans pouces, aussi la mesure et grosseur de la pongnée et du pouce à quoy elles seront mesurées, sera faicte en mooles de fer, pour plus justement esprouver.

(411) *Item.* Quant à l'osier ront et rouge de Saint-Marcel, qui est le meilleur, on en fera gerbes bonnes, loyaulz et marchandes, dont les unes seront de quatre piez de lien, et les autres de deux piez de lien, pour ceulx qui ne les vouldront pas avoir si grans; et n'y aura point d'autre osier meslé en fourreure par dedens lesdictes gerbes ne autrement ; et aussi n'y seront point mises les esmondures des osiers surannez.

(412) *Item.* L'osier de riviere, aura chascune gerbe trois piez et demy de lien, sans point de sec osier, ne fourreures aucunes de saux surannez; et aussi le ploion sera tout de vert ozier cueilly en saison, sans aucune fourreure de sec ne de houdry, et du lien dessusdit; et avecques ce les esmondures de saux surannez, seront vendues d'une part, sans les mesler avecques l'autre osier.

(413) *Item.* Les eschalas amenez à Paris pour vendre, seront bons, loyaulz et marchans, et de la moison chascun de cinq piez et demy de long, et les plus cours de quatre piez et demi fournis à la valeur des autres bons, et sera chascune javelle cinquentaine, et n'y en aura en chascune que dix de ladite petite moison, pour les proins.

(414) *Item.* Quiconques trangressera les choses dessusdictes ou aucunes d'icelles, il l'amendera d'amende arbitraire, et les denrées qui ne seront trouvées bonnes et loyales, seront arses en signe de justice.

(415) *Item.* Pour garder les choses dessusdictes ainsi qu'il

appartient, et pour obvier aux fraudes et abuz que on y peut commettre, ordonnons que aucuns eschalaz ne seront mis ne exposé en vente, jusques à ce qu'ilz soient visitez par deux des sergens de ladicte prevosté et eschevinage, en la presence du procureur de la marchandise, appellez deux jurez molleurs et compteurs de buches, se il semble expedient audit procureur; et auront lesdis sergens pour chascune visitacion qu'ilz feront en ladicte ville, de chascun millier, deux solz parisis, et dehors ladicte ville, quatre solz parisis.

Du plastre cru et moiron.

(416) *Item*. Quant aucune marchandise de pierre, plastre cru ou moiron, sera chargée sur la riviere de Saine, ou sur l'une des autres rivieres descendens en ycelle, pour estre amené vendre en la ville de Paris, elle ne sera vendue ne descendue ou chemin, sur paine de forfaicture; sinon que le marchant à qui sera ycelle marchandise, ait dit expressément en faisant son marchié au voicturier qui icelle amenra, que il aura entencion de la vendre à aucun port ou marchié juré qui sera entre le lieu où icelle marchandise aura esté chargée, et ladicte ville de Paris, et non autrement, sur ladicte paine.

(417) *Item*. Pource que en ladicte ville de Paris, vient par chascun grant quantité de ladicte marchandise, tant par eaue comme par terre, ordonnons deux pors principaulx pour descendre et vendre ladicte marchandise; c'est assavoir, le port des Barrez (1), et un autre port qui est au dessus de la tour de l'Escluse, appellée la tour de Bylli, oultre les fossez, et ne sera ailleurs descendue sans le congié et licence desdis prevost et eschevins, sur paine d'amende arbitraire.

(418) *Item*. Quant ladicte marchandise sera arrivée ausdis pors pour y estre vendue, elle ne sera levée pour mener vendre ailleurs jusques ad ce que elle soit vendue, sur paine de forfaicture.

(419) *Item*. Aucun ne fera icelle marchandise, soit vendue ou

---

(1) Le port des Barres étoit au bout de la rue des Barres, à côté de celle de la Mortellerie.
L'autre port étoit au-dessus de la tour de l'Ecluse ou de Billy; cette tour est placée sur le bord de la Seine, hors de la ville, derriere les Célestins. Ce dernier port est celui où arrive le plâtre, le moilon et la pierre : il a conservé son nom de port au plâtre. (V. les *Antiquités de Paris*, par Sauval, tom. I, p. 241, et tom. II, pag. 528.)

à vendre, ne autrement, en quelque maniere que ce soit, passer les pons de Paris, soit que elle soit chargée au dessus ou au dessoulz d'iceulz, ne aussi ne la fera mener par les destrois de ladicte riviere, tant en montant comme en avalant, sinon que cellui à qui sera icelle marchandise, soit hansé et bourgois de Paris; et se il n'est bourgois de Paris, avecques ce que il sera hancé, il aura compaignie françoise, et non autrement, sur paine de forfaicture.

(420) *Item.* Et pource que pluseurs fraudes et decepcions ont esté commises ou temps passé esdictes machandises, par especial oudit plastre cru, pource que ledit plastre cru doit estre vendu à cens et à demy-cens, à quarterons et à demy-quarterons de chartées, qui doivent peser certain poix, lequel poix n'estoit point baillié: pour ces causes, ordonnons que quant icellui plastre sera vendu à quarterons, que il aura oudit quarteron vingt-six chartées de ladicte marchandise, chascune chartée pesant le poix de deux queues, ou un tonneau de vin; et s'il est vendu à chartées, en chascune chartée aura pareillement le poix dessusdit.

(421) *Item.* Quant aucun moiron sera vendu à charrettées, en chascune charrette aura ledit poix de deux queux ou un tonneau de vin; et se il est vendu à batellées, en chascune batellée aura le poix de dix-huit tonneaux de ladicte matiere franchement, et seront jaugez les bateaulx à cloux par les maistres des pons de Paris, à ce que les achetteurs ne puissent estre fraudez; et auront iceulz maistres pour chascun desdis bateaux qu'ilz jaugeront, huit solz parisis, et parmy ce seront tenuz de mettre leur marque ou milieu de la tenture du batel près du clou qui sera mis pour jauger ledit batel, affin que l'en puisse apparcevoir se les cloux estoient ostez ou mis plus hault ou plus bas, la fraude qui y seroit faicte: et seront visitez par chascun an lesdis bateaux par lesdis maistres des pons, et auront pour chascune visitacion, deux solz huit deniers parisis.

(422) *Item.* Se il y a aucune doupte entre les vendeurs et achetteurs, que lesdictes marchandises ne soient loyales et marchandes et du poix dessusdit, icelles marchandises seront veues et visitées par deux sergens de ladicte prevosté et eschevinage, qui premierement en seront requis, appellez, se mestier est, avecques eulx gens congnoissans, lesquelz seront tenus de faire leur raport sur ce se ilz y treuvent aucune fraude; et auront pour visiter chascune batellée dudit moiron, douze deniers parisis, à prendre six deniers sur le vendeur, et six deniers sur l'achetteur;

et samblablement, pour chascun quarteron de chartées, douze deniers parisis à prendre par la maniere dessusdicte.

Des quarreaux de grés.

(423) *Item.* Quant aucune marchandise de pierre ou carreaux de grez sera chargée sur ladicte riviere de Saine, ou sur l'une des autres rivieres descendens en ycelle, pour estre amené vendre en la ville de Paris, elle ne sera vendue ne descendue ou chemin, sur paine de forfaicture; synon que le marchant à qui sera ycelle marchandise ait expressément mis en son marchié au voicturier qui icelle amenra, que il aura entencion de la vendre à aucun port ou marchié juré qui sera entre le lieu où icelle marchandise aura esté chargée, et ladicte ville de Paris, et non autrement, sur ladicte paine.

(424) *Item.* Depuis que ycelle marchandise sera chargée sur riviere pour estre amenée vendre en ladicte ville, on ne la fera sejourner que deux jours au port où elle sera chargée, que elle ne soit mise à chemin pour estre amenée en ladicte ville; et aussi depuis que le gouvernail du batel où sera ladicte marchandise chargée sera tourné pour ycelle amener en ladicte ville, on ne la fera sejourner en l'amenant, se par fortune de temps ou autre necessité raisonnable, elle n'est destourbée ou empeschée, ainçois sera amenée tout droit à l'un des pors de ladicte ville ad ce establiz et ordonnez, pour illec estre mise et exposée en vente, sur paine de forfaicture, moictié à nous et moictié à ladicte ville.

(425) *Item.* Tous marchans et autres qui feront amener ladicte marchandise d'amont l'eaue d'au dessus des pons de ladicte ville de Paris, la pourront faire tenir sans congié, sans hance et sans compaignie française, sans avaler lesdis pons, mais non pas ceulx qui en feront venir d'aval : car ilz ne pourront passer le pont de Mante, ne venir contremont par les destrois de ladicte riviere, sans estre hansez et sans avoir compaignie françoise, sinon qu'ilz soient bourgois, stacionnaires, residans et demourans à Paris, ouquel cas il ne leur fauldra que estre hancez seulement; et qui fera le contraire, il forfera les denrées, et seront acquises à nous et à ladicte ville.

(426) *Item.* Depuis que ladicte marchandise sera exposée en vente et aseurée et mise à pris, elle ne sera encherie ne mise à plus hault pris, sur paine d'amende arbitraire.

(427) *Item.* Et après ce que ladicte marchandise sera amenée à ladicte ville par aucuns marchans forains, pour y estre vendue,

elle ne sera levée pour mener vendre ailleurs jusques ad ce que elle sera vendue, sur peine de forfaicture.

(428) *Item.* Ladicte marchandise sera amenée, vendue et distribuée bonne, loyale et marchande, de la fourniture dont les carreaux doivent estre, sans les fendre ou diminuer, en faisant d'un carreau deux ou pluseurs carreaux, ou sans autrement y commettre aucune fraude ou decepcion, sur paine de forfaicture.

(429) *Item.* Pour eschever ycelles fraudes et autres que on pourroit commettre chascun jour en ycelle marchandise, ordonnons que doresenavant les carreaux qui seront amenez pour vendre en ladicte ville, auront de six à sept poulces de hault, de lé et en tous sens; et ou cas qu'ilz ne seront du lé dessusdit en tous leurs paremens, et ilz sont plus longs à la value, ilz seront tenuz pour bons et souffisans: et pource que lesdis carreaux ont esté diminuez de plus du tiers de la fourniture que ilz avoient ou temps passé, ordonnons que d'oresenavant n'y aura aucun triage, et que se aucuns en y a qui soient de mendre fourniture, ilz seront mis à part, et ne pourront estre venduz sans le congié desdis prevost et eschevins, sur paine de forfaicture et d'amende arbitraire: et seront tenuz les marchans desdis carreaulx de les mettre en chantier; c'est assavoir, ceulz qui seront amenez d'amont l'eau, au dessus du port au foing; ceulx qui seront amenez d'aval l'eaue, au long de murs de ladicte ville qui sont sur la riviere devant le Louvre; et ceulz qui seront amenez par terre, à la porte Saint-Jaques.

(430) *Item.* Et aussi pource que plusieurs fraudes et decepcions y ont esté ou pourroient estre commises par deffaulte de bonne visitacion, parce que plusieurs manens et habitans de ladicte ville et de pluseurs et divers estas, en ont souventesfois afaire, et que c'est une marchandise où pou de gens se congnoissent, ordonnons que quant aucuns desdis carreaux seront amenez en ladicte ville, avant que ilz soient mis et exposez en vente, que ilz seront veuz et visitez par le maistre visiteur des pavemens de ladicte ville, et autres en ce congnoissans, que lesdis prevost et eschevins vouldront ad ce commettre, appellé le procureur de la marchandise; et ne pourront autrement estre venduz, sur paine de forfaicture.

Du poisson d'eaue doulce.

(431) *Item.* Quant aucun poisson d'eaue doulce sera chargé en bouticles ou autres vaisseaulx en ladicte riviere de Saine, ou és

autres descendens en ycelle, pour estre amené vendre en ladicte ville de Paris, on ne le vendra ne descendra en chemin, sur paine de forfaicture, sinon que le marchant à qui sera ycelle marchandise ait dit expressément en faisant son marchié au voicturier qui l'amenera, que il aura entencion de l'amener à aucun port ou marchié qui sera entre le lieu où elle aura esté chargée, et ladicte ville de Paris, et non autrement, sur ladicte paine.

(432) *Item.* Nul ne yra audevant du poisson d'eaue doulce que on aportera ou amenra à Paris, pour l'achetter, pour revendre à Paris ne ailleurs, de deux lieues en tous sens à l'environ d'icelle ville; mais il sera aporté ou amené aux bouticles et ès pierres à poisson d'entour le Chastelet et le Petit-Pont; et qui fera le contraire, il perdra la marchandise, et l'amendera de soixante et parisiz.

(433) *Item.* Se aucun est trouvé mucié pour vendre son poisson en repost (1) ou autrement, il perdra le poisson, et le admenera à voulenté; et aussi l'amendera celluy sur qui il sera mucié, lui le saichant ou ses gens.

(434) *Item.* Nul ne mucera son poisson, ne ne ramportera, ne donnera eaue puis qu'il sera meu de son hostel pour l'aporter vendre à Paris, mais le aportera tout droit auxdictes pierres et non ailleurs, pour le vendre à tous ceulx qui en vouldront avoir, sur paine de forfaicture et de amende arbitraire. Et ne pourra aucun marchant ne autre achetter aucun poisson, pour revendre en ladicte ville de Paris ne ailleurs, jusques après l'eure de neuf heures sonnées, sur ladicte paine.

(435) *Item.* Aucun soit marchant de lemproyes ou autre, ne yra au devant des marchans qui amenront lemproies à Paris, pour ycelles marchander, retenir ou achetter, pour revendre ne autrement : et aussi les marchans qui les amenront ou feront amener, ne les feront sejourner ou reposer ou chemin, en aucun lieu ou reposouer, plus hault d'un jour naturel, depuis la riviere de Eure qui passe par Chartres jusques à Paris, sur paine d'amende arbitraire.

(436) *Item.* Toutes manieres de marchans de lemproies, des ce qu'il seront partis de leurs hostelz pour venir à Paris, aporteront leurs denrées, et les descendront aux bouticles, et ne entre-

---

(1) Suivant le *Glossaire du droit françois*, au mot *Repost*, vendre quelque chose en repost, est le vendre en secret, furtivement.

ront en ladicte ville de Paris, se ce n'est de plain jour, sur paine de perdre le poisson et de amende arbitraire.

(457) *Item.* Nul poissonnier de Saint-Denis ne achettera aucuns poissons d'eaue doulce, venans en la ville de Paris, pour revendre en ladicte ville de Paris, sur paine de forfaicture et de amende arbitraire.

(458) *Item.* Et pour garder lesquelles ordonnances, seront establiz deux preudhommes qui seront esleuz par le commun du mestier et d'autres bonnes gens autres que du mestier, se mestier est, lesquelz jureront de bien et justement garder lesdictes ordonnances, sans enfraindre, sur paine de soixante livres parisis d'amende, et auront la moitié des amendes pour leurs salaires.

Des mesureurs d'ongnons.

(459) *Item.* En la ville de Paris, aura deux mesureurs et revisiteurs d'aulx et d'oignons seulement, sans ce que aucun autre se puisse entremettre de faire l'office desdis mesureurs, sur paine d'amende arbitraire.

(440) *Item.* Quant ledit office de mesureur vacquera, lesdis prevost des marchans et eschevins le donneront à homme qui par informacion deuement faicte, sera trouvé estre de bonne vie, renommée et honneste conversacion, sans aucun blasme ou reproche, et habille, souffisant et ydoine pour ycellui office excercer.

(441) *Item.* Quant on instituera aucun oudit office de mesurage, il fera serement que justement et loyaument il excercera ycellui office en sa personne, et gardera le droit du vendeur et de l'achetteur, sans prendre ne demander plus grant salaire que celui qui est ordonné pour ledit office excercer, et aussi qu'il gardera les ordonnances faictes tant sur ledit office comme sur ladicte marchandise; et que se il scet chose qui soit faicte ou prejudice des previleges et franchises de ladicte ville, ne contre les ordonnances d'icelle, incontinant il le fera savoir ausdis prevost et eschevins ou au procureur de la marchandise, et obeira à leurs commendemens; et que de chose dont la congnoissance appartieigne a la juridicion desdis prevost et eschevins, il ne mettra ou fera mettre aucun en cause ailleurs que pardevant eulz.

(442) *Item.* Et après ce que il sera institué et ara faict ledit serement, il sera presenté et mis en possession dudit office par l'un des sergens de ladicte prevosté et eschevinage, que lesdis prevost et eschevins vouldront ad ce commettre, qui aura pour

ce faire deux solz parisis seulement; et ce fait il baillera caucion de dix livres parisis, avant qu'il puisse exercer ledit office, sur paine de privacion d'icellui.

(443) *Item.* Lesdis mesureurs feront continuelle residence es lieux et places limitées et ordonnées, pour mesurer ou compter les denrées et marchandises qui y seront à mesurer et compter, afin que le peuple en soit servi; et auront chascun pour exercer leurdit office, un minot, lequel ilz feront signer et estalonner chascun an en l'ostel de ladicte ville; et auront les mesureurs de sel pour yceului adjuster et signer, deux solz parisis; et ne sera pas ledit minot de la façon des autres minoz ou mesures à grain, car celles à grains sont plates, et celles à ongnons seront gresles et longues et estroittes par le fons, et larges par dessus, pource que lesdis ongnons ne se pourroient bonnement mesurer autrement; et se ilz font le contraire, ilz paieront pour chascune fois soixante solz parisis d'amende.

(444) *Item.* Quant iceulx mesureurs mesureront ongnons, ilz seront deux ensemble, dont l'un sera à genoulz et embrassera le minot par les bors de dessus, et l'autre mettra les ongnons dedans le minot, et l'emplira tant que les bras de l'autre seront tous combles; et quant il sera ainsi plain, ledit mesureur ostera ses bras, et adonc les ongnons du comble qui cherront à terre, appartendront au marchant vendeur, et ceulx qui demourront au minot, seront à l'achetteur.

(445) *Item.* Auront lesdis mesureurs pour chascun muy d'ongnons mesurer, du marchant vendeur, six solz parisis; et pour chascun sextier, six deniers parisis.

(446) *Item.* Tous marchans, revendeurs et regratiers de ladicte marchandise d'ongnons, pourront vendre et debiter leurs ongnons à boisseaux, quars et demi-quars; mais s'ilz en vendent telle quantité qu'il conviegne mesurer au minot, lesdis mesureurs les mesureront, et en auront au feur l'emplaige, selon le pris dessus dit.

(447) *Item.* Lesdis mesureurs à cause de leur office, feront la visitacion sur les aulx et ongnons qui chascun jour seront amenez en ladicte ville de Paris, tant par eaue comme par terre; et se ilz en treuvent aucuns qui ne soient bons, loyaulx et marchans, ilz seront ars et gectez en tel lieu que jamais personne ne s'en puisse aidier, pource que se on les gettoit aux champs, aucunes simples gens les pourroient recueillir et en user, ou par aventure les pourroient revendre en aucuns lieux, parquoy plusieurs inconveniens

s'en pourroient ensuir; et pour ce, lesdis mesureurs seront soingneux de les revisiter, sur paine d'amende arbitraire.

(48) *Item.* Lesdis mesureurs auront du marchant vendant ladicte marchandise d'aulx, pour compter et visiter lesdis aulx, pour chascune glanne qui contient ou doit contenir douze bottes, quatre deniers parisis.

(449) *Item.* Auront de chascun marchant vendans ladicte marchandise d'ongnons, pour yceulx compter et visiter; c'est assavoir, des ongnons qui se vendent à compte et par bottes, du cent de bottes compter et visiter, quatre deniers parisis.

(450) *Item.* Lesdis mesureurs si ne marchanderont de ladicte marchandise ne n'en feront marchander par autruy pour eulx ne à leur proffit, et aussi ne yront audevant d'icelles, soit par eaue ou par terre, mais les laisseront amener ou marché, sur paine de perdre la marchandise et d'amende arbitraire.

Des mesureurs de noix, pommes et autre fruit.

(451) *Item.* En ladicte ville de Paris, aura seulement deux mesureurs de noix, pommes, nefles et chasteignes, sans ce que aucun autre se puisse entremettre de faire l'office desdis mesureurs, sur paine d'amende arbitraire.

(452) *Item.* Quant ledit office de mesurage vacquera, lesdis prevost des marchans et eschevins le donneront à homme qui par information deuement faicte, sera trouvé estre de bonne vie, renommée et honneste conversacion, et habille, souffisant et ydoine pour icellui office exercer.

(453) *Item.* Et quant on instituera aucun oudit office de mesurage, il fera serement que justement et loyaument il exercera icellui office en sa personne, et gardera le droit du marchant vendeur et de l'achetteur, sans prendre ne demander plus grant salaire que cellui qui est ordonné pour ledit office exercer, et aussi qu'il gardera les ordonnances faictes tant sur ledit office comme sur ladicte marchandise; et que se il scet chose qui soit faicte ou prejudice des previleges et franchises de ladicte ville, ne contre les ordonnances d'icelle, incontinant il le fera savoir ausdis prevost et eschevins ou au procureur de la marchandise, et obeyra à leurs commandemens; et que de chose dont la congnoissance appartiegne à la juridicion desdis prevost et eschevins, il ne mettra ou fera mettre aucun en cause ailleurs que pardevant eulx, et leur donra obeissance.

(454) *Item.* Et après ce que il sera institué et aura fait ledit se-

rement, il sera présenté et mis en possession dudit office par l'un des sergens de ladicte prevosté et eschevinage, que lesdis prevost et eschevins vouldront ad ce commettre, qui aura pour ce faire deux solz parisis et non plus; et ce fait, il baillera caucion souffisant de vint livres parisis, avant qu'il puisse exercer ledit office, sur paine de privacion d'icellui.

(455) *Item.* Lesdis mesureurs exerceront leursdis offices en leurs personnes, et feront residence ès halles de ladicte ville, et ès autres lieux et places où l'en a accoustumé de vendre icelles marchandises, en especial à jours de marchez, pour mesurer ce qui sera à mesurer desdictes marchandises, sur paine d'amende arbitraire.

(456) *Item.* Lesdis mesureurs auront un minot, lequel minot ilz feront signer et estalonner chascun an oudit hostel de ladicte ville, et paieront pour ycelui estalonner, visiter ou adjuster, aux mesureurs de sel, deux solz parisis; et ne sera pas ledit minot de la façon des autres minos ou mesures à grains: car les mesures à grains sont plates et basses, et le minot pour lesdictes noix et autres choses dessusdictes mesurer, sera gresle, long et estroit pardevers le fons, et large pardessus, pource que lesdictes denrées ne se pourroient bonnement ne proffitablement mesurer autrement; et se ilz font le contraire, ilz paieront pour chascune fois soixante solz parisis d'amende.

(457) *Item.* Et quant ilz vouldront mesurer aucunes desdictes marchandises, ilz seront deux, dont l'un acolera le minot par en hault, et l'autre gettera à la pele dedens, tant que les bras de cellui qui accollera, seront couvers desdictes marchandises; et quant il sera ainsi plain, ledit mesureur ostera ses bras, et ce qui demoura au minot, sera à l'achetteur, et le seurplus au vendeur.

(458) *Item.* Auront pour leur salaire, pour mesurer chascun muy desdictes marchandises, du marchant vendeur, quatre solz parisis; et pour chascun stier, quatre deniers; et pour chascun minot, ung denier parisis.

(459) *Item.* Tous marchans, revendeurs et regratiers pourront mesurer et debiter lesdictes denrées ou marchandises à boisseaux, quars et demy-quars; et se ilz en vendent si grant quantité qu'il conviegne mesurer audit minot, lesdis mesureurs le mesureront, et en auront ledit salaire.

(460) *Item.* Auront lesdis mesureurs pour mesurer noisettes et chasteignes qui se mesurent à une petite mesure appellée le

comble, dont les trois font le boisseau, pour chascun comble, un denier; et pource que souventesfois ilz se mesurent à sommes, ilz auront pour chascune somme, quatre deniers parisis, à prendre tout sur le marchant vendeur.

(461) *Item.* Auront oultre ce que dit est pour chascun comble, une noisette ou chasteigne, à prendre sur le marchant vendeur et en ses sacz, et non pas sur l'achetteur; lesquelles noisettes ou chasteignes seront mises à part pour trouver et savoir ce qui aura esté mesuré, tant pour le droit du marchant ou autre achetteur, comme dudit marchant vendeur.

(462) *Item.* Lesdis mesureurs ne se entremettront desdictes marchandises par eulz ne par autrui, à leur proffit, et ne yront audevant quant on les amenra, soit par eaue ou par terre; mais les laisseront descendre esdictes places et marchez ordonnez, pour estre vendues et distribuées au bien de la chose publique, sur paine de perdre la marchandise, et d'amende arbitraire.

Des mesureurs de guesdes (1).

(463) *Item.* En la ville de Paris, aura trois mesureurs de guesdes seulement, sans ce que aucun autre se puisse entremettre de faire l'office desdis mesureurs, sur paine d'amende arbitraire.

(464) *Item.* Quant ledit office de mesurage vacquera, lesdis prevost des marchans et eschevins le donneront à homme qui par informacion deuement faicte, sera trouvé estre de bonne vie, renommée et honneste conversacion, sans aucun blasme ou reproche, et habille, souffisant et ydoine pour ycellui office exercer.

(465) *Item.* Quant on instituera aucun oudit office de mesurage, il fera serement que justement et loyaument il exercera ycellui office en sa personne, et gardera le droit du vendeur et cellui de l'achetteur, sans prendre ne demander plus grant salaire que cellui qui est ordonné pour ledit office exercer; et aussi qu'il gardera les ordonnances faictes tant sur ledit office comme sur ladicte marchandise; et que se il scet chose qui soit faicte ou prejudice des previleges et franchises de ladicte ville, ne contre les ordonnances d'icelle, incontinant il le fera savoir ausdis prevost et eschevins ou au procureur de la marchandise, et obeyra à leurs commendemens; et que de chose dont la congnoissance appar-

---

(1. La guesde est une drogue propre à teindre en bleu : on l'appelle autrement *pastel*. V. le *Dictionn. du Commerce* par Savary, aux mots *Guesde* et *Pastel*.

tieigne à la juridicion desdis prevost et eschevins, il ne mettra en fera mettre aucun en cause ailleurs que pardevant eulz.

(466) *Item.* Et après ce qu'il sera institué et aura fait ledit serement, il sera presenté et mis en possession dudit office par l'un des sergens de ladicte prevosté et eschevinage, que lesdis prevost et eschevins vouldront ad ce commettre, qui aura pour ce faire, deux solz parisis, et non plus; et ce fait, baillera caucion bourgoise de dix livres parisis avant qu'il puisse exercer ledit office, sur paine de privacion d'icellui.

(467) *Item.* Lesdis mesureurs auront chascun une mesure et une pelle et ratouere pour ycellui office exercer, ainsi qu'il appartient: car ilz seront tenuz parmy le salaire qu'ilz ont pour ledit mesurage, faire livrer mesure, pelle et ratouere, comme dit est.

(468) *Item.* Et avec ce lesdis mesureurs porteront chascun an une foiz oudit hostel de ladicte ville, leurdicte mesure pour la faire estalonner aux mesureurs de sel ad ce ordonnez, et la faire signer au saing et à lettre à quoy ilz signeront ycelles mesures pour l'annee, sur paine de soixante solz parisis d'amende.

(469) *Item.* Et pour exercer lesdis offices, lesdis mesureurs pour leurs salaires auront tant du marchant vendeur comme du marchant achetteur, de chascun par moictié, pour chascun muy de guesde que ilz mesureront, vint quatre solz parisis; et pour chascun sextier, deux solz parisis.

(470) *Item.* Lesdis mesureurs ne se entremettront de ladicte marchandise de guesde; c'est assavoir, ne en marchanderont ne feront marchander par autres pour eulz ne à leur proffit, sur paine de dix livres parisis d'amende, et de perdre la marchandise.

Des mesureurs de chaulx.

(471) *Item.* En la ville de Paris aura deux mesureurs de chaulx seulement, sans ce que aucun autre se entremette de faire l'office desdis mesureurs, sur paine d'amende arbitraire.

(472) *Item.* Quant ledit office de mesuraige vacquera, lesdis prevost et eschevins le donneront à homme qui par informacion deuement faicte, sera trouvé estre de bonne vie, renommée et honneste conversacion, sans aucun blasme ou reproche, et habille, souffisant et idoine pour ycellui office exercer.

(473) *Item.* Et quant il sera institué oudit office, il fera serement que justement et loyaument il exercera ycellui office en sa personne, et gardera le droit du vendeur et de l'achetteur, sans prendre ne demander plus grand salaire que cellui qui est ordonné

pour ledit office exercer; et aussi qu'il gardera les ordonnances faictes tant sur ledit office comme sur ladicte marchandise; et que se il scet chose qui soit faicte ou prejudice des previleges et franchises de ladicte ville, ne contre les ordonnances d'icelle, incontinant il le fera savoir ausdis prevost et eschevins, ou au procureur de la marchandise, et obeira à leurs commandemens : et que de chose dont la congnoissance appartiengne à la juridicion desdis prevost et eschevins, il ne mettra ou fera mettre aucun en cause ailleurs que pardevant eulx.

(474) *Item.* Et après ce qu'il sera institué et aura fait ledit serement, il sera presenté et mis en possession dudit office, par l'un des sergens de ladicte prevosté et eschevinage, que lesdis prevost et eschevins vouldront ad ce commettre, qui aura pour ce faire, deux solz parisis seulement.

(475) *Item.* Lesdis mesureurs exerceront leursdis offices en leurs personnes, et feront residence ès lieux et places où l'en a accoustumé de vendre ladicte marchandise de chaulx; et en ce faisant, auront mesures et pelles pour ladicte chaulx mesurer; lesquelles mesures seront pareilles à celles à blé, et les feront par chascun an estallonner à l'estallon dudit hostel de la ville, et seront signées au saing et à la lettre à quoy elles seront signées pour l'année, et ne mesureront à autres mesures ladicte marchandise, sur paine de soixante solz parisis d'amende pour chascune foiz qu'ilz le feront.

(476) *Item.* Quant lesdis mesureurs mesureront aucune chaulx, se elle est estainte tellement qu'elle soit en pouldre, ilz la mesureront à comble; et se elle n'est estaincte; c'est assavoir que elle soit en pierre sans estaindre, elle sera mesurée à rez : car ladicte marchandise se mesure pareillement que le blé qui est mesuré à rez, et la farine à comble.

(477) *Item.* Lesdis mesureurs ne mesureront chaulx qui ne soit bonne, loyale et marchande; et se elle n'est telle, ilz en adviseront le marchant achetteur; et se ilz y trouvent aucunes pierres qui ne soient pas bien cuites, que on appelle becuit, ilz les osteront, sur paine de soixante solz parisis d'amende.

(478) *Item.* Lesdis mesureurs ne marchanderont ne feront marchander de ladicte marchandise de chaulx, pour eulx ne à leur proffit, en quelque maniere que ce soit, sur paine de dix livres parisis d'amende, et de perdre la marchandise.

(479) *Item.* Lesdis mesureurs auront pour leur salaire pour mesurer un muy de chaulx, six solz six deniers parisis; c'est assavoir,

à prendre sur le marchant vendeur les deux solz six deniers, et quatre solz à prendre sur le marchant achetteur, sans comprendre le portaige; et se moins en mesurent, ilz auront pour chascun sextier au pris dessusdit, et n'en prendront plus, sur paine d'amende arbitraire.

(480) *Item.* Aucun marchant de ladicte marchandise ne livrera aucune chaux par lui vendue, se elle n'est mesurée par l'un desdis mesureurs, sur ladicte paine.

Des courretiers de gresses.

(481) *Item.* En la ville de Paris, aura par nombre deux courretiers de gresses seulement, sans ce que aucun se puisse entremettre de faire l'office desdis courrettiers, sur paine d'amende arbitraire.

(482) *Item.* Quant ledit office de courrettier vacquera, lesdis prevost des marchands et eschevins le donneront à homme qui par informacion deuement faicte, sera trouvé estre de bonne vie, renommée et honneste conversacion, sans aucun blasme ou reproche, et habille, souffisant et ydoine pour ycellui office exercer.

(483) *Item.* Et quant on instituera aucun oudit office de courretaige, il fera serement que justement et loyaument il fera et excercera ledit office en sa personne, et conseillera le mieulx et plus proffitablement que il pourra tous ceulz qui vendront à lui pour achetter ou vendre aucunes gresses, et ne prendra ne demendera plus grant salaire que cellui qui est ordonné pour ledit office faire excercer; et aussi qu'il gardera les ordonnances faites tant sur ledit office que sur ladicte marchandise; et que s'il set chose qui soit faicte ou prejudice des previleges et franchises de ladicte ville, ne contre les ordonnances d'icelle, incontinant il le fera savoir ausdis prevost et eschevins, ou au procureur de la marchandise, et obeyra à leurs commandemens; et que de chose dont la congnoissance appartiegne à la juridicion desdis prevost et eschevins, il ne mettra ou fera mettre aucun en cause ailleurs que pardevant eulx.

(484) *Item.* Et après ce que il sera institué et aura fait ledit serement, il sera presenté et mis en possession et saisine dudit office, par l'un des sergens de ladicte prevosté et eschevinage, que lesdis prevost et eschevins vouldront à ce commettre, qui aura pour ce faire deux solz parisis, et non plus; et ce fait il baillera caucion souffisante de la somme de vint-quatre livres parisis avant qu'il puisse excercer ledit office, sur paine de pri-

ration d'icellui, et sera continuelle residence ès hales de Paris en la hale où l'on a acoustumé de vendre icelles marchandises, et en especial à jours de marchiez, pour y estre trouvé quant les bourgois ou marchans en auront afaire, sur paine d'amende arbitraire.

(485) *Item.* Lesdis courretiers se tendront en ladicte halle, tant pour faire ce que dit est, comme pour visiter la marchandise de lars et autres gresses, ainsi que elles seront amenées; et aussi pour icelles descharger, empiler et metre à point, ainsi qu'il appartient, sur ladicte paine.

(486) *Item.* Se lesdis courretiers treuvent aucunes d'icelles marchandises qui ne soient bonnes, loyales et marchandes, ilz les mettront à part, pour estre arces et condempnées, ou pour en autrement ordonner, comme de raison sera; et avecques ce, silz treuvent aucuns lars qui ne soient bons, ilz en osteront le mauvais, afin que le meilleur demeure au marchant.

(487) *Item.* Et se par leur deffaulte ou negligence, aucun lart est vendu qui soit sursemé, mal salé, ou ait autre vice, parquoy il ne soit pas convenable à vendre raisonnablement, et pareillement aucunes des autres marchandises de gresses, lesdis courretiers feront ycelles marchandises bonnes à quelzconques personnes qui icelles auront achetées, et les reprendront à leurs despens, et desdommageront ceulx qui icelles auront eues par leur coulpe et deffaulte; et si l'amenderont d'amende arbitraire, selon l'exigence du cas.

(488) *Item.* Se lesdis courretiers vendent, baillent et delivrent aucunes d'icelles marchandises à aucune personne, ilz seront tenuz de faire l'argent bon aux marchans à qui seront ycelles denrées et marchandises.

(489) *Item.* Auront pour leur salaire, pour chascun lart, du marchant vendeur, douze deniers parisis; et du cent de gresses, douze deniers parisis, et pour chascun caque de sain, du marchant vendeur, deux solz parisis, et pour muy, quatre solz; et pour queue de moison, huit solz parisis.

(490) *Item.* Lesdis courretiers ne se entremettront de ladicte marchandise; c'est assavoir, que ilz n'en marchanderont ne feront marchander par autre, ne aussi ne yront audevant d'icelles denrées et marchandises, ainçois les laisseront descendre et vendre en ladicte haie, sur paine de perdre la marchandise, et de dix livres parisis d'amende.

Des ordonnances generales.

(491) *Item.* Pource qu'on amaine et peut-on amener en ladicte ville de Paris, plusieurs denrées et marchandises autres que celles qui sont cy-dessus declarées, desquelles on ne pourroit bonnement faire ordonnances particulieres, ordonnons generalment que puis qué aucunes denrées ou marchandises quelles qu'elles soient, et desquelles la congnoissance appartendra ausdz prevost et eschevins, seront chargées pour estre amenées vendre en ladicte ville, elles ne seront vendues ne descendues sur le chemin, se par fortune ou necessité de temps elles ne sont empeschées, ainçois seront arrivées et amenées en ladicte ville, et seront mises aux pors, places et marchiez establiz et ordonnez pour ycelles vendre et distribuer à un chascun qui en vouldra avoir pour son argent, sur paine de forfaire icelles denrées, moittié à nous et moittié à ladicte ville; sinon que celluy ou ceulx à qui seront icelles denrées ou marchandises, en faisant le marchié de la voicture, aient dit expressément au voicturier ou voicturiers qui ycelles ameneront, que ilz auront entencion de icelles vendre ou descendre en aucun lieu sur le chemin où il aura port et marchié juré, qui sera entre le lieu où icelles auront esté chargées et ladicte ville de Paris, et non autrement, sur ladicte paine.

(492) *Item.* Pource que plusieurs marchans, après ce que ilz ont fait charger leurs denrées et marchandises, pour amener vendre en ladicte ville de Paris, les font sejourner sur les pors ou lieux où elles ont esté chargées, et en autres lieux sur le chemin, en intencion de les vendre en venant, à aucun marchant qui icelles mesmes denrées pourra amener vendre en ladicte ville, ou en entencion qu'elles encherrissent de leurs voulenté ou autrement, ordonnons pour obvier ad ce que dit est, que deux jours après ce que icelles denrées et marchandises seront chargées, elles seront incontinent mises à chemin et amenées en ladicte ville sans les faire sejourner aux pors où elles auront esté chargées, ne aussi sur le chemin, que deux jours, se par necessité, fortune de temps ou autrement, il n'y a raisonnable et juste cause par quoy ilz aient occasion de faire plus longue demeure; et quiconques fera le contraire par fraude, lesdictes denrées ou marchandises seront forfaictes et acquises à nous et à ladicte ville.

(493) *Item.* Pource que ladicte riviere de Saine, et toutes les

autres rivieres descendens en icelle au dessus des ponts de Paris, sont franches; c'est assavoir, qu'il n'y a point de dangier pour marchander et faire amener toutes manieres de denrées et marchandises, ainsi qu'il y a entre lesdis pons de Paris et cellui de Mante, ordonnons que tous marchans ou autres quelz qu'ilz soient, pourront faire venir toutes manieres de denrées et marchandises d'amont l'eaue jusques au dessus desdis pons de Paris, et sans yceulx avaler, sans congé, sans hance et sans compaignie françoise; mais non pas ceulz qui en ameneront ou feront amener ou venir d'aval l'eaue: car selon le previlege general de *nemini licet*, et les usaiges et communes observances qui sur ce sont et ont esté usitées et acoustumées d'ancienneté, il ne loist à aucun de faire mener, ramener, mettre ne embattre aucunes denrées, marchandises ou biens quelz qu'ilz soient, par la riviere de Saine, entre lesdis pons de Paris et cellui de Mante, sans estre hancé de la marchandise de l'eaue de ladicte ville de Paris, et aussi sans avoir compaignie françoise, sinon que cellui ou ceulx à qui seront icelles denrées, marchandises ou biens, soient bourgois, stationnaires, residens et demourans en ladicte ville de Paris, ouquel cas, il souffit qu'ilz soient hancez; mais au regart de tous autres qui ne sont bourgois de ladicte ville, ilz seront hancez et auront compaignie françoise, quant ilz feront mener, ramener ou mettre aucunes denrées, marchandises ou biens par les destrois dessus dis, d'entre lesdis pons de Mante et de Paris, sur paine de forfaire tout, moictié à nous et moictié à ladicte ville; et aussi ceulz qui vendront d'amont l'eaue, ne pourront passer ne faire passer leurs denrées et marchandises par dessoubz les arches desdis pons de Paris, se ce n'est par la maniere dessusdicte, sur ladicte paine.

(494) *Item.* Et samblablement quant aucun amenra aucune nef, batel ou vaissel, soit vielz ou neufs, ou soit vuit ou chargié, la premiere fois d'amont l'eaue, pour avaler et faire passer par dessoubz lesdis pons, avant ce qu'il puisse passer ne avaler, cellui à qui il sera, sera hancé et bourgois de Paris; et s'il n'est bourgois de Paris, avec ce qu'il sera hancé, il mettra sondit batel en compaignie françoise; et samblablement ceulz qui vendront d'aval l'eaue contremont ladicte riviere, avant ce qu'ilz puissent entrer dedens les mettes, dangiers et destrois d'entre lesdis deux pons de Paris et de Mante, sur paine de perdre le batel ou bateaulx, et de estre confisqués à nous et à ladicte ville, excepté seulement au regart des marchans de Rouen, ausquelz, selon la

teneur dudit previlege, il loist de amener leurs nefz vuides au-dessus dudit pont de Mante, jusques au rivage du port au Pec, et non oultre, et les y charger; et icelles chargées, en ramener aval l'eaue sans compagnie françoise.

(495) *Item*. Quant aucun bourgois de Paris sera hancé, il fera serement que justement et loyaument il fera et excercera le fait de sa marchandise, et qu'il ne accompaignera en sadicte marchandise nul s'il n'est hancé comme lui, et ne fera aucun faulx adveu en quelque maniere que ce soit; et que s'il scet chose qui soit faicte ou prejudice dudit previlege, ne des autres previleges et ordonnances de ladicte ville et marchandise, incontinant il le fera savoir ausdis prevost et eschevins ou au procureur de la marchandise; et que de chose dont la congnoissance leur appartieigne, il ne mettra ou fera mettre aucun en cause ailleurs que pardevant eulx, et leur donrra obeissance.

(496) *Item*. Quant aucun forain sera hancé, il jurera que justement et loyaument il fera et excercera le fait de sa marchandise, et qu'il ne acompaignera en sadicte marchandise nul qui ne soit hancé comme lui, sans faire aucun faulx adveu, en quelque maniere que ce soit; et que toutes les denrées et marchandises que il vouldra faire mener par les destrois de ladicte marchandise, il les mettra en compaignie françoise, avant qu'elles y entrent, et au pris justement qu'elles cousteront rendues à Paris; et que s'il scet chose qui soit faicte ou prejudice dudit previlege et ordonnances de ladicte ville et marchandise, incontinant il le fera savoir ausdis prevost et eschevins, ou au procureur de la marchandise; et que de chose dont la congnoissance leur appartieigne, il ne mettra ne fera mettre aucun en cause ailleurs que pardevant eulx, et leur donrra obeissance.

(497) *Item*. Nul après ce que il sera hancé, et aura fait ledit serement, ne accompaignera aucun en sa marchandise qui ne soit pareillement hansé comme lui; et s'il est bourgois de Paris, il ne souffrera entrer la part de son compaignon soubz son adveu, ou umbre de sa compaignie dedens les destroiz de la marchandise, jusques à ce que elle soit mise en compaignie françoise, ne aussy la descendre sur terre en ladicte ville, ailleurs que és lieu ordonnez, que incontinant il ne le aille dire et denoncer ausdis prevost des marchans et eschevins, ou au procureur de ladicte marchandise, sur paine de perdre la marchandise, et de estre privé de ladicte hanse, et des privileges, franchises et libertez de ladicte ville.

(498) *Item.* Quant aucun marchant ou autre forain hansé, ainsi que dit est, aura entencion de faire amener par ladicte riviere en ladicte ville de Paris, aucunes denrées ou marchandises, avant que elles soient mises ne embatues dedens lesdis destrois de ladicte marchandise et de icelle riviere, il yra pardevers lesdis prevost et eschevins, pour les mettre en compaignie françoise, et dira et declairera justement et loyaument, et par serement, le pris que elles cousteront en toutes choses rendues en ladicte ville, sans y faillir, sur ladicte paine; et lesdis prevost et eschevins donneront la compaignie à un bourgois de Paris hansé, et non à autre, lequel, s'il lui plaist, aura la moitié d'icelles denrées ou marchandises ainsi mises en ladicte compaignie, pour ledit pris que elles cousteront rendues en ladicte ville.

(499) *Item.* Et après ce que lesdictes denrées ou marchandises seront arrivées en ladicte ville, icellui forain yra pardevers cellui à qui aura esté donnée ladicte compaignie, pour lui faire savoir que ycelles denrées et marchandises seront arrivées, afin que il les aille veoir pour en prendre la moitté se bon lui semble, ou pour s'en deporter, et lui dire qu'il en face son proffit, et ne deschargera, mucera, transportera, ne mettra ycellui forain hors de la nef, aucune chose qui ait esté mise en ladicte compaignie, jusques ad ce que cellui qui lui aura esté baillié compaignon, ait pris sa moitié, ou se soit desisté de ladicte compaignie, sur la paine dessusdicte.

(500) *Item.* Pource que souventesfois aucuns marchans, quant ilz scevent que aucunes des marchandises dont ilz s'entremettent, sont chargées et mises à chemin pour estre amenées en ladicte ville de Paris, vont audevant pour ycelles acheter, pour les revendre en ladicte ville, ou prejudice du bien publique; pour ces causes, ordonnons que aucuns marchans ne autres ne aillent audevant des denrées et marchandises venans et affluans en ladicte ville, soit par eaue ou par terre, pour icelles marchander, retenir ne acheter, sur paine de perdre au marchant vendeur, la marchandise, et au marchant achetteur, le pris de l'achat, moittié à nous et moittié à ladicte ville.

(501) *Item.* Pource que plusieurs fraudes ont esté souventesfois commises en plusieurs denrées et marchandises qui ont esté amenées pour vendre en ladicte ville de Paris, tant par eaue que par terre, parce que plusieurs marchans forains les ont descendues sur terre et mises en granches, maisons et chantiers, et les ont recellées et fait receler sans les mener tout droit aux lieux,

places et marchiez etabliz et ordonnez, pour ycelles vendre plus cheres; et en venant aussi contre le previlege de ladicte ville, par lequel nul forain ne doit descendre sur terre aucunes denrées ou marchandises, sinon esdictes places et marchez, pour les y vendre publiquement à un chascun qui en veult avoir, pour ces causes ordonnons que incontinant que aucunes denrées ou marchandises seront amenées par aucuns marchans forains, pour estre vendues et debitées en ladicte ville, qu'elles seront mises et descendues ès lieux, pors, places et marchiez ordonnez pour icelles vendre et debiter, sans les descendre ailleurs que esdictes places, sur paine de forfaire lesdictes denrées, moictié à nous et moictié à ladicte ville, se ce n'estoit par le congié et licence desdis prevost des marchans et eschevins, en cas de neccessité, lesquelz ondit cas pourront licitement donner ledit congié.

(502) *Item.* Pource aussi que plusieurs desdis marchans après ce que ilz ont amené leurs denrées et marchandises pour vendre en ladicte ville de Paris, les monstrent et vendent secretement à marchans revendeurs et aultres, et ne exposent en vente que le reffuz d'icelles denrées et marchandises, ou prejudice du bien commun, ordonnons que doresenavant aucuns marchans ou autres ameneus aucunes denrées ou marchandises pour vendre en ladicte ville, ne les exposeront en vente, fors aux heures et aux lieux et places establies et ordonnées pour icelles marchandises vendre et debiter; et que d'icelles ne aura esté aucune chose vendu quant la vente commencera, sur paine d'amende arbitraire.

(503) *Item.* Pource aussi que aucuns marchans et autres maneus et habitans en ladicte ville de Paris, accompaignent souventesfoiz avec eulx plusieurs marchans forains, ou fait de leurs marchandises, et aussy leur louent maisons, granches, greniers, celiers et chantiers, et soubz umbre de ce iceulz marchans forains, en venant contre ledit previlege de ladicte ville, font descendre leurs denrées et marchandises sur terre, et mettre esdictes granches, maisons, greniers, celliers et chantiers, pour les vendre plus cheres, faignant que lesdictes marchandises soient toutes à ceulx qui les accompaignent, ou à ceulx qui leur louent les greniers et lieux dessusdis, ou grant prejudice du bien publique de ladicte ville : ordonnons que doresenavant aucun de ladicte ville qui accompaiguera aucun marchant forain, ainsi que dit est, en aucune marchandise ne fera ne souffrera descendre ne mettre sur terre ladicte marchandise, en tant qu'il touchera la part dudit marchant forain, ailleurs que ès lieux, pors, places et

marchiez ordonnez pour icelles marchandises vendre, sur paine de forfaire ladicte marchandise, et de estre privé de la hance et des previleges, franchises et libertez de ladicte ville; et aussi aucun qui aura loué à aucun marchant forain, aucune maison, granche, grenier, cellier ou chantier pour mettre ses denrées et marchandises, ne advouera icelles denrées et marchandises estre siennes, sur paine d'amende arbitraire, et de estre privé desdis previleges, franchises et libertez de ladicte ville.

(504) *Item.* Pource que plusieurs marchans ont souventesfois encheries leurs denrées et marchandises, depuis ce que elles ont esté amenées et exposées en vente, et mises et afseurées à pris, és lieux, pors, places et marchiez establiz et ordonnez pour icelles vendre, et les ont vendues à plus grant pris, ou prejudice du bien commun; pour ces causes ordonnons que aucun marchant depuis ce que il aura amené et exposé aucunes denrées ou marchandises en vente és lieux dessusdis, et que elles auront esté afeurées une fois, il ne les encherira ne mettra à plus hault pris que elles auront esté afeurées, sur paine d'amende arbitraire.

(505) *Item.* Pource que aucuns meuz de convoitise, ont fait et commis plusieurs fraudes et decepcions en leurs denrées et marchandises, tant en faisant en aucunes d'icelles aucunes mistions, comme en mettant plus belle apparence par dessus que par dessoubz, et autrement en maintes manieres, ou prejudice du bien publique de ladicte ville, pour ces causes, ordonnons que aucun marchant ne autre depuis ce que il aura amené aucunes denrées ou marchandises à vendre en ladicte ville de Paris, ne les triera ne mistionnera, ne aussi ne mettra plus belle apparence pardessus que par dessoubz, et ne fera chose parquoy aucun puisse estre deceu aucunement; ainçois les vendra ainsi que elles seront et auront esté chargées et amenées, sans y faire aucune nouvelleté en fraude des acheteurs, sur paine de forfaicture.

(506) *Item.* Pource que plusieurs marchans revendeurs et autres qui se entremettent de fait de marchandise, ont par plusieurs foiz achetté les denrées et marchandises venens, affluens et estans en ladicte ville, tant aux pors qui sont sur ladicte riviere de Saine, comme ailleurs aux places et marchiez establiz et ordonnez pour ycelles vendre et distribuer, pour après ycelles denrées et marchandises revendre en yceulx mesmes lieux, ou prejudice du bien publique de ladicte ville; pour ces causes, ordonnons que nul marchant revendeur ne autre ne achetera aucunes denrées ou marchandises puis que elle auront esté mises et ex-

posées en vente en aucuns des pors, places et marchiez dessusdis, pour les y revendre, sur paine de perdre les denrées et marchandises, et de admende arbitraire.

(507) *Item*. Pource que souventesfoiz aucuns courretiers se sont entremis de marchander à leur proffit des denrées et marchandises dont ils estoient courretiers, en y commettant plusieurs fraudes et decepcions ou prejudice du bien commun de ladicte ville, pour ces causes, ordonnons generalement que nul courretier de quelque marchandise que ce soit, ne marchandera de la marchandise dont il sera courretier, à son profit, sur paine de perdre la marchandise, et d'amende arbitraire, selon l'exigence du cas.

(508) *Item*. Pource que plusieurs forains, tant marchans que autres, après ce que ilz ont amené ou fait amener leurs denrées et marchandises pour vendre en ladicte ville, et que elles ont esté mises et exposées en vente, les font lever et transporter ailleurs pour les vendre plus cheres, ou prejudice du bien publique, ordonnons que quant aucunes denrées et marchandises quelles qu'ilz soient, seront amenées pour vendre en ladicte ville, et que elles auront esté mises et exposées en vente aux pors, places et marchiez establiz et ordonnez pour ycelles vendre et debiter ainsi qu'il est acoustumé de faire, elles ne seront levées ne transportées hors d'icelles places où elles auront esté exposées en vente, pour mener vendre ailleurs, jusques ad ce qu'elles y seront vendues, se n'est par le congié desdis prevost et eschevins, sur paine de forfaicture.

(509) *Item*. Pource que plusieurs marchans acompaignent en leurs marchandises aucuns des officiers qui sont commis, establis et ordonnez pour ycelles marchandises vendre et debiter, et par la compaignie qu'ilz ont ensemble, et aussi pour le proffit que l'officier qui est compaignon y prent, lesdictes marchandises sont souventesfois tenues et vendues plus cheres ou prejudice du bien publique; pour ces causes, ordonnons que aucun marchant ne accompaignera avec lui ne en sa marchandise aucun qui soit officier dont il se entremettra; et avecques ce que aucun officier ne se acompaignera avec aucun marchant, ne ne fera ne fera faire pour lui ne à son profit fait de la marchandise dont il sera officier, sur paine au marchant de perdre la marchandise, et à l'officier pareillement, et d'amende arbitraire.

(510) *Item*. Pource que en ladicte ville de Paris on amaine chascun jour pour vendre plusieurs et diverses denrées et mar-

chandises de chascune desquelles on ne pourroit pas bonnement faire ordonnance particuliere, et que en plusieurs d'icelles on y commet plusieurs fraudes ou grant prejudice et dommage de la chose publique, ordonnons generalment que aucun forain ne autre ne exposera ne fera exposer en vente en quelque lieu que ce soit, aucunes denrées ou marchandises, qui ne soient bonnes, loyales, marchandes et convenables, sur paine de forfaicture.

(511) *Item.* Les acuseurs ou ceulz par le moyen desquelz aucunes des offenses et mesprentures faictes tant esdictes denrées et marchandises comme par les officiers de ladicte prevosté et eschevinage ou autres, vendront à congnoissance, auront le quint denier des amendes ou forfaitures qui en vendront et ystront.

Des sergens de la marchandise et du parlouer des bourgois.

(512) *Item.* En la prevosté des marchans et eschevinage de la ville de Paris, aura par nombre dix sergens; c'est assavoir, quatre de la marchandise, et six du parlouer aux bourgois, sans ce que aucun autre se puisse entremettre de faire l'office desdis sergens, sur paine d'amende arbitraire.

(513) *Item.* Quant ledit office de sergenterie vacquera, lesdis prevost des marchans et eschevins le donneront à homme qui par informacion duement faicte, sera trouvé estre de bonne vie, renommée et honneste conversacion, sans aucun blasme ou reproche, et habile, souffisant et ydoine pour icellui office excercer, et qui saura lire et escripre.

(514) *Item.* Et quant ont instituera aucun oudit office de sergenterie, il fera serement en jugement et à heure de plais en l'auditoire de ladicte prevosté et eschevinage, que justement, loyaument et diligemment il excercera ledit office de sergenterie en sa personne, et fera bons et loyaulz rapors de tous les arrestz, adjournemens, execucions, contraintes et autres exploiz qu'il fera a cause dudit office, tant pour justice, comme de partie à partie et autrement, sans faveur ne haine d'aucune personne, sans prendre don ne promesse, ne pour son salaire fors le droit tel qu'il est ordonné pour ledit office faire et excercer, et aussi qu'il gardera de tout son povoir les ordonnances faictes sur le fait de la marchandise de l'eaue, et autres appartenans à la juridicion de ladicte prevosté et eschevinage; et que toutes les offenses, mesprentures et quelzconques autres choses qu'il trouvera et saura estre faictes ou prejudice desdictes ordonnances et des privileges

et franchises de ladicte ville, incontinant il les fera savoir ausdis prevost et eschevins, ou au procureur de ladicte marchandise; et que de chose dont la congnoissance appartiegne à la juridicion de ladicte prevosté et eschevinage, il ne mettra ou fera mettre aucun en cause ailleurs que pardevant lesdis prevost et eschevins, et obeira aux commendemens d'eulx et dudit procureur, et des autres officiers où il appartendra.

(515) *Item*. Et après ledit serement fait, le juge tenant le siege le fera aler seoir ès sieges dudit auditoire près le guichet d'icellui, ou lieu et en la place où lesdis sergens ont acoustumé de eulx seoir quant l'en tient lesdis plais; et pour le mettre en possession et saisine dudit office, lui fera appeller les personnes ou aucunes d'icelles qui seront à appeller et qui auront esté adjournées pardevant lesdis prevost et eschevins; et pour le premier appel qu'il fera, il donnera à disner à tous ses compaignons sergens pour sa bien venue.

(516) *Item*. Tous lesdis sergens tant dudit parlouer aux bourgois comme de la marchandise de l'eaue, de leur droit ordinaire, auront une foiz l'an chacun une robe de livrée, ou la somme de cent solz parisis pour chacune d'icelles, prinse sur la revenue du parlouer aux bourgois; lesquelles robes et livrées ilz auront pour estre plus honnestement en la compaignie desdis prevost et eschevins, devant lesquelz ilz yront vestuz de leursdictes robes toutes et quantesfoiz que le cas y escherra.

(517) *Item*. Lesdis six sergens du parlouer aux bourgois auront pour leurs gaiges ordinaires, un denier tournois pour chascun jour, qui est en somme pour an, trente solz tournois; et lesdis quatre sergens de ladicte marchandise, auront pareillement pour leurs gaiges ordinaires pour chascun jour, six deniers tournois, qui font en somme par an neuf livres tournois; lesquelz gaiges lesdis quatre sergens de ladicte marchandise, auront plus grans que les autres six dudit parlouer aux bourgois pource que ilz chevaucheront pour aler veoir et visiter les empeschemens sur les rivieres, qui sont nuisables et prejudiciables à la marchandise, et iceulx feront oster, demolir et abatre aux despens de qui il appartendra.

(518) *Item*. Lesdis six sergens dudit parlouer aux bourgois, adjusteront les mesures à vin de tous les taverniers et autres quelz qu'ilz soient, vendens vin en taverne en ladicte ville et banlieue de Paris; et aussi sur ceulx qui vendront servoises, cidres et autres breuvaiges; c'est assavoir, sur nostre terre et en plusieurs autres

lieux où nous et ladicte ville avons droit de bailler lesdictes mesures; et porteront ou envoyeront toutes manieres de gens vendens vin à détail ou taverne et aussi lesdis beuvraiges, sur nostredicte terre et ailleurs comme dit est, quant ilz vouldront faire taverne et ilz n'ont aucunes mesures signées à la fleur de lis et estalonnées ainsi qu'il appartient, des mesures de bois en l'ostel de ladicte ville pardevers lesdis sergens dudit parlouer aux bourgois ou l'un d'eulx, lesquelz ont les estalons sur ce ordonnez; et lors iceulx sergens les estalonneront et signeront au saing de la fleur de liz; et auront pour ce faire; c'est assavoir, de la pinte, quatre deniers parisis; de la chopine, quatre deniers parisis; et du demy-setier, quatre deniers parisis.

(519) *Item.* Lesdis six sergens dudit parlouer aux bourgois feront toutes et quantesfois que bon leur samblera et que il sera expedient, et en especial une foiz par chascun an, visitacion en ladicte ville de Paris et en la banlieue d'icelle, sur tous ceulx qui seront taverniers, hostelliers, et sur tous autres qui distribueront vins ou autres beuvraiges à detail sur nostredicte terre et ailleurs es lieux dessusdis.

(520) *Item.* Et se en ycelles visitacions faisant, lesdis sergens treuvent aucunes mesures qui ne soient estalonnées audit estallon, et signées au saing de la fleur de liz, et aussi aucunes quartes, pintes ou chopines qui ne soient bonnes, justes et raisonnables, ilz les prendront, saisiront, arresteront et aporteront au procureur de nous et de ladicte ville, lequel poursuivra ceulx à qui seront ou auront esté icelles mesures pardevant lesdis prevost et eschevins, pour icelles mesures faire declairer estre forfaictes et condempnées à estre rompues et confisquées; et paieront en oultre soixante solz parisis d'amende, ou telle autre amende que le cas le requerra, selon l'exigence du meffait.

(521) *Item.* Lesdis sergens dudit parlouer aux bourgois estalonneront et signeront les mesures à miel aux espiciers et autres qui s'entremettront de vendre miel à detail en ladicte ville de Paris et banlieue d'icelle, et y feront visitacion pareillement que dit est cy-devant; et auront pour ajuster et signer la pinte, chopine et demisetier, douze deniers parisis.

(522) *Item.* Lesdis sergens estalonneront les barilz de nostre hostel et autres qui seront à estalonner en ladicte ville, et aussy autres vaisseaulx qui les vouldra avoir tenant un setier justement, à l'estallon que ilz ont devers eulx tenans un setier de huit pintes; et auront pour chascun d'iceulx barilz ou autres vaisseaux tenans

un setier estaloner, un gros tournois vielz du temps Saint Loys, ainsi que anciennement a esté acoustumé, ou seize deniers parisis pour ledit gros tournois.

(523) *Item.* Ung chascun desdis sergens tant dudit parlouer comme de ladicte marchandise de l'eaue, toutes et quanteffoiz qu'il sera requis de faire aucun adjournement, le fera, et aura pour ledit adjournement faire dedens ladicte ville de Paris, quatre deniers parisis.

(524) *Item.* Feront lesdis sergens chascun en droit soy, toutes manieres d'arrestz et execucions quant ilz en seront requis, et ou leur baillera sentences, condempnacions ou autres lettres souffisans, faictes et passées soubz le séel de la juridicion de ladicte prevosté et eschevinage; et auront pour une execucion ou arrest faire dedens ladicte ville, douze deniers parisis.

(525) *Item.* Et se il avient que en aucune execucion faisant, soit tant procédé que il faille vendre les biens sur les carreaux, de cellui ou ceulx qui auront esté executez, ilz auront de tant plus par tauxacion desdis prevost et eschevins ou l'un d'eulx ou leur lieutenant, selon la paine que ilz auront eue ad ce faire.

(526) *Item.* Quant aucun desdis sergens yra dehors oultre la banlieue de ladicte ville, faire aucuns adjournemens, arrestz, execucions ou autres exploits, tant par commission, sentence, condempnacion, comme autrement deuement, il aura pour chascun jour pour son salaire et despens, dix solz parisis.

(527) *Item.* Quant on exposera en vente aucuns vins estrangiées en ladicte ville de Paris, à detail ou taverne, comme Garnache, Malvoysie, vin d'Osoye, vin de Leppe, vin Batart, Muscadet, ou autres samblables vins, deux desdis sergens dudit parlouer aux bourgois, yront en la compaignie du clerc et du procureur de ladicte ville, pour iceulx vins inventorier, veoir le lieu où ilz seront, et les séeller sur les bondons; et aussi ad ce que quant yceulx vins seront asseurez, que lesdis sergens les facent crier par les crieurs-jurez de ladicte ville, ainsi qu'il appartient, solemnement, la touaille au col, le beau pot doré en une main et le hanap en l'autre; et seront devant ledit crieur, et auront pour ce faire, cinq solz parisis.

(528) *Item.* Lesdis sergens tant dudit parlouer comme de ladicte marchandise, auront le quint denier des amendes ou forfaictures qui par leurs porchas vendront à congnoissance, et que eulx mesmes denonceront à justice.

(529) *Item.* Et parmy les droiz, salaires et proffiz dessusdis,

lesdis sergens et chascun d'eulx seront tous adjournemens, arrestz, emprisonnemens, contraintes, inventoires, execucions et autres exploiz qui seront et escherront à faire en la juridicion de ladicte prevosté et eschevinage, à la requeste dudit procureur de nous et de ladicte ville, et en feront leurs rappors diligemment, sans aucune chose en demander, sur paine de privacion d'office ou d'amende arbitraire.

(530) *Item.* Lesdis sergens feront residence en l'ostel de ladicte ville, tant pour faire toutes manieres d'exploiz qui escherront chascun jour a faire à cause de leurdis offices, et aussy pour faire les appeaulz qui seront à faire à heure de plais ordinaires, et à toutes autres heures, comme pour bailler les estallons chascun en droit soy qui seront à bailler, et pour faire toutes autres choses necessaires à faire touchans la juridicion de ladicte prevosté et eschevinage, esquelles on les vouldra employer; et pource que puis aucun temps ença, ilz ont fait tres-petite residence oudit hostel de ladicte ville, par quoy justice et le peuple en ont esté tres-mal servys et s'en sont ensuiviz, et peuent ensuir plusieurs inconveniens se remede n'y est mis, ordonnons que doresenavant tous iceulx sergens serviront et feront residence oudit hostel, et se porporcionneront par mois ou par sepmaines, tellement que chascun jour deux desdis sergens dudit parlouer aux bourgois, et ung desdis quatre sergens de ladicte marchandise, seront oudit hostel depuis le matin jusques à disner, et depuis disner jusques au soir, pour soy employer où il appartendra; et seront tenuz ceulx qui devront servir au commencement du mois ou de la sepmaine, de eulx aler faire enregistrer pardevers le clerc de ladicte ville, affin que on saiche ceulx qui devront servir. Et se il avient que aucuns d'eulx servent durant les mois ou sepmaines de leurs compaignons, pour tant ilz ne seront pas excusez de servir quant leur mois ou sepmaines escherra; et se iceulx sergens sont negligens d'eulx ainsi porporcionner, par quoy il y ait default de servir par la maniere dessusdicte, ilz paieront conjointement dix livres parisis d'amende pour chascune foiz, et en seront executez et poursuiviz chascun pour le tout; et cellui d'eulx qui defauldra de servir à son tour, paiera pour chascun jour vint solz parisis d'amende, et autant s'il ne se fait enregistrer.

Des maistres des pons de Paris.

(531) *Item.* En la ville de Paris aura deux maistres des pons de ladicte ville, pour monter et avaler les nefz, bateaux et vais-

seaux tant montans que devalens par dessoubz lesdis pons de Paris, sans ce que aucun autre se puisse entremettre de faire l'office desdis maistres, sur paine d'amende arbitraire.

(532) *Item.* Quant ledit office de maistrise vacquera, lesdis prevost des marchans et eschevins le donneront à homme qui par informacion deuement faicte, sera trouvé estre de bonne vie, renommée et honnesté conversacion, sans aucun blasme ou reproche, et habille, souffisant et ydoine pour ycellui office exercer, prins par l'eslection de bons marchans, voicturiers, maronniers et preude bacheliers, tant des rivieres de Saine la vielle, de Yonne, de Marne, comme d'Oyse, de la ville de Rouen, et de toutes les rivieres et pays d'aval et d'amont l'eaue; lesquelz seront examinez particulierement sur ce. Et sera l'un desdis maistres, du pays d'amont, et l'autre, du pays d'aval de ladicte riviere.

(533) *Item.* Quant on instituera aucun oudit office de maistrise, il fera serement que bien, loyaument et diligemment il exercera icellui office en sa personne, et gardera les ordonnances faictes tant sur ledit office que sur la marchandise de l'eaue; et que se il scet chose qui soit faicte ou prejudice des previleges, franchises et libertez de ladicte ville et marchandise, ne aussi contre les ordonnances d'icelle, incontinant il le fera savoir ausdis prevost et eschevins, ou au procureur de la marchandise; et que de chose dont la congnoissance leur appartieigne, il ne mettra ou fera mettre aucun en cause ailleurs que pardevant eulx, et obeira à leurs commandemens, et ne prendra ne demandera plus grant salaire que cellui qui est ordonné pour ledit office exercer.

(634) *Item.* Et après ce que il sera institué ou aura fait ledit serement, il sera presenté et mis en possession dudit office par l'un des sergens de ladicte prevosté et eschevinage, que lesdits prevost et eschevins vouldront ad ce commettre, qui aura pour ce faire deux solz parisis seulement; et ce fait, il fera continuelle residence, et prendra garde songneusement quant il vendra aucunes nefz ou bateaulx, tant pour monter comme pour avaler, afin que les marchans ne musent, et qu'ilz soient diligemment expediez et passez.

(535) *Item.* Lesdiz maistres auront pour leur salaire, pour chascune nef ou batel chargez de denrées et marchandises qu'ilz avaleront portant le poix ou pesant de quarante tonneaux de vin, et au dessus jusques à soixante tonneaux, trente-cinq solz parisis.

(536) *Item.* D'un batel portant le poix ou pesant de quarante tonneaux de vin, et au dessoubz, trente solz parisis.

(537) *Item.* D'un batel portant le poix ou pesant de soixante tonneaux de vin, jusques à quatre-vins, quarante solz parisis.

(538) *Item.* D'un batel portant le poix ou pesant de quatre-vins tonneaux de vin, jusques à cent, cinquante solz parisis.

(539) *Item.* De chascune nef ou batel chargé portant le poix ou pesant de cent et dix tonneaux de vin, jusques à six vins, qui monteront contremont la riviere de Saine, par dessoubz lesdis pons de Paris, quatre livres dix solz parisis.

(540) *Item.* Lesdis maistres auront pour chascun muy de sel estant ès nefz ou bateaux qu'ilz monteront, moyennant ce qu'ilz auront un bon fort batel pour faire les montaiges qu'ilz feront, et qui sera leur propre, pour chascun muy, deux solz parisis.

(541) *Item.* Et avecques ce auront une bonne flecte (1) bien equippée qui sera leur propre, et bien garnie de huit avirons bons et souffisans, pour faire lesdictes besongnes avalens, et aussi pour porter les filez appellez la thonée, pour lesdis labouraiges faire, tant en montant et avalant lesdictes nefz, bateaux et vaisseaux comme autrement.

(542) *Item.* Et parmy ledit salaire, ilz paieront du leur tous ceulx que il convendra avoir avecques eulx pour faire lesdis montaiges et avalages.

(543) *Item.* Quant ilz auront avalé aucunes nefz ou bateaux par dessoubz lesdis pons, pour marchans ou autres forains, et après que ilz auront esté deschargez, lesdis marchans les amaineront à Paris, pour estre remontez au dessus desdis pons, iceulx forains les amenront et fermeront au pel le roy, et la lesdis maistres les prendront et remonteront parmy lesdis pris, audessus desdis pons, jusques en l'isle aux Javeaux, ou ailleurs au dessoubz de ladite isle; et quant lesdis maistres avaleront aucunes nefz ou bateaulx pour marchans et bourgois de Paris, et ilz seront deschargez, soit à l'escole Saint-Germain, aux Tuilleries, au port de Neelle ou ailleurs environ, ilz seront tenuz de les prendre où ilz seront pour remonter audessus desdis pons, et les mener jusques en ladicte isle, ou ès lieux esquelz ilz les auront prins pour les avaler, parmy le pris dessusdit, pourveu que ilz seront vuiz; et se ilz sont chargez, ilz en auront au feur l'emplage des pris dessusditz declarez.

(544) *Item.* Lesdits maistres ne seront voicturiers, ne ne mar-

---

(1) Suivant le *Trésor* de Borel, au mot *fleta*, il signifie un petit bateau, d'où se derive le mot *Flûte*.

chanderont ne feront marchander pour eulx ne à leur proffit de marchandises ne de voictures esdictes rivieres; et si ne seront taverniers, sinon du vin creu en leurs heritages, sur paine de perdre la marchandise et d'amende arbitraire.

(545) *Item.* Ilz seront tousjours eulx d'eux ensemble ès montaiges et avalages qui seront affaire, se ce n'est par neccessité de maladie, ouquel cas cellui qui sera malade querra une autre personne aussi souffisant comme lui, ou au moins le plus souffisant voiturier qu'il pourra trouver, pour faire iceulx montaiges et avalages avec son compaignon, sur paine de dix livres parisis d'amende.

Du maistre du pont de Poissy.

(546) *Item.* Au pont de Poissy aura un maistre de pont pour mouter les bateaulx wuiz et chargiez, passans par ledit pont, sans ce que aucun autre se puisse entremettre de faire l'office dudit maistre, sur paine d'amende arbitraire.

(547) *Item.* Quant ledit office sera vacquant, lesdis prevost et eschevins le donneront à homme qui par informacion deuement faicte, sera trouvé estre de bonne vie, renommée et honneste conversacion, sans aucun blasme ou reproche, habille, souffisant et ydoine pour ledit office excercer, prins par l'eslection de bons marchans, voicturiers, maronniers et preude bacheliers du païs d'aval l'eaue.

(548) *Item.* Quant on instituera aucun oudit office, il fera serement que bien loyaument et diligemment il excercera ledit office en sa personne, et gardera les ordonnnances faictes tant sur ledit office comme sur le fait de la marchandise de l'eaue; et que s'il scet chose qui soit faicte ou prejudice des previleges, libertez et franchises de ladicte ville, et aussi contre les ordonnances d'icelle, incontinant il le fera savoir ausdis prevost et eschevins, ou au procureur de la marchandise; et que de chose dont la congnoissance appartieigne ausdiz prevost et eschevins, il ne mettra ne fera mettra aucun en cause ailleurs que pardevant eulx, et obeira à leurs commandemens, et ne prendra ne demandera plus grant salaire que cellui qui est ordonné.

(549) *Item.* Et après ce que il sera institué et qu'il aura fait ledit serement, il sera presenté sur ledit lieu, et mis en possession dudit office par l'un des sergens de ladicte prevosté et eschevinage, que lesdis prevost des marchans et eschevins vouldront ad ce commettre, qui aura pour ce faire pour chascun jour que il y vacquera pour son salaire et despens, dix solz parisis.

(550) *Item.* Et fera continuelle residence sur ledit lieu, et aura pour son salaire pour chascun batel monter contremont l'arche du pont dudit lieu de Poissy, sans riens ballier fors sa paine seulement, seize deniers parisis; et des bateaulx avalens, il ne les avalera point se il ne plaist aux maronniers; et ou cas que les eaues seront trop grandes et que le maronnier ne sera pas seur pour mener la nef ou batel, ledit maistre le conduira; c'est assavoir, les avalans jusques au pont de Mante; et les montans jusques où ilz verront qu'il en sera neccessité, parmy lui paiant pris raisonnable.

Du maistre du pont de Mante.

(551) *Item.* A Mante aura ung maistre de pont, pour monter les nefz et bateaux wuiz et chargez passans pardessoubz le pont dudit lieu, sans ce que aucun autre se puisse entremettre de faire l'office dudit maistre, sur paine d'amende arbitraire.

(552) *Item.* Et quant ledit office sera vacquant, lesdis prevost des marchans et eschevins le donneront à homme qui par informacion deuement faicte, sera trouvé estre de bonne vie, renommée et honneste conversacion, sans aucun blasme ou reproche, et habille, souffisant et ydoine pour ycellui office excercer, pris par l'eslection de bons marchans, voituriers, maronniers et preude bacheliers du pays d'aval l'eaue.

(553) *Item.* Quant on instituera aucun oudit office, il fera serement que bien loyaument et diligemment il exercera ledit office en sa personne, et gardera les ordonnances faictes tant sur ledit office, comme sur le fait de la marchandise de l'eaue, et que se il scet chose qui soit faicte ou prejudice des previleges, libertez et franchises de ladicte ville, et aussi contre les ordonnances d'icelle, incontinant il le fera savoir ausdis prevost et eschevins ou au procureur de la marchandise; et que de chose dont la congnoissance appartiegne ausdis prevost et eschevins, il ne mettra ne fera mettre aucun en cause ailleurs que pardevant eulx, et obeira à leurs commandemens, et ne prendra ne demandera plus grant salaire que cellui qui est ordonné.

(554) *Item.* Et après ce que il sera institué oudit office et aura fait ledit serement, il sera presenté sur ledit lieu et mis en possession d'icellui office, presens marchans et voituriers, par l'un des sergens de ladicte prevosté et eschevinage, que lesdis prevost et eschevins vouldront ad ce commettre, qui aura pour ce faire

pour chascun jour qu'il y vacquera, pour son salaire et despens, dix solz parisis.

(555) *Item*. Il fera continuelle residence sur ledit lieu, et aura pour chascun batel monter contremont l'arche dudit pont de Mante, soit wit ou chargié, sans riens baillier, fors sa peine seulement, seize deniers parisis; et des bateaulx avalens, il ne les devalera point s'il ne plaist aux maronniers; et ou cas que les eaues seront trop grandes, et que les maronniers ne seront pas assez seurs pour mener les nefz ou bateaulx, ledit maistre les conduira; c'est assavoir, les avalens jusques au pont de Vernon, et les montans jusques où ilz verront qu'il en sera neccessité, parmy lui payant pris raisonnable.

Du maistre du pont de Vernon.

(556) *Item*. A Vernon aura un maistre de pont pour monter les nefz et bateaulx wuiz et chargez passans par dessoubz le pont dudit lieu, sans ce que aucun aultre se puisse entremettre de faire l'office dudit maistre, sur paine d'amende arbitraire.

(557) *Item*. Quant ledit office sera vacquant, lesdis prevost et eschevins le donneront à homme qui par informacion deuement faicte, sera trouvé estre de bonne vie, renommée et honneste conversacion, sans aucun blasme ou reproche, et habille, souffisant et ydoine pour ledit office excercer, prins par l'eslection de bons marchans, voitturiers, maronniers et preude bacheliers du pays d'aval l'eaue.

(558) *Item*. Quant on institura aucun oudit office, il fera serement que bien loyaument et diligemment il excercera ledit office en sa personne, et gardera les ordonnances faictes tant sur ledit office comme sur le fait de la marchandise de l'eaue, et que s'il scet chose qui soit faicte ou prejudice des previleges, libertez et franchises de ladicte ville et marchandise, et aussi contre les ordonnances d'icelle, incontinant il le fera savoir ausdis prevost et eschevins, ou au procureur de la marchandise; et que de chose dont la congnoissance leur appartieigne, il ne mettra ne fera mettre aucun en cause ailleurs que pardevant eulx; et obeira à leurs commandemens, et ne prendra ne demandera plus grant salaire que cellui qui est ordonné pour ledit office faire et exercer.

(559) *Item*. Et après ce que il sera institué oudit office, et aura fait ledit serement, il sera presenté sur ledit lieu, et mis en possession dudit office par l'un des sergens de ladicte prevosté et eschevinage, que lesdis prevost et eschevins vouldront ad ce com-

mettre, qui aura pour ce faire pour chascun jour qu'il vacquera, pour son salaire et despens, dix solz parisis.

(560) *Item*. Il fera continuelle residence sur ledit lieu, pour monter les bateaulx qui seront à monter, et prendra pour son salaire pour chascun batel monter, seize deniers parisis, sans riens mettre, fors seulement sa peine.

(561) *Item*. Quant aucuns bateaux avaleront par dessoubz ledit pont, ceulz à qui ilz seront ne les feront point avaler par ledit maistre, se il ne leur paist; et s'il y a aucuns bateaulx tant montans comme avalens, passans par ledit pont, où il y ait aucun maronnier qui ne soit pas assez seur, ou que par grans eaues on se doubte que inconvenient s'en puisse ensuir, icellui maistre les conduira; c'est assavoir, les avalens, jusques au pertuis de Combarbe, se mestier en est; et les montans, jusques au pont de Mante, ou jusques en tel lieu qu'ilz verront qu'il en sera necessité, en lui payant salaire competant, selon le fardeau.

Du maistre du pertuis de Combarbes.

(562) *Item*. A Combarbe aura un maistre qui sera apellé maistre du pertuis de Combarbe, lequel pertuis est au dessoubz du chasteau du Goulet, par où passent les bateaulz, tant chargez comme wuiz, en especial quant les eaues sont basses; et ne s'entremettra aucun de faire l'office dudit maistre, sur paine d'amende arbitraire.

(563) *Item*. Quant ledit office sera vacquant, lesdis prevost et eschevins le donneront à homme qui par informacion deuement faicte, sera trouvé estre de bonne vie, renommée et honneste conversacion, sans aucun blasme ou reproche, habille, souffisant et ydoine pour ledit office excercer, prins par l'eslection de bons marchans, voicturiers, maronniers et preude bacheliers du pays d'aval l'eaue.

(564) *Item*. Quant on instituera aucun oudit office, il fera serement que bien loyaument et diligement il excercera ledit office en sa personne, et gardera les ordonnances faictes tant sur ledit office comme sur le fait de la marchandise de l'eaue; et que s'il scet chose qui soit faicte ou prejudice des previleges, libertez et franchises de ladicte ville et marchandise, et aussi contre les ordonnances d'icelle, incontinant il le fera savoir ausdis prevost et eschevins, ou au procureur de la marchandise; et que de chose dont la congnoissance apparticigne à iceulx prevost et eschevins, il ne mettra aucun en cause ailleurs que pardevant eulx, et obeira à leurs commandemens, et ne prendra ne demandera plus grant

salaire que cellui qui est ordonné pour ycellui office excercer.

(565) *Item*. Et après ce que il sera institué et aura fait ledit serement, il sera presenté et mis en possession dudit office par l'un des sergens de ladicte prevosté et eschevinage, que lesdis prevost et eschevins vouldront ad ce commettre, qui aura pour ce faire pour chascun jour qu'il vacquera, pour son salaire et despens, dix solz parisis.

(566) *Item*. Icellui maistre fera residence continuelle sur ledit lieu, et aura pour son salaire sans riens querir ne bailler fors sa paine seulement, pour chascun batel montant par icellui pertuis; et pour le conduire jusques à ladite tour du Goulet, douze deniers parisis.

Du maistre du pertuis des Poses.

(567) *Item*. A Pozes aura un maistre du pertuis dudit lieu, par lequel pertuis passent et rapassent les bateaulx tant chargiez comme wuiz, et tant montans comme avalens, et ne se entremettra aucun de faire l'office d'icellui maistre, sur paine d'amende arbitraire.

(568) *Item*. Quant ledit office sera vacquant, lesdis prevost et eschevins le donneront à homme qui par informacion deuement faicte, sera trouvé estre de bonne vie, renommée et honneste conversacion, sans aucun blasme ou reproche, habille, souffisant et ydoyne pour ledit office excercer, prins par l'eslection de bons marchans, voitturiers, maronniers et preude bacheliers du pays d'aval l'eaue.

(569) *Item*. Quant on instituera aucun ondit office, il fera serement que bien loyaument et diligemment il exercera ledit office en sa personne, et gardera les ordonnances faictes tant sur ledit office comme sur le fait de la marchandise de l'eaue; et que se il scet chose qui soit faicte ou prejudice des previleges, libertez et franchises de ladicte ville et marchandise, et aussi contre les ordonnances d'icelle, incontinant il le fera savoir ausdiz prevost et eschevins, ou au procureur de la marchandise; et que de chose dont la congnoissance appartiegne à yceulz prevost et eschevins, il ne mettra ne fera mettre aucun en cause ailleurs que pardevant eulx, et obeira à leurs commandemens, et ne prendera ne demendera plus grant salaire que cellui qui est ordonné pour ledit office exercer.

(570) *Item*. Et après ce qu'il sera institué oudit office, et aura fait ledit serement, il sera presenté sur ledit lieu et mis en pos-

cession dudit office par l'un des sergens de ladicte prevosté et eschevinage, que lesdis prevost et eschevins vouldront ad ce commettre, qui aura pour ce faire pour chascun jour qu'il vacquera pour son salaire et despens, dix solz parisis.

(571) *Item.* Fera continuelle residence sur ycellui lieu, et aura pour son salaire pour chascun bateau montant, pour sa paine seulement, seize deniers parisis, et parmy ce querra des chevaulx, s'aucuns en fault de seurcrois, aux despens des marchans ou voicturiers passans par ledit lieu, se mestier est, aidera aux montées, et chassera les chevaulx et les conduira jusques au Bras Agnes qui est au bout de ladite ville, se mestier en ont.

Du maistre du Pont de l'Arche.

(572) *Item.* Au Pont de l'Arche aura un maistre qui sera nommé le maistre dudit Pont de l'Arche, lequel portera les cordes et filez aux vaisseaux montans par ledit lieu; et ne s'entremettra aucun de faire l'office d'icellui maistre, sur paine d'amende arbitraire.

(573) *Item.* Quant ledit office sera vacquant, lesdis prevost et eschevins le donneront à personne qui par informacion deuement faicte, sera trouvé estre de bonne vie, renommée et honneste conversacion, sans aucun blasme ou reproche, habille, souffisant et ydoine pour ledit office faire et excercer, prins par l'eslection de bons marchans, voicturiers, maronniers et preudes bacheliers du pays d'aval l'eaue.

(574) *Item.* Quant on instituera aucun oudit office, il fera serement que bien loyaument et diligemment il excercera ledit office en sa personne, et gardera les ordonnances faictes tant sur ledit office, comme sur le fait de la marchandise de l'eaue; et que se il scet chose qui soit faicte ou prejudice des previleges, libertez et franchises de ladicte ville, incontinant il le fera savoir ausdis prevost et eschevins, ou au procureur de la marchandise; et que de chose dont la congnoissance appartieigne ausdis prevost et eschevins, il ne mettra ne fera mettre aucun en cause ailleurs que pardevant eulx, et obeira à leurs commandemens, et ne prendra ne demandera plus grant salaire que cellui qui est ordonné pour ledit office excercer.

(575) *Item.* Et après ce que il sera institué oudit office et aura fait ledit serement, il sera presenté sur ledit lieu et mis en possession dudit office par l'un des sergens de ladicte prevosté et eschevinage, que lesdis prevost et eschevins vouldront à ce commettre,

qui aura pour ce faire pour chascun jour qu'il vacquera, pour son salaire et despens, dix solz parisis.

(576) *Item.* Icellui maistre fera continuelle residence sur ledit lieu, et pour faire et excercer sondit office, aura à ses propres coustz et despens un bonne flette pour porter les chables et autres filez necessaires pour les bateaulx montans par ledit lieu, et aura trois bons compaignons biens congnoissans oudit fait à sesdis despens.

(577) *Item.* Aura pour son salaire pour chascune nef ou batel montant du costé de devers la ville, pour ce qu'il n'y a pas si grant labouraige que devers le chastel, trente-deux deniers tournois pour lui, pour sesdis varlez et flette, et du costé devers le chastel, quarante deniers tournois, pource que on y a plus de paine et y faut plus de gens et de chevaulx qu'il ne fait devers ladicte ville; et ou cas que les eaues seront si fortes qu'il y faudra avoir plus de gens que ledit maistre ne doit bailler, icellui maistre les querra, et les voitturiers paieront le pardessus.

Du maistre du pont de Pontoise.

(578) *Item.* A Pontoise aura un maistre qui sera appellé le maistre du pont de Pontoise, lequel portera les hunes, cordes et filez des bateaulx ou vaisseaulx montens par ledit lieu; et ne se entremettra aucun de faire l'office dudit maistre, sur paine d'amende arbitraire.

(579) *Item.* Quant ledit office sera vacquant, lesdis prevost et eschevins le donneront à homme qui par informacion deuement faicte, sera trouvé estre de bonne vie, renommée et honneste conversacion, sans aucun blasme ou reproche, habille, souffisant et ydoine pour ledit office excercer, prins par l'estection de bons marchans, voicturiers, maronniers et preudes bacheliers du pays d'aval l'eaue.

(580) *Item.* Quant on instituera aucun oudit office, il fera serement que bien loyaument et diligemment il excercera ledit office en sa personne, et gardera les ordonnances faictes tant sur ledit office comme sur le fait de la marchandise de l'eaue, et que s'il scet chose qui soit faicte ou prejudice des previleges, libertez et franchises de ladicte ville et marchandise, et aussy contre les ordonnances d'icelle, incontinant il le fera savoir ausdis prevost et eschevins, ou au procureur de la marchandise; et que de chose dont la congnoissance appartieigne ausdis prevost et eschevins, il ne mettra ne fera mettre aucun en cause ailleurs que pardevant

eulx, et obeira à leurs coummendemens, et ne prendra ne demendera plus grant salaire que cellui qui est ordonné pour ledit office excercer.

(581) *Item.* Et après ce que il sera institué oudit office, et qu'il aura fait ledit serement, il sera presenté et mis en possession dudit office sur ledit lieu, par l'un des sergens de ladicte prevosté et eschevinage, que lesdis prevost et eschevins vouldront à ce commettre, qui aura pour ce faire pour chascun jour qu'il vacquera, pour son salaire et despens, dix solz parisis.

(582) *Item.* Icellui maistre fera continuelle residence sur ledit lieu, et aura une bonne flette ou nacelle souffisant pour porter les chables, cordes et filez pour monter lesdictes nefz et bateaulx; et quant les eaues seront trop grandes, et il fauldra avoir aides, il les querra aux despens des voicturiers, et aussy fera finance de chevaulx pour iceulx bateaulx monter; et aura pour sadicte peine de chascun bateau montans par ledit lieu, deux solz parisis.

(583) *Item.* Icellui maistre toutesfois qu'il vendra aucuns bateaux ou vaisseaux pour avaler ledict pont, yra audevant jusques à la haye de Madre qui est au dessus du Ponceau-la-Royne, et entrera dedens pour avaler par dessoubz l'arche dudit pont, ou se tendra sur terre pour aidier à les serrer; c'est assavoir, les drecier quant ilz seront pendens; et quant ilz seront passez ladicte arche, il les conduira jusques audessoubz du Gort-Saint-Martin par sur terre, et aura pour sa paine et salaire, pour chascun batel deux solz parisis.

Du maistre du pont de l'Isle-Adam.

(584) *Item.* A l'Isle-Adam, aura un maistre appellé le maistre du pont de l'Isle-Adam, pour aler audevant des bateaulx montans, lesquelz on vouldra passer par dessoubz icellui pont; et pour porter les cordes et filez neccessaires pour iceulx bateaulx monter par l'arche d'icellui pont; et ne se entremettra aucun autre de faire l'office d'icellui maistre, sur paine d'amende arbitraire.

(585) *Item.* Quant ledit office sera vacquant, lesdis prevost et eschevins le donneront à homme qui par informacion deuement faicte, sera trouvé estre de bonne vie, renommée et honneste conversacion, sans aucun blasme ou reproche, habille, souffisant et ydoine pour ledit office excercer, prins par l'eslection de bons marchans, voitturiers, maronniers et preude bacheliers du pays d'aval l'eaue.

(586) *Item.* Quant on instituera aucun oudit office, il fera

serement que bien loyaument et diligemment il excercera ledit office en sa personne ; et gardera les ordonnances faictes tant sur ledit office comme sur le fait de la marchandise de l'eaue ; et que se il scet chose qui soit faicte ou prejudice des previleges, libertez et franchises de ladicte ville et marchandise, et aussi contre les ordonnances d'icelle, incontinant il le fera savoir ausdis prevost et eschevins, ou au procureur de la marchandise ; et que de chose dont la congnoissance appartiegne ausdis prevost et eschevins, il ne mettra ne fera mettre aucun en cause ailleurs que pardevant eulx, et obeira à leurs commendemens ; et ne prendra ne demendera plus grant salaire que celluy qui est ordonné.

(587) *Item.* Et apres ce que il sera institué oudit office, et qu'il aura fait ledit serement, il sera mis en possession et presté sur ledit lieu par l'un des sergens de ladicte prevosté et eschevinage, que lesdis prevost et eschevins vouldront ad ce commettre, qui aura pour ce faire pour chascun jour qu'il vacquera, pour son salaire et despens, dix solz parisis.

(588) *Item.* Ledit maistre fera residence audit lieu de l'Isle-Adam ; et quant il vendra aucuns bateaulx montans, il yra au devant jusques à un fossé qui est au-dessoubz dudit pont, et demendera aux voituriers une bonne corde et forte ou deux, se mestier est, selon que les eaues seront haultes et fortes, pour emboucher les bateaux dedens l'arche dudit pont, et iceulx lyera en icelle ; et ce fait il passera les bateaulx tout oultre au dessus dudit pont jusques où besoing en sera ; et avecques ce abillera ou fera abiller les chevaux trayans iceulz bateaulx ; et se il a mestier d'aides, il en querra aux despens desdis voituriers ausquelz appartendront yceulx bateaux montans ; et quant aux bateaux avalens, il n'y fera aucun exploit, ne n'y aura aucun droit, pource que il n'en est point de neccessité.

(589) *Item.* Ledit maistre aura pour son salaire pour chascun bateau montant qui passera pardessoubz icellui pont, ung gros ou seize deniers parisis.

Du maistre du pont de Beaumont-sur-Oyse.

(590) *Item.* A Beaumont-sur-Oyse aura un maistre apellé maistre du pont d'icellui lieu, lequel yra audevant des bateaulx montans et avalens, qui vouldront passer par dessoubz ycellui pont, et portera certaines cordes apelées festes, et autres ad ce neccessaires, s'aucunes en y fault, pour lesdis bateaux monter

ou avaler; et ne se entremettra aucun autre de faire l'office dicellui maistre, sur paine d'amende arbitraire.

(591) *Item.* Quant ledit office sera vacquant, lesdis prevost et eschevins le donneront à homme qui par informacion deuement faicte, sera trouvé estre de bonne vie, renommée et honneste conversacion, sans aucun blasme ou reproche, habille, souffisant et ydoine pour ledit office excercer, prins par l'eslection de bons marchans, voitturiers, maronniers et preude bacheliers du pays d'aval l'eaue.

(592) *Item.* Quant on instituera aucun oudit office, il sera serement que bien loyaument et diligemment il excercera ledit office en sa personne, et gardera les ordonnances faictes tant sur ledit office comme sur le fait de la marchandise de l'eaue; et que se il scet chose qui soit faicte ou prejudice des previleges, libertez et franchises de ladicte ville et marchandise, et aussi contre les ordonnances d'icelle, incontinant il le fera savoir ausdis prevost et eschevins, ou au procureur de la marchandise; et que de chose dont la congnoissance appartieigne ausdis prevost et eschevins, il ne mettra ne fera mettre aucun en cause ailleurs que pardevant eulx, et obeira à leurs commandemens; et ne prendra ne demandera plus grant salaire que cellui qui est ordonné pour ledit office excercer.

(593) *Item.* Et après ce que il sera institué oudit office, et que il aura fait le serement, il sera presenté sur ledit lieu, et mis en possession par l'un des sergens de ladicte prevosté et eschevinage, que lesdis prevost et eschevins vouldront à ce commettre, qui aura pour ce faire pour chascun jour qu'il vacquera, pour son salaire et despens, dix solz parisis.

(594) *Item.* Et ce fait il fera residence audit lieu de Beaumont; et quant il y surviendra aucuns bateaulx montants, il yra audevant jusques audessoubz dudit pont, et demandera certaines cordes nommées festes, pour monter lesdis bateaulx, et les embouchera dedens l'arche dudit pont, et iceulx fermera et liera à certains anneaulx de fer estans en ladicte arche; et ce fait, il pasera les hunes et filez à un chableau au dessus dudit pont pour monter et passer lesdis bateaulx toute outre icellui, jusques où besoing en sera; et avecques ce, abillera ou fera abillier les chevaulx trayans iceulx bateaulx; et se il a mestier d'aides, il en querra aux despens des voitturiers à qui seront lesdis bateaulx.

(595) *Item.* Ledit maistre aura pour chascun bateau ou vais-

seau montant et passant par dessoubz icellui pont, pource qu'il y a plus grant paine que au pont precedent, deux solz parisis.

(596) *Item*. Icellui maistre sera tenu quant il y vendra aucuns bateaulx ou vaisseaulx avalens, de aler audevant d'eulx, et se offrir d'entrer dedens pour les passer ladite arche, ou de se tenir sur terre, et pour ce faire baillera une corde pour iceulx bateaulx avalens serrer; c'est assavoir, tenir drois afin qu'ilz puissent passer seurement par ycelle arche; et se mestier est, les conduira jusques au dessoubz d'icellui, en alant aval, et en ce faisant ou soi offrant ad ce faire, il aura pour son salaire de chascun batel avalant par dessoubz ledit pont, deux solz parisis.

Du maistre du pont de Creel.

(597) *Item*. A Creil aura un maistre de pont appellé le maistre du pont de Creeil, pour monter et avaler les bateaulx tant montans comme avalens pardessoubz ledit pont, sans ce que aucun autre se puisse entremettre de faire l'office dudit maistre, sur paine d'amende arbitraire.

(598) Et quant ledit office sera vacquant, lesdis prevost et eschevins le donneront à homme qui par informacion duement faicte, sera trouvé estre de bonne vie, renommée et honneste conversacion, sans aucun blasme ou reproche, habille, souffisant et ydoine pour icellui excercer, prins par l'eslection de bons marchans, voitturiers, marrouniers et preude bacheliers du pays d'aval l'eaue.

(599) *Item*. Quant on instituera aucun oudit office, il fera serement que bien loyaument et diligemment il excercera ledit office en sa personne, et gardera les ordonnances faictes tant sur ledit office comme sur le fait de la marchandise de l'eaue; et que se il scet chose qui soit faicte ou prejudice des previleges, libertez et franchises de ladicte ville et marchandise, et aussy contre les ordonnances d'icelle, incontinant il le fera savoir ausdis prevost et eschevins ou au procureur de la marchandise; et que de chose dont la congnoissance appartieigne à iceulx prevost et eschevins, il ne mettra ou fera mettre aucun en cause aillieurs que pardevant eulx, et obeira à leurs commandemens; et ne prendra ne demandera plus grant salaire que cellui qui est ordonné pour ledict office excercer.

(600) *Item*. Et après ce que il sera institué oudit office et aura fait ledit serement, il sera presenté et mis en possession sur le lieu par l'un des sergens de ladicte prevosté et eschevinage, que lesdis prevost et eschevins vouldront à ce commettre, qui aura pour

ce faire pour chascun jour qu'il vacquera, pour son salaire et despens, dix solz parisis.

(601) *Item.* Et ce fait, il fera continuelle residence audit lieu pour ycellui office excercer ainsi qu'il appartient; et quant il surviendra aucuns bateaulx montans, il yra audevant et demenera deux cordes appellées festes, pour les mettre et fermer dedens l'arche dudit pont, et en yceulx bateaulx labourant pour les mener fermer en icelle arches, ycellui maistre criera ou fera crier; c'est assavoir, fermer une hune au cul du batel pour le retenir, se mestier est; ad ce que il ne aille trop fort quant il entrera en ladicte arche, pour eschever peril ou dommage, ou autre inconvenient.

(602) *Item.* Et après ce que lesdis bateaulx montans seront ainsi mis et fermez en ladicte arche, ycellui maistre yra passer les cordes ou filez neccessaires pour iceulx bateaulx monter et mettre tout contremont audessus dudit pont, et les passera à un chableau; et ce fait, abillera ou fera abiller les chevaux trayans iceulx bateaulx contremont ladicte riviere; et se pour ce faire il a mestier d'aides, il en prendra aux despens des voicturiers ausquelz iceulx bateaulx seront ou appartendront.

(603) *Item.* Aura et prendra pour son salaire de chascun batel ou vaissel montant et passant par ledit lieu et arche, deux solz parisis.

(604) *Item.* Yra ycellui maistre audevant des bateaulx venens aval ladicte riviere d'Oyse, pour passer par dessoubz ladicte arche dudit pont de Creeil; assavoir jusques à la boce de Vaulx, et se offrera d'entrer dedens iceulx bateaulx pour les passer et mettre dessoubz ladicte arche, et se tendra sur terre, et se fera bailler une corde pour iceulx bateaulx avalens, serrer et les tenir droits tellement qu'ilz puissent passer ledit pont seurement et sauvement; et pour ce faire, aura pour son salaire, supposé qu'il ne face riens que soy offrir, pour chascun batel, avalant par dessus ledit pont, deux solz parisis.

Du maistre du pont de Pons-Saincte-Messance.

(605) *Item.* Au pont Saincte-Messance, aura un maistre appellé le maistre du pont d'icellui lieu, lequel yra audevant des bateaulx montans et avalens par dessoubz icellui pont, et portera certaines cordes appellées festes et autres, s'aucunes en fault pour monter ou avaler les bateaulx passans par l'arche dudit pont, sans ce que aucun autre se puisse entremettre de faire l'office d'icellui maistre, sur paine d'amende arbitraire.

(606) *Item.* Quant ledit sera office vacquant, lesdis prevost et

eschevins le donneront à homme qui par informacion deuement faicte, sera trouvé estre de bonne vie, renommée et honneste conversacion, sans aucun blasme ou reproche, habille, souffisant et ydoine pour ledit office excercer, prins par l'eslection de bons marchans, voicturiers maronniers et preude bacheliers du pays d'aval l'eaue.

(607) *Item.* Quant on instituera aucun oudit office, fera serement que bien loyaument et diligemment il fera et excercera icellui office en sa personne, et gardera les ordonnances faictes tant sur ledit office comme sur le fait de la marchandise de l'eau; et que s'il scet chose qui soit faite ou prejudice des privileges, libertez et franchises de ladicte ville et marchandise, et aussi contre les ordonnances d'icelle, incontinant il le fera savoir ausdis prevost et eschevins, ou au procureur de la marchandise; et que de chose dont la congnoissance aparticigne ausdis prevost et eschevins, il ne mettra ou fera mettre aucun en cause ailleurs que pardevant eulx, et obeira à leurs commendemens; et ne prendra ne demandera plus grant salaire que cellui qui est ordonné pour ledit office excercer.

(608) *Item.* Et après ce que il sera institué et aura fait ledit serement, il sera presenté sur le lieu, et mis en possession par l'un des sergens de ladicte prevosté et eschevinage, que lesdis prevost et eschevins vouldront à ce commettre, qui aura pour ce faire pour chascun jour qu'il vacquera, pour son salaire et despens, dix solz parisis.

(609) *Item.* Et quant il vendra aucuns bateaulx montans, il yra audevant jusques audessoubz dudit pont, demander certaines cordes nommées festes, pour monter et mettre les bateaulx montans dedens l'arche d'icellui pont, et yceulx liera et fermera a certains anneaulx de fer estans dedens ladicte arche; et ce fait, il passera les hunes et filez à un chableau audessus dudit pont, pour monter et passer lesdis bateaulx tout oultre audessus d'icelluy, jusques là où besoing et necessité en sera, et avecques ce, abillera ou fera abiller les chevaulx trayans, yceulx bateaulx; et se il a mestier d'aide, il en querra aux despens des voicturiers ausquelz seront iceulx bateaulx montans; et pour faire ce que dit est, aura pour son salaire pour chascun bateau ou vaisseau montant qui passera pardessoubz icellui pont, seize deniers parisis.

(610) *Item.* Icellui maistre toutesfois que il survendra aucuns bateaulx ou vaisseaux avalans pour passer pardessoubz ledit pont yra audevant d'eulx; et se offrera de entrer dedens pour les passer

l'arche d'icellui pont, ou se tendra sur terre pour se faire bailler une corde pour yceulx bateaulx avalens, serrer; c'est assavoir, les tenir ad ce qu'il puissent passer seurement par icelle arche du pont dessusdit; toutes voies ne seront point les voituriers astrains que ledit maistre y face aucun labouraige, s'il ne leur plaist; et en cas qu'ilz en seroient d'accord, et qu'il les avalera audessoubz dudit pont, il en aura seize deniers parisis; et s'il ne fait que serrer au long de terre, il n'en aura que huit deniers parisis.

Du maistre du pont de Compiengne.

(611) *Item.* A Compiegne aura ung maistre du pont, appelé le maistre du pont de Compiegne, lequel fera certains labouraiges aux bateaulx ou vaisseaulx qui passeront par l'arche d'icellui pont, en montant contremont la rivière d'Oyse, sans ce que aucun autre se puisse entremettre de excercer l'office d'icellui, sur paine d'amende arbitraire.

(612) *Item.* Quant ledit office sera vacquant, lesdis prevost et eschevins le donneront à homme qui par informacion duement faicte, sera trouvé estre de bonne vie, renommée et honneste conversacion, sans aucun blasme ou reproche, habille, souffisant et ydoine pour ledit office excercer, par l'eslection de bons marchans, voicturiers, marronniers et preude bacheliers du pays d'aval l'eaue.

(613) *Item.* Quant on instituera aucun oudit office, il sera serement que bien loyalment et diligemment il excercera ledit office en sa personne, et gardera les ordonnances faictes tant sur ledit office comme sur le fait de la marchandise de l'eaue; et que s'il scet chose qui soit faicte ou prejudice des previleges et franchises de ladicte ville, et ordonnances d'icelle, incontinant il fera savoir ausdis prevost et eschevins ou au procureur de la marchandise; et que de chose dont la congnoissance appartiegne ausdis prevost et eschevins, il ne mettra ne fera mettre aucun en cause ailleurs que pardevant eulx; et obeira à leurs commendemens; et ne prendra ne demandera plus grant salaire que celluy qui est ordonné pour icellui office faire et excercer.

(614) *Item.* Quant il sera institué oudit office, et qu'il aura fait ledit serement, il sera presenté et mis en possession audit lieu par l'un des sergens de ladicte prevosté et eschevinage, que lesdis prevost et eschevins vouldront ad ce commettre, qui aura pour ce faire pour chascun jour qu'il vacquera, pour son salaire et despens, dix selz parisis.

(615) *Item.* Et ce fait, il fera continuelle residence sur ledit lieu; et quant il survendra aucuns bateaulx montans, il yra audevant et demandera une hune ou deux selon ce que l'eau sera fort, et icelles passera l'arche pour tirer les bateaulx contremont et aussi abillera les chevaulx; et se il a mestier d'aides, il en querra aux despens des voitturiers ausquelz seront iceulx bateaulx, et aura pour chascun batel ou vaissel passant pardessoubz l'arche en montant contremont ladicte riviere d'Oyse, huit deniers parisis.

Du chableur du pont de Corbueil.

(616) *Item.* A Corbueil aura un chableur du pont d'icellui lieu, lequel yra audevant des bateaulx montans par illec, querir les festes, hunes, cordes et filez neccessaires pour iceulx bateaulx monter et passer pardessoubz ledit pont, selon ce que cy-après sera declairé; et ne se entremettra aucun autre de excercer l'office d'icellui maistre, sur paine d'amende arbitraire.

(617) *Item.* Et quant ledit office sera vacquant, lesdis prevost et eschevins le donneront à homme qui par informacion deuement faicte, sera trouvé estre de bonne renommée et honneste conversacion, sans aucun blasme ou reproche, habille, souffisant et ydoine pour ledit office excercer, prins par l'eslection de bons marchans, voitturiers, marouniers et preudes bacheliers du pays d'amont l'eaue.

(618) *Item.* Et quant on instituera aucun oudit office, il fera serement que bien loyaument et diligemment il excercera ledit office, en sa personne, et gardera les ordonnances faictes tant sur ledit office comme sur le fait de la marchandise de l'eaue; et que s'il scet chose qui soit faicte ou prejudice des previleges, libertez et franchises de ladicte ville et marchandise, et aussi contre les ordonnances d'icelle, incontinant il le fera savoir ausdis prevost et eschevins, ou au procureur de la marchandise; et que de chose dont la congnoissance appartiegne ausdis prevost et eschevins, il ne mettra ne fera mettre aucun en cause ailleurs que pardevant eulx, et obeira à leurs commendemens; et ne prendra ne demendera plus grant salaire que cellui qui est ordonné pour ledit office excercer.

(619) *Item.* Quant il sera institué oudit office et aura fait ledit serement, il sera presenté sur ledit lieu, et mis en possession par l'un des sergens de ladicte prevosté et eschevinage, que lesdis prevost et eschevins vouldront ad ce commettre, qui aura pour ce faire

pour chascun jour qu'il vacquera, pour son salaire et despens, dix sols parisis.

(620) *Item.* Ledit chableur fera continuelle residence audit lieu, pour excercer ledit office, à toutes heures competens, et tellement que par sa negligence ou coulpe, aucun dommaige ou autre inconvenient ne s'en puisse ensuir.

(621) *Item.* Il aura une bonne flette ou nacelle à lui appartenant, et icelle soustendra à ses propres coustz et despens, portant le poix ou pesant de quatre queues de vin ou environ, pource que quant les eaues seront grandes et grosses, il y fauldra mettre grands cordaiges; et quant il vendra aucuns bateaulx contremont, il yra audevant jusques au droit du port à la chaulx, en sadicte flette, et avecques lui un varlet, lequel il tendra et aura avecques lui pour sondit office excercer; et quant il sera à iceulx bateaulx montans, il prendra en sadicte flette les hunes et filez neccessaires tant pour fermer iceulz bateaulx montans audit pont, comme pour iceulz monter tout oultre contremont l'arche d'iceluy; et quant iceulx bateaulx seront fermez, il menra lesdictes hunes en sadicte flette tout' oultre contremont ladicte arche, et les bailiera aux charretiers pour abiller les chevaulx trayans iceulx bateaulx; et ce fait, s'en retournera en sadicte flette, et rapportera icelles hunes ou filez pour les fermer ausdiz bateaulx, pour iceulz monter ou tirer contremont ladicte arche.

(622) *Item.* Ledit chableur pour salaire aura pour chascun bateau montant par ledit lieu, pourveu que il s'offre à faire son devoir ainsi qu'il appartient, trois deniers parisis.

Du chableur du pont de Meleun.

(623) *Item.* A Meleun aura un chableur appellé le chableur du pont de Meleun, lequel yra audevant des bateaulx montans par ledit lieu, querir les festes, cordes, hunes et filez neccessaires pour iceulx bateaulx monter contremont l'arche du pont d'icelui lieu, selon ce que cy-après sera declairé, sans ce que aucun autre se puisse entremettre de excercer l'office d'icellui maistre, sur paine d'amende arbitraire.

(624) *Item.* Quant ledit office sera vacquant, lesdis prevost et eschevins le donneront à homme qui par informacion deuement faicte, sera trouvé estre de bonne vie, et honneste conversacion, sans aucun blasme ou reproche, habille, souffisant et ydoine pour ledit office excercer, prins par l'eslection de bons marchans, voicturiers, maronniers et preude bacheliers du pays d'amont l'eaue.

(625) *Item.* Quant on instituera aucun oudit office, il sera serment que bien loyaument et diligemment il excercera ledit office en sa personne, et gardera les ordonnances faictes tant sur ledit office que sur ladicte marchandise de l'eaue; et que s'il scet chose qui soit faicte ou prejudice des previleges, libertez et franchises de ladicte ville et marchandise, et aussi contre les ordonnances d'icelle, incontinant il le fera savoir ausdis prevost et eschevins, ou au procureur de la marchandise; et que de chose dont la congnoissance appartieigne ausdis prevost et eschevins, il mettra ne fera mettre aucun en cause ailleurs que pardevant eulx, et obeira à leurs commendemens, et ne prendra ne demandera plus grant salaire que cellui qui est ordonné pour ledit office excercer.

(626) *Item.* Et quant il sera institué oudit office, et aura fait ledit serement, il sera presenté sur ledit lieu, et mis en possession par l'un des sergens de ladicte prevosté et eschevinage que lesdis prevost et eschevins vouldront ad ce commettre, qui aura pour ce faire pour chascun jour qu'il vacquera, pour son salaire et despens dix solz parisis.

(627) *Item.* Et ce fait, icellui chableur fera continuelle residence audit lieu pour excercer icellui office à toutes les heures competens, et tellement que par sa negligence ou coulpe aucun dommaige ne s'en puisse ensuir.

(628) *Item.* Icellui chableur aura une bonne flette ou nacelle à lui appartenant, et icelle soustendra à ses propres coustz et despens, portant le poix ou pesant de quatre queues de vin ou environ, pource que quant les eaues seront grandes et grosses, il y fauldra mettre grant cordaige; et quant il survendra aucuns bateaulz montens, il yra audevant jusques à la Tournelle-Maugier qui est audes-soubz dudit pont, en saditte flette, et avecques lui ung varlet, lequel il aura et tendra avecques lui pour sondit office faire et excercer; et quant il sera à icculz bateaulx montens, il prendra en sadicte flette les hunes et filez necessaires tant pour fermer iceulz bateaulz montens audit pont, comme pour iceulz monter tout oultre contremont l'arche d'icellui; et après que iceulz bateaulx y seront fermez, il menra les hunes en sadicte flette, tout oultre contremont l'arche, et icelles baillera aux charretiers pour abiller les chevaulz trayans iceulz bateaulx; et ce fait, s'en retournera en sadicte flette, et rapportera icelle hunes ou filez pour les fermer ausdis bateaulx, pour iceulz monter ou tirer contremont ladicte arche.

(629) *Item.* Ledit maistre aura pour son salaire, pour chascun

...teau montant par ledit lieu, pourveu qu'il s'offre à faire son ...voir, ainsi qu'il appartient, trois deniers parisis.

Du chableur de Monstereau.

(630) *Item.* A Monstereau ou Fault-Yonne, aura un chableur nommé le chableur du pont de Montereau lequel sera estably et ordonné pour aler audevant des bateaulz montans par ledit lieu, querir les festes, cordes et filez neccessaires pour iceulz bateaulz monter et passer par dessoubz ledit pont, selon ce que cy-après sera declairé, sans ce que aucun autre se puisse entremettre de faire ledit office, sur paine d'amende arbitraire.

(631) *Item.* Et quant ledit office sera vacquant, lesdis prevost et eschevins le donneront à homme qui par informacion deuement faicte, sera trouvé estre de bonne vie, renommée et honneste conversation, sans aucun blasme ou reproche, habille, souffisant et ydoine pour ledit office excercer, prins par l'eslection de bons marchans, voitturiers, maronniers et preude bacheliers du païs d'amont l'eaue.

(632) *Item.* Quant on instituera aucun oudit office, il fera serement que bien loyaument et diligemment il excercera ledit office en sa personne et gardera les ordonnances faictes tant sur ledit office comme sur le fait de la marchandise de l'eaue; et que s'il scet chose qui soit faicte ou prejudice des previleges, libertez et franchises de ladicte ville et marchandise, et aussi contre les ordonnances d'icelle, incontinant il le fera savoir ausdis prevost et eschevins, ou au procureur de la marchandise; et que de chose dont la cognoissance appartiegne auxdis prevost et eschevins, il ne mettra ne fera mettre aucun en cause ailleurs que pardevant eulx, et obeira à leurs commendemens; et ne prendra ne demandera plus grant salaire que celui qui est ordonné.

(633) *Item.* Quant il sera institué oudit office, et qu'il aura fait ledit serement, il sera presenté sur ledit lieu et mis en possession par l'un des sergens de ladicte prevosté et eschevinage, que lesdis prevost et eschevins vouldront à ce commettre, qui aura pour ce faire pour chascun jour qu'il vacquera, pour son salaire et despens, dix solz parisis.

(634) *Item.* Et ce fait, icellui chableur fera continuelle residence audit lieu, pour excercer ledit office à toutes heures competans, et tellement que par sa negligence ou coulpe, aucun dommage ou autre inconvénient ne s'en puisse ensuir.

(635) *Item.* Icellui chableur aura une bonne flette ou passe...

à lui appartenant, et icelle soustendra à ses propres cousiz et des pens, portant le poix ou pesant de quatre queues de vin ou environ, affin que quant les eaues seront grandes et grosses, que on on y mette les cordaiges neccessaires pour labourer lesdis bateaulx; et quant il vendra aucuns contremont, il yra au devant en sadite flette, et avecques lui un varlet, lequel il tendra avecques lui pour sondit office faire et excercer; et quant il sera à yceux bateaulx montens, il prendra et aura en sadicte flette les hunes et filez neccessaires tant pour fermer iceulx bateaulx montens audit pont, comme pour iceulx monter tout oultre contremont l'arche d'icellui; et après ce que iceulx bateaulx seront fermez audit pont, il menra les hunes en sadicte flette tout oultre contremont l'arche, et icelles baillera aux charretiers pour abiller les chevaulx trayans iceulx bateaulx; et ce fait, s'en retournera en sadicte flette rapporter icelles hunes ou filez pour les fermer ausdis bateaulx, pour iceulx monter ou tirer contremont l'arche dessusdicte.

(636) *Item.* Ledit chableur, pour son salaire, aura pour chascun bateau montant par ledit lieu, pourveu que il se offre à faire son devoir ainsi qu'il appartient, trois deniers tournois.

Du chableur du pertuis au Ferue (1).

(637) *Item.* Au pertuis d'Auferue, aura un chableur appellé le chableur du partuis au Ferue, pour faire et excercer l'office de chablaige, et ne s'entremettra aucun autre de faire l'exercice de l'office d'icellui chableur, sur peine d'amende arbitraire.

(638) *Item.* Quant ledit office sera vacuant, lesdis prevost et eschevins le donrront à homme qui par informacion deuement faicte, sera trouvé estre de bonne vie, renommée et honneste conversacion, habille, souffisant et ydoine pour ledit office faire et excercer, prins par l'eslection de bons marchans, marouniers et voicturiers frequentens les parties d'amont l'eaue.

(639) *Item.* Quant aucun sera institué oudit office, il fera serement que bien loyaument et diligemment, il excercera ledit office en sa personne, et gardera les ordonnances faites tant sur ledit office comme sur le fait de la marchandise de l'eaue; et que s'il

---

(1) On lit à la p. 247 du 3e vol. des *Antiquités de Paris*, par Sauval, parlant des justiciables du prévôt des marchands de cette ville.... les chableurs des ponts de Corbeil, Melun, Montereau-Faut-Yonne, Sens, Villeneuve-le-Roy et du pertuis au Ferur.

cet chose qui soit faicte ou prejudice des privileges, libertez et franchises de ladicte ville et marchandise, et aussi contre les ordonnances d'icelle, incontinant il le fera savoir ausdis prevost et eschevins, ou au procureur de ladicte marchandise de l'eaue; et que de chose dont la congnoissance appartieigne ausdis prevost et eschevins, il ne mettra ne fera mettre aucun en cause ailleurs que pardevant eulx, et obeira à leurs commandemens; et ne prendra ne demendera plus grand salaire que cellui qui est ordonné pour ledit office excercer.

(640) *Item.* Quant il sera institué audit office, et qu'il aura fait ledit serement, il sera presenté sur ledit lieu, et mis en possession par l'un des sergens de ladicte prevosté et eschevinage, que lesdis prevost et eschevins vouldront à ce commettre, qui aura pour ce faire pour chascun jour qu'il vacquera, pour son salaire et despens, dix solz parisis.

(641) *Item.* Et ce fait, il fera continuelle residence sur ledit lieu, pour faire et excercer icellui office, et aura une bonne nacelle pour aler querir les filez des bateaux montans, et iceulx filez portera et passera ledit partuis, aux prez appellez les prez de Seraine, pour abilier les chevaulx, s'ilz sont assez longs, et s'ils ne sont assez longs, jusques à la grosse tour Saint-Morise.

(642) *Item.* Icellui chableur aura pour son salaire, pour chascun trait de bateaulx passans par ledit lieu depuis Pasques jusques à la Saint-Remy, quatre deniers tournois; et depuis la Saint-Remy jusques à Pâques, huit deniers tournois.

Du chableur de Pons-sur-Yonne.

(643) *Item.* A Pons-sur-Yonne aura un chableur appellé le chableur d'icellui lieu, lequel sera establi et ordonné pour aler audevant des bateaulx montens par ledit lieu, querir les festes, hunes, cordes et filez necessaires pour iceulx bateaulx montens passer par dessoubz ledit pont, selon que cy-après sera declairé, sans ce que aucun autre se puisse entremettre de faire ledit office, sur paine d'amende arbitraire.

(644) *Item.* Quant ledit office sera vacant, lesdis prevost et eschevins le donront à homme qui, par informacion deuement faicte, sera trouvé estre de bonne vie, renommée et honneste conversacion, sans aucun blasme ou reproche, habille, souffisant et ydoine pour ledit office excercer, prins par l'eslection de bons marchans, voicturiers, maronniers et preude bacheliers du pays d'amont l'eaue.

(645) *Item*. Quant on instituera aucun oudit office, il fera serement que bien loyaument et diligemment il excercera ledit office en sa personne, et gardera les ordonnances faictes tant sur ledit office comme sur le fait de la marchandise de l'eaue; et que s'il scet chose qui soit faicte ou prejudicé des privileges, libertez et franchises de ladicte ville et marchandise, et aussi contre les ordonnances d'icelle, incontinant il le fera savoir ausdis prevost et eschevins ou au procureur de la marchandise; et que de chose dont la congnoissance leur appartieigne, il ne mettra ne fera mettre aucun en cause ailleurs que pardevant eulx, et obeira à leurs commandemens; et ne prendra ne demendera plus grant salaire que cellui qui est ordonné pour ledit office excercer.

(646) *Item*. Quant il sera institué oudit office, et qu'il aura fait ledit serement, il sera présenté sur ledit lieu, et mis en possession dudit office par l'un des sergens de ladicte prevosté et eschevinage, que lesdis prevost et eschevins vouldront à ce commettre, qui aura pour ce faire pour chascun jour qu'il vacquera, pour son salaire et despens, dix solz parisis.

(647) *Item*. Et ce fait, icellui chableur fera continuelle residence audit lieu, pour excercer ledit office à toutes heures competens, et tellement que par sa negligence ou coulpe aucun dommage ou autre inconvenient ne s'en puisse ensuir.

(648) *Item*. Icellui chableur aura une bonne flette ou nasselle à lui appartenant, et icelle soustendra à ses propres coustz et despens, portant le poix ou pesant de quatre queues de vin ou environ, pource que quant les eaues seront grandes et grosses, il fault mettre grans cordaiges; et quand il vendra aucuns bateaulx contremont, il yra audevant jusques au droit de la pescherie dudit lieu, et plus, se mestier en est, en sadicte nacelle, et avecques lui un varlet, lequel il aura et tendra avecques lui pour sondit office faire et excercer; et quant il sera à iceulx bateaulx montens, il prendra et aura en sadicte flette les hunes et filez necessaires tant pour fermer iceulx bateaulx montens audit pont, comme pour yceulx monter tout oultre contremont l'arche d'icellui; et après ce que iceulz bateaulz seront fermez audit pont, il mettra les hunes en sadicte flette tout oultre contremont l'arche, et icelles baillera aux chartiers pour abiller les chevaulx trayans iceulx bateaulx; et ce fait, s'en retournera en sadicte flette rapporter icelles hunes ou filez pour les fermer ausdits bateaulx pour yceulx monter ou tirer contremont ladicte arche.

(649) *Item*. Ledit chableur pour son salaire, aura pour chas-

en bateau montant par ledit lieu, pourvû qu'il s'offre à faire son devoir ainsi qu'il appartient, trois deniers tournois.

Du chableur du pont de Sens.

(650) *Item.* A Sens aura ung chableur appelé le chableur dudit lieu, lequel sera establiy et ordonné pour aler au-devant des bateaux montans par ledit lieu, querir les festes, hunes, cordes et filez neccessaires pour iceulx bateaux montens passer pardessous ledit pont, selon ce que cy-après sera declairé, sans ce que aucun autre se puisse entremettre de faire ledit office, sur paine d'amende arbitraire.

(651) *Item.* Quant ledit office sera vacant, lesdis prevost et eschevins le donneront à homme qui par informacion deuement faicte, sera trouvé estre de bonne vie, renommée et honneste conversacion, habille, souffisant et ydoine pour ledit office excercer, prius par l'eslection de bons marchans, voicturiers, maronniers et preude bacheliers du pais d'amont l'eaue.

(652) *Item.* Et quant on instituera aucun oudit office, il fera serement que bien loyaument et diligemment il excercera ledit office en sa personne, et gardera les ordonnances faictes tant sur ledit office comme sur le fait de la marchandise; et que s'il scet chose qui soit faicte ou prejudice des previleges, libertez et franchises de ladicte ville et marchandise, et aussi contre les ordonnances d'icelle, incontinant il le fera savoir ausdis prevost et eschevins ou au procureur de la marchandise; et que de chose dont la congnoissance leur appartieigne, il ne mettra ou fera mettre aucun en cause que pardevant eulx, et obeira à leurs commendemens; et ne prendra ne demandera plus grant salaire que cellui qui est ordonné.

(653) *Item.* Quant il sera institué oudit office, et qu'il aura fait ledit serement, il sera presenté sur ledit lieu, et mis en possession par l'un des sergens de ladicte prevosté et eschevinage, que lesdis prevost et eschevins vouldront ad ce commettre, qui aura pour ce faire pour chascun jour qu'il vacquera, pour son salaire et despens, dix solz parisis.

(654) *Item.* Et ce fait, icellui chableur fera residence audit lieu, pour faire l'exercice d'icellui office à toutes heures competentens, et tellement que par sa negligence ou coulpe, aucun dommage ou inconvenient ne s'en puisse ensuir.

(655) *Item.* Icellui chableur aura une bonne flette ou nacelle

à lui appartenant, et icelle soustendra à ses propres coustz et despens, portant le pois ou pesant de quatre queues de vin ou environ, pource que quant les eaues sont grandes et grosses, il y fault mettre grans cordaiges; et quant il vendra aucuns bateaux contremont, il yra au-devant jusques à l'endroit de Saint-Moris ou du Clos-le-Roy, en sadicte flette, et avecques lui ung varlet, lequel il aura et tendra avecques lui pour sondit office faire et excercer; et quant il sera à iceulx bateaulx montens, il prendra et aura en ladicte flette les hunes et filez neccessaires tant pour fermer iceulx bateaulx montens audit pont, comme pour iceulx monter tout oultre contremont l'arche d'icelui; et après ce que iceulx bateaulx seront fermez audit pont, il menra les hunes en sadicte flette tout oultre contremont l'arche, et icelles baillera aux charretiers pour abiller les chevaulx trayans iceulx bateaulx, et ce fait, s'en retournera en sadicte flette raporter icelles hunes et filez pour les fermer ausdis bateaulx, pour iceulx monter ou tirer contremont ladicte arche.

(656) *Item.* Ledit chableur pour son salaire, aura pour chascun bateau montant par ledit lieu, pourveu que il se offre à faire son devoir ainsi qu'il appartient, trois deniers tournois.

Du chableur du pont de Villeneufve-le-Roy.

(657) *Item.* A Villeneufve-le-Roy sera ung chableur apellé le chableur d'icellui lieu de Villeneuve, et d'un partuis qui est près du pont estant illec, appelé le Partuis-le-Roy, lequel chableur sera establi et ordonné pour aller audevant des bateaulx montens par ledit lieu, querir les festes, hunes, cordes et filez neccessaires, pour iceulx bateaulx montens passer dessoubz ledit pont, selon ce que cy-après sera declairé, sans ce que aucun autre se puisse entremettre de faire ledit office, sur paine d'amende arbitraire.

(658) *Item.* Quant ledit office sera vacant, lesdis prevost et eschevins le douront à homme qui par informacion deuement faicte, sera trouvé estre de bonne vie, renommée et honneste conversacion, sans aucun blasme ou reproche, habile, souffisant et ydoine pour ledit office excercer, prins par l'eslection de bons marchans voituriers, marouniers et preude bacheliers du païs d'amont l'eaue.

(659) *Item.* Quant on instituera aucun oudit office, il fera serement que bien loyaument et diligemment il excercera ledit office en sa personne, et gardera les ordonnances faictes tant sur ledit office comme sur le fait de la marchandise de l'eaue; et que s'il

soit chose qui soit faicte ou prejudice des previleges, libertez et franchises de ladicte ville et marchandise, et aussi contre les ordonnances d'icelle, incontinant il le fera savoir ausdis prevost et eschevins, ou au procureur de la marchandise; et que de chose dont la congnoissance leur appartieigne, il ne mettra ne fera mettre aucun en cause ailleurs que pardevant eulx, et obeira à leurs commendemens; et ne prendra ne demendera plus grant salaire que cellui qui est ordonné pour ledit office excercer.

(660) *Item.* Quant il sera institué oudit office, et qu'il aura fait ledit serement, il sera presenté sur ledit lieu, et mis en possession par l'un des sergens de ladicte prevosté et eschevinage, que lesdis prevost et eschevins vouldront ad ce commettre, qui aura pour ce faire, pour chascun jour qu'il vacquera, pour son salaire et despens, dix solz parisis.

(661) *Item.* Et ce fait, icellui chableur fera residence sur ledit lieu, pour faire l'exercice d'icellui office à toutes heures competens, et tellement que par sa negligence et coulpe, aucun dommage ou inconvenient ne s'en puisse ensuir.

(662) *Item.* Icellui chableur aura une flette ou nacelle à lui appartenant, et icelle soustendra à ses propres coustz et despens, portant le poix ou pesant de quatre queues de vin ou environ, et avecques ce aura un hindart assis sur la mote de l'isle d'icelluy lieu, et icellui hindart soustendra en estat pour y attacher les filez, et tourner à force de gens quant les eaues seront si fortes que il en sera neccessité pour yceulz bateaulx passer oultre; et yra audevant jusques à l'endroit de la poterne dudit lieu, ou du pel aux cordiers qui est endroit le cay estant yllec, en sadicte flette, et avecques lui un varlet, lequel il tendra et aura pour sondit office faire et excercer; et quant il sera à iceulx bateaulx montans, il prendra et aura en sadicte flette les hunes et filez neccessaires tant pour fermer iceulx bateaulx montans audit pont, comme pour yceulx monter tout oultre contremont l'arche d'icellui : et après ce que iceulx bateaux seront fermez audit pont, il mettra les hunes en sadicte flette tout oultre contre l'arche, et icelles mettra audit hindart pour iceulx bateaulx tirer contremont; et ce fait, s'en retournera en sadite flette raporter icelles hunes ou filez, pour les fermer ausdis bateaulx pour iceulx tirer contremont ledit pont.

(663) *Item.* Ledict chableur pour son salaire aura pour chascun bateau montant par ledit lieu, pourveu que il s'offre à faire son devoir ainsi qu'il appartient, huit deniers tournois.

Des bateliers passans l'eaue, et aultres venans à Paris.

(664) *Item.* Pource que en ladicte ville de Paris, a certains pors ordonnez et establiz pour passer la riviere; c'est assavoir, le Louvre, Saint-Gervais, Saint-Lendri, Nostre-Dame, Saint-Bernard et les Barrez, et que en yceulx pors sont certains batelliers pour passer ceulx qui y veulent passer et repasser, pour chascun jour aux heures sur ce ordonnées, desquelz batelliers les aucuns sont souventesfoiz mal saichant de labourer par ladite riviere, et aussi ont mauvais bateaulx et non garnis de telz apparaulx qu'ilz doivent avoir, dont plusieurs inconvéniens et périlz se pevent ensuir, pour lesquelz eschever ordonnons que iceulx batelliers n'auront aucun bateaulx, se ilz ne sont bons, souffisans, convenables et de bonne grandeur, et que ilz feront residence ausdis pors, tellement que on y en treuve tousjours aucuns pour passer et repasser un chascun pour son argent, sur paine qui fera le contraire, de paier cinq solz parisis d'amende.

(665) *Item.* Tous forains ou autres qui seront trouvez menans bateaulx par ladite riviere de Saine, soit en passaige ou autrement, et ne seront bons ouvriers et souffisans de faire ledit office ou mestier, paieront vint solz parisis d'amende, et demourront les bateaulx en main de justice jusques ad ce que ladicte amende sera paiée.

(666) *Item.* Lesdis batelliers ne prendront aprentis à mendre années que de sept ans dont ledit aprentis servira trois ans, sans ce qu'il doye entreprendre à conduire ou mener batel de soy à passer gens ou aultrement, se son maistre n'est avec lui, ou autre personne souffisant et convenable ad ce; et les autres quatre ans après ensuivans, il servira sondict maistre comme aprentis, et pourra mener batel à par lui, pourveu qu'il ait esté experimenté au Pel-le-Roy, ainsi qu'il est acoustumé, et sans ce que les autres ouvriers lui tiengnent run durant le temps de son service, et qui sera trouvé faisant le contraire, il paiera vint solz parisis d'amende.

(667) *Item.* Lesdis batelliers garderont run l'un envers l'autre, sans entreprendre ne tremater le run l'un de l'autre, sur paine de paier cinq solz parisis d'amende, et de rendre à cellui qui aura esté trematé l'argent qui en aura esté receu.

(668) *Item.* Aucun batellier ne autre ne tendra aucune flette ou nacelle aux pors dessusdis ne ailleurs dedens ladicte ville de Paris, s'il n'y a chesne ou serrure souffisant pour la fermer chascune nuit, sur paine de vint solz parisis d'amende.

(669) *Item.* Depuis ce qu'il sera anuité et que on ne verra à con-

paistre un tournois d'un parisy, nul ne passera aucunes personnes par ladicte riviere, ne aussy au matin qu'il ne soit souffisant heure de jour, sur paine de dix solz parisis d'amende.

(670) *Item.* Aucun batellier ne passera ne menra batel depuis la Saint-Remy jusques à Pasques ensuivant, s'il n'a deux avirons ferrez, bons et souffisans, et aussi ung croq ferré, sur paine de cinq solz parisis d'amende (1).

(671) *Item.* Lesdis bateliers auront pour leurs salaires pour faire les passaiges aux pors dessusdis; c'est assavoir pour chascune personne qu'ilz passeront aux pors des Barrez et du Louvre, pource que ilz passent toute la riviere à une foiz, un denier parisy, et autant de chascun cheval ou autre beste : et pour passer du port Saint-Gervais parderriere le cloistre Nostre-Dame, tout oultre jusques au port Saint-Bernard, pour chascune personne deux deniers tournois, et autant de chascun cheval et autres beste ; et aux autres pors où ilz ne passent pas toute la riviere a une foiz, ilz auront un denier tournois et autant de chascun cheval ou autre beste ; et n'en exigeront point plus, sur paine de cinq sol parisis d'amende pour chascune foiz.

(672) *Item.* Quant aucuns mariniers ou voitturiers de Meleun, de Corbeil ou autres quelz qu'ilz soient, vouldront mettre leurs bateaulx à chemin, pour yssir ou entrer hors ou ens ladicte ville de Paris, ilz n'y entreront ne ystront, se n'est entre le souleil levant et le souleil couchant, et ne seront point leurs bateaulx acoupplez ensemble à entrer en ladicte Ville, pour cause des perilz qui souvent s'en ensuivent, tant parce qu'ilz rompent les palées de ladicte ville, effrondrent les bateaulx et marchandises estans en yceulx, comme par ce qu'ilz mettent en aventure les personnes qui sont dedens, de estre perduz et naiez ; et cellui qui fera le contraire, paiera pour ce soixante solz parisis d'amende, et avecques ce restituera les pertes, dommages, despens et interestz qui s'en pourroient ensuir.

(673) *Item.* Lesditz bateliers quant ilz s'en vouldront aler dehors de ladicte ville, partiront dedens le souleil resconsant, et

---

(1) On connait deux édit. in-4° de cette ordonnance, l'une gothique, imprimée en 1500, et l'autre en lettres rondes, en 1556, chez Guillaume Merlin, lesquelles ne sont conformes ni entre elles ni à l'original.

Dans celle de 1556, il y a au folio 96 *verso*, un article qui ne se trouve ni dans l'original ni dans l'édition gothique, et que l'on a cru devoir donner ici en note.

« *Item.* Aucun batelier ne jouchera en aucune saison de l'an son batel d'herbe verde, sur peine de cinq sols parisis d'amende. »

aussi ne y entreront ne y arriveront au matin paravant souleil levant, sur ladicte paine de soixante solz parisis d'amende.

(674) *Item*. Lesdis batelliers ou marinniers tantost que ilz seront arrivez dedens ladicte ville, auront une petite nacelle ou batellet pescheret pour porter ung filé appelé la thonée devant le grant batel, pour le fermer à la palée; et après ce que ilz seront fermez, ilz osteront les gouvernaulx de dessus les culz de leurs bateaulz, et les mettront dedens lesdis bateaulx ou en l'eaue au long des bors d'iceulx, affin que ilz ne puissent empescher la venue et port aux autres bateaulx, sur paine de vint solz parisis d'amende.

(675) *Item*. Aucun pescheur ne peschera entre les quatre tours de ladicte ville de Paris, se ce n'est entre deux souleilx levant et couchant, sur peine de vint solz parisis d'amende; et aussi ne yra ne vendra par ladicte riviere par nuit ne au soir ne au matin, soit en nacelle au autrement, s'il n'est telle heure de jour que on puisse bien congnoistre ung tournois d'un parisy, sur ladicte paine.

(676) *Item*. Pource que plusieurs voicturiers et batelliers de Corbueil, de Meleun et d'ailleurs, se acompaignent souventesfoiz ensemble pour avoir plus grant salaire pour leurs voictures qu'ilz ne doivent ne n'ont acoustumé de avoir, ou prejudice des marchans et de la chose publique, ordonnons que doresenavant aucuns batelliers ou voicturiers ne acompaigneront les uns les autres, et ne useront de telles compaignies, au moins de plus de deux ensemble, sur paine de dix livres parisis d'amende.

(677) *Item*. Pour ce que plusieurs bateliers ou les deshacleurs qui doibvent desbacler toutes manieres de bateaulx après ce que ilz sont vuidez et deschargez des denrées et marchandises qui y ont esté amenées, laissent ou mettent yceulx bateaulx en plusieurs et divers lieux nuisables et prejudiciables aux autres bateaulx et marchandises chascun jour venens et affluens en ladicte ville; et mesmement ou fil et cours de ladicte riviere, tellement que les montens et avalens n'y pevent souventesfoiz passer ne rapasser, et en sont les marchans et marchandises moult retardées et empeschées ou prejudice du bien publique, ordonnons que doresenavant aucuns quelz qu'ilz soient, ne laisseront, mettront ne feront mettre ou laisser aucunes nefz ou bateaulx en aucuns desdis lieux ou autres prejudiciables; et que tantost que iceulx bateaulx seront vuiz, ilz seront ostez des pors où ilz auront esté vuidez et deschargez, sans les y laissier sejourner plus hault d'un

jour et d'une nuit, et seront menez hors de la voye et chemin des autres bateaulx montens et avalens, sur paine de vint solz parisis d'amende pour chascun jour, et de paier la despense pour faire oster yceulx bateaulx par les sergens ou commissaires de ladicte marchandise; et demourront lesdis bateaulx et aparaulx estans en yceulx, en main de justice, et seront vendus par faulte de paier les amendes, au plus offrant et dernier encherissant, jusques a plaine satisfacion et paiement de ce que dit est, sans en signifier aucune vente, delivrance, ne y garder autre solennité.

(6-8) *Item*. Pour soy donner garde desdis pors, et pour faire oster les bateaulx qui seront trop petis et non souffisans, et aussi pour faire tenir et garder les ordonnances dessusdictes de point en point, seront ordonnez certains commissaires de par lesdis prevost et eschevins, lesquelz auront puissance de arrester et mettre en main de justice les bateaulx des personnes qui mesprendront en ce aucunement, et de adjourner tous ceulx qui se opposeront contre leurs arrestz, pardevant lesdis prevost et eschevins, ou qui autrement feront à adjourner contre le procureur de la marchandise.

Des coustumes et constitucions des rivieres.

(6-9) *Item*. Pource que par chascun jour vient et afflue par ladicte riviere de Saine, et par lesdittes autres rivieres descendens en ycelle, grant quantité de denrées et marchandises que on amaine en ladicte ville de Paris, tant pour la provision, garnison et alimentacion du peuple estant en ycelle, comme autrement, et que il est chose neccessaire et acoustumée de tout temps de garder et maintenir icelles rivieres, tellement que aucun de quelque estat ou condicion qu'il soit, ne doit en ycelles faire ou faire faire ou mettre aucuns empeschemens, et que ce nonobstant plusieurs et divers estas y ont fait de fait et font faire souventesfois plusieurs edifices et empeschemens, comme de vennes, gros pieux, moulins et pescheries, arbres, plantas, isles, saussoies, hayes, buissons, et plusieurs autres empeschemens nuisables et prejudiciables aux filz et cours desdictes rivieres, et aux nefz, bateaulx, vaisseaux et marchandises estans en yceulx, montans et avalans, passans et rapassans par lesdictes rivieres, ou grant grief, prejudice et dommage de tout le bien publique; ordonnons que nul quelqu'il soit ne face ou mette, ou fasse faire ou mettre esdictes rivieres, aucuns desdis empeschemens, ne aultres quelzconques, sur paine d'amende arbitraire, et de rendre et restituer toutes les pertes, despens, dommages et interestz qui pour raison desdis empeschemens pourroient ensuir; et aussi sur paine de paier tous les frais et despens que il conviendra faire pour yceulx empeschemens oster ou faire demolir et abattre, royaument et de fait par les sergens ou commissaires sur ce ordonnez par lesdis prevost et eschevins, et après ce que iceulx sergens ou commissaires, ou l'un d'eulx aura fait commendement à ceulz à qui il appartendra de oster lesdis empeschemens dedens certain temps à presige, ainsi que de raison sera.

(680) *Item.* Et pource que de toute ancienneté sur et au long des bors et rivages desdictes rivieres, tant comme elles se extendent et comportent de toutes pars, en quelque estat que les eaues soient haultes, moiennes ou basses, doit avoir chemin de vint-quatre piez de lé, pour le trait des chevaulx trayans les nefz, bateaulx et vaisseaulx, tant montens comme avalens par ycelles, et les marchandises estans en yceulx, et pource que en ce sont faiz et mis plusieurs desdis empeschemens, parquoy les marchans, maronniers, voituriers et autres frequentans les marchandises sur ycelles rivières, sont souventesfois destourbez, empeschez et grandement dommagez, et les marchandises retardées de estre amenées en ladicte ville de Paris, ou prejudice du bien publique, ordonnons que aucun ne mette ou face mettre sur lesdis rivages, aucuns empeschemens quelxconques, et que chascun sur son heritage seuffre, face et maintiegne convenablement ledit chemin de vint-quatre piez de lé pour le trait desdis chevaulx, sur les paines contenues en l'article precedent.

(681) *Item.* Et combien que samblablement les arches, voies, gors et partuis et tous autres passages estans sur lesdictes rivieres, de toute ancienetté doyent avoir vingt-quatre piez de lé, pour passer et rapasser lesdictes nefz, bateaulx, vaisseaulx et marchandises, toutesvoyes pource que souvent y sont mis et fais plusieurs empeschemens, tant en les estressissant comme autrement, ou grant retardement, prejudice et dommage de ladicte marchandise et du bien publique; ordonnons que aucun ne empesche lesdictes arches, voies, gors, partuis ou autres passages, soit en les estressissant ou autrement comment que ce soit, et que chascun sur son heritaige seuffre, face et maintiegne convenablement le chemin d'iceulx lieux dudit lé, de vint-quatre piez, sur ladicte paine.

(682) *Item.* Pource que dedens ladicte ville de Paris, plusieurs marchans de merrien, maronniers, voituriers et autres, mettent et laissent leurs bateaulx effondrez, et aussi leurs gouvernaulx,

bois, merrien et autres empeschemens, tant dedens ladicte riviere de Saine, comme sur les rivages, caiz et ès rues appendens sur icelles, et mesmement sur le chemin par où doivent passer les charrettes, gens et voictures qui vont querir les denrées et marchandises chascun jour venens et affluens en ladicte ville, pour ycelles charger ou descharger, et ne scet on souventesfoiz à qui sont iceulx bateaulx, gouvernaulx, merrien ou autres choses qui empeschent, ne ceulx contre qui on se doit adrecier pour les contraindre à les faire oster, et par ainsi demeurent iceulx empeschemens longuement sur les lieux dessusdis, ou grant grief, prejudice et dommage de tout le bien publique de ladicte ville; pour ces causes, ordonnons que doresenavant aucun ne mette ou face mettre ou laissier aucunes des choses dessusdictes, ne autres quelles qu'elles soient, ès lieux dessusdis, sur paine de soixante solz parisis d'amende, pour execucion de laquelle seront prins des choses qui ainsi empescheront, incontinant lesdis empeschemens trouvez esdis lieux, realment et de fait, et mis en main de justice pour estre venduz jusques à plaine satisfacion ou paiement de ladicte somme. Et pour obvier ad ce que lesdis empeschemens n'y demeurent longuement, sera faict un martel au seing de nous et de ladicte ville, dont le demourant desdis bateaulx, gouvernaulx, merriens et autres choses empeschans, seront signez et marquez par les sergens ou commissaires ad ce ordonnez par lesdis prevost et eschevins; et ce huit jours après ce que ycellui seing ou marque y sera mis, ilz ne sont ostez, ilz seront transportez ailieurs et venduz par lesdis sergens ou commissaires, au plus offrant, au profit de nous et de ladicte ville, sans en signifier la vente ou délivrance, ne y garder autre solennité.

(685) *Item*. Pource que plusieurs personnes mettent ou font mettre, porter et getter dedens ladicte riviere et sur les cayz et rivages d'icelle, plusieurs fiens, gravois, nettayeures et autres ordures et immondices, tellement que ladicte riviere en est si aterrie en aucuns lieux, et le fil et cours d'icelle si empeschez que les bateaulx ne pevent bonnement arriver ne prendre port, pour vendre ne descendre les marchandises estans en iceulx; et avecques ce en est l'eaue de ladicte riviere par especiale ou temps d'esté, infectée et corrompue, tellement qu'elle n'est pas proffitable à user, et aussi en sont les murs desdits cailz estans sur ladicte riviere, par les fiens, feures et nettoyeures qui se pourrissent au long desdis murs, et par le feu qui souventesfoiz y est mis, empirez et cheuz en ruyne, dont plusieurs inconvéniens s'en ensuivent

tant aux corps humains comme à la chose publique ; pour ces causes, ordonnons que doresenavant nul de quelque estat ou condicion qu'il soit, ne mette, gette, porte, ne face mettre, porter ou getter dedens ladicte riviere ne ès lieux dessusdis, aucunes desdictes ordures ou immondices, ou autres quelle que elles soient, sur paine d'amende arbitraire, et de les oster à leurs propres coustz et despens, et de estre mis en prison fermé quant à ceulx qui les getteront et porteront : et pource aussi que plusieurs font mettre, porter et getter souventesfois lesdictes ordures et immondices par nuit et autrement secrettement, afin que on ne le puisse bonnement savoir, ordonnons que tous ceux qui trouveront aucuns ainsi mettans, portans ou gectens icelles ordures et immondices, les puissent prendre et mener en prison; et auront pour ce faire, et aussi tous aultres qui yceulx accuseront, la tierce partie des amendes qui vendront et escherront pour raison de ce que dit est.

(684) *Item.* Tous marchans, voituriers, et autres passans et rapassans par lesdictes rivieres, pourront conduire et mener ou faire conduire et mener pour eulx, leurs gens, fauteurs, conducteurs, leurs nefz, bateaulx ou vaisseaulx, et les marchandises estans en ycelles, en payant seulement les devoirs anciens ; et ne pourra aucun de son anctorité ou autrement indeuement, mettre, lever ne imposer sur eulx ne sur leursdis bateaulx ou marchandises, aucunes nouvelles charges ou éxactions, comme de peages (1), travers, coustumes, pontaiges ou autres charges quelconques, que celles qui ont esté et sont de toute ancienneté accoutumées de estre levées, sur paine d'amende arbitraire, moitié à nous et moitié à ladicte ville, et de encourir ès pertes, despens,

---

(1) Il est dit dans le *Glossaire du Droit français*, au mot *péage*, que c'est un droit seigneurial qui se prend sur le betail ou marchandise passant, pour entretenir les ponts, ports ou passages, et afin que le seigneur puisse savoir ce qu'est transporté d'un pays dans un autre, et d'une seigneurie dans l'autre.

Le *travers* est un droit que le seigneur châtelain prend sur les denrées et marchandises que l'on conduit et traverse de province en autre, et qui passent par les détroits et passages de sa seigneurie, à la charge d'entretenir les ponts, planches, chaussées, levées et grands chemins en bonne et suffisante réparation au détroit et étendue de son péage. (Voy. le *Glossaire du Droit français*, au mot *Travers*.)

Coustumes signifie, suivant le même *Glossaire* à ce mot, ce que l'on a accoutumé de payer pour le droit de péage.

Le *pontage* est un droit que le seigneur prend sur les marchandises passant sous les ponts. (Voy. le *Glossaire du Droit français*, au mot *Pontenage*, et le *Glossaire* de Du Cange, au mot *Pontaticum*.)

...ement, s'il n'y a autre convenance expresse faicte avec ledit
...tellier.

(690) *Item.* Se en chargeant aucunes denrées ou marchandises, elles sont baillées par compte ou mesure au batellier qui les chargera ou devra amener, icellui batelier les rendra par compte ou mesure ainsi qu'ilz lui auront esté baillées et livrées, à cellui ou ceulx à qui elles seront, sans aucune fraude ou deception, sur paine d'amende arbitraire; mais se le marchant met garde de par lui ou batel pour garder sa marchandise, le voicturier ne sera point tenu d'en rendre compte.

(691) *Item* Se pour raison d'icelles voictures ou autrement, aucun arrest est fait sur les marchandises dessusdictes, ou sur les nefz, bateaulx ou vaisseaux qui icelles menront ou auront amenées, soit à requeste de partie ou autrement, aucun ne pourra après ledit arrest, lever ou transporter icelles nefz, bateaulx, vaisseaulx et marchandises, sur peine de soixante solz parisis d'amende, et de tenir prison fermée pour raison dudit arrest brisé, jusques à ce qu'il aura restably tout ce qui aura esté arresté ou lieu et en la place où l'arrest aura été fait, et qu'il aura paié ladicte amende.

(692) *Item.* Et après ce que aucunes denrées ou marchandises seront chargées sur l'une desdictes rivieres, pour estre amenées en la ville de Paris, les voicturiers, maronniers et preude bacheliers qui icelles conduiront et ameneront, auront droit de prendre et avoir quant elles seront amenées seurement et sainement depuis le lieu où elles auront esté chargées jusques à ladicte ville de Paris, et mises à port de salut, dix-neuf deniers parisis pour chascune navée ou batellée, lequel droit est appellé d'ancienneté les Conrois; et parmy ce yceulx voituriers, mariniers et preude bacheliers seront tenuz en ycelles denrées ou marchandises amenant, se la garde du batel où elles seront les va querir à quelque heure que ce soit, en leur disant que il y ait aucun peril esdictes marchandises, que ilz aillent audit batel pour y pourveoir, de y aler tantost et sans aucun délay, sur peine de rendre et payer toutes les pertes, dommages et interestz qui par leur deffault ou negligence s'en ensuivroient.

(693) *Item.* Quant on menra deux bateaulx accouplez ensemble, soit en montent ou avalent lesdictes rivieres, et ilz seront tous à un maistre, les bateliers qui les menront et conduiront, aideront l'un à l'autre; et se pour passer aucun pont, parthis ou autre dangereux passaige, il faut descoupler lesdis bateaulx, et

passer l'un après l'autre, lesdis bateliers qui laboureront ou bat qui premier sera passé, yront aidier à ceulx du derrenier, s'il en sont requis, sur paine de paier les despens, dommages et interestz qui par leur deffault s'en ensuivroient; et est ceste coustume d'ancienneté appellée *retour*.

(694) *Item.* En ensuivant la coustume appellée les *douzaines*, de toute ancienneté usitée en Saine la vielle, entre les marchans, maronniers et compaignons d'eaue, frequentans ycelle riviere, quant aucun marchant ou voicturier louera aucuns compaignons d'eaue, pour conduire ou mener aucunes denrées ou marchandises par ladicte riviere, il paiera à chascun des compaignons oultre et pardessus leur salaire dont ilz auront marchandé pour faire la besongne, douze deniers parisis par jour pour leur despens, selon les lieux où ilz seront, qui est à entendre sur les lieux où l'en compte à parisis, douze deniers parisis; et sur les lieux où l'en compte à tournois, douze deniers tournois.

(695) *Item.* S'aucun voicturier prent de conduire et mener aucunes denrées ou marchandises à voiture par lesdictes rivieres, et en faisant ladicte voicture, par fortune de temps, comme de vent qui survient soudainement, ou autrement, le batel se brise, effondre ou perisse, et ledit voicturier ne soit dedens le batel, aiant l'administracion du gouvernail d'icellui, se dedens trois jours après icellui voicturier renonce en la presence dudit marchant à qui seront les denrées et marchandises, ou de son facteur ou commis à la garde d'icelles, ou en leur absence pardevant justice, à son batel et aux abillemens et apparaulx qui y seront, il demourra quitte des denrées et marchandises, et des pertes, dommages et interests qui pour raison de ce seront ensuis; et pourra le marchant à qui seront icelles denrées prendre ledit batel et apparaulx et les appliquer à son proffit; et aussi se ledit voicturier dedens lesdis trois jours ne après, fait lever son batel ou fait prendre ou cueillir aucuns abillemens ou apparaulx pour appliquer à son proffit, il paiera lesdictes pertes, dommaiges et interestz qui seront ensuis, audit marchant à qui sera la marchandise; et ordounons audit voicturier lesdis trois jours d'avis pour renoncer ou pour prendre sondit batel ou apparaulx, se bon lui semble; et pendant ce la marchandise sera cueillie par auctorité de justice, se mestier est, tant pour l'absence de ceulx à qui la chose pourra touchier, comme autrement, à la conservacion du droit à qui il appartiendra, et aux cousiz d'icelle marchandise; mais toutesvoyes se ledit voicturier

FÉVRIER 1415.

...aine on conduit son batel en sa personne, en ayant l'administracion et gouvernement du gouvernail d'icellui, comme dit est, il n'y pourra renoncer, et paiera toutes les pertes, dommaiges et interestz dessusdis.

(696) *Item.* Les mariniers ou voitturiers frequentens lesdictes rivieres, ne partiront, ne bouteront hors leurs nefz, bateaux ou vaisseaux chargés de marchandises, s'il fait brouillas ou vent contraire, ne aussi à jours de dimenche, de feste d'apôtre ou d'autre feste solennelle, qui soit à garder; et aussi ne laboureront par riviere, se n'est à heure deue; c'est assavoir entre souleil levant et souleil rescoussant, sur peine de paier les pertes, dommages et interestz qui par occasion de leursdis labourages, se pourroient ensuir; et mesmement les marchans pour qui on menra lesdictes marchandises, ne feront ou admonesteront aucunement lesdis voitturiers ou mariniers à labourer par lesdictes rivieres, sinon à jours ouvrables et à heure deue, et qu'il ne face brouillaz ne vent contraire; et se à leur instigacion, pourchas ou commandement, lesdis voicturiers ou mariniers labourent par lesdictes rivieres autrement que dit est, et il en avient aucun inconvenient, ce sera aux perilz et fortunes du marchant qui fera labourer, au regart de sa marchandise.

(697) *Item.* Toutes manieres de pons et partuis si doivent veue: c'est-à-dire, que quant on amenra aucuns bateaulx aval lesdictes rivieres, soient vuiz ou chargez, les maronniers qui les menront ou conduiront, si y yront veoir devant eulx aux arches des pons et partuis par où ilz devront passer en avalant, qu'il n'y ait aucuns bateaulx montans qui soient embouchés, ou que on ait porté les filez pour les embouchier et monter contremont ladicte arche ou partuis, afin que lesdis bateaulx tant montens comme avalens, si ne puissent blecer l'un l'autre; et se l'avalant treuve aucun batel embouché, ou que les filez soient portez pour monter, il guerrera jusques à ce que ycellui montant sera passé oultre; et s'il ne fait ce que dit est, et il s'en ensuit aucun inconvenient, ycellui avalant sera tenu de restituer les pertes, dommages, interestz que par deffault de ce s'en suivront, et aussi feront pareillement tous avalans quant ilz vouldront guerrer aucuns bateaulx aux pors de greve et de l'escolle Saint-Germain ou de la bucherie de petit pont, sur paine d'encourir les pertes et dommages qui par leur default en pourroient ensuir par la maniere dessusdicte.

(698) *Item.* Quant aucuns bateaulx avaleront par lesdictes

rivieres, et en avalant ilz voient aler contremont aucuns montans; c'est assavoir en plaine riviere ailleurs que esdictes arches et pertuis, le avalant criera au montant, de tant loing comme il appartient, *lay jesir lay*, qui est à dire *va vers terre*; et adonc le montant prendra sa hune et la mettra au bouleten et se acrochera à terre jusques à ce que l'avalant soit passé; car le montant peut trop mieulx arrester que ne fait l'avalant; et ou cas que ycelui montant ne fera ce que dit est, et il en ensuit aucun inconvenient, pourveu que ledit avalant lui ait crié *lay jesir*, il paiera les pertes, dommaiges et inconveniens qui à l'occasion de ce s'en ensuivront; et ou cas aussi que ledit avalant ne fera son devoir de lui crier par la maniere que dit est, le montant ne sera tenu d'aucune restitucion ou desdommagement qui se puisse ensuir à l'occasion de son montage.

(699) *Item.* Ordonnons que en toutes les amendes, confiscacions et forfaictures qui escheront à cause et par raison de ce que dit est, nous aurons la moittié franchement, et nostredicte ville l'autre, comme de tout temps avons acoustumé d'avoir; deduit toutesvoyes et rabatu ce qui est cy-dessus ordonné pour lesdis officiers et accuseurs.

(700) *Item.* Afin que ces presentes ordonnances, ediz et statutz soyent tenuz et gardez en leurs termes, les prevost des marchans et eschevins de notredicte ville, qui seront pour le temps avenir, jureront à leur creacion solennelement en noz mains, icelles entretenir et garder par ceulx qui il appartiendra; et que à leur povoir ne souffreront ycelles enfraindre, ne aler poursuir ou faire au contraire par quelque voye ou maniere que ce soit; et semblablement le jureront ès mains de notredit chancellier ceulx qui y sont de present, pource que à eulx en appartient principalement le regart.

Si donnons en mandement à nostredit chancelier et à ceulx qui seront ou temps avenir, à noz amez et feaulx conseilliers les gens tenans ou qui tendront nostre parlement, aux gens de noz comptes et trésoriers à Paris, ausdit prevost des marchans et eschevins, et à tous noz autres justiciers et officiers, ou à leurs lieuxtenans, presens et avenir, et à chascun d'eulx, si comme lui appartiendra, que noz presentes ordonnances, ediz, statuz et articles ilz tiengnent et gardent, et facent tenir et garder de point en point selon leur forme et teneur, sans enfraindre; et ycelles facent publier et enregistrer ès registres de ladicte prevosté et eschevinage et ailleurs où il appartiendra, afin que nul n'en puisse prétendre ignorance : et afin que ce soit chose ferme et establé à tousjours-mais, nous avons fait mettre à ces presentes notre séel : sauf en autres choses notre droit, et l'autruy en toutes.

Donné à Paris, etc.

N°. 626. — ARRÊT *du parlement de Paris, présidé par l'empereur d'Allemagne* (1), *rendu dans la cause du chevalier Segnoz.*

Paris, 20 mars 1415. (Moustrelet, f° 230. — Juvénal des Ursins, p. 330.)

N°. 627. — ARRÊT *du parlement qui porte que les officiers du ministère public jouiront des priviléges et des prérogatives des cours de justice* (2).

Paris, 11 (3) avril 1416. (Joannes Lucius, *Placit. cur.*, lib. 4, tit. 9.)

N°. 628. — JUGEMENT *par commission du prévôt de Paris, qui condamne divers individus dans Paris, arrêtés comme conspirateurs, à être décolés comme traîtres* (4).

2 mai 1416. — (Moustrelet, f° 230, v°.)

---

(1) Sigismond était venu faire un voyage en France. Le parlement voulut lui faire cet honneur, et il siégea dans le siége du Roi. « Néanmoins, quand le Roi et son grand conseil furent avertis de cette besongne, n'en furent pas bien contens, dit Moustrelet, et par especial des seigneurs du parlement qui l'avaient souffert. Toutefois la chose se passa sous dissimulation. » (Isambert.)

(2) Voici les termes de l'arrêt, d'après Joannes Lucius : *Privilegium curiæ irrogatum regiæ procurationis triumviro, an complecteretur, addubitatum est. Neque enim orchestram curialem conscindunt, neque quicquam pro imperio ac potestate decernunt : sed in subselliis sedent, et si quid orandum est, ex inferiore loco id faciunt, aperto per initia capite, quoad ei qui fasces habet, fuerit visum. Placuit tamen eos comprehendi; esse enim veluti quoddam curiæ additamentum, quasique corollarium.* C'était par l'organe des magistrats, du ministère public, que le Roi communiquait ses intentions et transmettait ses ordres à ses cours de justice. Ils ne faisaient pas corps avec ces cours. (Henrion de Pansey, *de l'Autorité judiciaire*, p. 190.)

V. ci-dessus, ordonnance de décembre 1363, art. 19; et ci après, ordonn. de 1453, art. 5.

(3) Selon l'*Art de vérifier les dates*, et le *Recueil des Ordonnances*, l'année 1416 ayant commencé le 19 avril, et fini le 10 avril, nous ne savons à quelle année rapporter cette pièce. (Isambert.)

(4) Un des conspirateurs étant homme d'église fut renvoyé par le grand conseil au chapitre Notre-Dame, qui le condamna seulement au pain et à l'eau.

(Isambert.)

N°. 629. — Lettres *portant que les chaînes de Paris seront mises entre les mains du prévôt des marchands et des échevins de cette ville* (1).

Paris, 10 mai 1416. (C. L. X, 360.)

N°. 630. — Lettres *portant ordre au prévôt de Paris de faire abattre la grande boucherie* (2).

Paris, 13 mai 1416. (C. L. X, 361.)

N°. 631. — Lettres *pour la levée du dixième, pour subvenir aux frais de la guerre* (3).

Paris, 29 mai 1416. (C. L. X, 362.)

N°. 632. — Lettres *qui, sur l'avis du parlement, de plusieurs seigneurs, barons, nobles et autres, permettent de courir sus à soixante-dix personnes ou environ, nommément désignés comme rebelles* (4).

Paris, 30 août 1416. (Monstrelet, f° 332-334.)

Charles, etc. La préexcellente et haultesse royale, à laquelle le très hault tout puissant, et le souuerain roy des roys nostre créateur Iesus-Christ par digne grace et clémence, nous a esleu et appellé en nous laissant et baillant le regime de ce très re-

---

(1) Le 7 mai fut crié parmi Paris que nul ne fût si hardy de faire assemblée à corps ne à nopces, ne en quelque maniere, sans le congé du prevôt de Paris. (Juvénal des Ursins, p. 501.)

En ce temps y avait, quand on faisait nopces, certains commissaires et sergens aux despens de l'épouse, pour garder qu'homme ne murmurât de rien.

On soupçonnait alors une sédition. Les chaînes avaient été enlevées le 8. On les rendit au prévôt et aux échevins le 10, à la condition qu'elles seraient vendues, et le produit employé aux fortifications et à la décoration de la ville. (Idem.)

(2) Le prétexte fut qu'elle empêchait la décoration de la place du Châtelet, par ses infections et immondices ; mais la vérité est qu'il s'y rassemblait beaucoup de monde, et que les bouchers avaient joué récemment un trop grand rôle dans les troubles. (V. Lettres du 3 septembre 1416.) (Idem.)

(3) Le Roi avait fait assembler à Paris grande quantité d'archevêques, évêques, abbés, prieurs, doyens, procureurs de chapitres et autres gens d'église, en la chambre verte du Palais-Royal, et en l'hôtel Saint-Paul. L'assemblée, sans attendre le consentement de la cour de Rome, avait offert ce dixième. (Idem.)

(4) C'étaient pour la plupart des partisans de la maison de Bourgogne. L'ordonnance fait le tableau des cruautés commises par eux. Nous sommes surpris de ne pas trouver cette pièce dans le *Recueil des Ordonnances*, qui en contient de moins importantes. (Isambert.)

... et très noble royaume de France, à quoy nous sommes ... et obligez par le sceptre de la verge royalle, il appartient ... ment à la paix : et à ce entendre de iour et par toutes ... et manieres possibles, par lesquelles nosdits subjects ... obtenir paix et seurté en nostre temps, et les séditieux et ...leurs de paix estre séparez des paisibles, et demourer soubs ... regime en paix, et viure en bonne justice : et c'est ce à quoy ... de tout nostre cueur tousdis auons entendu et entendons.

Et comme il est venu à nostre cognoissance par la relation des ... de nostre conseil, et des autres dignes de foy tant par com... misérables et clameurs douloureuses de plusieurs de ...redict royaume, que par la confession d'aucuns malfaicteurs ... iustement et par justice. Laquelle chose nous recordons ...lentement en grand tristesse et amertume de nostre cœur : ..., etc. (*Suivent les noms de 71 personnes dont un curé, un ...cher, un trompette et des archers du duc de Bourgogne*), et ... compagnie de fuzeliers qui se nomment les Begeaux, ac... de plusieurs séditieux et partroubleurs de paix : des... aucuns pour leurs péchez perpetrez furent bannis par bonne ... de nostre royaume, accompagnez aussi de plusieurs autres ... perdition : lesquels contre nostre voulenté ont assemblé gens ... mauaise voulenté, et de peruerse condition. Et s'assemblerent ... iour en iour en très grand nombre ; en courant et cheuauchant ... nostredit royaume, enuahissans par force et de faict tant par ...aulx et autres voyes subtilles plusieurs villes et chasteaux, ap... tant à nous et à nos vassaulx nobles et gens d'église de ...redit royaume, pillant de tout en tout iceux et icelles. Et que ... est, comme meurdriers accoutumez en leurs faux et peruers ...eurs, esiouissans d'effusion de sang ont meurdry et occisent, ...oyent et mettent à mort de iour en iour les poures et simples ..., laboureurs, marchans, bourgeois et autres noz subiects de...ourans et habitans esdictes villes et chasteaux, qui n'y pen... ne n'y pensent à nul mal. Et encores que plus est à esmer...ueiller, et que nous n'eussions pas creu ; si nous n'eussions par ...périence veu le contraire : c'est à scauoir qu'ils sont venus et ...prochez en cheuauchant plusieurs fois, emprès et entour de ...re bonne ville de Paris et cité de nostredit royaume, en la...lle est nostre principal siege de la iustice d'iceluy, querans ...mps et opportunité d'entrer eu icelle par fraude, affin de mettre ...elle à pilleries, occisions et redemptions, et tout en la manière ...e dit est : et especiallement en vue certaine nuict n'agueres

passée par très grande et folle entreprise. Et en continuant [ces]
choses vindrent à grand force et puissance d'armes deuant [les]
portes de nostredicte ville de Paris, sçachans que nous, [nostre]
très-chère compagne la royne et nostre fils le duc de Touraine
et autres de nostre sang estions personnellement en icelle: [cui]-
derent et s'efforcerent d'entrer larcinneusement en icelle, et [tout]
à la fin et intention dessusdicte : dont se le cas fut advenu (qu[e]
ne pleust pas à nostre créateur) se fussent ensuiuies larcins, [oc]-
cisions, corruptions d'église, enforcemens de femmes et autr[es]
maulx infiniz, et non réparables : de quoy vrayement se fut [en]-
suiuiz adnullation et corruption de nostredicte ville, conseque[m]-
ment desolation et totalle destruction de nostredict royaume.

Nous recognoissans iceux estre nos subiects à nous obliger na-
turellement, comme à leur vray et naturel seigneur et à la défense de nostredict royaume, et non à la persécution et destru[c]-
tion d'iceluy : dont il est à tenir sans doute, que plus legereme[nt]
et plus hardiment ils enuahiroient les autres bonnes villes [et]
citez fermées et villes champestres, et chasteaux de nostre[dict]
royaume à prendre et piller icelles. Et qu'il soit ainsi apparu[t]
assez par euidence de fait, car quand ils veirent, qu'ils ne peure[nt]
entrer en nostredicte ville de Paris, comme tous forcenez p[ar]
leur faute, ils allerent droit en la ville de Beaumont sur Oise [à]
nostre très-cher et aymé fils et nepueu le duc d'Orléans prison[n]-
nier en Angleterre. Et en allant à icelle ils prindrent cheu[aux]
ahanans, depouillerent marchans et autres gens prisonnier[s].
Après ce ils prindrent par force et violance ladicte ville, le po[nt]
et le chastel, pillerent et occirent cruellement, noyerent plusi[eurs]
en eaües, et en grand quantité, et pareillement prindrent et pi[l]-
lerent la ville de Neelle en Vermandois : et ainsi auoient fait p[ar]
auant en nostre ville Chablis, et en Chastel de Neant, appartenant aux religieux de la Charité sur Loyre, auec plusieurs villes,
chasteaulx et villes champestres : en outre prenans par forc[e]
femmes mariées, pucelles, vefues et autres non mariées violla[nt]
icelles, comme ce c'estoient bestes mues, en prenant et pilla[nt]
églises, monastères et autres lieux sacrez, dont nous receuons [de]
iour en iour, et auons receu plusieurs requestes et clameu[rs]
moult lamentables. Lesquels maulx ne voudroient ne pourroi[ent]
plus faire noz anciens ennemis les Anglois : iceux dessus nomm[ez]
obstinez en pechez, font et commettent sans cesser les maulx de[s]-
susdicts, en rendant et démonstrant eux rebelles et inobedien[s à]
nous et à nostre domination, en despitant nous et nosdits com-

...demens, et commettant port d'armes crime de leze maiesté, ...autres grands et détestables delicts, crimes et malfaits dignes ...toute punition possible et indignes de toutes graces et rémis... ...mesmement de ce qu'ils n'ont nostre souueraineté et do... ...nation en cremeur n'en reuerence. Sur lesquelles choses après ...lamentables supplications et requestes, que nous font de ...iour plusieurs de noz vassaulx et subiects, qui de ce sont ...complains et dolluz : et encores complaingnent chacun ..., en requerant à Dieu nostre créateur et à nous vengeance ...punition de iuste sang et innocent si cruellement espandu.

Nous qui par les faits et œuures dessusdictes autre chose ima...ner ne penser ne pouons, fors tant seullement la subuersion et ...struction, et perdition de nostredit royaume et domination : ...quoy comme nous croyons et tenons les dessus nommez ont ...entendu, auons fait assembler plusieurs de nostre sang, de ...nostre grand conseil et de nostre parlement, que autres seigneurs, ...barons, nobles et autres de nostredict royaume : affin d'aduiser ...et deliberer les voyes et manières comment nous és choses des...usdictes, pourrons pouruoir et remedier par aduis et déliberation. Desquelles apres plusieurs voyes et autres manieres en ce ...cas ouuertes et aduizées : nous qui plus ne pouons souffrir les ...cruautez et autres maulx dessusdicts, ne trespasser soubs dissi...mulation affin qu'au dernier iour du iugement divin ne soit pas ...à nous recogneu le sang iuste cruellement espandu, et que de ...tout nostre cueur entre les autres cures, charges et sollicitudes ...que nous auons pour nostredit royaume et domination entretenir; ...toudis auons désiré et desirons bonne paix et tranquillité estre en ...nostredit royaume et nosdits subiects, auec leurs biens de mourir ...en paix et tranquillité.

Nous faisons sçauoir à tous que vous tous dessus nommez auec ...leurs adhérans, alliez, complices et recepleurs; nous auons dé...clairé et par ces présentes nous déclairons estre nos ennemis re...belles et inobediens, et comme tels nous les auons tenuz et repu...tez, et par ces présentes nous les tenons et reputons; et pour ce ...que de present nous viennent grandes occupations tous les iours ...pour l'occasion de la guerre, que nous auons contre noz aduer...saires de nostredit royaume et ennemis d'Angleterre, en laquelle ...plusieurs nobles et autres de nostredit royaume sont occupez, ...nous ne pouons entendre à bouter hors iceulx de nostredit ...royaume. Nous iceulx dessusnommez auec tous leurs alliez, ...adherans et complices, qui sont et seront trouuez auec eulx et en leur compagnie, auec tous leurs biens quelsconques que ils soient et là où on les pourra trouuer et sçauoir : auons abandonné, par ces présentes abandonnons, donnons licence et aucторité à nos vraiz subiects et obediens de quelque estat, condition ou au torité qu'ils soient d'iceux enuahir par voye de fait; de prendre, de saisir et arrester tant par armes que sans armes auec tou leurs biens, et d'occire iceux s'ils se deffendent, sans ce que pour ceste cause ils soient prins, emprisonnez ou autrement arrestés ne mis en procès ordinaires, par quelsconques iusticiers ou officiers de nostredit royaume, et sans ce qu'il leur soit nécessaire d'auoir sur ce grace ou rémission aucune.

Si donnons en mandement au baillif d'Amiens, etc.

Ainsi signées par le Roy à la relation de son grand conseil.

N° 633. — ARRÊT du parlement qui, à propos d'un écrit justificatif du meurtre du duc de Bourgogne, défend d'affirmer ni enseigner qu'il appartienne à aucun sujet ou vassal d'écrire, sans commandement de juge compétent.

11 septembre 1406. (Registre XIII du parlement.)

N°. 634. — LETTRES portant suppression de la communauté des bouchers de Chartres, et ordonne que toute personne qui saura le métier de boucher (1), après avoir prêté serment entre les mains des officiers de la ville, pourra l'exercer, et prescrit, par raison de salubrité, de porter les tueries hors la ville.

Paris, octobre 1416. (C. L. X, 382.)

N°. 635. — LETTRES par lesquelles le Roi fait don (2) du Dauphiné à Charles, duc de Touraine, son fils.

Paris, 13 avril 1417. (C. L. X, 405.)

CHARLES, etc. Comme par le décès et trespas de feu nostre très chier ainsné filz Jehan daulphin de Viennois, que Dieux absoille, en son vivant duc de Berry et conte de Poitou et de Pontieu, le Daulphiné soit revenu en nostre main, lequel nostre Daulphin

---

(1) Le motif est que tant plus y aura de bouchers et gens tenant et vendant chairs en détail et autrement, tant plus sera le profit de nous, du commerce de la chose publique. (Isambert.)

(2) C'est en vertu de cette coutume que les aînés des rois de France ont depuis reçu constamment le titre de dauphin. (Idem.)

nous ayons accoustumé de baillier et délivrer à noz ainsnez filz, pour soustenir et avoir leur estat et gouvernement comme il appartient, et par espécial ayent et ont joy d'icelui Daulphiné, et des drois seignouriaulx, rentes, revenues et autres prouffiz quelxconques, feux noz très-chiers ainsnez filz Loys en son vivant duc de Guienne, et après lui ledit Jehan duc de Berry, et conte de Poitou et de Pontieu.

Nous, ce considéré, voulans acroistre et augmenter l'estat de nostre très-chier et très-amé filz Charles duc de Touraine, à icelui nostre filz avons cedé, baillié, délaissié et délivré, et de noz certaine science, grace espécial, plaine puissance et auctorité royal, cedons, baillons, délaissons et delivrons ledit Daulphiné avecques la plaine et entière administracion et gouvernement de tout ledit pais du Daulphiné de Viennois, et des appartenances et appendances, noblesses, drois et seignories d'icelui, et par espécial des collacions et présentacions des bénéfices à cause d'icelui Daulphiné et appartenances, et voulons et nous plait que dorésenavant il en joysse comme vrai seigneur et daulphin de Viennois, et en ait et preigne touz les prouffiz, rentes et revenues quelxconques, reçoive les foys et hommaiges et autres seremens, droiz et devoirs deuz, acoustumez et appartenans de faire à daulphin de Viennois, tant de prélaz et gens d'église, comme de nobles et vassaulx et de habitans de bonnes villes, chasteaulx, forteresses et autres lieux quelxconques, et qu'il ordonne, mette et institue toutes manières d'officiers oudit Daulphiné, telz qu'il lui plaira, et généralement joysse et exploicte de tout ledit pays et seignorie dudit Daulphiné, comme vray seigneur et daulphin doit et peut faire.

Si donnons en mandement à tous prélaz et autres gens d'église, barons, nobles, vassaulx, bourgois, habitans et autres subgez quelxconques dudit Daulphiné, presens et avenir, et à chascun d'eulx, si comme à lui appartendra, que à nostredit filz de Thouraine, comme à daulphin de Viennois, et à ses gens et officiers, dorésenavant obeissent et entendent en toutes choses comme à leur droicturier seigneur, etc.

Par le Roy, en son grant conseil.

N°. 636. — Lettres portant injonction au prévôt de Paris de faire fortifier et approvisionner cette ville, et pouvoir contraindre les gens de tous états, sans exception, à participer à cette dépense.

Paris, 22 avril 1417. (C. L. X, 407.)

N°. 637. — Manifeste du duc de Bourgogne contre les Armagnacs (1).

Hesdin, 24 ou 25 avril 1417. (Monstrelet, f° 22. — Preuves de l'Histoire de Charles VI, p. 679.)

N°. 638. — Lettres portant que le temporel des évêchés vacans en régale sera administré par les baillis et receveurs ordinaires.

Paris, 28 mai 1417. (C. L. X, 412.)

N°. 639. — Lettres portant mandement aux généraux maîtres des monnaies, d'affermer aux enchères les monnaies du royaume.

Paris, 29 mai 1417. (C. L. X, 413.)

N°. 640. — Lettres du Dauphin portant ordre au gouverneur et aux gens du conseil du Dauphiné de faire assembler les états du pays (2) pour aviser aux moyens de résister aux entreprises du roi des Romains.

Tours, 2 juin 1417. (C. L. X, 414.)

N°. 641. — Lettres portant (3) que lorsque le Roi ne pourra vaquer aux affaires du gouvernement, le Dauphin présidera au conseil.

Paris, 14 juin 1417. (C. L. X, 416.)

Charles, etc. Comme entre les cures et solicitudes que nous avons continuellement en nostre pensée, nous desirions de tout nostre cuer vacquer, entendre et pourveoir devant toutes choses à ce que les besoingnes et affaires de nostre royaume et de la chose

---

(1) Il promet de maintenir le peuple dans ses anciennes franchises, et d'empêcher qu'il ne paie aucune taille ou impôt. Il procédera par voie de feu et de sang contre les opposans. (Isambert.)

(2) Les prélats, nobles, bourgeois et gens des États, pour avoir conseil avec le gouverneur. (Idem.)

(3) V. les lettres du 6 novembre 1417. A la mort de Louis XVIII, le duc d'Angoulême dauphin fut appelé au conseil par Charles X. On remarqua alors que depuis long-temps cela n'était arrivé, étant de règle à la cour de France de n'accorder aux princes aucune participation aux affaires. — L'ordonn. de septembre 1824 n'a pas été publiée. Le même.

affin d'icellui, soient si bien et deuement conduites et gouvernées, que ce soit à la louenge et au plaisir de Notre-Seigneur, à l'onneur, bien et proufit de nous, de nostre royaume, et de ladicte chose publique :

Sçavoir faisons que nous, ce consideré, voulans obvier aux inconveniens qui par deffaulte de bonne provision, pourroient advenir, considerans que nostre très-chier et très-amé filz Charles, dauphin de Viennoiz, duc de Touraine et de Berry et conte de Poictou, vient en aage de povoir endurer peine, et avoir cure et diligence de vaequer et entendre à ce à quoy nous le vouldrions employer, et afin que en son jeune aage, il commence à savoir et congnoistre les besoingnes et affaires de nostredit royaume; mesmement que au plaisir de Dieu, et après ce qu'il aura pleu nous appeller à sa part, il en demourra roy et seigneur, et que avons et devons avoir en lui, comme raison le veult et donne, toute singuliere et parfaitte confidence, comme à nostre propre personne;

Eu sur ce advis et meure deliberacion avecques nostre très-chier et très-amé cousin et connestable le conte d'Armaignac, nostre amé et feal chancellier, et autres de nostre conseil en grant nombre, aujourd'huy en nostredit conseil, avons voulu et ORDONNÉ, voulons, ORDONNONS et nous plaist.

Que toutesfois que doresenavant nous ne pourrons bonnement vaequer ne entendre, à l'expedicion et provisions desdis besoingnes et affaires de nous et de nostredit royaume, icellui nostre filz, appellez avecques lui des gens de nostredit conseil, et autres, telz et en tel nombre qu'il lui semblera expedient, preside pour et ou nom de nous, en nos conseilz, entende, vacque, et se employe pour nous, de par nous et en nostre nom, toutesfois que besoing sera, à l'expedicion et provision desdis besoingnes et affaires touchans tant le fait de guerre comme autres quelzconques, au bien, proufit et honneur de nous et de nostredit royaume, et y puisse prendre telz appoinctemens et conclusions qui lui seront advisés et conseillez.

Et voulons et ORDONNONS que tout ce qui par nostredit filz aura esté et sera ainsi fait que dit est, ait force et vigueur comme se par nous et en nostre presence estoit fait, et que noz secretaires ordonnez pour estre en noz conseulz, et non autres, facent et signent par le commendement de nostredit filz, les lettres des conclusions, appoinctemens et expedicions qui par lui seront faictes et prinses; lesquelles lettres nous voulons et ordonnons estre seellées de nostre seel; pourveu toutesvoyes que nostredit fils ne pourra aliener aucune chose de nostre demaine.

Si donnons en mandement, etc.

Par le roy en son conseil, ouquel le connestable, vous, les evesques de Lisieux et de Paris, mess. Guillaume le Bouteiller, le prevost de Paris, mess. Regnault d'Augennes, mess. Jacques de Montmor, le chancellier d'Orléans, maistre Pierre de l'Esclat, Philippe de Corbie, et Arnault de Marle, et plusieurs autres du grant conseil, estiez.

N°. 642. — LETTRES *qui règlent le cours des monnaies.*

Paris, 14 juin 1417. (C. L. X, 417.)

CHARLES, etc. Au bailly de Meaulx, ou à son lieutenant : salut. Il est venu à nostre congnoissance, et de ce sommes deuement informez que plusieurs monnoyes contrefaictes aux nostres, et autres, ont cours et sont prinses et mises en nostre royaume pour tel pris comme il plaist à ung chacun; desquelles nostredit royaume est remply pour les faulx et mauvais marchans qui portent hors noz bonnes monnoyes, et apportent et allouent en nostredit royaume lesdictes monnoyes contrefaictes aux nostres, et autres; laquelle chose est en grant deception de nous et de tout le peuple de nostredit royaume, et ou grant destourbier de l'ouvraige de nosdictes monnoyes, et plus seroit ou temps advenir, se remede n'y estoit mis; et pour obvier ausdictes fraudes et deceptions, nous avons ORDONNÉ et ORDONNONS par ces presentes, qu'il soit crié et publié par tous les lieux notables et acoustumez à faire criz et publicacions oudit bailliage de Meaulx; que aucun ne soit si hardi de prandre ou mectre aucunes monnoyes d'or ou d'argent quelles que elles soient, pour quelque pris que ce soit, soient de noz coings ou autres, excepté celles que nous faisons à present faire en noz monnoyes.

C'est assavoir, les deniers d'or appellez moutons, que nous faisons faire par toutes noz monnoyes, ayent cours et soient prins et mis pour xx sols tournois la pièce.

Item. Deniers blancs d'argent appellez gros, ayent cours et soient prins et mis pour xx deniers tournois la pièce.

Item. Deniers blancs d'argent appellez demyz-gros, ayent cours et soient prins et mis pour dix deniers tournois la pièce.

Item. Blancs deniers à l'escu que nous faisons faire par nosdictes monnoyes, ayent cours et soient prins et mis pour dix deniers tournois la piece.

Item. Petiz blancs appellez demyz-blancs à l'escu, ayent cours et soient prins et mis pour cinq deniers tournois la piece.

Item. Les doubles deniers tournois, ayent cours et soient prins et mis pour deux deniers tournois la piece; et les petiz deniers parisis et petiz tournois, soient prins et mis pour j. denier parisis et pour j. denier tournois la piece; et aussi les petites mailles, pour une maille tournois la piece; et toutes autres monnoyes quelles que elles soient, ne soient prinses ou mises de quelque personne que ce soit, fors au marc pour billon, sur peine de perdre toutes icelles monnoyes que l'en trouvera prenans ou mectans, et de l'amender arbitrairement comme bon semblera aux gens de nostre conseil.

Item. Que nul de quelque condicion ou estat qu'il soit, sur lesdictes peines, ne porte ou face porter or, argent ne billon hors de nostre royaume, ne en autres monnoyes que ès nostres.

Item. Que nulz changeurs ne puissent garder plus de quinze jours le billon soit d'or ou d'argent qu'ilz acheteront, qu'ilz ne le portent ou facent porter à la plus prouchaine de noz monnoyes du lieu où ilz tiendront leur demourance, ou le vendent à changeurs dont ilz seront acertenez qu'ilz le porteront en nosdictes monnoyes, sur peine de perdre tout iceluy billon.

Si vous mandons et estroictement enjoignons que ceste presente ordonnance vous faictes tantost crier et publier solempnellement par la maniere dessusdicte bien et diligeamment, si et par telle maniere qu'il ne soit personne qui le puisse ou doye ignorer, et icelle tenir et garder sans enfraindre; et tous ceulx que vous trouverez qui feront d'oresenavant le contraire, vous les pugnissez ou faictes pugnir tellement que ce soit exemple à tous autres.

Donné, etc. Ainsi signé. Par le Roy, en son grant conseil.

N° 643. — ORDONNANCE (1) *du Roi, du Dauphin et du Conseil, qui exile la Reine à Blois, et lui nomme trois gouverneurs ou surveillans.*

Paris, juin 1417. (Monstrelet, f° 259 v°.)

(1) Le texte est perdu. — Bientôt la Reine s'en vengea en faisant exiler le Dauphin, et en le faisant déshériter de la couronne. Elle est morte méprisée, même des Anglais, et abandonnée de tous. (V. Alain Chartier, historien de Charles VII. (Isambert.)

N° 644. — Décret du concile qui prive Benoît XIII de la papauté, comme parjure, scandale de l'Église universelle, nourrisseur du schime, et indigne d'aucune fonction publique.

Constance, session 37, 26 juillet 1417. (Recueil des Conciles, XXIX. ; Labbe, XII, 254.)

N° 645. — Décret du concile sur le mode d'élection du pape.

Constance, 30 octobre 1417. (Dumont, Corps dipl., p. 9.)

GOUVERNEMENT DU DAUPHIN,

SOUS LE TITRE DE LIEUTENANT-GÉNÉRAL.

N° 646. — Lettres qui établissent le Dauphin lieutenant général du royaume, avec pouvoir de présider aux conseils en l'absence du Roi, et qui annullent toute lieutenance générale donnée soit à la reine, soit à des princes du sang (1).

Paris, 6 novembre 1417. (C. L. X, 424.)

Charles, etc. Comme ja pieçà pour certaines causes et considérations, et pour lorsque nos enfans n'étoient pas encore en age de connoissance, ne d'avoir charge de gouvernement, nous aurions donné à notre très-chere et très-aimée compaigne la royne, povoir et autorité de entendre en notre absence et quand nous serions aucunement empêchés aux besougnes et affaires de notre royaume, pour en icelles adviser, conclurre et déterminer, et les mettre à effect selon la plus grand et saine partie des opinions des seigneurs de notre sang, que pour lors seroient entour nous, et de nos conseillers.

Et après considérans que feu notre très-cher fils *Loys* en son vivant duc de Guienne, et daulphin de Viennois, étoit ja en age suffisant, et avoit entendement pour soy pouvoir employer aux choses dessusdiltes, à icelluy comme notre ainé fils, baillasmes

---

(1) V. Nouveau Répertoire, v° Régence, 129. On avait découvert l'infidélité de la Reine. (V. ci-dessus, lettres du 15 juin. Isambert.

pouvoir dessusdit; et voulmes que dudit pouvoir de lieutenant, nostredit fils, et non autre, usât pour ledit temps; et après le trespassement de notredit fils, feismes semblablement octroy à nostre fils Jehan, en son vivant, daulphin de Viennois et duc de Berry; lequel pareillement est allé de vie à trépassement : et depuis nous ayant regart aux grands et pesans affaires de notre royaume, et desirans pourvoir aux inconvéniens, maulx et domages que aviennent et pourroient avenir en notredit royaume, tant par la guerre que nous fait notre adversaire d'Angleterre, en plusieurs et divers lieux, comme parce que le duc de Bourgogne de son authorité et sous ombre de nous, en donnant contre vérité faux entendre, s'efforce contre notre volonté entrer par voyes etranges au gouvernement de notredit royaume, a ja fait plusieurs exploits et mauvaises entreprises, et fait encore de jour en jour contre nous, nos seigneurs et sujets, eussions fait, étably et ordonné notre très-cher et très-amé seul fils Charles dauphin de Viennois, duc de Tourraine, de Berry et comte de Poitou, notre lieutenant général en notredit royaume, en revoquant certain (1) povoir ja piéça donné à notre très-chere et très-amée compagne la royne, comme par nos autres lettres de révocation sur ce faittes, peut apparoir.

Nous considérans les bonnes manieres que notredit fils a tenues depuis au fait de la commission, la parfaite amour naturelle et obéissance qu'il a à nous, et qu'il a, comme nous sommes véritablement adcertainés, toute bonne et entière volonté, comme raison et nature le adstreignent au bon gouvernement et refformation de notredit royaume, à la garde et deffense de nos sujets, et de les relever des grands charges et oppressions que pour les causes dessusdites ils souffrent chacun jour : ayant aussi regart que Dieu lui a donné bon entendement à ce suffisant, et trèsgrand desir de soy y employer ainsi que à lui appartient comme notre seul fils, héritier et successeur après nous de la couronne de France, et que de tant doit avoir graigneure seing et diligence a labourer aux choses qui sont au bien et prouffit de notredit royaume, comme après notre personne lui touche le plus près; et aussy nos sujets raisonnablement doivent avoir plus agréable d'être en l'obéissance de notredit seul fils, comme lieutenant de nous, en tant comme il est leur seigneur futur; et afin que lui qui a ja soufisant âge, et peut endurer peines et labours, et tra-

---

(1) V. lettres du 26 avril 1403.

vailler de sa personne, se puit à ce faire exerciter, et par fréquentation, plus sçavoir, être expert et mieulx averti aux choses qui touchent le bien, garde et conservation de nous et de notre seigneurie, pour ôter aussi l'erreur qui à cause de la puissance et authorité que aucuns se attribuent contre raison, pourroit sourdre, et que nous sommes aucunes foys empeschés et occupés en plusieurs manieres, et ne pourrions bonnement partout vaquer ne entendre, comme nous le desirons :

Savoir faisons que nous, en continuant à notre même propos et voulenté, avons aujourd'huy de rechef icelluy notre fils, par la délibération de notre grand conseil, appellés à ce plusieurs de notre sang et lignage, et autres, prélats, barons, nobles, gens de notre parlement; les recteur et plusieurs maitres de notre fille l'Université de Paris, les prevôt des marchands, bourgeois et echevins, et plusieurs autres de divers états, fait, établi et ordonné, et par la teneur de ces présentes, faisons, ordonnons et établissons seul et pour le tout notre lieutenant général par tout notredit royaume, en ôtant et mettant au néant, et révoquant d'abondant et de rechief, toute lieutenance et puissance générale que nous avons ou pourrions avoir donnée à notreditte compaigne, soubs quelconque forme de parolles, ne en quelque maniere et pour quelconque cause que ce soit, ou autres de notre sang, ou de quelque état ou authorité qu'ils soient; et laquelle ou lesquelles lieutenances ou puissances, nous ne voulons d'oresnavant avoir lieu, ne demourer en vertu après cette présente notre ordonnance;

Et avecques ce, avons voulu et ordonné, voulons et ordonnons que d'oresnavant en notre absence, icelluy notre fils, appellés avecques luy ceux de notre sang et lignage, notre chancellier et autres de notre grand conseil, présens au lieu où notredit fils sera, tels et en tel nombre comme bon et expédient luy semblera, tiengne notre lieu et représente notre personne; et luy avons donné et donnons de notre certaine science par ces présentes, plain pouvoir et autorité, d'appeller, faire assembler, et tenir nos consaulx; et en iceux présider, adviser, appointer et conclurre pour et au nom de nous, en et sur tous les faits, affaires et besoingnes quelconques que surviendront, et touchans nous, nos royaume et seigneurie, selon ce que pour le bien de nous, de nosdits royaume et seigneurie, et de nos sujets, il sera par la délibération de notredit grand conseil, ou de la plus grand et saine partie d'icelluy, advisé être expédient et nécessaire, et les des-

…dits appointemens, conclusions et délibérations en quelque manière que ce soit, (touchant nous, notre seigneurie, nos terres et sujets, faire mettre à effect et exécution deue; et généralement de faire pour et au nom de nous, en tous lesdits fais, besoignes et affaires) touchant nous, nosdits royaume et seigneurie, terres et sujets, comme dit est, leurs circonstances et dépendances, tout ainsy comme nous même ferions et faire pourrions en notre personne, jasoit ce que la chose requit mandement plus spécial, tous autres pouvoirs de lieutenance et puissance générale cessans de présent et d'oresnavant, comme dit est :

Voulans oultre et ordonnans que tout ce que par notredit fils aura été ainsy avisé, conseillé, fait, conclu et mis à exécution, soit valable, ferme et stable, et ait force et vigueur, comme se par nous et en notre présence étoit fait, et que nos secrétaires ordonnés être en nos consaulx, en facent et signent pour et au nom de nous par son ordonnance et commendement, les lettres en forme due, telles qu'il appartiendra, lesquelles nous voulons être séellées de notre séel sans aucune difficulté.

Si donnons en mandement à nos amés et féaux connétable, chancellier, mareschaux, admiral, gens de notre parlement, de notre grand conseil, le maitre de nos arbalestriers, les maitres des requettes de notre hôtel, gens de nos comptes et trésoriers à Paris, les généraux de la justice et commissaires sur le fait des aydes ordonnés pour la guerre, et nosdits secrétaires, et aussy à tous séneschaux, baillifs, prevôts et autres justiciers, officiers et sujets de nous et de notredit royaume, et à chacun d'eulx, si comme à lui appartiendra, que à notredit fils le dauphin, comme à notredit lieutenant général seul, et pour le tout, obéissent et entendent de luy, et ne obéissent, ne entendent plus d'oresnavant en fait de lieutenance, en quelque maniere que ce soit, à notreditte compaine, ne à quelconques autres de notre sang à qui en tems passé nous avons baillé nos lettres de lieutenance ou puissance, sur pene d'encourir notre indignation; et à iceulx notre compagne et de notre sang, que plus ne s'entremettent d'oresnavant d'icelles lieutenance et puissance, en aucune manière:

Car ainsy nous plait-il et voulons être fait par ces mêmes lettres, au *vidimus* desquelles, pour ce que l'on en pourra avoir à faire en plusieurs lieux où l'on n'en pourroit pas bonnement recouvrer, nous voulons pleine foy être ajoutée comme à ces présentes original : et aussy afin qu'il appere mieulx, à chacun du contenu en ces présentes nos lettres, et que aucun n'en puisse prétendre ignorance, que icelles ils fassent publier par toutes cités, bonnes villes, et autres lieux des baillages et sénéchaussées de notredit royaume, et ailleurs où l'on a accoutumé de faire les publications de par nous. En témoin de quoy nous avons fait mettre notre scel à ces présentes.

Donné, etc. Par le Roy, en son grand conseil.

N° 647. — DÉCRET *du concile qui défend de piller les biens et autres objets du pape et des cardinaux, à l'époque de l'élection.*

Constance, 8 novembre 1417. (Dumont, Corps dipl., p. 96.)

N° 648. — DÉCRET *du concile qui adjoint aux cardinaux des archevêques, des évêques et des abbés pour l'élection du pape.*

Constance, 8 novembre 1417. (Dumont, Corps dipl., p. 96.)

N° 649. — DÉCRET *sur le mode de délibération des cardinaux et électeurs du pape en conclave* (1).

Constance, 8 novembre 1417. (Dumont, Corps dipl., p. 96.)

Ista sunt, quæ cardinales et alii electores romani pontificis in concilio generali Constantiensi observare, et custodes jurare et facere observari tenentur, et ad quæ non ultra compelli possunt per custodes conclavis.

1° Quod infra decem dies à die jam lati per concilium decreti intrent conclave, videlicet, hodie lunæ octava mensis novembris infra occasum solis.

2° Quod quilibet non habeat ultra duos servientes, clericos vel laicos, quos duxerit eligendos, et simpliciter permittantur duos habere per constitutionem Clementis sexti, licet in constitutione, *ubi majus*, non liceret habere duos, nisi ex patenti necessitate.

3° Quòd in conclavi simul inhabitent, nullo medio pariete vel alio velamine, nisi quando dormient vel quiescent: et tunc licet habere intermedia seu velamina dumtaxat simplicium cortinarum, quæ cortinæ conceduntur per dictam constitutionem Clementis sexti.

4° Ita claudatur conclave, reservato aditu ad secretam cameram; quod nullus, postquam inclusi fuerint, intrare valeat vel exire. Nullus ad eosdem electores aditus pateat, vel facultas se-

---

(1) Ces formalités étant encore observées lors de l'élection du pape, nous croyons devoir faire connaître cette pièce. (Isambert.)

…te loquendi aliquid cum eis, nec ipsi aliquos ad se venientes admittant, nisi de consensu omnium aliqui pro his quæ ad electionem pertinent, vocarentur.

5° Quod nulli liceat ad ipsos electores nuntium vel scripturam mittere.

6° Quod in ipso conclavi competens sit fenestra, per quam electoribus et servitoribus vitæ necessaria ministrentur, per quam tamen nulli patere possit accessus.

7° Quod, in singulis diebus postquam conclave intraverint, præter panem, vinum et aquam, in prandio unum dumtaxat ferculum carnium unius speciei tantum, aut piscium seu ovorum, cum uno potagio de piscibus seu carnibus principaliter non confectis et decentibus salsamentis habere valeant ultra carnes salitas, et herbas crudas ac caseum, fructus seu electuaria, ex quibus tamen nullum specialiter ferculum conficiatur, nisi ad condimentum fieret, vel ad saporem. Et in istis cibis restringitur per Clementem sextum constitutio, *ubi majus*, pro tribus primis diebus, quibus nulla ciborum erat limitatio, et pro sequentibus moderatur.

8° Quod est de mente constitutionis, *ubi majus*, per Clementinam, *ne Roman*. Quod nullus intrare compellitur conclave, nisi omnes recusarent, quia tunc cogendi sunt.

9° Quod volentibus exire permittitur. Sed si omnes exirent, papa non electo, reintrare compellantur, nisi quos excusat infirmitas. Sed qui sine causa infirmitatis exiverit, amplius non admittitur, nisi omnes (ut præmittitur) exirent.

10° Quod exiens pro causa infirmitatis, ac etiam absentes, si supervenerint, re integrâ, videlicet, antequam de papa sit provisum, admittantur in conclavi, in statu in quo erit electionis negotium.

Custodes conclavis jurent, quod præmissa omnia sine fraude et dolo inviolabiliter faciant observari, neque cardinales et alios electores ultra præmissa coarctabunt, nec permittent, aut aliquatenus sinent per alios coarctari. Item quod eadem die omnes custodes, et maxime qui addentur ultra illos, quibus de jure competit, nominatim deputentur per concilium, et jurent præmissa. Item videtur, quod, si dominus rex est præsens, debeat pro suæ magestatis reverentia, ab eo sedente in sede sua per duos cardinales recipi juramentum.

GOUVERNEMENT DE LA REINE.

N° 650. — Lettres de la Reine (1) par lesquelles elle annonce qu'elle va prendre le gouvernement du royaume, elle invite les bonnes villes à se ranger du parti du duc de Bourgogne, et défend de payer les impôts à d'autres.

Chartres, 12 novembre 1417. (Monstrelet, f° 28.)

N° 651. — Lettres de la (2) Reine par lesquelles elle donne pouvoir d'abolir les impôts ayant cours.

Troyes, 30 janvier 1417. (C. L. X, 429.)

Isabel, par la grace de Dieu, royne de France, ayant pour l'occupation de monseigneur, le gouvernement et administration de ce royaume, par octroy irrévocable à nous sur ce fait par mondit seigneur. A tous ceux qui ces présentes lettres verront : salut. — Comme notre très-cher et très-amé cousin le duc de Bourgogne, après ce qu'il a signifié ou fait savoir par plusieurs diverses fois à mondit seigneur, le très-mauvais gouvernement qui estoit et encores est en sondit royaume, tant parceque sa personne n'est pas en tel estat comme il appartient à la magesté royal, sa depence payée, ses chasteaulx, forteresses et maisons retenues, ses subgez tenus en franchise, liberté et justice, mais estoit l'estat de sa personne qui doit estre sur-tout tant honnorée, et richement tenue, presque toute à nient, et ses maisons en ruyne et desolation, et ses subgez tenus et gouvernez à voulenté, et mis à toute servitude par aucuns de petit estat, qui de leur auctorité ont empris le gouvernement de sondit royaume, et est sa seigneurie tellement gouvernée et affoiblie, qu'elle est pour la

---

(1) Par suite elle institua une cour à Amiens, et fit graver un seel où était l'image de la Reine, étant droite, ayant les deux bras étendus vers la terre; à droit était un écu des armes de France, et à senestre un écu parti des armes de France et de Bavière. (Lambert.)

(2) Par des lettres du 16 février 1417, elle destitua les cours de parlement et des comptes de Paris, et en institua de nouvelles à Troyes. Dans ces lettres, elle reproche au comte d'Armagnac d'avoir tenu en captivité le Roi et ses trois fils; d'avoir fait des deux aînés à son plaisir et volonté ; d'accabler le peuple d'impôts, de remplir de ses créatures toutes les places, spécialement le parlement, afin de pouvoir exercer sans contradiction sa domination tyrannique. (Le même.)

grant partie diminuée et desmembrée, et en adventure d'estre perdue et venir en estrange main, que Dieu ne vueille, parce qu'elle n'est pour deffendre à l'encontre des ennemis enciens de cedit royaume, qui de jour en jour icelle occupent, et se voutent en plusieurs lieux d'icelle, combien que innumerables finances ayent esté et soyent chacun jour levées, prinses et exigées en grant abondance, et tellement que à l'encontre de ce les subgies de mondit seigneur n'ont mais de quoy vivre, et mesmement les nobles dont ils puissent entendre à la deffense de sadite seigneurie et la chose publique d'icelle; et combien que lesdites finances ayent esté prinses et levées par lesdits entrepreneurs, au nom de mondit seigneur, pour feindre à les employer en ses affaires, et mesmement pour garder, conserver et deffendre sa seigneurie, elles ont prins autre chemin : car lesdits entrepreneurs les ont emboursées et appliquées à leurs singuliers prouffits, sans ce qu'elles ayent esté employées en usaiges prouffitables ou honnorables pour mondit seigneur et sadite seigneurie, et eust assés ce mondit cousin par vraye experience sceu et congneu, que lesdits subgés de mondit seigneur estoyent tous desers et destruits chascun en son estat, considerant l'estat de mondit seigneur, et que eulx qui ont emprins ledit gouvernement de luy et de sa seigneurie, ne veulent entendre à quelque bon gouvernement ou bonne policie estre assise en cedit royaume, et faire cesser lesdits inconveniens, jasoit ce que de ce les eust tant et si souvent requis et sommés; que chacun scet, eust icelluy nostre cousin de Bourgoigne, attendu la grant part et portion qu'il a ou royaume de mondit seigneur, à cause de laquelle il est constitué en plusieurs grans dignités et seignouries, et que par le saint concile de Rome luy eussent esté signiffiées aucunes choses touchans très grandement l'union et appaisement de nostre mere saincte Église, et la reformation d'icelle, comme à celluy que en l'absence de mondit seigneur doit representer la personne d'icelluy, et doit avoir le gouvernement de cedit royaume, pour l'occupation de mondit seigneur, auquel ledit sainct concile a conclu de non escrire et signiffier les choses dessusdites, pour cause de sondit empeschement, né à nostre très-cher et très-amé fils le daulphin de Viennois, pour le jeune age où il est encores constitué, ne aussi au comte d'Armignac, pource que de par ledit sainct concile il a esté derelit en cisme, ne à ceulx du conseil de mondit seigneur, pour ce qu'ils sont adherés audit comte d'Armignac, et par consequent suspects dudit cisme, conclud et delibere y mettre à son povoir provision et remede, et faire cesser lesdits inconveniens, exactions, et metre et réduire ledit royaume en la franchise et liberté que le noble nom de la seigneurie de mondit seigneur porte. Et pour ce, par grant advis et meure deliberation de conseil, eust mondit cousin ordonné dès le jour sainct Remy derrier passé, et d'ilec en avant, que aucuns quatriemes, impositions, vingtiemes, maletotes, ne autres aides, redevances, subsides ou autres exactions quelsconques qui ont esté levées en ce royaume, soubs ombre et à l'occasion de la guerre, ne soyent imposés, cueillis, levés ou receus audit royaume, reservé les arrerages que pourroient estre deus à cause d'iceulx aides jusques audit jour, afin que ung chacun de quelque estat ou condition qu'il soit, puist vendre et acheter toutes denrées et marchandises franchement et quitement, sans pour ce payer aucune redevance, aide, coustume ou autre exaction quelconque, excepté toutes voyes la gabelle qui aura cours ainsi qu'elle a eu, et a de present jusques à ce que par mondit seigneur, nous et nostredit cousin estans pardevers luy, en soit autrement ordonné; et il soit ainsi que és pais de Languedoc, Auvergne et duchié de Guienne, par la coulpe et malvestié desdits entrepreneurs, lesdits aides ayent encores cours parce que nostredit cousin n'a encores enduré envoyer lesdites lettres par-delà, pour cause des murdres et occision des personnes que lesdits entrepreneurs ont fait mourir contre raison et justice, à l'occasion et pour ce seulement qu'ils avoyent prins la charge de porter lesdites lettres, qui est la totale destruction dudit pays.

Pour ce est-il que nous les choses dessusdites considérées, voulans à ce pourvoir, confians bien à plain des sens, loyauté, vaillance, preudommie et bonne diligence de nostre très-cher et très-amé cousin messire Loys de Chalon comte de Geneve et seigneur d'Arguel, ainsné fils de nostre très-cher et amé cousin le prince d'Orenges et seigneur d'Arlay, conseillers et chambellans de mondit seigneur, de Regnault, viconte de Murat, conseiller et chambellans de nostredit très-cher et très-amé cousin le duc de Bourgoigne, de maistres Guillaume de Sanlieu et Jehan de Terrant, conseillers et maistres des requestes des hostels de mondit seigneur et de nostredit cousin; lesquels pour reduire et mettre en obeissance lesdits pays de Languedoc, d'Auvergne et duchié de Guienne, avons par nos autres lettres patentes commis, ordonné et institué nos procureurs generaulx, messeigers et ambasseurs especiaulx : A iceulx, aux trois ou deux d'iceulx, avons aujourd'huy de nostre certaine science, plaine puissance et auctorité royal, donné et octroyé, donnons et octroyons par ces presentes, puissance et auctorité d'abatre et metre jus sans rapel ès villes et autres lieux qui se vouldront unir et metre en l'obeissance de mondit seigneur, nous et notredit cousin, du jour qu'elles seront ladite obeissance, les aides dessusdites; c'est assavoir, quatriemes, impositions, vingtiemes, maletotes, dixiemes, et tous autres aides, redevances, subsides et autres exactions ayans cours audit pays pour le fait de la guerre, parmy ce qu'ils seront tenus de payer les arrerages qui deus en seront; excepté toutes voyes la gabelle, qui aura cours, ainsi qu'elle a eu et a de present.

Si donnons en mandement par cesdites presentes, en deffendant tres expressement à tous les justiciers et officiers de mondit seigneur, que ladite obeissance faite, ils ne cueillent, levent ou facent cueillir et lever doresenavant aucuns aides esdites villes faisans ladite obeissance, ne icelles crient ou facent metre après, se entremettent de tenir court ou congnoissance en quelque maniere que ce soit; et en oultre, cesdites presentes publient et facent publier chacun en droit soy ès lieux acoustumés, etc.

Ainsi signées, par la Royne.

N° 652. — LETTRES *portant injonction au sénéchal de Carcassonne de convoquer le ban et arrière-ban dans sa sénéchaussée, pour résister aux Anglais* (1).

Saint-Denis, 2 février 1417. (C. L. X, 454.)

---

(1) On doit pour cet effet élire dans chaque paroisse quatre personnes des plus habiles. Les nobles et gens d'église doivent se presenter montés et armés; les autres armés; tous avec des vivres pour deux mois. (Isambert.)

N°. 653. — ORDONNANCE (1) *portant maintien des églises et ecclésiastiques dans leurs anciennes libertés et franchises* (2).

(Paris, mars, après Pâques, 1418. (C. L. X, 445.) — Publiée en parlement le 15 avril.)

Carolus etc. Inter regii laudabiles operas culminis, gloriosa ea censetur, quæ ecclesiam jugo servitutis depressam sublevari, sublevatam, in libertatis sede, collocari, et collocatam, stipata ambitioso atque cupido pulso, perseveranter conservari satagit et procurat. Cum itaque crebris querelis, clamosisque insultibus regni ac Dalphinatûs nostrorum, clero, ac dilectis parisiensis studii universitate filiâ et generali procuratore nostris nos incitantibus, ac sepè et multùm dudum stimulantibus, necnon fidei obligationem et jurisjurandi religionem, quibus ad stabilitatem observationemque jurium, libertatum, et universalem sanctæ matris ecclesie statum obtringebamur, ingerentibus nobis et modo quodam obtestantibus singulariori de consilio principum ex nostra regali proditorum stirpe, procerum, prelatorum, baronum, collegiorum, capitulorum, conventuum ac universitatum eorumdem regni et Delphinatûs nostrorum, execrabilis predictæ sancte matris ecclesie schismatis vigente tempestate, et pro ejusdem unione ad mandatum nostrum parisius congregatorum, previaque in presentia nostri multiplici ac sedula discussione et deliberatione propensiori, certas conclusiones per eos electas, et tandem nobis ab eisdem permodum consilii relatas, suscepissemus, approbassemus et eas solidè tenendas ac inviolabiliter observandas statuissemus; ipsam ecclesiam, personasque ecclesiasticas dictorum regni ac Delphinatûs, juxtà generalium statuta conciliorum, et sanctorum patrum decreta, ad suam antiquam libertatem reducendo, et eas in eadem libertate conservando et manutenendo, ac super his ordinationes nonnullas edendo: quarum quidem ordinationum executionem de predicta unione et super status ecclesiastici reformatione, ac in conciliis generalibus dudum Pisis, et nuperrimè Constanciæ celebratis, melioratione sperantes, et prolixius debito prestolantes distulissemus. Undè ac etiam pretextu reservationum nonnullarum per summos pontifices qui successerunt, ut dicebatur, factarum, aut aliàs, nonnulli archiepiscopi, epis-

---

(1) Révoquée le 9 septembre 1418. (V. les lettres de Charles VII, en français, en 1422.)

(2) Quant aux élections.

..., aliique de premissis regno ac Delphinatu, quibus beneficiorum vacantium, et quibus per electiones debite factas provisio extiterat, confirmatio et provisio pertinebat, veriti fuerant, contradixerantque seu distulerant, verebantur, contradicebant differebantve ad earumdem electionum confirmationem, et beneficiorum provisionem procedere, horumque et nonnullarum occasione factarum promotionum per horrida Symoniace perfidie tabes, ecclesias, personasque ecclesiasticas quamplurimas ipsorum regni ac Delphinatus, verum pene totos ipsos regnum ac Delphinatum nostros acriter pervaserat, letaliter obrepserat, et fascinaverat, ac prostraverat dampnabiliter. Ceterum immensum aurum, argentum, innumerumque financie de supradictis regno ac Delphinatu nostris jugiter asportabantur, in dictarum prevaricationem ordinationum, eorumdemque regni ac Delphinatus exinanitionem, totius reipublice jacturam et irreparabilem lesionem, sed et ecclesiarum tam regie quam alias pie fundationis luctuosam desolationem; superque immensos intolerabilesque planctus plurimorum, et presertim jam dicti procuratoris nostri generalis, et dilectorum nostrorum prepositi mercatorum et scabinorum civitatis nostre parisiensis, rursum apud nos emissos, et sepius relatos audiissemus, et cum animi dolore sustinuissemus.

Notum igitur facimus universis tam presentibus quam futuris, quod nos provisionem super his ulterius differre non valentes, dispendiisque premissis obviare, et ambitionis atque cupiditatis ardorem cupientes mitigare; prehabita deliberatione matura cum prelatis quamplurimis, et gentibus camerarum dicti nostri parlamenti aliisque pluribus doctoribus et magistris de dicta parisiensi universitate in ingenti numero, in camera nostri parlamenti, demandato nostro congregatis, voluimus, ac prout alias damus, volumusque et ORDINAMUS ecclesias, personasque ecclesiasticas eorumdem regni et Delphinatus nostrorum, ad suas antiquas franchisias et libertates in perpetuum reducendo, quod ecclesiis ipsorum regni ac Delphinatus cathedralibus et collegiatis, ac eorum beneficiis electivis secularibus et regularibus per electiones capitulorum, conventuum et collegiorum, seu postulationes canonice factas, confirmationesque superiorum, et non electivis, per presentationes, collationes et institutiones ordinariorum, quibus de jure communi seu consuetudine pertinet, secundum antiqua jura communia, consiliaque generalia, de personis ydoneis providebitur, cessantibus et rejectis omnino, ac non obstantibus quibuscunque et quorumcumque reservationibus generalibus vel specialibus, ac prohibitionibus, aut gratiis, etiam cum decreti appositione factis aut faciendis, concessis seu concedendis: et insuper quod exactiones pecuniarum quas ab aliquibus retroactis temporibus curia romana seu camera apostolica, sub pretextu vacantium beneficiorum regni et Delphinatûs predictorum, aut aliàs quovismodo seu colore premissorum sibi applicari voluit, penitus cessabunt. Intendimus tamen tanquam Christi fideles summo pontifici et ecclesie romane eque plusve ceteris in necessitatibus suis, et cum tempus exegerit succurrere et rationabiliter subvenire. Inhibemus autem omnibus et singulis nostris subjectis districtè et sub omni indignatione quam erga nos formidant incurrere, ne huic nostre ordinationi ausu temerario contraire, sive eam impedire presumant.

Quo circa... Committimus et mandamus, etc.

Per regem, ad relationem magni consilii in camera parlamenti tenti per dominum Delphinum Viennensem.

N°. 654. — ARRÊT *sur les lits de justice* (1).

30 mars 1418. (Registre XIII du parlement.)

N°. 655. — LETTRES *portant défenses de transporter hors du royaume or, argent, joyaux ou autres choses, pour annates ou expéditions de la cour de Rome.*

Paris, 2 avril 1418. (C. L. X, 447.) — Publiées en parlem. le 12 mai par le Dauphin.

CAROLUS, etc. Gravem querimoniam dilecti et fidelis procuratoris nostri generalis recepimus, continentem, quod licet dudum de concilio principum nostre regalis prosapie, procerum, baronum, collegiorum, capitulorum, conventuum ac universitatum, et virorum ecclesiasticorum in grandi numero Parisius convocatorum, pro conservatione et stabilitate nostri ac rei

---

(1) Le président Henrion de Pansey remarque, pag. 372, note, que cette première entreprise sur l'indépendance du parlement peut avoir conduit à l'idée des lits de justice, dont le premier est du 27 mars 1563. Quant à nous, nous pouvons affirmer qu'il ne s'est pas passé de règne où le parlement n'ait été ainsi violenté par ordre du prince. Il faut supposer qu'il en fut ainsi lors de l'enregistrement du traité de Troyes en 1420, lors duquel on n'alla pas aux voix, mais on les prit *in turba*; et de la reconnaissance de Henry, le 19 novembre 1422, où le duc de Bedfort déploya toute la puissance royale, et environna le parlement de ses gens d'armes. (Isambert.)

..., et subditorum nostrorum utilitate, certis exactionibus indebitis et modis quamplurimis pullulantibus adinventis, quibus mediantibus, aurum, jocalia, pecunie ac innumere financie de regno nostro efferebantur, viam precludere volentes, certas ordinationes, maturis magnisque tractatas consiliis condidissemus, alias per nos editas anteà constitutiones confirmando et approbando; nichilominus nonnulli subditi nostri et alii sui temeritate ducti, seu parva attentione circumventi, nostris antedictis constitutionibus spretis sub pretextu et colore negociorum et mercanciarum, quas se contractare asserebant, necnon aliqui collectores, succollectores et officiarii curie romane, sub umbra et occasione quarumdam exactionum ad causam procurationum, visitationis tamen ecclesiarum officio ob hoc non impenso, ac etiam annatarum et vacantium, confectionis bullarum, et alias, ratione et ad causam collationis, necnon dispositionis beneficiorum, quorum electiones, confirmationes, presentationes, collationes et dispositiones, ad prelatos, capitula, ceterosque ordinarios, collatores et patronos jure spectant, aliisque variis occasionibus et exquisitis modis indebitis, pecunias et financias quamplurimas de regno nostro efferri fecerant, ac ipsum regnum et subditos nostros, auro, financiis, jocalibusque quamplurimis evacuaverant et exhauserant, ac assiduè hauriri satagebant, in desolationem et depauperationem regni et subditorum nostrorum, grandeque et intolerabile dampnum, quod gravius invalesceret, nisi per nos de condecenti remedio per dictum nostrum procuratorem à nobis postulato et requisito, salubriter super premissis provideretur.

Nos igitur volentes hujusmodi invalescentibus dampnis occurrere, ne deteriora sub ulterioris dissimulationis fiducia audentius committantur, vobis et vestrum cuilibet presentium tenore committimus et MANDAMUS, districtius injungentes, quatinus palam et publicè, voce preconia in omnibus locis in quibus cride et subhastationes fieri consueverunt, et alibi ubicumque expedierit, inhibeatis seu inhiberi faciatis sub certis et magnis penis, indignationisque nostre incurrende, ac omni alia poena et offensa quam erga nos incurrere possunt, ne aliquis deinceps absque nostra licentia ausu temerario, aurum vel argentum, jocalia, aut alia quevis preciosa, per litteras, bulletas, obligationes, aut alias quovismodo, occasione procurationum, annatarum, vacantium, dispositionis antedictorum beneficiorum, necnon mercantiarum seu negotiorum predictorum quorumcumque, aut aliâ quavis occasione, extra regnum predictum, sub penis antedictis, et illa vel tantumdem perdendi. Inhibentes pariter ne aliquis campsor, mercator, seu quævis alia persona, de cetero pecunias, quascumque financias, titulo mutui, commodati, cambii, vel aliàs, per litteras, bulletas, obligationes, seu quovis altero modo, extra regnum predictum transferat seu transferri faciat, occasione præmissorum, sub penis antedictis; ac etiam ne aliquis ad antedicta beneficia ecclesiastica vacantia seu vacatura, quecumque et cujuscumque conditionis existant, quorum, ut premittitur, electiones, confirmationes, presentationes, collationes et dispositiones ad prelatos, capitula ac ordinarios, collatores et patronos spectare dinoscitur, bullas aut provisiones seu gratias expectativas à papa, seu aliis, quam à doctis prelatis, capitulis et ordinariis, collatoribus et patronis, ad quos hujusmodi electiones, confirmationes, presentationes, collationes et provisiones spectant, imposterum sub poenis antedictis impetrare presumant, nec impetratis utantur.

Mandamus insuper et committimus quatenùs dictas financias ci pecunias, bulletas, litteras, obligationes, ac etiam bullas antedictas, in et sub manu nostrâ arrestetis, apprehendatis et capiatis, seu per diligentes et idoneos exploratores, in omnibus portubus, passagiis regni nostri et vestris districtibus ubi expedierit à vobis committendos, ex parte nostri instituendos ac deputandos arrestari, apprehendi et capi faciatis, dictas pecunias, financias, bulletas; prædictis constitutionibus derogando deferentes, aut eis se juvantes, per captionem corporum et bonorum, desistendum omninò et cessandum compellando; ipsis verò commissariis qui pecunias, litteras, bulletas, obligationes et financias à prædictis in casu præmisso arrestaverint seu occupaverint, volumus earundem pecuniarum seu financiarum quartam partem ad suam propriam utilitatem ab eisdem retineri et residuum nobis applicari : vobis autem et à vobis deputandis in hac parte, ab omnibus subditis nostris parerí volumus efficaciter et intendi.

Per regem ad magni consilii tenti in camerâ parlamenti per dominum Delphinum Viennensem.

N°. 656. — LETTRES *d'Isabelle qui permettent aux trois états des sénéchaussées de Toulouse, de Carcassonne et de Beaucaire, de s'assembler quand il leur plaira.*

Troyes, 3 avril 1418. (C. L. X, 549.)

GOUVERNEMENT DU DUC DE BOURGOGNE.

N° 657. — Lettres *portant révocation des bannissemens et proscriptions prononcées contre le duc de Bourgogne et ses partisans* (1), *par arrêts du parlement ou par commission.*

Paris, 9 juin 1418. (C. L. X, 453.) — Publ. en parlem. le 29 août.

Charles, etc. Comme dès l'an 1413 ou mois d'aoust ou environ, nostre très-chier et très-amé cousin le duc de Bourgongne, eust prins congié de nous, et so eust trait en ses pays, esquelz de long-temps il n'avoit esté, et mesmement en ses pais de Flandres et d'Artois, pour savoir de ses besoingnes et affaires, veoir et visiter ses subgiez, esperant de retourner par devers nous, pour nous accompaignier et servir et soy employer au bien et conservacion de nous et de nostre seigneurie, de tout son povoir, ainsi que savons certainement qu'il en a tousjours eu et a très-bonne voulenté ; après le département duquel nostre cousin, Bernart conte d'Armignac, et plusieurs autres gens de bas estat et estrangiers, ses complices et satalites, qui de longs-temps avoient tendu estre et demourer entour nous, plus par convoitise et ambition, et pour nous, nostre peuple et seigneurie grever et destruire, et pour leur prouffit singulier, que pour le bien de nous et de la chose publique de nostre royaume, de leur auctorité, à nostre très-grant desplaisir, se soient entremis de noz besoignes et affaires, en disposant d'icelles à leur plaisir et voulenté, comme il a depuis apparu ; et pour mieulx obtenir à leurs fins et entencion, ayent desmis et déposez plusieurs bons, loyaux serviteurs, officiers de nous, de nostre très-chiere et très-amée compaigne la royne, et de feu nostre très-chier et ayné filz Loys duc de Guyenne et daulphin de Viennois, et ou lieu d'iceulx subrogué plusieurs autres de très-mauvais affaire, leurs adhérens, lesquelz aient

---

(1) Le duc avait forcé l'entrée de Paris le 28 mai. Le 12 juin, insurrection des 60,000. Le connétable d'Armagnac, le chancelier de Marle et quantité d'autres furent tués sans jugement dans les prisons, au nombre de 1,600 à 2,000. L'entrée solennelle de la reine eut lieu le 14 juillet. (Juvénal des Ursins et Monstrelet.) Le prévôt de Paris et beaucoup de seigneurs étaient présents. Les communes de Paris se révoltèrent encore le 21 août, et massacrèrent les Armagnacs. Le duc de Bourgogne sentant la nécessité de réprimer les excès de ses partisans, fit pendre les principaux. (Isambert.)

soubz umbre de justice et autrement, par pluseurs et diverses foiz longuement, et par pluseurs années, fait pluseurs prinses et emprisonnemens de bonnes et notables personnes, gens d'église, clers, seculiers, nobles, officiers de nous, de nostredicte compaigne la royne, bourgois et autres noz subgiez et bienvueillans, et contre iceulx aient fait et fait faire pluseurs injustes condempnacions en forme de arrests, sentences, jugemens, adjudicacions, privations, suspensions et relegations; et contre ceulx qui par doubte de la cruaulté et dure persecucion des dessusdiz, se estoient absentez, ayent et ont procedé par bannissemens, proscriptions et autres diverses et estranges manieres piteuses à oir et raconter, prins et apprehendé leurs biens dampnablement, et appliqué à leur prouffit, soubz couleur de ce que lesdiz officiers, serviteurs et autres personnes dessusdictes, avoient aymé, servi, aidé ou favorisé nostredit cousin de Bourgogne, ou à aucuns ses gens, serviteurs et bienvueillans, et en ce ont très-longuement et desloyaulment perseveré à la diminution de nostredicte seignourie, et à la destruction des corps, honneurs et chevances de pluseurs gens d'églises, nobles et bourgois de nostredit royaume.

Et combien que selon l'esperance que nous donna à sondit departement nostredit très-chier et très-amé cousin, il se soit par pluseurs foiz parforcé de nous venir accompaignier et servir pour le bien, honneur et deffense de nous et de nostredit royaume, toutesfoiz pour l'empeschement que lui ont fait les dessusdiz Bernart conte d'Armignac et ses satalites, il n'a peu avoir accès à nous, ne nous secourir à nostre grant besoing et nécessité, à l'encontre de noz anciens ennemis d'Angleterre; parquoy nous et tous noz bons féaulx et vassaulx devons tenir la greigneur partie de nostre païs de Normandie, avoir esté et estre usurpée par les dessusdiz anciens ennemis, par deffault de souffisantes deffenses, à quoy au plaisir de Dieu, à l'ayde de nostredit très-chier et très-amé cousin eust bien esté pourveu, se il eust peu avoir accès à nous, et savoir nosdictes voulenté et entencion; et de présent par la grace de nostredit seigneur, les dessusdiz conte d'Armignac, pluseurs ses complices et satalites qui ainsi dampnablement et de leur auctorité, oultre nostre gré et voulenté, avoient usurpé le gouvernement de noz affaires, par et à l'aide de pluseurs noz bons et loyaulx subgiez et serviteurs, de nostredit très-chier et très-amé cousin, et par nostre ordonnance, voulenté et consentement aient esté et soient emprisonnez et reboutez arriere de nous et dudit gouvernement; savoir faisons que nous sachans et

[...]nt informez les dessusdictes prinses, condempnacions, [...]semens, executions et autres persécutions dessusdictes, [...] les dessusdiz avoir esté faiz sans cause, et par hayne, ambi[ti]on et convoitise désordonnée de prendre, avoir et appliquer à [...] et à leur prouffit, les biens des dessusdiz officiers, serviteurs et bien-vueillans de nous et de nostredicte compaigne, et de nos[tre]dit cousin: ayans aussi considération à la bonne amour natu[rel]le, féaulté et loyaulté que toujsjours a eue et a envers nous [nostre] très-chier et très-amé cousin, comme de fait par expé[rien]ce l'avons congneu et apperceu en pluseurs et diverses ma[nie]res, et aussi eu considération à la desraisonnable et piteuse mort et deshéritement de pluseurs des dessusdiz noz subgiez et bien-vueillans, et leurs héritiers, dont plusieurs femmes, enfans, et autres leurs parens et amis ont esté et sont comme tous déso[lez] et destruis, en grant dommaige et diminution de la chose pu[bli]que de nostredit royaume:

Et pour pluseurs autres considérations ad ce nous mouvans, par l'advis et délibération de nostre grant conseil, toutes con[dem]pnacions, arrestz, sentences, jugemens, adjudications, con[fis]cations, privations, suspentions, bannissemens, proscriptions, et tous procès quelzconques faiz et encommenciez, tant en nostre court de parlement et en nostre chastellet de Paris, comme autre part, soit par-devant commissaires ou autres quelzconques juges, à l'encontre de quelconque personne que se soit, soient clers ou [la]is, officiers de nous, de nostredicte très-chiere et très-amée compaigne, ou de nostredit cousin, de nostredicte ville de Paris, ou d'autres villes et cités quelzconques, en contempt et pour avoir amé, conseillé, conforté, aidé ou favorisé nostredit cousin ou ses amis et bienvueillans, comme chose faicte par leurs hay[n]eux, et malvueillans à nous déclairé, et par la teneur de ces présentes, de noz certaine science, plaine puissance et auctorité royal, déclairons estres nulles et nulz de toute nulité, et yceulx comme hayneusement, dampnablement, injustement et desrai[son]nablement faiz, en tant que faiz avoient esté soubz umbre et couleur de nous et de justice, par forme d'arrestz, sentences, jugemens, bannissemens ou autrement en quelque maniere que ce soit, les avons irritez, cassez et adnullez, et par ces présentes irritons, cassons et adnullons et mettons du tout au néant; et ne voulons à yceulx par aucuns de noz juges, officiers ou subgiez estre obéi ou obtempéré; ains voulons et ordonnons de nostredicte science, auctorité et puissance, que toutes personnes quelzconques qui pour les causes et occasions dessusdictes, ont esté ainsi grevez et dommaigez, puissent de leur plain droit revenir et retourner à leursdiz biens, rentes et possessions quelzconques, tant héritages comme autres biens et actions à eulx ou à leurs héritiers appartenans au temps de leurs partemens, ou depuis ceulx advenuz par successions ou autrement, et à leurs offices, bénéfices, estres et demourances, en tel estat comme ilz estoient au temps desdictes confiscations, condempnations, bannissemens et proscriptions, ou autres sentences ou jugemens par eulx contre les dessusdiz, en quelque maniere que ce soit, faiz, en les restituant, en tant que mestier est, à iceulx leurs héritaiges, biens, offices, bénéfices, droiz et actions, et en les relevant du laps de temps qui aroit coru depuis yceulx telz quelz jugemens, ou leur département et en leur absence; et yceulx biens et héritaiges, rentes et possessions, droiz et actions, offices et bénéfices, voulons et ordonnons par ces présentes, à eulx estre renduez et restituées comme sans cause, indeuement et contre raison prins, occupez ou empeschiez. Et en oultre pour ce que soubz umbre desdictes condemnations, arrestz, sentences et jugemens, plusieurs personnes tant d'église comme autres, depuis le temps dessusdit, ont été exécutez et mis à mort, nous avons octroyé et octroyons par ces mesmes présentes, à leurs femmes, enfans, parens et amis d'eulx et de chacun d'eulx, que les corps leur soient renduz, bailliez et délivrez pour inhumer en terre saincte, et que ilz puissent succéder à leurs biens et avoir leurs successions comme ilz eussent peu faire se ilz feussent mors de leur mort naturelle; desquelz biens, successions et heritaiges, nous avons osté et levé, ostons et levons notre main et tous empeschemens quelzconques mis en iceulx de par nous, ou soubz umbre de nous et de justice, pour occasion des choses dessusdictes.

Si donnons en mandement, etc. Donné, etc.

Par le Roy, en son grant conseil, ouquel le cardinal et duc de Bar, Jehan de Harecourt, le mareschal de l'Isle-Adam, l'admiral de France, le prevost de Paris, messire Jacques de Montmor, maistre Guillaume le Clerc, maistre Jehan Rapiout, maistre Jehan Pelachot, Jehan de Puligny, et pluseurs autres, estoient.

AOUT 1418.

N° 658. — LETTRES *du Dauphin* (1), *comme lieutenant général, qui exemptent l'Auvergne de l'aide.*

Montrichard, 9 juillet 1418. (C. L. X, 455.)

N° 659. — LETTRES *portant révocation des aliénations du domaine.*

Paris, 16 juillet 1418. (C. L. X, 456.)

N° 660. — LETTRES *portant institution nouvelle des membres du parlement* (2).

Paris, le 22 juillet 1418. (C. L. X, 459.)

N° 661. — LETTRES *portant institution des conseillers et maîtres des requêtes* (3).

Paris, 22 juillet 1418. (C. L. X, 461.) — Reg. en parlem. le 28.

N° 662. — LETTRES *portant institution des membres de la chambre des comptes.*

Paris, 22 juillet 1418. (C. L. X, 462.)

N° 663. — LETTRES *portant que les créanciers des rebelles Armagnacs seront payés sur leurs biens avant que la confiscation puisse avoir son effet.*

Paris, 18 août 1418. (C. L. X, 465.)

CHARLES, etc. Nous avoir receu l'umble supplicacion de noz bien amez les prevost des marchands, eschevins, bourgois, manans et habitans de nostre bonne ville de Paris, contenant que jassoit ce que par certains moyens, contraux et traictez faiz et parfaiz loyalment et de bonne foy, avec plusieurs chevalliers, escuiers et gens de divers estas, qui ont esté en la compaignie de feu Bernard d'Armignac, ses adhérans, aliez et complices, et autres sédicieux et perturbateurs de paix, qui en ce faisant ont commis et perpétré plusieurs crimes, déliz et maléfices, pluseurs d'iceulx, tant nobles comme autres soient tenuz et obligiez envers eulx en maintes et diverses manières; c'est assavoir, les aucuns en certaines rentes à vie ou à héritaige, pour lesquelles ilz ont obligié, soubzmis et ypothequé tous leurs biens meubles et immeubles, et dont plusieurs

---

(1) Le gouvernement du Dauphin a existé séparément depuis cette époque jusqu'à l'expulsion des Anglais en 1437. (Isambert.)
(2) Ils n'étaient point encore inamovibles. (Le même.)
(3) Ils étaient alors assimilés aux magistrats. (Le même.)

arrerages leur sont deubz, et les autres, en plusieurs et diverses sommes de deniers à paier pour une foiz, tant pour pretz pour leur marchandise et denrée, comme autrement; et aussi ont pris par divers moyens desraisonnables et indeuz, plusieurs des biens meubles desdiz supplians ou d'aucun d'eulx, comme or, argent, vaisselle d'argent, linge, lange, et autres utencilles d'ostel, et les ont contraictées et appliqués à leur prouffit, ou fait ce que bon leur a semblé, lesquelx ou plusieurs d'iceulx, pour ce que l'en dit qu'ilz ont esté perturbateurs de paix, et autrement délinqué contre nous, ont esté appellez à ban, les autres exécutez par justice, et les autres detenuz prisonniers en noz prisons, et les aucuns occis ou mors en icelles; neantmoins pour ce que nous ou noz procureurs pour nous, pourroient ou vouldroient dire ou maintenir tous les biens des dessusdiz estre à nous, forfaiz et acquis pour les cas desusdiz ou autrement, ou que leursdiz biens pourroient cheoir en confisquacion ou forfaicture envers nous, ou envers autres seigneurs et justiciers, par ce aussi que aucuns veulent dire que par la coustume de nostredit royaume, quant aucuns biens ou héritages cheent en confisquacion ou forfaicture, cellui ou ceulx à qui appartient ladicte confisquacion, ne sont tenuz de paier aucunes deptes, lesdiz supplians se doubtent que nosdiz procureurs pour nous ou autres, au cas que ladicte forfaicture ou confisquacion auroit lieu ou autrement, procederoit et sortiroit son effect, ne leur voulsissent mectre ou faire mectre et donner aucun destourbier ou empeschement tant en la percepcion desdictes rentes, et ou paiement des arrerages d'icelles, comme ou paiement desdictes autres sommes de deniers à eulx deubz pour une foiz par lesdiz débiteurs et obligiez, ou en aucunes d'icelles, ce qui seroit en leur très-grant grief, préjudice, dommage et desheritement, si comme il dient, en nous humblement requerant que comme dure chose et importable leur seroit, que sans leurs péchez et meffaiz ilz perdissent leurs chevances, nous sur ce leur voulsissions extendre et impartir nostre bénigne et gracieuse provision.

Pourquoy nous, ces choses considérées, et non voulans aucuns estre pugniz et desheritez pour le fait et péchié d'autruy, en ceste partie équicté et bonne foy estre préférée à rigueur de justice, ausdiz supplians, par l'advis et déliberacion de nostre très-chière et très-amée compaigne la royne, de nostre cher et très-amé cousin le duc de Bourgoingne, et autres de nostre grant conseil, avons octroyé et octroyons par ces présentes.

Que de tout ce qui apperra par lettres, tesmoings, ou autres bons et loyaulx enseignemens, à eulx estre deu ou avoir esté prins de leursdiz biens indeuement par ledit d'Armignac ou autres nobles ou non nobles estans en ou de sa compaignie et de sa partie, ses adhérans, aliez et complices, de quelque estat ou condicion qu'ilz soient, et soit en rentes ou arreraiges d'icelles ou autres deptes quelxconques, iceulx supplians soient paiez et puissent requérir paiement et execucion sur les biens-immeubles de leursdiz depteurs ou obligiez, premierement et avant toutes forfaictures ou confiscacions escheues ou à escheoir; et à iceulx supplians avons reservé et reservons tous les droiz et accions, tant ypotheques comme autres, et toutes poursuites qu'ilz avoient et povoient avoir, et qui leur povoient compéter et appartenir à l'encontre desdiz debteurs et sur leursdiz biens, pour cause desdictes rentes, arréraiges, deptes, prestz et autres contraulx, et de leursdiz biens prins, comme dit est, voulans iceulx droiz, ypotheques et autres accions, lesdiz supplians puissent poursuir et démener et leur soient faictes et adjugées sur lesdiz biens, et paiement à eulx faiz de tout ce qui leur apperra estre deu par la maniere qui dit est, tout aussi et pareillement qu'ilz seroient et faire pourroient, et que à eulx appartendroit et leur devroit estre fait, se icelles forfaictures ou confiscacions n'estoient advenues et escheues, ou que elles ne escheussent ou avenissent aucunement, jassoit ce que desdictes rentes lesdiz supplians ne soient entrez en foy ou hommaige, et qu'ilz n'aient saisine ne posession de qui lesdictes héritages chargez desdictes rentes sont tenuz et mouvans tant en fief comme en censive, ou que les lettres desdictes rentes et autres sommes à eulx deues, n'aient pas esté nanties selon la coustume des lieux où nantissemens a lieu; et oultre, voulons et ausdiz supplians, en ampliant nostredicte grace, avons octroyé que ou cas dessusdit que forfaicture ou confiscacion procéderoient ou auroient lieu esdiz biens et héritaiges, que iceulx héritaiges soient et demeurent chargez desdictes rentes; et se venduz ou exposez estoient en vente pour nous ou à nostre prouffit, ou que nous en eussions fait ou feissions aucune donnacion ou autre transport à aucuns seigneurs, nobles et autres, que ce soit tousjours à la charge desdictes rentes et arréraiges d'icelles, comme pour les autres sommes pécuniaires à eulx deues, ou de leursdiz biens prins comme dit est.

Si donnons en mandement, etc.

N°. 662. — LETTRES *portant rétablissement de la communauté des bouchers de Paris.*

Paris, août 1418. (C. L. X, 468.)

N°. 663. — LETTRES *portant révocation de celles qui avaient confirmé les églises dans leurs franchises* (1).

Paris, 9 septembre 1418. (C. L. X, 471.)

N°. 664. — LETTRES *portant confirmation d'un traité entre le Dauphin et le duc de Bourgogne, conclu à Saint-Maur.*

Paris, 16 septembre 1418. (C. L. X, 475.)

N°. 665. — LETTRES *du Dauphin portant établissement d'une cour souveraine à Poitiers* (2).

Niort, 21 septembre 1418. (C. L. X, 477.)

N°. 666. — LETTRES *portant établissement d'un droit nouveau sur les vins* (3).

Paris, 5 octobre 1418. (C. L. X, 482.)

N°. 667. — LETTRES *portant désaveu de tout ce qui avait été dit contre Jean Petit* (4).

Paris, 6 octobre 1418. (C. L. X, 485.) — Regist. au parlem. le 27 mars.

---

(1) On suppose que cette ordonnance était favorable à Pierre de Lune, et contraire au concile de Constance. (Isambert.)

(2) Juvénal des Ursins atteste que, dès l'origine, elle fut fort occupée. On évoqua les causes de Paris. (Pag. 560.) — Il observe aussi qu'elle fut remplie de magistrats destitués par le duc de Bourgogne. (Le même.)

(3) Personne ne devait en être exempt : mais on en affranchit par la suite les maîtres et étudians en l'Université de Paris, quoiqu'ils s'y fussent formellement assujettis. L'Université jouait alors un grand rôle; non seulement elle jouissait de beaucoup de privilèges, mais on lui donnait part au gouvernement, en la consultant sur les affaires les plus importantes. En 1413, elle contribua à la réformation de l'État, et donna son avis lorsqu'il fut question d'annuler les condamnations prononcées contre le duc d'Orléans, et de révoquer les pouvoirs donnés à la Reine en 1407. En 1415, on la chargea d'une ordonnance contre les blasphémateurs. Sous l'administration du duc de Bourgogne, elle assistait aux délibérations avec les cours et le corps-de-ville, même dans les affaires qui semblaient être le plus étrangères à l'objet de son établissement : ainsi elle avait été appelée en 1418 à une délibération où il s'agissait d'ordonner une coupe de 500 arpens de bois de chauffage dans les forêts voisines de Paris pour l'approvisionnement de la ville. (Vilevault, *Préf.*, p. x, t. XII.)

(4) Qui avait soutenu légitime l'assassinat du duc d'Orléans. (Isambert.)

N°. 668. — Lettres *portant révocation des pouvoirs accordés au Dauphin.*

Paris, 13 novembre 1418. (C. L. X, 489.)

N°. 669. — Lettres *portant révocation d'une commission pour procéder contre les rebelles.*

Pontoise, 6 décembre 1418. (C. L. X, 500.)

RÉGENCE DU DAUPHIN (1).

27 décembre 1418.

N°. 670 — Lettres *portant que ceux qui n'exerceront pas leurs charges en personne ne seront pas payés de leurs gages.*

Paris, 16 janvier 1418. (C. L. X, 505.)

N°. 671. — Lettres (2) *du roi qui reproche au Dauphin de l'avoir abandonné, et le menace de l'exhéréder.*

Provins, 27 février 1418. (Biblioth. du Roi, manuscr. in-f°, coté 8,354, f° 21.)

Charles, etc., a nostre tres chier et tres amé fils le daulphin de Viennois, salut et dilection.

Comme pour le bien de nostre royaume, la conservation de

---

(1) Il prit ce titre de sa propre autorité, voyant que le parti du duc de Bourgogne s'était emparé du pouvoir, comme de la personne du Roi. On lit à ce sujet dans les registres du parlement de Poitiers, sous la date du 31 décembre 1418 :

« Le jour d'hier furent baillées à la cour certaines lettres closes de par M. Jean de Vély, président en ladite cour, écrites le 27 de ce mois au siége devant Tours, (portant) qu'il avait été conclu que dorénavant M. le Dauphin, en toutes ses lettres, s'appellerait et intitulerait : *Charles, fils du roi de France, régent le royaume, dauphin de Viennois, duc de Berry, de Touraine, et comte de Poitou*; et que plus n'y fût mis le titre de *lieutenant du Roi*, ne la clause contenant que *pour l'empêchement du Roi*, audit M. le Dauphin appartient le gouvernement du royaume : et dorénavant soient faites les lettres dudit M. le Dauphin, en la forme de celles du Roi, excepté qu'on y mettra, *régent le royaume*. (Decrusy.) »

(2) Cette lettre n'a pas été insérée au recueil authentique des ordonnances. Elle pourrait bien avoir été fabriquée pour justifier le traité de Troyes, de 1420, qui transporta la couronne au roi d'Angleterre, contre la loi fondamentale d'après laquelle le Roi n'en est qu'usufruitier. (Isambert.)

nos subgects et entretenement de la seigneurie d'icelle, et pour éviter tous maux, dommaiges et inconveniens irréparables qui ja sont advenus en nostre dit royaume pour les grans divisions qui y ont esté et encore sont la désolation et perdition totale de nosdits subgects et de nostre seigneurie toute qui pourroit par icelles divisions ensuir et advenir, nous soyons par longtemps employez et travaillez par toutes les manieres que avons peu de trouver maniere de paix et d'apaisier lesdites divisions, et sur ce ayent été faits plusieurs beaux traictez tant à Chartres, Auxerre, Meleun et la Tumbe que autre part, dont aucun n'a esté entretenu, mais par leur acivement et continuation desdites divisions, et sur leur seurté et advantage d'icelles nostre ancien adversaire d'Angleterre s'est intrus et bouté à puissance et par hostilité en nostre dit royaume des trois ans a et plus depuis et après la prinse et conqueste que ledit adversaire fist tantost après ladite venue de notre ville et port de Harfleur et la bataille d'Azincourt où y ot moult de sang humain respandu et grant desconfiture de plusieurs de nostre sang et lignage et autres de nostre party mors en grand nombre en ladite bataille et aucuns amenez prisonniers en nostre tres grand et énorme dommaige, diminution et affoiblissement de nostre dit royaume; icellui adversaire et ancien ennemy soit retourné en nostre dit royaume, toujours sous umbre et l'avantage desdites divisions, et y a encore en queste plusieurs bonnes villes, forteresses et pays mesmement en la duché de Normandie, et tellement qu'il est venu à siege devant nostre ville de Rouen, et pour vouloir consquester et usurper tout le demourant et en débouter nous et les nostres; laquelle chose veans et considerans et les autres meaulx infinis qui se faisoient en nostre dit royaume, par le moyen d'icelles divisions pour icelles voulans apaisier nonobstant les grans faultes qui nous y avoient comme dit est paravant esté faites, ayons par moult longtemps et derrenierement fait trouver maniere que beaufils de Bretaigne vint par d'entre nous à Saint Mor des Fossez lez notre ville de Paris accompagné d'aucuns de nostre sang et lignage comme beaulx cousins d'Alençon et de Richard, frère dudit beaufils de Bretaigne et de plusieurs de vos gens et des gens de belle cousine la reine de Sécile, et de beau cousin de Vertus par le moyen desquels fut traictié et accordé bonne paix et union en ce royaume et fut jurée et promist de tenir par tous les dessusdits, et qui y estoient tant en leurs noms que ez noms de leurs dits maitres et maitresses : present aussi et à ce consentant nostre tres chier et très-amé cousin le duc de Bourgongne qui semblablement le accorda et jura, et pareillement le firent nos très chiers et très amez cousine la duchesse de Bourbon, Charles de Bourbon, son fils et la duchesse de Baviere, et plusieurs chevaliers escuyers, officiers et autres de nostredit royaume comme il vous est peu apparoir par lectres dudit traictié à vous envoyées par moy lequel toutes les requetes qui de par vous furent faites comme de vous envoyer nostre très chiere et très amée fille la daulphine vostre compagne et autres vous ont esté libéralement accomplies et avec et à nostre dicte cousine de Cecille aucunes choses dont elle avoit a faire a nostredit cousin de Bourgongne, mais tout ce nonobstant et que de nostre parti l'on se soit mis en tout devoir et diligence de mectre a execution et tenir ledit traictié de paix de vostre costé n'en a été rien observé ne entretenu; ainçois quant l'on a pour ce devers vous envoyé aucuns messagers pour l'accomplissement de laditte paix, on ne les a voulu oyr et plusieurs a l'en faict mourir et occire très cruelment et depuis ledict traictié de vostre costé et par ceulx qui se dient à vous a esté faicte en nostre royaume plus aspre et plus dure guerre que paravant, et que ne faisoient mesmement lesdicts anciens ennemis dont soit advenu que nostre dit ancien adversaire sentent lesdittes divisions continuer et enraciner de plus en plus a entretenir son siege devant nostre ditte ville de Rouen et la mise en si grand nécessité de famine et autrement que nous saichans laditte nécessité qui estoit lors notoire a chacun par tout nostredit royaume, n'avons peu plus souffrir ni tolerer en nostre cueur et meuz de fervent amour, pitié et charité et compassion envers nos subgiez et autres nos bons amis qui estoient en laditte ville et lesquels si vaillamment se acquitoient et avoient tant à souffrir pour nostre service et le vostre pour leur cuider subvenir et secourir à l'aide de Dieu et de nos bons parens, vassaulx, subgets, amis, alliez et bienveillans, vous ayons faict remonstrer les choses dessusdittes et la grand faulte qui estoit en ce royaulme à cause desdittes divisions et que nous ne pouons plus endurer que ne voulsissions exposer notre personne, et tous ceulx qui nous vouldraient servir et aider pour lesdits secours et reboutement de nostre dict adversaire, vous ayons pour ce pour requis et commandé comme seigneur et pere et à tous ceulx de votre compagnie que nous y venissiez servir et accompagner et le faire savoir à tous les subgiez de nostredict royaume et plusieurs nos bienveillans et alliez, et pour avancier la besongne comme la nécessité le requeroit, nous soyons transportez en nostre ville de Pontoise et de là jusques en nostre ville de Beauvais, cuidans que chacun qui nous sauroit cy aprocher nos ennemis deust acquicter sa loyaulté et nous venir servir et accompagner comme dit est, toutesvois depuis lesdittes choses à vous ainsi signifiées ne savons par quel conseil vous avez fait défendre partout où vous avez eu autorité et puissance que nul ne venist à quelque mandement de nous ou d'autres s'ils n'avoient vos lectres de consentement et que l'en fist la plus forte guerre que l'en pourra comme entendu l'avons et de faict estes allé mettre le siege devant la cité de Tours au lieu de venir en nostre dicte aide et service, en quoy plusieurs n'ont pas bien acquitex leurs loyaultez et devoirs, et nous estans en nostre ville de Beauvais, n'ayons trouvé nuls de ceulx de nostre sang ne gaires d'autres qui nous feussent venir secourir et accompaigner excepté nostredict cousin de Bourgongne et ceulx de sa compaignie qui n'estoit pas telle ne si grant comme besoing en estoit pour les grans garnisons qu'il avoit convenu mectre en plusieurs places et lieux pour contrester à ceulx qui se disoient à vous lesquels de nostre partement, departement de Paris ont fait plus forte guerre de feu et de sang plus amplement que lesdicts anciens ennemis, et est convenu pour ce que nous sommes pas trouvez puissans pour les causes devant dictes audict lieu de Beauvais de contrester à nostredict ancien adversaire par nostredicte ville ait été perdue et par lui conquesté et à tant soyons venus en nostredicte ville de Provins pour requerir et actendre conseils, secours, et aides desdicts de nostre sang et autres nos subgiez, amis, alliez et bienvueillans pour pourveoir au surplus et rebouter nostredict adversaire qui de jour en jour conquiert villes et forteresses pour la petite résistance qui y est mise obstant lesdictes divisions, et pourra dedans brief temps usurper nostre royaume entierement et debouter du tout nous et les notres et icelui mectre à perdition, se par la puissance divine ne nous estoit aidié et tantost faicte assistation à toute puissance par vous et les autres de notre sang, amis, alliez et bienvueillans en la maniere qu'il appartient, et que les plusieurs comme vous et nos autres parens, vassaux et subgiets selon Dieu, raison et nature tenus et obligez y sont.

Pour ce est-il que nous considéré le piteux, miserable et douloureux état et le peril et perdition en quoy est nostredict royaume de venir en la main de nostredict adversaire à nostre desheritement et le vôtre, et dont nous et nostre très chiere et très amée compaigne la reine vostre mere sommes si troublez et en avons si dure affliction à nos cuœurs que plus ne pouons auquel besoing et nécessité nul bon sang ne autre vray cuœur mesmement de ceulx qui sont nos subgiez et nous doivent feaulté, loyaulté et obéissance et service et vous plus que nul autre ne peult ne doit faillir espécialement à son pere et à son souverain en tel cas et nécessité pour quelconque haine ou malveillance d'autrui ne autre excusation qu'il ne offence et encoure envers nous et nostre royaume tel peine que chacun est notoire.

Vous sommons et requerons ceste fois pour toutes, vous et tous les autres nos subgets, amis, alliez et bienveillans estans en vostre compaignie, et service, et néantmoins commandons comme seigneur et pere à vous qui estes nostre seul fils et héritier se ne vous en randez indigne que le traictié et accord ainsy faict, promis et juré à Saint Mor des Fossez lez Paris comme dessus est dict vous entretenez et accomplissez et enterinez de vostre costé et faites accomplir reaulment et de faict par tous ceux qui sont et seront en vostre compaignie et service, car de nostre costé, le voulons entretenir et accomplir se a vous ne tient et savons certainement que pareillement le veult entretenir et accomplir nostredit cousin de Bourgogne et ceulx de nostre sang et lignage et ez aultres estans en nostre compaignie et service en telle maniere que lesdittes divisions mises au neant en toutes guerres et voyes de faict cessans d'un costé et d'autre, nous en bonne et vraye unité de tous lesdits de nostre sang et autres nos subgiets, amis, alliez et bienveillans comme dit est rebouter nostredict adversaire d'Angleterre et eviter la perdiction de nostredict royaume et de la très noble succession d'iceluy, et se par adventure dudict traictié et accord vous n'estes content et y veuillez adjouter aucuns points et articles, ou y corriger, diminuer ou changer en substance ou en langaige afin que chacun saiche et apperçoive clairement que ce nous ne tient pas ne tendra ne à ceux de nostre sang et autres estans en nostre compaignie et service que bonne paix et union ne soit en nostre royaume pour la preservation, deffense et recouvrement d'icelui, nous vous offrons que sommes prests d'entendre à toutes raisons et avoir agreable tout ce qui sera advisé estre nécessaire ou expedient de adjouster, corriger ou diminuer ou changer audict traictié et accord par gens notables en ce cognoissans qui seroient esleus et nommez par nous et vous pourveu que durant le temps que l'en besognera en ceste matière soit faite abstinence de guerre d'un costé et d'autre et cessans toutes voyez de fait tellement que cependant nous puissions résister à nostre dit ancien adversaire, et faire garnir et emparer nos bonnes villes et les mectre en bonne ordonnance contre icelluy nostre adversaire qui s'efforce chacun jour de les nous tollir, et se aucuns de vostre compagnie doultoient pour aulcunes desdites divisions ou de quelsconques choses advenues le temps passé, ou voulsissent avoir plus grand seurté, nous leur ferons avoir de tous ceux dont avoir les vouldront toutes les plus grans et meilleurs seurtez que l'on pourra trouver et adviser. Et que de vostre partie et costé soit faite semblablement et appelons Dieu à tesmoing et tout le monde que de nostre costé nous nous mectons en tout bon devoir envers vous et vous sommons et requerons de toute raison et autrement se vous et ceulx qui sont en vostre compaignie et service estes refusans et delayans de obtemperer aux dites sommations, requestes et commandemens, nous vous tendrons et reputerons deslors maintenant et dès maintenant pour lors et si tous ceulx de vostre compaignie coulpables de toutes les pertes et dommages que nostre dit adversaire fera et portera doresenavant à nous, nostre royaume et subjects, et s'il advenoit que pour la seurté de nostre personne et de nostre très chère et très amée compaigne la roine et pour eschever plus grands inconveniens nous feissions aucuns traictié, aliénations ou autres choses préjudiciables à nous et à nostre seigneurie, et sera tout à vostre cause et par coulpe et faulte, et de tous ceux qui sont en vostre compaignie et service, et nous en tenons innocent et deschargez devant Dieu et tout le monde, et ceulx de nostre sang et autres destans en nostre compaignie et service, et en demourera toute la coulpe et charge sur vous et sur ceux de vostre ditte compaignie des maintenant pour lors et les grands peines et pugnissions qui appartient en tel cas selon les droits divins, naturels et moraux, civils, canons et coustumiers, à la conservation desquelles peines conviendra que procedons sans plus de delay contre vous et ceulx de vostre ditte compaignie se ne obtemperez par effect à nos dittes sommacions, requestes et commandemens, lesquelles sommacions et requestes et autres choses dessusdittes avons propos et intencion de faire signifier à nostre saint père le pape ce faire publier par toutes les bonnes villes et à tous les subgets de nostre royaulme, et aussi à tous les princes et seigneurs chrétiens pour nostre plus grand descharge; si veuillez aux choses dessusdites bien adverti et avoir bon conseil et sous certiffier de la reception de ces présentes, et au contenu d'icelles, veuillez faire bonne et briefve responce de laquelle nous certifiez par vos lectres.

Donné, etc. Signé par le Roy, en son grand conseil.

N°. 672. — *Refus par le parlement de Paris de reconnaître la qualité de régent au Dauphin, faute par lui d'avoir des lettres royaux, et que les pairs fussent appelés.*

Paris, 13 mars 1418. (Mém. des pairs, p. 704.)

Ce jour survindrent en la chambre de parlement le comte de Saint-Pol, le chancelier de France, les présidens et conseillers dudit parlement, le sieur de Montberon, les maistres des requestes de l'hostel, les gens des comptes, le recteur de l'Université, le prévost des marchands et eschevins, et plusieurs autres notables gens d'église, de l'Université et bourgeois de Paris, jusques au nombre de deux ou trois cens personnes, présens lesquels furent leuës et publiées certaines lettres envoyées par M. le Dauphin aux prévost, eschevins, gens d'église, et autres bourgeois et habitans de ladite ville de Paris, escriptes à Gien-sur-Loire le 7° jour de ce présent mois de mars, envoyées et apportées lesdictes lettres par ung nommé Rommarin, poursuivant d'armes, estant present ou parquet dudict parlement à la lecture desdites lettres patentes scellées de cire jaulne, du scel de mondit sieur le Daulphin, soy disant régent, et avoir prins le gouvernement de ce royaume, sur le contenu desquelles lettres, du consentement des dessusdits, furent advisées, faictes et approuvées lettres responsives pour envoyer à mondit sieur le Daulphin, lesquelles lettres responsives furent leuës des dessusdits et dudict poursuivant d'armes, et furent ratifiées, gréées et approuvées. Toutes voyes entr'autres choses, la court de parlement voult noter que jastant que mondit sieur le Daulphin se disoit regent, et avoit prins le gouvernement de ce royaume, icelle court n'entendoit aucunement, par la publication ou lecture desdites lettres ne par ce qui estoit faict ou dit en ladicte assemblée, préjudicier ou actempter contre l'autorité et puissance du Roy nostre souverain seigneur, ne entamner aucune chose ou préjudice, ou à la diminution de la majesté, ou autorité royale, pour ce que de ladite régence, ou gouvernement que se vouloit actribuer mondit seigneur le Dauphin, n'en estoit aucunement apparu à la cour par lettres royaux autrement deuement, ne que les pers de France eussent esté à ce appellez.

N° 673. — ORDONNANCE *portant que des lettres précédentes ne doivent avoir leur effet que du jour de leur enregistrement au parlement.*

Provins, 16 mai 1419. (C. L. XI, 3.) — Publ. en parlem. le 24 juillet.

CHARLES, etc. Comme nous, par noz autres lettres patentes données en nostre grant conseil, le 9° jour de septembre derinier passé, et pour les causes et considérations contenues en icelles, aions par l'adviz et deliberacion de pluseurs de noz sang et lignage, et autres de nostre grant conseil, revoqué, cassé, irrité et adnullé certaines noz autres lettres ensemble l'execucion d'icelles, touchant nostre saint pere le pape, esquelles entre autres choses estoit contenu, que aux benefices de nostre royaume et daulphiné de Viennois, seculiers et reguliers, seroit pourveu par presentacions, collacions et institucions des ordinaires, cessans toutes reservacions, expectacions et graces apostoliques : lesquelles lettres avoient esté faictes et données soubz umbre et ou nom de nous, du temps de feu le conte d'Armignac, ou mois de mars de l'an 1418 après Pasques, comme plus à plain est contenu en icelles; depuis la date desquelles lettres données oudit mois de mars, comme dit est, et depuis nosdictes lettres revocatoires, pluseurs benefices reguliers et seculiers ont esté donnez et conferez par les ordinaires à pluseurs personnes, lesquelles soubz umbre de nosdictes lettres revocatoires et après la publication d'icelles, pourroient par vertu des graces expectatives, acceptations, provisions et autres reservacions apostoliques, estre troublez et empeschiez par pluseurs impétrans ès benefices à eulx ainsi donnez et conferez par les ordinaires, dont pourroient sourdre et naistre pluseurs procès et debatz à eulx sumptueux et dommagables, se pourveu n'y estoit.

Savoir faisons que nous, voulans obvier ausdis procès et debatz, comme raison est, avons de nostre certaine science, et par l'adviz et deliberacion de nostre conseil, ORDONNÉ et déclaré, ORDONNONS et déclairons par ces presentes, nostre entencion et voulenté avoir esté et estre que nozdictes lettres revocatoires sortissent leur effect incontinent après la publicacion d'icelles en nostre court de parlement, et non par avant, et que tous ceulx qui seront trouvez souffisans et ydoines, ausquelx par avant la publication de nosdictes lettres revocatoires, aura esté pourveu canoniquement par presentacions, collacions et institucions des ordinaires, en nostredit royaume et daulphiné de Viennois, soient

AOUT 1419.

et demeurent paisibles en leursdis benefices et ès possessions et saisines d'iceulx, soient maintenuz, gardez et defenduz, sans ce que par vertu d'aucunes graces, acceptacions, provisions, collacions ou reservacions apostoliques, ilz soient ou puissent estre esdits benefices ne en la possession d'iceulx troublez, inquietez, empeschiez ou molestez aucunement : ainçois voulons et ordonnons iceulx et chascun d'eulx estre maintenuz, gardez et defenduz esdis benefices et en la possession et perception des fruiz d'iceulx, par noz gens et officiers.

Si donnons en mandement, etc.

Par le Roy en son conseil.

N°. 674. — LETTRES *pour établir l'uniformité des espèces d'or et d'argent dans les monnaies.*

Pontoise, 2 juillet 1419. (C. L. XI. 14.)

N°. 675. — TRAITÉ *de réconciliation entre le Dauphin et le duc de Bourgogne, à condition qu'ils gouverneront ensemble, et se soumettront, en cas d'infraction, à la correction du pape.*

Ponchiel, près Meaux, 11 juillet 1419. (Reg. au parlem. le 20. — Monstrelet, f° 274.)

N°. 676. — LETTRES *portant confirmation de tous arrêts rendus par la cour de Poitiers pendant les troubles, sauf dans les cas relatifs aux dernières divisions, et évoquant la suite au parlement de Paris.*

Pontoise, 19 juillet 1419. (C. L. XI, 15.)

N°. 677. — LETTRES *portant abolition générale pour tous les crimes à cause des divisions passées* (1).

Paris, 20 juillet 1419. — Rég. au parlem. le même jour. (Monstrelet, f° 275.)

N°. 678. — LETTRES *du régent qui accordent à Niort le droit de lever des impôts pour les fortifications de la ville* (2).

Poitiers, 21 août 1419. (C. L. XI, 18.)

---

(1) On lut des lettres du Dauphin et du duc de Bourgogne approuvant le traité. (Isambert.)
(2) Le Dauphin n'avait pas ratifié la paix. (Idem.)

N°. 679. — LETTRES (1) *portant nomination de commissaires, à l'effet d'informer sur l'assassinat du duc de Bourgogne.*

Paris, septembre 1419.

N°. 680. — LETTRES *qui imputent au Dauphin l'assassinat du duc de Bourgogne* (2).

17 janvier 1419. — Reg. au parlem. le 13 février.

___

N°. 681. — LETTRES *du Dauphin régent sur l'administration de la justice et la procédure en Dauphiné.*

Lyon, 26 janvier 1419. (C. L. XI, 38.)

Carolus regis Francorum filius, regnum regens, Dalphinus Viennensis etc., notum facimus universis præsentibus et futuris, nos vidisse litteras dilecti et fidelis consiliarii et cambellani nostri domini Henrici domini Cassenatici, militis, gubernatoris dicti nostri Dalphinatus, quarum tenor talis est.

Henricus dominus Cassenatici, miles, gubernator Dalphinatus, universis et singulis baillivis, judicibus, procuratoribus, castellanis, capitaneis, mistralibus, notariis et firmariis curiarum ac cæteris officiariis et justiciariis Dalphinalibus, mediatis et immediatis, præsentibus et futuris, vel eorum vicegerentibus: Salutem. Justis deprecationibus per gentes trium statuum hujus patriæ Dalphinatus, dudum et noviter nobis factis, benignité annuentes, certas provisiones et ordinationes super quibusdam eorum quærimoniis, tam per dominum Regnerium *Pot*, pro tunc gubernatorem Dalphinatus, quam nos, cum matura consilii deliberatione dudum factas, paucis noviter additis duximus tenore præsentium rescensendas.

(1) *In primis.* Quia dictæ gentes trium statuum conquerebantur ex eo quod cum omnes et singuli baillivi, judices, procu-

___

(1) Elles sont perdues, mais relatées dans celles du 21 août 1420. L'assassinat du duc avait eu lieu sous les yeux du Dauphin par Tanneguy Duchâtel, le 10 septembre; et par des lettres du 11, le Dauphin avait prétendu que le duc avait voulu l'assaillir. (Monstrelet.) Juvénal rapporte l'autre version, et dit que le procès fut entamé avant le meurtre, et qu'il en fut très fâché. Cette version est très-invraisemblable. (*V.* le traité d'Arras de 1435.) (Isambert.)

(2) M. Boissy d'Anglas, *Mémoires de l'Académie des Inscriptions et Belles-Lettres*, tom. IV, 2° série, suppose que cette pièce a eu pour but de préparer le traité de Troyes. (V. l'art. 26 de ce traité.) Elle fut lue au parlement dans une séance extraordinaire avant le traité. — Il y a dans le chartrier de Bourgogne des lettres qui lui donnent tous les biens des meurtriers du duc de Bourgogne, et comprennent l'hôtel d'Armagnac, etc. Le même.

...tores et castellani Dalphinatus, teneantur jurare libertates ipsius patriæ Dalphinatus, et aliàs impune non pareatur eisdem, ...que observare debeant; et si eas violenter infringant condemnari debeant et puniri; et nedum ipsæ libertates generales totius patriæ Dalphinatus, sed etiam singulæ libertates, privilegia et immunitates civitatibus, villis, terris, baroniis aut personis singularibus in omnibus et singulis suis capitulis integre debeant observari; et tamen ipsa juramenta præstare, ac ipsas libertates, ...tissime particulares observare, plerique judices et alii officiarii Dalphinatus, nisi inde perciperent pecuniarum commodum, recusabant; et alias, tam prædicta occasione quàm pro eorum benevenutis, et ipsis subditis Dalphinalibus plures pecunias exorquebant; fuit per præfatum Regnerium antecessorem nostrum, ordinatum et observari mandatum, quod dictæ libertates et franchesiæ tam generales quàm particulares, ex tunc in antea, jurentur juxta formam capitulorum ipsarum tam generalium quàm particularium libertatum, liberaliter, quandocumque illi officiarii quos tangit, forent super hoc debitè requisiti; dicta capitula tenaciter observando, juxta ipsorum seriem et tenorem, ipsos subditos Dalphinales ad solvendum aliquas financias prætextu dictorum juramenti et benevenutarum nullatenus compellendo.

(2) *Item.* Contra alium abusum quorumdam judicum Dalphinalium, per eumdem antecessorem nostrum extitit ordinatum, ne judices Dalphinales seu eorum locatenentes, pro visitando in causis criminalibus et inquestis deffensiones, aut pro absolutione eorum, seu alias, indebite à Dalphinalibus subditis seu aliquo ipsorum, aliquid recipiant seu exigant, ne difficiles quomodolibet se reddant in litteris justiciæ sine custu signandis, et contrarium facientes, taliter puniantur, quod cæteris cedat in exemplum.

(3) *Item.* Fuit provisum dictis gentibus trium statuum, specialiter subditis patriæ Briançonesii, conquærentibus quod eorum baillivi ipsos frequenter compellant ad custodiendos passus dicti baillivatus, nulla necessitate seu justa causa urgente, quod inhibeatur dictis baillivis quibus etiam ex tunc fuit inhibitum, ne dictos subditos seu alterum ipsorum, ad custodiam dictorum passuum compellant seu compelli faciant, nisi justa causa occurrente aut periculi eminentis necessitate interveniente.

(4) *Item.* Super querimonia monstrarum et revisionum, fuit etiam ordinatum et inhibitum Baillivis dictæ patriæ Dalphina-

tûs, ne monstras aliquas seu revisiones in baillivatibus suis fa‑
ciant, seu fieri aliqualiter mandent, absque domini nostri del‑
phini, seu gubernatoris Dalphinatus qui pro tempore fuerit
speciali mandato.

(5) *Item.* Super quadam quærimonia continente quod licet in
dictis libertatibus Dalphinalibus et regiis ac Dalphinalibus litteris
inde concessis, caveatur expresse quod proximiores utriusque
sexus ab intestato et ex testamento succedant, et quod testa‑
menta non publicentur : et ulterius quod licet secundum ju‑
ris communis dispositionem, licitum sit hæredi possessionem
bonorum hæreditariorum, etiam absque licencia vel auctoritate
judicis accipere; nihilominus aliqui officiarii Dalphinales, præ‑
missorum occasione, hæredes absque accusatore vel denuntia‑
tore propter hoc inquestabant, et inquisitionalibus processibus
involvebant : fuit per modum provisionis ordinatum et mandatum
judicibus et cæteris officiariis Dalphinalibus, tunc præsentibus et
futuris, quod observarent et observari faciant libertates et litte‑
ras de quibus in prædicta quærimonia fit mentio, et etiam fa‑
ciant observari per bannaretos, respectu ipsorum subditorum,
et ad hoc astringantur.

(6) *Item.* Contra quosdam abusus aliquorum judicum et fir‑
mariorum qui, licet in assisiis, quando casus occurrebat, possint
cum levi custu tutellas decernere, ad locum sedis judicaturæ hæc
reservabant, vel alias advocabant, non sine magnis personarum
evocatarum laboribus et expensis; fuit provisum et ordinatum
quod pro dote data filiabus in testamentis parentum, dicti fir‑
marii prætextu provisionis et litterarum tutellæ nihil habeant;
et ulterius, quod per judices provideatur de tutore, iis quorum
parentes seu quorum interest, petent dari tutores; et quod non
astringantur aliqui ad recipiendum tutorem, nisi casus exigerit
dispositione; et quod hoc fiat cum minori custu quo fieri po‑
terit.

(7) *Item.* Quod judices compellant ipsos firmarios et notarios
curiarum, quod producta per partes in processibus suis ad ple‑
num registrant vel faciant registrari; alias nihil exigere valeant
pro eisdem, nec ad diffinitionem processuum procedatur, donec
fuerint ad plenum inserta et processus integre ordinati.

(8) *Item.* Fuit ordinatum per judices inhiberi exactoribus ex‑
pletorum ipsarum Dalphinalium curiarum, ne à decem libris
et infra pro appodixa solutionis recipiant nisi unum liardum;
et a decem supra usque ad vigenti libras, duos liardos; et a vi‑

..... supra, quantacumque sit summa, non recipiant nisi unum ......

(9) *Item.* Super quærimonia continente quod firmarii dicta-rum curiarum, quandocumque constituebantur locatenentes ju-dicis aut procuratoris fiscalis, aut etiam exactores dictorum ex-actorum, ex quo multa inconvenientia sequebantur; provisum fuit et ordinatum quod singuli singulis officiis contententur, et idem per ipsos exactores et firmarios observetur.

(10) *Item.* Quod postquam causæ inquisitionales in castellaniis Dalphinalibus, fuerint inchoatæ, ad magnas curias, nisi essent de gravioribus, nullatenus advocentur.

(11) *Item.* Quia firmarii Dalphinales curiarum, pro emolu-mentis scripturarum et sigilli atque taxatione judicis, subditos Dalphinales sæpe etiam per arrestationem suarum personarum multipliciter fatigabant; fuit ordinatum quod deinceps per judi-cem, ante omnia parte evocata, fiat taxa, qua facta, evocetur debitor judicis auctoritate, nec alias fiat arrestatio personæ de-bitoris ut in debitis fiscalibus; et quod judex concedat litteras manu sua signatas sine custu signationis.

(12) *Item.* Quod ordinatio dudum facta per dominum Jacobum de Montemauro quondam gubernatorem Dalphinatus, super taxa-tione instrumentorum, in suis terminis observetur, cujus tenor talis est. (*Ce tarif n'a pas paru assez important pour être rapporté ici.*)

(13) *Item.* Quia occasione cujusdam edicti pœnalis ne quis animalia sua in aliis damnis immittat, ac quoties inquesta contra subditos Dalphinales fiebant absque quærimonia damnum passi, ex officio curiæ, vel ad simplicem relationem servientis vel ban-nerii; fuit ordinatum super talibus inquestam non fieri, nisi ap-pareat denunciator.

(14) *Item.* Ad provisionem quærimoniæ expositæ super eo quod per Castellanos et notarios Dalphinales, ad sibi donandum, dum fiebant aliquæ talliæ in dictis castellaniis pro donis Dalphinali-bus, vel alias, indignabantur contrà ipsos, fuit ordinatum quod non compellantur ipsi subditi ad dandum de cætero dictis offi-ciariis directe vel indirecte.

(15) *Item.* Super quærimonia contrà Judeos creditores, post satisfactionem eorum debiti litteras retinentes, et occasione fur-ni, putei et macelli cum christianis conversantes; fuit ordinatum quod dicti Judei cujuscumque sexus, infra limites Dalphinatus habitantes et habitaturi deinceps, compellantur ad reddendum

et restituendum principalia documenta et omnia inde sequuta quorum intererit; satisfacto tamen eis primitus de principali debito et expensis legitimis, per impositionem pœnarum et multarum declarationem ipsarum, ut incarcerationem personarum, ipsos nihilominus et post si ultra mensem à tempore solutionis dicta instrumenta retinere præsumpserint puniendo; compellatur etiam viriliter ad habendum et tenendum eorum cancellum, in villis in quibus morantur, nec tam eorum furnum, puteum et macellum separatum à christianis, ut eorum conversatione cum christianis, aliqua sinistra, quod Deus avertat, non sequantur prout præmissa et in patentibus litteris præfati domini Regnerii *Pot* tunc gubernatoris Dalphinatus, datis in sancto Antonio, sub anno nativitatis Domini 1413, die quartâ martii, plenius continentur.

Nos vero super quibuslibet aliis ipsorum subditorum quærimoniis per nostras patentes litteras cum venerabili consilio Dalphinali, maturâ deliberatione digestas, dudum eis providimus in hunc modum.

(1) *In primis.* Super quærimonia per dictas gentes trium statuum expositâ, super eo quod firmarii curiarum Dalphinalium procurabant subditos banneretorum citari et evocari in dictis majoribus curiis, per simplices citationes, eas quibuscumque petentibus concedentes, et licet eorum remissio peteretur, obtineri non poterat absque magnis involutionibus processuum et expensarum; maturâ deliberatione præhabitâ, per prædictas alias litteras nostras providimus quod vobis officiariis quibus præsentes litteræ diriguntur, inhibeatur, quibus et per earumdem tenorem fuit inhibitum ac tenore præsentium inhibemus, sed pœna privationis officiorum vestrorum, damnorum et interesse partis læsæ, et expresse mandamus, quatenus constito vobis ex notorietate facti seu alias summarie, quod tales citati sint de jurisdictione banneretorum, et ad eos solum pertineat cognitio, quod nullatenus eos citetis seu citari permittatis in curiis Dalphinalibus et casu quo citati fuerint, eos remittatis incontinenti judicibus banneretorum, sine custu scripturarum et etiam sigilli : quinymo impetrantes tales citationes, condemnentur in expensis citatorum et etiam pœnæ prædictæ ad prosecutionem prædictorum indebite citatorum à contrarium facientibus exigantur.

(2) *Item.* Super alia quærimonia expositâ, super eo quod adversus præcepta castellanorum vel servientum banneretorum sæpe in dictis majoribus curiis inhibitoriæ litteræ conceduntur.

diei assignatione, vel alias causam advocando, sic quod vix
*** remissio obtineri, sine involutione processuum et expen-
*** per easdem litteras nostras duximus providendum; et
*** et vestrum singulis, prout vestra tangit officia, earum
*** præcepimus et dedimus in mandatis, ne ad contenta in
*** quærimonia procedatis, nec tales litteras contra subditos
*** banneretorum concedatis, seu remissionem ipsorum bannere-
*** judicibus faciatis sine custu, sub pœna privationis offi-
*** vestrorum, ac damnorum et interesse partis læsæ à vobis
*** aliis contrarium facientibus irremissibiliter exigenda; et talia
*** curantes, condemnentur in expensis ad prosecutionem pe-
*** prout in simili in præcedenti capitulo continetur, prout
*** prædictæ, et certæ provisiones aliæ, in nostris patentibus litteris
*** maii anni proxime lapsi concessis, latius continetur.

(3) *Item.* Sane super aliis certis quærimoniis et requestis per
*** gentes trium statuum hactenus nobis factis et novissime
*** duximus providendum prout inferius continetur. In
*** super eo quod per litteras quærelæ citatorias et inhibi-
*** quæ per vos prædictos officiarios potissime firmarios,
*** conceduntur, executiones sentenciarum et ordinatio-
*** judicum banneretorum sæpe de facto impediuntur et citra
*** appellationis dictæ causæ à curiis banneretorum ipsorum
*** majores curias advocantur, duximus providendum, et ad
*** provisionis effectum per præsentes ordinamus vobisque dictis
*** notariis, firmariis et cœteris officiariis ad quos spectat,
*** præcipiendo mandamus quod quandocumque vobis constiterit
*** sentenciam vel ordinationem alicujus judicis, baronis, banne
*** seu alterius inferioris in rem transiisse judicatam, nullam
*** quærelam super hoc admittatis, nec litteras quærelæ concedatis;
*** et si forte concedere vos contingat, illas protinus revocetis,
*** partem quærelantem in expensis partis alterius condemnando.

(4) *Item.* Adhærendo provisionibus et ordinationibus supra et
infra scriptis, per statuta Dalphinalia et alias per nos factis, pari
modo vobis dictis officiariis inhibemus ne adversus sententias
seu ordinationes in curiis vestris latas, ex quo vobis dictis judicibus per earum tenorem constiterit ipsas in rem transire judicatam, quærelam aliquam admittatis, seu quærelæ litteras
inhibitorias vel citatorias aut alias executiones impediri vias,
aliqualiter concedatis, quynimo concessas, si quæ reperiantur,
illico etiam citra insertionem ipsius sententiæ seu ordinationis
revocetis, partem quærelantem propterea in expensis condem-

nando. Si verò super pignoratione vel inquantibus, aut alias super viribus executionis controversiæ moveatur, constito judicibus prædictis, per litterarum seu munimentorum ipsius executiones inhibitionem debite processisse, seu producto registratione ordinetis et faciatis currere suo marte, et effectu debito mancipari, partem quærelantem vel alias executioni legitime factæ contradicentem, in expensis ut supra partis alterius condemnando; salvo jure debitoribus redimendi et recuperandi bona inquantata et librata, solvendo principale debitum cum expensis termino super hoc, secundum qualitatem et quantitatem dictorum bonorum et debiti, in statutis Dalphinalibus declarato.

(5) *Item*. Super quærela dictorum trium statuum Dalphinatus, qui asserunt se gravari in eo quod hæredes ex testamento, vel etiam ab intestato hæreditates sibi delatas non ausi apprehendere, nisi impetrent litteras missionis in possessionem, alias ponantur in inquisitionibus et molestantur, eisdem providimus, declarantes quod succedentes ex testamento aut etiam tanquam proximiores ab intestato, possint auctoritate propria possessionem hæreditatis eis delatæ apprehendere, absque eo quod inde in processu inquisitionis ponantur, aut alias exinde molestentur ex officio curiæ nisi esset ad denuntiationem partis.

Quocirca super præmissis et singulis capitulis eorumdem aliis pluries habita deliberatione dicti venerabilis consilii Dalphinatus matura, in quo erant egregii viri domini Joannes Girardi, legum doctor, consiliarius et magister requæstarum hospitii domini nostri Dalphini, Guillelmus Gelivon præsidens, Joannes Generio, Jacobus de Sancto-Germano, advocatus fiscalis, Sifredus Tholoni, Joannes de Barra, thesaurarius, Joannes de Martio et Ludovicus Posterii, auditores computorum, Franciscus Souffredi, judex appellationum, et Joannes Cavacia, judex Graisivaudani, Dalphinales consiliarii, vobis et vestrum cuilibet, prout quemlibet tangit, et suo incumbit officio, harum serie præcipimus et mandamus districtius injungendo, sub pœna viginti quinque marcharum argenti fini pro quolibet contra faciente, et vice qualibet domino nostro irremissibiliter applicanda, quatenus prædictas ordinationes, declarationes et provisiones supra descriptas, in singulis suis capitulis et clausulis realiter et cum effectu, dictis gentibus trium statuum et singulis personis eorumdem præsentibus et futuris, observetis et observari faciatis de puncto ad punctum, nihil de contingentibus in eisdem obmit-

FÉVRIER 1419.

..do, quoscumque compellendos ad ea observanda viriliter et ..caciter compellendo, juris remediis opportunis.

Volentes etiam et mandantes quod omnia præmissa obser-..atur, etc.

Datum Gratianopoli, etc., die quintâ mensis aprilis 1419.
Per dominum gubernatorem in concilio, etc.

Quas quidem litteras suprà insertas et contenta in eisdem, ra-..s et gratas habentes, ea omnia et singula tenore præsentium, ..e nobis, hæredibus et successoribus nostris, laudamus, vo-..mus, approbamus, rattificamus, confirmamus et de novo con-..edimus, si sit opus; universis et singulis baillivis, judicibus, ..stellanis, procuratoribus fiscalibus, firmariis curiarum, nota-..is et aliis officiariis et personis quibuscumque ad quos spectat ..spectabit, harum serie præcipientes et mandantes quatenus ..apitula, provisiones, ordinationes et omnia contenta in dictis ..teris, de puncto ad punctum observent, teneant et impleant, ..e observari et teneri faciant juxta ipsarum litterarum mentem, ..eriem et tenorem; nihil de contingentibus obmittendo; quo-..iam sic fieri volumus et jubemus. Quod ut firmum, etc.

Per dominum regentem et Dalphinum, ad relationem sui ma-..ni consilii.

N° 683. — LETTRES *portant injonction de porter tous grains, farines et denrées au marché, et réglement pour les boulangers* (1).

Paris, 17 février 1419. (C. L. XI, 48.)

N° 684. — LETTRES *qui déclarent criminels de lèse-majesté ceux qui tiendront le parti du Dauphin et du comte d'Armagnac, au préjudice de la paix faite avec les Anglais.*

Paris, 19 février 1419. (C. L. XII, 278.)

CHARLES, etc. Savoir faisons à tous présens et à venir, que ..mme pour appaiser les débaz et divisions qui estoient et en-..res sont en nostre royaume, et pour obvier à iceux, nous par ..z autres lettres pattentes séellées en laz de soye et cire vert, ..onnées ou mois de septembre mil IIIIᶜ et XVIII, eussions fait et ..rdonné bonne et ferme paix en nostredit royaume, et toutes

---

(1) Par un réglement de police, le prix des denrées était fixé : un chapon ..oûtait alors 6 sous, un lièvre 10 sous, une oie 16 sous, un cochon de lait 15 sous. (Lamberti.)

offenses et injures remises, tant d'un costé comme d'autre, com[me]
contenu est plus à plain en icelles noz lettres, depuis la date [de la]
confeccion desqueles, et par certaines noz autres lettres donn[ées]
ou mois de novembre après ensuivant, eussions derechef vo[ulu]
et ordonné ladicte paix estre par tous noz subgez tenue et gard[ée]
sans infraccion aucune, en déclairant par icelles noz lettres, q[ue]
nostre entencion estoit que tous ceulx qui paravant ladicte p[aix]
et depuis, s'estoient partis hors de Paris et des pays et domic[iles]
où ils estoient démourans et avoient paravant acoustumé de de[-]
mourer, ou cas qu'ils vouldroient estre comprins en icelle pai[x,]
s'en retournassent en leursdiz lieux et domiciles dedans un mo[is]
après la publication d'icelles lettres, et y feissent résidence et de[-]
mourance ainsi et par la manière qu'ilz faisoient paravant le[urs]
départemens, et ceulx qui retourneroient, joïr du bien de la[-]
dicte paix, et tous ceulx qui seroient trouvez avoir fait ou seroi[ent]
le contraire de nostre dicte ordonnance, estre pugnis comme in[-]
fracteurs et violateurs de paix et ennemiz de nous, et de nos[tre]
royaume et subgez, et telement que ce feust exemple à to[us]
autres, lequel temps d'un mois ainsi préfix et assigné aus abse[ns]
de retourner, eust esté par noz autres lettres et pour les cau[ses]
et consideracions dedans contenues, prolongé jusques à la fe[ste]
de Chandeleur lors prouchainement ensuivant, et neantmoi[ns]
iceulx ainsi absens, non obstans iceulx octroiz à eulx fais, n[e]
feussent ou soient venus ne comparuz, mais se feussent et soi[ent]
tenus ès pays non obéissans à nous, en tenant et favorisant l[e]
dampnable party de Bernard à son vivant soy disant conte d'A[r-]
migniac, et de Charles, contre nostre voulenté, soy disant dau[l-]
phin et regent nostre royaume, et autres noz ennemis rebelles e[t]
désobéissans, leurs complices et adhérens, qui tousjours nou[s]
ont mené guerre, et fait contre nous tout ce que ennemiz mor[-]
telz et capitaulx pevent et ont accoustumé de faire; et depuis,
nous estans au lieu de Pontoise pour le fait de la convencion pa[r]
nous entreprinse avecques le roy d'Angleterre, pour l'appaise[-]
ment des deux royaumes de France et d'Angleterre, pour cuid[ier,]
empeschier et rompre ladicte convencion, eussent les dessusdi[z]
faint et fait-semblant de vouloir tenir la paix paravant par no[us]
ordonnée, et pour ce eussent plusieurs fois envoié par devers no[us]
et feu nostre très-chier et très-amé cousin le duc de Bourgong[ne]
cui Dieu pardoint, audit lieu de Pontoise où nous estions pour l[e]
fait de ladicte convencion entre nous et ledit roy d'Angleterre,
lesqueles choses ainsi venues à nostre cognoissance, tenans fer[-]

ement que ainsi le voulsissent faire comme ilz disoient, nous qui de tout nostre cuer avons tousjours désiré et désirons tenir nostre royaume et noz subgez en bonne paix et transquillité, voulans obvier de nostre povoir à toutes guerres, débaz et discors estant en nostredit royaume, aians en mémoire Dieu nostre créateur, tenans fermement que ainsi le voulsissent faire et entretenir de fait, comme ilz disoient de bouche, eussions n'aguerres et par éxortacion de nostre saint pere le pape, fait de rechief paix générale en nostredit royaume et entre noz subgez d'icellui, et voulu toutes offenses et injures estre remises d'un costé et d'autre, laquele paix ainsi par nous ordonné estre tenue ferme et estable, eust esté jurée et promise tenir, tant par feu nostre très-chier et très-amé cousin le duc de Bourgongne cui Dieu pardoint, comme par Charles soy disant regent nostre royaume, et sur ce fait serement ès mains de nostre bien amé Alain lors evesque de Leon, légat envoyé devers nous par nostre saint pere le pape pour le fait de ladicte union et paix de cedit royaume, sur la vraye croix et sains euvangiles de Dieu, pour ce manuelment touchez des mains de nostredit cousin et dudit Charles soy disant regent, par la foy et serement de leurs corps, pour ce prestez l'un à l'autre, sur leur part de paradiz, en paroles de princes, et autrement, le plus avant que faire povoit avoir esté, de icelle paix tenir, garder et observer inviolablement, sans enfraindre, sur peine aussi d'encourir sentence d'excommeniement, agravacions, réagravacions, anathématisacions, et toutes autres peines et censures de nostre mere saincte église; et entre les autres choses promises l'un à l'autre, eust esté promis et accordé par exprès, que se aucun d'eulx rompoit ou enfraignoit ledit traictié, que les gens, vassaulx, subgez et serviteurs, présens et advenir, servans et obéissans à lui, ne feussent tenuz après ladicte infraccion, de servir et obéir à cellui qui ladicte paix avoit enfraincte; mais alassent servir du costé de cellui qui point ne l'auroit enfraincte; et en ce cas, seroient absolz et quictes de tous seremens de féaulté, et de toutes promesses et obligacions de service, et desquelz audit cas ils les eussent lors quictez, absolz et delivrez, sanz ce que ou temps à venir il leur peust estre reputé à charge ou reprouche, ne que aucune chose leur en peust estre demandée, avecques plusieurs autres choses promises tant d'un costé que d'autre, plus à plain contenues en leurs lettres sur ce par eulx octroiées, séellées de leurs grans seaulx et signées de leurs saings manuelz, laquelle paix par nous faicte et ordonnée et

ainsi jurée et promise tenir sanz enfraindre par nosdiz feu cou[sin]
de Bourgongne et Charles soy disant régent nostre royaume, [non]
obstant lesdiz seremens, seurtez et promesses, ait esté enfrain[te]
par le dampnable, orrible et détestable murtre fait et commis [en]
la personne d'icellui feu nostre cousin, par ledit Charles et [ses]
alliez, faicteurs et complices ; depuis laquele infraccion de [la]
dicte paix ainsi faicte par ledit dampnable murtre fait en la p[er]-
sonne d'icellui feu nostre très-chier cousin, voulans, tousjo[urs]
preferer miséricorde à rigueur, non voulans noz subgez non c[on]-
sentans dudit murtre et infraccion, par la coulpe desdiz crimineux infracteurs et violateurs de ladicte paix, estre punis, m[ais]
voulans iceulx tenir en paix et transquilité, et revenir à nous [et]
à nostre obéissance, eussions fait certain edit et ordonnance do[n]-
née ou mois de septembre derrenier passé, par lesquelz edit [et]
ordonnance, entre autres choses dedans contenues, eussio[ns]
voulu et ordonné que un chascun de quelque estat ou condici[on]
qu'il feust, qui paravant ledit murtre et homicide avoit adhere[.]
servi, favorisié et conforté le party dudit Charles et d'Armigna[c]
se départit incontinent de son service, adhésion et compagni[e,]
nous veinst servir et obéir chascun selon son endroit, et reven[ist]
en sa maison et demeure, en faisant tel serement qu'il seroit a[d]-
visé pour la seurté de nostre seignorie ; et en ce cas, tous ceu[x]
qui ainsi le feroient, et semblablement les communitez des bonn[es]
villes, citez, chasteaulx et forteresses à nous non obéissans po[ur]
lors, et qui en ce faisant se vouldroient réduire soubz nous et [en]
nostre obéissance, joïroient du bénéfice de ladicte paix, reserv[é]
les faiseurs, conspirateurs, coulpables et adhérens dudit murtr[e]
et omicide tant seulement ; et de ce faire eussions dès lors p[ar]
nosdictes lettres, sommez nozdiz subgez et chascun d'eulx, de[-]
dans un mois après la publicacion d'icelles noz lettres, sur l[a]
loyauté et feauté qu'ilz nous devoient et doivent, et sur pein[e]
d'estre reputez noz ennemiz, rebelles et désobéissans, d'estr[e]
censez consentans, conspirateurs et coulpables dudit murtre e[t]
homicide, infracteurs et violateurs de ladicte paix et abolicion[,]
et par séquele d'encourir ès fulminacions et sentences de nostre
saint pere le pape, selon la teneur de leursdictes lettres ; neantmoins depuis lesdictes lettres et publicacion d'icelles, les dessusdiz nos vassaulx, subgez et autres adhérens et favorisans ledi[t]
Charles et party d'Armaignac, ne se sont voulu partir de la co[m]-
paignie et adhésion dudit Charles, ne retourner par devers no[us]
en nostre service et obéissance, mais contre nostre voulenté, p[ar]

obsturacion et félonie de courage en eulx, par ce declairans constans et participans dudit dampnable murtre et occision fait et commis en la personne de nostredit feu cousin de Bourgongne, sont continuelment et noictoirement tenus et encores tiennent avecques et en la compaignie dudit Charles, et és villes obeissans à lui et tenans son party, iceulx obeiz, favorisiez et confortez; et qui plus est, les aucuns d'eulx avecques les gens d'armes d'icelui Charles, nous ont tousjours mené et mainnent guerre mortele, courent et chevauchent par nostredit royaume, prannent par trayson et de fait, voyes exquises et dampnables, plusieurs villes, chasteaulx et forteresses appartenans tant à nous comme à autres noz vassaulx, nobles et gens d'église de nostredit royaume, pillent et robent comme murtriers affectz et pervers en leurs faulx et malvais cuers, eulx délectans et glorifians en effusion de sang humain, comme ennemiz de Dieu et de nature, inhumainement et par grant cruaulté ont tué, occiz et murtry, de jour en jour tuent, noyent et autrement mectent à mort les povres simples gens, laboureurs, marchans et autres noz subgez, et obéissans à nous, et en persévérant en leur mauvais et dampnable propos et voulenté, sont venuz entour et environ nostre bonne ville de Paris, qui est ville et cité capital de nostre royaume, et en laquele est le siège principal de la justice, quérans temps et opportunité de furtivement et cauteleusement entrer par dol ou fraude en icelle, afin de icelle mectre du tout à destruccion, et eulx exposer à pilleries, murtres, occisions et raençonnemens, et plusieurs autres maulx innumérables, qui est à nostre très-grant desplaisir, en venant directement par eulx contre ladicte paix, eulx démonstrans infracteurs d'icelle, conspirateurs, coulpables et adhérans dudit murtre, et par ce encouruz és peines dessus déclairées.

Pour quoy nous ces choses considérées, actendu la parcialité, obsturacion et pertinaxité des dessus nommez tenans ledit party d'Armaignac et dudit Charles et de ses complices, eu esgart aus sommacions, graces et octroiz par nous à eulx fais, en les cuidans par amour filiale reduire à nous à vraie obéissance, comme tenus y sont naturelment, et dont ilz s'estoient départiz paravant, et depuis ladicte paix, comme dit est, et pour les causes dessus dictes par nos autres lettres données à Troyes, nous, ledit Charles soy disant regent, lequel par son dampnable et détestable fait et soubz son séel s'est débouté de tout honneur et seigneurie, avons défendu à tous noz subgez qu'ilz ne l'appellent prince ne seigneur d'aucunes terres ou seigneuries, comme ces choses et autres en nozdictes lettres sont plus à plain contenues, sont tous les dessus nommez et autres adherens aliez et complices et favorisans, et tenans ledit parti d'Armaignac, dudit Charles et de ses complices, et demourans ès villes ou pays obéissans à lui, qui depuis l'entrée faicte en nostre bonne ville de Paris par les gens de nostredit cousin et depuis, se sont mis et retrais en iceulx, déclairons indignes du bénéfice de ladicte paix, et d'icelle les forcloons et déboutons du tout, et iceulx et chascun d'eux comme crimineux de crime de lèze maieste, bannissons à tousjours de nostredit royaume, et déclairons leurs corps et tous leurs biens, meubles, héritages et possessions, immeubles quelxconques quelz et où qu'ilz soient, estre acquis et confisquez à nous, non obstans les observances des quatre quatorzaines accoustumées, et autres solempnitez et usages acoustumées estre gardees contre les absens, lesqueles, attendue la notorieté desdiz cas, reiteracions de sommacions, seremens et traictez fais en ceste matiere par eulx enfrains et rompus en plusieurs manières, nous ne voulons estre gardez en ceste partie.

Si donnons en mandement par ces mesmes présentes, à noz amez et feaulx conseillers les gens de nostre parlement, les commissaires par nous ordonnez tant sur le fait des forfaictures et confiscacions, comme sur le fait desdiz crimineulx, au prevost de Paris, et à tous noz séneschaulx, bailliz, prévostz et austres noz justiciers, officiers, ou à leurs lieuxtenans, et à chascun d'eulx, si comme à lui appartendra, que ces présentes lettres ilz publient ou facent publier en leurs auditoires et ès lieux publiques de leurs bailliages, prévostez et séneschauciés, en tele manière que aucun n'en doye prétendre ignorence. Par le Roy, à la relacien du grant conseil, tenu en la court de parlement.

N°. 685. — LETTRES *portant* (1) *que Troyes sera ville d'arrêt.*

Troyes, février 1419. (C. L. XI, 55.)

N°. 686. — LETTRES *portant institution d'une commission de réformation.*

Troyes, 4 mars 1419. (C. L. XI, 56.)

---

(1) V. l'ancien Glossaire de Droit français, v° *Arrêt*; — l'art. 173 de la Coutume de Paris.

AVRIL 1420.   629

N° 687. — LETTRES *du régent portant institution d'un parlement à Toulouse, pour le Languedoc et la Guyenne* (1).

Carcassonne, 20 mars 1419. (C. L. XI, 59.)

N° 688. — LETTRES *du régent qui accordent aux capitouls de Toulouse non nobles le droit d'acquérir des fiefs.*

Carcassonne, mars 1419. (C. L. XI, 74.)

N° 689. — LETTRES *qui accordent délivrance au duc de Bourgogne du duché-pairie de Bourgogne, et du comté-pairie de Flandre.*

Troyes, 1er avril 1420. (C. L. XI, 75-76.)

N° 690. — LETTRES *qui portent le marc d'argent à 18 livres tournois* (2).

Paris, 9 avril 1420. (C. L. XI, 78.)

N° 691. — LETTRES *portant que la confiscation des biens des adhérens du Dauphin ne nuira pas au paiement de leurs créanciers.*

Troyes, 9 avril 1420. (C. L. XII, 281.) — Reg. au parlement le 23 janvier, et à la chambre des comptes le 15 juillet 1420.

CHARLES, etc. Reçeu avons l'humble supplication de nos bien amez les prevost des marchans et eschevins, bourgeois, manans et habitans de nostre bonne ville de Paris, contenant que ja soit ce que pour certains moyens, contraux et traictiez faicts et parfaicts loyaument et de bonne foy avec plusieurs chevaliers, escuyers et gens de divers estats, qui ont tenu, porté, soutenu et favorisé, et tiennent, portent, soutiennent et favorisent le party de ceux qui ont fait, perpétré ou consenty faire, perpétrer et commettre le très-horrible crime n'agaires commis en la personne de feu nostre très-cher et très-amé cousin le duc de Bourgogne, en troublant et violant du tout le bien de la paix et union génerale de nostre royaume, plusieurs d'iceux, tant nobles comme autres, soient tenus et obligiez envers eux en maintes et diverses manieres; c'est à sçavoir, les aucuns en certaines rentes à vie ou à heritages, pour lesquelles ils ont obligié, soubmis et ypotecqué tous leurs biens meubles et immeubles, et dont plusieurs arrérages leurs sont deubs, et les autres en plusieurs et diverses sommes de deniers à payer pour une fois, tant pour prêts, pour

---

(1) V. ci-après, notes sur les actes de 1425 et 1428.
(2) De nouvelles augmentations eurent lieu successivement le 11 fevrier, etc.

leurs marchandises et denrées comme autrement, lesquelx sont tenus et obligiez, ou plusieurs d'iceux, comme coupables et consentans du crime dessusdict, se sont absentés et rendus fuitif, dont les aucuns ont esté appellez à ban, et aucuns autres sont detenus prisonniers en nos prisons, les autres ont esté executez et ont finy leurs jours: neantmoins parceque nous, ou nos procureurs pour nous, pourroient ou voudroient dire ou maintenir tous les biens des dessusdicts estre à nous forfais et acquis pour les cas dessusdicts ou autrement, ou que leursdicts biens pourroient cheoir en confiscation et forfaiture envers nous et envers autres seigneurs et justiciers; pour ce aussi que aucuns veulent dire que, par la coustume de nostre royaume, quand aucuns biens ou héritages chient en confiscation ou forfaiture, celuy ou ceux à qui appartient ladicte confiscation ne sont tenus de payer aucunes debtes: lesdicts suppliants se doubtent que nosdicts procureurs pour nous, ou autres, au cas que ladicte forfaiture ou confiscation auroit lieu, ou autrement procederoit et sortiroit son effect, ne leur voulsissent mettre ou faire mettre et donner aucun destourbier ou empeschement, tant en la perception desdictes rentes et ou payement des arrérages d'icelles, comme ou payement desdictes autres sommes de deniers à eulx dues pour une fois par lesdicts debteurs obligiez, ou en aulcunes d'icelles, qui seroit en leur très-grand grief, préjudice, dommages et desheritement, si comme ils dient, en nous humblement requérant que comme dure chose et importable leur seroit, que sans leur pechiez et mesfaicts ils perdissent leurs chevances, nous sur ce leur voulsissions impartir nostre benigne et gratieuse provision.

Sçavoir faisons que nous, ces choses considérées, et non voulans aucuns estre punis et deshéritez pour le faict et pechié d'autres, voulans en cette partie équité et bonne foy estre preferé à rigueur de justice, ausdicts supplians, par l'advis et deliberation de nostre très-cher et très-amé fils le duc de Bourgogne et autres de nostre grand conseil, avons octroyé et octroyons par ces présentes, que de tout ce qui apperra par les tesmoins et autres bons et loyaux enseignements à eulx estre deu par les dessusdicts crimineux et coupables, leurs complices, adherans et favorisans, soit nobles ou autres, de quelque estat et condicion qu'ils soient, et soit en rentes, arrerages d'icelles, ou autres debtes quelconques, iceulx supplians soient paiez et puissent faire paiements et executions sur les biens immeubles de leursdicts debteurs ou obligez, premièrement et avant toutes forfai-

...res et confiscations escheues et à escheoir; et à iceux supplians avons réservé et réservons tous les droicts et actions tant ypotecques comme autres, et toutes poursuittes qu'ils avoient et povoient avoir, et qui leur povoient competer et appartenir allencontre lesdicts debteurs et sur leursdicts biens pour cause desdictes rentes, arrerages, debtes, prêts et autres contraux, comme dit est, voulans iceux droicts, ypotecques et autres actions estre et demourer en leur force et vertu, et que iceux droicts, hypotecques et autres actions puissent poursuivre et demener, et leur soient faictes et adjugées sur lesdicts biens et payements à eux faicts de tout ce qui leur appartiendra estre deu par la manière que dit est, tout ainsy et pareillement qu'ils feroient et faire pourroient, et que à eux appartiendroit et leur debvroit estre faict, se icelles forfaictures et confiscations n'estoient avenues ou escheues, ou que elles n'escheussent ou advenissent aucunement, jaçoit que desdites rentes lesdicts supplians ne soient entrez en foy ou hommage, et que ils n'aient saisine et possession de ceux de qui lesdicts héritages sur lesquels sont deues lesdictes rentes sont tenus et mouvans tant en fief comme en censive, ou que les lettres desdictes rentes et autres sommes à eux deues n'aient pas esté amplies selon la coustume des lieux ou namptissement a lieu; et outre voulons, et ausdicts supplians, en ampliant nostre dicte grace, avons octroyé et octroyons que ou cas dessusdict que forfaiture ou confiscation devroient avoir ou auroient lieu esdicts biens et heritages, que iceux heritages soient et demeurent chargiez desdictes rentes, et se vendus ou exposez en vente estoient pour nous et à nostre prouffit, ou que nous en eussions faict ou feissions aucune donation ou autres transport à aucuns seigneurs, nobles ou autres, que ce soit tousjours tant à la charge desdictes rentes et arrerages d'icelles, comme pour les autres sommes pécuniaires à eux deues comme dit est, etc., etc.

Si donnons en mandement à nos amez et feaux conseillers les gens tenans et qui tiendront pour le temps advenir nos parlemens, les gens de nos comptes et trésoriers à Paris, à nostre prevôt de Paris, et à tous nos autres justiciers et officiers, ou à leurs lieutenants, ou à chacun d'eulx, si comme à lui appartendra, que de nos présentes grace et octroy lesdicts supplians souffrent, laissent et facent joir et user paisiblement et à plein, sans leur faire, mettre ou donner, ne souffrir estre faict, mis ou donné aucun destourbier ne empeschement au contraire, ainçois, se aucun empeschement leur estoit faict, mis ou donné, en ce que dit est, que ils le lievent, ostent ou facent oster et lever incontinent et sans delay, en imposant sur ce silence perpétuel à nostre dict procureur ou procureurs, se aucunement ores ou pour le temps à venir ils vouloient nostredicte grace et octroy contredire, débattre ou impugner, ou y faire et donner aucun empeschement, lequel silence dèz maintenant pour lors et dèz lors pour maintenant nous leur avons imposé et imposons;

Voulons outre et octroions par ces présentes, que ou cas dessusdict que ladicte forfaiture ou confiscation precederoit ou auroit lieu, et que lesdicts biens ainsy confisquez ou les aucuns d'iceulx à la requeste de nostredict procureur ou procureurs pour nous ou autrement seroient criez, vendus ou autrement exposez et mis en vente pour nous et à nostre profit, ou adjugiez à nostre domaine, que ce soit à la charge desdites rentes, actions, ypothecques ou autres droicts, pour lesquels lesdicts supplians se seront opposez ou les auront souffisamment moustrez ou desclarez, et que ainsi soit dit et exprimé et reservé, en faisant lesdictes criées, vendicions, donations et autres transports, et autrement, que sur les deniers qui de ladicte vendicion d'iceux biens immeubles vendront iceux supplians premièrement et avant tout œuvre soient payez et contentez tant desdicts arrerages à eux deubs à cause desdictes rentes comme des autres sommes de deniers à eux deubs, nonobstant que paravant la datte de ces presentes, lesdictes confiscations et forfaictures ou aucunes d'icelles fussent déclarées ou escheues, et que les cas dont icelles confiscations et forfaictures sont ensuivies ou pourroient ensuir, feussent depuis advenus ou escheus, supposé ores que lesdicts debteurs ou obligiez ou aucun d'eux feussent ou deussent estre tenus et reputez criminelx ou coupables du crime de leze-majesté, et paravant icelles nos presentes lettres, ils, ou aucun d'eux, pour cause desdits crimes ou maleficee, eussent esté appellez, bannis et adjournés en personne, ou autrement mis en par procez, appeaux, monitions, adjournemens, ou autrement en quelque manière que ce soit ou pust estre, nonobstant aussi que par avanture en faisant la déclaration desdictes forfaictures et confiscations, ne soit faicte aucune mention ny reservation de nostredicte grace et octroy, coustume ou coustumes de nostredict royaume, ordonnances ou constitucions, de non donner aucune chose de nostre domaine, commandemens ou deffences et lettres quelconques impetrées ou à impetrer à ce contraires; et pour ce que plusieurs particuliers desdicts suppliants auront à faire de ces présentes en plusieurs et divers lieux nostre royaume, avons voulu et ordonné, voulons et ordonnons que au *vidimus* d'icelles faict soubs séel royal, pleine foi soit adjoustée comme à l'original : car ainsy le voulons et nous plaist estre faict, et ausdicts supplians l'avons octroyé, et octroyons de nostre authorité royalle et grace especial, se mestier est, par ces presentes, ausquelles, en tesmoins de ce, nous avons faict mettre nostre séel ordonné en l'absence du grant.

Donné à Troyes, etc. Par le Roi en son conseil.

N°. 692. — LETTRES *qui maintiennent le prévôt des marchands et les échevins de Paris dans le droit d'avoir la garde et disposition des fortifications de la ville.*

Troyes, 11 avril 1420. (C. L. XI, 79.)

N°. 693. — LETTRES *pour faire jouir l'Université de Paris de ses priviléges, notamment de l'exemption des aides et subsides, contributions de gens de guerre, et de guet et garde* (1).

Paris, 25 avril 1420. (C. L. XI, 80.)

N°. 694. — TRAITÉ *du Dauphin avec le duc de Bretagne.*

8 mai 1420. (Preuves de l'Histoire de Bretagne, tom. II, col. 1091.)

N°. 695. — TRAITÉ (2) *qui transfère la couronne de France à Henri V, roi d'Angleterre, après la mort du Roi, au préjudice du souverain légitime.*

Troyes, 21 mai 1420. (C. L. XI, 86.) — Reg. au parlem. le 30, et à l'Université le 4 juin.)

CHARLES, etc. Combien que pour reintegrer la paix, et oster les dissensions des royaulmes de France et d'Angleterre, plusieurs notables et divers traictés qui ou temps passé ont esté fais entre noz nobles progéniteurs de bonne mémoire, et ceulx de très hault prince et nostre très-chier filz Henry roy d'Angleterre, heritier de France, et aussi entre nous et nostredit filz, n'aient apporté le fruict de paix pour ce désiré ; savoir faisons à tous présens et avenir, que néantmoins nous considerans et pesans

---

(1) L'Université ayant sollicité d'autres lettres plus amples non encore ratifiées, et des réserves, et l'ordonnance lui en donne acte. On ne reconnaissait donc pas encore au Roi une autorité législative telle qu'il pût déroger aux priviléges des corps. (Isambert.)

(2) Le projet de ce traité avait été approuvé dans une assemblée composée des cours souveraines, de l'Université, du chapitre de l'église de Paris, du corps-de-ville, et des principaux habitans de la capitale.

en nostre cuer quans grans et irréparables maulx, quantes [ini]mitez, et quele doloureuse playe universal et incurable, la di[vi]sion des deux royaulmes dessusdiz, a jusques cy mis et apo[rté] non pas tant seulement ausdiz royaulmes, mais à toute l'e[glise] militant, nous avons n'agueres reprins traictié de paix avec[ques] nostredit filz Henry, ouquel à la parfin, après plusieurs collac[ions] et parlemens des gens de nostre conseil, icellui octroyant et d[on]nant effect à noz désirs, qui promet paix aux hommes de bo[nne] voulenté, entre nous et nostredit filz, à l'euvre de ladicte desir[ée] paix, est conclud et accordé en la maniere qui s'ensuit.

(1) *Premièrement.* Que pour ce que par l'aliance du maria[ge] fait pour le bien de ladicte paix, entre nostredit filz le roy Henr[y] et nostre très-chiere et très-amée fille Katherine, il est deve[nu] nostre filz, et de nostre très-chiere et très-amée compaigne [la] royne, icellui nostre filz nous amera et honorera et nostredi[cte] compaigne, comme pere et mere, et ainsi comme il appartie[nt] honnourer telz et si grans prince et princesse, et devant tou[tes] personnes temporeles du monde.

(2) *Item.* Que nostredit filz le roy Henry turbera, inquiete[ra] ou empeschera, que nous ne tenions et possidions tant que no[us] vivrons, ainsi que nous tenons et possidons de présent la cou[ron]ne et dignité royal de France, et les revenues, fruis et prove[ns] d'iceulx, à la soubstenance de nostre estat et des charges d[u] royaume, et que nostredicte compaigne aussi ne tieigne ta[nt] qu'elle vivra, estat et dignité de royne, selon la coustume du[dit] royaume, avecques partie desdictes rentes et revenues à elle co[n]venable.

(3) *Item.* Est accordé que nostredicte fille Katherine, aura [et] parcevra ou royaume d'Angleterre, douaire ainsi que les roy[nes] d'Angleterre ont ou temps passé accoustumé d'avoir et percevo[ir] c'est assavoir, par chascun an la somme de quarente mil escu[s], desquelz les deux vaillent tousjours un noble d'Angleterre.

(4) *Item.* Est accordé que nostredit filz le roy Henry, p[ar] toutes voyes, moyens et manieres qu'il pourra, sans transgre[s]sion ou offense du serement par lui fait, de observer les loix [et] drois de sondit royaume d'Angleterre, labourera et pourverra qu[e] nostredicte fille Katherine sa compaigne, le plustost que faire s[e] pourra, soit en tout événement pleinement asseurée de parcevo[ir] et avoir en sondit royaume d'Angleterre, du temps de son tres[pas], le douaire devant dit de quarante mil escus annuelz, des[quelz les deux vaillent tousjours un noble d'Angleterre.

(5) *Item.* Est accordé que s'il advenoit que nostredicte fille survive à nostredit filz le roy Henry, elle percevra et aura ou royaume de France, tantost après le trespas de nostredit filz, douaire de la somme de vint mil francs par an, de et sur les terres, lieux et seigneuries que tint et eust en douaire nostre très-chiere dame de bonne mémoire Blanche jadiz femme de Philippe de bonne mémoire jadiz roy de France, nostre très-redoubté seigneur et grant ayeul.

(6) *Item.* Est accordé que tantost après nostre trespas, et deslors en avant, la couronne et royaume de France, avecques tous leurs drois et appartenances, demourront et seront perpetuellement de nostredit filz le roy Henry, et de ses hoirs.

(7) *Item.* Que pour ce que nous sommes tenuz et empeschiez le plus du temps, par telle maniere que nous ne povons en nostre personne entendre ou vacquer à la disposicion des besoignes de nostre royaume, la faculté et exercice de gouverner et ordonner la chose publique dudit royaume, seront et demourront nostre vie durant à nostredit filz le roy Henry, avecques le conseil des nobles et sages dudit royaume, à nous obeissans, qui auront amé le prouffit et honneur dudit royaume; par ainsi que dès-maintenant, et deslors en avant, il puisse icelle régir et gouverner par luy-mesmes, et par autres qu'il voudra deputer, avecques le conseil des nobles et sages dessusdiz; lesquelx faculté et exercice de gouverner ainsi, estans par devers nostredit filz le roy Henry, il labourera affectueusement, diligemment et loyaument à ce qui puist et doye estre à l'onneur de Dieu, de nous et de nostredicte compaigne, et aussi au bien publique dudit royaume, et à deffendre, transquiller, appaisier et gouverner icellui royaume, selon l'exigence de justice et équité, avecques le conseil et aide des grans seigneurs, barons et nobles dudit royaume.

(8) *Item.* Que nostredit filz sera de son povoir, que la court du parlement de France, sera en tous et chascun lieux subgez à nous maintenant, ou ou temps avenir, observée et gardée ès aucturité et souveraineté d'elle, et à elle deues, en tous et chascuns lieux à nous subgez maintenant ou ou temps avenir.

(9) *Item.* Que nostredit filz de son povoir defendera et conservera tous et chascuns pers, nobles, citez, villes, communitez et singulieres personnes à nous maintenant ou temps avenir subgectes, en leurs drois, coustumes, privilèges, prééminences, libertez et franchises à eulx appartenans ou deuz, en tous les lieux subgez à nous maintenant ou temps avenir.

(10) *Item.* Que nostredit filz diligemment et loyaument labourera, et fera de son povoir que justice sera administrée oudit royaume, selon les loys, coustumes et droiz dudit royaume de France, sanz accepcion de personnes, et conservera et tendra les subgez de nostredit royaume en paix et tranquillité, et de son povoir les gardera et defendera de violences et oppressions quelxconques.

(11) *Item.* Est accordé que nostredit filz Henry pourverra et fera de son povoir, que aus offices tant de la justice de parlement, que des bailliages, seneschaucies, prévostez et autres, appartenans au gouvernement de seignorie, et aussi à tous autres offices dudit royaume, seront prinses personnes habiles, prouffitables et ydoines, pour le bon, juste, paisible et tranquille regime dudit royaume, et des administracions qui leur seront à commectre, et qu'ilz soient telz qu'ilz doient estre deputez et prins selon les loix et drois du royaume, et pour le prouffit de nous et de nostre royaume.

(12) *Item.* Que nostredit filz labourera de son povoir, et le plustost que faire se pourra prouffitablement, à mectre en nostre obéissance toutes et chascune citez, villes, chasteaulx, lieux, pays et personnes dedens nostre royaume, désobéissans à nous et rebelles, tenans la partie ou estans de la partie vulgaument appellée du daulphin ou d'Armignac.

(13) *Item.* Afin que nostredit filz puisse faire, exercer et accomplir les choses dessusdictes plus prouffitablement, seurement et franchement, il est accordé que les grans seigneurs, barons et nobles, et les estas dudit royaume, tant spirituelx que temporelz, et aussi les citez et notables communitez, les citoyens et bourgois des villes dudit royaume, à nous obéissans pour le temps, feront les seremens qui s'ensuivent; premierement, à nostredit filz le roy Henry, ayant la faculté et exercice de disposer et gouverner la chose publique, et à ses commandemens et mandemens en toutes choses concernans l'exercice du gouvernement dudit royaume, et pour toutes choses obéiront et entenderont humblement et obéissamment

Item. Que les choses qui sont ou seront appointées et accordées entre nous et nostredicte compaigne la royne, et nostredit filz le roy Henry, avecques le conseil de ceulx que nous et nostredicte compaigne et nostredit filz auront à ce commis, lesdiz grans seigneurs, barons, nobles et estaz de nostredit royaume, tant spirituelz comme temporelz, et aussi les citez, no' bles communitez, les citoyens et bourgois des villes dudit royaume, en tant que à eulx, et à chascun d'eulx pourra touchier en tout et partout, bien et loyaument garderont, et seront de leur povoir garder par tous autres quelxconques.

Item. Que continuelment dès nostre trespas et après icellui, ilz seront feaulx hommes liges à nostredit filz et de ses hoirs, et icellui nostre filz pour leur seigneur lige et souverain et vray roy de France, sanz aucune opposicion, contradicion ou difficulté, recevront, et comme à tel obéiront; et que après ces choses, jamais n'obéiront à autre que à nous comme à roy ou régent le royaume de France; se non à nostredit filz le roy Henry et à ses hoirs.

Item. Qu'ils ne seront en conseil, ayde ou consentement que nostredit filz le roy Henry perde vie ou membre, ou soit prins de mauvaise prinse, ou qui seuffre dommage ou diminucion en personne, estat, honneur ou biens; mais se ilz scevent que aucune tele chose soit contre lui machinée, ou perforcée, ilz l'empescheront de leur povoir, et lui feront savoir le plus tost qu'ilz pourront, par eulx, messaiges ou lettres.

(14) *Item.* Est accordé que toutes et chascune conquestes qui se feront par nostredit filz le roy Henry, hors la duchié de Normandie, ou royaume de France, sur les désobeissans dessusdiz, seront et se feront à nostre prouffit; et que nostredit filz de son povoir, fera que toutes et chascunes terres et seigneuries estans es lieux qui sont ainsi à conquérir, appartenans aus personnes à nous presentement obéissans, qui jureront garder cette présente concorde, seront restituées ausdictes personnes à qui elles appartiennent.

(15) *Item.* Est accordé que toutes et chascunes personnes ecclésiastiques bénéficiées ou duchié de Normandie, ou autres lieux quelxconques ou royaume de France, subgez à nostredit filz, à nous obéissans et favorisans la partie de nostre très-chier et très-amé filz le duc de Bourgougne, qui jureront garder ceste présente concorde, joyront paisiblement de leurs bénéfices ecclésiastiques estans oudit duchié de Normandie, ou lieux devant diz.

(16) *Item.* Que semblablement tous et chascune personnes ecclésiastiques obéissans à nostredit filz le roy Henry, et bénéficiez ou royaume de France ès lieux à nous subgez, qui jureront garder ceste présente concorde, joiront paisiblement de leurs bénéfices ecclésiastiques estans ès lieux devant diz.

(17) *Item.* Que toutes et chascune église, universitez, et estudes généraulx, et aussi colleges d'estudians, et autres colleges ecclésiastiques, estans ès lieux à nous subgez présentement, ou pour le temps avenir, ou en la duchié de Normandie, ou autres lieux du royaume de France, subgez à nostredit filz le roy Henry, joyront de leurs drois et possessions, rentes, prérogatives, libertez, prééminences et franchises à eulx ou royaume de France comment que ce soit appartenantes ou deues; saulves les drois de la couronne de France et de tous autres.

(18) *Item.* Et quand il advendra que nostredit filz le roy Henry venra à la couronne de France, la duchié de Normandie et aussi les autres et chascun lieux par lui conquiz ou royaume de France, seront sous la jurisdiccion, obéissance et monarchie de ladicte couronne de France.

(19) *Item.* Est accordé que nostredit filz le roy Henry, de son povoir se perforcera, et fera que aus personnes à nous obeissans et favorisans la partie devant dicte qu'on appelle de Bourgongne, ausqueles appartenoient seigneuries, terres, revenues ou possessions en ladicte duchié de Normandie, ou autres lieux ou royaume de France, par icellui nostre filz le roy Henry conquises, à pieça par lui données, sera faicte sans diminucion de la couronne de France, recompensacion par nous ès lieux et terres acquises ou à acquerir en nostre nom, sur les rebelles et désobeissans à nous; et se en nostre vie la recompensacion n'est faicte aus dessusdiz, nostredit filz le roy Henry la fera esdictes terres et biens quant il sera venu à la couronne de France; mais se les terres, seigneuries, rentes ou possessions qui appartenoient ausdictes personnes esdiz duchié et lieux, n'avoient esté données par nostredit filz, lesdictes personnes seront restituées à icelles sanz delay.

(20) *Item.* Que durant nostre vie, à tous les lieux à nous presentement ou pour le temps avenir subgez, les lettres communes de justice, de dons d'offices, de bénéfices, et d'autres donacions, pardons ou rémissions et privileges, devront estre escriptes, et procéder soubz nostre nom et séel; toutesvoyes, pour ce que aucuns cas singuliers pourront avenir, qui par l'umain engin ne puent pas tous estre preveuz, lesquels pourra estre nécessaire et convenable que nostredit filz le roy Henry face escripre ses lettres en telz cas, s'aucuns en adviegnent, il sera loisible à nostredit filz pour le bien et seurté de nous et du gouvernement à lui comme dit est appartenant, et pour éviter les perils et dommages qui autrement pourroient vray-semblablement advenir,

escripre ses lettres à noz subgez, par lesqueles il commendera, defendra et mandera de par nous, et de par lui comme regent, selon la nature et qualité de la besoingne.

(21) *Item.* Que de toute nostre vie, notredit filz le roy Henry ne se nommera ou escripra aucunement, ou fera nommer ou escripre roy de France; mais dudit nom de tous poins se abstendra tant comme nous vivrons.

(22) *Item.* Est accordé que nous, durant nostre vie, nommerons, appellerons et escriprons nostredit filz le roy Henry, en langue françoise, par ceste manière: *Nostre très-chier filz Henry roy d'Angleterre, heritier de France*, et en langue latine, par ceste maniere: *Noster precarissimus filius Henricus rex Anglie, heres francie.*

(23) *Item.* Que nostredit filz ne imposera ou fera imposer aucunes imposicions ou exaccions à noz subgez, sanz cause raisonable et nécessaire, ne autrement, que pour le bien publique dudit royaume de France, et selon l'ordonnance et exigence des loix et coustumes raisonnables et approuvées dudit royaume.

(24) *Item.* Et afin que concorde, paix et tranquilité entre les royaumes de France et d'Angleterre, soient pour le temps advenir perpétuelment observez, et que l'en obvie aus obstacles et commencemens par lesquelz entre lesdiz royaumes débaz, discensions ou discors pourroient sourdre ou temps avenir, que Dieu ne veuille, il est accordé que nostredit filz labourera par effect de son povoir, que de l'adviz et consentement des trois estas desdiz royaumes, ostez les ostacles en ceste partie, soit ordonné et pourveu que du temps que nostredit filz sera venu à la couronne de France, ou aucun de ses hoirs, les deux couronnes de France et d'Angleterre à toujours mais perpetuelment, demourront ensemble, et seront en une mesme personne; c'est assavoir, en la personne de nostredit filz le roy Henry, tant qu'il vivra, et de là en avant, ès personnes de ses hoirs qui successivement seront les uns après les autres; et que les deux royaumes seront gouvernez depuis ce temps que nostredit filz ou aucun de ses hoirs parvenra ou parvenront ausdis royaumes, non divisément soubz divers roys pour un mesme temps, mais soubz une mesme personne qui sera pour le temps roy et seigneur souverain de l'un et de l'autre royaume, comme dit est, en gardant toutesvoyes en toutes autres choses à l'un et à l'autre royaume, ses drois, libertez ou coustumes, usages et lois, non soubzmectant en quelque manière l'un desdiz royaumes à

l'autre, ne les lois, drois, coustumes ou usages de l'un d'iceulx royaumes, aux drois, lois, coustumes ou usages de l'autre.

(25) *Item.* Que dès maintenant et à tout temps perpétuelment se trayront, appaiseront, et de tous poins cesseront toutes discussions, haines, rancunes, inimitiez et guerre d'entre lesdiz royaumes de France et d'Angleterre, et les peuples d'iceulx royaumes adhérens à ladicte concorde; et entre les royaumes dessusdis, sera et aura vigueur dès maintenant, perpétuelment et à tousjoursmais, paix, tranquillité, concorde, affeccion mutuelle, admities fermes et estables; et se aideront lesdiz deux royaumes de leurs aides, conseils et assistances mutuelles, contre toutes personnes qui à eulx ou à l'un d'eux s'efforceroient de faire donner violence, injure, grief ou dommage, et converseront et marchanderont les uns avec les autres, franchement et seurement, en payant les coustumes et devoirs deuz et accoustumez.

(26) *Item.* Que tous les confédérez et alliez de nous et dudit royaume de France, et aussi les confederez de nostredit filz roy Henry, et dudit royaume d'Angleterre, qui dedans huit mois après que ceste presente concorde des paix leur sera notifiée, ils auront declaré se vouloir fermement adherer à ladicte concorde, et estre comprins soubz le traictié et concorde d'icelle paix, soient comprins soubz les admitiez et considérations, seurté et concorde d'icelle paix; sauf toutesvoyes à l'une et à l'autre desdictes couronnes, à nous et à nos subgez, et aussi à nostredit filz le roy Henry, et à ses subgez, ses accions, drois et remèdes quelconques convenables en ceste partie, et compétans en quelque manière que ce soit, envers lesdiz alliez et confédérez.

(27) *Item.* Il est accordé que nostredit filz le roy Henry, avec le conseil de nostre très-chier fils Philippe duc de Bourgongne, et des autres nobles du royaume, qu'il convendra et appartiendra pour ce estre appellez, pourverra pour le gouvernement de nostre personne seurement, convenablement et honnestement, selon l'exigence de nostre estat et dignité royal, par tele manière que ce sera l'onneur de Dieu et de nous, et aussi du royaume de France, et des subgez d'icelui; et que toutes personnes, tant nobles comme autres, qui seront entour nous, pour nostre personnel et domestique service, non pas seulement en offices, mais en autres misteres, seront telz qu'ilz auront esté nez ou royaume de France ou des lieux de langaige français, bonnes personnes, saiges, loyales, et ydoismes audit service.

(28) *Item.* Que nous demourrons et residerons personnelment en lieu notable de nostre obéissance, et non ailleurs.

(29) *Item.* Considerez les orribles et énormes crimes et délitz perpétrez oudit royaume de France, par Charles soy-disant dauphin de Viennois, il est accordé que nous, ni notredit filz le roy Henry, ne aussi nostre très-chier filz Philippe duc de Bourgongne, ne traicterons aucunement de paix ou de concorde avecques ledit Charles, ne ferons ou ferons traictier se non du conseil et assentement de tous et chascun de nous trois, et des trois estaz des deux royaumes dessusdiz.

(30) *Item.* Est accordé que nous sur les choses dessusdictes et chascune d'icelles, oultre noz lettres patentes séellées de nostre grant séel donrons et ferons donner et faire à nostredit filz le roy Henry, lettres patentes et approbatoires et confirmatoires, de nostredicte compaigne, de nostredit fils Philippe duc de Bourgongne, et des autres de nostre sang royal, des grans seigneurs, barons, citez et villes à nous obéissans, desquelz en ceste partie, notredit filz le roy Henry vouldra avoir lettres de nous.

(31) *Item.* Que semblablement nostredit filz le roy Henry, pour sa partie, oultre ses lettres patentes sur ces mesmes choses, séellées de son grant séel, nous fera donner et faire lettres patentes approbatoires et confirmatoires de ses très-chiers frères, et des autres de son sang royal, des grans seigneurs, barons et des citez et villes à lui obéissans, desquelz en cette partie nous voudrions avoir lettres pour notredit filz le roy Henry.

Toutes lesqueles et chascune choses dessus escriptes, nous Charles, roy de France dessusdit, pour nous et noz hoirs, en tant que pourra touchier nous et nozdiz hoirs, sans dol, fraude ou mal engin, avons promis et promectons, juré et jurons en parole de roy, aux sainctes euvangiles de Dieu par nous corporelment touchées, faire, acomplir et observer, et que icelles ferons par nos subgez acomplir et observer; et aussi que nous, ne noz héritiers ne venrons jamais au contraire des choses dessusdictes ou d'aucune d'icelles, en quelque maniere en jugement ou hors jugement, directement ou par oblique, ou quelconque couleur exquise. Et afin que ces choses soient fermes et estables perpétuelment et à toujours, nous avons fait mectre nostre séel à ces présentes.

Donné, etc.

Par le Roy en son conseil.

Enregistrements.

Lecta, publicata et registrata in curria, ac jurata per existentes in camera parlamenti, penultima die maii 1420.

Lecta et publicata in presencia trium facultatum, scilicet theologiæ, decretorum et medecinæ; in capitulo ecclesiæ seu montis Sancti Mathurini congregatarum, anno domini 1420°, die tertia mensis junii, et jurata per singula supposita dictarum facultatum.

Lecta ac publicata in presencia domini rectoris, ac quatuor procuratorum IIII^{or} nacionum universitatis, videlicet, Francie, Picardie, Normandie ac Anglie, nec non suppositorum earumdem in ecclesia prioratus sancti Juliani pauperis ibidem existentium et jurata per singula supposita dictarum nacionum, anno domini 1420, die quarta mensis junii.

RÉGENCE DU DAUPHIN (1).

N°. 695. — LETTRES *portant la formule du serment à prêter au roi d'Angleterre, par suite du traité de Troyes.*

Troyes, 21 mai 1420. Registré au parlem. le 31. (C. L. XII, 184.)

Charles, etc. Sçavoir fesons que incontinent après la paix finalle faicte, conclue, jurée et fermée solemnellement en cette nostre ville de Troyes, entre nous et nostre très-chier fils Henry

---

(1) Le roi d'Angleterre prit aussi, à partir de ce moment, le titre de régent, que le Dauphin avait pris même en 1419. La France se trouvait divisée en deux partis, celui de Charles VI, ou plutôt celui du roi d'Angleterre et des Bourguignons, et le parti du Dauphin. (Vilevault.) Il y eut trois rois en France, c'est-à-dire, France, Angleterre et monseigneur le Dauphin. (Juvenal des Ursins, 379.) Le roi venait de retomber dans la plus profonde imbécillité. On expédia en son nom un pouvoir à la Reine et au duc de Bourgogne de le représenter. C'est en vertu de cet acte absurde qu'ils allaient disposer du royaume; mais il faut être né Français ou formé du sang royal pour obtenir chez nous le rang suprême. Cette immuable vérité, consacrée par une révolution de quatorze siècles, a été de nouveau retracée par un édit de juillet 1717. (Villaret.) « Toutes gens d'entendement doivent réputer le tout nul et de nul effet. (Juvenal, 379.)

C'est à partir de ce traité que le réglement sur l'élection des membres du parlement cessa d'être exécuté. (Henrion de Pansey, *de l'Autor. judic.*, p. 10.)

Il y eut une protestation du prince étranger contre ce traité. (V. Juvenal.)

Depuis le traité, le chancelier fit mettre au-dessous des lettres qui s'expédiaient en chancellerie, ces mots: *Par le Roi, à la relation du roi d'Angleterre, héritier et régent de France.* (Henault.)

roy d'Angleterre, héritier de France, nostre très-chier et très-amé fils le duc de Bourgogne, plusieurs prélats, barons, chevaliers, escuyers, et autres notables personnes de plusieurs estats, par nostre ordonnance, voulenté et commandement, ont juré aux saincts evangiles de Dieu, certains poincts et articles en la manière qui s'ensuit.

(1) *Premièrement*, vous jurez et promettez que très-hault et très-puissant prince Henry roi d'Angleterre, comme à gouverneur et régent du royaume de France et de la chose publicque d'iceluy, et à ses mandements et commandements vous entendrez et obeirez humblement, loyaument et diligemment en toutes choses touchant et concernans le gouvernement et regime dudict royaume de France et de ladicte chose publique, subget à très-hault et très-excellent prince et nostre souverain seigneur Charles roi de France.

(2) *Item*. Que incontinent après le deceds de nostredict souverain seigneur Charles roi de France, et continuellement, vous serez loyaux hommes, liges et vrais subgets dudict très-haut et très-puissant prince Henri roi d'Angleterre et de ses hoirs, perpetuellement; et icelui comme votre souverain seigneur et vray roy de France, sans opposition, contradiction ou difficulté, aurez et recevrez, et à lui comme vrai roi de France obeirez; et que jamais à nul autre comme à roi ou régent de France n'obeirez, sinon à vostredict souverain Seigneur Charles roi de France, et audict très-haut et très-puissant prince Henri roi d'Angleterre et à ses hoirs.

(3) *Item*. Que vous ne serez en aide, conseil ou consentement que ledict très-hault et très-puissant prince Henry roi d'Angleterre, perde la vie ou membre, ou soit prins de mauvaise prinse, ou qu'il souffre dommage ou diminution en ses personne, estat, honneur, ou choses quelsconques; mais se saviez ou connossiez aucune telle chose estre contre luy pensée ou machinée, vous l'empescherez autant comme vous pourrez, et par vous mesmes, par messaige ou lettres luy ferez assavoir le plustost que faire le pourrez; et generalement vous jurez que sans dol, fraude ou malengin vous garderez et observerez et ferez garder et observer toutes les choses, poincts et articles contenues ès lettres et appoinctements de la paix finalle faicte, accordée et jurée entre vostredict souverain seigneur Charles roi de France, et ledict très-haut et très-puissant prince Henry roy d'Angleterre, sans jamais en jugement ne dehors, directement ou indirectement, pu-

bliquement ou secrettement, par quelconque couleur ou voye que ce soit ou puisse estre, venir, faire ou consentir estre fait au contraire des choses, articles ou poincts dessusdits ou aucuns d'iceux, mais en toutes manières et voyes possibles, tant de faict comme de droict, resisterez à tous ceux qui voudront ou attenteront, ou s'efforceront de faire, venir ou attempter allencontre des choses, articles ou poincts dessusdicts ou d'aucuns d'iceux; lesquels poincts et articles nous voulons et commandons estre pareillement jurez par tous noz vassaux et subgets de quelque estat, dignité ou condition qu'ils soient, sans contradiction, refus, delay ou excusation quelconque.

En témoins de ce, etc. Donné à Troyes, etc.

N°. 696. — Lettres de Henri V (1), roi d'Angleterre, pour faire inscrire sur les monnaies son titre d'héritier du royaume.

Bray-sur-Seine, 16 juin 1420. (C. L. XI. 91.)

N.° 697. — Lettres portant que le prévôt de Paris jugera sommairement (2), même les jours de fêtes, les parties entendues en personne dans les affaires relatives à la marchandise de poisson, et qu'il pourra ordonner la prison et prononcer des amendes.

Paris, 5 juillet 1420. C. L. XI, 92.) — Reg. au Châtelet le 6.

___

(1) Depuis cette époque, et pendant quatorze ans, les recueils sont pleins de lettres et diplômes de ce prince; en sorte que du vivant de Charles VI, il y est des lettres de trois princes, le Roi, le Dauphin et le roi d'Angleterre. (Isambert.)

Les lettres de Henri V et de Henri VI, rois d'Angleterre, n'ont, par ellesmêmes, aucun droit d'être admises dans le recueil des ordonnances des rois de France; cependant, celles qui ont été publiées par Henri V, sous le titre prétendu de régent et héritier du royaume de France, et par Henri VI, sous le titre aussi prétendu de roi de France, sont fondées sur le traité du 21 mai 1420; et ce traité, quoique manifestement nul, n'a pas laissé d'avoir son exécution durant quelque temps dans une grande partie de ce royaume. D'ailleurs ces pièces, sans avoir pour nous le caractère de lois, et considérées seulement comme monument historique concernant la partie législative de l'administration de la France, semblent a cet égard appartenir à un recueil dont l'objet est de rassembler les principaux matériaux de notre législation. Nous avons cru devoir en rapporter quelques-unes dans l'ordre des dates. Nous avons placé en tête le traité de Troyes qui y servit de fondement, si l'on peut dire qu'un acte essentiellement nul serve de fondement à d'autres actes.

(2) À peu près comme nos tribunaux de simple police.

N° 698. — LETTRES *du Dauphin-régent, par lesquelles il proscrit l'usage des monnaies décriées, règle le prix de celles qui doivent avoir cours, défend de transporter hors du royaume les matières d'or et d'argent; porte divers réglemens sur le fait de change, et ordonne que tous marchés ou contrats seront faits à sous et à livres.*

Vienne-les-Fargeau, 24 août 1420. (C. L. XI, 101.)

N° 699. — LETTRES *du Dauphin-régent du royaume, par lesquelles il donne commission aux gens du parlement de visiter et faire démolir ou fortifier les places du Poitou, ainsi qu'ils le jugeront convenable.*

Vienne-les-Fargeau, 25 août 1420. (C. L. XII, 286.)

N° 700. — ARRÊT *du parlement* (1) *pour demander provision en bénéfice,* « *attendu la pauvreté des sieurs de céans, et de petitesse de leurs gages.* »

Paris, 31 août 1420. (Reg. du parlem. — Mem. des pairs, p. 709.)

N° 701. — ORDONNANCE *sur l'administration des finances.*

Corbeil, 4 septembre 1420. (C. L. XI, 103.) Publ. en parlem. en la chambre des comptes, et au Châtelet le 9 du même mois.

CHARLES, etc. Comme pour conduire et soutenir les frais et affaires de nostre royaume, tant l'état de nous et de notre très-chère et très-amée compaigne la royne, comme le fait de notre guerre; lesquelles affaires ne peuvent estre conduites sans grans finances, nous ayons naguères fait adviser sur le fait et gouvernement de nos finances, et ayons esté advertiz que ès temps passez et jusques à présent, pour l'excessif nombre et grand multiplication d'officiers qui ont esté commis et ordonnez, et se sont entremis du fait de nosdites finances, et aussi par des manieres soubtiles tant par moyens de décharges comme autres, dont il a esté usité ça en arrière, icelles nos finances sont venues à telle diminution, que par deffaut de ce, noz faiz et affaires sont demourez et demourent sans aucune exécution dont à peine nostre seigneurie est tenuë presque à totale destruction, et n'estoit plus aucun remede qui se y pust trouver pour nostre estat demener, et soutenir lo

---

(1) Selon Villaret, t. XI, p. 220, les honoraires des conseillers clercs étaient de 5 sous par jour, et ceux des laïcs du double.

fait de nostre guerre, ne sur le fait et gouvernement de nosdites finances n'estoit mise bonne provision et ordonnance.

Sçavoir faisons que nous, ces choses considérées, et plusieurs autres qui sont à considérer, eu sur ce grand advis et meure deliberation en nostre conseil, ouquel nostre très-chier et très-amé fils le roy d'Angleterre, héritier et regent de France, et aussi nostre très-chier et très-amé fils le duc de Bourgogne et plusieurs autres de nostre dit conseil estoient, avons voulu et ORDONNÉ, voulons et ORDONNONS, que doresenavant toutes nos finances, tant de nos monnoyes, des receptes de nostre domaine, des forfaictures et confiscations, comme des greniers par nous ordonnez en nostre royaume, et autres nos revenus ordinaires et extraordinaires quelzconques, vendront en une main, et seront receues en nostre tresor par un homme notable, souflisant, resseant et bien solvable qui sera à ce commis et ordonné de par nous, fera diligence de les faire venir ens, et en fera la distribution et les payemens audit tresor, selon l'advis, ordonnance et commendement de nostredit fils le roy d'Angleterre, ou de celui qui par nous ou par son advis sera commis à ce, et entendra et dressera le compte. le clerc principal qui à présent est en nostredit tresor, et qui sera ou temps à venir, et en sera montré l'état par chacun mois du moins; et le compte rendu et conclu aux termes accoutumez en l'an, en nostre chambre des comptes à Paris, sans ce que autrement en soit aucune chose receue ou distribuée; laquelle recepte et distribution de finance sera faite par baillant et recevant quittance à ceulx et de ceulx qu'il appartiendra sans ce que doresenavant nosdites finances soient distribuées par décharges et assignacions, comme il a esté fait le temps passé; mais deffendons très-estroitement à tous officiers commis ou a commettre au fait de nosdites finances, que pour le temps à venir ils ne facent ou usent, ne souffrent faire ou user de décharges, ne d'autres manieres usitées par vertu et soubz umbre d'icelles ne autrement que par la forme dessusdite, sur peine de recouvrer sur eulx ce qu'ils en auroient fait contre et depuis nostre présente ordonnance, de privation d'office et d'en estre aucunement punis grievement.

Et nous, par ces mesmes présentes, et par l'advis et conseil que dessus, avons déchargé et déchargeons du fait, gouvernement et distribution de nosdites finances, tous commissaires, gouverneurs d'icelles, quelz qu'ils soient, qui ou temps passé et jusqu'à présent s'en sont entremis, et avec ce le changeur et les deux ders particuliers de nostredit trésor, le receveur général d'icelles nos finances, et le contrerolleur à ce ordonné, en leur deffendant expressément, et sur la peine que dessus, que plus ne s'en entremettent, voulant et ordonnant que toutes lettres, mandemens ou décharges qui par eulx ou aucuns d'eulx seroient faites après la publication de ces présentes, soient et demeurent non vallables, et qu'elles ne soient prinses, employées, ne allouées par aucuns de nos receveurs ou maistres de nos monnoyes, ne en nostre chambre des comptes ou ailleurs, en quelque maniere, ne pour quelconque cause que ce soit.

Si donnons en mandement, etc. Donné, etc.

Par le roy en son conseil, ouquel le roy d'Angleterre, heritier et regent de France, M. le duc de Bourgoigne, et plusieurs autres dudit conseil, estoient.

N° 702. — LETTRES (1) *par lesquelles le roi d'Angleterre promet, comme enfant de France, à la Reine, de la respecter et traiter selon sa qualité.*

Au camp de Melun, 22 septembre 1420. (Rymer, X, 20.)

HENRY, etc. Comme par le moyen du mariage, fait, celebré, et consommé entre nous et nostre chiere et très amée compaigne Katerine de France royne d'Angleterre, nous soyons devenuz filz en ley de, très excellent prince et princesse, Charles par la grace de Dieu roy de France et Isabelle de Beauvere royne de France sa compaigne et espouse, piere et mere de nostredit compaigne;

Savoir faisons que nous,

Affects et enclins de tout nostre cueur, comme estre devons, au bien et honneur de noz diz beaux pere et mere, desirans iceulx conserver en prospérité, et à plus grant entretenement et confirmation d'amour et dilection;

Promettons, en bonc foye, et en parole du roy, à la dite très excellent princesse Isabelle royne de France, nostre bele mere, de la revereur et honourer comme royne de France.

Procurer et pourchacer qu'elle soit et demeure en ses estat, dignités, et précellences royaulx;

Et en yceux, et en ses droits et honneurs, le maintenir et garder, de tout nostre povoir, comme royne de France;

---

(1) Ces lettres prouvent que le traité de Troyes avait été dicté par la Reine, puisqu'elle en recueille les fruits, au lieu d'être traitée comme une épouse adultère et une mauvaise mère.

querir son bien et prouffit, et eviter son mal et damage, lui notiffyer et faire savoir l'un et l'autre, tantost qu'il serra venu à nostre cognoissance, pour du bien estre advertie, et que au mal et damage elle puisse obvier;

Et à ses choses nous employer, par toutes voyes et maniere raisonables, et à nous possibles et licites;

Et (afin que mieulx appere de ce que dit est) nous en tesmoing du verite avons fait mettre nostre seal à ces présentes.

Donné, etc.

N°. 703. — LETTRES *du Dauphin régent contre les blasphémateurs* (1).

Mehun-sur-Yèvre, 8 octobre 1420. (C. L. XI, 105.)

CHARLES, fils de roi de France (2), régent le royaulme, dauphin de Viennoys, duc de Berry, de Toraine, et conte de Poitou, à tous ceulx qui ces présentes verront, salut.

Savoir vous faisons que nous ayans en très-grant desplaisance, et non ses cause, la maniere de long-temps acoustumée par tout ce reyaulme, de blasphemer, renoyer, maugréer et despiter le nom de Dieu notre createur et de la gloriose vierge Marie sa mere, de sains et saintes, doubtans ainsi que vray-semblablement est à doupter que à ceste occasion nostredit createur entre autres choses ait permis à venir en ce royaulme plusieurs afflictions et tribulations, et voulens, comme bon catholique, à nostre povoir oster laditte mauvaise coustume, et nostre createur et sa benoite mere estre loés et adorés comme il appartient; avons deffendu par ordonnance expresse, COMMANDONS que aucun de quelque estat qu'il soit ne maugroye, renoye, despite ou blaspheme doresenavant le nom de Dieu ne de la gloriose vierge Marie sa mere, ne les sains ou saintes, sur peine d'estre pour la premiere fois puny pecuniairement, à l'arbitrage du juge soubs qui il fera ledit renoyement, maugreement, despitement ou blaspheme, depuis la somme de sinq sols parisis jusques à la somme de vint sols, parisis, à appliquer au seigneur du lieu, en doublant la somme pour la seconde fois, en la triplant pour la tierce; et pour

---

(1) V. notes sur celles de Philippe de Valois, 1347.
(2) Les dauphins prenaient le titre de fils du roi de France, c'est à dire fils de roi régnant; et les frères et oncles du roi régnant prenaient celui de fils de roi de France, c'est-à-dire fils d'un roi de France pour lors décédé. Dans ces lettres le titre de *fils de roi de France* est une faute de copiste, et il faut corriger *fils du roi de France*, titre que doit avoir le dauphin.

la quarte et au dessus, d'estre punis corporellement selon l'enormité du cas, et de la calité de la personne, à l'arbitrage et discretion de justice, en tel maniere que ce soit exemple à tous autres, et avecques ce que celuy ou ceulx qui seroient presans là où blasphemeroit, comme dit est, le nom de Dieu ou de la glorieuse vierge Marie sa mère, et des sains et saintes, se ils ne le denoncent à justice dedans un jorn ou deux au plus tart, soient punis à la moitié desdites sommes, et pareillement les justiciers se ils desloyent à leur escient de faire exequter ce que dit est.

Si donnons en mandement par ces presentes à tous les justiciers et officiers de ce royaulme, ou à leurs lieuxtenens, que notre presente ordonnance ils facent tantost et sans delay crier et publier, et doresenavant de mois en mois, par tous les lieux acoustumés à faire cris en leurs juridictions, à ce que aucun n'en puisse pretendre ygnorance; et icelle ordonnance tiennent, gardent et exequtent vigoureusement et sans depport, facent tenir, garder et exequter de point en point, sans enfraindre; et voulons que au *vidimus* de ces presentes fait soubs scel royal, foy soit adjostée comme à l'original. Eu testemoing de ce, nous avons fait mettre notre scel à ces presentes. Donné, etc.

Par monseigneur le regent dauphin, en son conseil.

N°. 704. — LETTRES *du Roi, par lesquelles il ordonne la délivrance d'une monnaie fabriquée à Paris, quoiqu'en icelle il y ait faute de loi.*

Paris, 31 octobre 1420. (C. L. XI, 107.)

N°. 705. — ARRÊT (1) *contre messire de Valois, dauphin de Viennois, qui déclare le Dauphin coupable du meurtre du duc de Bourgogne, l'exile et le déclare indigne de succéder.*

12 novembre 1420.

N°. 706. — ASSEMBLÉE *des trois états* (2).

Paris, 6 décembre 1420. (Juvenal des Ursins, p. 385.)

---

(1) M. Boissy-d'Anglas prouve, par de bonnes raisons, que cette pièce, qui n'est même pas rédigée en forme d'arrêt, et n'a d'autre garant que Godefroy qui l'a donnée dans les *Preuves de l'Histoire de Charles VI*, n'a jamais existé; la forme, la date, le contenu, tout en prouve la fausseté.

(2) On y décreta qu'il serait levé une taille. La plus grande partie du royaume était alors occupée par le Dauphin. Il parait que les états demandèrent vengeance de l'attentat commis contre le duc de Bourgogne. (V. le *Lit de justice* du 23 décembre.)

N°. 707. — DÉCLARATION (1) *du Roi sur le procès à faire au Dauphin, au sujet du meurtre du duc de Bourgogne.*

23 décembre 1420. (Rymer. — Archiv. de la chambre des comptes de Dijon.)

CHARLES, etc. Savoir faisons que comparant en nostre présence nostre très chere et très amé filz, Philippe duc de Bourgoingne, conte de Flandres, Arthois et de Bourgoigne en sa personne, nostre très chere et très amée cousine, la duchesse de Bourgoingne sa miere, et noz très cheres et très amées filles et cousines, Margueritte duchesse de Guienne, Anne et Agnès ses filles, sœurs de nostredit filz, ou leur procureur pour elles,

Et ouye par nous la complaint, à nous faite de leur part, en la présence de nostre très chere et très amé filz, le roy d'Engleterre, herettier et regent de France, et des gens de trois estas de plusours villes et paiis de nostre royaume noz bons et loyaulx subgez et obeissans,

Requerans noz diz filz et cousines justice leur estre faite et administrée contre les coupables de la mort de feu nostre très cher, et très amé cousin Rohan duc de Bourgoigne, que Dieu absoille, leur pere, et mary de nostredite cousine la duchesse de Bourgoigne, en prenant sur ce leur conclusion;

A fin de réparation, et pour leurs interests contre lesdiz coupables, telles que faire peuent selon la coustume de France;

Ouy aussi nostre procureur général, lequel a prins ses conclusions, pertinens au cas pour l'interest de justice contre yceulx coulpables;

---

(1) Son authenticité, dit M. *Boissy d'Anglas*, n'est pas douteuse; cette pièce n'est pas un arrêt de parlement, puisqu'il n'en est pas question dans les registres de la séance royale; les arrêts ne renfermaient pas la formule, *à tous ceux qui ces présentes verront*, ni *par le Roi en son conseil*, ni les jour et an: ils n'étaient point adressés au parlement. C'est donc le protocole de lettres patentes émanées de la seule volonté du Roi; le style en a toujours été le même, et s'est conservé jusqu'à la fin de la monarchie royale; le Roi, pour faire cet acte de puissance, avait assemblé un conseil extraordinaire, auquel il avait appelé les conseillers de son choix. Il n'y a donc rien à conclure de la présence du président et de conseillers du parlement.

Toutefois il faut convenir que ce n'est point une loi, mais un acte de la puissance judiciaire. Il est certain que le droit de juger en personne appartient au Roi long-temps encore après cet événement. Le duc d'Alençon est le premier pair au jugement duquel le parlement ait pris part; encore fallut-il un mandement spécial du Roi, qui appela d'autres juges et présida.

L'acte royal du 23 décembre fut donc un véritable jugement préparatoire.

Avecques les requestes et supplications, à nous faites par nostre très chere et trèsamée fille l'universitée de Paris, par noz cheres et bien amez, les eschevins, bourgois, et habitans de nostre bonne ville de Paris, et par lesdites gens des trois estas de plusieurs bonnes villes de nostredit roiaume;

Afin que sur ce nous voulsissions faire et administrer bonne et briefve justice,

En declarant toutes voies et protestant, au regart des gens d'église ce requerans, que ilz ne tendoient fors à fin civile et selon que leur profession donne.

Nous, eue sue ce grant et meure deliberation, et veues en nostre conseil et diligentment visitées les lettres des alliances, faites entre nostredit feu cousin le duc de Bourgoingne, et Charles soy disant daulphin, acordées et jurées solempnelment par eulx, et leurs gens et serviteurs, sur la vray croix et sains Esvangilles de Dieu, ès mains de l'evesque de Léon, légat de nostre saint pere le pape;

Considerant que, en suivant lesdittes alliances, qui estoient si notables et tant proffitables à tout nostredit royaume, et du consentement des parties, nous avons ordonné bonne paix et union ferme et estable estre, deslors en avant, en nostredit royaume, perpetuelment tenue et garde contre tous ceulx de nostre sang et lignage, et autres noz subgiz de quelque estat ou condition qu'ilz feussent;

En faisant pour ce abolition général, et autres ordonnances au bien de laditte paix;

Voulans les transgresseurs, ou qui attempteroient contre icelle paix, en fait ou en parole, estre pugniz, come commetteurs de crime de leze majesté,

Et que les gens d'église, nobles, et gens des villes, de nostredit royaume, promeissent et jurassent tenir et garder, chascun en son endroit, la ditte paix sans infraction aucune, et soy employer à toute puissance contre celluy ou ceulx qui enfraindroient ladite paix, non-obstant qu'ilz feussent leurs homes subgex ou serementez.

Desquelx hommages, promesses, et seremens nous les declarasmes, deslors pour maintenant, absolz et quittes, ainsi que plus à plain est contenue ès lettres patentes sur ce faites;

Laquelle paix, ensemble tout le contenue ès dites lettres patentes, nostredit feu cousin de Bourgoigne, et ledit Charles, leurs gens et serviteurs, jurerent ès mains dudit evesque de Léon, comme dessus, et avecques ce baillerent leurs lettres patentes sur ce;

Lesqueles, ensemble lesdites lettres roiaux du traicté de paix et aussi les lettres desdites alliances, furent et ont esté publiées en nostre court de parlement, en nostre chastellet de Paris, et les seremens, fais par les gens d'église, nobles, bourgois, et habitans de nostredite bonne ville de Paris, et semblablement en et par les bonnes villes de nostredit royaume,

Et que neantmoins nostredit feu cousin de Bourgoigne,

Lequel estoit de nostre maison de France, nostre parent prouchein come nostre cousin germain, alié avecques nous par grant affinité de mariages, doyen des pers et deux fois per de France, qui tant avioit et avoit tousjours amé le bien de nous, de noz roiaume et subgez, et lequel en obeissent à nostre commandement pour le bien publique de nostredit royaume;

Et, à fin de entretenir ladite paix, estoit alé à Monstereau ou Fault Yonne acompaignez de pluseurs seigneurs et gens nobles d'église et séculiers, noz officiers, et autres, à la priere et requeste de la partie desditz criminéux;

Fault Yonne avoit et a esté murtry et tué, au dit lieu de Monstereau, mauvaisement, traitteusement, et dampnablement, nonobstant lesdites promesses et seremens, ainsi fais et renovellés, au dit lieu de Monstereau, par luy et ses complices,

Et, avecques se, avoient et ont esté prins et imprisonnez de fait pluseurs seigneurs, chivalers, escuiers, gens de l'église, et bourgois de la compaignie de nostredit feu cousin de Bourgoingne, noz officers, et autres, et les aucuns tuez et mis à mort dampnablement, les autres ranconuez excessivement, et autrement persecutez en diverses manneres, et encores en y a aucuns que detiennent prisonners,

En enfraingnant par lesdiz criminéux, ladite paix, alliances, promesses, et seremens, en commettant par eulx crime de leze majesté, et autrement delinquant en pluseurs de diverses maneres.

Et, tout veu et corsideré, et mesmement que nous tenu et repute, tenons et reputons, les choses dessusdittes par notoires à nous et à tote nostre royaume, et toutes autres choses qui sont à veoir et considerer en ceste partie.

Par l'advis et deliberation des gens de nostre grant conseil, et presidens et gens lais de nostre parlement, et autrez noz conseillers, en grant nombre, avons declarrez, et declarons, par la teneur de ces presents, tous les coulpables dudit dampnable crime,

... et perpetré en la personne de nostredit feu cousin de Bourgoigne, et chascun d'eulx, avoir commis crime de lese majesté, et conséquenment avoir forfait envers nous corps et biens, et estre inhabiles et indignes de toutes successions, directes et collateraulx; et de toutes dignitez, et honneurs, et prerogatives quelconques, avecques les autres peines et pugnisions que ordonnent et mettent les droiz contre les commetteurs de crime de lese majesté.

Et leur ligne et posterité avons en oultre, declarré et declarrons yceulx crimineaulx, et chascun d'eulx estre encheut es autres peines, declairees es alliances et traictié de paix, dont dessus est fait mention, en tant qu'il concerne nostre puissance et auctorité roial,

En especial avons declarré et declarons, toutes les gens, vassaulx, subgiz et fauteurs, presens et advenir, desditz coupables et crimineux, et de chascun d'eulx, estre absols et quittes de tous seremens de feaulté, et de toutes promesses et obligations de service, au regard d'eulx et leurs successeurs, ores et pour le temps advenir perpetuelment en tant que mestier est, et les quittons et absolons de tous lesdiz seremens et promesses, et leur defendons à tous, par ces mesmes presentes que, dorésenavant, ilz ne servient, aident, ne confortent aucunement lesdiz crimineux et coupables, sur peine d'estre reputez, s'ilz font le contraire, crimineux dudit crime de lese majesté, et d'encourir nostre perpetuelle indignation,

Et tout sans préjudice des requestes et conclusion, à nous faites par nozdiz filz et cousins, complaignans pour leur interest contre aucuns, qui par eulx ont esté nomez particulierment, et ausi contre tous ceaulx generalment qui sont ou serront trouvez chargez dudit dampnable murtre et autres cas dessus touchés.

Si donnons en mandement, etc.

Donné, etc. Par le Roy en son conseil.

N° 708. — LETTRES *portant ordre, sous peine de la hart, de reveler tous les biens appartenant aux partisans du Dauphin, et qui attribuent le quart aux révélateurs.*

Paris, 8 janvier 1420. (C. L. XI, 113.)

N°. 709. — LETTRES *qui enjoignent à tous commissaires au Châtelet de Paris, notaires, sergens et autres qui ont fait arrêt des biens appartenant aux partisans du Dauphin, absens, d'en faire la déclaration, et à toutes personnes de dénoncer les biens qu'ils sauront appartenir auxdits absens.*

Paris, 8 janvier 1420. (C. L. XI, 112.)

N°. 710. — LETTRES *de Henri V portant décri de toute monnaie frappée à d'autres coins que les siens.*

Château de Rouen, 1ᵉʳ février 1420. (C. L. XI, 116.)

N°. 711. — ACTE *portant publication des prix arrêtés au conseil, tant pour les grains et farines que pour plusieurs autres denrées* (1).

Paris, 11 mars 1420. (C. L. X, 50.)

N°. 712. — LETTRES *portant nouvelle institution du parlement de Toulouse* (2).

Carcassonne, 20 mars 1420. (C. L. XI, 59.)

N°. 713. — LETTRES (3) *du Dauphin-régent portant pouvoir d'emprunter pour la guerre les plus grosses sommes que l'on pourra, et d'engager pour ce, ou vendre à temps les biens du domaine.*

Bourges, 31 mars 1421. (C. L. XI, 159.)

N°. 714. — LETTRES *sur le mode de paiement à cause des mutations dans les espèces.*

Paris, 26 juin 1421. (C. L. XI, 122.) — Reg. en parlem. le 5 juillet.

---

(1) Cet acte parait avoir été dressé en conséquence des lettres du 17 février 1419. A la suite se trouve cette note :

« Le mardi 11ᵉ jour de mars 1420, M. maistre *Gauchier Gayer*, procureur général et conseiller du Roi, tint, à cause et au droict de son office, le siege de la prevosté de Paris, vaccant par le trespas de feu M. *Jehan*, seigneur du Mesnil, chevallier, combien que M. le chancellier et messieurs du grant conseil du Roi, eussent ordonné de faire tenir le siège par le lieutenant dudict feu prevost : ce le procureur général du Roy, à cause et au droict de son office, doit et a d'ancienneté accoustumé de tenir ledit siege, la prévosté vaccant et tant qu'elle vaque ; et toutes lettres qui sont faictes en Chastellet ce tems pendant, parlent en son nom. Ce est registré ou livre du conseil du parlement sur le mercredi 12ᵉ jour de mars 1420. »

(2) Il a été créé en 1302 pour la première fois ; — aboli quelques années après. Celui ci fut transféré à Béziers en 1425 ; puis réuni à celui de Poitiers en 1428 ; et enfin institué définitivement à Toulouse le 11 octobre 1444. (Decrusy.)

(3) V. la note sur l'ordonnance du 5 août 1421.

DÉCEMBRE 1421. 655

N° 715. — LETTRES *du Dauphin-régent portant ordre aux nobles de se rendre en avant au jour indiqué, sous peine de perdre leur noblesse, de voir leurs maisons rasées et leurs biens confisqués, et d'assembler des autres le plus qu'on pourra.*

Blois, 5 août 1421. (C. L. XI, 126.)

N° 716. — LETTRES *du Dauphin-régent qui autorise pour l'avenir le parlement de Toulouse à juger en matière criminelle, au nombre de cinq seulement, appelés avec eux, si bon leur semble, d'autres juges du pays.*

Bourges, 6 novembre 1421. (C. L. XI, 137.)

N° 717. — LETTRES *du Dauphin-régent qui autorisent le parlement de Toulouse à procéder par élection à la nomination de cinq conseillers.*

Bourges, 6 novembre 1421. (C. L. XI, 130.)

N° 718. — LETTRES *du Roi* (1) *portant réglement pour la réception des changeurs à Paris.*

Paris, 15 novembre 1421. (C. L. XI, p. 143.)

N° 719. — LETTRES (2) *du Roi sur la manière de faire les paiemens relativement à la mutation des monnaies.*

Paris, 15 décembre 1421. (C. L. XI, 146.) — Reg. au parlement et publiées par les carrefours.

CHARLES, etc. Savoir faisons que pour éviter les débatz et procès qui pour occasion de la mutacion de la monnoye n'agueres faicte de foible à forte, pourroit naistre entre noz subgectz, nous avons fait veoir et visiter les ordonnances anciennes faictes par noz predecesseurs en pareil cas ; et en ensuivant icelles au plus près que nous povons, par l'advis et deliberacion de nostre conseil, avons fait et faisons sur ce, les ordonnances qui s'ensuivent.

(1) *premierement*. Que toutes debtes deues pour causes de rentes à heritaige, à vie ou voulenté, de loyers de maisons, de cens, de croix de cens et de toutes semblables choses, des termes

---

(1) V. notes sur les lettres du 15 décembre.
(2) Il fut porté, dans la même année, d'autres ordonnances sur ce sujet, les 16 juin, 11 août, 12 et dernier octobre même année. (V. sur ces lettres d'Aguesseau, *Considérations sur les monnaies*, t. XIII, p. 595, éd. in 8° de 1819.)
Le roi d'Angleterre avait réduit les monnaies d'abord au quart, ensuite au sixième de leur valeur, et les fermiers, après avoir reçu les espèces decriées, les

escheuz depuis le ix° jour de may l'an iiij et vingt, que la derreniere feible monnoye eut cours, jusques à la publicacion de ceste presente forte monnoye, faicte le iij. jour du moys de novembre derrenier passé; se payeront à ladicte feible monnoye, tant comme aura aucun cours, et le pris que elle courroit ausdits termes, ou en autre monnoye courant à l'equivallent, sauf la provision ou modificacion par nous n'agueres faicte, au regard des touaiges et rentes des maisons de nostre bonne ville de Paris, pour le terme de sainct-Remy derrenier passé.

(2) *Item.* Que ce qui en est deu pour les termes precedens ledit ix jour de may, que la dicte derreniere feible monnoye commança à courrir, se payera à la monnoye qui courra au temps du payement, au feur du marc d'argent de l'un temps à l'autre.

(3) *Item.* Que ce qui en est ou sera deu pour les termes escheuz et à escheoir depuis ladicte publicacion, se payera en la monnoye courant, aux termes et pour le pris que elle courra.

(4) *Item.* Que tous vrays emprunctz faitz en deniers, sans fraulde, se payeront en telle monnoye comme l'en aura empruncté, se elle a plain cours au temps du payement ; et si non ilz se payeront en monnoye coursable lors, selon la vallue et le pris du marc d'or ou d'argent ; c'est assavoir, selon la vallue du marc d'or qui aura receu or, ou du marc d'argent qui aura receu argent; nonobstant quelque maniere de promesses ou obligacions faictes sur ce.

(5) *Item.* Que tous deniers d'or et d'argent mis en garde ou en deppost, de quoy la garde se sera aidé à son besoing en marchandise ou autrement, se payeront et rendront par la maniere que les empruncts dessusdits.

(6) *Item.* Que tous deniers deubz à cause de retraictz de heritaiges, se payeront semblablement comme lesdits emprunets.

(7) *Item.* Et pareillement sera fait de ce qui est et sera deu pour cause d'achapt de heritaiges, de rentes à heritaige, à vie ou à temps.

(8) *Item.* Toutes sommes promises en seureté de mariaiges, et pour cause de mariaiges, se payeront en monnoye courant

---

donnaient en paiement au cours qu'elles avaient avant le décret. Plusieurs propriétaires furent forcés d'abandonner leurs héritages. Le Dauphin au contraire éleva le prix des monnaies. (Villaret.)

Une ordonnance du même jour 15 décembre contient divers réglemens sur le fait de changes, et ordonne que tous marchés et contrats seront faits à sous et à livre. (XI, 143.)

au temps du contract, se elle a plain cours comme dessus ; et si non, au pris du marc d'or ou d'argent de l'un temps à l'autre ; se ainsi n'estoit que en ladicte promesse ait eue convenance de certaine monnoye d'or ou d'argent, et pour certain et exprimé pris ; lesquelles convenances seroient gardées, nonobstant que la monnoye promise ou spécifiée n'ait ou n'eust point de cours au temps de la promesse, ou eust cours pour autre pris que promis n'auroit esté ; par telle maniere toutesvoës que se au temps du payement, la monnoye promise d'or ou d'argent n'avoit cours, l'en payera pour la monnoye non coursable, la monnoye coursable, selon le pris du marc d'or ou d'argent, ainsi que des empruncts ou retraictz de heritaiges.

(9) *Item.* Les fermes muables, qui se lievent en deniers chacun jour, autant à une monnoye comme à une autre, comme peaiges, travers, seaulx, escriptures, amendes ordinaires et autres revenues semblables, se payeront par porcion de temps et de jours ; c'est assavoir pour le temps qui sera escheu à feible monnoye, en feible monnoye ; et pour le temps escheu ou à escheoir à forte monnoye, en forte monnoye.

(10) *Item.* Les deniers muables en deniers, comme dit est, dont le pris croist et descroit communement selon la valleur et le cours de la monnoye forte ou feible, se payeront par la maniere qui s'ensuit. C'est assavoir, ce qui en est deu pour termes escheuz depuis ledit ix. jour de may, l'an mil iiij. et vingt, que ladicte derreniere feible monnoye eust cours, jusques à la publication de ceste presente forte monnoye, se payera à la feible monnoye qui derrenierement a couru, tant comme elle aura aucun cours, ou en autre monnoye coursable à l'équivalent ; et pour les termes precedens ledit ix. jour de may, l'en se payera ou temps advenir au pris du marc d'argent de l'un temps à l'autre ; et pour les termes escheuz ou à escheoir depuis ladicte publicacion, lesdictes fermes qui ont esté prinses par avant ledit ix. jour de may, se payeront au pris du marc d'argent, et les fermes semblables.

(11) *Item.* Les fermes muables à payer en deniers, prinses et affermées depuis ladicte derreniere feible monnoye prinst à avoir cours, et avant ladicte publicacion de ceste presente forte monnoye, dont les termes ou aucuns des termes estoient escheuz au temps de la dicte publicacion de ceste forte monnoye se payeront pour lesdits termes, à la dicte feible monnoye qui derrenierement a couru, et pour le pris qu'elle a couru ; et pour les

termes escheuz et à écheoir depuis ladicte publication, se payeront en la monnoye qui courra, et pour le pris que elle courra ausdits termes, s'il plaist au fermier; et sinon et le bailleur ne veult estre content de la monnoye courant au temps du contract, le fermier, s'il n'a especialement promis payer en la monnoye qui courroit aux termes, pourra renoncer à sa ferme dedans quinze jours après la publicacion de ces presentes ordonnances, en rendant toutesvoës au bailleur bon et loyal compte de tout ce qu'il aura levé et mis à cause de ladicte ferme, et en ce cas iceluy fermier sera tenu de bailler et delivrer et payer audit bailleur tout ce qu'il aura levé de la dicte ferme, et ou que il en devra dedans ung moys, après icelle publicacion qui sera faicte comme dit est; et sera tenu le bailleur de payer au fermier tous cousts, frais, missions, et despens raisonnables.

(12) *Item.* Les fermes qui sont de choses de diverse nature, et ont divers membres dont les aucuns sont sur choses qui payent autant à une monnoye comme à autre, comme peaiges, travers et comme dessus est dit, et les autres membres suyvent communement la valleur et le cours de la monnoye forte ou feible, se payeront porporcionnellement selon la qualité et value d'iceulx membres, par la maniere que cy-dessus est dit des membres singuliers; toutesvoës le bailleur ne pourra pas, s'il ne plaist au fermier, retenir ung membre et laisser l'autre, ne le fermier aussi, s'il ne plaist au bailleur.

(13) *Item.* Les ventes de bois prinses depuis ledit ix. jour de may, que ladicte derreniere feible monnoye a eu cours, et avant ladicte publicacion de ceste presente forte monnoye, à payer à une fois ou à termes, ung ou plusieurs, feussent les termes passez ou avenir au temps de ladicte publicacion, mais le bois estoit tout levé, se payeront à la dicte feible monnoye, et pour le pris que elle courroit au temps de la prinse, tant comme elle aura cours, ou en autre monnoye coursable à l'equivallent.

(14) *Item.* Les ventes de bois prinses comme dit est, dequoy les termes des payemens estoient tous passez au temps de ladicte publicacion de ceste presente forte monnoye, mais le bois n'estoit pas tout couppé, et si en devoit encores le marchant au vendeur certaine somme d'argent pour aucuns termes lors passez, se payeront à la monnoye qui court et pour le pris que elle a cours : c'est assavoir ce qui estoit deu au temps de ladicte publicacion, pour tant de porcion de bois comme il y avoit à coupper; ou se ledit marchant de bois veult, il pourra renoncer à la

couppe dudit demourant de bois et luy sera descompté de sa debte, à la vallue et selon le pris du marché, et la qualité et vallue du bois couppé et à coupper; et se il devoit plus que ladite porcion de bois à coupper ne montoit, il payera le demourant à ladicte feible monnoye; et se ledit bois à coupper monte plus que la somme d'argent qui estoit deue, le vendeur sera tenu de payer le surplus à son marchant en ladicte feible monnoye.

(15) *Item.* Les ventes de bois prinses comme dit est, de quoy partie du bois estoit à coupper au temps de la dite publicacion et les autres termes des payemens estoient aussi advenir, ou cas que l'acheteur vouldra tenir son marché pour payer telle monnoye, et pour tel pris comme il courra ausdits termes, faire le pourra sans contredict (du vendeur); et ou cas qu'il ne vouldra ce faire, se le vendeur ne veult estre content pour lesdits termes de la feible monnoye qui courroit, et pour le pris que elle couroit au temps du marché, il pourra son bois et sa vente reprandre ou point ou elle estoit ou temps de ladicte publicacion, s'il lui plaist, en recevant de l'acheteur au pris que ladicte vente luy cousta, ce qu'il luy pourra devoir en ladicte feible monnoye comme dessus; c'est assavoir, de et pourtant comme ledit acheteur auroit exploicté dudit bois; et sera regardé l'afforement ou l'empirement de la vente, ou se le meilleur bois ou le pire est couppé ou exploicté, ou à coupper ou exploicter, et de ce sera faicte competans estimacion.

(16) *Item.* Des ventes de bois prinses avant le cours de ladicte derrenière feible monnoye, de quoy le bois estoit tout couppé, et les termes des payemens passez ou temps de ladicte publicacion, mais l'en en devoit encores au vendeur certaine somme d'argent pour terme escheu au temps de ladicte derrenière feible monnoye; se l'acheteur a promis payer à termes, et en telle monnoye, et pour tel pris comme elle auroit cours aux termes, il sera quicte par payant ce qu'il devoit au temps de ladicte publication pour termes escheux avant icelle, à telle monnoye comme il couroit aux termes, et pour le pris que elle avoit cours, ou à la monnoye nouvelle, à la valleur du marc d'argent; et se l'acheteur ou contract de son marché ne fist point de mencion de payer à la monnoye courant, aux termes et pour le pris que elle y courroit; mais promist et s'obligea simplement à payer certaine somme d'argent à chacun de certains termes, il sera tenu en ce cas à payer bonne monnoye: c'est assavoir celle qui court ou courra au temps qu'il payera; et pour le pris que elle

court ou courra lors; se ainsi n'estoit que au temps du marché il eust couru plus feible monnoye que celle qui court ou court au temps du payement, ouquel cas l'en payera selon la valeur du marc d'argent, si comme ci-dessus est dit des fermes muables.

(17) *Item.* Les ventes de bois prinses avant le cours de ladicte derreniere feible monnoye, de quoy le bois estoit tout couppé au temps de ladicte publicacion, et aucuns des termes des payemens estoient advenir, se payeront à la monnoye courant, aux termes des payemens, au feur du marc d'argent du temps de la prinse.

(18) *Item.* Ventes de bois prinses comme dit est, de quoy le bois n'estoit pas tout couppé au temps de ladicte publicacion, et les termes des payemens estoient passez, mais l'acheteur en devoit encores partie de l'argent pour termes escheuz au temps de ladicte derreniere feible monnoye, se payeront à telle monnoye comme il court ou courra quant l'acheteur payera, s'il luy plaist, et sinon, et le vendeur ne veult estre content de la monnoye qui courroit au terme du payement deu, il pourra reprendre sa vente et son bois ou point où il estoit au temps de ladicte publicacion, par la maniere que il est divisé cy-dessus des ventes semblables prinses depuis le cours de ladicte derreniere feible monnoye.

(19) *Item.* Les ventes de bois prinses avant le cours de ladicte derreniere feible monnoye, de quoy aucuns termes des payemens estoient advenir au temps de ladicte publicacion, et aussi le bois ou partie du bois estoit à coupper, se payeront pour les termes escheuz et à escheoir depuis ladicte publicacion, à la monnoye qui depuis a couru et courra, et pour le pris qu'elle a couru, et courra ausdits termes au feur du marc d'argent au temps de la prinse, sans ce que l'acheteur y puisse renoncer.

(20) *Item.* S'en a prins au temps que ladicte derreniere feible monnoye avoit cours, aucuns labouraiges à faire pour aucune somme d'argent, aussi comme terres, vignes, ou autres semblables labouraiges, ou aussi aucuns ouvraiges comme maisons, murailles, cloisons ou aucuns ouvrages quelzconques, à estre payé à une fois ou plusieurs, sans terme ou à terme, ung ou plusieurs, le laboureur ou ouvrier pourra faire ou parfaire son labouraige ou ouvraige, en recevant ce qui lui en est ou sera deu à la monnoye courant, et pour le pris qu'elle courait au temps du marché, ou en autre monnoye coursable à l'equivalent, se il luy plaist; ou se il veult, il pourra renoncer dedans quinze jours

près la publicacion de ces presentes ordonnances, à sondit labouraige ou ouvraige ou tasche, ou au demourant qui à faire en a ou sera, en rendant et payant toutesvoës au bailleur dedans ledit temps, tout ce qu'il en auroit receu oultre le labouraige ou ouvraige que il auroit fait.

(21) *Item.* Que tous autres contraulx communs faictz, ou denrées acreues ou temps que ladicte derreniere feible monnoye avoit son cours, à payer sans termes ou à termes passez ou advenir, sans faire mencion d'aucune monnoye en especial, se payeront à ladicte feible monnoye, et pour le pris qu'elle a couru, se elle a cours ou temps du payement; et sinon, à la monnoye courant selon la valleur du marc d'argent, nonobstant que au contract eust été dit, ou feust obligé le debteur à payer telle monnoye comme il courra, aux termes et pour le pris que elle y courra.

(22) *Item.* Que tous contraulx faictz ou denrées acreues avant le cours de ladicte derreniere feible monnoye, à payer sans termes, et en est encores deu tout ou partie, se payeront à la monnoye qui courra au temps du payement, et pour le pris qu'elle courra lors; se ainsi n'estoit que la monnoye qui court, ou courra, au temps, feust plus forte que celle qui couroit au temps du contract: ouquel cas l'en payera à la monnoye coursable, selon le pris du marc d'argent, comme dessus.

(23) *Item.* Et se lesdits contraulx furent faictz ou les denrées acreues comme dit est, en baillant terme ou termes, de payer la somme d'argent dudit contract, s'aucune chose en est deue pour les termes advenir, (le debteur sera tenu de payer pour les termes advenir), la monnoye qui courra aux termes et pour le pris que elle courra; se ainsi n'estoit que au temps du payement courust plus forte monnoye que au temps du contract; ouquel cas l'en payera au feur du marc d'argent.

(24) *Item.* Et pour ce que cy-dessus est faicte mencion en plusieurs lieux de payer à la vallue du marc d'argent, nous declarons que l'en aura regard à la vallue du marc d'argent que l'en donne en noz monnoyes, ou donnoit au temps de la debte, contract ou terme; et non pas à la vallue de la traicte. Si donnons en mandement au commis à la garde de la prevosté de Paris, et à tous noz autres justiciers et officiers, ou à leurs lieuxtenans, et à chacun d'eulx, si comme à luy appartiendra, que nosdictes ordonnances ilz facent publier solempnellement, ès lieux acoustumez à faire criz et publicacions, et les facent entretenir et garder selon leur forme et teneur. En tesmoing de ce nous avons fait mectre

nostre séel à ces presentes. Donné à Paris, etc. Par le Roy, à relacion du grant conseil.

N°. 720. — LETTRES *portant confirmation d'un arrangement pour cinq ans, par lequel le pape devait nommer aux bénéfices alternativement avec les collateurs ou patrons.*

Saint-Faron, près Meaux, 25 janvier 1421. (C. L. XIII, préf., xl.)

N°. 721. — LETTRES *par lesquelles le Roi déclare qu'il n'y aura pas de bailli royal* (1) *dans la ville de Beauvais.*

Paris, 22 avril 1422. (*Mémoires des Pairs*, p. 709.)

N°. 722. — LETTRES *du Dauphin qui permettent à un particulier de changer de nom.*

Bourges, 3 juin 1422. (Reg. au parlem. le 25 juin.)

N°. 723. — ARRÊT *du parlement de Paris, qui, attendu qu'il ne se trouve point de fonds dans le trésor, ordonne que l'on vendra, le plus profitablement que faire se pourra, les biens meubles du feu Roi, jusqu'à la somme qui sera nécessaire pour faire accomplir ses funérailles.*

8 octobre 1422. (Villaret, tom. XIV, p. 162, et des reg. du parlement.)

NOTES SUR CE RÈGNE.

Charles VI est le premier des enfans de France qui porta le titre de dauphin en naissant.

1383. On fait usage pour la première fois des lettres d'état qui suspendent toutes les poursuites intentées contre les gens de guerre pendant le cours de la campagne. (Villaret, XI, 341.) C'est le privilége des défenseurs de la patrie. (Loi de brumaire an V, renouvelée en 1814.)

Le Roi convoque l'arrière-ban; ce qui obligeait les gentilshommes possesseurs de fiefs nobles à prendre les armes. (*Idem.*)

Le Roi accorde l'exemption du service militaire à plusieurs officiers de cours supérieures, entre autres à tous les magistrats de la cour des comptes. (*Idem.*)

Avant de faire marcher les troupes, le ministère de France mit en usage une précaution inconnue jusqu'alors; du moins nos anciennes annales ne font mention que dans cette circonstance, et rapportent le fait comme une nouveauté : un bourgeois de Paris fit un traité par lequel il s'engageait à fournir du bled pour la subsistance de cent mille hommes pendant [...] (*Idem.*)

1386. Combat judiciaire entre les sires de Beaumanoir et de Tournemine.

1387. A cette époque, on donnait à la partie publique le simple titre d'[...]

---

(1) Ez villes des pairs, tant d'église que lays, ne souloit avoir sieges des baillages royaux. (Lancelot, p. 709. Dutillet, *Recueil des rois de France*, p. [...])

cat et de procureur du Roi, et celui de procureur et d'avocats généraux aux procureurs et avocats des parties.

Le duc de Gueldres envoie un défi au Roi.

Betizac, secrétaire du duc de Berry, est accusé d'exactions commises en Languedoc. Il paraissait coupable. Le duc de Berry, dont l'autorité était sans bornes en Languedoc, déclare que son secrétaire n'a agi que par son ordre. Embarrassés par cette circonstance, mais résolus de le perdre, les commissaires chargés de le juger lui envoyèrent dans sa prison un faux ami chargé de lui annoncer son exécution pour le lendemain, et de lui donner le conseil de se déclarer coupable d'un crime d'une nature à le faire renvoyer devant la justice ecclésiastique; on le conduirait alors à Avignon, où le crédit du duc le ferait absoudre. Betizac, trompé, déclare *qu'il est b...... hérétique; qu'il n'a aucune foi à la Trinité ni à l'incarnation du Verbe; qu'il est de plus matérialiste, et croit qu'il n'a pas d'âme.* — « Sainte-Marie! dirent les informateurs: Betizac! vous ierez grandement contre l'Église; vos paroles demandent le feu. » — *Je ne sais,* reprit-il, *si mes paroles demandent feu ou eau, mais j'ai tenu cette opinion depuis que j'ai eu connaissance, et la tiendrai jusqu'à la fin.*

Le Roi, à qui on montra cette confession, s'écria: *C'est un mauvais homme; il est hérétique et larron; nous voulons qu'il soit ars et pendu, ni ja pour bel oncle de Berry il n'en sera excusé ni déporté.* — Ce n'est qu'à la vue du bûcher que Betizac reconnait qu'on l'a trompé. Il se rétracte, il proteste. On se hâte de le précipiter dans les flammes. Le Roi se met aux fenêtres pour le voir brûler.

L'emploi des agens provocateurs n'est donc pas nouveau (1). Tous les historiens s'élèvent avec une vertueuse indignation contre ce lâche artifice. On peut voir, dit Villaret, dans la punition de Betizac, combien il est honteux d'avoir tort avec les méchans, et de se rabaisser à leur condition en se servant, pour les perdre, de moyens que l'honneur et la loi condamnent..... Mais ceux qui étaient alors à la tête des affaires semblaient être guidés plutôt par leurs passions que par un véritable zèle pour la justice.

Le conseil étant un jour assemblé à Saint-Germain pour l'établissement d'un nouveau subside, imaginé sous le nom de tailles générales, il survint une tempête si prodigieuse, que les ministres, effrayés, se dispersèrent comme s'ils avaient fui la présence d'un Dieu vengeur. Ils se rassemblèrent après l'orage. (Villaret, XII, 93.)

Bajazet préfère la caution d'un banquier de Paris à celle du Roi et des princes de France. (Villaret, XII, 244.)

Archambault de Groilli, captal de Buch, succède au comte de Foix, par le jugement du parlement. (Hen., *Abr. chr.*)

1er janvier. — Lettres de défi de Jean, duc de Bourbon, pour un tournois. (Ducange, sur Joinv., 139.)

Le duc Jean de Bourbonnais fait déclarer qu'il ira en Angleterre, avec seize chevaliers, combattre à outrance, pour éviter l'oisiveté et pour mériter la grâce de la très belle dont il est serviteur.

(Voltaire, *Essai sur les Mœurs.*)

---

(1) M. Dupin, dans ses *Observations sur la Justice criminelle*, a prouvé que Jésus-Christ a été victime d'un agent provocateur, en la personne de Judas Iscariote.

1416. Défi de l'empereur Sigismond au roi de France. (Octobre ou novembre 1416, *Trésor des Chartes*, VII, 13. — Villaret, p. 414.)

1417. Eust. de Laistre, chancelier, est contraint de se défaire de son office. H. de Marle, premier président, fut élu par scrutin pour remplir sa place. Robert Mauger remplit la place de premier président par élection, et celle de quatrième président fut aussi donnée par scrutin à Jean de Bailli, suivant les nouvelles ordonnances qui en donnaient le droit au parlement. À la mort de Jean de Popincourt, premier président, le chancelier se rendit au parlement, et déclara que le Roi avait donné la charge vacante à Henri de Marle, troisième président. Pierre Boschet, second président, s'y opposa; sur cette opposition, le chancelier laissa la liberté de procéder à l'élection, qui tomba sur celui que le Roi avait nommé. (Hén., *Abr. chron.* — V. note sur l'édit du 8 mai 1408, p. 181.)

Les élections furent abolies par Charles VII, en 1437.

1422. Les historiens ne s'accordent pas sur le jour de sa mort. Les uns le font mourir le 20 octobre 1422; d'autres le 22. Des lettres de Charles VII datent sa mort du 22 : elle arriva le 21, suivant les registres du parlement. Le témoignage de ces registres paraît préférable, parce qu'ils marquent non seulement le quantième du mois, mais le jour de la semaine. « Du mercredi » 21 octobre, ce jour trépassa de ce monde le roi Charles VI, en son hôtel » de Saint-Paul à Paris, environ sept heures du matin, après le quatrième » ou cinquième accès de fièvre. » Le 21 octobre était en effet un mercredi en 1422. (Vilevault, *Préf.*, xix.)

CHARLES VII (1).

Parvenu à la couronne le 21 octobre 1422; couronné la même année à Poitiers, où le parlement avait été transféré (2); sacré à Reims le 17 juillet 1429; mort à Meun en Berry le 22 juillet 1461 (3).

GOUVERNEMENT DE FAIT (4).

CHANCELIERS. — 1° Leclerc, 1422; 2° Louis de Luxembourg, évêque de Thérouenne, 7 février 1424; 3° Thouars Hoc, chancelier du roi d'Angleterre, 1er octobre 1445.

GOUVERNEMENT LÉGITIME.

CHANCELIERS : Renaud de Chartres, archevêque de Reims, 1422; de Charpaignes, évêque de Clermont, 1426; Renaud de Chartres, archevêque de Reims, 1426; Robert de Rouvres, évêque de Maguelonne, 4 avril 1445; Guillaume Juvénal des Ursins (5), 16 juin 1445, jusqu'à la fin du règne.

---

(1) Il a été surnommé *le Victorieux*, parce qu'il a reconquis presque tout son royaume sur les Anglais; cependant on lui en dispute l'honneur, et on l'attribue au comte de Dunois et à ses autres généraux; il n'y a pas de prince sur qui l'histoire convienne si peu. (Hen., *Abr. chr.*)

(2) A la mort de Charles VI, la France eut deux rois; elle eut aussi deux parlements, celui de Paris qui reconnut Henri VI, et celui de Poitiers (le parlement de Toulouse, créé pour le besoin du moment, n'était à proprement parler qu'un démembrement de celui de Poitiers) qui reconnut Charles VII. Peu d'années après, l'Église eut deux papes, soutenus chacun de leur concile. Chaque roi, chaque pape, chaque concile, chaque parlement se prétendait exclusivement légitime. (Decrusy.)

(3) Il se laissa mourir de faim, dans la crainte d'être empoisonné. (Hen., *Abr. chronol.*)

(4) C'est improprement qu'on appelle le gouvernement de Henri, roi d'Angleterre, gouvernement de fait; attendu que Charles VII, outre sa légitimité, résultant de la loi fondamentale et de l'hérédité, n'avait pas cessé d'avoir les armes à la main et de revendiquer ses droits; en sorte que les sujets avaient l'obligation de lui garder fidélité, même ceux habitant les provinces occupées par les Anglais, qu'ils devaient considérer comme des étrangers, avec lesquels on avait capitulé et parce que les troupes royales ne suffisaient pas pour protéger le pays. (Isambert.)

(5) Frère de l'historien.

N° 1. — LETTRES *du conseil* (1), *en l'absence du roi d'Angleterre et du duc de Betfort, régent en son nom, portant confirmation des officiers exerçant à la mort de Charles VI.*

Paris, 22 octobre 1422. (C. L. XIII, 8.)

Le chancelier et les gens du conseil de France (2) : à tous ce qui ces présentes lettres verront : salut.

Comme par le trespas du Roi nostre souverain seigneur, que Dieu absolve, il soit à doubter que les officiers de ce royaume comme non ayans par ledit trespas pouvoir de besongner ne entremettre sur le faict de leurs offices, ne veullent cesser d'entendre chacun en son estat, dont se pourrait ensuir très-grans inconvéniens à la chose publique de ce royaume, se pourveu n'estoit; sçavoir faisons que nous ayans considération aux choses dessusdites, et voulans sur ce pourveoir en manière que le faict gouvernement de la chose publique dudit royaume, puisse estre conduict et maintenu en bon estat et préservé de plus grande desolation, eu sur ce très-grand advis et meure délibération de conseil, avons voulu et ordonné; et par le teneur de ces presentes voulons et ordonnons que chacun officier de quelque estat et condition qu'il soit, tant de justice comme d'autres, soit tenu l'exercice de son office ainsy et pareillement qu'il faisoit avant dit temps, par manière de provision, et jusques à ce que en soit autrement ordonné; et que tout ce que par lesdictz officiers sera faict au regard de leurs offices, soit de telle vertu et valeur comme il eust esté avant ledit trespas, et en tant que touche les finances que les payemens des choses nécessaires et aussy gages d'officiers

---

(1) Elles furent confirmées par le Roi d'Angleterre le 5 décembre.

(2) Le Roi mort, on n'osa donner au roi d'Angleterre le titre de *roi de France*, et lorsque six jours après on insinua dans le parlement qui siégeait à Paris de mettre à la tête des arrêts et des actes de chancellerie le nom de Henri VI sous le titre de Roi de France et d'Angleterre, il fut résolu qu'il fallait attendre les ducs de Bourgogne et de Betfort, qui étaient pour lors absens. Ainsi les lettres de chancellerie continuèrent de s'expédier au nom du chancelier et du conseil, et d'être scellées du sceau de la prévôté de Paris, en cire blanche, comme elles l'avaient été depuis la mort du Roi. Le duc de Betfort s'étant rendu à Paris le 5 novembre, on commença quatre jours après à expédier les lettres de chancellerie au nom de *Henri, roi de France et d'Angleterre*, mais on continua encore quelque temps à les sceller du sceau de la prévôté de Paris, parce que le grand sceau de Henri n'était pas encore achevé. On ne s'en servit pas avant le 25 de ce même mois. (C. L. XIII, 2, *préf.*) Il faut remarquer qu'Henri prenait en Angleterre le titre de roi de France avant ces époques. (Rymer, t. IV, part. IV, p. 82.) (Decruzy.)

[...] payés par les gouverneurs des finances ainsi que paravant [...]

Item. Que les lettres patentes expediantes et nécessaires pour [le] bien publicq, seront expediées par nous ensemble, et scel[lées] du scel de la prevosté de Paris jusques audit temps. Si don[nons] en mandement au gens des comptes à Paris, trésoriers et [géné]raux-gouverneurs des finances de ce royaume, au prevost de [Paris] et à tous les autres justiciers de cedit royaume ou à leurs [lieu]tenans et à chacun d'eux sy comme à luy appartiendra, que [à] ceste présente ordonnance ilz se gouvernent et maintien[nen]t en manière qu'ils en soient à recommander. En tesmoing [de] ce, nous avons faict mettre le scel de la prevosté de Paris à [ces] présentes.

Donné à Paris, etc. Ainsy signées par le conseil.

N°. 2. — MANDEMENT *qui ordonne au gouverneur et aux gens du conseil du Dauphiné de pourvoir à l'abrégement des procès.*

Château de Meun-sur-Yèvre, 16 novembre 1422. (C. L. XIII, 1.)

CHARLES, par la grace de Dieu, roi de France, dauphin de [Vie]nnois, aux gouverneur et gens de nostre conseil de nostre pays [de] Dauphiné, salut et dilection.

Exposé nous ont nostre procureur général et le procureur des [troi]s estats de nostredit pays, disans, qu'en la cour souveraine [et] autres dudit pays tant pour occasion des grandes dilations et [aus]si accessoires et voyes obliques en quoy les parties se mettent, [leu]rs causes sont prolongées, tellement que tres-ennuis en vien[ne]nt les parties à fin, et sont rendues comme immortelles, et ad[vien]t souvent que les parties voyans leurs causes estre tellement [dif]férées, se désistent du tout de leurs causes; autresfois prennent [ac]cords à eux tres-dommageables, et avec ce, maintes fois par le [mo]yen desdites dilations, accesoires et voyes obliques, paravant [que] les parties soient appoinctées en enquestes, leurs tesmoings [von]t de vie à trespassement, et par ce moyen sont privez de leurs [pre]uves; pour occasion desquelles choses et maintes autres tou[ch]ant la prolixité desdites causes et procès, plusieurs, tant gens [d'é]glise, nobles, qu'autres de nostredit pays, n'osent encom[men]cer plusieurs et diverses causes qui tres-fort les touchent, [qui] revient à nous, au regard de nos causes et autrement, et aussi [à] la chose publique de nostredit pays, au tres-grand dommaage,

et seroit gregneur pour le temps advenir, si pourveu n'y [est]
de remède convenable, requerans humblement icelui : pour[quoi]
nous, ces choses considérées, vous mandons et comman[dons]
en commettant, si mestier est, que appellez avec vous
cleres, praticiens et autres connoissans en tel cas, en tel no[mbre]
qu'adviserez, vous pourvoyez à l'abrégement des causes et p[rocès]
de nous et de noz subjects, en faisant procéder les parties s[om-]
mairement et de plain, comment raison voudra, et rejettan[t et]
mettant au néant stiles, suittes et autres observances inde[ues et]
non raisonnables; et tellement qu'il n'en convienne plus le[sdits]
exposans revenir par devers nous sur ce plaintifs.

De ce faire vous donnons pouvoir et mandement special.

Mandons et commandons à tous les officiers, justiciers et [sub-]
jects de nostredit Dauphiné, que à vous, au regard des ch[oses]
dessusdites, obeyssent et entendent diligemment.

Donné, etc. Par le Roi daulphin et son conseil.

N°. 3. — PROCÈS-VERBAL *de reconnaissance de Henri VI, d'[An-]*
gleterre, comme roi de France.

Paris, 19 novembre 1422. — (Reg. du parlement. — Mém. des pairs, p. [...])

Du jeudi 19 jour de novembre. Vindrent et furent assembl[ez en]
la chambre de parlement les présidens et conseillers, et l'eve[sque]
de Paris, les maistres des requestes de l'ostel, et des comptes [du]
roy, les recteur et deputez de l'université de Paris, les chie[fs et]
deputez des chapitres, monasteres, collieiges, les prevost de [Pa-]
ris et des marchands, eschevins, advocats et procureurs de c[our]
et du chastelet, et autres, plusieurs bourgeois, manans et h[abi-]
tans de Paris, et y survint le duc de Bethfort frere du roy d'A[ngle-]
terre dernier, et n'aguerres trespassé, lequel s'assist seul ès ba[ncs et]
sieges de ladite chambre de parlement, ou lieu où le premier [pré-]
sident a accoustumé de seoir; et par son ordonnance ledict ch[an-]
cellier, en la présence des dessus nommez, entre autres ch[oses]
récita les grands diligences qui avoient été faictes, pour m[ettre]
bonne paix entre les royaumes de France et d'Angleterre,
comment dernierement par le moyen du mariage et allianc[e du]
dict feu roy d'Angleterre, et de la fille de France royne d'A[ngle-]
terre, on avoit faict traicté de paix entre lesdicts royaumes, [selon]
la teneur desdictes lettres sur ce faictes : et que dudict ma[riage]
estoit descendu un beau fils, nommé Henry, roy de Franc[e et]
d'Angleterre, et par ledit traité devoit estre roy desdits [royaumes]

DÉCEMBRE 1422.

..., etc. Disoit oultre que le duc de Bethfort regent de ce ..., pour ledict Henry son nepveu roy de France et d'An[gleterre], avoit intention et bonne voulonté d'employer corps, ... et chevance pour le bien de ce royaume, et pour maintenir ... subjects d'icelluy en bonne justice et bonne paix et tranquillité, ... que avoit fait sondit frere le feu roy d'Angleterre dernier ..., et que ledit regent avoit intention de faire venir et re... la duché de Normandie à la couronne, et entretenir la paix ... les deux royaumes, selon la teneur des lettres sur ce faictes ... passées, et que pour mieulx et plus fermement entretenir le... traicté de paix, il avoit ordonné de faire assembler les des... sommez en ladicte chambre de parlement, pour jurer de ... l'entretenement dudit traicté, et paix final d'entre lesdicts ... royaumes. Et lors fist appeller et venir lesdicts assistans, jurer en ... mains et ès mains dudict chancellier qui tenoit un missel, et ... chacun jurer d'entretenir ledict traicté de paix, soubs ... obeissance dudict Henry roy de France et d'Angleterre et dudict ... regent, et encharges le chancellier au recteur et deputez de l'u... niversité, qui firent serment en leur main, qu'ils feissent as... sembler ladicte université, pour faire jurer tous les autres supposts ... d'icelle université; semblablement enchargea au prevost des mar... chands, de faire assembler en l'ostel de la ville les habitans d'i... celle, par quartiers l'un après l'autre, pour jurer et faire le ser... ment; et finablement ledict duc de Bethfort advoüa ce que avoit ... et proposé ledict chancellier de par luy.

§. — LETTRES *de Henri VI portant confirmation des ordonnances du conseil de France rendues pour maintenir les officiers dans l'exercice de leurs offices, et pour approuver les paiemens faits depuis la mort de Charles VI.*

Paris, 5 décembre 1422. (C. L. XIII, 8.)

HENRY, par la grace de Dieu, roi de France et d'Angleterre, à ... amez et feaux gens de nos comptes et trésoriers à Paris, salut ... dilection, sçavoir vous faisons que nous, par l'advis et delibé... ration de nostre très-cher et très-amé oncle, Jean, régent nostre ... royaume de France, duc de Bethfort, avons faist veoir et visitter ... certaines ordonnances et provisions faistes pour le bien de nous ... et le bien public de nostredit royaume de France, en nostre ab... sence et de nostre dit oncle par nos amez et feaux les chancelier ... et gens du conseil de France, après le trespas de notre très-cher seigneur, et ayeul le roi de France dernier trespassé, que Dieu absolve, contenues icelles provisions et ordonnances en des lettres patentes dont la teneur ensuit. (V. ci-dessus.)

Et avec ce nous ait esté exposé que par vertu desdites lettres les officiers ont exercé et continué, exercent et continuent en leurs charges et offices, tant en faist de justice comme en payement des finances, jusques à ce que par nous autrement en soit ordonné : toutesfois par ce que les payemens dessusdicts n'ont esté et ne sont faictz que par l'auctorité desdits chancelier et gens du conseil, et que depuis nostredit oncle a accepté ladite regence de France, l'en doubte que lesditz payemens n'ayent esté et ne soient pas par vous gens de nosdictz comptes, alloués ès comptes des payemens, sans ratification et approbation de nous; pour ce est-il que nous ayans regard aux bonnes considérations desdicts chancelier et gens du conseil, avons par l'advis et délibération que dessus, louez, agreez et approuvez, louons, aggreons et approuvons par ces presentes tous les payemens qui ont esté faicts depuis ledit trespas de nostredit ayeul par vertu desdictes lettres dessus transcriptes, et chacunes d'icelles jusques à aujourd'huy, et voulons qu'ils soyent allouez ès comptes des payemens, et rabbatus de leurs receptes par vous gens de nosditz comptes, par rapportant par devers nous avec ces presentes, lesdites lettres et ce qu'il faut rapporter par vertu d'icelles; et en outre par l'advis que dessus, voulons que vous tresoriers faictes payer, bailler dellivrer par le changeur de nostredit tresor à Paris et autres gens de récepte qu'il appartient, tout ce qui est escheu tant des gages d'officiers comme de capitaines et autres depuis le jour de ladite régence acceptée par nostredit oncle, et qui escherra doresnavant, jusques à ce que autrement en sera ordonné par vertu des lettres royaux et autres qu'ilz en ont de nostredit ayeul comme de nostre dit chancelier et trésorier de France ; lesquels payemens ainsy faicts, nous voulons semblablement, estre alloués ès comptes desditz payans, et rabatu de leurs receptes par vous gens de nosditz comptes, en rapportant cesdites presentes pour une fois, avec les lettres servans à ce, et les quittances et certifications suffisantes.

Si vous mandons, commandons et expressement enjoignons, et à chacun de vous sy comme à luy appartient, que ainsy le faictes sans contredit ou difficulté : car ainsy nous plaist-il estre faict.

Donné à Paris, le cinquiesme jour de decembre, l'an de grace quatre cens vingt-deux, et de nostre règne le premier. Par le roi à la relation de monsieur le régent le royaume de France, duc de Bethfort.

N°. 5. — LETTRES *en forme d'arrêt et jugement, qui statuent sur un procès élevé entre le procureur et les bourgeois des communes de la Rochelle, d'une part, et les maire, échevins, conseillers et pairs de la même ville, au sujet de l'élection du maire, de la juridiction du conseil de ville, etc.*

Bourges, 3 janvier 1422. (C. L. XIII, 11.)

N°. 6. — ORDRE *aux conseillers du parlement de prendre de nouvelles lettres après la mort du Roi*

Paris, 8 janvier 1422. (Regist. XIII du parlem. — Mém. des pairs, p. 711.)

Ce jour survint en la chambre de parlement, messire Jehan le Clerc chevalier chancelier de France, et disoit en effet, que ou grant conseil, n'agueres tenu par le duc de Bethfort regent, avoit esté ordonné, que les officiers du Roy, qui après le trespas du Roy Charles VI, avoient esté et seroient continuez en offices du Roy, auroient et prendroient nouvelles lettres; et pour ce ledit chancelier a enjoint aux dessus nommez présidens et conseillers, de continuer et perseverer en bonne justice, à l'expedition des causes et procès, ainsi qu'ils ont accoustumé de faire, et qu'ils fassent diligence de rapporter et mettre en ses mains, dedans lundy prouchain venant, les lettres anciennes de leurs offices, et faire sceller en la chancellerie lettres nouvelles de leursdites offices commandées oudit grant conseil, à maistre Bande des Bordes, si comme il disoit, et fut dit dès-lors par le chancelier, que lesdits présidens et conseillers, ne payeront rien pour les sceaux de leursdites nouvelles lettres, etc.

N°. 7. — *Réglement sur la justice en Dauphiné* (1).

14 janvier 1422.

CHARLES, etc. (*Suivent les lettres ci-dessus.*)

Quibus visis, et instantibus supplicantibus vicibus reiteratis, cum maturâ et digestâ deliberatione; congregatis consiliariis delphinalibus, pluribus advocatis, et multis aliis super reforma-

(1) Il a été rédigé en vertu du mandement du 16 novembre 1422.

tione stili ordinis judiciarii et abreviatione causarum et pro...
suum in dictis litteris mentionatis, et maximè die hodiern...
conclusione super dictis stilo, ordine judiciario, et abreviati...
causarum, habitâ in consilio in quo fuerint reverendi in Chri...
patres Domini advocati et causarum patroni in supremo con...
torio Delphinatûs, et quamplures alii jurisperiti, practici et cau...
sarum peritiam habentes : ordinavimus et statuimus circa dict...
stilum, ordinem judiciarium, et abbreviationem causarum à c...
tero esse procedendum, ut infrà, sub certis rubricis, ut a...
declarabitur; quibus sic actis, in dictâ civitate Gratianopolit...
in aulâ supremi consistorii delphinalis, nos sedentes pro tribu...
nali, praesentibus supra nominatis, necnon in dicto consistori...
supremo procuratoribus, et multis aliis, dictas ordinationes et
statuta solemniter legi et publicari, et consequenter eas et ea incon...
cusse et inviolabiliter ordinavimus et ordinamus perpetuò obser...
vari, stilis, diffugiis, cavillationibus et aliis observantiis indebiti...
quibuscumque, rejectis et penitùs relictis.

(1) In causis patrimonialibus procedetur, prout infrà decla...
bitur procedendum in causis privatorum.

(2) In primâ dietâ assignatâ partibus, actor, quovismodo in...
choet causam per supplicationem, vel aliàs, per advocatum
suum oretenus petitionem suam proponere faciet. Quo facto, in...
frà terminum viginti dierum non excedentem tenebitur offer...
reo, pro et loco libelli, petitionem suam articulatam, factum su...
in eâ clarè deducentem et concludentem, manu dictantis signa...
tam : et ampliùs non admittetur actor in causâ ad ponendum et
articulandum pro ulteriori deductione libelli.

(3) *Item.* Dictae petitionis copia, parti reae tradetur, et termin...
arbitrio curiae, qui triginta dies non excedat, sibi assignabitur ad
proponendum suas exceptiones et facta contraria quae voluerit,
per advocatum suum oretenus; quo facto incontinenti dictas ex...
ceptiones suas et facta tenebitur tradere in scriptis per articulo...
clarè deducentes et concludentes : et ulteriùs non admittetur re...
in ipsâ causâ ad ponendum et articulandum, pro deductione ex...
ceptionum et factorum dictorum.

(4) *Item.* Parti actrici copia dictorum articulorum exceptione...
et facta contraria continentium, concedetur; et deindè terminu...
qui triginta dies non excedet, dabitur actori ad replicandum; et
consequenter similis terminus reo ad duplicandum per advoca...
tum et oretenus; et replicando et duplicando, dicta tradent...
scriptis per articulos, si eis videatur, vel cui ipsorum videbitur.

(5) *Item.* Dictæ partes, tam actrix quàm rea, in suis articulis dictis, si eis videatur, proponent et allegabunt rationes juris, cum factis ipsarum, secundum quòd eis melius videbitur faciendum : et ulteriùs dictæ partes non admittentur ad articulandum.

(6) *Item.* Dictis articulis hinc indè traditis, quælibet pars, per se vel per procuratorem suum sufficienter fundatum, infra terminum qui viginti dies non excedet, teneatur respondere; videlicet reus singulis articulis petitionis partis actricis, et replicando actrix, si qui fuerint, cum juramento et per verbum *credit* vel *non credit*, necnon conclusioni ipsorum litem contestando. Et similiter cum juramento et per verbum *credit* vel *non credit*, actor tenebitur respondere singulis articulis super exceptionibus, factis contrariis, et duplicando pro parte reâ traditis.

(7) *Item.* Si aliqua partium, sive sit actor sive reus putaverit per responsionem partis principalis relevari, ipsâ requirente, dabitur terminus qui triginta dies non excedat, ipsi principali si præsentialiter existat, vel eo, per procuratorem comparente, ejus procuratori, et ex abundanti parte, per procuratorem comparentem ipsi principali mandato curiæ loco præcepti notificandus, ad respondendum in propriâ personâ per verbum *credit* vel *non credit*, prout dictum est : quo casu ille qui petet partem adversam in propriâ personâ responderi ; tenebitur etiam in propriâ personâ asseverare articulos quibus petet per principalem responderi.

(8) *Item.* Si partes infra terminum eis assignatum non respondeant, sive pars fuerit monita ut respondeat ipsâ præsentialiter existente, vel eâ per procuratorem comparente, ipse procurator et ex abundanti, dicto casu, mandato curiæ loco præcepti, principalis pars, ut est dictum, fuerit monita ut respondeat, articuli quibus non fuerit responsum habebuntur pro confessatis.

(9) *Item.* Partes non admittentur ad disputandum de impertinentiâ, admissione, vel repulsione dictorum articulorum et propositorum hinc indè traditorum ; sed recipientur omnia, et recepta intelligentur, salvo jure impertinentium et non admittendorum : ne prætextu talis disputationis, litis decisio differatur.

(10) *Item.* Datis hinc indè à partibus articulis, responsionibusque ut dictum est factis, et adveniente termino prædicto partibus probare valentibus, deputabuntur commissarii unus vel plures, et congruo tempore, si partibus videatur, tradentur in-

terrogatoria, super quibus, resecatis resecandis, testes examinabuntur, et dabitur unicus et peremptorius terminus ad probandum per testes, duorum mensium, vel brevior, arbitrio curiæ prolixior, non nisi curiæ videatur, propter longam testium distantiam vel absentiam, longiorem dilationem concedendam, quæ tamen alterius mensis spacium non excedat. Et assignabitur terminus prædictus ipsis partibus, ad publicationem testium audiendàm.

(11) *Item.* Pars rea, si voluerit, primò poterit producere suos testes, et facere suam inquestam; similiter actor : nec erit æqualiter attendendum, quis primò actor vel reus processerit ad examinationem suorum testium; qui testes à quâlibet parte producti, super omnibus articulis super quibus pars voluerit procedere, uno contextu examinabuntur, sic, quòd dumtaxat fient duæ inquestæ, una pro actore, et alia pro reo, licet à qualibet parte binâ vice fuerit, ut dictum est, articulatum.

(12) *Item.* Pars producens testes coram commissariis vel commissario, tenebitur tradere testi modicas scedulas sive etiquetas, declarantes super quo vel quibus articulis voluerit testem quem produxerit, examinari; et super illis solùm, dictus testis examinabitur.

(13) *Item.* Termino quo fiet testium publicatio, quælibet pars tenebitur producere instrumenta, litteras, et alia documenta literatoria quibus voluerit se juvare, et tempore productionis ipsorum, tenebuntur partes declarare ad justificationem quorum articulorum, dictæ literæ et alia documenta literatoria producentur : et si dicto termino non produxerit vel produxerint, et non declaraverint ad cujus articuli vel articulorum probationem producunt, ulteriùs non admittentur.

(14) *Item.* Ante dictum terminum super dictâ publicatione fiendâ ordinatum, partes dicta instrumenta, litteras, et alia documenta literatoria, poterunt producere, in casibus quibus ex non productione dictorum instrumentorum et literarum pars adversa posset ab expensis revelari.

(15) *Item.* Factâ publicatione et instrumentorum productione modo prædicto, utrique parti omnium tam attestationum, litterarum, instrumentorum et documentorum quàm aliorum hinc inde productorum, concedatur copia; et si aliqua partium volue-

---

(1) ... qu'il ... terminus.... *duorum mensium, vel brevior arbitrio curiæ, vel prolixior, nisi curiæ videatur,* etc.

JANVIER 1422.

objicere in dicta et personas testium, et aliquid dicere, obiicere et proponere contra ipsas litteras, instrumenta et documenta litteratoria, hoc facere per articulos teneatur, termino assignando, qui unum mensem non excedat, nisi pensatâ naturâ et qualitate causæ, multitudine scripturarum, vel aliàs, majorem terminum curia duxerit assignandum, qui tamen alterius mensis non excedat spacium.

(16) *Item.* Dicto termino lapso, concedatur copia utrique parti, eorum quæ dicentur in dicta et personas testium, et contra literas, instrumenta et alia documenta literatoria; et si adversùs objectus (1), dicta et proposita contra testes, eorum dicta, literas et alia documenta literatoria, pars velit aliquid dicere vel allegare, proponat articulos deffensorios et probatorios, termino assignando qui viginti dies non excedat; et alterius minimè audiatur.

(17) *Item.* Ad probandos articulos suprà mentionatos, à publicatione testium citra traditos, dilatio detur, quæ triginta dies non excedet, juramento præstito per partes vel earum procuratores, quòd ex malitiâ non proceditur; et deputabuntur unus vel plures commissarii ad testes recipiendos et examinandos, super articulis proximè dictis.

(18) *Item.* Peractis supradictis, vel nihil objecto in personas aut dicta testium, publicatione eorum factâ, nec aliquid proposito vel dicto contra litteras, instrumenta vel documenta litteratoria, illicò partibus instantibus, vel earum alterâ, ad proponendum de jure et de facto, terminus triginta aut quadraginta dies non excedens concedatur.

(19) *Item.* Partibus non instantibus, ad proponendum de jure et de facto, vel dicto termino assignato ad proponendum elapso, habebitur pro renunciato et concluso in causâ, ex officio curiæ; et ad diffiniendum et sententiam audiendam, terminus peremptorius assignetur, arbitrio curiæ præligendus; et pendente dicto termino, partes si voluerint, allegationes juris infra quindecim dies à tempore assignationis poterunt tradere, nisi ex causâ curia alium terminum duxerit statuendum.

(20) *Item.* Super compulsoriis nuper per recolendæ memoriæ dominum *Guillermum* de *Arcâ*, pro tunc gubernatorem *Delphinatûs*, fuerunt edita statuta quæ sequuntur.

(21) *Item.* Si pars inchoet à compulsoriis litteris processum,

(1) Reproches.

instrumento obligationis vel submissionis porrecto, compulsoriæ cum assignatione ad quindecimam diem ad minùs ab executione concedantur: quarum copia reo mittetur, et earum executio per notarium à tergo describetur.

(22) *Item.* Reus legitimè comparens termino prædicto, admittetur ad probandum exceptionem falsi, transactionis, rei judicatæ, solutionis, præscriptionis, et pacti de non petendo exceptiones, vel earum alteram; pro quarum vel cujus justificatione, terminum peremptorium quindecim dierum habebit, et copiam instrumenti obligationis, si voluerit: quod quidem instrumentum pro justificatione compulsoriarum tenebitur actor exhibere.

(23) *Item.* Singulorum, per reum propositorum et productorum, actori, si petat copiam, concedatur; et pro responsionibus, replicationibus et probationibus, ordo et modus superiùsdicti, in causis per petitionem vel supplicationem inchoatis, observetur.

(24) *Item.* Reo personaliter apprehenso, necnon parente vel comparente, sed nullam prædictarum exceptionum apponente, litteræ præcisè concedentur actori, vim et auctoritatem rei judicatæ obtinentes, quæ lapsis decem diebus executioni demandabuntur.

(25) *Item.* Reo personaliter non apprehenso, nec termino assignato comparente, saltem ad locum domicilii iteratò citabitur, et simili termino sicut suprà; in quo si compareat, similiter procedetur ut suprà quando fuit apprehensus. Si verò contumax existat, litteræ præcisè concedentur.

(26) *Item.* Præcedentia verò intelligi debent in casu quo à *Delphinatu* reus non abesset, citationis tempore.

(27) *Item.* Reo à *Delphinatu* absente, si longa speretur ejus absentia, et mora evidenter sit damnosa actori, nec defensor appareat, detur curator bonis, cum quo ut suprà procedetur, nisi longior existimetur dari dilatio curatori, verisimiliter alienum factum ignoranti.

(28) *Item.* Omnes termini prædicti erunt peremptorii, sic quòd cuilibet partes satisfacere teneantur, nec aliàs ulteriùs admittantur.

(29) *Item.* Dicta statuta et ordinationes volumus observari: hoc addito, quòd si contingat actorem impetrantem litteras compulsorias, aliquid velle dicere, contra exceptiones partis reæ replicando, et dictus reus in oppositum duplicando: ordo et modus tam in articulis et conclusionibus quàm aliàs, et termini superiùs dicti, in causis aliis suprà declaratis, observentur.

(30) *Item.* Pars illa quæ infra tempus debitum duxerit appellandum, teneatur infra quindecim dies apostolos petere, quos judex illicò concedere teneatur, vel saltem primo termino per eum statuendo, qui octo dierum spacium non excedat, nisi voluerit gravamen illatum revocare, quod potest, respectu interlocutoriæ, ut infrà dicetur; nec ulterius illo prætextu appellans adire judicem tenebitur, sed perinde erit ac si apostoli fuissent per eum concessi. Deindè introducetur dicta appellatio coràm superiori consistorio, seu præsidente infra tempus à judice à quo assignatum; et si tempus non fuerit assignatum, ad tardius introducetur per appellantem infra mensem, à die sententiæ vel interlocutoriæ promulgatæ, aliàs habebitur pro desertâ. Et super prædictis concedentur litteræ citatoriæ terminum, triginta dierum non excedentes, cum inhibitione fiendâ judici à quo, et parti, ne quid novi fiat: videlicet quando appellatum fuerit ab interlocutoriâ, dilatione pendente, et quando à diffinitivâ, appellatione pendente.

(31) *Item.* Si fuerit appellatum ab interlocutoriâ ordinatione vel præcepto, appellans petet apostolos, et judex tenebitur tradere infra tempus, ut est dictum; aut gravamen illatum in interlocutoriâ si voluerit revocare.

(32) *Item.* Insuper, super appellatione ab interlocutoriâ, fuit per dictum quondam dominum *Guillermum de Areâ Delphinatis* gubernatorem, ordinatum ut sequitur. (Appellatione ab interlocutoriâ emanatâ dabitur appellanti citatio, quæ spacium triginta dierum non excedat; quâ etiam pendente, nihil novi fiet a judice à quo, cui quidem judici mandabitur, quatenus acta cadæ clausa remittat; nec in causâ prædictâ datione libelli opus erit; et nisi partes alia petierint, eisdem ad audiendam sententiam terminus assignabitur. Si verò pars copiam actorum petat, dabitur eidem, et terminus viginti quinque dierum præfigetur, absque alio processu ad sententiam audiendam).

(33) *Item.* Quam ordinationem volumus observari, hoc addito, quòd si notarius instantiæ à quâ requisitus differat tradere parti appellanti quamprimùm poterit copiam actorum coràm ipso agitatorum sumptibus moderatis, solvet domino nostro regi delphino emendam decem florenorum auri, et parti expensas sed malitiâ vel culpâ factas.

(34) *Item.* In appellationibus à diffinitivis, apostolis petitis, appellationibus introductis, et litteris citatoriis et inhibitoriis obtentis, ut est dictum, termino citationis adveniente, pars appel-

lans tradet libellum suum articulatum, materiam appellationis et alia quæ de novo proponere voluerit deducentem, et recte concludentem; et ulterius non audietur ad alia de novo proponenda, quorum copia parti appellatæ conceditur, terminum qui viginti dies non excedat assignando.

(35) *Item.* Dicto termino adveniente, appellatus si libellum confirmatorium articulatum dare voluerit, admittetur: insuper, si quas exceptiones vel defensiones adversùs noviter proposita, ex adverso tradere voluerit, per articulos clarè deducentes dictas exceptiones et defensiones, et rectè concludentes, admittetur; et demùm ad ulteriora procedetur circa replicationes et duplicationes libellorum articulatorum, responsionesque et probationes hinc indè fiendas, et aliàs quemadmodùm in primis instantiis privatorum fuit declaratum, hoc addito, quòd judex, quantum rationabiliter poterit, dilationes et terminos abbreviabit; quibus peractis procedetur ad diffinitionem, partibus ad hoc assignatis, prout in sæpè dictis primis instantiis privatorum fuit ordinatum.

(36) *Item.* In secundis autem et tertiis appellationibus, cum quantum rationabiliter poterit, dilationes et terminos prædictos decurret, ut finis litibus quæ quasi immortales fuerunt hactenùs, cum minori partium dispendio imponatur; aut saltem prout in primis appellationibus dictum, et stilum et terminos ibidem statutos observet.

(37) *Item.* Quia multotiens contingit secretarios *delphinatûs* in processibus scribentes, ipsos processus tradere et reportare curiæ, cum interlineaturis et rasuris, ob quod materia suspitionis non modica oritur; statuimus et ordinamus quòd à cætero, dicti secretarii dictos processus teneantur facere in posterum sine interlineaturis et rasuris. Et si contigerit dictas interlineaturas et rasuras aliquo casu intervenire, quod pro posse dicti secretarii evitabunt, ipsi secretarii in fine scripturæ in quà dictæ interlineaturæ et rasuræ intervenient, sub signis suis manualibus tenebuntur ipsas interlineaturas et rasuras declarare et approbare.

(38) *Item.* Habito pro renunciato et concluso in causà, et termino assignato ad diffiniendum et sententiam audiendam, ne aliquid possit detrahi, removeri vel etiam adjungi processibus; ordinamus et statuimus quòd incontinenti et anteà quam ad ulteriora procedatur, processus perforatis foliis à parte inferiori, cum cordono sive cordulà sequestretur, et per appositionem sigilli regiminis Delphinatûs in extremitatibus sive bullis dictorum cordoni sive cordulæ.

(39) *Item.* Insuper ad majorem securitatem, secretarii scribentes in processibus, incontinenti post assignationem ad diffiniendum et sententiam audiendam, declarabunt et certificabunt sub signis suis manualibus, numerum foliorum existentium in quolibet processu, à principio ipsius usque ad dictam diem assignatam ad diffiniendum.

(40) *Item.* Si per partes litigantes vel earum procuratores in responsionibus vel aliàs calumnia committatur, dictam calumniam committentes, absque aliâ formâ processus, ex eisdem actis, pœnâ pecuniariâ vel aliâ graviori, arbitrio curiæ, prout convenientiùs videbitur, punientur.

(41) *Item.* Quia, ut intelleximus, nonnulli secretarii delphinales in processibus scribentes, processus originales quandoque partibus principalibus, quandoque earum advocatis et procuratoribus vel aliis personis de gremio consilii non existentibus tradunt, ob quod, ut verisimiliter potest perpendi, inconvenientia multa possunt oriri: statuimus et ordinamus quòd à cætero dicti secretarii in processibus scribentes, sub pœna privationis officiorum suorum, et aliâ pœnâ arbitrio curiæ statuendâ, unâ cum omnibus interesse et damnis partis occasione præmissorum substentis, dictos processus originales nullatenùs tradant, seu quovismodo in manibus dictarum partium principalium, earum advocatorum, procuratorum et aliorum quorumcumque de gremio consilii non existentium, ponant, sine nostro vel consilii mandato expresso.

(42) *Item.* Si contingat aliquem originalem processum inquisitionalem vel patrimonium delphinale tangentem tradi per secretarios delphinales advocato vel procuratori fiscalibus, occasione ad videndum jus domini nostri regis delphini; dictus advocatus vel procurator dictum processum recipiens, tenebitur tradere secretario à quo processum recipiet, scedulam manu suâ signatam, continentem receptionem dicti processûs debito modo in dictâ scedulâ designati.

(43) *Item.* Omnia alia et singula statuta et ordinationes per dictum quondam dominum Guillermum de Areâ Delphinatûs gubernatorem, in quibus tenore præsentium non repetitur aliquid immutatum vel derogatum, in suo robore volumus permanere.

N°. 8. — Lettres mentionnant une assemblée des trois états du royaume à Bourges (1), faite pour la levée d'un impôt.

Bourges, 24 janvier 1422. (C. L. XIII, 14.)

N°. 9. — Lettres de Henri portant décri des monnaies d'or et d'argent fabriquées hors des villes de son obéissance.

Paris, 27 janvier 1422. (C. L. XIII, 14.)

N°. 10. — Ordonnance du Roi qui maintient les libertés de l'Église gallicane (2).

Bourges, 8 février 1422. (C. L. XIII, 22.)

Charles, etc. Notre procureur général nous a exposé, que jaçoit que par très-grande et meure délibération, les prélats et clergé de France convoquez, appellez et assemblez par plusieurs fois en notre ville de Paris et en notre grand conseil, la matière grandement ouverte et discutée, l'Église de France et les personnes d'icelle ayant esté reduites et ramenées à leurs franchises et libertez anciennes et à droit commun ancien, dit et déclare que les élections, confirmations et collations de benefices seront faites par les ordinaires, et par ceux ausquels appartient de droit commun et ancien, cessant et rejettées toutes resignations et bulles, ou procès apostoliques; et aussi qu'aucuns vacans ne se payeroient à nostre sainct pere, auquel par autres moyens et voyes raisonnables nous aiderions et ferions nos sujets ayder à luy secourir à supporter son estat; ait aussi esté desendu par lesdites ordonnances, pour le profit de nous, de nostre royaume et sujets, et pour la conservation d'iceluy, qu'aucun ne portast hors de ce royaume l'or; ait aussi esté dit par arrest de nostre parlement, que lesdites ordonnances seroient tenues et gardées doresenavant perpetuellement sans enfreindre; et ait esté commandé à tous nos justiciers, officiers et sujets de les tenir et garder, lesquelles ordonnances, libertez et franchises ont esté publiées, tellement qu'aucun n'en peut ne doit pretendre ignorance: ce nonobstant plusieurs nos sujets et autres, par vertu de resignations ou bulles apostoliques, de jour en jour prennent et acceptent, et s'efforcent d'avoir et obtenir benefices en ce royaume, en prennent la possession, et s'efforcent de citer et faire citer

---

(1) Le Recueil des États-généraux les mentionne, mais sans rapporter aucun acte.

(2) V. les lettres du 2 avril 1418.

...jets en cour de Rome, ou par devant aucuns commissaires ...ez de nostre S. pere, (qui est directement venir contre les ...libertez et franchises de l'Église et personnes ecclésiastiques, ...contre lesdites ordonnances, et contre droit commun et an... ...), et aussi en opprimant et travaillant nos sujets, si de pro... ...ce estoient contraints en cour de Rome, au grand con... ...de nous, desdites ordonnances et dudit arrest, et au grand ...judice et dommage desdites franchises et libertez de nosdits ...jets; lesquelles choses et entreprinses ont esté, et sont par au... ...juges de nostre royaume trop legerement dissimulées, ou ...faveur, ou sous ombre de ce qu'aucuns ont dit et publié en ...lieux, et dient, que nous avons intention de revoquer et ...per lesdites ordonnances; et pour ce nous a requis sur ce ...tre provision et declaration de volonté.

Pour quoy nous qui avons intention et ferme propos de tenir ...dites ordonnances, ces choses considerées, desirans de tout nostre cœur, comme tenus y sommes et juré l'avons, garder les franchises et libertez de l'Église de laquelle nous sommes protec... ...et defendeur, et lesdites franchises, libertez et ordonnances ...dissimulation estre executées sur les peines et par la forme ...maniere contenue esdites ordonnances, en l'execution d'icelles et dudit arrest, et que nostre très-grande déplaisance seroit d'i-celles ordonnances dissimuler en quelque maniere que ce fust; par grande et meure deliberation sur ce eue en nostre grand con-seil, vous mandons, commandons, et expressement enjoignons que lesdites ordonnances, franchises et libertez de l'Église et des personnes ecclésiastiques vous tenez et gardez, et icelles faites tenir, garder et executer selon leur forme et teneur de poinct en poinct, sans enfreindre, en contraignant à ce faire, tous ceux qui par voye directe ou oblique voudroient ou s'efforceroient venir en quelconque maniere au contraire, par prinses, arrest et de-tation de leurs personnes, et prinse et arrest desdites bulles, procès, citations, excommuniemens, oppositions; decret ou au-trement, et en les punissant comme infracteurs de constitutions et ordonnances royaux, sans aucune dissimulation, et tellement que ce soit exemple à tous autres; et vous defendons, et à cha-cun de vous, qu'ausdites bulles, resignations, citations, excom-muniemens, oppositions, decrets et autres procès qui se feroient par vertu desdites bulles ou procès apostolique au prejudice des-dites ordonnances, vous n'obeissiez ne souffriez estre obey, et y tenir tellement la main, que lesdits infracteurs n'osent et n'ayent plus hardiment de plus entreprendre à l'encontre de nous, des dites ordonnances et libertez, et dudit arrest; et ces presentes faittes publier par tout où il appartiendra, à ce qu'aucun n'en puisse pretendre ignorance.

Et outre, pour ce que des presentes sera besoin de soy ayder en plusieurs lieux, nous voulons qu'au *vidimus* d'icelles fait sous seel authentique, foi soit adjoustée comme à l'original : car ainsi nous plaist-il estre fait, nonobstant oppositions et appellations quelsconques, et lettres à ce contraires.

Donné, etc. Par le Roy, en son grand conseil.

N°. 11. — LETTRES *qui moyennant finances, déchargent les habitans d'Issoudun de tout droit de mortaille, de tout joug et lien de servitude, et les restituent à toute* ingénuité *et* natalité, *avec droit de succéder les uns aux autres.*

Bourges, juillet 1423. (C. L. XIII, 32.) — Reg. en la ch. des comptes le 9.

N°. 12. — LETTRES *de Henri qui fixent à vingt-quatre le nombre des courtiers de chevaux dans Paris.*

Paris, décembre 1423. (C. L. XIII, 41.)

N°. 13. — LETTRES *qui prorogent pour dix ans l'exemption d'impôts en faveur des marchands Castillans* (1) *trafiquant dans le royaume.*

Selles en Berry, mars 1423. (C. L. XIII, 44.)

N°. 14. — LETTRES (2) *du pape Martin V au roi Charles VII, sur la mort de Charles VI son père.*

Rome, 1423. (Biblioth. du Roi, carton 113; M* de Colbert, vol. LXIV, p. 582.)

MARTINUS, papa V, carissimo in Christo filio Carolo VII° Francorum regi illustri, salutem.

---

(1) Le principal commerce maritime de France se faisait alors par les Italiens dans les ports du royaume situés sur la Méditerranée, et par les Castillans et les Portugais dans ceux sur l'Océan, principalement à l'embouchure de la Seine, à Harfleur et à l'Heure. Les prévôts de ces lieux étaient constitués juges des causes relatives aux commerçans étrangers; et le doyen de l'église de Rouen, le bailli et le vicomte de cette ville en étaient les conservateurs avant la domination de Henri. (Villevault, *Préf.*, vij.)

(2) Cette pièce est doublement remarquable; d'abord, comme lettre de condoléance sur la mort d'une tête couronnée, ce qui est aujourd'hui plus que jamais d'usage diplomatique, et ensuite, parce que le pape reconnait le souverain qui donnera, de la part du roi d'Angleterre, à des observations et de la cour de Rome à la sorte de désaveu, qu'on trouve dans Rymer. (Isambert.)

... dolere et pias lacrymas continere caritas nostra non potuit, ... nobis nunciata fuit mors celebris et proclarae memoriae, cha... ...imi quondam in Christo filii nostri Francorum regis, illustris ...itoris tui, enim animum subiit, regiae domus et sanguinis et ... pristinae fortunae memoria, et consideratio infirmitatis suae, ...orumque presentium quae nos et te et ceteros qui eum ama... ...t facere promptiores debet ad laudandum deum qui, si etiam ... rebus secundissimis de regno tranquillo, et seniore corpore ...ocavisset, esset à nobis de omni voluntate sua laudandus, ...sertim cum illi christianissimo regi plurimum boni, mali ni... ...l acciderit qui ad regnum caeterum vocatus est imperio regis ...erni. Suscipiamus igitur consolationem in domino, et miseri... ...ordiam ejus humiliter implorare pro defuncti regis anima non ...emus.

Verum, fili carissime, quoniam tu debitores non minoris pie... ...tis in patriam quam in patrem, rogamus excellentiam tuam, ...t omnes curas et cogitationes tuas convertas ad populi tui quie... ...tem, et patriae tuae salutem, quam non minus debes amare quam ...atrem, quam filios, quam te ipsum, et cum se regem esse co... ...gitaris necesse est, si recte consideras, fatearis te publicum pa... ...triae patrem esse oportere quod paternae caritatis officium cum ...entibus et nationibus quae in tuo regno continentur praestare ...caris in omni statu, omnique fortuna, nunc maxime diuturno ...ello fatigatae, et tantis calamitatibus afflictae, humanitatem et ...pientiam tuam requirant, ut eas aliquando à tantis laboribus ...beratas in optata pace componas quibus profecto nihil melius, ...hil optabilius dari potest, pro! Velis extinguere iras et odia ...t injuriarum omnium oblivisci, illaque omnino tua benigni... ...te remittere, nec te commutatio rerum aut aliqua nova feli... ...citas à consilio pacis avertat, nec tibi blandiantur homines aut ...onae suae tribuant quae dominus solus fecit in cujus manu ...orda sunt regum, et aufert spiritum principum quando vult, ...a si quidem et infirma sunt humana consilia, nec illa do... ...inus dixerit, qui rebus omnibus tempora modosque consti... ...uit, cum igitur ab eo acceperis id quod habes, ipsi referendae ...evotae atque humiles gratiae sunt, et in cunctis tuis actionibus ...jus auxilium implorandum, qui profecto, si per suas semitas ...mbulabis, tuis rectis et honestis desideriis prosperos cursus ...abit. Initia igitur regni tui illi commendes, et secundum ejus ...egem et mandata disponas, et tu cum regio diademate fueris ...ornatus tibi persuadeas quod alia quidem sunt pretiosiora regum

ornamenta quam diadema et purpura, fides scilicet, hum...
et justitia, et super omnia timor Dei et veneratio ecclesia...
sine quibus regnum quidem novum usurpari potest, verus...
et justus rex esse non potest. Quare, fili carissime, te obsecr...
ut Deum timeas, et sanctam ejus ecclesiam venereris, nec p...
tiaris opprimi in regno tuo ecclesiasticam libertatem, quæ s...
et clarissimis regibus progenitoribus tuis, summa cura et di...
gentia fuit defensa. Non enim pro statu et honore tuo, et p...
quiete et pace regni tui nostra semper studia interponemus, q...
nihil per nos accommodatius fieri potest ad servandam et ampl...
ficandam dignitatem tuam. Cæterum dilectus filius G....., do...
torum doctor consiliarius et orator serenitatis tuæ, quem libent...
audivimus commissa sibi parte fideliter exponentem, de sin...
ceritate nostræ voluntatis et de nonnullis aliis plenius informab...
quem pro sua virtute, et fide ac diligentia in factis tuis præst...
gratum habuimus, et eundem tuæ celsitudini commendamus...

Datum Romæ.

N°. 15. — Édit ou Ordonnance (1) *concernant les filles publiques à Paris* (2).

Paris, avril 1424. (C. L. XIII, 46.)

Henry, etc : A nous avoir esté humblement exposé de la part des marregliers et paroissiens de l'église de Saint-Merry à Paris, disans comme ladicte église ait esté d'ancienneté et de tels temps qu'il n'est à present memoire du contraire, et encores soit l'une des notables paroisses, église collegial de ceste nostre bonne ville de Paris, et assise en l'une des notables rues et places d'icelle ville en laquelle paroisse soient demourans, manans et habitans plusieurs gens notables de divers estaz et condicions, lesquel... pour ce que la dicte paroisse est de grant circuité et estendu...

---

(1) V. ci-après les lettres du roi légitime, du 15 février 1424.
(2) Saint-Louis (Ordonn., 1254, vol. 1, p. 264.) après de vains efforts pour purger son royaume des femmes publiques, s'était borné à les séparer autant que possible des autres citoyennes, et ses successeurs suivirent long-temps le même système. A Paris, elles ne pouvaient porter les robes et les parures réservées aux femmes honnêtes, et si elles osaient s'en revêtir, on les amenait au château, où elles en étaient dépouillées. Elles ne pouvaient habiter dans tous les quartiers; elles avaient des rues, des demeures qui leur étaient affectées. Il leur était permis d'exercer leur commerce dans certains lieux et durant certain temps de la journée; mais on leur avait fixé l'heure de la retraite, 6 heures en hiver, 7 heures en été, par l'ordonnance du prevôt de Paris, du 30 juin 1395. (Vil... vaut, *Préfac*.)

...rn, de plusieurs rues, comme des rues neufve Saint-Merry, Sainte-Croix, Symon-le-franc, Beaubourg, la Fontaine Maubué, d'autres notables lieux, à l'adresse d'icelle eglise et paroisse au lieu que l'on dit Baillehoe (3), estans assis auprès et joignant de ladicte eglise, auquel lieu de Baillehoe sièent et se tiennent continuellement femmes de vie dissolue et communes, que ont dit bordelières, lesquelles y tiennent clapier et bordel publique, qui est chose très-mal seant et non convenable à l'honneur qui doit estre deffere à l'eglise et à un chacun bon catholique, de mauvais exemple, vil et abhominable, mesmement à gens notables, honorables et de bonne vie comme sont lesdis exposans (4), et avec ce plusieurs autres maulx, perils et inconveniens s'en peuvent ensuir de jour et de nuit ausdis exposans et autres noz subgiez frequentans icelle eglise; en nous humblement requerans que pour l'onneur et reverence de Dieu, de ladicte eglise et du service divin qui par chacun jour, et à toutes heures canoniaux notablement est fait et celebré en icelle eglise, et aussi en faveur d'iceulx exposans, de leurs femmes et enfans, et pour donner exemple de honneste, bonne vie et doctrine, et eschever tous inconveniens qui à l'occasion de ce que dit est pourroient ensuir ou temps advenir, nous de nostre grace leur veuillons sur ce pourveoir de remede condescent et convenable.

Pour quoy nous, ces choses considerées, ayans principalement consideration et regard à l'onneur de saincte eglise, en memoire et reverence de Dieu nostre createur, du benoist corps saint Merry, et du service divin, et voulans oster à notre povoir toutes occasions de pechier et de mener mauvaise et dissolue vie, en faveur aussi desdis exposans, leurs femmes et enfans qui souventeffois, comme l'en dit, ont laissé à venir à ladicte eglise, à l'occasion dudit bordel; considerant aussi que en nostredicte ville a moult d'autres lieux et places ordonnées à ce, et mesmement assés près d'ilec, comme au lieu que l'en dit la *cour Robert*, et

---

(3) Sauval croit que c'est aujourd'hui la rue *Brise-Miche*. (*Hist. de Paris*, tom. 1, pag. 121.)

(4) En 1386, les chanoines de Saint-Méry s'opposèrent à l'expulsion des courtisanes qui habitaient les maisons de leur chapitre, parce qu'elles payaient de gros loyers. (Reg. du parlem.) (Decrusy.)

Tandis que l'usurpateur les flétrit au moins par son langage en leur accordant une tolerance forcée, le roi légitime les prend sous sa protection. Il parle de leurs droits, privilèges et libertés. (*V*. ci après l'ordonn. du 13 février 1424.)

(Isambert.)

ailleurs plus loing de l'eglise, pour retraire lesdictes femmes, qui sont comme non habitées : par l'advis et deliberation de nostre grant conseil, avons voulu et ordonné, voulons et ordonnons par maniere de edit, et ausdis exposans avons octroyé et octroyons de nostre pleine puissance, auctorité royal et grace especial par ces presentes, que doresenavant en ladicte rue de Baillehoe, ne environ icelle eglise de Saint Merry, plus près que ledit lieu de la *cour Robert*, ne ait, se tiengnent, repairent ou demeurent de jour ou de nuit (5), femmes quelzconques estans de la vil condicion dessusdicte, en quelque maniere que ce soit ; mais nous plaist et ordonnons par edit irrevocable, que tantost ces lettres veues, elles soient contrainctes de fait à vuider hors de tous poins d'icelle rue, par prise de corps se mestier est, et autrement par toutes voies deues et raisonnables, sans ce que elles ne autres de ladicte condicion; ores ne pour le temps advenir y puissent retourner, estre ne demourer, tenant la vie dessusdicte.

Si donnons en mandement, etc.

N°. 16. — *Lettres de Henri concernant le privilége des bourgeois de Paris, relativement aux maisons vacantes ou en ruines, sur lesquelles ils ont des hypothèques.*

Paris, 27 mai 1424. (C. L. XIII, 47.) — Publ. au parlem. le 30.

Henry, etc. Comme pour les grans et excessives charges de rentes, ypotheques et autres debtes dont plusieurs maisons, lieux et heritages assis en nostre bonne ville de Paris et ès faubours et appartenances d'icelle, et pour occasion de mortalite et guerres qui ont puis xv ans en ça esté en nostre royaume de France, grant partie d'icelles maisons soient tournées en ruyne et demolicion, et celles qui ne sont pour le present ruyneuses, esquelles on peut bien habiter, ne pevent estre louées, par ce que on ne treuve personne qui les veuille louer, non la tierce partie de ce dont elles sont chargées, par quoy ladicte ville est en adventure de devenir en très grant difformité et désolation; et combien que pieça noz prédécesseurs rois de France considerans semblables inconveniens qui lors estoient, eussent pour obvier à yceulx, donné et octroyé aux bourgeois de nostredicte ville, appelé le privilége aux bourgoiz ; par lequel chacun bourgoiz qui avoit rente sur aucune maison, et qui à cause d'icelle lui estoient deuz aucuns

---

(5) On ne leur interdit pas de se montrer en public et de provoquer; ce qui est favoriser l'immoralité.

..., povoit et peut ycelle maison faire mettre en criées; ... durent ung an et quarante jours; et ycelles criées faictes ... parfaictes, tous ceux qui à ycelles ne s'opposent dedens ledit ..., perdent tout tel droit qu'ilz ont et pevent avoir sur ycel... maisons; mais neantmoins, à cause des oppositions qui se ... ausdictes criées, qui sont comme perpetuelles, et dont on ... peut avoir fin ne conclusion, pour la prolixité des procès ... longs délays et autres cautelles qui en ce sont faictes, ledit privilége est comme de nul effet, et par ainsi lesdictes maisons demeurent inhabitées et sont converties en masures et places ... en grant deturpation et amendrissement de nostredicte ville, qui est la capitale ville de nostredit royaume; et pour ce ... ont humblement supplié les prevost des marchands, esche... et bourgois de nostre dicte ville, que sur ce vueillons pourvoir de remede propice et convenable.

Pour quoy, nous qui pour grans causes, justes et raisonnables desirons très-singulièrement, comme raison est, le bien et utilité de nostredicte bonne ville, par l'advis et deliberation de nostre très-chier et très-amé oncle Jehan régent nostre royaume de France, duc de Bedfort, et des gens tant de nostre conseil, comme de nostre court de parlement, et d'autres notables personnes pour ce assemblez par devers nostredit oncle, avons voulu et ordonné, voulons et ordonnons pour le bien et augmentation de nostredicte bonne ville, et abreviacion desdiz procès, estre observez et gardez les ordonnances qui s'ensuivent.

(1) *Premièrement.* Que le privilége pieça donné et octroyé par noz prédécesseurs roys de France, à noz bourgois et habitans de nostredicte bonne ville de Paris, demourera et sera tenu en ses termes au regard desdictes maisons vuides, vagues, ruyneuses et inhabitées, assises en ladicte ville et fourbours d'ycelle, et se feront les criées par vertu dudit privilége desdictes maisons vuides, vagues, ruyneuses et inhabitées, selon la forme et teneur dudit privilége et que accoustumé a esté faire d'ancienneté.

(2) *Item.* Que toutes maisons vuides, vagues, ruyneuses et inhabitées, qui seront criées par vertu dudit privilege aux bourgois, se pourront louer, et de fait seront louées par auctorité de justice pendant lesdictes criées, se l'en trouve personne qui ycelles vueillent louer nonobstant et sans prejudice d'ycelles criées.

(3) *Item.* Que toutes manieres de maisons qui seront habitées, et n'y aura point de propriétaire, se pourront semblablement crier par vertu dudit privilége, à la requete de celluy ou ceulx qui

auront rentes sur ycelles maisons, ainsi et tout en la forme et manière que se elles estoient vuides, vagues et non habitées.

(4) *Item.* Et s'il advient que pendant lesdictes criées et avant qu'elles soient parfaictes, aucun qui se dit propriétaire, vienne et se traye parclevers celluy ou ceulx qui feront faire lesdictes criées, et les paye de leur deu, ja pour ce lesdites criées ne cesseront, ou cas toutesvoies que autres prétendans avoir droit de rente ou de ypotheque sur ladicte maison, vouldront continuer, reprendre et parfaire ycelles criées, ouquel cas faire le pourront, tout ainsi que faire l'eust peu cellui qui aurait commencé lesdites criées, et sans autre évocation pour ce faire (1).

(5) *Item.* Pour obvier à ce que aucun ne soit fraudé par le moyen desdites criées qui se feront doresenavant par vertu dudit privilege, desdictes maisons et autres heritages non vuys, ainsi que dessus est dit, et à ce que ung chacun, en ce que dit est ayant interest, puisse avoir cognoissance d'icelles criées, nous avons ORDONNÉ et ORDONNONS que en faisant lesdictes criées et chacune d'icelles, seront faictes les croix que l'en a accoustumé faire en tel cas; et avec ce y sera mise d'abondant une bannière apparente ou front ou pignon principal d'icelles maisons ou autres heritages, où il y aura escript que la maison est criée par vertu dudit privilege : et si y seront oultre faites lesdictes croix selon lesdites criées, laquelle bannière y demourra pendant ycelles criées (2).

(6) *Item.* Que toutes manieres de maisons vuides, vagues, ruyneuses et inhabitables (3), desquelles les censiers ou rentiers ne tiennent ou tenoient compte, mais les laissent ou laisseroient cheoir et devenir en ruyne, et en cest estat auroient esté par ung an entier, nostre procureur en nostre Chastelet de Paris pourra ycelles maisons faire bailler à rentes par criées qui seront faites en la maniere accoustumée en nostre Chastelet de Paris, par les XIIIes, aux plus offrans et derniers encherisseurs, pour tourner et convertir la rente à quoy elles seront ainsy baillées, au proufit de cellui qu'il appartendra : et ledit bail ainsi fait, vauldra et tendra, et demourront ycelles maisons franches et quittes de

---

(1) Il en est encore de même aujourd'hui quand la saisie est dénoncée au créanciers. (Isambert.)

(2) On ne connaissait pas alors les affiches. (*Idem.*)

(3) Les biens vacans et sans maître appartiennent à l'État ; autrement, les officiers du prince n'ont pas le droit d'en disposer. (*Idem.*)

toutes autres rentes et charges, excepté de celles à quoi elles seront ainsy baillées.

(7) *Item.* Pour pourveoir à l'abreviation des procès qui sont et pourront estre meuz pour occasion des oppositions faictes et à faire à cause desdites criées, avons ORDONNÉ et ORDONNONS ce qui s'ensuit :

(1) *Premierement.* Que incontinent ce que les criées par vertu dudit privilége seront commencées, ceulx qui auront et pretendront avoir droit de rente sur ycelles maisons, pourront pourseir l'un l'autre afin de garnir ou quitter.

(2) *Item.* Que tous les adjournemens qui seront faiz au domicile esleu par les opposans auxdictes criées, en faisant leurs oppositions à ycelles, vauldront et seront d'autel effect et vertu comme se faiz estoient aux personnes d'iceulx opposans, tant au regard de celui qui fera faire lesdites criées, comme desdiz opposans l'un contre l'autre.

(3) *Item.* Que les defendeurs qui seront en procès afin de garnir ou quicter, n'auront que deux delays; c'est assavoir, garant et pour absence; et tant au regard de celui qui aura fait lesdictes criées à l'encontre de ceulx qui se seront opposés, comme desdiz opposans l'un contre l'autre.

(4) *Item.* Que à ceulx desdiz opposans qui en tel procès se vanteront de lettres, lesdiz deux delays de garand et d'absence passez, le juge leur donra et prefixera temps de XL jours et au dessoubz, à l'arbitrage du juge, et non plus, ou cas que le procès se fera après lesdictes criées faictes et parfaictes, lequel temps passé; ou cas que dedens icellui ilz n'auront baillié leursdictes lettres et tiltres, ilz seront deboutez de leursdictes lettres et de toutes autres preuves par lettres.

(5) *Item.* Et se parties chiéent en fais, c'est assavoir que l'un die son droit estre premier et avant l'autre, ou qu'ilz proposent autres faiz contraires, icelles parties seront incontinent appoinctées à rapporter l'enqueste dedens certain jour qui pour ce faire leur sera donné de deux mois et au dessoubz, et non plus, à l'arbitrage du juge, sur ce qui sera baillié par maniere de rebriche, le plus brief que faire se pourra, et sans respondre, et au jour de rapporter l'enqueste, une chacune desdictes parties qui vouldra prendre estat sur absence, faire le pourra, et lui sera donné par le juge au plus long d'un mois, et au-dessoubz, à l'arbitrage du juge; et le jour de rapporter icelle enqueste, fini et passé, jour

sera assigné à oïr droit aux parties, sauf les contredix et salvacions qui se bailleront dedens quinzaine et non plus.

(6) *Item.* Et pour ce que aucuns pour fouyr, delayer ou retarder les causes et procès despendans d'icelles criées, pourroient de legier interjecter plusieurs appellacions, nous avons ordonné et ordonnons que lesdiz appelans ez matières dessusdictes, seront tenuz de relever leursdictes appellacions dedens xv jours apres ycelles appellacions interjectées, et en ycellui mesme parlement, se ilz en ont faculté, ou autrement au prouchain parlement lors advenir, nonobstant que les parties ne soient des jours dont l'en plaidera lors.

Si donnons en mendement à noz amez et feaulx conseillers les gens tenans et qui tendront nostre parlement, au prevost de Paris, et à tous noz autres justiciers, etc.

Donné, etc.

Par le Roy, à la relacion du grant conseil tenu par monseigneur le régent le royaume de France, duc de Bedford.

N°. 17. — *Lettres de Henri touchant les rentes constituées sur les maisons et héritages à Paris.*

Paris, 27 mai 1424. (C. L. XIII, 19.) — Publiées au parlement, au Châtelet et à son de trompe par les carrefours le 30.

Henri, savoir faisons que entre les sollicitudes que nous avons d'entendre au bon gouvernement des citez, bonnes villes et communautez de nostre royaume de France, celles préalablement sont fichées en nostre pensée, qui touchent et regardent l'utilité et continuation de nostre bonne ville de Paris, capital et principal lieu et siège souverain de nostredit royaume, à laquelle non pas seulement les autres provinces, pays et bonnes villes d'icellui nostre royaume, mais généralment tous autres nations ont eu de toute ancienneté leur regart et considération, tant pour la grant et bonne justice qui ez temps de noz predecesseurs roys de France et soubz eulx y a esté aux grans et aux petitz raisonnablement administrée, comme pour la demeure que souvent y faisoient les seigneurs de nostre sang et lignage, et avecques eux pluseurs barons, chevaliers et autres notables gens, et aussi pour la grant multiplication des clers solemnez qui de toutes les régions chrétiennes y affluoient pour acquérir degrez et sciences, et pour la grant fréquentation des marchans et ouvriers qui de toutes pars y venoient et residoient, pour avoir bonne et briefve expedition de leurs denrées, marchandises et ouvrages; à l'occasion desquelles choses et des notables habitations estans en icelles, nostredicte ville estoit moult renommée, habitée de notable peuple et garnie très-abondamment de richesses et marchandises, mais ainsi que par les prevost des marchans, eschevins et notables bourgoiz de nostredicte ville, avons esté de nouvel acertenez et avertiz qu'icelle nostredicte ville depuis quinze ans en ça, a esté et est moult diminuée et empirée par les guerres, divisions, mortalitez, famines et autres pestilences qui depuis ce temps y ont couru; et avec ce pour les grans et excessives rentes et ypotheques dont sont chargées lesdictes maisons, et que pluseurs personnes par default de marchandises, labours, pratiques, ouvrages et autre manière de vivre, ont esté contraintes de plus avant charger de rentes leursdictes maisons et héritages, et les autres n'ont eu de quoy les soustenir, reparer, ne payer les rentes qu'elles devoient, parce que on ne les povoit ne peut louer à la moitié près de la charge d'icelles, dont il est advenu que très-grands parties desdictes maisons sont cheües, demolies et ruineuses, et les autres inhabitées, en grant diminution et difformité d'icelle nostre ville, et pourra encores plus estre, se de nostre plaine puissance et auctorité royal, n'y est briefment pourveu de remede raisonnable et convenable; pour quoy nous, les choses dessusdictes considérées, desirans de tout nostre cuer, comme raison est, l'accroissement, utilité et continuation de nostredicte ville, et éviter à nostre povoir la diminucion et dépopulation d'icelle, avons ja pieça par l'avis et deliberation de nostre très-chier et très-amé oncle Jehan régent nostre royaume de France, duc de Bedfort, ordonné et commis pluseurs notables personnes ecclesiastiques et séculières, tant de nostre grand conseil, comme de nostre court de parlement, et autres, en bon et souffisant nombre, pour nous advertir et adviser de tout ce qui pourroit estre au bien, accroissement, utilité, répopulation et continuation de nostredicte ville, lesquelx après ce que par longues journées y ont vacqué et entendu diligemment, ont rapporté en nostre grand conseil à Paris par devers nostredit oncle, ce qu'ilz avoient advisé en la matière; et veuz leurs adviz et iceulx discutez et digerez meurement en nostredit grant conseil, en la presence de nostredit oncle, avons par son advis et deliberation, eües sur ce les opinions des gens de nostredit grant conseil, fait, voulu, et ordonné; faisons, voulons et ordonnons de nostredicte plaine puissance et auctorité royal, les ordonnances qui s'ensuivent.

(1) **Premierement.** Que dorésenavant on ne pourra chargier, à pris d'argent ne autrement, de rente perpetuelle, maisons ou heritaiges assis en nostredicte ville et faubours de Paris, se ce n'est jusques à la valeur du tiers de ce que lesdictes maisons ou heritaiges pourroient valoir de rentes en commune estimacion, à comprendre en ce les autres charges précédens: laquelle estimacion se fera par l'ordonnance du prevost de Paris, ou autres commis à ce.

(2) *Item.* Et que ce doresenavant aucunes rentes constituées ou à constituer ou temps à venir, sont vendues, quiconque sera propriétaire de l'eritage lors ou pour le temps à venir, les pourra réavoir à tous ses bons poins, de quelconque personne que ce soit, lignager ou autre, en payant ensemble et tout à une fois le vrai pris qu'elles auront cousté, sans fraude, avecques les loyaulx coustemens et arrerages, pourveu que icellui pris ne excede le denier seize (1), et posé que le denier excedât xvi den. si ne sera tenu le racheteur d'en paier aucune chose oultre ledit pris; et tout ce au pris du marc d'or et d'argent, ou cas qu'il y auroit mutation de monnoye, et selon les ordonnances sur ce faictes.

(3) *Item.* Que toutes rentes non amorties qui ont esté vendues par les propriétaires sur les maisons et heritages de ladicte ville et faubours de Paris, depuis le jour de Pasques inclus, l'an mil cccc et dix, jusques à présent, pourront estre rachetées par ceulx qui sont ou seront propriétaires desdictes maisons et heritages au temps dudit rachat, par rendant le pris qu'elles consterent, avec les arrérages et loyaulx coustemens au pris du marc d'argent, selon les ordonnances royaulx. Et s'il advient que ceulx qui lesdictes rentes vendirent, veulent maintenir avoir esté deceus esdiz vendages oultre la moitié du juste pris, ilz pourront poursuir le supplément qu'il fauldra de la moitié de juste pris contre lesdiz propriétaires qui lesdictes rentes auront rachetées et retraites par vertu de ceste présente ordonnance.

(4) *Item.* Pourront les propriétaires poursuir les églises tenant rentes non amorties, constituées en ladicte ville et faubours de Paris, pour en vuider leurs mains, tout ainsi que pourroit faire nostre procureur ou autres ayans puissance de faire icelle poursuite.

(5) *Item.* Et se il advient que les propriétaires desdictes maisons et heritages ou aucuns d'eulx, achatent ou autrement ac-

---

(1) L'intérêt de l'argent était donc alors de 6 1/4 pour 100. (Lambert.)

quierent rentes dont ycelles maisons et heritages soient chargées, et depuis ce ilz renoncent à ycelles maisons ou heritages, ou leur soient évincées par le moyen des criées du privilege aux bourgois ou autrement, yceulx propriétaires pourront poursuir leursdictes rentes et les arrérages escheuz sur lesdictes maisons et heritages contre toutes personnes qui y prétendroient avoir rente, obligation ou charge à cause d'icelles, depuis qu'ilz y auront renoncié, ou qu'elles auroient esté évincées, et eulx aidier de priorité, comme eussent peu faire les vendeurs d'icelles rentes, ou ung tiers et estrange personne, s'il eust acheté ou acquis lesdictes rentes, nonobstant quelconque confusion que l'en pourroit arguer ou objicer en ceste partie, et laquelle confusion nous ne voulons prejudicier à iceulx proprietaires en quelque maniere que ce soit.

(6) *Item*. Et pour ce que par la très-grant et excessive charge des rentes, ypotheques et autres charges réelles dont pluseurs desdites maisons et heritages situées et assises en nostredicte ville, prevosté et viconté de Paris, ont esté chargées le temps passé, se sont meuz pluseurs débas et procès, et aussi sont cheuz en ruyne lesdictes maisons et heritages : nous, pour eschever lesdictes ruynes et procès, et pourveoir ou temps à venir à ce que ung chacun puisse avoir certaineté et vraie congnoissance desdictes charges et ypotheques, dont seront et pourront estre chargées lesdictes maisons et heritages, avons ordonné et ordonnons que doresenavant namplissement aura lieu ezdictes ville, prevosté et viconté de Paris, et que ezdiz lieux, ypotheques ne pourront estre constituez valablement, ne sortiront aucun effect, sinon du jour et date que ycellui namplissement aura esté fait (1).

(7) *Item*. Et au regard des autres charges réelles, comme rentes, debtes et obligacions constituées d'ancienneté et dès paravant la date de ces présentes, sur lesdictes maisons et heritages ezdictes ville, prevosté et viconté de Paris, avons pareillement ordonné que ceulx qui y vouldront avoir et prétendre droit d'ipotheques, seront tenus de faire ledit namplissement dedens ung an, à compter du jour et date de la publication de ces presentes : et tout ce que dit est dessus touchant ledit namplissement, tant au regard des droits ja constituez, comme de ceulx qui sont à constituer, réservons à déclairer et exprimer plus à plain par nos autres lettres que sur ce entendons faire publier.

---

(1) C'est une sorte d'inscription de créances hypothécaires. (Lambert).

Si donnons en mandement, etc. Donné, etc.

A la relation du grant conseil tenu par monseigneur le régent le royaume de France, duc de Bedford.

N°. 18. — ORDONNANCE *de Henry pour la rédaction* (1) *d'un règlement pour le Châtelet de Paris.*

Paris, 5 août 1424. (C. L. XIII, 88.)

HENRY, etc., à noz amez et feaulx conseillers les gens tenans nostre présent parlement et qui tendront ceulx à venir : salut et dilection.

Comme la cure de la majesté royale à nous commise, nous excite et contraingne à ce que les seigneuries, esquelles, Dieu octroyant, nous presidons, justice ait cours, pour laquele il est necessité que bonne police soit contenue et administrée pour toutes discordes dechassier, et que à chascun soit baillié son droit, ou autrement legierement elle dechiet et demeure en miserable ruyne; et il soit ainsy que entre les cours à nous subgectes en nostredit royaume de France, la cour de nostre chastellet de Paris soit une des plus notables, eu laquelle a moult grant affluence de causes et empeschemens de prisonniers, pour expedition et delivrance desquelles choses sont plusieurs officiers soubz et avec nostre prevost de Paris, comme lieutenant, greffiers, geoliers, clerc de geole, commissaires et notaires, et en oultre grant multitude d'advocas, procureurs et gens de pratique; et combien que toutes lesdictes personnes y soient et doivent estre pour l'expedition du bien et avancement de justice dessusdite, neantmoins nous avons entendu que plusieurs exactions, tromperies et mengeries y sont commises et perpetrées, en grant lezion et retardement dudit bien de justice, dommage et désertion de nos bons et loyaulx subgiez qui y ont recours pour la poursuite, dont grandes plaintes sont souvent venues et viennent de jour en jour, et s'en pourroient ensuir très-grans et irréparables inconveniens, se par nous n'y estoit pourveu de bon et convenable remède.

Pour ce est-il que nous, ce que dit est considéré, et attendans que vous estes les juges souverains de toutes les autres cours et juridicions de nostredit royaume de France, par quoy devez avoir principal soing et cure afin que soit bien pourveu au fait de ladicte justice, vous mandons, commandons et expressement en-

---

(1) V. ci-après, à la date de mai 1425.

joignons que le plus diligemment que faire pourrez, vous vous informez entierement de l'estat de ladicte court de chastellet, desdiz abuz, exactions, tromperies, et mengeries, et generaulment de toutes autres choses que vous aviserez qui seront à réformer pour ledit bien de justice. Et ce fait, sur-tout pourvéez et ordonnez tant par voye de réformacion comme autrement, que ledit bien de justice y soit bien et deuement administré, aussibien au petit comme au grant, aux moindres frais que faire se pourra; toutes cautelles, abuz, subterfuges, et voyes obliques déchassées, en punissant ceux qu'il appartendra ainsi que verrés à faire par raison; car ainsi nous plaist-il et voulons estre fait. Donné à Paris, etc. Par le roy, à la relacion du conseil tenu par l'ordonnance de M. le régent le royaume de France, duc de Bedford.

N°. 19. — *Forme de l'élection d'un chancelier.* (1)

Paris, 7 février 1424. (Reg. du parlem. — Mém. des pairs, p. 716.)

Ce jour à huit heures, se portèrent de la chambre de parlement, Morvillier et Longueul, présidens, et plusieurs conseillers dudict parlement, pour aller en l'hostel des Tournelles, pour aller devers le duc de Bethfort, régent, et pour eslire chancelier au lieu de M° Jehan le Clerc, qui le jour précédent avoit rendu les sceaux, et s'estoit excusé et démis de l'office et exercice de chancelier, ouquel office fut lors esleu, si comme disoit M° Loys de Luxembourg, evesque de Therouenne, qui ce jour y fut receu, et fist le serment accoustumé ès mains dudit Bethfort, régent ce royaume.

N°. 20. — ORDONNANCE (2) *du Roi qui prend sous sa protection les filles publiques.*

Toulouse, 13 février 1424. (C. L. XIII, 75.)

CAROLUS, etc. Ad supplicationem dilectorum nostrorum capitulariorum Tolosæ seu eorum syndici, et dictæ villæ ac Universitatis nostræ Tolosæ, nobis humiliter expositum fuit, quòd cùm dicti capitularii, seu Universitas dictæ villæ à longo tempore

---

(1) V. la note finale du règne de Charles VI, et la note sur l'ordonn. de mai 1408. (Isambert.)
(2) V. les lettres de Henry ci-dessus, avril 1424.

tenuerint et possederint, et de præsenti teneant et possideant bono jure et justo titulo, in præsenti civitate, quoddam hospitium vulgariter vocatum Bordelum, sive hospitium commune, situatum infra civitatem Tolosæ et ante clausuras civitatis prædictæ ac propè portam vocatam portam Crosarum, in quo hospitio à longo tempore citrà, moratæ fuerunt seu morari consueverunt mulieres vocatæ mulieres publicæ, sive, *las filias communes*, et de præsenti etiam moram trahant; in quoquidem hospitio dicti domini de capitulo, seu eorum thesaurarius recipiebant quolibet anno à dictis mulieribus seu arrendatoribus, commodum magnum (1) quod convertebatur ad utilitatem dictæ villæ, et de præsenti cessent recipere; attento quammaximè cùm de die in diem nocteque et frequenter omnibus horis incessanter in dicto hospitio quam plures ribaldi, lenones et malevoli accedant, qui quidem ribaldi, lenones et malevoli non verentes Deum (2) neque justitiam, cùm sint imbuti maligno spiritu, tam in dicto hospitio quàm etiam in personis dictarum mulierum et earum familiæ et in bonis earumdem quamplurima damna, violentias, oppressiones, injurias, fracturas per vim et violentiam committant, frangendo portas dicti hospitii, et camerarum ejusdem intùs existentium, destruendo dictum hospitium, diruendo tectum, et in quamplurimis aliis partibus ejusdem verberando vituperosè et atrociter dictas mulieres ibidem existentes, et easdem injuriando et malè tractando teneant, quòd verisimiliter dubitent dicti supplicantes in futurum in dictà possessione et personis mulierum quæ nunc sunt et pro tempore futuro erunt, ac in bonis et familià earumdem, per nonnullos ribaldos, lenones, malevolos, dicta damna, violentias, oppressiones, injurias eisdem fieri seu inferri, et per consequens dicti exponentes amitterent dictum commodum et remanerent læsi ab eorum juribus et utilitate: super quo nobis humiliter supplicarunt ut de remedio opportuno, seu condecenti, et benignitate regià eisdem providere dignaremur.

Nos igitur eorumdem exponentium in hàc parte supplicationibus inclinati, et ut dictæ mulieres communes bonaque earum

---

(1) Ainsi la grandeur du produit faisait passer sur l'immoralité. Il en est de ce cas comme de celui des jeux de Paris, et des loteries, dont les hommes moraux demandent l'abolition sans pouvoir l'obtenir. (Isambert).

(2) Ces ettres, dit Boucher d'Argis, *Nouv. Répertoire*, v° Bordel, offrent le contraste le plus bizarre de la débauche protegée et de la dévotion la plus ingénue. (Decrusy.) Charles VII, livré à ses maitresses, devait être indulgent pour les filles publiques. (Isambert.)

universa et servitores seu familiares earumdem ac hospitium dictæ villæ et Universitatis nostræ Tolosæ à talibus injuriis, damnis, violentiis, oppressionibus per nonnullas in futurum verisimiliter inferendis, defendi valeant et tueri, et in eorum juribus remaneant illæsi; dictas mulieres quæ nunc sunt, seu habitant, vel pro tempore futuro habitabunt in dicto hospitio, cum eorum bonis rebusque universis ac familiaribus in eodem hospitio commorantibus et habitantibus nunc aut in futurum, et dictum hospitium superiùs designatum dictæ villæ et Universitatis nostræ Tolosæ, in et sub protectione, tuitione, salvâ et speciali gardiâ nostrâ, ad eorum jurium et villæ ac Universitatis predictæ conservationem dumtaxat, suscipimus et ponimus per præsentes.

Mandamus senescallo et vicario nostris Tolosæ, aut eorum locatenentibus, cæterisque justiciariis et officiariis nostris et eorum cuilibet, qui nunc sunt, aut pro tempore erunt, quatenùs dictas mulieres nunc vel in tempus futurum habitantes in dicto hospitio, et earum familiares, in suis justis possessionibus, usibus, juribus, franchisiis, libertatibus et saisinis, in quibus ipsas et earum prædecessores fuisse pacificè, et ab antiquo inveneritis, manutenealis, tueamini debitè defendatis et conservetis; ac de personis, de quibus assecuramentum habere requisierint, illud eisdem, juxta patriæ consuetudinem, bonum præstari faciatis, et ipsas defendatis seu defendi faciatis ab omnibus injuriis, violenciis, gravaminibus, damnis, oppressionibus, molestationibus, vi armorum, potentiâ laicorum, ac novitatibus indebitis quibuscumque; non permittentes contra ipsas mulieres ac earum familiares, res et bona earumdem, hospitium in quo habitant seu habitabunt, aliquas fieri aut inferri injurias, aut indebitas novitates: quas si factas esse vel fuisse inveneritis, ad statum pristinum et debitum reducatis seu reduci faciatis indilatè, et nobis et dictis supplicantibus mulieribus emendam condignam præstari, præsentemque salvam gardiam nostram in locis et personis, uti et prout expedierit, publicari et inclinari faciatis, penicellosque seu baculos cum floribus lilii depictos, in signum hujusmodi specialis salvæ gardiæ et tuitionis nostræ, in dicto hospitio, possessione et bonis prædictis dictæ villæ et universitatis ac dictarum mulierum juribus, quæ jure scripto reguntur situatæ, et alibi in casu imminentis periculi apponi et affigi faciatis inhibendo seu inhiberi faciendo ex parte nostrâ, sub certis pœnis nobis applicandis, omnibus et singulis de quibus expedierit et fueritis requisiti, ne contra dictas mulieres, servitores seu familiares, res, bona earumdem, possessionemque dictorum exponentium villæ et Universitatis predictæ, aliquid forefaciant, seu forefacere presumant, nec vos id fieri permittatis. Et pro præmissis diligentius exequendis, unum vel plures servientes nostros regios eisdem supplicantibus suis sumptibus deputetis, si super hoc fueritis requisiti, qui tamen de iis quæ causæ cognitionem exigunt se nullatenus intromittant.

Datum, etc. Per regem, ad relationem consilii.

N°. 21. — LETTRES *de Henri portant défenses de sceller aucunes lettres de dons de finances.*

Paris, 20 avril 1425, après Pâques. (C. L. XIII, 84.)

N°. 22. — LETTRES *confirmatives des privilèges de juridiction et autres accordées aux officiers serviteurs des hôtels du Roi, de la Reine et du Dauphin, et à leurs veuves* (1).

Poitiers, 25 avril. (C. L. XIII, 84.)

N°. 23. — ORDONNANCE *de Henri VI homologuant le réglement sur l'administration de la justice au Châtelet, rédigé au parlement de Paris* (2).

Paris, mai 1425. (C. L. XIII, 88.) — Pub. en parl., le 25, et au Châtelet le 11 octobre même année.

HENRY, etc. Comme par notre commandement et par vertu de certaines nos lettres octroyées à la requète et instance de notre procureur du Roi, desquelles la teneur s'ensuit (3) :

Noz amez et féaulx conseillers les chancellier, présidens de nostre parlement et autres gens de nostre grant conseil et d'icel-

---

(1) Il est dit dans cette ordonnance qu'il est convenable que les serviteurs et familiers de tous princes aient des droits plus que personnes communes et privées en signes d'autorité, et en l'honneur de leurs maitres. (Isambert).

(2) En tête de cette ordonnance, on lit : « Ce sont les ordonnances royaulx du « Chastellet de Paris, qui ont esté faictes par grand et meure deliberacion de « conseil, en l'an mil cccc vint et cincq, lesquelles doivent estre leues chascun « an lendemain de *Quasimodo*, et le premier jour plaidoiable d'après vacacions « de vendenges ; et les promettront et jureront garder et observer les gens dudit « Chastellet, chascun pour tant que à lui puet et pourra toucher. » (Isambert).

(3) V. ci-dessus, au 5 août 1424.

nostre parlement, pour remedier auxdiz abuz et inconvéniens, pour relever nostre peuple des vexacions et exactions indeues, autrement faire et proceder selon la teneur de nosdictes lettres, feussent assemblez en la chambre de nostredit parlement à Paris, et eussent sur ce vacqué par plusieurs journées, et se feussent informez sur ce que dit est et du contenu en nosdictes lettres : savoir faisons que nous, eu consideracion aux choses dessusdictes, desirans de tout nostre cuer y mectre bonnes provisions et convenables remedes, pour faire cesser lesdiz abuz et inconveniens par l'adviz et délibéracion de noz dessusdiz conseillers, avons ordonné et ordonnons en la maniere qui s'ensuit.

(1) *Premierement.* Nous avons ordené et ordenons que le prevost ou garde de la prevosté de Paris, sera desormais tenu en tout temps, de venir et estre oudit chastellet, pour y besoigner et entendre au fait de son office, à sept heures au matin.

(2) *Item.* Ledit prevost et les autres officiers et praticiens dudit chastellet, seront tenus de aler et estre oudit chastellet, pour exercer le fait de leurs offices ordinairement tous les jours que noz conseillers de parlement seront en ycellui parlement, exceptez les jours et festes de saint Denys, sainte Katherine, saint Nicolas en yver, saint Germain-l'Aucerrois, et les vacations d'aoust et de vendenges.

(3) *Item.* Avons enjoint et enjoignons audit prevost, qu'il visite ou fasse visiter par son lieutenant, chascun jour, les tableaux des registres des emprisonnez le jour précédent, et que chascun lundi ledit prevost ou son lieutenant visite les prisonniers dudit chastellet, pour veoir leur estat, ou les face venir devant lui sur les quarreaux, pour savoir s'aucuns griefz ou oppressions leur ont esté faites par les geoliers ou autres.

(4) *Item.* Que ledit prevost ou sondit lieutenant, face tenir les prisons nettes.

(5) *Item.* Et deffendons à ycellui prevost, que desoremais il n'exige directement ou indirectement des sergens ou autres officiers dudit chastellet, chappons, or, argent ou autre chose, à cause de leurs institucions.

(6) *Item.* Que doresenavant il ne preigne ou applique à son prouffit les ceintures, joyaux, habiz, vestemens ou autres paremens defenduz aux fillettes et femmes amoureuses ou dissolues.

(7) *Item.* Enjoignons audit prevost, sur peine de privation de son office, qu'il pourvoie à l'office de clerc criminel, de bonne personne souffisante et ydoine, affin que par le fait d'icelui clerc,

aucunes faultes ou inconveniens n'avieignent : car s'il advenoit, ledit prevost seroit tenu d'en respondre.

(8) *Item.* Ordenons que ledit prevost, son lieutenant et les auditeurs dudit chastellet, ne pourront faire aucuns renvoys de causes par-devant autres justiciers, ne faire reddicions de prisonniers, ne taxer salaires ou despens sur nous, sans appeller nostre procureur : Et voulons que les taxations qui seront faictes sur nous, soient signées par celui ou ceulx qui les feront, et par le clerc.

(9) *Premierement.* Nous avons ordené et ordonnons que les auditeurs de nostre chastellet de Paris, ne cognoistront d'aucune cause qui monte oultre xx livres parisis, ne de cause de heritages, et ne pourront donner aucun decret, ne commission signer, fors ès causes et jusques à la somme tant seulement dont la cognoissance leur est baillée.

(10) *Item.* Que doresenavant lesdiz auditeurs de nostre chastellet, seront mis et instituez de par nous, par bonne election ou deliberacion, et auront pour gages chascun lx livres parisis; et avec ce, seront noz conseillers oudit chastelet; et auront et prendront chascun la pension acoustumée; et ne seront advocas, procureurs, pensionaires ne conseillers d'autres que de nous.

(11) *Item.* Et seront tenus lesdiz auditeurs, d'estre et seoir en leurs places et auditoires à huit heures du matin en temps d'esté: c'est assavoir, depuis Quasimodo jusques aux vacations de vendenges; et à neuf heures en temps d'yver : c'est assavoir, depuis lesdictes vacacions de vendenges jusques à Quasimodo; et se aucunes causes restent à matin à expedier pardevant eulx, ilz seront tenus de les expedier après disner, ou tant qu'ilz en pourront expedier.

(12) *Item.* Nous defendons ausdiz auditeurs, qu'ilz n'appoinctent en escriptures aucunes parties plaidans devant eulx, se ce n'est qu'il leur semble en leur conscience que la cause ne puist autrement prouffitablement estre expediée, et que ce soit pour chose montante au-dessus de xx sols parisis ; et ne seuffrent lesdiz auditeurs, les clers des procureurs des parties occuper pardevant eulx, ne signer par leurs tabellions aucuns appointemens prins avec lesdiz clers.

(13) *Item.* Avons ordené et ordonnons que quant aucune partie demandera l'amendement du prevost du jugement d'iceulx auditeurs, elle sera tenue de relever dedens xv jours, sur peine de xx solz parisis d'amende, et de perte de cause, s'elle ne re-

nance dedens viii jours; onquel cas elle paiera v sols seulement, et sera tenue de signifier à sa partie ou à son procureur ladicte reconciliation dedens iii jours après ce qu'elle l'aura faicte.

(14) *Item.* Se celui qui aura demandé l'amendement en deschiet, nous voulons qu'il paie xl sols d'amende ou plus, à la taxation de nostredit prevost, selon la qualité de la cause et la condicion de la personne; lequel prevost congnoistra sommierement et de plain de la cause de tel amendement demandé, et lui enjoignons que ainsi le face.

(15) *Item.* Et afin que les officiers de la court ecclesiastique n'entrepreignent sur la jurisdiction temporelle, nous enjoignons à nostre procureur en court d'esglise, qu'il aille par chascune sepmaine ès jours de mercredi et samedi et autres plaidoiables, ès auditoires des evesque, archediacre et chapitre de Paris, et fasse diligence de oïr durant les plaidoiries, les matieres dont l'en y traitera.

(16) *Item.* Nous avons ordené et ordenons que les procès de nostre chastellet, soient si secretement baillez de par nostre prevost, à visiter aux conseillers d'ilec, que les parties ne puissent savoir à qui leur procès sera baillé à visiter; et se le conseiller ou conseillers à qui le procès sera baillé à visiter, y treuvent aucun default, ilz les rapporteront secretement audit prevost et au clerc de la prevosté, et non point à la partie; et ne recevront lesdiz conseillers, actes, lettres, ne autre chose de la partie pour joindre au procès, mais seulement sera joint au procès ce qui y faudra, par la main dudit prevost ou de ses clercs de prevosté.

(17) *Item.* Et avons ordené que yceulx conseillers seront tenus d'eulx assembler avec ledit prevost ou son lieutenant, par chascune sepmaine, le jour du vendredi, pour entendre à l'expedition desdiz procès et au fait de l'exercice de leurs offices.

(18) *Item.* Et leur defendons que desormais ilz ne jugent aucuns procès au rapport de l'un de nozdiz conseillers, mais soient iceulx procès veuz et visitez au moins par trois ou deux d'iceulx noz conseillers, lesquelz soient concors en leurs opinions; et ou cas qu'ilz ne seront concors, ledit procès sera rapporté par l'un desdiz conseillers en la presence des autres qui l'auront veu et visité, et aussi des autres, se mestier est.

(19) *Premierement.* Nous avons ordené et ordenons que doresenavant aucun examinateur ne se serra ou reng du siège de nostredit prevost, et ne sera advocat, notaire, pensionnaire, ne procureur, et ne tenra autre office fors l'office d'examination.

(20) *Item.* Que les fais et articles des parties seront baillez nosdits examinateurs de par nostredit prevost; et ne sera aucun examinateur octroyé à partie qui le requiere; et sitost que les articles seront baillez à l'examinateur, et que les parties auront leurs tesmoins prests, l'examinateur examinera iceulx tesmoins continuellement; et se il advient que les tesmoins s'ajournent à Paris ou ailleurs par la faulte et coulpe des examinateurs, ce sera aux propres couts et despens d'iceulx examinateurs.

(21) *Item.* Se aucun défaut est trouvé en leur examination ou procès, si que ycelui procès ne se puisse juger, ilz examineront de rechief les tesmoins et repareront leur faulte à leurs propres couts; et ceulx qui seroient trouvez coustumiers de faire telles faultes, seront ostez de leurs offices.

(22) *Item.* Que toutes les examinations qui se feront par escript et sur articles, seront faictes par lesdiz examinateurs, et toutes qui chiet en leurs offices, et non par autres; et seront nommez et donnez par le juge, et non pas esleuz des parties ou de leurs procureurs; et seront les copies des articles et autres escriptures, faictes et signées par la main de la court, autrement rien n'en sera tauxé; et ne mettront lesdiz examinateurs aucunes responses en copies des articles, s'ilz ne voyent que ycelles copies soient yssues et baillées de la court.

(23) *Item.* Nous avons ordené et ordonnons que nostredit prevost ou son lieutenant, pour la povreté des parties ou autre juste cause, et non autrement, pourra donner commisseres au pays, aux parties se elles le requierent.

(24) *Item.* Avons ordené et ordonnons que doresenavant les parties ou leurs procureurs seront tenus en leurs personnes d'affermer leurs articles, et de respondre à ceux de leur partie adverse pardevant lesdiz commisseres, lesquelx ne recevront aucunes responses impertinens, ne par escript.

(25) *Item.* Nous avons enjoint et enjoignons ausdiz commisseres, que desoremais ils facent le rapport des arrestz des biens par eux seellez et des sergens mis en garnison ès hostelz des malfaiteurs ou crimineulx et d'autres trespassez sans hoirs, lendemain après ce qu'ilz les auront faiz, et qu'ilz les facent enregistrer oudit chastellet en leur presence, ainsi qu'il appartient: sur peine de x livres d'amende, et de rendre dommages et interests aux parties.

(26) *Item.* Ordonnons que desormais les examinateurs qui auront amené ou fait amener aucuns prisonniers oudit chastellet,

seront tenus de faire leur registre oudit chastellet le jour de l'emprisonnement, sur peine de x livres d'amende, et de restituer l'interest à partie; se ce n'estoit pour aucun cas qu'il convenist tenir secret pour le bien de justice; et sur la peine dessusdicte, seront tenus de rapporter lendemain l'informacion qu'ilz auront faicte sur ce; et avec ce seront tenus de declairer ou registre desdiz emprisonnemens, à la requeste ou complainte de quelles gens ilz ont ou auront amené lesdiz prisonniers.

(27) *Item.* Et ordenons que quant lesdiz commisseres auront fait adjourner aucunes personnes à trois briefz jours au greffe criminel dudit chastellet, ils seront tenus sur peine de x livres parisis d'amende, de rapporter audit greffe ou registre, leur exploiz le jour qu'ilz seront faiz ou le lendemain; telement que aux jours des adjornemens, nostre procureur puist requerir et prendre le prouffit desdiz exploiz, tel que de raison.

(28) *Item.* Et avons enjoint et enjoignons ausdiz commisseres, que tantost après l'an du trespas des testateurs, ils contraignent les executeurs d'iceulx testateurs à rendre leur compte desdictes execucions, s'il n'y a empeschement ou cause raisonnable pour quoy faire ne le puissent; et en oultre, s'ilz y apperçoivent aucun droit pour nous, qu'ilz le denoncent à nostredit procureur, sur peine de le recouvrer sur eux et d'en estre pugniz.

(29). *Item.* Nous avons défendu et défendons ausdiz commisseres, sur les peines dessusdictes, que ilz ne transportent aucuns biens hors des hostels où ilz les auront arrestez, jusques à ce que inventaire en soit fait.

(30). *Item.* Avons défendu et deffendons ausditz commisseres, qu'ilz ne copient doresnavant aucuns actes ou appoinctemens ou autres lettres produictes, pour mectres ycelles copies en fourme de preuve; se ce n'est que la partie produisante le requiere, et que la partie adverse soit presente ou appelée à collationner ycelles copies aux originaulx.

(31) *Item.* Et ne prendront lesdiz examinateurs aucunes taxations de despens à faire, se ce n'est par les clers ou clerc de l'auditoire; et que premierement ilz aient leur commission toute signée; et leur tauxation faicte, bailleront et rendront à la court et non point aux parties ou à leurs procureurs.

(32) *Item.* Lesdiz examinateurs mettront esdictes taxacions, à chascun article, ce que taxé auront du contenu en ycellui; et sera ce mis en la marge d'icelles taxations en droit ou en la fin d'un chascun article.

45.

(33) *Item.* Ordenons que les déclaracions des despens soient faictes le plus justement que l'en pourra, et afferrmées par serement, et aussi les diminucions, en deschargeant la court le mieulx et le plus que fait pourra estre ; et que s'aucun salaire est demandé par advocaz ou procureur, rien n'en soit taxé jusqu'à ce que le commissere aura parlé à l'advocat ou procureur, ou qu'il lui apperra deument de ce qu'il en aura receu.

(34) *Item.* Avons enjoint ausdiz commisseres, que désormais ilz taxent escriptures à compter xxx lignes pour chascune feuille et lxx lettres pour ligne, excepté que pour chascun espace d'entre deux articles, sera descompté une ligne ; et non mie selon le nombre des fueillez.

(35) *Item.* Et quant au salaire desdiz examinateurs, nous avons ordené et ordenons que pour oïr les reponses de causes communes, et les mettre en escript ou procès principal et es copies de partie adverse, un examinateur aura 8 sols parisis de chascune partie ; et s'ils sont deux examinateurs ensemble, ilz auront chascun 8 sols ; et se la cause estoit si grosse et pesant que en un jour les examinateurs ne pussent oïr les responses et y convenist vaquer par pluseurs jours, les examinateurs auront plus grant salaire ; c'est assavoir 16 sols parisis pour chascun d'eulx pour toute la cause ; et en petites causes, tant d'enhault comme d'embas, auront 4 sols parisis pour lesdictes réponses, et au dessoubz, selon la povreté des parties ; et seront tenus lesdiz examinateurs de oïr les réponses en personne, et les escripre ou faire escripre en leur presence et des parties.

(36) *Item.* Pour examiner tesmoins, et entendre diligemment ung jour entier, sans ailleurs besoigner, à l'examen des tesmoins, chascun desdiz examinateurs aura à Paris 16 sols parisis par jour ; et s'ilz vont hors Paris en commission, ilz auront chascun 32 sols parisis, pour chascun jour qu'ilz vacqueront diligemment à examiner tesmoins, comme dit est ; et pour chascun des jours d'aller et retourner de ladite commission, autant : mais ilz ne compteront riens des minutes de leurs examens ne pour leurs clers.

(37) *Item.* Pour mettre les dépositions des tesmoings en parchemin, ilz feront rooles d'un pyé de lé et de ii piez de long, à tout le moins, et en auront iii sols parisis, pour chascun roole, et y mettront tant de lettres qu'ilz pourront bonnement sans fraude ; et quant aux copies qu'ilz feront, les rooles de copie seront d'un espan de lé, et de tel long qu'ilz contiengnent au

..gnes, à compter l'espace d'entre deux articles ou tesmoings, s'aucunes en y a, pour une ligne, et en auront ii solz parisis, et sera deux doyes de marge en l'original sur le moins, et ung doye es copies.

(58) *Item.* Se un ou deux examinateurs ne vaquent journée entiere pour besoignier, ilz seront paiez de ce qu'ilz feront pour porcion de temps qu'ilz besoigneront; et n'auront pas si grant salaire comme dessus est dit; et seront tenus d'entrer en besoigne au jour qu'ilz seront à journée, à tele heure que l'en a acoustumé d'entrer en siege, et y besoigner continuelement tout le jour, jusques à tant qu'il soit temps de laisser euvre, à heure de soleil couchant ou un peu après.

(59) *Item.* Et pareillement à fere informacions, oïr comptes et fere autres besoignes appartenans à leurs offices et qui leur seront commises, ilz seront payez de leurs journées sur les parties qui les mettront en besoigne; mais s'ilz font informacion pour nous et d'office, sans requeste de partie, ilz ne pourront prendre ne demander salaire à celui contre qui ilz feront l'informacion.

(40) *Item.* Quant aux taxacions des despens, dommages et interestz, ilz ne prendront que viii deniers pour livre, mais moins en pourront et devront prendre en menues choses et de povres gens et de petites causes selon ce que le cas y escherra; et s'il convient fere informacion sur les dommages et interests, ou sur autres choses où il chiet informacion à fere, ilz en seront paiez selon les journées qu'ilz y vaqueront, eu regart aux prix ci-dessus declerez.

(41) *Item.* Yceulx examinateurs mettront en escript les deniers qu'ils recevront à cause des choses dessusdictes; et en bailleront lettres soubz leurs seaulx ou seings manuelz, aux parties ou à leurs procureurs.

(42) *Premierement.* Nous ordenons que aucun ne pourra patrociner ne pratiquer ou fait d'advocacerie ne de procuracion ou chastelet de Paris, se il n'est receu à ce par le prevost ou son lieutenant, et par le conseil d'aucun assistant de la court dudit chastelet; et s'il n'a fait le serement de loyaument patrociner et pratiquer.

(43) *Item.* Que doresenavant venront et seront tenus de venir à ladicte court, les advocaz et procureurs, à heure de vii heures au matin en tout temps, soit d'iver ou d'esté, pour delivrer leurs causes.

(44) *Item.* Que les advocaz et procureurs ne partiront dudit

chastelet, depuis que ilz seront entrez en jugement, sans licence dudit prevost ou de son lieutenant, ou sans necessité ou cause raisonnable; sur peine d'amende arbitraire.

(45) *Item.* Que les advocaz feront délivrer à leur povoir, par les procureurs, les causes là où il ne cherra plaidoierie, et monstrer les exploiz qui seront à monstrer, en deschargeant le juge et procedant à l'expedicion des causes.

(46) *Item.* Que les advocas ne plaideront causes, s'ils n'en ont fait paravant collation; et n'en feront pas collation en jugement; mais s'ilz la vueillent faire, ilz ystront hors de l'auditoire et la feront à part.

(47) *Item.* Que chascun advocat aura ou pourra avoir par jour quatre causes à son audience, et non plus, se le prevost ou son lieutenant en la fin de son audience ne lui en veult aucunes donner, oultre le nombre desdictes quatre causes, selon ce qu'il verra à sa discrecion et ordenance.

(48) *Item.* Que quant un advocat aura son audience, tous les autres advocas se serront pour escouter le plaid, et aidier à conseiller et adviser la court : excepté toutesvoies ceulx qui seront du conseil de la cause que l'advocat qui aura audience vouldra plaider, et ceulx qui vouldront défendre la cause.

(49) *Item.* Sur le salaire des avocas, ordenons que les advocas pourront demander de salaire pour plaider causes communes et deviser toutes les escriptures qu'il faudra faire en une cause jusques en diffinitive, jusques à x livres parisis et non plus; et des grosses causes et subtiles, jusques à xvi livres parisis, supposé qu'ilz soyent deux advocas en la cause, et se les parties en vuelent avoir plus de deux, fere le pourront à leurs despens et ne sera point taxé plus grant salaire que dessus est dit; et se il y a petites causes et de povres gens, ilz s'en paieront moderéement et courtoisement, sans en prendre ne demander si grans salaires comme dit est; et s'il convient fere aucunes escriptures sur accessoires qui ne soyent de l'essence du principal, les advocaz en seront payez outre les taux dessusdiz, et leur en sera taxé salaire couvenable, eu regart aux escriptures qu'ilz feront sur l'accessoire.

(50) *Item.* Les advocats qui sont pensionnaires d'aucunes gens plaideront et conseilleront les causes de leurs pensionnaires, et les menront jusques en diffinitive, sans demander ne avoir pour ces causes, autres salaires que leurs pensions seulement, se ce n'est pour le salaire des escriptures qu'il convendra faire.

(51) *Item.* S'il advient que aucune cause preigne fin, avant

qu'elle soit en deffinitive, par accord des parties, ou autrement, les advocas ne pourront demander pour ce tout leur salaire, tel que dessus est dit, mais seront payez pour porcion de temps qu'ilz auront eu de peine de ce qu'ilz auront fait, eu regart au prix dessusdit : se ce n'est qu'ilz eussent esté paiez, en tout ou en partie, de leur salaire, avant que la cause eust prins fin; ouquel cas ilz ne seroient tenus de rien rendre ne restituer, s'il ne leur plaist.

(52) *Item.* Nous defendons que aucun advocat ne signe escriptures, s'il n'a plaidoyé la cause, ou esté du conseil d'icelle; et voulons que l'avocat qui signera escriptures, les visite tout au long, avant qu'il les signe : sur peine d'un march d'argent, ou d'autre amende à la voulenté du juge.

(53) *Item.* Ordenons que des causes qui cherront en plaidoierie sur l'assertion des faiz des parties, les procureurs feront et seront tenus de bailler leurs faiz par escript par maniere de memoire, especialement des grosses et subtiles causes; et que les advocas ne plaideront aucuns faiz que ceux qui leur seront baillez.

(54) *Item.* Et pour ce qu'on appelle les audiences par cédules, et que les procureurs sont souvent importuns de bailler à l'advocat qui est à son audience, cédules, dont il vient souventesfois noise et tumulte en l'auditoire : ordené est que puisque ung advocat aura commencé son audience, aucun ne lui baille cédule, ne il n'en reçoive aucune, mais lui soient baillées ses cedules avant son audience commencée.

(55) *Item.* Et que en une cedule l'en ne mettra que une cause seulement, sur peine de l'amende.

(56) *Item.* Avons ordonné et ordonnons que désormais aucun advocat ne face appeller à son audience aucunes personnes, s'il n'est du conseil de la cause et chargé d'icelle plaider; et neantmoins sera tenu et gardé l'ordre et tour acoustumé des audiences dudit chastellet, sans toutevoies demander ou avoir aucun prouflit à cause d'icelles audiences, soit par l'advocat ou par le procureur.

(57) *Item.* Nous defendons audiz advocaz et aussi aux procureurs et autres qui seront oudit chastelet, que le juge estant en son siège et eulx estans en l'auditoire et ou parquet, ilz ne jenglent ou parlent ensemble, et ne facent noise ne distourbier au juge, sur peine d'amende arbitraire.

(58) Nous ordenons que aucun procureur ne pourra fere ne deviser escriptures de causes démenées en hault devant ledit pré-

vost ou son lieutenant ; et défendons que aucunes escriptures ne soient receues ilec, s'elles ne sont signées du seing manuel de l'advocat qui aura plaidé la cause : sauf toutesvoies que yceluy advocat avoit essoines au jour de bailler, ou estoit lors tellement occupez que le procureur ne lui peut fere signer lesdictes escriptures, la court recevra lesdictes escriptures pour eschever la perte de la cause ; maiz le procureur sera chargié de les fere signer le lendemain, ou le plus tost qu'il pourra, sur peine d'amende arbitraire, comme dit est.

(59) *Item.* Que les advocaz et procureurs bailleront lettres de quittance de leurs salaires qu'ilz auront euz, s'ilz en sont requis ; et aussi les clercs mettront par escript ce qu'ils prendront de leurs escriptures, se ilz en sont requis.

(60) *Item.* Défendons que aucun advocat ne se mette en interlocutoire, s'il ne scet certainement, ou croit en sa conscience qu'il y chée ; et voulons que s'il apparoit au prevost ou lieutenant, que calumpnieusement l'advocat se acoustumast à ce fere, yceluy prevost ou lieutenant l'en punisse, comme au cas appartendra.

(61) *Item.* Nous avons ordené et ordenons que les advocaz dudit Chastelet, seront tenus de escripre ou faire escripre en chascune fueille de papier de leurs escriptures xxx lignes et lxv lettres en chascune ligne, excepté que pour chascun espace d'entre deux articles, sera descomptée une ligne, et ne pourront demander ne prendre oultre ii sols viii deniers parisis pour chascune feuille : et leur clerc, pour la minute viii deniers parisis ; et pour la grosse, autres viii deniers parisis.

(62) *Item.* Et aussi avons ordené que se par appointement de juge ou de commisseres, aucuns articles croisiez ou debatuz par partie adverse, demeurent es escriptures, ausquelx partie adverse n'ait mie souffisamment respondu par les siennes, ycelle partie pourra respondre par ii ou iii articles ou plus selon l'exigence du cas ; lesquelx seront jointz et cousus avec les escriptures principaux, ainsi que l'en a acoustumé de faire es cours de parlement et des requestes de nostre palays ; sans ce que l'en puist faire à cause de ce, nouvelles escriptures.

(63) *Item.* Défendons que nul procureur ne se siée entour le buffet de l'auditoire dudit prevost, se ce n'est pour faire enregistrer les deffaux, ou pour faire leurs registres des sentences et appointemens donnez par ledit prevost ou son lieutenant ; et aussi qu'ilz ne mettent aucunes de leurs lettres ou papiers sur ledit buf-

..., afin qu'elles ne soient entremeslées avec les lettres de la cour, et que l'en ne preigne les unes pour les autres : sur peine de v sols parisis d'amende, et que sur peine de ladicte amende chascun si tost qu'il aura fait enregistrer ce pourquoy il se trait audit buffet, s'envoise seoir ès lieux et sieges ordonnez pour lesditz procureurs.

(64) *Item*. Que aucun procureur, ou clerc à procureur, ne se tiegne de lez les clers aux auditeurs, se ce n'est pour faire enregistrer leurs deffaulx ou appointemens ; et tantost après se lievent.

(65) *Item*. Nous ordenons que les procureurs ne se chargeront de causes se ilz ne sont bien instruits et par bonne collacion ; et sentiront s'ilz puent, quelles preuves leurs maistres auront, pour les avoir quant mestier sera ; et mettront en mémoire tout le fait de leurs maistres, pour y avoir recours quant besoing sera, par quoy ilz ne se puissent excuser d'ignorance ; et sauront lesditz procureurs où leurs maistres demeurront, et là où ilz les pourront trouver, et faire savoir l'estat de leurs causes, affin qu'ilz n'ayent cause d'eulx excuser de non parler à leurs maistres, et que pour cause de teles allegations, delay ne leur sera donné par le juge après litiscontestation, oultre les delays accoustumez, tilz comme se les maistres estoient présens.

(66) *Item*. Que les procureurs soient diligens de faire leurs collacions à leurs avocaz ; et ne requerront de plaider sans bonne collacion précédente.

(67) *Item*. Que procureurs monstreront l'un à l'autre adjournemens, actes et exploiz qui à monstrer seront, et ne les refuseront à monstrer ou à veoir, malicieusement, ne pour délayer leurs causes, sur peine de x sols parisis d'amende pour chascune foiz.

(68) *Item*. Que procureurs ne feront de leur auctorité, continuacions ne dilacions ; se ce n'est à la voulenté de leurs maistres, ou en cas de nécessité, par le conseil de leurs advocas, ou de la voulenté du juge : sur peine de ladicte amende.

(69) *Item*. Delivreront les uns aux autres, leurs causes amiablement, le juge seant et non seant, de tout ce qu'ilz pourront bonnement délivrer sans nécessité de plaidoirie ; et tout ce qu'ilz auront entre eulx accordé, passeront et tendront de bonne foy.

(70) *Item*. Respondront aux articles diligemment et loyaument, ou feront respondre leurs maistres dedens l'assignation qui sur ce sera donnée, et ne nyeront coustumes ne usages qu'ilz sachent ou croyent estre notoires ; et s'ilz ont à respondre à au-

cunes coustumes ou usages dont ils facent doubte, ilz s'en informeront aux advocas, avant que ils respondent.

(71) *Item.* Deffendons que procureur ne soit si hardi de plaider, ne de haultement, ne desordeneement parler en jugement à son advocat ou au procureur ou conseil de sa partie adverse, tant comme son advocat plaidera, ne autrement; mais s'aucune chose veult dire à sondit advocat, luy dye en l'oreille ordeneement; et ne soit si hardi de estriver au juge, sur peine d'estre mis en prison, et d'amende tel que le cas le requerra.

(72) *Item.* Ordenons que se doresenavant un advocat ou autre fait appeller aucune partie qui ait procureur oudit chastellet, et le procureur n'est trouvé présent en jugement, pour delivrer la cause, le procureur ainsi défaillant payera v sols d'amende, se ainsy n'estoit que à celle heure il fut hors par le congié de la court, ou qu'il eust aucun autre juste et loyal essoine.

(73) *Item.* Que les déclaracions de despens soient faictes le plus justement que l'en pourra, et affermées par serement, et aussi les diminutions; et s'aucun salaire est demandé pour advocaz ou procureurs, rien n'en soit tauxé jusques à ce que le commissere aura parlé à l'advocat ou procureur, ou qu'il apparra de ce qui en aura esté receu.

(74) *Item.* Deffendons que doresenavant les procureurs dudit chastellet, ne facent, ne passent assignacions ou continuacions de leurs causes, se ilz ne sont en jugement ou devant les registreurs le jour que ilz les accorderont pour les passer et faire enregistrer; et se ainsi estoit que yceulx procureurs feussent tellement occupez que ilz ne peussent bonnement ledit jour passer lesdictes assignatious, en ce cas ilz seront tenus de les passer aux plus tart dedens et avant le jour de l'assignacion ou continuacion qu'ilz auront prinse: autrement l'assignacion ou continuation sera nulle, et ne sera signée, ne enregistrée par les clercs des auditoires dudit chastellet, ou aucun d'eulx.

(75) *Item.* Ordenons que de cy-en avant, aucuns des procureurs et avocaz dudit chastelet, ne seront continuez en l'auditoire hault dudit chastelet, sinon par le congié, licence et auctorité du presvost ou son lieutenant, soit à jour ordinaire ou extraordinaire, et qu'il y ait cause raisonnable du fere; et s'il advient que aucun avocat ou procureur soit continué à jour ordinaire, sa continuacion sera publiée à haulte voix par le clerc de la court, en oyant l'audience ou rabas des défaillans, afin que aucun ne le puisse ignorer; et s'aucune continuacion est par le

prevost faite aux heures de relevée ou après disner desdiz jours notables ou autres jours extraordinaires, auxquelz jours on crie aucune audience ou rabaz, ycelle continuacion sera publiée par l'audiencier de l'auditoire hault et ordinaire dudit chastelet, ou par le sergent qui gardera le guichet dudit auditoire, juge séant, et en la présence de ceulx qui ilec assisteront, à ce aucun ne le puisse ignorer : et se autrement est fait, la continuation sera de nulle valeur.

(76) *Item.* Est ordené que se aucuns desdiz procureurs se veulent faire continuer par l'ordonnance des auditeurs des causes qui seront pendans devant yceulx auditeurs, ce soit avant que yceulx auditeurs entrent en jugement et que le cler ou clers des auditoires mettent en escript les noms des procureurs qui y seront continués, en la veüe des autres procureurs : et aussi que ycelles continuacions soient publiées au greffe par le crieur de l'audience : autrement lesdictes continuacions seront nulles.

(77) *Item.* Quant au salaires des procureurs, nous avons ordoné et ordonnons que les procureurs du chastelet, pour leurs salaires des causes communes, pourront demander pour le demené d'une cause commune jusques en diffinitive, jusques à quatre livres parisis et non plus ; et des grosses causes et subtilles, jusques à VIII livres parisis ; et s'ilz sont pensionnaires, ilz se tendront pour contens de leurs pensions ; et de petites causes au rabaz, seront paiez ; et s'il advient que la cause ne soit pas menée jusques à diffinitive, et qu'elle preigne avant fin, ilz en seront paiez pour porcion, comme dit est des avocaz.

(78) *Item.* Que les procureurs postulans devant les auditeurs, pourront avoir et prendre pour chascune journée qu'ilz plaideront une cause ou appoincteront en ycelle, II sols parisis et non plus ; et s'il y a aucunes assignacions d'estat, rien ne leur en sera taxé ne payé ; et s'il advient qu'il faille faire escriptures devant lesditz auditeurs, les procureurs qui les feront, feront les roles quant au nombre de lignes et de lettres, en la manière que dessus est dit des advocas ; et pour leurs salaires de deviser et ordener lesdictes escriptures, auront VIII sols parisis en cas d'injures et de autres menuës causes, et de plus grosses causes IX sols parisis ; mais s'ilz sont pensionnaires, ilz ne pourront prendre que leurs pensions et leurs salaires d'escriptures s'ilz en font ; et ne pourront faire aucunes escriptures lesdits procureurs, s'ilz n'en sont expressément requis et chargez de par leurs cliens ou maistres ; et se autrement le font, rien ne leur en sera

taxé, et si l'amenderont à l'ordenance de justice, c'est assavoir de XL sols parisis.

(79) *Item.* Se aucuns despens sont adjugez à partie, les procureurs ne les pourront prendre ne recevoir, se ce n'est par le congié et voulenté de leurs maistres, ou par la licence et autorité de justice : sur peine d'amende d'un marc d'argent.

(80) *Item.* Nous avons ordené et ordenons que doresenavant n'aura oultre le nombre de XL procureurs pratiquans és auditoires d'en hault dudit chastelet ; et ne pourront yceulx quarante, n'aucun d'eulx, pratiquer és auditoires et sieges d'embas en ycelluy chastelet.

(81) *Item.* Et ordenons que de ci-en avant les avocats, procureurs, commissères, notaires, sergens ou autres officiers et praticiens dudit chastelet, ou leurs heritiers, ne pourront faire demande ou poursuite de leurs salaires, après un an d'iceulx salaires desservis : et si ne pourront les vivans demander arrerage de leurs pensions, plus que de trois ans passez, eu regart au temps de leur demande ; et au regart des heritiers des trespassez, ilz seront tenus d'en faire poursuite dedens l'an du trepassement : et s'ilz attendent plus d'un an, ilz n'en pourront faire poursuite que de deux ans ; et s'ilz attendent II ans, ilz n'en pourront faire poursuite que de un an ; et s'ilz attendent oultre III ans, ilz n'en pourront jamais faire demande.

(82) *Item.* Nous défendons aux parties et à leurs procureurs, sur peine de XL sols parisis d'amende, que ilz ne facent aucuns accors en cas d'amendement ou de excès ou autrement, en autres causes qui nous touchent, sans montrer l'accort à notre procureur.

(83) *Item.* Nous avons ordené et ordenons que désormais aucun ne soit receu à bailler contrediz ou reprouches contre tesmoins, après publication faite.

(84) *Item.* Et avons défendu et défendons ausdiz avocaz et procureurs, que des causes commencées ou introduictes pardevant l'un des auditeurs, ilz ne facent ou consentent estre fait aucun renvoy devant l'autre auditeur.

(85) *Item.* Nous avons ordené et ordenons que les notaires, et aussi les commissères dudit chastelet de Paris, désormais seront tenus de rapporter à nostre procureur tous les inventaires, arrestz et autres exploiz qu'ilz auront faitz pour nous, dedens lendemain qu'ilz auront esté faiz : sur peine de XX livres d'amende.

(86) *Item.* Pour ce que lesdiz notaires, pour estre payez de leurs

…aires, d'aucuns inventoires par eulx faiz, font aucunes fois prendre, arrester et prisier gaiges, de leur auctorité, oultre le gré et voulenté des parties, en leur préjudice, nous avons défendu et défendons à yceulx notaires, que doresenavant ne le facent : sur peine de dix livres parisis d'amende, et de restituer l'interest de partie.

(87) *Item.* Et pour ce que lesdiz notaires ès lettres de contraux et obligacions passées par devant eulx, inserent aucunes fois plusieurs clauses dont lesdictes parties ne furent oncques advertis expressément, et longues escriptures superflues avec grande multiplicacion de termes synonimes, et à cause de ce exigent et prennent salaires excessifs, ou préjudice, et à la charge de nozdiz subgez; nous avons défendu et défendons que doresenavant ne le facent : sur peine d'amende arbitraire.

(88) *Item.* Nous avons défendu et deffendons auxdiz notaires, à peine d'amende arbitraire et de restituer le double, que desormais ils n'exigent pour la grosse des lettres de simples contraux et de procurations signées d'un seul notaire, oultre la somme de ii sols : de procuracions et d'autres lettres communes signées de deux notaires, oultre ii sols viii deniers; et des brevets desdites lettres, oultre la somme de xvi deniers; et d'autres lettres et brevez, à l'arbitrage du juge.

(89) *Item.* Et seront tenus doresenavant de escrire ès brevez et lettres qu'ilz feront, tout ce qu'ilz recevront, à cause de leurs salaires deserviz, pour la façon d'icelles lettres et brevectz.

(90) *Item.* Et defendons auzdix notaires, que pour leur salaires de chascun jour qu'ilz entendront ou vacqueront dedens la ville et banlieue de Paris, au fait d'inventaires de biens, ilz ne preignent ou demandent oultre la somme de x sols parisis, pour chacun d'iceulz notaires.

(91) *Item.* Enjoignons à yceulx notaires, qu'ilz mettent et redigent plainement et entierement par escript les contraux qui seront passez pardevant eulx; et aprèsce qu'ilz serontainsi escripts, qu'ilz les lisent au long en la présence de la partie, avant qu'ilz signent, ne baillent les lettres d'iceulz contraux.

(92) *Item.* Et seront desormais lesdiz notaires tenus d'enregistrer les convenances, obligations, et contraulz faiz et passez parlevant eulx, se l'une des parties le requiert; et en gardera le registre, le plus ancien desdiz notaires; et seront tenuz d' avertir et interroguer les parties, s'elles veulent leurs convenances, obligations et contraulz estre enregistrez; et quand ilz grosseront les

lettres desdictes convenances et contraux, ils seront tenuz de cripre en ycelles, *fait, passé et enregistré*, etc. et ou regard des convenances, obligacions ou contraux, dont ne sera point fait de registre, les notaires après qu'ilz auront fait et grossé les lettres, seront tenuz de chanceler les brevez, et iceulx garder par-devers eulx; et ne prendront pour ledit registre, oultre ce que est ordonné dessus prendre pour les brevez.

(93) *Item*. Nous avons ordené et ordonnons que les procureurs du chastelet de Paris, ne facent ou passent entre eux assignacions ou continuacions de leurs causes, se ilz ne viennent en jugement le jour qu'ilz les accorderont, pour les passer pardevant le prevost, son lieutenant et auditeurs, ou leurs clers desdiz auditoires députés à faire et recevoir telles assignacions; se ainsi n'estoit que lesdiz procureurs fussent tellement occupez, qu'ils ne peussent bonnement passer lesdictes assignacions ledit jour; ouquel cas ilz seront tenuz de les passer pardevant lesdiz prevost, auditeurs ou leurs clers à ce députez, au plus tart dedens les jours que lesdictes assignacions ou continuacions escherront, autrement elles ne seront de-la en avant passées; et défendons à tous les clers desdiz auditoires, que après ledit temps ilz ne signent telles assignacions ou continuacions, ne les enregistrent en leurs livres, se ce n'est par la manière dessusdicte : sur peine d'amende arbitraire.

(94) *Item*. Enjoignons aux clers civil et criminel dudit chastelet et aussi desdiz auditeurs, que désormais ilz facent leurs sentences et procès par escript, sans superfluité de langage et le plus brief qu'ilz pourront, sans incorporer esdictes sentences, actes ne autres lettres non necesseres et qu'ilz ne exigent pour ce, salaires excessifz, ne oultre la somme de xvi sols parisis pour l'escripture d'une peau de parchemin commun, et de la moitié d'une peau, viii sols, et de plus plus, et de moins moins; et escriront en la marge desdiz exploiz combien ilz en auront receu; et au regart des autres lettres, actes et exploiz, lesdiz clers se paieront modérément et raisonnablement de leurs escriptures, selon les taxations cy-après esclarcies; c'est assavoir d'un petit raport de sergent, prendront iiii deniers; d'un défaut commun concluant, xii deniers; et se l'escripture est mout grant, et que la matière le desire, ilz en prendront plus, selon ce que deüement le cas le requerra par la juste taxation du juge; d'un congié de vendre, v deniers; d'un mémorial, ii deniers, excepté des memoriaux de publier de rapporter l'enqueste, et de ceulx esquelx il aura dedans aucune confession ou ordenance de justice, desquels ilz

auront iiii deniers; et d'une sauvegarde, xii deniers; d'une commission pour faire adjournement, xii deniers; et d'un rapport sur ladicte commission, xii deniers; d'une commission sur sentence, ou d'une commission premiere sur lettres, èsquelles sera faite mention du contenu ès lettres ou sentence, ii sols, et semblablement d'une commission à parfaite éxécution, ii sols parisis; *Item*, d'une condemnation sans procès, de xl solz ou dessoubz, xii deniers; et d'un acte, xii deniers : *Item*, d'une sentence sur procès pendant, selon ce que la peine et industrie de l'escripture monteront raisonnablement, à la taxation du juge : *Item*, des sentences sur contumaces, ilz seront petites sentences annexées parmi les défaux, quant les sommes ne passeront point lx, sols et auront ii sols; et se les sommes passent lx sols, ilz seront les sentences des contumaces, où le procès sera narré le plus briefment que l'en pourra sous annexer; et en prendront selon l'escripture, industrie et peine, raisonnablement à ladite taxation.

(95) *Item*. Les rooles des copies auront iii espans de long et un espan d'escripture en lé, esquelz espans les marges ne seront point emprinses; et contendront du moins lx lignes; et en auront ii sols vi deniers.

(96.) *Item*. Des criées d'éritages, les clers auront pour leur peine de les enregistrer en leurs papiers et grossoyer, viii sols, et iiii sols pour le sergent qui fait les criées; et se la déclaracion des heritages est grant, ilz seront paiez selon l'escripture qui y sera, le plus justement qu'ils se pourront paier; et en cas de débat, le taxera le juge; *Item*, pour enregistrer une opposition ausdictes criées, ilz auront xii deniers; *Item*, pour enregistrer une enchiere iii deniers.

(97) *Item*. Nous défendons que lesdiz clers pour leurs salaires de faire collations de petits et communs procès, ne preignent ou reçoivent oultre la somme de x sols parisis, et de grans procès, oultre la somme de xx sols parisis; et enjoignons que yceulx clers escripvent ou facent escripre au doz d'yceulx procez, ce qu'ils auront receu pour en faire collation; et s'aucune des parties veult avancer l'expedition de son procès, elle sera tenüe d'en faire faire collacion, etc.

(98) *Item*. Défendons aux clers desdiz auditoires, qu'ilz ne pratiquent en iceulx auditoires durant le temps qu'ils y tendront la clergie.

(99) *Item*. Ordonnons que lesdiz clers civil et criminel, et des auditoires dudit chastellet, seront tenuz de signer et

faire expédier franchement les requestes présentées aux juges et par iceulx responduës et expediées, sans ce qu'ilz puissent prendre aucun salaire pour ce faire, sur peine de xx sols parisis d'amende, et de rendre ce qu'ilz en auront receu.

(100) *Item*. Défendons ausdiz clers desdiz auditoires, sur peine de faulx, qu'ilz ne enregistrent aucuns défaulx contre aucunes personnes, se ce n'est au rapport et tesmoignage du sergent qui les aura appellez; ou s'ilz ne les ont oy appeler, par icellui sergent.

(101) *Item*. Défendons à l'audiencier du siege ordinaire dudit prevost, qu'il ne appelle aucune personne, se ce n'est par le commandement du juge, ou à l'audience de l'advocat.

(102) *Item*. Et défendons ausdiz clers civil et criminel, que durant le temps de leur clergie, ilz ne exercent autre office; et leur enjoignons qu'ilz aient leurs principaulx clers, bons et suffisans, sachans lire et entendre latin, afin que par leur ignorance ou insouffisance, esclandes ou inconvéniens n'aviengnent.

(103) *Item*. Et défendons audit clerc criminel, qu'il ne reçoive oultre la somme de III sols parisis pour le registre de l'institucion de quelque office que ce soit; et que pour l'escroe et registre d'un eslargissement, il ne preigne oultre la somme de XII deniers, s'il n'y a caucion; ouquel cas il en pourra prendre encore XII deniers, et non plus, pour la caucion, quelque nombre de pleges qui y soient, et pour les autres eslargissemens ensuivans, n'aura que XII deniers, se la caution n'est muée; et se elle est muée, il aura autre XII deniers pour la caucion nouvelle.

(104) *Item*. Et défendons audit clerc criminel et aux autres officiers dudit chastellet, que des confessions redigées par escript, informacions et procès par eulx faiz à la requeste de nostre procureur, ilz ne reçoivent aucuns salaires des prisonniers, soient absoulz ou condempnez, mais des informacions et procès, par eulx faiz à la requeste desdiz prisonniers, ilz pourront demander et recevoir d'iceulx prisonniers, salaire raisonnable et modéré.

(105) *Item*. Nous ordenons que ledit clerc criminel sera tenu de bailler chascun lundi, par roole, tous les défaulx des eslargis dudit chastellet, au receveur de Paris, ou au fermier d'iceulx défaulx.

(106) *Item*. Nous avons ordonné et ordonnons que désormais les séelleurs et chauffe-cire dudit chastelet, qui ont gaiges ordinaires de nous, ne pourront prendre que deux solz parisis tant seulement pour la nouvelle institucion de quelque office que ce soit.

(107) *Item*. Nous enjoignons audit séelleur, que de cy en avant,

soit par chascun jour plaidoiable en son siege oudit chastellet, depuis viii heures jusqu'à xi heures devant midi, et après de relevée depuis trois heures jusques à v heures en yver, et jusques à six en esté; et qu'il baille du jour à lendemain au fermier dudit seel ce qu'il en aura receu.

(108) *Item*. Et avons enjoint et enjoignons audit séelleur, qu'il preigne et reçoive des sergens dudit chastellet à leur nouvelle institucion, bonne et seure caucion des sommes anciennes accoutumées: c'est assavoir, du sergent à cheval c livres parisis, et du sergent à pied cinquante livres parisis, et par bonne informacion sur ce faite, et que nostre procureur dudit chastellet soit à ce appellé.

(109) *Item*. Et pour ce qu'il avient souvent que depuis que aucunes lettres sont passées par devant deux notaires du chastellet, et depuis grossées et signées par l'un d'iceulx seulement, pour la mort ou absence de l'autre, et séellées par le séelleur dudit chastellet qui a veu le brevet signé de deux notaires, que le séel d'icelles lettres ainsi grossées est après cassé ou gasté, et n'en appert riens; et pour ce, quant on requiert ledit séelleur de icelles reséeller, il n'en veult riens faire, pour ce qu'il n'y a que le saing d'un notaire, par quoy plusieurs personnes perdent l'effet de leurs lettres; nous avons enjoint et enjoignons audit séelleur, pour remedier ausdiz inconveniens, que doresenavant quant aucunes telles lettres lui seront rapportées pour séeller, que avant ce qu'il les séelle, il escripve en la fin de ladicte lettre, en lieu du seing du notaire mort ou absent, que tel jour après ce qu'il lui est apparu du brevet d'icelle lettre signée des seings manuels de tel et de tel notaires, il a mis le séel à ycelles lettres; et que après icelle escripture, il mecte son saing manuel, et que dès lors en avant, se telles lettres sont desséellées, que sans autre soulempnité, celui qui sera séelleur, reséelle lesdictes lettres signées et escriptes comme dit est, et pour son salaire de faire ce que dit est, aura ledit séelleur de la partie, iiii deniers parisis.

(110) *Item*. Nous avons ordonné et ordonnons que aucun ne soit receu à l'office de sergent, s'il n'est pur lay ou marié, non portant tonsure, ou continuelment portant habit royé ou party.

(111) *Item*. Que aucun ne soit receu à l'office de sergent à cheval, s'il ne scet lire et escripre; et enjoignons à yceulx sergens à cheval, qu'ilz signent de leurs signez manuelz, toutes les relations des exploiz qu'ilz feront.

(112) *Item*. Que tous les sergens estans en l'ordonnance, se-

ront tenuz d'estre residens en la banlieue de Paris, exceptez les gardiens deputez de par nous à garder le temporel de l'evesque et du chapitre de Meaulx, et le député gardien de l'abbé et couvent de Laigny sur Marne; et se aucun estoit trouvé demourant hors de ladicte banlieue, il lui sera commandé de venir demourer à Paris; et s'il n'y venoit dedens le mois après le commandement, il sera du tout mis hors de l'ordonnance, et y sera mis ung autre en lieu de luy, ainsy comme se l'office vacast par sa mort.

(113) *Item.* Que aucun sergent à verge ne puisse sergenter hors la banlieue de Paris.

(114) *Item.* Que doresenavant lesdiz sergens seront tenus de desclairier aux partiez, en les adjournant en chastellet, les lieux et auditoires civil et criminel, ou pardevant quel auditeur ilz feront lesdiz adjournemens, à peine de cinq solz parisis d'amende, et de l'interest de partie, et de ce, et de tous leurs autres exploiz seront tenus d'en faire leurs rappors devers justice, dedens trois jours au plus tard, autrement leur exploit sera réputé nul.

(115) *Item.* Ordonnons que doresenavant quant aucun sergent vouldra entrer en ung hostel pour faire éxecucion, il sera tenu de appeler aucuns des voisins pour veoir faire ladicte execucion, et faire inventaire des biens qu'il prendra, avant qu'il les emporte; et baillera le double d'icellui inventaire à la partie, se avoir le veult; et sera tenu icellui sergent de meetre iceulx biens ou plus prouchain lieu seur de l'hostel où sera faite ladicte execucion, sur peine de LX solz parisis d'amende.

(116) *Item.* Ordonnons que lesdiz sergens doresenavant, quant ilz ameuront prisonniers oudit chastellet, seront tenus avant qu'ilz se partent de la geole, de faire leur régistre contenant les causes au vray, pour lesquelles ilz auront amené lesdiz prisonniers, ou par quel commandement : sur peine de x solz d'amende à payer à nous, et de restituer l'interest de partie.

(117) *Item.* Défendons ausdiz sergens, que doresenavant ilz ne facent leurs rappors de navreures, s'il n'y a playes et sang, ou routure ou bateure énorme, et leur enjoignons qu'ilz facent leur rapport certain et véritable, le plus qu'ilz pourront.

(118) *Item.* Et défendons ausdiz sergens, que doresenavant ilz ne facent adjournemens à trois briefz jours, ne meetent aucuns au greffe ou en prison, et aussi ne se meetent en garnison en aucun hostel; s'il n'y a commandement de juge, ou qu'ilz aient esté préscns au délit qui de soy, soit cas criminel.

(119) *Item.* Nous deffendons audiz sergens, que doresenavant

de leur auctorité, sans le commandement de nostre chancelier ou de la court de nostredit parlement ou dudit prevost de Paris ou d'autres ayant à ce puissance, ilz ne maiuent aucuns prisonniers que ou grand chastellet de Paris, où sont les prisons ordinaires, sur peine de LX solz parisis d'amende, et de rendre l'interest à partie.

(120) *Item.* Nous avons défendu et defendons ausdiz sergens, que doresenavant ne facent pour nous aucuns arrestz, gaigemens, adjournemens ou exploiz, sans auctorité de juge, ou sans la requeste de nostredit procureur, auquel ilz rapporteront incontinent leur exploit, sur peine de LX solz parisis d'amende, et de restitucion de dommages et interestz de la partie.

(121) *Item.* Défendons ausdiz sergens, que désormais ilz ne soient priseurs de biens, et ne s'entremectent de faire appreciacions de biens arrestez et prins par exécucion.

(122) *Item.* Ordonnons quant aux salaires d'iceulx sergens, que pour faire ung adjournement simple, en la ville de Paris, et jusques aux fossez de la fermeture d'icelle, de quelque personne que ce soit, séculiere ou d'église, où il ne convient pas adjourner chapitre, les sergens auront pour leur salaire IIII deniers; et se l'adjournement est fait en ladicte ville de Paris à gens d'église où il conviengne assembler le chapitre, ilz en auront XII deniers.

(123) *Item.* Que pour faire ung adjournement hors de la ville de Paris, et dedens demie-lieue près de Paris, comme Saint Germain des Prez, Nostre-Dame des Champs, Saint-Marcel, Couppaulx, Saint-Victor, les Tieulleries vers le Louvre, la Granche bateliere, ez maretz Saint-Ladre, Saint-Laurens, les Courtilles dehors du Temple, et les pressoirs d'environ l'abbaye Saint-Antoine hors Paris, et l'ostel de Ruilly qui est emprès; lesdiz sergens auront XII deniers parisis; et se plus loing vont faire adjournement comme d'une lieue loing de Paris dedens la banlieue, ilz auront II solz parisis; et s'ilz vont oultre une lieue, et jusques en la fin de ladicte banlieue, ilz auront trois solz.

(124) *Item.* Et que pour faire ung adjournement en cas d'appel, où il conviengne adjourner le prevost de Paris, et intimer à partie en la ville de Paris, ilz auront pour ce XII deniers; et se l'adjournement est fait oudit cas d'appel contre églises, où il conviengne assembler chapitre, ilz auront pour ce XII deniers parisis; et de l'adjournement en cas d'appel, venans de cours subgectez en ladicte ville de Paris, douze deniers.

(125) *Item.* Et s'il advient que oudit cas d'appel conviengne

intimer à plusieurs personnes en ladicte ville de Paris, lesdiz sergens avecques lesdiz xii deniers comprins ens une desdictes parties intimée, pour chascune desdictes autres personnes, auront iiii deniers parisis; et se il convient faire lesdiz adjournemens intimacions en cas d'appel hors de la ville de Paris et dedens la banlieue, lesdiz sergens seront payez de leurs salaires selon l'ordonnance dessus déclairée et la limitation des lieux dessus déclairez.

(126) *Item.* Se lesdiz sergens font adjournemens en cas de saisine et de nouvelleté en la ville de Paris, à comparoir sur un lieu estant en la ville de Paris, et à comparoir pardevant le sergent qui fera l'adjournement, ledit sergent aura pour son salaire de faire ledit ajournement et oyr la complainte, v solz parisis; et si sera paié de l'escripture de sa relacion qu'il fera soubz son seel, selon ce qu'elle contendra, et la discretion du juge; et se ledit sergent fait l'adjournement en cas de nouvelleté, en la ville de Paris, à comparoir pardevant autre commiz que pardevant lui, il aura iiii deniers.

(127) *Item.* Et se lesdiz adjournemens sont faiz hors de la ville de Paris, à comparoir à Paris ou hors Paris, dedens la banlieue, ilz seront paiez selon la limitation et taxation devant dictes.

(128) *Item.* Se ung sergent signifie une sauvegarde donnée du roy nostre S. ou signifie sauvegarde du commandement du prevost de Paris, de ses lieuxtenans ou des auditeurs, à une personne en la ville de Paris, il aura xii deniers; et se la significacion est faite hors de Paris et dedens la banlieue, il en sera payé selon le tauz dessusdit, et eu regard aux limitations dessus declerées.

(129) *Item.* Que se ung sergent est present à faire une veue en ladicte ville de Paris, il aura pour ce xii deniers; et se il la fait hors des fossez de Paris, dedens ladicte banlieue, il sera paié selon le taux dessus déclaré : et ou cas que de plusieurs lieux et héritages il conviendroit faire veue, et que ledit sergent y vaqueroit par plusieurs journées entières, il aura pour chascune journée v sols parisis, soit dedens Paris ou dehors.

(130) *Item.* Et se ung sergent à verge, fait execution en la ville de Paris par vertu de lettres obligatoires ou de sentence, ou par vertu de debitis, et il vacque en faisant tele execucion par ung jour entier, il aura pour jour v sols, et se plus ou moins y vacque, il sera payé selon le temps qu'il vaquera, au priz de v solz par jour.

(131) *Item.* Et se aucune execucion est faite hors de la ville de

Paris et dedens la banlieue, lesdiz sergens en seront payez selon le taux déclairé ou précedent article, et la limitation et distance des lieux dessus déclairez.

(152) *Item.* Et se ung arrest est fait en la ville de Paris, du commandement du juge, ou sans commandement et à la requeste de la partie, ou par le privilége aux bourgois, il aura pour son salaire, douze deniers; et si ung sergent est présent en la ville de Paris à la gagerie que fera un bourgois ou autre personne pour sa rente, et le sergent adjourne la partie gagée, à venir veoir vendre son gaige, il aura pour son salaire III deniers.

(153) *Item.* Et se ledit sergent fait hors de ladicte ville de Paris et dedens la banlieue, aucuns arrestz, ou est présent à gaigier, et adjourne la partie gaigée à veoir vendre, il sera payé de son salaire selon le taux déclairé ou précedent article, et selon la limitation et distance des lieux cy-dessous déclarés.

(154) *Item.* Et s'il convient que lesdiz sergens feissent relacion soubz leurs seaulx des execucions ou arrestz qu'ilz feroient ou feront, ilz seront paiez de l'escripture de leurs relacions, selon ce que elles contendront d'escriptures, et que le juge arbitrera sur ce; mais se ilz rapportent de bouche leurs exploiz par devers la court, et que par la court ilz soient redigiez par escript, ilz n'auront point de salaire pour ce faire.

(155) *Item.* Se ung sergent est présent à accompaignier aucun sergent ou commissere venant d'autre court que de la court de chastellet, pour faire aucun exploit en la ville de Paris ou dehors icelle et dans la banlieue, il aura pour son salaire XII deniers parisis; et hors de la ville de Paris jusques à demie lieue, il aura II sols parisis; et s'il va oultre demie lieue, il aura III sols parisis.

(156) *Item.* Se ung sergent maine ung prisonnier de la court de chastellet en la court de parlement, et que ce soit à la requeste dudit prisonnier, ou pour l'expedition de sa cause, il aura II sols, et se il y a plusieurs sergens, chascun aura II sols.

(157) *Item.* Et se ung sergent, à la requeste d'un prisonnier ou de ses amis, va par le commandement du prevost de Paris ou de son lieutenant, querir icellui prisonnier ès prisons d'aucun seigneur ou justicier estans à Paris, pour amener oudit chastelet, ledit sergent aura pour son salaire II sols; et se ledit sergent va pour ce faire, à Saint-Germain-des-Prez ou à Nostre-Dame-des-Champs, à Saint-Marcel, à Saint-Victor, à Saint-Ladre ou à Saint-Laurens, il aura pour son salaire III sols parisis.

(158) *Item.* Se ung sergent va pour ce faire, plus loing que les

lieux derrenierement déclairez, et dedens la banlieue, il aura pour son salaire v sols parisis.

(139) *Item.* Se ung sergent maine des prisons du chastellet un prisonnier ou parquet où l'en plaide, ou en la chambre du greffier criminel oudit chastellet, par le commandement du prevost de Paris ou de son lieutenant, pour le examiner sur les cas de son emprisonnement, ou pour autre cas qui toucheroit une tierce partie ou sa personne, il n'en aura riens.

(140) *Item.* Et se ung sergent va séeller en l'ostel d'un délinquant ou d'un trespassé, en la ville de Paris, il aura pour son salaire xii deniers; et se il va hors de Paris pour ce faire : c'est assavoir, à Saint-Germain-des-Prez, à Nostre-Dame-des-Champs, à Saint-Marcel, à Saint-Victor, au Molin de Couppeaulx, aux Tieulleries vers le Louvre, à la Granche-Bateliere, à Saint-Laurens, à Saint-Ladre, ès Maretz de Paris, à Saint-Anthoine hors Paris, et ès lieux semblables dessus déclairez, il aura pour son salaire ii sols; et se ledit sergent va plus loing : c'est assavoir, à demie lieue de Paris, pour ce faire, il aura pour son salaire trois solz, et se il va oultre demie lieue de Paris et dedens la banlieue, il aura pour son salaire iiii solz parisis.

(141) *Item.* Se ung sergent est mis en garnison en ung hostel en la ville de Paris, il aura pour son salaire par jour, iiii solz parisis, et n'aura aucuns despens, mais se vivra dessus, et sera tenu de vacquer en ce continuelment sans faire autre chose; mais s'il advient que lui estant en garnison il voist et viengne en la ville pour faire ses besoingnes ou ce que bon lui samblera, et ne yra ou vendra en l'ostel où il sera mis en garnison, fors une ou deux fois le jour; si comme il est souventesfois advenu, icellui sergent aura seulement pour son salaire ii solz; et se ledit sergent est envoyé en garnison hors de Paris : c'est assavoir, à Saint-Germain-des-Prez, et ès lieux dessusdiz, estans près de Paris, il aura pour son salaire iii solz, et s'il est envoyé plus loin en garnison, que ès lieux cy-dessus déclairez; c'est assavoir, à demie lieue loing hors de Paris, il aura pour son salaire, pour chascun jour que il sera en garnison, iiii solz; et s'il est envoyé en garnison plus loing que demie lieue, et dedens la banlieue, il aura pour chascun jour, v solz : et si sera tenu de vacquer tout le jour en ladite garnison, autrement se il s'employoit à vacquer en autre besoingne, il lui sera déduit et défalqué sur son salaire.

(142) *Item.* Ung sergent aura pour son salaire, pour prendre et emprisonner une personne en la ville de Paris, pour délict et

à la requeste de partie, xii deniers; et s'il le fait sans requeste de partie, pour justice ou pour office, il n'en aura riens.

(143) *Item.* Nous ordonnons que doresenavant aucuns sergens ne prendront ou pourront prendre argent ne deniers, de ceux sur qui les executions seront par eulx faites ou requises estre faites, sur peine de privation de leurs offices, se ainsi n'est, que premierement, et avant ce qu'ilz en reçoivent aucune chose, la debte principal, dont l'execution sera requise, soit premiere payée entierement, et que ce qu'ilz recevront à cause de leurs salaires, leur soit baillé amiablement sans aucune contrainte ou exécucion de cellui ou ceulx qui auront esté et seront exécutez; et ordonnons que ce qu'ilz en auront receu, ils escripvent en leurs relations.

(144) *Item.* Nous ordonnons que l'audiencier dudit chastellet et son compaignon, seront tenuz de venir à vii heures au matin, et d'estre et assister continuelment devant le prevost, tant comme l'en plaidera, pour exercer leurs offices, tant pour garder le guichet, comme à faire faire la paix, sans en partir hors; se ce n'estoit par le congié du juge, ou qu'ilz aient aultre juste et loyal essoyne : sur peine de dix solz parisis chascun pour la premiere foiz, et pour la seconde, de xx solz parisis, ou autre à l'ordonnance du juge.

(145) *Item.* Que ledit audiencier et son compaignon soient pareillement de relevée audit lieu, à l'eure que le prevost siet, pour faire leurdiz offices comme dessus; en et sur la peine desusdicte.

(146) *Item.* Que l'audience du greffe dudit chastelet sera criée à la dixiesme heure de l'orloge du Palais, et non plus tost.

(147) Nous avons ordonné et ordonnons que le clerc de la geole du chastellet de Paris, pourra recevoir les oppositions de ceulx qui se vouldront opposer à la delivrance des prisonniers; pourveu que iceulx opposans esliront domicille à Paris, et feront enregistrer leursdictes oppositions, et payeront iiii deniers parisis pour ledit registre, dont les prisonniers ne payeront riens.

(148) *Item.* Avons ordonné et ordonnons que doresenavant aucun ne sera receu en l'office de geolier du chastellet de Paris, s'il n'est pur lay ou marié, continuelment portant habit royé ou parti, ou soit sans tonsure.

(149) *Item.* Que toutes manieres de prisonniers qui entreront ou guichet, soient reverchiez, à savoir se ilz sont clers ou non; et soit enregistré l'abit, et l'estat où que ilz sont; et soient croi-

siez ou signez ou papier ceulx qui sont clers, à peine de xl sol[z] parisis.

(150) *Item.* Que quant aucuns prisonniers seront amene[z] pour cas criminelx, le geolier sera tenus de les mectre en priso[n] fermée, en telle maniere que nulx ne parlent à eulx: et en ce point les tenir tant qu'il ait autre mandement du prevost ou de son lieutenant.

(151) *Item.* Que le geolier soit tenu d'avoir ung livre, ouquel sera mis et enregistré par maniere d'inventaire, tout ce qui sera trouvé sur iceulx prisonniers criminelx, soit argent ou autre chose, pour estre gardé et conservé à yceulx ou à qui il appartiendra.

(152) *Item.* Que pour ce que audit chastellet a continuelment grant quantité de prisonniers, tant de l'ordonnance du prevost de Paris, comme des autres, le geolier sera tenus d'estre lui v[e]; c'est assavoir, lui, son clerc et trois varlets.

(153) *Item.* Que le geolier, son clerc, ne autres de ses gens, ne laissent parler aucunes personnes aux prisonniers criminelx; se ce n'est par l'ordre du prevost ou de son lieutenant.

(154) *Item.* S'il advient que aucunes personnes veullent parler à aucuns prisonniers pour cas civils, ou leur veullent apporter à boire ou à mengier, ilz ne pourront passer l'uiz des degrez; mais sera tenu le geolier et ses gens d'appeler les prisonniers sur les quarreaux, pour parler à leurs amiz et boire avec eulx se il leur plaist.

(155) *Item.* Le geolier ne ses gens ne pourront demander ne prandre argent d'aucuns prisonniers, ne de leurs amis, pour les faire parler à eulx sur les carreaulx, ne autre part.

(156) *Item.* Que aucun prisonnier n'ait escriptoire, encre ne papier, et sera tenu le geolier de bien s'en prendre garde.

(157) *Item.* Que aucun prisonnier ne face fere ne escrire lettres closes, ne autres en la geole; se ce n'est par congié, et qu'elles soient monstrées au prevost ou à son lieutenant.

(158) *Item.* Que le geolier, son clerc, ne autres de ses gens, ne puissent lesdiz prisonniers muer de prison en aultre, quant ils seront commandez par le prevost ou son lieutenant estre mis en aucunes prisons, soit en prisons fermées ou autre part; se ce n'est pour cas de maladie, ou pour autre cause necessaire, laquelle sera premierement ditte au prevost, ou à son lieutenant; qui en ordonnera, et fera de ce savoir la vérité se bon lui semble.

(159) *Item.* Nous avons ordonné et ordonnons, que chascun prisonnier soit mis et logié en ladite geole selon son estat, le cas

son emprisonnement, ou le mandement du juge ou seigneur l'envoyera prisonnier; et se ung conte ou une contesse est mis en prison oudit chastellet, sera paié pour son geolage d'entrée d'issue, x livres parisis; *item*, paiera pour semblable cause ung chevalier banneret ou une dame bannerette, xx solz; *item*, ung simple chevalier ou une simple dame, cinq sols; *item*, ung escuier ou simple demoiselle noble, xii deniers; *item*, ung lombart ou lombarde pour ce mesme, xii deniers; *item*, ung juif ou une juive pour semblable cause, ii solz : *item*, tous autres prisonniers, pour ce mesmes, viii deniers.

(160) *Item*. Se ung prisonnier gist ès cheynes, en beauvoir, en la mote, ou en la salle, il paiera chascune nuit pour lit iiii deniers, et pour place ii deniers; et se il veult faire venir son lit de sa maison, faire le pourra, et ne paiera que ii deniers pour place.

(161) *Item*. Chascune personne qui sera emprisonnée en la boucherie, en beaumont, ou la griesche, qui sont prisons fermées, payera pour la nuit iiii deniers et ii deniers pour place.

(162) *Item*. Se ung prisonnier est mis en beauvaiz, et il gist sur nates ou sur couches de paille ou de feurre, il doit pour chascune nuyt ii deniers.

(163) *Item*. Se ung prisonnier est mis en la fosse, il doit, quant il a de quoy paier, pour chascune nuit ung denier; et s'il est mis en puis en la gourdaine ou bersueil ou en oubliette, il doit autant que s'il estoit en la fosse.

(164) *Item*. Se une personne est mise en barbarie ou gloriette, il doit autant que cellui qui est mis en beauveoir; et s'il a lit, iiii deniers pour lit.

(165) *Item*. Se ung prisonnier est mis entre deux huis, il payera autant comme en la fosse, c'est assavoir ung denier.

(166) *Item*. Se une personne est amenée pour debte ou Chastellet, le clerc aura pour chascun rabat qu'il fera des prisonniers, ii deniers.

(167) *Item*. Sera tenuz ledit geolier de bailler et livrer à ses despens, pain et eaue aux prisonniers qui n'auront de quoi vivre; ou cas qu'ilz ne seroient emprisonnez pour debtes, ouquel cas leurs créanciers seront tenus de leur querir à l'ordonnance du prevost de Paris, et selon ce que vivres seront chiers ou à grand marché.

(168) *Item*. Et est defendu audit geolier, que à prisonniers criminelx ne baille pour leur vivre que pain et eaue, sur peine de perdre ce qu'il leur baillera oultre, se ce n'est par commandement du prevost ou du lieutenant.

(169) *Item.* Le geolier ne pourra contraindre aucun prisonnier à estre à sa table, s'il ne lui plaist; mais sera tenu de laisser passer ceux qui ausdiz prisonniers apporteront leurs vivres, s'ilz ne sont pour cas criminelx, ou en prison fermée, et par commandement : lesquelx vivres il sera tenuz de délivrer aux prisonniers et de les visiter pour savoir s'il y aura aucune chose préjudiciable.

(170) *Item.* Ledit prevost et son lieutenant pourront ordonner et mettre pris sur la table du geolier selon temps, et que vivres seront chiers ou bon marchié.

(171) *Item.* Que la piece de vin que le geolier aura afforée à pris raisonnable, il sera tenuz de tenir nettement, sans mauvais emplage et sans accroistre le priz, combien que amenuysier le puisse.

(172) *Item.* S'il avient que aucuns prisonniers vuellent vivre de provisions sans estre de la table du geolier, faire le pourront, sans tenir table, ne vendre icelle à autres prisonniers.

(173) *Item.* Le geolier sera tenu de tenir pleine d'eaue la grand pierre qui est sur les carraulx afin que les prisonniers en puissent avoir sans dangier.

(174) *Item.* Que le geolier sera tenu d'avoir liz souffisans de deux lez, et qu'il n'en puisse mettre, ne prendre proffit d'un lit, que de deux personnes ou de trois au plus.

(175) *Item.* Se aucun prisonnier veult avoir un lit de sa maison, avoir le pourra, ou cas que le geolier n'aura de quoy emplir la place; ouquel cas icellui prisonnier ne pourra mettre gesier avec lui ung homme, duquel le geolier aura ung denier de prouffit, avec les deux deniers pour place.

(176) *Item.* Que ceulx qui se dient prevostz des prisons, ne seront souffers et ne pourront prendre ne avoir sur aucuns prisonniers quelques prouffit que ce soit, de bienvenue ne autrement.

(177) *Item.* La quarte de vin de bien-venue, le parler dessoubz la sainture, le voler de moine, le parler latin, et telles truffles, sont défendues : car les prisonniers sont assez chargiez de payer les despens necessaires; et sera tenu le geolier de le signifier ou faire savoir par lui ou par ses gens aux prisonniers, au commencement qu'ilz seront amenez; si que ilz en soient advisez, et se aucun s'en [...], il le contredira et defendra.

(178) *Item.* Nous défendons que doresenavant aucun prisonnier ne autre personne ne soit si hardi de jouer aux dez sur les

...reaux, ne ès autres prisons dudit chastellet; sauf tant que par ce que aucunes fois il y a des prisonniers qui sont gens d'estat et d'onneur, qui ne sont prins que pour depte, ou pour autres legiers cas civilz, iceulx pourront jouer aux tables ou aux eschez seulement.

(179) *Item.* Que le pain qui sera apporté ou envoyé ou chastellet par les jurez des boulengiers, et par cellui qui fait la queste parmy la ville pour les prisonniers, soit tout distribué aux prisonniers des basses prisons, par le plus souffisant et notable prisonnier qui sera sur les carreaux, par l'ordonnance du prevost ou de son lieutenant, ou du clerc dudit prevost.

(180) *Item.* Que l'argent et autre chose qui sera donné ausdiz prisonniers le jour du vendredi adouré, soit distribué comme dessus, ou aux autres prisonniers plus indigens, par le plus notable prisonnier qui sera sur les carreaux, par l'ordonnance devant dicte.

(181) *Item.* S'il advient que aucuns deniers soient baillez secretement au geolier ou à ses gens, pour faire aumosne ausdiz prisonniers, ycellui geolier ou son clerc, seront tenuz de le dire et reveller le pris l'un à l'autre, au prevost ou à son lieutenant ou audit clerc, et de les distribuer ausdiz prisonniers comme dessus : sur peine d'estre réputé pour larron, se par eulx en estoit aucune chose retenu ou employé en autre usage; et d'en estre puny comme de larrecin.

(182) *Item.* Que le geolier pourra retenir les prisonniers en prison après leurs délivrances des cas, pour son geolage; c'est assavoir, pour son droit de l'entrée et issue, de lit, giste et place, tel que dessus est déclaré et limité.

(183) *Item.* Le geolier et ses gens seront tenuz de jurer tenir et garder les ordonnances dessusdictes; et se ilz se mesprennent en aucuns des points et articles dessusdiz, ilz en seront pugnys par le prevost de Paris, ou son lieutenant, selon ce en quoy ilz seront trouvez avoir mesprins et que les cas le desireront et les peines.

(184) *Item.* Et n'est mie notre intencion par ces présentes ordonnances, de vouloir deroguer ou préjudicier aux autres anciennes ordenances, desquelles n'est faite mencion en ces présentes.

(185) *Item.* Que des présentes ordonnances et autres anciennes ausquelles n'est derogué par ces présentes, seront faiz tableaux aux regart de chascun des estaz et offices dessusdiz; et à leurs despens seront faiz, entretenus et renouvellez ainsi que besoin sera.

Si donnons en mandement à noz amez et féaulx conseillers les gens tenans et qui tendront nostredit parlement, au prevost de Paris et à tous noz autres justiciers et officiers ou à leurs lieutenans, présens et à venir, que nosdictes présentes ordonnances facent solempnellement publier, en les faisant tenir, garder et observer, et icelles tiengnent, gardent et observent, chacun en droit soy, sans les enfraindre, ne souffrir estre enfraintes par quelque personne, ne en quelque maniere que ce soit.

Donné à Paris, etc. A la relacion du conseil, tenu en la chambre dudit parlement.

Ces présentes ordonnances publiées en la court de parlement et faictes en icelle court, en l'an mil cccc et vint cinq, furent leues et publiées en jugement ou chastellet de Paris, oudit an mil cccc vint cinq, le lundi xxiie jour du moys d'octobre, monsieur le premier président de la court de parlement tenant le siege, presens monsieur le prevost, ses lieuxtenans civil et criminel, le procureur du roy, les advocaz, commisseres, notaires et procureurs oudit chastellet, et les sergens à cheval et à verge d'icellui chastellet en grant nombre (1).

N°. 24. — LETTRES *portant institution de la Cour souveraine des aides, composée de six juges généraux.*

Poitiers, 22 octobre 1425. (C. L. XIII, 105.)

N°. 25. — ORDONNANCE *qui défend aux clercs, même tonsurés, de posséder des offices d'huissiers* (2).

25 octobre 1425.

---

(1) L'an dessusdit mil cccc et vint cinq, ledit jour de lundi xxiie jour dudit mois d'octobre, après lesdictes ordonnances leues et publiées, et que les advocas et procureur du Roy oudit chastellet, les autres advocas, commissaires, notaires, procureurs, sergens et autres officiers et praticiens oudit chastellet là présens, orent ès mains dudit monsieur le président, fait serment solempnel desdictes ordonnances, tenir et garder sans enfraindre; icellui monsieur le président deffendit à tous autres advocas, commissaires, notaires, procureurs, sergens et autres officiers et praticiens absens, et qui n'estoient venus cedit jour oudit chastellet, que ilz ne feussent si osez ou hardiz, sur peine de suspension de leurs offices et pratique, de exercer leursdiz offices, ne aussi pratiquer oudit chastellet, jusques à ce que en ses mains ilz eussent fait serement desdictes ordonnances tenir et garder, sans enfraindre, selon leur forme et teneur.

(2) Le *Nouveau Répertoire*, v° HUISSIER, § Ier, cite une ordonnance de cette date, comme appartenant à Charles VIII. Il n'y a pas d'ordonnance du 25 octobre dans la Collection du Louvre. Nous ne l'avons pas trouvée dans Joly. Dans tous les cas Charles VIII serait indiqué par erreur au lieu de Charles VII.

26. — **Déclaration** de *Henri VI* (1) *sur la collation des bénéfices, de laquelle il résulte que les patrons et collateurs nommaient aux bénéfices qui vaquaient dans certains mois, et le pape à ceux qui vaquaient dans le reste de l'année.*

Paris, 26 novembre 1425. (C. L. XIII, 107.) — Reg. au parlem. le 12 mars.

Henricus, etc. Cùm durante generali concilio ecclesie in civitate Constanciensi Maguntine provincie novissime celebrato, certa esset inter sanctissimum in Christo patrem Martinum summum pontificem modernum, et nonnullos prelatos, ac alios nationem gallicanam in dicto concilio tunc representare se dicentes, ordinatio concordata, et ab utrâque parte sponte et sine prejudicio cujuslibet suscepta, quinquennio duratura, per quam beneficiorum in nostro regno Francie et Dalphinatu vacancium, dispositio inter summo pontifici et ordinariis collatoribus seu patronis medium et alternis vicibus remaneret, certis duntaxat exceptis in dicta ordinatione declaratis; quam quidem alternative ordinationem defunctus carissimus dominus et avus noster rex Francie, ex deliberatione defuncti precarissimi domini et genitoris nostri, tunc heredis et regentis Francie, observari, et à die ultimâ martii anni millesimi quadringentesimi decimi octavi ante Pascha, suum sortiri effectum declarasset, donec aliud esset super hoc ordinatum; lapsoque dicto quinquennio alius occurrerit alternative modus, videlicet quòd beneficia singulis mensibus martii, junii, septembris et decembris vacantia, ordinariorum, collatorum seu patronorum provisioni, beneficia verò que ceteris mensibus vacarent, apostolice dispositioni, quousque aliud esset ordinatum, subjacerent :

Notum facimus quòd nos attendentes prefatum alternative modum per menses, priori alternativa multò esse clariorem; volentes in quantum possumus processuum involutiones, ecclesiarum incommoda et plura alia inconvenientia evitare, pluribusque aliis de causis nos moventibus, ex maturâ precarissimi patrui nostri Johannis regnum nostrum Francie regentis ducis Bedfordie, et magni nostri consilii Francie deliberatione, DECLARAVIMUS et tenore presentium declaramus, nostre intentionis et voluntatis existere, quòd hujusmodi alternative modus super dispositione be-

(1) Confirmée par lettres du 12 mai 1452. (C. L. XIII, 181.) Cette ordonnance est provisoire. Elle est contraire au principe des élections. (Isambert.)

neficiorum per menses observetur, et à die xvi° aprilis ultimo preteriti suum habeat et sortiatur effectum; sine tamen prejudicio ordinationum libertates ecclesie gallicane concernentium, et donec super hoc aliud fuerit ordinatum.

Quocircà dilectis et fidelibus consiliariis nostris, gentibus parlamentum nostrum tenentibus, omnibusque justiciariis et officiariis nostris aut eorum locatenentibus et ipsorum cuilibet, districte precipiendo mandamus, quatenùs prefatam nostram declarationem et voluntatem teneant, observent, ac teneri publicarique faciant et inviolabiliter observari, quos noverint compellendos ad hoc viriliter et debitè compellendo. In cujus rei testimonium, nostrum presentibus litteris fecimus apponi sigillum.

Datum Parisius die xxvi novembris, anno domini millesimo cccc vicesimo quinto, et regni nostri quarto.

Per Regem, ad relationem domini regentis regnum Francie, ducis Bedfordie.

N°. 27. — LETTRES *qui ordonnent aux commissaires pour la réformation des monnaies* (1) *de cesser d'y procéder en Poitou.*

Mehun-sur-Eure, 30 avril 1426. (C. L. XIII, 115.)

(1) Il s'était glissé d'étranges abus dans la fabrication et le cours des monnaies. Charles en sortant de Paris en 1418, pour suppléer au numéraire qui lui manquait, avait employé le surhaussement du prix du marc d'or et d'argent, et l'affaiblissement des monnaies qu'il faisait frapper dans les pays qui reconnaissaient son pouvoir. Le marc d'argent fin avait été porté à quatre-vingt-dix livres; l'écu d'or à quarante livres. Peu de temps après la mort du roi son père, Charles VII baissa la valeur du marc d'argent à sept livres dix sols, et celle de l'écu d'or à vingt sols. Ainsi la monnaie faible se trouva réduite au quarantième de sa valeur précédente, diminution effrayante, qui surtout n'étant amenée par aucun degré, dut causer dans les fortunes et dans le commerce, une révolution prodigieuse. Nous n'avons pas les lettres qui ordonnèrent cette opération. (Vilevault, *Préf.*, vj.)

N°. 28. — ÉTATS-GÉNÉRAUX (1).

Mehun, 1426. (Recueil des États-généraux, IX, 145.)

Les motifs de cette assemblée étaient principalement de refréner les désordres qui étaient commis par les gens de guerre; et, en général, le principal de tous les États tenus sous ce roi, qui fut si porté à consentir à toutes ces [réformations] utiles, était de mettre un frein aux désordres de la soldatesque.

Le peuple parut se souvenir des délibérations qu'on avait prises sous le roi [...]; il consentit à une taille générale, pourvu qu'on lui fît part des moyens [qu']on voulait se servir pour arrêter efficacement les pillages et les crimes des [gens] de guerre.

[Jacques] Combarel, évêque de Poitiers, chargé de porter la parole pour le [clergé], parla avec beaucoup de chaleur, et proposa de former un fonds suffisant [pour] la solde des troupes, qui seul préviendrait le brigandage dont on gémissait, [et] mettait le peuple hors d'état de contribuer autant qu'il était nécessaire.

Le sire de Giac, ministre de Charles VII, osa improuver les remontrances de [l'évêque] de Poitiers et du tiers-état, et proposa au Roi de jeter les mécontens [dans] la rivière. Ce même ministre, accusé peu de temps après d'avoir dilapidé [les] fonds de la taille générale que les États avaient accordés, fut jeté dans la rivière par le connétable de Richemont, sans autre forme de procès.

Les États consentirent unanimement à la levée d'une taille générale. On ne [sera] point fâché de voir comment le peuple, alors si grevé, témoignait son attachement à son roi.

Attachement des États pour le Roi.

«Si monsieur Charles ne se veut contenter de ce que le Roi lui offre, et qu'il [meuve] guerre au Roi, lesdits trois États, dès maintenant pour lors, et dès lors pour maintenant, parce qu'ils ne se peuvent pas si souvent rassembler, accordent, promettent et consentent de servir le Roi en cette querelle, et de venir [à son] mandement, le suivre et le servir en tout ce qu'il voudra commander et [ordonner] sur ce. Le priant aussi de reprendre M. de Bretagne en sa bonne [grâce]; à quoi si celui-ci ne veut se rendre, et qu'il fasse guerre, ils offrent au [Roi], outre les diligences et fidélités qu'ils lui doivent, de nouveau et d'abondant, de le servir, en cette cause et querelle, de corps et de biens, et de tout [ce] qu'ils pourront faire jusqu'à la mort inclusivement. Outre plus, ont conclu [lesdits] États, et sont fermes et déterminés, que si mondit sieur Charles, le duc [de] Bretagne ou autres, faisoient guerre au Roi....., dès maintenant pour lors, [et] dès lors pour maintenant, toutes les fois que lesdits cas écherraient, iceux [les] États ont accordé et consenti, accordent et consentent que le Roi, sans [attendre] autre assemblée ne congrégation des États, pour ce que aisément ils [ne se] peuvent pas assembler, y puisse faire ce que ordre de justice le porte; [promettant] et accordant tous iceux États de servir et aider le Roi touchant ces [matières], et en ce lui obéir de tout leur pouvoir et puissance, et de vivre et [mourir] avec lui en cette querelle.... Et ils lui offrent, c'est à sçavoir, messieurs [de] l'église, prières et oraisons, et tout ce qu'ils pourront faire touchant le service divin; et en après, tous les autres ensemble, tant MM. du sang, MM. les [nobles], MM. d'église, et gens de cités et bonnes villes, offrent pour eux et tout [les] autres absens et habitans de ce royaume, leurs corps, leurs biens, et tous [ce] qu'ils pourront finer (c'est-à-dire financer) et de le servir et obéir envers [tous] et contre tous, sans nul excepter, jusqu'à la mort inclusivement......»

N°. 29. — LETTRES *portant ratification* (1) *d'une bulle du pape sur les provisions et collations des bénéfices* (2).

Meun-sur-Eure, 24 novembre 1426. (C. L. XIII, 123.) — Reg. au p. lem. de Poitiers, de l'exprès commandement du Roi, le 23 janvier.

KAROLUS, etc. Inter curas et sollicitudines nostri regni, ad eas libenter intendimus per que tranquillitati et paci subditorum nostrorum et presertim ecclesiasticarum personarum salubriter consulatur. Sanè cùm, sicut accepimus, inter plures ecclesiasticas personas regni et Dalphinatûs nostrorum, durantibus certis ordinacionibus tempore inclite recordationis carissimi domini genitoris nostri editis, plures lites et discordie sint exorte, ac in futurum per amplius suboriri sperarentur, super collationibus et provisionibus beneficiorum, aliquibus ordinariorum, aliis verò apostolicis provisionibus et collacionibus innitentibus; quibus quidem litibus et discordiis obviare cupientes, missis sepius ad nostram presentiam per sanctissimum patrem nostrum Martinum sacro sancte Romane ac universalis ecclesie summum pontificem, super hâc materiâ pluribus nunciis apostolicis, ac etiam nostris ex parte eidem sanctissimo patri ambaxiatoribus nostris pro eâdem materiâ iteratis vicibus destinatis, tandem ambaxiatores nostros solempnes apud eundem sanctissimum patrem transmisimus, qui auditâ per eosdem dicti sanctissimi patris nostri presentiâ, post multos tractatus super hoc habitos, pro preterito tempore certas litteras apostolicas sub data XII KAL. septembris, pontificatûs sui anno nono, pro futuro verò tempore quasdam constitutiones pro concordiâ premissorum receperunt.

Notum igitur facimus quòd nos visis apostolicis litteris et constitutionibus antedictis, ipsas litteras et constitutiones ac in eisdem contenta, in quantum ad nos spectat, grata et rata habentes, volumus quòd eedem littere apostolice, dictis constitutionibus et aliis reservationibus seclusis pro preterito tempore, constitutiones verò et reservationes à die suscepcionis ipsarum per prefatos ambaxiatores nostros dumtaxat, videlicet à die XXII° augusti, anno domini millesimo CCCC° XXVI° in nostris regno et Dalphinatu

---

(1) Aujourd'hui les bulles du pape sont vérifiées et *publiées* au Conseil d'état, dont les registres et les séances sont secrets, et on ne transcrit pas à la suite des ordonnances les bulles. Lors de la publication du concordat de 1801, il fut inséré au Bulletin des lois. V. note sur la bulle de circonscription du 10 octobre 1822.)
(Isambert.)

(2) V. *preuves des libertés gallicanes*, et le traité de ces libertés, par Durand de Maillanne, tom. II, p. 253. V. La pragmatique de 1438.

... habeant, suumque plenum ut premittitur sortiantur ef-
..., secundùm earumdem formam et tenorem, premissis
... dictum sanctissimum patrem nostrum similiter observatis.
Quas si quidem apostolicas litteras et constitutiones in registris
... nostre parlamenti curie transcribi et regestrari, ac in eâdem
... nostrâ aliisque locis insignibus dictorum regni et Dalphi-
... nostrorum publicari et observari volumus et ordinamus;
... quòd per premissa nullum novum jus dicto sanctissimo
... seu Romane curie in prejudicium libertatum (1) ecclesie
... et Dalphinatûs nostrorum, quomodolibet acquiratur.
Quocircà tenore presencium mandamus dilectis et fidelibus
... miliariis nostris gentibus parlamentum nostrum Pictavis atque
... tenentibus, et que futura nostra tenebunt parlamenta,
... universis et singulis senescallia, baillivis, ceterisque jus-
... et officiariis nostris et eorum locatenentibus, ac ipsorum
... bet, quatenùs ipsas constitutiones et litteras ac contenta in
... servent, ac etiam per subditos nostros in judicio et extrà,
... predicto servari faciant. Quoniàm sic fieri volumus et ju-
... pariter et ordinamus per presentes, lites, processus, ar-
... atque sententias, multas, penas, bannimenta, ac omnia
... secuta, in quantum premissis sic concordatis possent aliqua-
... obviare, penitùs remittendo, extinguendo, cassando et
... llando; quos et que harum serie remitimus et extinguimus.
... mus et pro nullis haberi volumus. Decernimus insuper quòd
... cripto presencium sub sigillo regio confecto, tanta fides
... beatur, quanta his originalibus litteris; aliis constitutioni-
... statutis et ordinationibus ac litteris contrariis nonobstanti-
... quibuscumque. In cujus rei testimonium, sigillum nostrum
... presentibus duximus apponendum.
Datum in oppido nostro Magduni supra Evram patrie nostre
... rie, xxiiii° die novembris, etc.
Per Regem in suo magno consilio.

        (*Suit la teneur de la bulle.*)

Martinus, espiscopus, servus servorum Dei, ad perpetuam rei
... moriam.
Ad sacram Petri sedem divinâ dispositione vocati, ad pacem et

---

(1) Sans entendre approuver les clauses, réserves, formules ou expressions
... renferment, et qui sont ou pourraient être contraires à la Charte consti-
... elle, aux franchises et libertés ou maximes de l'Eglise gallicane. (Art. 5
... l'ordonn. du 31 octobre 1822. — V. les notes sur cette ordonn. au Recueil
... p. 385.)

exaltationem Ecclesie ac tranquillitatem quorumlibet Christi fi
delium et precipuè prelatorum ecclesiasticarumque personarum
quorum cura nobis est supernâ dispositione commissa, paterna
sollicitudine vigilantes, ea libenter ordinamus et querimus p
que lites atque discordie inter eosdem prelatos et personas ex qu
sum litigiis et contentionibus gravia possunt in ecclesiâ Dei sca
dala provenire per nostre providentie ministerium sopiantur a
que sedentur, ipsorumque prelatorum et personarum tranquillita
et paci provideatur salubriter et eorum statui paternaliter cons
latur. Sanè cùm inter nonnullos prelatos et personas ecclesiasti
cas, super ecclesiis cathedralibus etiam metropolitanis necno
monasteriis, prioratibus, dignitatibus, personatibus, administra
tionibus, officiis, canonicatibus et prebendis ac aliis beneficii
ecclesiasticis secularibus et regularibus, cum curâ et sine curâ
in regno Francie et Dalphinatu Viennensi consistentibus, presen
tim occasione ordinacionum quarumdam regiarum dicti regni
certo tempore citrà promulgatarum, quibusdam innitentibus
apostolicis et nostris, aliis verò ordinariorum provisionibus, col
lacionibus aut aliis dispositionibus, lites, discordie et inde scan
dala orirentur et oriri per amplius, verisimiliter crederentur
carissimus in Christo filius noster Karolus francorum rex illustri
cupiens premissis discordiis et scandalis obviari, et illa in paci
et salutaris concordie dulcedinem commutari atque componi, p
suos solemnes ambaxiatores ad nos nuper cum sufficienti man
dato, sigillo patenti prefati regis impendenti, munito, propte
hoc specialiter destinatos, post exhibitam nobis per eos pro par
dicti regis obedienciam et reverenciam debitas et devotas, nob
fecit humiliter applicari ut super premissis, ad obviandum hu
jusmodi litibus, discordiis et scandalis que inde possent impost
rum suboriri, oportunè providere et ut lites et discordie jam mo
et substitute sopiantur et in futurum ulteriùs non oriantur, s
per futuris provisionibus et disposicionibus, tam nostrâ qua
ordinariorum auctoritatibus, ecclesiarum, monasteriorum
beneficiorum predictorum caritate paternâ consulere, dispose
et ordinare de benignitate apostolicâ dignaremur.

Nos igitur piam ipsius regis affectionem et obtimam voluntate
condignis in domino laudibus extollentes, ac attendentes ejus e
miam devotionem et fidem quam ad nos et Romanam gerit e
clesiam, immensa quoque beneficia que à suis progenitori
eidem Romane ecclesie provenerunt, volentesque sicut ex debi
pastoralis tenemur officii, hujusmodi litibus, discordiis et sca

is obviare, ac tranquillitati pacique subditorum regni ac Dal-
matiæ predictorum salubriter providere, ipsius quoque regis
serenitis quòd ordinata per nos et dictos ambassiatores, dicti
regis nomine acceptata quantum ad eum pertinebat in regno et
delphinatu predictis, firmiter faciet observari, in hâc parte
supplicacionibus inclinati, auctoritate apostolicâ et irrefragabili
constitutione STATUIMUS et etiam ORDINAVIMUS,

Quòd electionum confirmaciones, provisiones et alie disposiciones quecumque et quarumcumque ecclesiarum cathedralium
etiam metropolitanarum necnon monasteriorum quorum electionis negocium pro parte electorum sive per appellacionem sit
apud sedem apostolicam introductum aut devolutum et auctoritate nostrâ provisum; insuper prioratuum, dignitatum, personatuum, administrationum, officiorum, canonicatuum, et prebendarum et aliorum quorumcumque beneficiorum ecclesiasticorum, secularium et regularium ordinum, quorumcumque
etiam electivorum, cum curâ et sine curâ, que à tempore publicationis regiarum ordinacionum predictarum et ante diem date
presencium: apud dictam sedem in Romanâ curiâ vel infra duas
dietas ab eâdem curiâ non remotas, per obitum vel renuncia-
cionem; preterea per obitum quorumcumque sancte Romane
ecclesie cardinalium atque legatorum et nunciorum nostrorum
et dicte sedis, eorum legatione vel nunciatione durante, necnon familiarium et officiariorum nostrorum et ipsius sedis scriptorum litterarum apostolicarum usque ad numerum centum et
unius, et viginti quinque abbreviatorum earumdem, et viginti
quatuor scriptorum litterarum sacre penitenciarie nostre in pi-
taphiis descriptorum, etiam extra predictam curiam ubicunque
defunctorum, dummodò quantum ad dictas familiares et officiarios attinet, ultra quatuor annos continuos absentes à dictâ
curiâ ante eorum obitum aut renunciationem immediate non
fuerint, seu etiam per munus consecracionis quibusvis archiepiscopis vel episcopis in dictâ curiâ vel extrâ tam impensum aut
ipsum temporis de consecrandis episcopis à canonibus diffiniti,
vacaverint, necnon beneficiorum et aliorum premissorum liti-
giosorum super quibus ante publicationem dictarum ordinationum lites mote fuerunt, vel etiam post, dummodò vocaverint
ante publicationem supradictam, atque beneficiorum et aliorum
premissorum auctoritate Apostolicâ collatorum aut aliàs disposi-
torum, que illi quibus extitit eâdem auctoritate provisum,
quandocunque et quomodocunque ac per quoscunque vocaverint,

per sex menses pacificè possederunt, et de quibus infra tempor...
à canonibus diffinita non sit auctoritate ordinariâ provisum e...
provisio publicata, insuper quòd si quis auctoritate apostolicâ i...
hujusmodi monasteriis, dignitatibus, personatibus, administra-
tionibus, officiis, canonicatibus et prebendis ab beneficiis supradictis aut eorum aliquo jus auctoritate apostolicâ pretendente
habere, super hiis pro se tres diffinitivas sententias conformes i...
petitorio judicio, vel duas quarum ultima, aut unam que in re...
transiverit judicatam, alterâ tamen parte se legitimè defendente,
et non per audienciam contradictarum obtinuerint, provisione...
et dispositiones apostolice hujusmodi, ac etiam mandata de pro-
videndo de illis, eâdem auctoritate apostolicâ facte et facta, atque prefate late sententie, firma et rata maneant, suumque plenum et liberum in omnia et per omnia sortiantur effectum;
ceterorum autem monasteriorum, prioratuum, dignitatum,
personatuum, administrationum, officiorum, canonicatuum e...
prebendarum ac aliorum quorumcunque beneficiorum ecclesiasticorum, secularium et regularium, etiam cum curâ et sine curâ,
etiamsi prioratus conventuales et dignitates hujusmodi in cathedralibus aut aliis metropolitanis post pontificales majores, vel
collegiatis ecclesiis principales fuerint, et dignitates, personatus, administrationes, et officia hujusmodi consueverint per electionem assumi, que in dicto regno et Dalphinatu dicto durant...
tempore quomodolibet vocaverunt, ordinariorum et aliorum a...
quos premissorum tunc vacancium beneficiorum confirmacio,
collacio, provisio, presentacio, seu quevis alia disposicio de ju...
vel consuetudine pertinebat, confirmaciones, collaciones provisiones, presentaciones, et alie quevis dispositiones rate et firme,
illorumque et illarum possessores pacifici et quieti permanea...

Quas confirmaciones, collationes, provisiones, presentacione...
et alias disposiciones predictas ex nunc auctoritate apostolicâ,
ex certâ nostrâ scientiâ, confirmamus et presenti scripti patro-
cinio communimus; supplentes omnes et quoscumque defec...
alios preterquàm natalium, simonie, etatis citrâ duos annos, d...
quorum duorum annorum defectu dispensamus, homicidii, ne...
non constitutionis execrabilis excommunicationis in persona...
dumtaxat illius cui fuerit provisum late, et in partibus excom-
municati publicate sentencie, si que forsan intervenerint quo...
modolibet in premissis. Et nichilominùs causas et lites supe...
monasteriis, prioratibus, dignitatibus, personatibus, admini-
tracionibus, officiis et aliis beneficiis supradictis, et de quib...

firmatur ordinariorum provisio ut prefertur, coram quibus-
que auditoribus causarum palatii apostolici, commissariis
judicibus delegatis in dictâ curiâ vel extra, eam de mandato
auctoritate nostrâ, aut aliàs introductas, ad nos tenore presencium advocantes in quâcunque instanciâ pendentes indecisas,
ipsas extinguentes omnes processus, sentencias, penas, et
censuras quâcunque auctoritate apostolicâ vel ordinariâ aut seculari, contra apostolicos et ordinarios quoscunque, sive dimit-
tentes sive retinentes beneficia hujusmodi, necnon contra parentes, affines, consanguineos, amicos, et bona eorum, tam in
predictâ quam aliâ quâcunque curiâ ecclesiasticâ vel seculari
factas et latas, ac omnia impedimenta et obstacula super illis
posita, auctoritate et scienciâ supra dictis harum serie quantum
ad premissa duntaxat, cassamus, tollimus, irritamus, et penitùs
annullamus, ac per illos ad quos pertinet, ad omnem peticionem
cujus alterius hujus interest, cassari, tolli et annullari volumus
et mandamus, dummodò rex prefatus de iis que suâ auctoritate
vel aliâ seculari ita faciat aut fieri faciat in suis regno et Dalphinatu predictis, ac omnes processus, arresta et impedimenta
cuicunque in ejus curiâ vel alibi de suo mandato aut suâ auctoritate factos, posita et prestita premissorum occasione, tollat,
necnet ac tolli et cassari precipiat atque mandet realiter et cum
effectu; necnon personas, monasteria, prioratus, dignitates,
personatus, officia, canonicatus, et prebendas et quecunque alia
beneficia in regno et Dalphinatu predictis, eâdem auctoritate
ordinariâ possidentes, ad ea obtenta juxta ordinacionem nostram
hujusmodi, et alia quecunque imposterum obtinenda, si eis ca-
nonicè conferantur, eâdem auctoritate apostolicâ habilitamus,
ipsosque ab omnibus et singulis excommunicacionis, suspencionis
et interdicti, aliisque sentenciis, censuris et penis spiritualibus,
quas occasione litigiorum super dictis beneficiis habitorum quomodolibet incurrerunt, absolvimus et plenariè decernimus abso-
lutas, ac cum personis predicti, super irregularitate, si quam
premissorum occasione celebrando divina vel immiscendo se illis,
non tamen in contemptum clavium contraxerunt, quodque in
susceptis ordinibus ministrare et ad superiores etiam ordines alias
rite promoveri liberè et licitè possint, predictâ auctoritate apostolicâ dispensamus, omnemque inhabilitatis et infamie maculam
sive notam per eos premissorum occasione contractam penitus
abolemus.

Preterea volumus, et ad ejusdem regis instanciam concedimus

et decernimus per presentes, quòd dictorum beneficiorum auctoritate ordinariâ possessores, qui aliqua beneficia sic possessa dictarum nostrarum ordinationum vigore dimittere tenebuntur, ad restitutionem fructuum et proventuum perceptorum ex illis; et qui percipi potuerunt, ac expensarum occasione litium vel aliàs factarum, si forsan lites alique super hiis jam mote fuerint, nisi à die lite sententie que in rem transierit judicatam et in quâ lite præ succumbens se defenderit, ut prefertur, et ubi nulla fuit lata talis sentencia, usque ad diem date presencium litterarum, minime teneantur; et similiter intelligi volumus de hiis qui dictorum beneficiorum auctoritate apostolicâ possessores, illa dictarum nostrarum ordinationum vigore dimittere tenebuntur, quòd aliter quam ut prefertur, ad restitutionem fructuum perceptorum et expensarum minime sint astricti; quos quidem fructus et proventus prefatis possessoribus pro majore eorum securitate, sub nostrâ autoritate predictis, tenore presencium remittimus, concedimus et donamus, nonobstantibus quorumcunque ordinariorum et aliorum ad quos aliàs de jure vel consuetudine ipsorum beneficiorum disposicio forsitan pertineret, collationibus, provisionibus, presentationibus, aut aliis quibusvis disposicionibus, necnon graciis expectativis per nos quibusvis personis concessis, et processibus de super habitis, et acceptationibus, provisionibus et aliis inde secutis, reservationibus quoque generalibus et specialibus per nos et sedem predictam factis, et collationibus et provisionibus tam nostrâ et apostolicâ quàm etiam ordinariorum predictorum auctoritatibus factis et concessis, et aliis quibuscumque per que presentibus non expressa vel totaliter non inserta, hujusmodi nostre voluntas, ordinacio, confirmacio, et alia in presentibus contenta, impediri valeant quomodolibet vel differri; quosquidem processus, acceptationes, collationes, provisiones, presentationes, et alia inde secuta quoad hoc similiter cassamus, annullamus et irritamus, ac nullius esse volumus et declaramus roboris vel momenti, decernentes ex nunc irritum et inane quidquid in contrarium super hiis à quoquam, quâvis auctoritate scienter vel ignoranter contigerit imposterum quomodolibet attemptari. Nulli ergò omninò hominum liceat hanc paginam nostre ordinationis, confirmacionis, communitionis, advocationis, extinctionis, mandati, habilitationis, dispensationis, abolitionis, remissionis, concessionis, donationis, cassationis, annullationis, irritationis, voluntatis, declarationis et constitutionis infringere vel ei ausu temerario contraire. Si quis autem hoc attemptare sumpserit, indignacionem omnipotentis Dei et beatorum Petri et Pauli apostolorum ejus se noverit incursurum.

Datum Genezani Prenesten. Diocesis XII°. kal. Septembris, pontificatûs nostri anno nono.

N° 30. — LETTRES *sur la réformation de la noblesse de Bretagne* (1).

1426. (*Nouv. Répertoire*, v° NOBLESSE, § VII.)

N° 31. — LETTRES *confirmatives des statuts et priviléges des barbiers, pour saigner, faire lancettes et fers ou pointes nécessaires, bonnes et sûres, pour la santé du corps humain, et sous la direction du premier valet du Roi, premier barbier* (2).

Poitiers, juin 1427. (C. L. XIII, 129.)

N° 32. — LETTRES *qui suspend, sur la réclamation des états de Languedoc, l'aide imposée sans leur participation* (3).

Poitiers, 2 décembre 1427. (C. L. XIII, 133.)

CHARLES, etc. Nous avons ouï la dolente et griefve complainte à nous faite de par les gens des trois estats de nostredit païs de Languedoc, esposée par leurs notables ambassadeurs et messagers pour ce envoyez par devers nous, disans que jaçoit ce que de tout temps ils soient en telle liberté et franchise, que aucun aide ou taille ne doit de par nous estre sur eux imposé, à quelque cause que ce soit, sans premierement appeler à ce et faire assembler le conseil ou les députez des trois estats d'icelui païs, et

---

(1) Nous ne les avons pas trouvées. Nous prévenons, une fois pour toutes, que presque toutes les citations, dans le *Nouveau Répertoire*, d'ordonnances antérieures à François 1er, sont fausses. (Isambert.)

(2) V. les lettres de Charles V, décembre 1371, et surtout celles de Charles VI, mai 1383. Les barbiers exerçaient alors partie de la chirurgie. Ces statuts sont plus amples que ceux de 1383, dont nous avons donné le texte. Nous y avons remarqué l'article suivant, n° 21 : « Pour le bien de la chose publique, et pour pourvoir à la santé de tout le corps humain, sera tenu notre dit premier barbier de bailler à tous les barbiers maîtres tenant ouvroir en notre dit royaume, la copie de l'armenac fait de l'année. Par ainsi que chacun d'eux qui le voudra avoir, lui sera tenu de payer pour chacun an la somme de 2 sols 6 deniers tournois. (Isambert).

(3) La réclamation des États prouve l'existence d'un principe de Droit public bien important, c'est que le pouvoir royal n'a pas le droit d'imposer la nation sans le consentement de ses députés : *subsides et doléances se touchent*. (Isamb.)

que en ladite liberté et franchise les ayons jusques-cy maintenus, néantmoins par vertu d'une simple lettre patente commandée et faite et séellée sous nostre séel, au mois d'aoust dernierement passé, à la relation de vous nostre cousin et lieutenant, sans ce que ladicte lettre ait été par nous passée, ni sans y avoir aucunement appellé ledit conseil des trois estats, vous avez imposé et mis sus audit païs un aide nouvel de XXII^m livres tournois, outre et pardessus la derniere aide de CL^m francs, qui par le consentement desdits trois estats y avait été paravant imposée, et lequel n'est encores parachevé de payer, et icelui aide de XXII mil livres avez ainsi mis, pour les deniers d'icelui bailler et délivrer, comme vous dites, pour certaine récompensacion, à notre très cher et amé cousin le *comte* d'*Armagnac*, jaçoit ce que sur ledit autre aide de CL^m francs, le fait de nostredit cousin d'*Armagnac*, dut avoir été prins et appointé. Et combien que lesdits complaignans se soient pour ce trahis pardevers vous et chacun de vous, en vous remontrans les choses dessusdites, et vous requérant instamment vous déporter dudit aide, et les maintenir en leurs dites libertés, néantmoins vous n'y avez voulu obtempérer, pour quoy iceux complaignans en ont appelé pardevant nous et nostre grand conseil, et nonobstant ledit appel, vous evesque, sous ombre d'autres lettres que avez fait obtenir de nostre chancellerie de par de-là, ou autrement, de vostre volonté avez continué de procéder en la matiere, et par commission et autrement vous êtes efforcé de faire payer ledit aide, et de à ce contraindre comme pour à plainement d'aucuns nos propres debtes, iceux complaignans ; lesquelles choses sont de grand nouvelleté et conséquence, et ont été faites en attemptant contre ledit appel, ou très grand grief et préjudice d'iceux complaignans et de leursdits priviléges, et pourrait encore plus estre pour le temps advenir, si par nous ne leur estoit sur ce pourvu de remede convenable si comme ils dient, requerans humblement icelui.

Pour ce est il que nous, ces choses considérées, voulans toujours nos loyaux subjets estre favorablement traités, et attendu mêmement que ledit aide et impôt de XXII^m livres a été fait sans notre sû et sans ce que nous ayons esté advertis qu'il en fût nécessaire, à iceux complaignans avons, par l'advis et deliberation de nostre conseil, pour les causes dessus touchées, et autres qui à ce nous meuvent, octroyé, et par ces présentes octroyons de nostre grace spéciale, se mestier est, que d'icelui aide de XXII^m livres et de tout autre nouvel aide dont on les voudroit charger, soient tenus en souffrance et suspens (1), sans plus avant y procéder par maniere de contrainte, ne autrement, jusques à ce que la prochaine assemblée des trois estats de nostre obéissance, par nous assignée en cette nostre ville de *Poitiers* au VIII°. jour de [jan]vier prochain venant, en soit par nous autrement ordonné; [et] voulons que tout ce que depuis ledit appel auroit été sur ce fait [at]tempté par exécution ou autrement, soit réparé et par ces[dites] présentes, le mettons au néant.

Si vous mandons et enjoignons expressément et à chacun de [vo]us, si comme à lui appartiendra, que de nostre présente grace [et] octroi vous faites et souffrez lesdits complaignans jouir et user, [en] faisant mettre à plaine délivrance leurs corps et biens, si aucuns avoient été pour ce empêchez, et tellement qu'il n'aient plus cause d'en retourner par devers nous : Car ainsi nous plaît et le [vou]lons être fait, nonobstant lesdites lettres sur ce faites, et or[don]nances et mandemens ou défenses à ce contraires.

Donné, etc.

Sous nostre séel ordonné en l'absence du grand : Par le Roy en [so]n conseil.

N°. 33. — États-généraux à *Poitiers* (2).

8 janvier 1427.

N°. 34. — Légitimation d'une *fille naturelle de Charles VI*.

Montrichard, janvier 1427. (Chart. de Bourges, f° 116, manusc. de la Bibl. du Roi, carton 115.)

Dominus rex per suas litteras patentes in cera viridi et filis se[ri]cis sigillatas datas apud montem Richardi mense januarii 1427 legitimavit Margaritam de Valerio filiam naturalem (3), domini nostri regis ultimi defuncti cui parcat Deus concedens et dispen-

---

(1) La levée n'est que suspendue; l'impôt n'est pas révoqué; l'affaire fut long-temps remise d'assemblée en assemblée; et les historiens ne nous ont point appris comment elle fut terminée. (Vilevault, *Préf.*, xj.)

(2) Ils sont mentionnés dans l'ordonnance du mois d'octobre 1428; mais on a perdu le procès-verbal. (Isambert.)

(3) Cela n'a pas empêché le pape Martin de dire dans une bulle que Charles VI étoit un prince très-pieux et de très-illustre mémoire. Quant aux légitimations par lettres du prince, elles sont très fréquentes, comme si un prince pouvait légitimer l'adultère et attaquer la sainteté du mariage! Le roi de Prusse, par un acte du 9 novemb. 1824, déshérite la postérité à naître du mariage *morganatique* qu'il contracte avec la princesse de Lignitz des droits du sang et de la légitimité.

(Isambert.)

sans cum eadem Margarita ut ipsa possit bona temporalia mobilia et immobilia quæcumque acquirere et jam acquisita et per eum sibi data possidere et tenere, et de eisdem inter vivos vel in testamento disponere ad suæ libitum voluntatis ad successionem matris suæ Odette de Champdivers ceterorumque parentum et amicorum carnalium suorum de latere suæ matris ex testamento vel intestato, dummodo de ipsorum processerit voluntate et nisi alteri foret jam jus quæsitum, et ad quoscumque honores et alios actus legitimos admittatur. Littera cujus legitimationis fuit hoc modo expedita in camera compotorum domini regis etc., registrata libro cartarum hujus temporis fol. 116.

N°. 35. — PERMISSION *à deux marchands de Paris de vendre un fleuron de la couronne.*

Paris, 12 avril après Pâques 1428. (Manusc., cart. 115. — Chamb. des comptes, mém. J., fol. 52.)

Soit mémoire que le roy notre sire par ses lettres patentes scellées en double queue à Paris le 12 avril 1428 après Pasques, a voulu, ordonné et consenti et donné congié à Jehan Sac et Saliache Pinot, marchands et bourgeois de Paris, de vendre et adénérer le plus proffitablement que faire se pourra un fleuron d'or appelé le second fleuron de la couronne du roy à plain désigné esdites lettres, appelés à ce certains trésoriers de France, deux maîtres des comptes à Paris et le changeur du trésor, pour le prix qui en issira tourner au payement desdits Jehan Sac et Saliache, auxquels dès le mois de juin 1418, par l'ordonnance du feu roy Charles, ledit fleuron avoit été baillé en gage pour la somme de 8790 livres pour certains vaisseaux estans à Brest.

N°. 36. — ORDONNANCE *de Henri VI qui permet le rachat des rentes constituées sur les maisons de Paris, sous les conditions et exceptions y portées* (1).

Paris, 31 juillet 1428. (C. L. XIII, 155.) — Publ. en parlem. le 14 août.)

HENRY, etc. savoir faisons que nous considérans que nostre bonne ville de Paris est la principale ville et cité de nostre royaume de France, en laquelle noz predecesseurs rois de France, les seigneurs du sang royal, et plusieurs autres grans seigneurs, ba-

---

(1) V. les lettres précédentes de 1414.

...et chevaliers, pour la plus grant partie du temps ont eu et prinse leur résidence ès temps passez, en laquelle aussi la court de nostre parlement, court souveraine et capital de la justice de nostre dit royaume, et nostre très-chiere et très-amée fille l'Université de Paris, sont establies; à l'occasion desquelles choses, nostredite bonne ville de Paris a été et est moult grandement renommée, habitée et garnie de grant et notable peuple, et décorée de très-notables édifices et habitacions; pluseurs desquelz édifices et habitacions depuis aucuns temps en ça à l'occasion principalment de ce que en la plus grant partie ilz ont esté en temps passez et sont encores trop grandement et excessivement chargez de rentes et de ypotheques, sont du tout demolies et ruynées, et les autres de jour en jour se ruinent et viennent en ruyne, qui redonde très-grandement ou desemparement, diminucion et depopulacion de nostredicte ville de Paris; desirans mettre provision convenable sur ce que dit est, pour le bien de la chose publique, emparement et decoration de nostredicte ville, et obvier à la ruyne et diminucion d'icelle, avons par l'advis de nostre très-chier et très-amé oncle Jehan, regent nostre royaume de France, duc de Bedfort, des gens de notre grand conseil et de plusieurs notables personnes, tant nos conseillers en nostredit parlement, comme autres clercs et bourgeys de nostredicte ville, de grant prudence et experience, fait, voulu, ordonné et establi; et par ces presentes, de nostre pleine puissance et auctorité royal, faisons, voulons, ordonnons et establissons les choses, poins et articles qui s'ensuivent, pour estre tenuz, gardez et observez inviolablement et sans enfreindre en quelque manière que ce soit.

(1) C'est assavoir que toutes manieres de rentes constituées par achat et à pris d'argent, posé ores que à leur premiere constitution elles ayent esté introduictes par accensement, partaiges faiz entre co-heritiers ou autres, par dons, lais ou autrement, se depuis lesdiz accensement, partaiges, dons ou lais, elles ont esté vendus ou transportés de main en autre, sur les maisons et heritages assis à Paris et ès faulxbourg d'icelles, à quelque personne qu'elles appartiennent, soient eglises, colleges ou autres personnes, les proprietaires d'icelles maisons ou heritages qui sont à present ou qui seront pour le temps à venir, puissent rachater, c'est assavoir le denier, douze deniers, monnoye courante à present.

(2) Item. Que soubz ledit rachat de xii deniers ne seront pas comprinses les rentes vendues et achetées à foible monnoye;

c'est assavoir depuis le xix° jour de janvier, l'an mil ccccxvIII, jusqu'au tiers jour de novembre l'an mil ccccxxi, que foible monnoye ot cours; mais se pourront rachater par les proprietaires au prix du marc d'argent, selon nos ordonnances autrefois sur ce faites.

(3) *Item.* Que toutes rentes constituées par accensement, après le premier accensement ou autre rente, seront rachetables au pris dessus dit.

(4) *Item.* Et au regard des premiers accensemens fais après fons de terre, lesdictes rentes ne se pourront rachater, se ainsi n'est que lesdictes rentes soient onereuses, tellement qu'elles soient d'aussi grant valeur, ou excedent la rente à quoy lesdites maisons ou heritages seroient estimez valoir de rentes, par gens en ce cognoissans et par commune année : ouquel cas les proprietaires pourront rachater lesdictes rentes, tant que lesdictes maisons ne demoureront chargées que du tiers de la rente à quoy elles seront estimées par la maniere devant dicte.

(5) *Item.* Que tous proprietaires de maisons et heritages assis à Paris et ès faulxbourgs, chargez de rentes excessives et onereuses, se ilz vuellent renoncer à ycelles maisons et heritages, sans rachater icelles rentes ou parties d'icelles, ilz seront receuz ausdictes renonciations faire, en delaissans ycelles maisons en aussi bon estat qu'elles estoient au temps de la prinse, et en payant les arrerages deuz au temps desdictes renonciations.

(6) *Item.* que èsdiz rachatz ne seront point comprinses les rentes deuement admorties, et celles qui appartiennent à femmes vefves et enfans mineurs d'age, durant leur viduitéz et minoritez.

(7) *Item.* Se ung proprietaire vouloit ainsi rachater aucune rente qui si nouvellement auroit esté constituée ou acquise par le rentier, que ycellui rentier n'auroit receu d'arrerages d'icelle rente qui montassent à la valeur des lots, ventes, saisines, et autres loyaux coustemens; ledit proprietaire sera tenu de le restituer, ou de ce qu'il en auroit moins receu.

(8) *Item.* Quant aucun proprietaire vouldra ainsi rachater rente constituée sur sa maison ou heritage, se le rentier refuse ledit rachat, disant que jà pieça ycelle rente fut constituée par accensement, partaige, don ou lais, ledit rentier sera tenu d'en faire apparoir par lettres et tiltres; et s'il ne le montre ainsi prestement ou au premier délay à lui sur ce baillié par justice sans autre procès, sadicte rente sera rachetable comme constituée par achat et pris d'argent.

(9) *Item.* Que chacun desdiz proprietaires pourra racheter de chacun rentier prenant rentes sur sa maison ou heritage, à chacune fois le quart de la rente qu'il vouldra racheter; et n'en pourra racheter de vingt sols parisis à la fois, se elle monte à ladicte somme ou plus, et au-dessoubz, le tout à une fois.

(10) *Item.* S'aucuns vouloient racheter aucunes rentes perpetuelles, chargée de viage, la proprieté se pourra racheter pour les deux pars, et le viage pour le tiers au pris dessusdict.

(11) *Item.* Que chacun proprietaire qui vouldra racheter rente constituée sur sa maison ou heritage, pourra pour sa seureté ou chastellet de Paris, faire mettre en criées la rente qu'il vouldra racheter, par quatre xiiii^{es} en signifiant ledisctes criées au commencement d'icelles à cellui de qui l'en vouldra racheter, sans autre évocacion faire.

(12) *Item.* Et se durans lesdictes criées, aucuns qui y auroit droit de ypotheque ou obligacion, rente ou autre charge, ne s'opposent, ilz seront privez et deboutez de leurs ypotheques et obligacions, rentes ou autres charges d'icelle rente, et sera ladite rente delivrée ou chastellet, franche audit proprietaire; et s'aucuns s'opposent durans lesdites criées, ycelles parfaites, ledit proprietaire consignera l'argent par l'ordonnance de justice, en main seure, pour en estre discuté au regard desdiz opposans et autres qu'il appartendra; et parmi ce, ladite rente lui sera delivrée nette de toute ypotheque, obligacion, rente ou autre charge, sans attendre la discussion des opposans.

(13) *Item.* S'aucun proprietaire vuelt racheter rentes appartenans à eglises, colleges, hospitaulx, hostelz-dieu, maladeries, margleries, communaultez ou autres personnes, qui ne seroient admorties, le proprietaire sera appeller par devant le prevost de Paris ou son lieutenant, se la rente appartient à bénéfice intitulé, le détenteur de la rente avecques le patron ou collateur, et se ledit bénéfice n'est intitulé, le donateur ou ceulx qui de lui auront cause, pour adviser en quoy l'argent desdictes rentes pourra estre converti; et s'ilz ne comparent, ledit proprietaire consignera en main de justice, et demourera deschargé de ladite rente.

(14) *Item.* Pour ce que pluseurs desdictes rentes ont esté promises et les autres assignées en seureté de douaire, aux traictiez de pluseurs mariages dont les parties sont encores conjoinctes, les autres achetées pour estre le propre heritage des hommes ou des femmes ou des enfans qui ystront desdiz mariages, les autres

appartiennent aux hommes de leur costé, les autres appartiennent à leurs femmes pareillement de leur costé, et d'autres semblables : le proprietaire qui vouldra racheter telles rentes, fera appeller à la derniere criée, ou après ycelle, au regard de ce qui touchera l'omme et sa femme, ensemble leurs peres et meres s'ilz en ont aucuns à Paris, sinon quatre leurs freres et sœurs ou autres prouchains estans à Paris, s'aucuns en ont, c'est assavoir deux du costé de l'omme et deux du costé de la femme; quant à ce qui touchera la femme, il fera appeller son mari, elle et trois personnes du costé d'elle, et du costé de sondit mari une personne seulement, se aucuns en ont à Paris ; et en deffault de parens, quatre autres de leurs affins et amis demourans à Paris, pour veoir consigner l'argent du rachat de la rente en main seure, et adviser entre eulx à qui ledit argent sera baillé, pour employer au prouffit de cellui à qui estoit ladicte rente, pour sortir pareille nature et condicion que faisoit ladite rente ainsi rachetée.

(15) *Item*. Pour éviter les débats qui pourroient souldre entre diverses personnes qui auroient rente sur une mesme maison ou héritage, parce que chascun d'eulx en vouldroit devenir proprietaire, afin d'avoir la faculté de racheter les autres rentes sitost que le proprietaire y aura renoncié ou quant aucun ne s'en porteroit proprietaire : en ce cas, celui qui aura fait faire les criées par vertu du privilege aux bourgeois, pourra accepter ladicte proprieté, lequel quant à ce, sera préféré aux autres rentiers, pourveu qu'il sera tenu de declarer au papier et registre desdictes criées, en dedens xv jours prouchains après lesdictes criées parfaictes ; et ycelle proprieté par lui ainsi acceptée, il aura la prerogative et faculté de racheter toutes les autres rentes rachetables, par la maniere que dit est.

(16) *Item*. S'il avenoit que deux ou pluseurs d'iceulx rentiers feissent semblable diligence de faire faire lesdictes criées par la maniere que dit est, cellui d'entre eulx qui dedens xv jours prouchains après ce que lesdictes criées seroient parfaictes, moustrera par lettres et tiltres sa rente avoir esté constituée la premiere, aura la prerogative dessusdite.

(17) *Item*. Se cellui ou ceulx desdiz rentiers qui auront fait faire lesdictes criées, ne déclaroient leur voulenté par la maniere que dit est, les autres opposans ensuivamment, auront icelle faculté et prerogative en lieu d'eulx, selon l'ordre et priorité de la constitucion de leurs debtes ou rentes, dont ilz seront tenuz de

foy par lettres et tiltres, comme dessus est dict, en dedens xv jours prouchains après ensuivans.

(18) *Item.* Et se durant ladicte derniere xv° aucun ne faisoit ladicte diligence, le premier d'entre eulx qui la fera, ladicte passée, aura ladicte prerogative par prevencion, sans pour ce faire aucune evocacion autrement que dessus est dit.

(19) *Item.* Et s'aucun ne se declarroit proprietaire de la maison ou heritage ainsi criez, en dedens demi an ensuivant ce que lesdictes criées dudit privilege aux bourgois auroient esté faites et parfaites, nostre procureur en chastellet ou autre qui faire le vouldra, pourra faire mettre en criées par les quatre xiiii°° ladicte maison ou ledit heritage, en le signiffiant par ung sergent, en la presence de deux tesmoings du moins, aux opposans des criées faites par vertu dudit privilége, et sans autre evocacion faire; et ycelles criées faites et parfaites, ycelle maison ou heritage sera baillié au second rapport desdictes criées, lequel rapport se fera ès jours de mercredy et de samedi, et la delivrance au second rapport au jour de samedi, par nostre prevost de Paris ou son lieutenant, au plus offrant et derrenier encherisseur, à rente, pour tourner et convertir la rente à quoy elle sera ainsi baillée, au prouffit de cellui ou ceulx qu'il appartendra; et paiera cellui au prouffit duquel ladite adjudicacion se fera, les frais desdictes criées; et vauldra ledit bail, et si sera ycelle rente rachetable au pris et par la maniere que dit est.

(20) *Item.* Et ou cas que nostre procureur ou autre, ne entreprendroit de faire faire lesdictes criées par la maniere que dit est, le seigneur foncier sera tenu de faire mettre en criées par lesdictes iiii xiiii° ycelles maisons et heritages, ledit demi-an passé, en le signiffiant par ung sergent en la présence de deux tesmoings du moins, aux opposans des criées faictes par vertu dudit privilege, et sans autre evocation faire; et ycelles criées faites et parfaites, ycelle maison ou heritage sera baillié au second rapport desdites criées, lequel rapport se fera ès jours de mercredi et de samedi, et la delivrance audit second rapport, au jour de samedi, par nostre prevost de Paris ou son lieutenant, au plus offrant et derrenier encherisseur, à rente, pour tourner et convertir la rente à quoy elle sera ainsi bailliée, au prouffit de cellui ou ceux qu'il appartendra, sur peine de perdre par ledit seigneur foncier le droit des premieres rentes et les arrerages de son cens qui en seront deubz, jusques à ce qu'il y ait proprietaire; et recouvrera ledit seigneur foncier, les despens desdictes criées, sur cellui au

prouffit duquel ladicte adjudication se fera; et sera ycelle rente rachetable au pris et par la maniere que dit est.

(21) *Item.* Et se lesdictes maisons ou heritages avoient esté wides et vagues par an et jour, et qu'elles eussent esté mises en criées par vertu dudit privilege aux bourgois, ledit seigneur foncier sera tenu de les faire mettre en criées par vertu dudit privilége aux bourgois, sur les peines dessusdictes; et d'abondant lesdictes criées faites et parfaites et ledit demi-an passé, sera faire lesdictes criées par lesdictes quatre xiiii^{nes} ainsi qu'il est contenu ou prouchain précédent article.

(22) *Item.* Et au regard des signiffications qui se feront aux opposans des criées faites par vertu dudit privilege, ycelles signiffications qui se seront faites aux hostels et domiciles esleuz par lesdiz opposans durant lesdictes criées dudit privilége aux bourgois, vauldront.

(23) *Item.* Et pour ce que autreffois ont par nous esté faites autres ordonnances touchant les maisons et heritages de nostredicte ville et faulxbourgs de Paris, lesdictes ordonnances demoureront en leur force et vertu, se ce n'est en ce en quoy par ces présentes seroit derogué à ycelles.

Si donnons en mandement à nos amez et féaulx conseillers les gens de nostre parlement, au prevost de Paris et à tous nos autres justiciers et officiers ou à leurs lieuxtenans présens et à venir, et à chascun d'eulx si comme à lui appartendra, que noz présentes ordonnances et tous les poins contenus en ycelles, facent solennellement publier et enregistrer, chacun en droit soy; et les tiennent, gardent et observent et facent tenir, garder et observer sans enfreindre en aucune maniere, perpetuellement et à tousjours. En tesmoing de ce, nous avons fait mettre nostre séel à ces présentes.

Données, etc., à la relacion du grand conseil.

N°. 37. — *Lettres de Henri portant que les réparations des châteaux, maisons, fours, moulins, étangs, bois, héritages, terres, seigneuries, etc. donnés par le Roi, seront remboursés au donataire en cas d'éviction, ou qu'il sera autorisé à les retenir jusqu'au remboursement.*

Paris, 13 août 1428. (C. L. XIII, 138.) Publ. en parlem. 14 août.

N° 38. — **Lettres** *portant réunion du parlement de Languedoc à celui de Paris séant à Poitiers* (1).

Chinon, 7 octobre 1428. (C. L. XIII, 140.)

N° 39. — États-Généraux (2).

Chinon, octobre 1428.

N° 40. — *Récit du* Sacre *et couronnement de Charles VII* (3).

Reims, 8 juillet 1429. (Chroniq. de Monstrelet, f° 47. Cérémon. françois, I, 164.)

Si entra le roy dans la ville et cité de Reims, le vendredi [septiè]me jour de juillet, avecques très-grand nombre de chevall[iers] et puis fut le dimanche ensuivant par ledit archevesque cons[ac]ré (4), et couronné à roy dedans ladicte ville et cité de Reims, [avec] ses princes, et prelats, et toute la baronnie, et chevalerie qui [y] estoit. Là estoient le duc d'Alençon, le comte de Clermont, le [sei]gneur de la Trimoüille, qui estoit son principal gouverneur, [le sei]gneur de Beaumanoir Breton, le seigneur de Mailly en Tou[rai]ne (5), lesquels estoient en habits royaux, representans les

---

(1) Philippe-le-Bel avait établi un parlement à Toulouse vers l'an 1302; sup[prim]é quelque temps après; recréé par lettres du 20 mars 1420, transféré à [Poit]iers en 1425, réuni à celui de Poitiers par les lettres ci-dessus, sur la de[man]de des états de Chinon. Cette union subsista encore quelque temps après le [re]tour du parlement de Poitiers à Paris. Enfin, le 11 octobre 1444, Charles VII, [sur] la réclamation des états de Languedoc, établit un parlement à Toulouse, [pour] le Languedoc, l'Aquitaine et les pays au-delà de la Dordogne. — Henrion [de] Pansey, Aut. jud. 379. (Decrusy.)

(2) Ces états-généraux des pays de l'obéissance de Charles furent convoqués [pour s]e procurer de l'argent. Ils accordèrent une aide de 400,000 livres, payable [moit]ié par la Languedoil, et l'autre moitié par la Languedoc et le Dauphiné. (Villaret, préface XII.)

Les états demandèrent la réunion du parlement de Béziers à celui de Poitiers, [afin] qu'il n'y eût qu'un centre de justice; plus tard, on préféra dans l'intérêt des [justic]iables établir un parlement dans chaque grande province. De là les parle[ment]s du Languedoc, du Dauphiné, de Bordeaux, de Bretagne que l'on peut [reg]arder comme datant de ce regne. (Isambert.)

(3) On n'a pas conservé le procès-verbal de ce sacre. V. le réglement de 1365, p. 237, 3e livraison. (Idem.)

(4) Le privilège des archevêques de Reims de sacrer nos rois, est constaté par [une] bulle d'Alexandre III de 1173, et par un réglement transcrit dans les regis[tr]es de la chambre des comptes; Henri IV est le seul qui depuis ne fut pas sacré [à] Reims. Il le fut à Chartres. Reims était alors au pouvoir de la ligue; l'arche[vê]que faisait les frais de la cérémonie, de la consécration et du festin royal; les [ha]bitans de la ville y contribuaient. (Villaret, XIV, 425.)

(5) On voit pour la première fois les anciens pairs représentés en partie par des

nobles pairs de France, qui point n'estoient au fait, et noble sacre du roy, et aussi au noble couronnement dessusdit : si avoient esté les dessusdits pairs absens, evoquez et appellez devant le grand autel par le roy d'armes de France, ainsi et par la maniere qu'il est accoustumé de faire.

Après lequel sacre fait et accomply, le roy alla disner en l'hostel episcopal de l'archevesque, les seigneurs et prelats en sa compagnie : et se seist à sa table ledit archevesque de Reims, et servirent le roy à son disner le duc d'Alençon et le comte de Clermont, avecques plusieurs autres grands seigneurs : et feit le roy le jour de son sacre trois chevaliers dedans l'eglise, desquels le damoiseau de Commercis en fut l'un (1).

N°. 41. — LETTRES *par lesquelles les habitants de Troyes sont reçus en l'obéissance du Roi* (2).

Troyes, 9 juillet 1429. (C. L. XIII, 142.)

N°. 42. — LETTRES *de défi du duc de Bedfort, régent* (3)*, au roi Charles.*

Montereau-faut-Yonne, 7 août 1429. (Monstrelet, fol. 47.)

Nous Jean de Lancastre, régent et gouverneur de France et

pairs de création moderne, usage qui s'est perpétué dans la suite. Avant l'introduction de cette coutume, les pairs présens remplissaient les fonctions des pairs du royaume du premier âge suivant l'ordre de leur création et non à titre de représentant. Suivant un ancien formulaire on dressait un échafaud joignant au chœur de l'église en dehors. Le roi s'y rendoit la veille du jour destiné a sa consécration ; il était accompagné des pairs qui le montroient au peuple en disant : *V'ees cy votre roi que nous pairs de France couronnons à Roi et à souverain seigneur ; et s'il y a ame qui le veuille contredire, nous sommes ici pour en faire droit ; et sera au jour de domain consacré par la grace du Saint-Esprit, se par vous n'est contredit.* Le peuple répondoit *Noël*, acclamation usitée pour lors. (Villaret, XIV, 428.)

(1) Il n'est pas question de la Pucelle d'Orléans. Jean *Chartier*, p. 52, dit qu'elle y était tenant son étendart ; la sainte ampoulle y fut apportée par le sire de Rais, maréchal de France. (Isambert.)

(2) On maintient les actes du gouvernement de fait, même en faveur de ceux qui en ont reçu des dons, sans indemnité pour ceux qui ont été dépossédés. (Isambert.)

(3) On dit cependant que ce prince était sage. Le roi n'y répondit pas ; ces lettres sont remarquables en ce qu'on y traite déjà la Pucelle de sorcière. Le roi envoya des ambassadeurs au duc de Bourgogne, et lui fit demander pardon, rejetant sur sa jeunesse et sur de mauvais conseillers l'homicide projeté sur la personne du duc de Bourgogne ; excuse que le duc parut dès lors disposé à admettre au point que la réconciliation paraissait certaine. (*Idem.*)

de Bethfort, sçavoir faisons à vous Charles de Valois, qui vous souliez nommer daulphin de Viennois, et maintenant sans cesse vous dites roy, pour ce que torsionnerement avez de nouvel entreprins contre la couronne et la seigneurie de très-haut et excellent prince, et très-renommé mon souverain seigneur Henry, par la grace de Dieu vray naturel et droicturier roy des royaumes de France et d'Angleterre : par donnant à entendre au simple peuple que venez pour donner paix et seureté, ce qui n'est pas, ne peut être par les moyens qu'avez tenus et tenez, qui faictes croire et abuser le peuple ignorant, et vous aydez plus de gens superstitieux, et reprouvez, comme d'une femme désordonnée et diffamée estant en habit d'homme et gouvernement dissolu, et aussi d'un frere mendiant apostat et séditieux, comme nous sommes informez : tous deux selon la saincte écriture abhominables à Dieu, qui par force et puissance d'armes avez occupez au pays de Champaigne et autre part, aucunes citez, villes, chasteaux appartenans à mondit seigneur le roy, et les subjects desourroient en icelles contraints et induits à desloyauté et pariurement, en leur faisant rompre et violer la paix finalle des royaumes de France et d'Angleterre, solennellement jurée par les roys de France et d'Angleterre qui lors vivoient : et les grans seigneurs pairs, prélats, barons, et les trois estats de ce royaume.

Nous pour garder et deffendre le vrai droit de mondit seigneur le roy, et vous et vostre puissance rebouter hors de ses pays et seigneuries à l'ayde du tout puissant : nous sommes mis sus et tenons les champs en nostre personne, et en la puissance que Dieu nous a donné : et comme bien vous avez sceu et sçavez vous avons poursuits et poursuivons de lieu en lieu pour vous cuider trouver ou rencontrer, ce que n'avons encores peu faire, pour les advertissemens qu'avez faits et faictes pour nous, qui de tout notre cœur, desirons l'abbregement de la guerre : vous sommons, et requerons que si vous estes tel prince qui querez honeur, ayez pitié et compassion du pauvre peuple chrestien, qui tout longuement à vostre cause a esté inhumainement traicté et foulé et opprimé, que briefvement soit hors de ses afflictions et douleurs, sans plus continuer la guerre : prenez ou pays de Brie, où nous et vous sommes bien prochains de vous et de nous aucune place aux champs, convenable et raisonnable et jour brief competant : et tel que la prochaineté des lieux où nous et vous sommes pour le présent, le part souffrir et demander : auquel jour et place s'y comparoir y voulez en personne, avec le conduict de la diffor-

48.

mée femme, et apostat dessusdit, et tous les parjures et autres puissance telle que vous voudrez et pourrez avoir : nous au plaisir de nostre seigneur y comparerons, ou monseigneur le roy en notre personne : et lors si vous voulez aucune chose offrir ou mettre avant, regardant le bien de la paix, nous laisserons, et ferons tout ce que bon prince catholique peut et doit faire, et tousiours sommes enclins et volontaires à toute bonne paix non fainte, corrompue, dissimulée, violée ne parjurée, comme fut à Monstriau-faut-Yonne celle dont par vostre coulpe et consequement s'ensuit le terrible, détestable et cruel meurdre commis contre loy et l'honneur de chevalerie, en la personne de feu mon très-chier et très-amé père, le duc Jean de Bourgogne, à qui Dieu pardoint : par le moyen de laquelle paix par vous enfrainte, violée et parjurée sont demourez et demourent cent nobles, et autres subjects de ce royaume et d'ailleurs quietes et exempts de vous et de vostre seigneurie, à quelque estat que vous ayez peu et pouvez venir : et tous sermens de loyauté, féauté et subjection les avez absoluz et acquitez, comme par voz lettres patentes signées de vostre main et de vostre scel peut clairement apparoir.

Toutesfois se pour l'iniquité et malice des hommes ni pouvoit prouffiter au bien de la paix, chacun de nous pourra bien garder et deffendre à l'espée sa cause, et sa querelle : ainsi que Dieu qui est seul juge, et auquel et non autre mondit seigneur a à respondre, luy en donnera la grace ; et auquel nous supplions humblement, comme à celui qui sçait et qui cognoist le vrai droit et legitime querelle de mondit seigneur, que disposer en vueille à son plaisir, et par ainsi le peuple de ce royaume sans tel foullement, oppression, pourra demourer en longue paix et seur repos, que tous roys et princes chretiens qui ont gouvernement, doivent requerir et demander : si nous faictes savoir hastivement, et sans plus delayer ne passer tems par escritures n'argumens, ce que faire ne voudrez ; car si par vostre deffaut plus grans maulx, inconveniens, continuations de guerre, pillerie et ransonnement de gens et occisions et depopulations de pays adviennent : nous prenons Dieu en temoing et protestons devant lui, et les hommes qui n'en seront point en cause, et que nous avons fait et faisons nostre devoir, et nous mettons et voulons mettre en tous termes de raison et honneur, soit préallablement par moyen de paix et journée de bataille de droit de prince ; quand autrement autre puissans et grans parties ne se peuvent faire : en témoin de ce nous avons fait sceller ces présentes de nostre scel.

AOUT 1429.

Donné audit lieu de Monstriau où Faut-Yonne, etc. Ainsi signé par monseigneur le régent du royaume de France et duc de Bethfort.

N° 43. — DÉCLARATION *qui fait remise aux sujets fidèles des dettes par eux contractées envers les sujets rebelles, et leur attribue les biens de leurs parens rebelles par droit de présuccession* (1).

Compiègne, 22 août 1429. (C. L. XIV. 102.)

CHARLES, etc. Comme depuis la vénérable entrée faicte en nostre ville de Paris, ou mois de mai mil cccc dix-huit, et nostre partement d'icelle, plusieurs vraiz et loyaulx subgiez de feu nostre très-redoubté seigneur et pere à qui Dieu pardoint, et de nous, tant d'icelle nostredicte ville que d'ailleurs, en acquictant leurs loyaultez envers nous, ayent abandonné leurs biens, tant meubles que héritaiges, et se soient retraiz devers nous et ailleurs ès villes et païs à nous obeissans, pendant lequel temps plusieurs personnes, tant d'églises que autres, estans, ou qui ont esté ès païs à nous rebelles et désobéissans, se sont ensaisinez des biens, bénéfices, des maisons, heritaiges, rentes, revenues et possessions appartenans à nosdits loyaulx subgez, en les voulans à eux appliquer, soubz umbre et couleur de ce qu'ilz dient ou vouldroient dire, que lesdiz héritaiges, maisons, rentes, revenues et possessions leur avoient esté donnés par nostredit seigneur et pere durant nostredicte absence, ou autres tenans le party à nous contraire, ou qu'elles ont esté vendues, cédées, transportées et baillées à tiltre onéreux par leurs receveurs ou autrement, en assignacion de plusieurs debtes et arréraiges de cens, rentes et autres debtes et arréraiges personnelles, prétendans à eux estre deues par nosdiz loyaulx subgietz, et que par procès meuz ou encommencez en demandant ou en défendant, entre nosdiz loyaulx subgietz et lesdiz rebelles et désobeissans avant nostredit partement de nostredicte ville de Paris, et aussi depuis, ésquelz procès par poursuite faite par lesdiz rebelles à l'encontre de nosdiz subgiez par criées, défaux et subhastacions, par privileges et autrement, a tellement esté procédé, nosdiz loyaulx subgietz non deuement à ce appellez ne ouiz, et en lieu non seur que par les eulx disans à Paris tenir le parlement de nostredit seigneur et père, et autres eulx disans jugés en leur

(1) Elles furent confirmées le 28 octobre 1450, par édit et loi enregistrée au parlement le 15 février. V. le projet de loi de 1825. (Isambert).

obéissance, par adjudication, par forme et manière d'arrestz ou sentences ou autrement, lesdites choses leur auroient esté adjugées; et avecques ce, seroient plusieurs des parens et amis de nosdiz loyaulx subgetz demourans ès villes et païs à nous désobeissans, dont les aucuns, comme par force, crainte, paour que on ne leur feist desplaisir soubz umbre de ce que ilz estoient parens des aucuns tenans notredit parti, les autres en haine de ce ou autrement, de leurs voulentez auroient fait plusieurs et divers contractz, comme vendicions, donacions, cessions, transpors, testamens, ordonnances, ou autres dispositions, en ordonnant et disposant de leurs biens au profit d'aucuns tenans ou qui tiennent le party contraire de nous, et demourans ou qui demouroient èsdiz païs et villes désobeissans à nous, en eulx efforçant désheriter et priver d'iceulx nosdiz vraiz et loyaulx subgetz, lesquieulx devoient estre leurs héritiers, ou succéder ausdiz biens après leur trespassement, et dont les aucuns sont jà allez de vie à trespassement, et lesquelx biens nous pourrions maintenir à nous compéter et appartenir comme commis et confisquez, et n'en pourroient valablement ordonner en nostre préjudice; et soubz umbre desdiz tiltres, d'aucuns d'iceulx, ou d'autres semblables détenemens desdictes choses, laps de temps couru durant l'absence de nosdiz loyaulx subgetz, et que lesdiz détenteurs pourraient dire ou maintenir y avoir depuis fait aucunes réparacions ou bastimens, ou acompli aucunes condicions ou charges appesées en faisant lesdiz contraz ou dispositions, ou autrement, vouldroient à eulx appliquer lesdictes maisons et héritaiges; et avec ce vouldroient et pourroient lesdiz détenteurs pour aucunes debtes personnelles ou pour arréraiges de cens, rentes, ou autres revenues qu'ilz voudroient prétendre à eulx estre deues par nosdiz loyaulx subgetz, à cause de leursdictes maisons, rentes, héritaiges et possessions ou autrement, faire grans actions et poursuite à l'encontre d'eulx, et sur ce et pour les causes dessusdictes, envelopper nosdiz loyaulx subgetz en plusieurs longs procès, et cependant icelles maisons ou autres possessions retenir jusques à plein payement et satisfaction desdictes debtes et arréraiges, ou de réparacions et autres choses dessusdictes, ou grant grief, préjudice et dommaige de nosdiz subgetz et de nous à qui lesdictes debtes, rentes ou autres droiz, s'aucuns en ont, par confiscation et forfaiture appartiennent et appartenoient, doyvent et devront appartenir, et plus seroit se par nous n'y estoit sur ce pourveu de remède convenable.

Savoir faisons, que nous ces choses considérées, et que nosdiz loyaulx subgetz durant leur absence n'ont peu joïr de leurdiz héritaiges, maisons, rentes, revenues et possessions, néantmoins leur a convenu faire et soustenir plusieurs grans fraix en nostre service; avons DÉCLARÉ et ORDONNÉ, déclarons et ordonnons iceulx noz loyaulx subgetz estre et devoir estre, et voulons demorer francs et quictes des choses dessusdictes que vouldroient prétendre lesdiz désobeissans et rebelles envers nosdiz subgetz; et de nostre certaine science, grace et auctorité, en tant que mestier seroit, à iceulx noz loyaux subgetz avons donné, quicté et remis, donnons, quictons et remectons de grace espécial par ces présentes, tous lesdiz arréraiges, tant de grains que d'argent et autres; et encore d'abondant donnons toutes debtes quelxconques, tant réelles que personnelles qui par eulx pourroient estre deues à ceulx qui ont tenu et tiennent le parti contraire de nous; et en oultre leur donnons, cédons et transportons tous les biens, meubles et immeubles, qui compettoient et appartenoient à leursdiz parens et amis auxquelz ils eussent ou deu avoir succedé et estre héritiers, s'ilz eussent esté et demouré en nostre obéissance. et en icelle allez de vie à trespassement; et voulons que nosdiz loyaulx subgetz jouissent et usent des biens comme à eulx appartenans, et qu'ilz en puissent prendre possession, et eulx ensaisiner, nonobstant quelxconques contractz, vendicions, donacions, transpors, testamens, disposicions et ordonnances faiz ou faictes par leursdiz parens demourans esdiz pays et villes à nous désobéissans, lesquieux ou lesquelles nous cassons et adnullons, et ne voulons iceulx ou icelles sortir aucun effect ou préjudicier en aucune manière à nosdiz vrais et loyaulx subgetz; et avecques ce, de nostre grace et auctorité royal, avons relevé et relevons nosdiz loyaulx subgetz et chascun d'eulx, de tout tenement, laps de temps, et prescription, en quoy pendant leurdicte absence ils pourroient estre encouruz envers lesdiz tenans ou qui avoient tenu le parti à nous contraire pour lesdictes maisons, terres, rentes, revenues et possessions, et de tous appeaulx, défaulx, criées et subhastacions, par vertu de quelxconques priviléges qu'elles soient faictes, sentences, adjudicacions et arretz telz que dessus et autres quelxconques faictes et obtenues ou préjudice de nosdiz loyaulx subgetz, durant et par-devant ladicte absence, à l'instance desdiz receveurs et desdiz rebelles et désobéissans, et ne voulons que pour cause de ce, ne des autres choses dessusdictes, d'ores ne pour le temps à venir, à nosdiz loyaulx subgetz, en puisse estre aucune chose demandée par forme de nouvelleté, ne autrement faire aucune poursuite, ne par rétencion ne autrement, soubz umbre desdictes condicions, réparacions ou charges faictes ou accomplies, faire aucun empeschement, ne eulx en aidier contre eulx en quelque manière que ce soit, ains voulons que nosdiz loyaulx subgetz se puissent bouter et entrer plainement, réaulment et de fait, de leur propre autorité esdictes maisons, héritaiges et possessions, et d'icelles, ensemble de leurs rentes et revenues, tant de celles qu'ilz avoient au temps de leur partement, que de celles qui depuis leur sont ou doivent estre eschues, joïr et user, et eulx faire paier comme ilz feroient et eussent peu faire s'ilz eussent seurement résidé et esté résidens sur les lieux, et que comme se leurdiz parens et amis n'en eussent aucunement ordonné et disposé; et oultre à iceulx nos loyaulx subgetz avons octroyé qu'ilz puissent venir au retrait des héritaiges, rentes et revenues vendues et eschangées par leurs parens, ung au paravant leurdit partement ou depuis, à quelxconques personnes que ce soient, soient gens d'église ou autres, dedans ung an après leurdit retour, tout ainsi comme ilz peussent faire dedans l'an et jour après lesdictes vendicions ou eschanges, ou autres termes prefiz, par coustume de païs ou par convenance de parties; et pareillement lesdiz gens d'église puissent retourner et soient restabliz en leurs bénéfices comme ils estoient paravant leur partement, ou cas toutesvoies que lesdiz bénéfices de leur consentement et plaine voulenté n'auroit esté disposé au contraire;

Et oultre voulons et ordonnons que nosdiz loyaulx subgietz soient receuz dedans l'an et jour après leur retour paisible sur les lieux, à eulx douloir et complaindre en matière de nouvelleté, de tous les troubles et empeschemens à eulx faiz en leursdictes possessions et revenues, tout ainsi qu'ils eussent fait ou peu faire dedans l'an d'iceulx troubles, se ilz eussent eu seure demeure sur iceulx lieux.

Si donnons en mandement à noz amez et féaulx conseilliers les gens tenans et qui tendront nostre parlement, et à tous noz justiciers ou à leurs lieuxtenans et à chascun d'eulx en droit soy si comme à lui appartendra, que de nostre présente grace, don, octroy, voulenté et ordonnance ilz seuffrent, et laissent joïr et user nosdiz vrais et loyaulx subgetz, et chascun d'eulx, et ne seuffrent iceulx estre molestez, travaillez, ne autrement tenuz en procès en aucune manière au contraire, ains voulons qu'ilz leur laissent et facent laisser plainement, franchement et libéralment en-

en leursdictes maisons, héritaiges et possessions, et icelles facent délivrer, rendre et restituer, et oster tout empeschement se mis y estoit, et meetent à plaine delivrance, pour en ensemble de proufiz et émolumens comme de leur propre *ce*, et cassent et mettent du tout au néant les lettres et obligations desdiz arréraiges et autres debtes mobiliaires, se trouver pevent, comme caissées et adnullées, solutes et acquitées; et *ant* à ce, nous avons imposé silence perpétuelle à nostredit *procureur* et à tous autres : car ainsy nous plaist-il, et voulons *qu*'il soit fait, et à nosdiz loyaulx subgiez l'avons octroyé et *oc*troyons de grace espécial par ces présentes, nonobstant ce que *est*, dont nous avons nosdiz loyaux subgetz relevez et relevons *de* grace special comme dit est, oppositions, appellations, ordonnances, défenses, usaige, stile, costume de pais, et lettres subreptices impetrées à ce contraires. En tesmoing de ce, etc.

Donné, etc.

§ 44. — ASSEMBLÉE à *Paris pour renouveler les sermens à Henry* (1).

6 août 1429. (Registres du parlement, fol. 398; manuscrit de la Cour de cassation.)

§ 45. — LETTRES *de convocation de l'arrière ban* (2) *de Normandie, par Henri roi d'Angleterre, se disant roi de France.*

Vernon, 27 août 1429. (Manusc. de la Bibl. du Roi, Cart. 115.)

(1) On sait que le sacre de Charles VII, à Reims, eut alors une grande influence sur l'opinion; Henry qui s'en aperçut voulut en paralyser l'effet dans cette assemblée qui fut présidée par le chancelier d'Angleterre et de France.
(Isambert.)

(2) Le roi Charles marchait alors sur Paris pour s'en rendre maitre; et ce fut dans cette circonstance que fut rendue l'ordonnance ci-dessus pour la convocation de l'arrière-ban de la Normandie. Le duc de Betford, car c'est lui qui parle dans l'ordonnance sous le nom du roi mineur, menaçoit de donner à Charles VII une grande bataille, et en effet il rassembla une armée d'environ 12,000 hommes, avec laquelle il auroit été en état d'en tenter le hasard, mais il ne soutint pas cette bravade; peu de temps après, lorsque le roi la lui vint offrir auprès de Montmartin, il se retira du côté de la Normandie pour couvrir cette province dans laquelle le connétable de Richemont faisoit des courses, et abandonna Paris aux forces d'une grosse garnison. Le roi de son côté entreprit le siège de la capitale et fut obligé de l'abandonner. (*Note manusc. de la bibl. du Roi.*)

N°. 46. — Lettres *portant anoblissement du père, de la mère et de la postérité masculine et féminine de Jeanne-d'Arc pucelle d'Orléans, pour les services par elle rendus à l'état* (1).

Meun-sur-Yèvre, décembre 1429. (Preuves de l'hist. de Charles VII, p. 89.)

Karolus, etc. Magnificaturi divinæ celsitudinis, uberrimas nitidasque gratias celebri ministerio puellæ Joannæ Darc de Dompremeyo, charæ et dilectæ nostræ, de bailliviâ Calvi montis seu ejus ressortis nobis elargitas, et ipsa divinâ cooperante clementiâ, amplificari speratas, decens arbitramur et opportunum ipsam puellam, et suam nedum ejus ob officii merita verum et divinæ laudis præconia, totam parentelam dignis honorum nostræ regiæ majestatis insigniis attollendam, ut divina claritudo sic illustrata, nostræ regiæ liberalitatis munus egregium generi suo relinquat, quo divina gloria et tantarum gratiarum fama perpetuis temporibus accrescat et perseveret. Notum igitur facimus universis præsentibus et futuris, quod nos præmissis attentis considerantes insuper laudabilia, grataque et commodiosa servitia nobis, et regno nostro jam per dictam Joannam puellam multimodè impensa, et quæ in futurum impendi speramus, certisque aliis causis ad hoc animum nostrum inducentibus, præfatam puellam, Jacobum d'Arc et Petrum Preulo fratres ejus puellæ, et totam suam parentelam et lignagium et in favorem et pro contemplatione ejusdem, et eorum posteritatem masculinam et femininam in legitimo matrimonio natam et nascituram nobilitavimus, et per præsentes, de gratiâ speciali, et ex nostrâ certâ scientiâ ac plenitudine potestatis nobilitamus et nobiles facimus; succedentes expressè ut dicta puella, dicti Jacobus, Ysabella, Jacqueminus, Johannes et Petrus et ipsius puellæ tota posteritas et lignagium, ac ipsorum posteritas nata et nascitura in suis actibus, in judicio et extra, ab omnibus pro nobilibus habeantur, reputentur, et ut privilegiis, libertatibus, prerogativis, aliisque juris

---

(1) Confirmée par Henri II, en faveur de ses descendans, Robert Lefournier, baron de Tournebeu et Lucas du Chemin, sieur du Feron, au mois d'octobre 1560. M. le Breton, conservateur de la bibliothèque de la cour de cassation, est possesseur d'un manuscrit tiré de l'hôtel-de-ville de Metz, d'après lequel il est dit que la Pucelle ne fut brûlée à Rouen qu'en effigie, et qu'elle comparut après l'événement en personne, et se maria avec un gentilhomme, dont la descendance existe encore dans le pays Messin. — Extrait collationné de ce manuscrit a été fait par un notaire; mais rien ne constate l'authenticité de la chronique originale. (Lambert.)

quibus alii nobiles dicti nostri regni ex nobili genere proati, uti consueverunt et utuntur, gaudeant pacificè et fruantur. Idemque et dictam eorum posteritatem aliorum nobilium dicti regni ex nobili stirpe procreatorum consortio aggregamus; obstante quod ipsi, ut dictum est, ex nobili genere ortum sumpserint, et forsan alterius, quam liberæ conditionis existant; volentes etiam, ut iidem prænominati, dictaque parentela, lignagium sæpefatæ puellæ, et eorum posteritas masculina et minina dum et quotiens eisdem placuerit, à quocumque milite militiæ cingulum valeant adipisci, seu decorari. Insuper concedentes eisdem, et eorum posteritati tam masculinæ, quam femininæ in legitimo matrimonio procreatæ, et procreandæ, ut feoda, et retro feoda, et res nobiles à nobilibus, et aliis quibuscumque personis acquirent, et tam acquisitas quam acquirendas retinere et possidere perpetuo valeant, atque possint; absque eo quod illas, vel illa nunc, vel futuro tempore extra manum suam in nobilitatis occasione ponere cogantur, nec aliquam financiam nobis, vel successoribus nostris, propter nobilitationem solvere quovis modo teneantur, aut compellantur. Quam quidem financiam prædecessorum intuitu et consideratione eisdem suprà nominatis, et dictæ parentelæ, et lignagio prædictæ puellæ, ex nostra ampliori gratia donavimus, et quictavimus donamusque et quictamus per presentes, ordinationibus, statutis, edictis, usu, revocationibus, consuetudine, inhibitionibus, et mandatis factis, vel faciendis ad hoc contrariis, nonobstantibus quibuscumque; quo circa dilectis et fidelibus nostris gentibus compotorum nostrorum, ac thesorariis necnon generalibus et commissariis super facto financiarum nostrarum ordinatis, seu deputandis, et baillivio dictæ bailliviæ Calvimontis, cæterisque judiciariis nostris, vel eorum locatenentibus præsentibus et futuris, et cuilibet ipsorum prout ad eum pertinuerit: Damus harum serie in mandatis quatenus dictam Joannam puellam, et dictos Jacobum, Isabellam, Jacqueminum, Joannem et Petrum ipsiusque puellæ totam parentelam et lignagium, earumque posteritatem prædictam in legitimo matrimonio, ut dictum est, natam et nascituram, nostris præsentibus gratia, nobilitatione et concessione uti, et gaudere pacificè nunc et imposterum faciant, et permittant, et contra tenorem præsentium eosdem nullatenus impediant, seu molestent, aut à quocumque molestari, seu impediri patiantur. Quod ut perpetuæ stabilitatis robur obtineat, nostrum præsentibus apponi fecimus sigillum, in absentia magni

ordinatum nostrum, in aliis, et alieno in omnibus jure semp[er] salvo.

N°. 47. — Lettres de Charles qui exemptent la ville d'Orléans pendant son règne, de toutes tailles et impositions, arrière ban et service de guerre (1).

Meun-sur-Eure, 16 janvier 1429. (C. L. XIII. 144.) Reg. en parlement, le [...] novembre 1431.

N°. 48. — Lettre sur la juridiction du conseil souverain [de] Dauphiné (2).

Chinon, 24 février 1430. (C. L. XIII. 162.)

N°. 49. — Lettres (3) portant abolition (4) des péages sur l[a] Loire et ses affluants (5).

Saumur, 15 mars 1430. (C. L. XIV. 7.)

Charles, etc. Sçavoir faisons, que considérans les grans cla[meurs] meurs et plaintes que chascun jour nous sont venus et viennen[t] tant par plusieurs marchans fréquentans le fleuve de la rivière d[e] Loire que autres, des très-grands, excessifs, outrageux et impor[tables] tables aydes, péages, travers, subsides et impositions qui despie[ça] ont esté et encores sont de jour en jour mis, cueillis, levez et exi[i]gez, par imposition, ou autrement, sur toutes manieres de den[rées] rées et marchandises passans par ladite rivière de Loire et autre[s] fleuves descendans en icelle, par plusieurs seigneurs, capitaines, chastelains, bourgeois et habitans des villes, chasteaux et place[s] estans sur icelles rivieres et autres, dont les aucuns d'iceux aides, travers et subsides, ont esté mis sus, cueillis, levez et exigez p[ar] nos congé et licence, comme l'on dict, pour les réfections, et r[é]parations des villes et places estans sur ladite riviere, ou pou[r] autres necessitez, ou autres causes; et les autres aydes et péag[es]

---

(1) Un mois après le roi y ajouta l'exemption du droit de prise et le privilèg[e] de ville d'arrêt. (V. lett. de fév. 1429 C. L. XIII. 149.) Pas un mot de Jeanne d'Arc dans ces lettres. Nous aurait-on trompé sur les prodiges de valeur et le[s] hauts faits attribués à la Pucelle, ou ce roi fut-il ingrat? (Dec.)

(2) Il fut érigé en parlement, en juin 1453. Charles VII avait senti par s[on] expérience que la France n'était pas dans Paris, et qu'il était impolitique d[e] concentrer tous les établissemens. (Isambert.)

(3) Confirmées les 30 juin 1458 et 27 mai 1448. (Isambert.)

(4) Ces lettres relatent une assemblée d'états à Saumur.

(5) Ce sont à proprement parler des droits de navigation. (Isambert.)

esté mis et levez de fait, par lesdits seigneurs, capitaines, chastelains et autres estans esdits chasteaux, villes et places, sans congé et licence, et tout contre le gré et volonté desdits marchans, ce que aucun seigneur ne autre que nous ne peut et ne doit faire en nostre royaume, pour quelque cause que ce soit, tellement que à ceste cause, le faict de marchandise est à présent comme du tout destruict et inutile sur ladicte riviere de Loire, au grand préjudice, et dommage de nous, de nos subjects et de la chose publique de nostredict royaume, et en ce entreprenant contre nos droits :

Nous voulons donner et mettre provision à ce comme tenus y sommes, et afin que le faict de marchandise qui est nécessaire pour le bien de nos subjects, se puisse conduire et entretenir et mettre sus, et que iceux marchans et leurs marchandises soient et puissent estre gardez et preservez d'oppressions et exactions indeües, tant par la délibération et advis de nostre très-chere et bien-aymée mere, la royne de Jerusalem et de Sicile, que d'aucuns des seigneurs de nostre sang, et des gens de nostre grand conseil, et des trois estats des pays à nous obeissans environ ladite riviere de Loire, assemblez à Saumur, avons ordonné, décrété et déclaré, et par ces présentes ordonnons, décernons et déclarons par ledict édict perpétuel, et constitution irrévocable, les aydes, péages, travers, subsides, truages et impositions quelsconques qui depuis soixante ans en ça ont esté mis, imposez et accreuz par quelque personne, et sous quelconque couleur ou occasion que ce soit, sur des denrées et marchandises montans et descendans par ladite riviere de Loire, tant comme elle contient, et par les autres fleuves et rivieres descendans en icelle, estre nuls et de nulle valeur ; et en tant que besoin en est, iceux avons abolis et révocquez, abolissons et révocquons, et mettons à tout ou néant ; et avec ce, voulons, ordonnons et descernons par ces mêmes présentes, tout ce qui aura esté levé, et exigé à cause desdits nouveaux péages mis sus depuis lesdits 60 ans, estre restitué et reparé ainsi qu'il appartiendra, et que contre ceux qui en seroient trouvez chargez ou coulpables, nostre procureur général s'y face partie, afin qu'ils en soient punis par nostre cour de parlement, ainsi que les cas le requerront ; et ne voulons, ains deffendons expressément à tous, qu'aucuns desdits aydes, subsides, péages et impositions, ou autres exactions qui ainsi ont esté mis et accreuz depuis lesdits soixante ans en ça, par qui que ce soit, ayent d'oresnavant aucun cours, ne qu'aucuns de quelque estat, condition ou prérogative, sous quelque couleur [ou] occasion que ce soit, mette ou impose, ou face, pourchasse [ou] souffre mettre, imposer, ne lever d'oresnavant, quelsconques nouveaux aydes, subsides, péages, truages, travers ne impo[sts] quels qu'ils soient, sur les vaisseaux, denrées, et marchandi[ses] quelsconques passans ou repassans par ladicte rivière de Loir[e] et les autres rivieres descendans en icelle, et ne levent ou exige[nt] aucune chose doresnavant, outre les vieils et anciens péages, tra[-]vers et coustumes, et qui à bons et justes tiltres avoient accou[s-]tumé y estre cueilliz et levez, et non autrement, sur peine d[e] confiscation des terres et biens d'iceux qui seront ou entrepre[n-]dront d'oresnavant au contraire, et de la punition de leurs pe[r-]sonnes, telle qu'il appartiendra à faire de raison : excepté l[a] traicte de vingt sols qu'avons mise sus tant pour le fait de [la] guerre que pour nos autres necessitez, sur chacune pippe de vi[n] qui serait menée de quelque païs que ce soit par ladite riviere d[e] Loire, ès païs non contribuables à nos aides.

Si donnons en mandement par ces présentes, à nos amez [et] féaux conseillers les gens de nostre parlement et les maistres de[s] requestes de nostre hostel, aux baillifs de Touraine, et des re[s-]sorts et exemption d'Anjou et du Maine, de Chartres, de Monta[r-]gis et des exemptions d'Orléans, et à tous nos autres justiciers [et] officiers, etc.

En tesmoing de ce, etc. Donné à Saumur, etc. Par le Roy e[n] son grand conseil.

N°. 50. — LETTRES *qui défendent l'usage de monnaies dans [le] royaume, sans l'autorité du Roi* (1).

Poitiers, 28 mars 1430 (avant Pâques). (C. L. XIII, 164.)

N°. 51. — LETTRES *qui affranchissent les habitans de Mehun[-]sur-Eure, de servitude, tailles, mortailles, et autres red[e-]vances, moyennant finances.*

Gergeau, mai 1430. (C. L. XIII, 154.)

(1) Comme à nous de notre droit auctorité, souveraineté et majesté ro[yale, et] non à autre, appartaigne de ordonner et instituer monnoie, en notre roy[aume,] et ne soit loisible à aucun de quelqu'autorité, prééminence, ou prérogative q[ue ce] soit ou use de establir, ordonner ne faire, et faire faire de soy et de sa pr[opre] autorité, monnoye en ce notre royaume (dit le préambule de cette ordon[nance.] (Isambert).

AVRIL 1431.

52. — LETTRES de Henri portant pouvoir au chancelier de différer la rentrée du parlement (1), de manière que ceux qui ont ajournement, causes ou procès, soit en demandant, soit en défendant, n'en puissent éprouver aucun préjudice.

Rouen, 6 novembre 1430. (C. L. XIII, 159.)

53. — LETTRES portant en faveur des peintres (2) et vitriers exemption de tailles, aides, subsides, guet, garde, etc.

Chinon, 3 janvier 1430. (C. L. XIII, 160.)

54. — INSTITUTION de l'ordre de la Toison-d'Or, par le duc de Bourgogne.

1430. (Monstrelet, fol. 55.)

55. — LETTRES de à Étienne de Vignolles dit la Hire (3), pour services rendus à l'État.

Poitiers, 28 avril 1431. (Bibl. du Roi, cabinet d'Hogier, orig.)

CHARLES, etc. Savoir faisons que par considération des bons et véritables services que notre bien amé escuier d'escuierie Estienne Vignolles, dit la Hire, nous a faitz et fait chacun jour ou fait nos guerres, et autrement, et pour certaines autres causes à ce nous mouvans, nous lui avons donné et donnons, de grâce espécial, par ces présentes, la somme de six cens livres tournoiz; vous mandons que par notre amé et féal secrétaire maistre Guillaume Charrier, receveur général desdites finances, vous faictes payer, et délivrer à nostre dit escuier d'escuierie ladicte somme de vi c liv. tourn. et par rapportant ces présentes quictances d'icelui nostre escuier, ou d'autre, son procureur ou commis seu-

_____
(1) La rentrée fut différée au 15 novembre, puis au 11 décembre par lettres du 12 novembre (C. L. XIII, 159), et cela parce que les troupes de Charles ferdues dans les environs de Paris, interceptaient les communications à un tel point que les plaideurs ne pouvoient y aborder. Le parlement mécontent de n'être pas payé de ses gages refusa le service et ne le reprit qu'à l'arrivée de Henri, qui parvint à l'appaiser en lui donnant peu d'argent, mais beaucoup de bonnes paroles. (Villerault, Préf. 13 14.)
(2) Elles sont tirées du recueil des statuts des peintres et sculpteurs. On ne voit si ce privilège est accordé à l'excellence de l'art. (Isambert.)
(3) C'était un des plus fameux capitaines de ce temps. Il y a loin de 600 liv. à 600,000 fr. 600,000 fr. ou un million, dont par décret du 25 septembre 1807, Napoléon faisait don à ses généraux. (Appendice 1822, Recueil complet, p. 601.)
(Isambert.)

lement, nous voulons et mandons ladicte somme de vi c liv. tou[rnois]
estre allouée ès comptes et rabatue de la recepte dudit recev[eur]
général par nos amez et feaulx, gens de nos comptes, sans co[n]-
tredit ou difficulté, nonobstant quelconques ordonnances, mandemens et défenses à ce contraires.

N° 56. — SENTENCE *d'une commission inquisitoriale présidée p[ar]*
l'évêque de Beauvais, qui condamne la Pucelle d'Orl[éans]
à être brûlée vive, comme hérétique (1).

Rouen, 29 mai 1431. (Mémoire de Laverdy, notice des manuscrits de la bi[bliothèque]
du Roi, tome III.)

Au nom de nostre seigneur, ainsi soit-il. Tous les p[a]steurs

---

(1) Jeanne faite prisonnière à Compiègne, le 23 mai 1430, par les Anglais,
fut livrée à une commission composée : 1° de trois juges ayant voix délibérati[ve]
au nombre desquels étaient l'évêque de Beauvais, président, et le vicaire [de]
l'inquisiteur général; 2° un promoteur; 3° vingt-huit assesseurs ayant voix co[n]-
sultative seulement et qui opinèrent dans les deux jugemens de condam[nation]
des 19 et 29 mai 1431; 4° de quinze assesseurs ayant voix consultative qui op[i]-
nèrent au second jugement.

Le 26 mai, le vicaire général de l'inquisiteur en France avait invité le d[uc de]
Bourgogne à remettre la Pucelle entre ses mains. Le roi d'Angleterre liv[ra la]
prisonnière pour être jugée, *selon les ordonnances et dispositions des dr[oits]*
divins et canoniques, appelés ceux qui sont à appeler.

Le premier acte du procès en date du 9 janvier 1430 est une consulta[tion]
dressée par l'évêque de Beauvais et par le député du grand inquisiteur. La P[u-]
celle avait été arrêtée dans le ressort du diocèse de Beauvais : cet évêque proc[éda]
conjointement avec le vicaire de l'inquisiteur : le procès est fait et instrui[t par]
tout, suivant les règles et les formes de l'inquisition. Il roule sans cesse s[ur les]
révélations et apparitions journalières.

Après de longs interrogatoires, tout le procès fut réduit à douze articles [qui]
furent transmis pour avoir des avis doctrinaux à diverses personnes choisies [seu]-
lement par l'évêque et l'inquisiteur. On en compte cinquante-huit qui fur[ent]
consultées, outre le chapitre de Rouen et l'université de Paris, presque t[ous]
donnèrent des avis défavorables à Jeanne.

Il y eut, le 19 mai, un premier jugement qui condamnait l'accusée et ordon-
nait qu'elle serait remise à la justice séculière, mais la condamnation devait ê[tre]
précédée d'une monition préalable dont l'évènement déciderait du sort [de]
Jeanne. Après cette monition qui eut lieu le 26 mai, les juges la relevèrent [de]
l'excommunication, mais ils la condamnèrent à passer le reste de ses jours [au]
pain et à l'eau.

L'évêque de Beauvais alla la voir dans sa prison et profita du fruit de l'esp[ion]-
nage pour lui faire [a]vouer qu'elle tenait encore aux illusions et aux préten[dues]
révélations auxquelles elle avait renoncé. Puis les juges, sans procès prépara[toire]
instruit d'office, ni plainte du promoteur contre l'accusée, ni nouvel i[n]terro[gatoire]

...e qui désirent fidelement s'aquiter de leur charge, et avoir ... de leur troupeau, d'autant plus doivent-ils employer toutes ... forces et moyens, que le diable s'efforce de perdre la bér... ...ie de Jesuchrist par tromperies, et fraudes pestilentes, et ...tudier au contraire, veillant plus songneusement pour em... ...cher ses pernicieux efforts: lors principalement qu'il se pré... ...te des temps dangereux, auxquels plusieurs faux prophetes, ...troduisans des sectes de perdition et d'erreur, vienuent au ...ode ainsi que l'apostre l'a prédit; lesquels pourroient des... ...orner du vray chemin, et tirer à leurs erreurs, et doctrines ...trangeres les fideles, sinon que nostre mere sainte église, par ...moyens et préservatifs de la saine doctrine, et des constitu... ...s canoniques, s'esvertuant diligemment à repousser, et dé... ...ler leurs inventions erronées.

Dont attendu que toy, Jeanne vulgairement appellée la Pu... ...lle, a esté déférée devant moy Pierre par la grace divine ...eque de Beauvais, et frère Jean Magistri viquaire de maistre ...n Graverent, inquisiteur de la foy au royaume de France, ...ause de plusieurs crimes pernicieux, et tirée au jugement de ...oy; après avoir veu et diligemment considéré la suitte de ton ...cez et de tout ce qui s'y est passé; et a esté agité, les réponses, ...fessions et assertions que tu as données; eu pareillement es... ...ard aux délibérations des maistres de la faculté de théologie et ...décret de l'université de Paris, comme aussi de plusieurs pré... ...ls, docteurs et gens sçavans tant en la sainte escriture qu'au ...it canon et civil résidents en cette ville de Rouen, et ailleurs, ...sont en grand nombre; lesquels ont donné leur advis, sur les ...lifications et déterminations de tes assertions, dits et faits: ...vantage après avoir pris le conseil et meure délibération de

...ni prestation de serment, ni signature, ni représentation, ni mouition, ...un seul procès-verbal non ordonné en justice et où l'accusée n'a point parlé ...l'état d'une personne que la justice interroge et poursuit, la condamnent ...rt. C'est le 29 mai que fut prononcée la sentence définitive. Quoique cette ...nce ne portât point la peine de mort, elle fut livrée au bailli de Rouen, qui ...t exécuter. Le lendemain la Pucelle fut conduite sur la place du vieux marché ...Rouen, avec la mitre de ceux que l'inquisition destine aux flammes et sur ...elle étaient écrits ces mots: *herétique, relapse, apostate, idolâtre*. Elle ...brûlée vive. Le même jour le cardinal d'Angleterre ordonna de rassembler ...restes du corps de Jeanne et de les jeter dans la Seine; ce qui fut exécuté ...le bourreau.

Les parens de Jeanne-d'Arc se pourvurent en révision de la sentence qu'ils ...quèrent comme nulle dans la forme, et évidemment injuste quant au fond. ...d'après l'arrêt de révision du 7 juillet 1456. (Isambert.)

personnes bien affectionnées et exercez au zèle de la foy chrétienne; ayant meurement considéré, et examiné toutes choses qui sont à considérer en ce fait, et qui peuvent et doivent mouvoir quelqu'un à bien juger; nous proposant nostre seigneur, et l'honneur de la foy orthodoxe devant les yeux, afin que le jugement et condamnation sorte de la face de nostre seigneur.

Nous disons et ordonnons que tu es une menteuse, et pernicieuse inventeresse de révélations et apparitions, une présomptueuse séductrice, croyant de leger, une téméraire et superstitieuse devineresse, que tu as blasphémé contre Dieu, contre ses saints et saintes, que tu as mesprisé Dieu en ses sacremens, prévariqué contre la loy divine, et sacrée doctrine, et contre les saintes constitutions de l'église, que tu es une séditieuse, cruelle, apostatrice, schismatique, que tu as erré contre la foy en beaucoup de manieres; et qu'en toutes ces choses et manieres tu as témérairement péché contre Dieu et sainte église.

D'avantage ayant esté souventefois advertie de ton salut, tant par nous mesme que par plusieurs autres doctes personnages zélateurs du salut de ton ame, de te vouloir émender, et corriger des susdites fautes, et te soumettre totalement à la disposition, détermination et correction de nostre mere sainte église, tu n'as onques voulu le faire, ains as mesprisé cela, et ne t'en es soutiée; mais au contraire par un esprit obstiné, et endurcy, tu as opiniastrement rejetté tout cela, et par plusieurs et diverses fois refusé de te vouloir sousmettre à nostre saint pere le pape et au sacré concile.

Pour ces causes, en tant que tu es opiniastre, et obstinée ès susdites fautes, exces et erreurs, nous déclarons que de droit tu as encouru l'excommunication, que tu es hérétique, et qu'après avoir abjuré et rejecté tes erreurs en une prédication publique, nous te retranchons de l'église tout ainsy qu'un membre de Satan, infecté et pourry de la lepre d'hérésie, affin que tu ne gaste, et corrompe les autres membres de Jésus-Christ, et t'abandonnons à la justice séculiere : laquelle néanmoins nous prions d'exercer son jugement contre toy, hors le cas de mort et de mutilation de membres, et si elle recognoit en toy des signes véritables de vraye pénitence, de te vouloir faire administrer le sacrement de pénitence.

Signé : Guillaume Colles Bosguillaume, Guillaume Manchon et Nicolas Jaquel, notaires apostoliques, les deux premiers éleus par l'évesque de Beauvais, et le dernier par frere Jean

..., suffragant de l'Inquisiteur de la foy, pour instrumenter en procès, et un peu plus bas sont des marques des sceaux de l'e[vêque] de Beauvais et dudit docteur Magistri en cire rouge. — [Ler]cher. hist. de la pucelle. p. 214. Mss. de la bibliot. du Roi.

Il est remarquable qu'aucune autre personne que l'évêque de Beauvais n'a [voulu] souiller sa conscience du sang de cette fille, car il n'est intervenu aucune [sentence] du juge séculier, et même le bourreau avait horreur de la toucher, [et] dit au frère Isambert de la Roche, religieux dominicain, l'un des juges qui [étaient] aux procès avec l'inquisiteur, qu'il craignait d'être damné pour avoir [fait] mourir une si sainte créature.

57. — Bulle *du pape Eugène IV, qui dissout le concile de Basle et en convoque un autre à Bologne* (1).

[Rome], 15 des calendes de janvier (16 décembre 1431). (Recueil des conciles.)

Eugenius, etc. Quoniam alto et incomprehensibili domino red[dere] constituimus vota nostra in conspectu omnis populi, et in [atriis] sanctis ejus, postquam claves domini suscepimus et beati [Pet]ri naviculam gubernamus, suppressi magno pondere, inter [pro]cellosos mundi motus esse videmur constituti : contuemur [enim] subortam ista tempestate profanam hæresim Bohemorum [et] venenum inficere præcordia fidelium inque dies mortali [con]tagio serpere laxareque animos titubantium populorum et [pluri]morum errores, ad quorum extirpationem salubribus experi[ment]is providebatur, propter urgentia incommoda perdurare, [host]es adorandæ crucis ab Asia et Africa inter Europam vasta [clade] atque calamitate invalescere contra populum christianum [et] ipsos principes populosque fidelium inter se concertantes [et] vire et clerum in diversis mundi partibus reformatione plu[rim]a indigere. His igitur profanis malis afflictati clamare cogimur [ad] dominum : Excita potentiam tuam, et veni ut salvos facias nos; [et] converte nos. Ostende faciem tuam et salvi erimus. Domine [deus] virtutum converte nos. His et aliis cogitationibus lacianti[bus] mentem nostram alta nos cura sollicitat, quod tot malis ob[viare] et christianæ saluti providere possumus et dum affectionem [nost]ram flagrantissimam attendimus vehementissime concita[mur] : dum vero rerum gerendarum magnitudinem et loca et [tem]pora mensuramus necessitatem humanæ conditionis recorda[mur]...

(1) D'après les saines maximes, les conciles généraux sont supérieurs au [pape. Eugè]ne fut forcé de le reconnaitre. V. ci-après l'édit de 1682.

(Isambert.)

mur, quoniam res tam asperas tamque difficiles lustrare brevi spatio non valemus, attento maximè quod dum felicis recordationis Martinus papa V. prædecessor dilectum filium nostrum Julianum sancti Angeli diaconum cardinalem pro celebratione Basileensis concilii ad ipsam civitatem Basileensem destinasset donulla adhuc ibi congregatio prælatorum facta foret, ipse cardinalis, nec interim vacuum tempus deduceret, versus Bohemiam se transtulit sicut habuerat in mandatis; sicuti demum facta occulto Dei judicio, catholicorum fuga; præmissis ad ipsam civitatem Basileensem dilectis filiis Joanne Polmar, palatii apostolici causarum auditore, et Joanne de Ragusio in theologia magistro ordinis prædicatorum procuratore, cardinalis profectus ad ipsam civitatem requisitisque prælatis diversarum partium parvaque ibidem cleri congregatione secuta de consensu eorum qui in dicta civitate existunt; dilectum filium Joannem Pulcripatris in theologia magistrum, canonicum Bisuntinum, ad nos et dictos fratres nostros transmisit, qui nobis inter cætera facunde et prudenter explicavit significavit explicationem cleri in partibus illis et nefandam ipsius hæresis pestem pupullare in dies etiam usque ad partes Basileæ proximas advenisse, secutis inde scandalis, et cladibus abominandis : nam hæresis prædictæ imitatores clerum insequentes aliquos turpiter expulerunt et nonnullos inhumaniter trucidaverunt. Addidit etiam discrimina principatus guerræ inter dilectos filios nobiles Philippum Burgundiæ, et Fridemanus Austriæ duces ex quibus tamen novam prælatorum vocationem, ad Basileam affectare videbatur. Nos quidem examinantes conditionem mundi temporum et locorum quod instat tempus hyemis, quodque loca circumstantia Basileam, potissimè versus Burgundiam et Austriam, minus esse transitu secura ferebantur unde verisimile fuit prælatos in Basilea diutius expectatos non venisse, qui etiam consideratis difficultatibus temporum ineptitudine, periculo bellorum, non veniendi rationes allegare possent, et si qui venissent tractandis rebus et multis et magnis non sufficerent; quodque præteriti tempus septennii, in quo secundum statuta Constantiensis concilii sine aliá vocatione debebant congregari; super hæc omnia quæ animo nostro versabamus, quia propter certas conditiones, conventiones unionis et reductionis græcæ orientalis ecclesiæ in romaná et in universali ecclesia initas et tractatas inter ipsum prædecessorem nostrum et sanctæ romanæ ecclesiæ cardinales, de quo numero eramus, et oratores in Christo Joannis Palæologi imperatoris Constantinopolitani illustris et ve-

...rabilis fratris nostri Joseph apud graecos Constantinopolitani ...triarchae, ipsi imperator et patriarcha his diebus suos ad nos ...praefatos fratres nostros oratores transmiserunt, requirentes, ...tractatis eisdem pro unione et reductione praedictis, quod si ...cum praedecessore nostro et fratribus eisdem convenerant, ...aremur exequi, et in loco eis apto generale concilium facere ...vocari : requirentes etiam praemissas expensas et alia ibi se... ...dum dictas conventiones promissa : unde nos et oblationes ...pter executionem tanti boni, pro adventuris praelatis et ora... ...bus eorum ad Italiam, pro mansione, et pro suo reditu ad ...aeciam pro galeis et aliis necessariis obtulimus impensas op... ...tunas. Cum quibus Graecis cum nominatae fuissent Roma, ...cona, Bononia et alia Italiae loca demum, licet Roma nobis, ...fratribus nostris commodior extitisset, in Bononiam putamus ...ius convenire, quae propter habilitatem navigationis eorum et ...pter aditum viciniorem ultramontanorum ad Italiam, capa... ...alem loci, et alias conditiones, idonea reputatur : quo praefati ...triarcha et imperator solemnes suos oratores ad nos transire ...miserunt sicut ante notitiam obitus praefati nostri praedeces... ...ris transmittebant. Considerantes itaque praedicta et quod in ...republica christianorum nihil sanctius et optabilius esse po... ...t, quam graecam ecclesiam, olim tot sanctis et viris ecclesias... ...is clarissimis illustrem, demissis eroribus reductam videri, ad ...um romanae et universalis ecclesiae ; comprehendimus neces... ...ium esse ad conveniens spatium temporis in Bononiam gene... ...le concilium convocari. Nam si praelati Basileam de novo vo... ...rentur, qui convenire non possent sine temporis intervallo, ...rumque concilium fore uno tempore concurreret, et sic utrum... ...e minoris auctoritatis haberetur, nec praelati in utroque pos... ...t interesse, nec posset utrumque generale concilium nominari ...de pro ipsorum commoditate, ne bis habeant convenire, et ...uis superius declaratis et aliis magnis urgentibus suis loco et ...pore declarandis, majus bonum minori praeponentes, nos de ...ilio et assensu venerabilium fratrum nostrorum Jordani Sabi... ...ensis, Antonii Ostiensis, Hugonis Praenestinensis, episcoporum, ...annis tituli sancti Laurentii in Lucina, Antonii sancti Marcelli, ...nis tituli sancti Sexti, Francisci tituli sancti Clementis, An... ...oletti tituli sancti Marci, Praesbyterorum, Lucidi sanctae Ma... ...e in cosmedin et Ardicini sanctorum Cosmae et Damiani, diaco... ...rum ejusdem sanctae romanae ecclesiae cardinalium, per litteras ...ostras directas ipsi cardinali sancti Angeli legato, ut supra, alias concilium, si quod in basilica congregatum videretur, ex causis praedictis, dissolvendum, et aliud, ut praedicitur, in anno cum dimidio à die publicationis earumdem literarum, in praefata civitate Bononiâ celebrandum, indicendum et publicandum, et sequens aliud concilium in decennio, à die dissolutionis ipsius Basileensis concilii, juxta ordinationem Constantiensis synodi, in civitate Avinionensi enuntiandum et statuendum decrevimus. Et quia post transmissionem praefatarum nostrarum literarum, ad notitiam nostram pervenit, ultra ea quae superius continentur, praefatos Bohemos haereticos in Constantiensi concilio tam mature atque solemniter condemnatos et in Senensi concilio, ac per diversos processus sedis apostolicae et legatorum ejus subsequenter aggravatos, et reaggravatos, cum invocatione etiam auxilii brachii secularis et publici belli indictione multiplici quousque toti orbi plusquam notissimum est catholicae fidei esse notorios hostes, pertinacissime et inflexibiliter defendentes fuisse invitatos Basileam ad disputandum et contendendum super articulis in praefatis conciliis generalibus et per processus apostolicos tam solemniter, ut praefertur, condemnatos injuriam autoritatis apostolicae sacrorumque conciliorum praedictorum, contra decreta sanctorum patrum et statuta legum imperialium, civilibus audientiam expresse denegantium, et alia diversa scandala et pericula imminere, ut eo citius ad terminum curant et veniant ipsorum conciliorum quo citius promissa fuerint publicata: ex nunc tenore praesentium, de ipsorum nostrorum fratrum cardinalium consilio et assensu, concilium, si quod, ut praemittitur, Basileae congregatum videatur, de apostolicae potestatis nostrae plenitudine, dissolvimus et totaliter deliberamus, aliudque concilium in anno cum dimidio à die datae presentium computando in praefata civitate Bononiensi, quam ad hoc cognovimus aptam quam plurimum, ut praefertur, indicimus, publicamus et tenore praesentium declaramus, in quo cum praefatis fratribus nostris, dante Domino, intendimus interesse, et personaliter praesidere. Et nihilominus in decennio aliud simile concilium, juxta statuta Constantiensis synodi, de eorumdem fratrum nostrorum consilio et assensu in civitate Avinionensi similiter ex tunc indicimus, publicamus et declaramus in nomine Jesu Christi filii Dei, cujus preciosissimo sanguine salvati sumus, et cujus populi salutem totis affectibus aspiramus, vobis universis et singulis patriarchis et archiepiscopis, episcopis, praelatis et clericis quorum interest ubicunque constitutis dissolutiones et inductiones hujusmodi ad mus vosque et vestrum quemlibet requirimus et monemus per viscera misericordiæ Jesu Christi, et in vim juramenti præstiti in consecrationibus vestris, et in virtute sanctæ obedientiæ, ac etiam apostolicæ auctoritatis nostræ vobis præcipimus et mandamus sub pœna excomunicationis et aliis pœnis juris, quatenus ab anno uno cum dimidio à datis præsentium, ut præmittitur, computando, ad præfatam civitatem Bononiensem, pro hoc sacro sancto concilio celebrando et subsequenter in decennio prædicto in civitate Avinionensi, debentes personaliter convenire. Quos omnes presentis scripti instantia atque decreto intendimus esse monitos peremptorieque citatos, ac si vestrum singulis directæ fuissent nostræ monitoriæ literæ speciales. Nulli ergo liceat etc. nostræ dissolutionis, liberationis et relationis infringere.

Datum, etc.

N° 58. — PARLEMENT tenu par Henri dans lequel il reçut de nouveaux sermens de fidélité (1).

Paris, 21 décembre 1431. (Reg. du parlement.)

N° 59. — LETTRES de Henri portant confirmation des priviléges de l'université de Paris.

Paris, 26 décembre 1431. (C. L. XIII, 169.)

N° 60. — LETTRES de Henri qui exemptent l'université de Paris de toutes tailles, aides, subsides, etc. (2).

Paris, 26 décembre 1431. (C. L. XIII, 170.)

---

(1) Voici la formule : « Vous promettez et jurez qu'à votre souverain seigneur, Henri par la grâce de Dieu, roi de France et d'Angleterre, ci présent, vous obéirez diligemment et loyaument, et serez ses loyaux officiers et vrais sujets de ses hoirs et perpétuellement, comme à vrai roi de France; et que jamais à aucun autre pour roi de France n'obéirez ou favoriserez. Item que vous ne serez en aide de conseil ou consentement, que votre dit souverain seigneur, ne ses hoirs, roi de France et d'Angleterre perdent vie ou membre, ou soient pris de mauvaise prise, ou qu'ils souffrent dommage ou diminutions en leurs personnes, de leurs états, seigneuries et biens quelconques; mais si vous savez ou connaissez être fait aucune chose, pour pensée ou machinée, qui lui peut porter dommage ou préjudice, ou à leurs adversaires profit, aide, ou conseil, ou faveur, comment que ce soit, vous l'empêcherez en tant que vous pourrez; et ferez savoir par vous-même, par messagers ou lettres faites auxdits rois ou à leurs principaux officiers et autres leurs gens et bienveillans auxquels pourrez avoir accès, tout le plus tôt qu'il vous sera possible, sans dissimulation aucune; et entendrez et emploierez de tous vos pouvoirs, à la garde, tuition et défense de sa bonne ville de Paris. »

(2) L'université avait alors un grand pouvoir sur le peuple. (Dec.)

CHARLES VII.

N°. 61. — *Lettres de Henri énonciatives des anciens privilèges de la ville de Paris.*

Paris, 26 décembre 1431. (C. L. XIII, 143.) — Reg. et pub. en parlement, 23 décembre 1434.

Henry, etc. Entre les cures, pensées et solicitudes qui nous doivent esmouvoir et rendre enclin au droiturier regime et bon gouvernemant de nostre royaume de France, nous appartient de non mettre en oubli les bonnes euvres et mérites de nos subgiez, mais icelles mettre en remembrance, memoire et cogitacion, et par especial de ceulz qui continuelment ont à nous loyal amour, faveur non feinte, et entiere affeccion comme nos tres-chiers, bien amez et loyaux subgiez le prevost des marchans, eschevins, bourgois et habitans de nostre bonne ville de Paris, laquelle est la principale cité de nostredit royaume de France, douée tant saintement comme d'une grande porcion des saintes et precieuses reliques de la passion de nostre seigneur Jhésus-Crist, et de plusieurs corps sains et autres reliques qui reposent en plusieurs notables lieux et devotes églises de nostredicte ville, decorée de très ancien temps de la sainte lumiere de la foi cretienne, qui reside principalement en la faculté de la sainte theologie et ès autres sciences et facultés de nostre fille l'université de Paris, aournée par la justice souveraine exercée et qui reside en la court de nostre parlement à Paris, cour capital de nostredit royaume, et ès temps passez enrichie par la grant affluence des marchans et autres gens de tous estas et de toutes nations, qui tant pour les causes des susdictes, comme pour leurs fais de marchandises, demenoient et exerçoient, et autrement venoient et residoient en nostredicte ville, et mesmement pour la residence que fesoient en icelle noz predecesseurs roys de France qui y avoient, comme encores nous y avons, maison royal et demeure principal, et les princes, prelaz, barons, conseillers, et officiers qui leur assistoient, en tant que non-seulement à la semblance de la cité de Corinthe, en laquelle le roy Alexandre esleut sa demeure principal (1), et comme la plus noble cité du pays de Grece la doua de tres-grans honneurs et prerogatives, mais aussi à l'exemple de la cité de Rome (2) que les empereurs anciens tinrent pour leur ville princi-

---

(1) Le chancelier d'Angleterre ne dit pas où il a trouvé ce fait; en tout cas l'exemple est mal choisi; s'il se fut agi de Pella, à la bonne heure.

(2) Dans le fait toutes les capitales sont environnées de privilèges, qui souvent tournent au détriment des provinces, et aujourd'hui encore, Paris doit ses embellissemens aux contributions des provinces. (Isambert.)

al, et sur toutes autres la douerent de honneurs, privileges et prerogatives, nostredicte bonne ville de Paris peut bien par nous estre comparée; et pour la vraie congnoissance que par expérience de fait nous avons en la loyauté, vraye et ferme obéissance que nostredicte ville et les habitans en icelle, ont gardée et maintenue envers nous, nonobstant les divers oppressions et dommages que pour ce ilz ont souffers et paciement soustenuz et supportez, doit aussi par nous estre en honneur eslevée; et de abondant grace de nostre royal magnificence, par dessus les autres villes et citez de nostredit royaume de France, tant en noblesse, privileges, libertez et franchises comme autrement honorablement douée et privilegiée.

Sçavoir faisons à tous presens et avenir, que nous, pour les causes et consideracions dessusdictes, et pluseurs autres à ce nous mouvans, veuës pluseurs requestes et supplications à nous faictes et presentées de la partie desdiz prevost des marchans et eschevins, bourgois, manans et habitans de nostredicte bonne ville de Paris, à nostre joyeux advenement et premiere venuë en icelle, en laquelle nous avons pris et receu nostre sacre et couronnement, par grant adviz et meure deliberacion de pluseurs de nostre sang et lignage et de nostre grant conseil, aux prevost des marchans, eschevins, bourgois, manans et habitans de nostredicte ville de Paris, aians maisons manables en icelle, et aussi à noz autres habitans qui y auront demouré par an et jour, et demourront, et auront prins lettres de bourgoisie desdiz prevost des marchans et eschevins, de nostre grace especial, plaine puissance et auctorité royal, avons donné et octroié, donnons et octroions par ces presentes, les privileges, noblesses, libertez, franchises, prérogatives et préeminences qui s'ensuivent.

(1) C'est assavoir, que toutes rentes et deptes qui leur sont et seront deuës, ou à aucun d'eulz, sans fraude, par quelxconques personnes qui ont confisqué ou qui doresenavant confisqueront leurs biens, en quelque pays que ce soit en nostredit royaume de France, lesquelx biens par le moyen desdictes confiscacions nous appartiennent et appartendront autrement que à cause de crime de leze magesté, ilz soient paiez premierement et avant toute confiscation et amende sur les biens meubles et immeubles de ceulx qui les ont confisquez et confisqueront. (1)

---

(1) Ceci n'est point un privilège, mais un acte de justice; *non existunt bona, nisi deducto ære alieno*. (Isambert.)

(2) *Item.* Que se aucun homme marié, demourant en nostre dicte ville de Paris, confisque ses biens pour quelconque cas que ce soit, autre que pour crime de leze-magesté, et dont la confisacion nous sera escheue et appartendra, que la moictié des meubles, debtes et conquestz qui sont communs entre l'omme et la femme, ne soit point confisquée, mais soit delivrée à la femme de celuy qui ainsi aura confisqué, avecques son douaire (1).

(3) *Item.* Que lesditz prevost des marchans, manans, habitans et bourgois de notredicte ville de Paris, puissent proceder et faire proceder par voye d'arrest pour leur deu, sur les biens de leurs debteurs forains et des debteurs de leurs depteurs, et avecques ce, par arrest du corps de leurs principaux depteurs forains des villes esquelles les habitans d'icelle ont semblable privilege et en usent et pevent user contre leurs depteurs forains (2).

(4) *Item.* Que ilz puissent acquerir et tenir fiefs nobles, arriere-fiefs et franc alleux par tout notredit royaume de France, et que ilz soient tenuz et repputez pour nobles, et joissent et puissent joir quant ad ce de tous privileges, prerogatives, preeminences et noblesses dont joyssent les autres nobles de nostredit royaume de France (3), pourveu que ilz ne pourront avoir le bail de leurs parens mendres d'ans en ligne collateral; mais ilz pourront avoir, se bon leur semble, la garde de leurs enfans et neveux en ligne directe, en telle maniere qu'ils seront tenuz de faire faire inventoire de leurs biens-meubles, et en auront la garde seulement; et quant lesdiz enfans ou nepveux seront aagiez, ilz leurs rendront leursdiz bien-meubles; et au regart des heritaiges, ilz feront les fruiz leurs jusques à ce que lesdiz enfans ou neveux seront aagiez, et par ce moyen seront tenuz de soustenir lesdiz heritaiges, et nourir et alimenter lesdiz enfans durant ladite garde; et declairons par ces presentes que lesdiz enfans et neveux seront aagiez aussitost qu'ilz auront vingt ans accomplis, et se plustost de vint ans ilz sont mariez, soient fils soient filles, ilz seront tenuz et repputez pour aagiez aussitost qu'ilz seront mariez (4).

---

(1) Le douaire est une créance matrimoniale, et à l'égard de la part de la femme dans la communauté, elle devait être distraite de droit. Il en est encore aujourd'hui de même, lorsque des individus sont condamnés à mort. (Isambert.)

(2) C'est le droit de saisie qui n'est point un privilège. (*Idem.*)

(3) Cela prouve que les anoblissemens n'ont pas été accordés pour services rendus à l'état. (*Idem.*)

(4) Le Code civil dit aujourd'hui la même chose, et presque dans les mêmes termes, art. 384, 385, etc.

(5) *Item*. Avons voulu et ordonné, voulons et ordonnons, et esdits prevost des marchans et eschevins, manans et habitans, bourgois de nostredicte ville de Paris, avons octroyé et octroyons que dorsenavant l'en ne puist ou doie faire aucunes prinses en nostredicte ville de Paris, ne en la banlieu d'icelle, ne sur les denrées et marchandises qui seront amenées en icelle nostre ville, tant par eau comme par terre, ne sur les chevaulx et voitures qui les tireront, admeneront ou conduiront, ne aussi sur le chemin depuis les lieux où lesdictes denreez et marchandises auront esté prinses et chargées pour estre admenéez en nostredicte ville; lesquelles denreez et marchandises avecques les marchans à qui elles seront, et aussi ceulx qui les conduiront et admeneront, nous avons prins et mis, prenons et mettons par ces présentes en nostre protection, seurté et especial sauvegarde; et deffendons très estroictement et sur peine de griefve punition, à tous prouveurs, preneurs et commissaires deputez ou à deputer en ceste partie, que ilz ne facent quelx-conques prinses à l'encontre de ceste nostre presente voulenté et ordonnance (1).

(6) *Item*. Tous marchans qui admeneront doresenavant le bestail a pié fourchié, pour vendre en nostredicte ville de Paris, et leurs varlez et serviteurs, et aussi ledit bestail, en venant de leurs hostelz en nostredicte ville de Paris, comme demourans et retournant en leursdiz hostels, avons prins et mis, prenons et mettons, de nostredicte grace, en nostre protection, seurté et sauvegarde dessusdite; voulans et ordonnans que aucuns, de quelque estat ou condition qu'ilz soient, ne puissent faire prinse dudit bestail, depuis qu'il aura esté achaté pour admener en nostredicte ville de Paris; pourveu toutes voyes que avant la prinse ou empeschement, se aucuns estoient faits auxdiz marchans ou à leurs varlez et serviteurs de leurdit bestail, ilz aient déclairé que ilz admenent iceluy bestail en nostredicte ville de Paris: voulans et déclairans par ces mesmes lettres, le bestail desdiz marchans que ilz auroient ainsi déclairé admener en nostredicte ville, estre à nous confisqué et acquis, ou cas que depuis ladicte declaration faicte par eulx, leurs varlez, serviteurs, facteurs ou commis, ilz le vendront autre part que en icelle nostredicte ville de Paris ; et des procez et debas qui pourront sourdre et survenir à l'occasion desdites prinses ou empeschemens, avons commises et commettons par ces presentes la congnoissance à nostre prevost

---

(1) C'est l'abolition d'un abus contraire au droit de propriété. (Isambert.)

de Paris qui ores est, et à ses successeurs prevostz de Paris qui seront pour le temps advenir.

(7) *Item.* Nous voulons et ordonnons par ces mesmes presentes, que de tous débats, discors et controverses qui se mouveront à cause et par moyen des lettres scelléez du séel de nostre chastellet de Paris, la congnoissance soit et appartiegne à nostre prevost de Paris qui ores est et sera pour le temps à venir; et avecques ce, ausdiz prevost des marchans et eschevins, presens et à venir, de nostredicte ville de Paris, avons donné et octroié, donnons et octroions de notredicte grace, que par privilege ilz usent du séel de la prévosté des marchans, et que icelui séel ait son cours en notredit royaume de France, selon ce que les prevost des marchans et eschevins de notredicte ville en ont usé d'ancienneté.

(8) *Item.* Ausditz prevost des marchans, eschevins, manans et habitans, bourgois de notredicte ville de Paris avons octroié et octroions que tous ceulz ausquelz les bourgois, marchans, hosteliers, et autres de notredicte ville, ont presté ou presteront de bonne foy leurs denrées et marchandises, ou autres biens, et pour la recongnoissance de leur deu, ont ou auront seulement cedules signées des saings manuelz, ou seellées de seaulx de leurs debteurs, soient contraints de venir repondre en nostredicte ville de Paris (1), à leurs créanciers bourgois d'icelle comme dit est, de ce qu'ilz leur sont et leur seront tenuz à cause des choses dessusdictes, par lettres ou cédules signées de leurs mains ou scellées de leurs seaulx, comme dit est, nonobstant quelconque privilege que lesdiz debteurs aient obtenu ou à obtenir au contraire; et de ce avons commis et commettons la congnoissance à nostre prevost de Paris qui ores est et sera pour le temps à venir; et generalement tous privileges anciens, noblesses, prérogatives, libertez et franchises, dont notredicte bonne ville de Paris et les bourgois, manans et habitans en icelle, joyssent et ont acoustumé joyr et user, tant en général

---

(1) V. sur ce privilège des bourgeois de Paris, lettres de mai 1324 et 9 novembre 1465, et la modification qu'y a apportée le parlement de Paris, en enregistrant par arrêt du 21. — (Coutume de Paris, art. 113.) Ce privilège a lieu même lorsque le bourgeois est assigné en garantie; il peut faire évoquer au Châtelet la demande en garantie, et y attirer ainsi la demande originaire. Abolition expresse, ↑ u du 7 septembre 1790, art. 13, Merlin, nouv. rep., v° *Bourgeois*, § v, et vɪ. Il cite une déclaration de 1457, que nous ne connaissons pas, mais peut-être y a-t-il erreur de date? (Decrusy.)

comme en particulier, de nostredicte grace espécial, plaine puissance et auctorité royale, avons ratifiez, approuvez et confermez: et iceulx ratiffions, approuvons et confermons, et de nouvel, en tant que mestier est, leur avons iceulx privileges anciens, noblesses, prérogatives, libertez et franchises donnez et octroiez donnons et octroions, par la teneur de ces présentes.

Donné en nostredicte ville de Paris, etc.

Par le roi en son conseil, ouquel mons. le duc de Bedfort, mons. le cardinal d'Angleterre; vous, le chancelier, les evesques de Beauvais, de Noyon, et de Paris, le comte de Warrewik, le chambellan, messire Jehan le Clerc, le président de parlement et plusieurs autres, estoient.

N° 62. — LETTRES *de Henri au sujet des censives sur les maisons de Paris, en ruine et inhabitées.*

Paris, 31 janvier 1431. (C. L. XIII, 174.) — Enreg. au parlem. le dernier janvier, et publ. au Châtelet le même jour.

Henri, etc. Comme par noz lettres passées par grant et meure deliberacion de nostre grant conseil et de pluseurs notables personnes, tant nos conseilliers en nostre court de parlement, comme autres clers et bourgois de nostre bonne ville de Paris de grant prudence et experience, et afin de pourveoir à la decoracion de ladicte ville, et obvier à la ruyne des emparemens, diminucion et depopulation d'icelle, pour le bien de la chose publique, icelles lettres datées du derrenier jour de juillet, l'an 1428 (1), nous eussions et ayons voulu, ordonné et establi certaines constitucions et ordonnances sur le fait des maisons et édifices de ladicte ville, et des droiz de rente constituez sur lesdiz lieux pour la decharge d'iceulx; et entre autres choses eussions et aions voulu, ordonné et establi, que se il advenoit que aucuns d'iceulx lieux comme vuides, ruyneux et inhabitez, feussent ou soyent criez par vertu du privilege pieçà et de trez-grant ancienneté sur ce donné et octroyé par noz predécesseurs roys de France aux bourgois et habitans de ladicte ville, et ne s'apparust propriétaire d'iceulx lieux criez, ou ne feust discuté des opposans aux criées, dedens demi-an ensuivant lesdictes criées parfaictes : il feust et soit loisible, et en la faculté feust ou soit de nostre procureur, des censiers prétendens avoir droiz de cens ou rente sur lesdiz

---

(1) V. ci-dessus, p. 742.

lieux, du seigneur foncier, ou autre personne, de icelles maisons et lieux ainsi criez, faire mettre de rechief en criées en nostre court et auditoire du chastellet de Paris, par trois quatorsaine et la quarte d'abondant, en le signifiant par ung de ses sergens, en la présence de deux témoings du moins, aux opposans des criées faictes par vertu dudit privilege; et sans autre évocacion faire, ycelles criées faictes et parfaictes, lesdiz lieux, maisons ou heritaiges estre bailliez et delivrez au second rapport desdictes criées, lequel rapport se fait ès jours de mercredy et samedy, et la délivrance au second rapport en jour de samedy par nostre prevost de Paris ou son lieutenant, au plus offrant et derrenier encherisseur à rente, pour tourner et convertir au prouffit de celluy ou ceulx à qui il appartendra; laquelle rente est et sera rachetable selon la teneur de nosdictes ordonnances, en payant aussy par l'acheteur, les frais d'icelles criées, ainsi que plus à plain est contenu en icelles noz autres lettres.

Et il soit de nouvel venu en nostre congnoissance, que pluseurs personnes se sont efforciez, et frauduleusement, par malice, pour eulx enrichir ou faire aucune finance, ont mis paravant et depuis nostredicte ordonnance, et s'efforcent faire de jour en autre, pris de rente sur icelles maisons et lieux criez, posé ores qu'ilz ne eussent onques eu, ne aient aucun droit, et souventeffois les mettent à plus hault et excessif pris de rente qu'ilz ne valent, et tout ce font afin de prendre et appliquer à leur prouffit la tuille, merreen, huis, fenestres, chassis, pierres, et autre matiere desdiz lieux que ilz démolissent du tout, faignans les aucuns d'iceulx que ilz veullent de nouvel réédifier ou réparer lesdiz lieux, ou mettre en autre disposition que ilz n'estoient paravant, et néantmoins de ce ne font riens, mais icelle matiere vendent et alienent, ou autrement en disposent à leur prouffit, et après, les aucuns d'iceulx renoncent par eulx ou autres leurs aians cause ausdiz lieux, autres se absentent du pays, autres sont si povres qu'ilz n'ont de quoy réparer ne mettre en estat iceulx lieux, et par ainsi demeurent inutiles et en non valoir, en quoy sont et demeurent interessez les censiers et rentiers, et autres opposans ausdictes criées, et perdent du tout leurs drois, et sont noz intencion et volenté et la fin pourquoy ont esté faictes nosdictes ordonnances, fraudez en grant esclande et lésion de justice et ou préjudice de la chose publique.

Pour quoy, nous voulans obvier à ce, et nosdictes ordon-

... estre observées et gardées duement, voulons et ordon... de rechief en ensuivant nosdictes ordonnances.

(1) *Premierement.* Que aucuns ne soient doresenavant receus ... pris de rente ne enchiere sur les maisons et lieux criez, ... ne sont tesmoigniez souffisans par gens dignes de foy, de ... la rente pour et à laquelle ilz auront mis et mettront lesdits ... criez, jusques à la valeur du prix d'icelle rente, selon les ... autreffois faictes sur ce, ou d'iceulx pris baillier ... souffisant (1).

(2) *Item.* Et ne leur seront baillées aucunes lettres d'icelles ...dicacions, plustost et jusques à ce qu'ilz auront esté tesmoi... souffisans par gens dignes de foy, ou qu'ilz auront baillié ...cte caucion souffisans; et pour icelle caucion baillier, leur ... donné et prefix temps de huit jours prochains ensuivans ... adjudicacion, sur peine d'estre privez et déboutez d'icelle ...dicacion; ouquel cas iceulx lieux seront de rechief, ycelui ...ps passé, rapportez en jugement comme paravant, aux prou... jours de mercredi et samedi, et adjugiez au plus offrant à ... de rente ainsi que dessus (2).

(3) *Item.* Que après les prinses et adjudicacions faictes, ... preneurs seront tenus de faire visiter leurs maisons et lieux ... adjugiez par jurez et gens en ce expers et congnoissans; ... faisant ladicte visitation, sera faicte déclaracion de la lon...ur et largeur d'iceulx lieux, et aussi appreciacion de la valeur ... d'argent pour une fois, tant à la charge de la rente à quoy ... aura esté adjugée, comme sans la charge d'icelle, nostre ...cureur oudit Chastellet à ce présent ou appelé, et le seigneur ...cier, se il est demourant en la ville, ou ès faubours de Paris, ... lesdits jurez feront leur rapport par escript, qui sera enre...é par le Clerc de la court en ung livre ordinaire, tout aux ...ens des preneurs.

(4) *Item.* Et que pour faire lesdictes visitations et appreciacions, ... donné et préfixé temps dedens quinze jours ensuivans aus... preneurs; et avecques ce, leur sera interdit et défendu en ...ant lesdictes adjudicacions, de non faire fait de propriété ès... lieux adjugiez, jusques à ce que lesdictes visitations et appre...cions seront et auront esté faictes, ainsi que dit est, sur peine ...mende arbitraire.

(5) *Item.* Que lesdiz preneurs, ne leurs hoirs, ne pourront

---

(1) V. Code de procédure civile, art. 713.
(2) V. l'art. 737 du Code de procédure sur la folle-enchère.

faire aucune alienacion ou transport d'iceulx lieux ainsi prins et adjugiez, à aucun tiers, se premièrement, icelui tiers preneur acheteur ou autre, à qui est ou sera fait ledit transport, n'est tesmoingnié souffisant par gens dignes de foy, de paier les rentes dont les lieux sont chargez au temps du transport, ou le pris et valeur d'icelles rentes, selon lesdictes ordonnances; ou sinon et qu'il ne feust tesmoingné souffisant, que il baille caucion souffisant, jusques à la valeur dudit pris, ainsy que dessus, et consequemment les autres successeurs preneurs ou acheteurs s'aucuns en surviennent.

(6) *Item.* Que se lesditz preneurs, leurs hoirs ou aians cause veulent renoncer ausdictes maisons et lieux ainsi adjugiez, ilz seront tenuz de les délaissier en aussi bon estat et valeur comme ilz estoient au temps de ladicte adjudication et appreciacion, ou autrement ilz ne seront point receuz à ladicte renonciacion.

(7) *Item.* Quant au regart des démolicions, se aucunes en ont esté ou sont jà faictes ès maisons et lieux jà paravant adjugiez, au regard des adjudicacions faites cy paravant, sera pourveu par le prevost de Paris aux plaintifs, s'aucuns s'en appairent, ainsi que de raison.

Si donnons en mandement, etc.

N°. 63. — LETTRES *de Henri qui établissent à Caen une école de droit civil* (1) *et canon* (2).

Rouen, janvier 1431. (C. L. XII, 176.)

Henricus, etc. ad perpetuam rei memoriam.

---

(1) Pasquier (rech., liv. 9, col. 998), nous apprend qu'elles furent présentées au parlement de Paris, mais que le recteur de l'université s'y opposa en pleine audience, offrant d'enseigner le droit civil dans Paris. Par arrêt du 12 novembre 1433, il fut dit que l'université donnerait ses causes d'opposition par écrit, et que cependant, sans préjudice d'icelles, les lettres seraient vérifiées. Il ne fut plus depuis question de cette opposition. On ajouta successivement aux facultés de droit civil et canon, les facultés de théologie et des arts, et celle de médecine. (Brequigny.)

Il est remarquable que les mêmes objets occupaient d'ordinaire les deux souverains qui partageaient la France; pendant qu'Henri jette à Caen les fondemens d'une université, Charles presque aussitôt en fonde une à Poitiers (*V*. ci-après lett. du 16 mars), et quelques mois après il confirma et augmenta les privilèges de celle d'Angers. (*V*. ci-après lett. de mai 1433.) Ces deux souverains publièrent aussi dans le même temps des lettres touchant la collation des bénéfices, mais avec cette différence que les lettres de Henri (12 mai 1432, C. L. XIII, 181) favorisaient les prétentions du pape, et celles de Charles (*V*. ci-après 10 mars) combattaient ces mêmes prétentions. (C. L. XIII, Préf., 17.)

(2) Les papes avaient défendu d'enseigner le droit civil dans l'université de

Regie congruit celsitudini subditos sibi populos bellorum et pacis
temporibus debitâ magnificentiâ gubernare, quatenùs et virtute et
vi à violenciis hostium et illatis injuriis deffendant, legibus-
que attentè justitiâ reddantur tranquilli et quieti, jus suum cuilibet
statu communi servatâ tribuendo. Hoc justicie tam preclarum
et utile genus, absque virorum predictorum industriâ, legibus
doctorum divinis et humanis, minimè posse exerceri putamus,
quorum copiosâ multitudine nostrum Francie regnum olim fe-
liciter florere solebat; sed ingruentibus multiplicibus flagiciorum
sceleribus, quibus jam per multorum temporum curricula regnum presatum, nunc bellorum civilibus agitacionibus, labe
pestifera, et denique variis hominum stragibus et fame validâ
lesum, proh dolor! quassatum est, ut vix possunt modernis
temporibus viri juridici sufficienter reperiri, nec valent ceteri
sine grandi dificultate et periculo personarum, scienciam et
studium potissimè in jure civili securè adipisci, undè regnum
prefatum quondam commendabili justiciâ gubernatum, ma-
ximis inconvenienciis subjacebit (1) nisi breviter de remedio
salubri sit provisum.

Nos autem, qui rem publicam jam dicti regni nostri summis
cupimus desideriis jure, justiciâ et equitate gubernari, et ad
eam, quantùm cum deo poterimus, reduci pristinam gloriam,
considerantes attenciùs quòd in dicionibus nostris Francie *duca-
tibusque Normanie, Burgundie* et *Britanie comitatu* insuper
Campanie et *Flandrie* et patrie *Picardie*, necnon nonnullarum
aliarum regionum ipsius regni sub nostrâ fidelitate et obediencia
consistentium, nullum est studium in civili jure stabilitum: ne
igitur utilis et necessaria legum civilium facultas locis prefatis in-

―――

minis, par la crainte que cette étude (à laquelle on se porta avec une ardeur in-
croyable vers le milieu du 12ᵉ siècle, après que les Pandectes de Justinien eurent
été retrouvées à Amalfi), ne fit abandonner celle de l'écriture sainte et des canons;
peut-être aussi de peur que la connoissance de ce droit civil ne portât atteinte
à la prééminence dont jouissait le droit canon, par lequel les papes auraient
voulu que toutes les causes fussent décidées. On éluda souvent cette défaite des
rois, à laquelle rien n'obligeait d'avoir égard. Enfin elle a été totalement levée
par l'ordonnance de 1679, qui établit formellement l'étude du droit civil dans
l'université de Paris. (C. L. XIII, Préf. 57.)

Voir à cet égard, dans Sirey, 1822, un mémoire sur l'enseignement du droit
civil, droit des gens et administratif, par le soussigné. (Isambert.)

(1) Une ordonnance du 22 février 1577, insérée au *Recueil* complet des ordonnances et des lois, supplément 1824, déclare que les juristes nuisent au bien de
la justice. (Isambert.)

prejudicium rei publice depereat, sed auctore Domino, valeat ad ejus laudem et regni nostri predicti decorem et utilitatem futuris florere temporibus, studium generale pro decretis et juribus canonicis et civilibus, in villa nostra *Cadomensi, Bajocensis* diocesis, villa (quippe ydonea) pacifica et secura, notabiliaribus monasteriis, collegiis, cenobiis et domibus mendicancium, aliisque devotis Ecclesiis decenter ornata, mitissima gente obedienti et devota abunde populata, victualibus diversis at aliis pro humani generis necessitatibus, conveniens, facilis et propicia, in solo fertili prope mare situata, quò leniùs et faciliùs ex universis ferè mundi partibus poterunt studentes pariter et mercatores convenire.

De graciâ nostrâ speciali, auctoritate regiâ et plenariâ potestate, consilioque et assensu precarissimi patrui nostri Johannis prefatum regnum nostrum Francie gubernantis et regentis ducis Bedfordie, et aliorum procerum de sanguine nostro, plerimorum eciam prudentum nostri magni consilii, perpetuis temporibus statuimus, ponimus, stabilimus, fundamus et ordinamus per presentes;

Et ut doctores, licenciati, baccalarii, studentes et suppositi prefati studii, eorumque familiares et servitores domestici, litteris et actibus scolasticis liberiùs et quieciùs vacare valeant in eodem, alia et similia privilegia, franchisias et libertates auctoritate nostrâ regiâ et plenariâ potestate volumus eisdem doctoribus, licenciatis, baccalariis, studentibus, suppositis, familiaribus et servitoribus domesticis impartiri, qualia ceteris studiis generalibus regni nostri per nostros predecessores Francorum reges sunt concessa, data et impartita;

Quorum conservatorem ex nunc nostrum baillivum Cadomensem presentem aut futurum, aut locumtenentem, deputamus et ordinamus, cui cognicionem, determinacionem et finalem decisionem causarum et accionum realium, personalium et possessariarum doctorum, licenciatorum, bacalariorum, familiarium et servitorum predictorum, contra omnes et quascumque personas in dicto ducatu nostro Normannie moram trahentes aut possessiones ecclesiasticas vel seculares ibidem possidentes, si de illis agatur tam agendo quàm defendendo, comnisimus et committimus per presentes; mandantes omnibus et singulis justiciariis et officiariis nostris aut eorum locatenentibus, quatenùs prefato baillivo conservatori aut ejus locumtenenti, in premissis et ea tangentibus, pareant et intendant cum effectu

Et nt omnia et singula premissa roboris obtineant firmitatem, presentes litteras sigilli nostri fecimus appensione muniri. Da- tum etc.

Per Regem in suo magno Consilio.

65. — Ordonnance *portant que nul ne sera reçu aux bénéfices ecclésiastiques s'il n'est naturel français* (1).

Orléans, 19 mars 1431 (C. L. XIII, 177.) — (Reg. et pub. en parlem., 8 avril avant Pâques.)

Charles, etc. Comme jà pieçà nos prédécesseurs considérans que celui nostre royaume avoit esté de tout temps et estoit garni de notables hommes, natifs d'icelui, nobles, clers et autres gens de grand mérite, et desirans que de telles gens fust pourvu aux prélatures, dignitez et autres bénéfices d'iceluy nostre royaume, afin que les places, dont y en a plusieurs appartenans à l'église, fussent gouvernées et habitées par gens à eux féaux, et non autres, pour obvier aux grands inconvéniens qui pourroient advenir, et dont estoit vraysemblablement à douter, si lesdits bénéfices venoient ès mains des estrangers; et afin aussi que les estudes qui y sont en plusieurs villes, fussent toujours mieux garnies, et leurs supposts plus enclins à acquérir science, et la foy plus exhaussée, eussent ordonné et conclu que nuls, de quelque estat et prééminence qu'ils fussent, ne seroient receus à aucuns bénéfices de nostredit royaume, s'ils n'estoient natifs d'icelny; depuis laquelle ordonnance ainsi faite, feu nostre très-cher seigneur et pere à qui Dieu pardoint, voyant notoirement les grands maux, dommages et inconvéniens qui estoient advenuz, parce que ladite ordonnance n'avoit esté tenuë et gardée en ses termes, mais avoit-on toléré et souffert aucuns estrangers avoir et tenir bénéfices en nostredit royaume, eust par l'advis et délibération de grand nombre de prélats et gens d'église, convoquez et appellez pardevant lui, en

---

(1) V. les libertés gallicanes de Pithou, édit. de Dupin, 1824, et la loi organique de 1801, qui exigent que l'on soit *naturel* français et non simplement naturalisé. Cette distinction existe pour les fonctions législatives. Ordonnance du 4 juin 1814, qui cite une ordonnance de 1586, que nous n'avons pu trouver, mais qui est probablement celle de Charles VI, à laquelle se réfère l'ordonnance de 1431; au reste l'ordonnance de 1431 n'est pas la première qui ait fixé ce principe, elle se réfère aux ordonnances des rois prédécesseurs. La pragmatique de saint Louis semble consacrer ce même principe. (Lambert.)

la présence de plusieurs princes et autres grands seigneurs et notables hommes de son conseil, voulu et ordonné de rechef, que dèslors en avant, nul de quelque estat ou prééminence qu'il fust, ne seroit receu à quelconque bénéfice d'iceluy nostre royaume s'il n'estoit natif et bienvueillant d'iceluy; et avec ce, eust nostredit feu seigneur et pere, par ses notables ambassadeurs fait signifier icelle ordonnance, tant au concile qui fut tenu à Constance, comme aux saincts peres qui depuis en son temps ont esté et mesmement au feu pape Martin dernier trespassé, ausquels saincts peres furent remoustrés, et si ne devoient ignorer les grands et irréparables inconvéniens qui pourroient advenir à celluy nostredit royaume, par souffrir aucuns estrangers y avoir et tenir bénéfices; et mesmement que veu les guerres et pestilences qui avoient cours en iceluy nostredit royaume, estoit plus que onques-mais besoin que lesdits bénéfices fussent en mains de gens féaux et bienvueillans de nostredit feu seigneur et pere; et encore derechef après la mort d'iceluy nostre feu seigneur et pere, nous ayans regard et considération aux choses devantdites, ayons fait dire et signifier ladite ordonnance audit feu pape Martin, en luy faisant requérir de par nous, qu'il y voulsit mettre telle provision qu'en deussions estre contens; pour ce que par expérience de les veismes qu'iceluy feu pape Martin continuoit de donner et conférer mesmement les prélatures et autres notables bénéfices d'iceluy nostre royaume, à plusieurs estrangers et autres tenans le party de nos ennemis, et qu'il estoit nécessité très grande d'y pourvoir, afin d'obvier aux inconvéniens qui nous en pourroient venir, nous fismes pieçà assembler plusieurs prélats, gens d'église, seigneurs, barons et notables hommes de nostredit royaume, avec lesquels eu sur ce conseil, advis et délibération, fut par nous ordonné de rechef et conclu, en ensuivant l'ordonnance de nosdits prédécesseurs, que dèslors en avant ne souffririons aucuns de quelque estat et prééminence qu'ils fussent, avoir ne tenir quelconque bénéfice en nostredit royaume, s'ils n'estoient natifs d'iceluy, et avec ce feaux et bienvueillans de nous; nonobstant toutes lesquelles choses devant dites, et sans ce que notre saint pere, qui à présent est, ait eu aucune considération à icelles et au très grand interest que nous avons en ceste matiere, jaçoit ce que l'ayons par plusieurs fois adverty et fait advertir sur ce, quand les cas sont advenus, en luy priant et requérant qu'il voulsit donner et conférer lesdits bénéfices quand ils vaquoient, mesmement plusieurs notables bénéfices, comme archeveschez, eveschez,

...ayes, prieurez et autres dignitez à gens nobles et autres de ...nd mérite, et profitables et agréables à nous et à notre sei... ...rie, de la loyauté, preudhomie, prudence et littérature des... ...els estions deüement informez; et mesmement veu la disposi... ...du temps, icelui nostre saint pere a donné et confirmé lesdits ...néfices, donne et confere chacun jour, à personnes à nous in... ...nuës et qui ne sont aucunement natifs de nostredit royaume, ...à autres qui sont en l'obéissance et tiennent le parti de nos en... ...mis; et n'a eu iceluy nostre saint pere, aucun regard à noz ...ieres et requestes à luy sur ce faites, ne à ce que nous qui ...mes fondateurs, gardiens, protecteurs et défenseurs desdites ...lises, avons et devons avoir par raison, trop plus grande cog... ...issance des personnes qui sont profitables pour le gouverne... ...ent desdites eglises, au bien, profit, honneur de l'eglise de ...rance, au profit et bonne seureté de nous et de nostre seigneu... ...ie, que nul autre quelconque, lesquelles choses ont esté et sont ...éjudiciables et dommageables à toute icelle église de France, ...d'en entreprenant contre ses priviléges, franchises et libertez, ...ussi ont tourné et pourroient tourner à dommage irreparable à ...ous et à nostredit royaume et seigneurie, se par nous n'y estoit ...ourveu: sçavoir faisons, que les choses dessusdites bien consi... ...dérées, et mesmement que par tels moyens les finances sont vui... ...dées et portées hors nostredit royaume et obéissance, et viennent ...u profit de nosdits ennemis, et si sont plusieurs desdits béné... ...fices tournez en très grande ruine et désolation, le divin service ...moult diminué, et les estudes de nostredit royaume demeurées ...outes despourvües d'estudians et comme desertes; et si seroit ...moult dure chose de voir les nobles et notables clercs de nostredit ...royaume, dépourveus, et les estrangers et autres tenans le party ...de nosdits ennemis, pourveuz des bénéfices d'iceluy nostre royaume ...et seigneurie; attendu aussi que si telles choses estoient par nous ...olérées et souffertes, nosdits ennemis et adversaires pourroient ...avoir les secrets du gouvernement et estat de nostredit royaume, ...et lesdits estrangers et autres tenans leur party, auroient et em... ...porteroient les biens et honneurs d'iceluy avant ceux qui en sont ...natifs et qui sont bons et loyaux envers nous, qui seroit contre ...toute bonne raison.

Nous, voulans obvier aux inconvéniens devant dits, et ensui... ...vans les bonnes ordonnances et délibérations de nosdits prédéces... ...seurs, avons par grande et meure deliberation de nostre grand ...conseil, de nostre certaine science et authorité royale, ordonne, et encore de rechef ordonnons par ces présentes, que dores-en-avant, nul de quelque estat, dignité, prérogative, prééminence ou authorité qu'il soit, ne sera receu à tenir et avoir le gouvernement ou administration d'aucun archevesché, evesché, abbaye, dignité, prieuré ou autre bénéfice ecclésiastique quelconque, en nostredit royaume et seigneurie, s'il n'est natif d'iceluy nostre royaume et seigneurie, et féal et bienvueillant de nous.

Si donnons en mandement par ces mesmes présentes, à nos amez et féaux conseillers les gens tenans et qui tiendront nostre parlement, à tous nos seneschaux, baillifs, prevost et autres justiciers quelconques, et à chacun d'eux en droit soy, que ceste nostre présente ordonnance ils tiennent et gardent, et facent tenir et garder de point en point, sans souffrir estre faite aucune chose au contraire; et afin que nul n'en puisse prétendre cause d'ignorance, la fassent publier et signifier par tous les lieux où ilz verront estre à faire, et défendant expressément de par nous, à tous nos sujets de quelque estat qu'ils soient, gens d'eglise ou autres, sur peine de désobéissance, et tant qu'ils peuvent méprendre envers nous, qu'ils ne soient si hardis de venir ou faire aucunement contre nostredite ordonnance; et mesmement aux gens des églises de nostredit royaume et seigneurie, qu'ils ne reçoivent aucuns, quels qu'ils soient, en leurs églises ne en aucunes dignités, quelques bulles ou lettres qu'ils ayent, s'ils ne sont deüement acertenez que ceulx qui y voudront estre receus soient natifs de nostredit royaume et seigneurie, et aussi qu'ils soient féaux et bienveuillans de nous; et au cas qu'aucuns qui ne seroient de celle condition, ou autres pour eux, se voudroient efforcer de faire ou venir aucunement contre ceste nostredite ordonnance, ou qu'aucunes gens desdites églises les y recevroient ou voudroient recevoir, qu'ils procedent rigoureusement à l'encontre d'eux par arrest, prise et détention de leurs bulles et autres lettres dont ils se voudroient ayder en ce cas, et qu'ils prennent et mettent, ou fassent prendre et mettre réaument et de fait en nostre main tout leur temporel, et aussi le temporel desdits bénéfices que les dessusdits voudroient occuper contre la teneur de nostre présente ordonnance, et sous icelle nostre main les facent gouverner, et qu'ils commettent de par nous, seures personnes à la garde des places et forteresses, sans en faire quelconques délivrance ou recréance, jusques à ce que par nous en soit autrement ordonné, et qu'il leur appere de ce par nos lettres patentes scellées de nostre grand séel, et autrement procedent contre eux et tous autres qui enfraindront et voudront enfraindre ceste nostre présente ordonnance, ainsi qu'ils verront estre à faire, et comme contre transgresseurs d'ordonnances royaux, si que les autres y prennent exemple. En témoin de ce etc.

Par le roy en son grand conseil.

Et à tergo erat scriptum : Lecta et publicata Pictavis, in parlamento regio, et ibidem registrata ad requestam procuratoris generalis regii, etc.

§ 65. — LETTRES *portant établissement d'une université* (1) *à Poitiers.*

Chinon, 16 mars 1431. (C. L. XIII, 179.) — Pub. en parlem., 8 avril avant Pâques.

Karolus, etc. Quantùm ad ecclesie militantis illustrationem et profectum fidei katolice robur ac divini cultûs augmentum, quantùm etiam ad justicie et pacis, cujuslibetque policie temporalis conservationem et stabilimentum conferant scientia et littere, nemo est intelligens qui ignoret, et satis se ipsa edocet magistra rerum experiencia. Que etenim regna legimus, quasve regiones aut provincias fidei firmitate, religionis perseverantia, salubritateque doctrine floruisse, ubi errores, ubi scismata, ubi scandala profligatos et extinctos esse, nisi ubi scientie lumen prefulsit, valueruntque plurimùm et viguerunt studia litterarum. Hinc gloriosi retro principes nostri, precipue incliti progenitores, summâ semper ope nisi sunt totâque sollicitudine curaverunt studia hujusmodi in quamplurima valuerunt suarum dittionum loca advocare et excolere, quo inhibi preciosum sciencie germen ubertim et fecundè valeret in posteros quasi in quosdam multiplicatos palmites excrescere et protendi. Hoc et ipso sepiùs animo permoti sumus, et ab eo potissimùm tempore quo causantibus guerrarum variorumque turbinum incursibus quibus hoc regnum nostrum concuti divina clementia permisit, studia generalia ejusdem regni, olim viventia ac florida, jam marcere ac desolari incipere, eorumque supposita in varias dispersiones dari vidimus et comperimus.

Statuimus igitur extunc et decrevimus in civitate nostra regia

(1) Tout ce qui tient à l'instruction publique et aux progrès des sciences a un intérêt grave, ne fût-ce que par les motifs donnés par nos rois, pour leur encouragement. (Lambert.)

Pictavensi, loco insigni valdè, ac per nos tanquam ad hoc inter cetera totius nostre diccionis cunctis commoditatibus apto et ydoneo, preelecto, studium generale omnium scientiarum et facultatum licitarum erigi et institui, ibique plurimos doctorum et magistrorum, qui jam ab aliis studiis, causantibus premissis secesserant, ceterosque universos scientie acquirende multiplicandeque graciâ convenire volentes, recolligere et reunire. Et quo sanctissimo patri nostro Eugenio pape quarto, nunc ecclesie presidenti, nostrâ ex parte exposito, ipse sanctissimus pater tam salubre nostrum collaudans propositum, eisdemque condescendens, in dictâ nostra civitate Pictavensi studium generale omnium scientiarum et facultatum licitarum, ad instar studii Tholosani erexit, statuit et ordinavit, perpetuis futuris temporibus domino conservante duraturum ; ipsorumque studium, ac omnes et singulos doctores et magistros inibi legentes, universique ejus supposita futura, immunitatibus, privilegiis et indulgentiis, graduumque honoribus et insigniis, quibuscumque doctoribus et magistris legentibus ac scolaribus de universitate dicti studii Tholosani existentibus per sedem apostolicam et aliàs qualitercumque concessis (1) et quibus uti consueverunt, munivit, dotavit et decoravit, prout in litteris apostolicis ipsius summi pontificis. que et nobis presentate, et per nos videri et visitari ordinate extiterunt, profentiùs explicaciùsque continetur. Nos igitur dictam ipsius sanctissimi patris nostri dispositionem, voluntatem et ordinationem sic nostro proposito nostroque desiderio conformem, ad Dei et ecclesie laudem et gloriam, fidei ac doctrine exaltationem, totiusque hujus nostri regni decus et honorem, clarè redundare cognoscentes, ipsam grato animo excepimus et acceptavimus, et eam in quantum

---

(1) On croyait que les papes devaient intervenir dans les créations des universités. Ce ne pouvait être tout au plus que relativement à la théologie et au droit canon qu'on y enseignait ; mais sous ce prétexte, les papes s'étaient arrogé des droits que nos Rois semblaient avouer. Ainsi Charles VII qui s'occupait de l'établissement d'une université à Poitiers dans le même temps que Henri VI en établissait une à Caen, avait, comme lui, eu recours au pape. Il avait obtenu une bulle datée de Rome le 29 mai 1431, dans laquelle le pape expose que le roi de France, Charles, avait désiré de procurer à la ville de Poitiers, une université semblable à celle de Toulouse, et établie par l'autorité apostolique ; que voulant condescendre au desir de ce prince, et contribuer à rendre le royaume de France florissant ; étant de plus suffisamment informé que Poitiers était un lieu convenable pour un pareil établissement, et ayant égard aux supplications du clergé, des magistrats et des bourgeois de cette ville, il y érigeait une université avec les mêmes droits, prérogatives et privilèges dont jouissait l'université établie à Toulouse. (L. L. XIII, préf. 58.)

melius valuimus, valemus et possumus, de nostra certa scientia, plenaria potestate, et auctoritate regia, juxta plenarium prefatorum ipsius sanctissimi patris nostri litterarum effectum, laudavimus, ratificavimus et approbavimus, laudamusque, ratificamus et approbamus per presentes, ipsum studium generale sic in dicta civitate nostra Pictavensi autoritate apostolica erectum, institutum et ordinatum, nostra etiam ex parte, nostraque auctoritate, in quantum in nobis est, firmando, instituendo et ordinando. Quod et uberius succrescere, solidiusque subniti, subsistere et perdurare valeat, cunctique ibi ad haurienda scientie et doctrine fluenta eo libencius conveniant quo se majoribus favoribus, potioribusque gratiis senserint prosequutos, ipsum studium Pictavense, ac universos et singulos futuros doctores et magistros, appositaque et membra ejusdem, sub nostro nomine nostraque speciali protectione, gardia et salvagardia per has easdem presentes recipimus et ponimus, ac ipsis eorumque singulis omnia et singula privilegia, prerogativas, exempciones, immunitates ac jura per nos ac predecessores nostros Francie reges et principes quoscumque, Parisiensi prefato, Tholosano, necnon Aurelianensi, Andegavensi et Montispessulani studiis et universitatibus hactenus quomodolibet data, indulta, concessa et confirmata, damus, concedimus et indulgemus perpetuo duratura, ipsisque prefatum studium Pictavense, communimus, dotamus et decoramus; ac insuper, eidem studio ejusque prefatis futuris doctoribus ac magistris suppositisque et membris, pro dictorum suorum privilegiorum, prerogativarum, exemptionum, immunitatum ac jurium tuitione, confirmacione et defensione, dilectum et fidelem consiliarium nostrum magistrum Mauricium Claveurier, locumtenentem generalem senescalli nostri Pictavie, in dicto officio per nos et auctoritate nostra institutum et ordinatum, ac pronunc sepefate ville nostre Pictavensis majorem, et successive locumtenentes senescallorum predicte senescallie Pictavie, qui pro tempore erunt, judices et conservatores, sub immediato ressorto curie nostre supreme parlamenti, damus, committimus, deputamus et delegamus, cum plenaria in omnibus et per omnia potestate, auctoritate et juridictione respectu premissorum, suarumque omnium circonstanciarum et dependentiarum quas habent habereque consueverunt alii conservatores prenominatis studiis et universitatibus auctoritate regia dati et deputati. Quocirca dilectis et fidelibus consiliariis nostris, presens tenentibus, et qui futura nostra tenebunt parlamenta, universisque senescallis, ballivis, prepositis, ceterisque justiciariis, officiariis et subditis nostris ubilibet constitutis ac eorum locatenentibus, damus tenore presentium in mandatis, quatinùs presentem nostram ordinationem, dispositionem et voluntatem in suis auditoriis aliisque locis suarum juridictionum ad talia consuetis publicari et registrari, omnesque prefatos doctores et magistros, suppositaque et membra dicti studii Pictavensis, qui pro tempore erunt, dictis privilegiis, prerogativis, exemptionibus, immunitatibus, ac juribus universis uti et gaudere plenariè et pacificè, prout ad unumquemque ipsorum pertinuerit, faciant et permittant; dictoque magistro Mauricio locumtenenti, ac suis in dicto officio locumtenentie successoribus, quoad ea que presentem eorum commissionem, dictorumque privilegiorum ipsius studii Pictavensis confirmationem, suasque circonstancias et deppendentias concernent, obediant ac obediri faciant sine difficultate quâcunque. Quoniam sic fieri volumus et jubemus, oppositionibus, reclamationibus ac appellationibus quibus presentium effectus quemodolibet impediri posset aut differri, litterisque supreptitiis impetratis aut impetrandis nonobstantibus quibuscunque. Et quia presentibus forsàn in pluribus et diversis locis opus erit, volumus quòd transcripto ipsarum sub sigillo regio facto, fides plenaria in judicio et extra adhibeatur, tanquàm presenti originali. Que ut firma et inconcussa perpetuò subsistant, sigillum nostrum presentibus litteris jussimus apponi. Datum etc.

N° 66. — Décret *du concile de Basle sur la supériorité des conciles généraux* (1).

15 des calendes de mars (14 février 1432). (Recueil des conciles, XXX, 49.)

Sacro sancta synodus Basileensis, ecclesiam militantem representans, ad perpetuam rei memoriam,

Ad laudem dei omnipotentis, ac benedictæ induæ trinitatis gloriam et honorem, pro hæresum atque errorum extirpatione, morum in capita et in ecclesiæ dei reformatione, ac regum et regnorum cæterorum christicolarum ad invicem, auctore discordiarum procurante, dissidentium pacificatione in spiritu sancto legitimè congregata decernit, statuit, deffinit, declarat et ordinat ut sequitur :

---

(1) V. ci-dessus p. 787 la bulle du pape Eugène, et ci-après la bulle de janvier 1433 et l'édit de 1682. (Isambert.)

Quod concilium Basileense est legitimè inchoatum.

Et primo, quod eadem sacra Basileensis synodus, sacris Constantiensi et Senensi conciliis generalibus decernentibus atque ordinantibus et auctoritate apostolica interveniente fuit et est in hoc loco Basileensi debitè, legitimè ac ritè initiata et congregata. Et ne de ejusdem sacræ Basileensis synodi potestate à quoquam dubitetur ipsa eadem synodus duas declarationes ex decretis Constantiensis synodi in præsenti sessione aliis suis decretis editis aut edendis inserandas, ordinat, et decernit quarum quidem declarationum tenor primæ sequitur et talis est.

Quod concilium generale est suprà papam in his quæ fidei et schismatis sunt.

Et primo declarat quod ipsa synodus in spiritu sancto legitimè congregata, generale concilium faciens, et ecclesiam militantem repræsentans, potestatem immediatè à Christo habet; cui quilibet cujuscumque status vel dignitatis, etiamsi papalis existat, obedire tenetur in his quæ pertinent ad fidem et extirpationem dicti schismatis et ad generalem reformationem ecclesiæ Dei in membris et in capite; alterius vero tenor sequitur in hæc verba.

Quod inobedientes conciliis puniantur item declarat quod quicumque cujuscumque status vel dignitatis etiamsi papalis existat qui mandatis, statutis, ordinationibus aut præceptis hujus sacræ synodi aut alterius cujuscumque concilii generalis legitimè congregati super præmissis seu ad ea pertinentibus factis vel faciendis obedire contumaciter contempserit nisi resipuerit, condignæ penitentiæ subjiciatur et debitè puniatur. Etiam ad alia juris subsidia, si opus fuerit, recurrendo. Præmissis igitur et nonnullis aliis Constantiensis concilii præsertim capituli quod incipit, *frequens*, in priori hujus sacræ synodi Basileensis sessione recitati, decretis attentis prælibata Basileensis synodus decernit et declarat quòd ipsa pro hæresum extirpatione ac morum generali reformatione ecclesiæ in capite et in membris necnon pace inter christianos procuranda, ut præmittitur, in spiritu sancto legitimè congregata, pro nullius quavis auctoritate etiamsi papali dignitate præfulgeat, dissolvi aut ad alium locum transferri seu ad aliud tempus propagari debuit aut potuit, debet aut potest, debebit aut poterit in futurum, absque ejusdem synodi Basileensis deliberatione et consensu.

Quod personæ concilii extrà concilium trahi non debeant.

Item. Deffinit, ordinat, et decernit hæc sancta synodus, quod nulla persona, cujuscumque status, dignitatis seu conditionis fuerit, in eadem synodo actu existens aut futura, eidem incorporata, vel incorporanda à tempore arrepti itineris ad ipsam sanctam synodum, sine fraude continuati ad recedendum ab eadem à quoquamvis auctoritate etiam si papali dignitate præfulgeat, directè vel indirectè in læsionem seu perturbationem dictæ sanctæ synodi, invita sine deliberatione et consensu ipsius synodi requiri, moneri, compelli, citari, ad alium locum, etiam curiam romanam valeat; seu ne ad eamdem synodum sanctam veniat, possit aut debeat quomodo libet impediri. Si autem à quoquam quavis autoritate etiamsi papali dignitate præfulgeat, ut præmittitur, in contrarium attentatum fuerit, seu attentaretur in futurum, aut processus penales, vel mandata, etiam censuras ecclesiasticas, seu translationes prælatorum invitorum. Vel privationes aut inhabilitationes eorumdem seu aliorum beneficiatorum quorumcumque aliasve quascunque pænas continentes, ut ab eadem sancta synodo recedant, vel non accedant ad eandem, aut eidem non adhæreant, fulminati fuerint, fulminentur, aut fulminarentur in futurum, totum sit irritum aut inane, nec eisdem processibus, censuris ac pœnis tanquam irritis ac inanibus quomodolibet obediendum fore, prædictosque processus et censuras cum omnibus inde secutis et inde secuturis, quatenus de facto processsissent aut procederent in futurum, cassat et irritat et annullat et pro cassis, irritis atque nullis habendos decernit, deffinit ordinat et declarat.

Quod hi qui tenentur interesse concilio non recedant sine licentia.

Item. Decretis sacri consilii Constantiensis inhærendo, statuit, ordinat, et decernit quod prælati et alii qui tenentur huic sacro concilio interesse, ab hoc ante finitum concilium, nisi ex causa rationabili deputatos seu ab hoc sacro concilio deputandos examinanda, non recedant, qua quidem causa examinata et legitimè approbata, possint recedere de licentia illius aut illorum, qui pro tempore habent aut habebunt auctoritatem. Et tunc taliter recedens teneatur dimittere aliis in loco remanentibus suam potestatem sub pœnis juris per hoc sacrum concilium indicendis, et in facientes contrarium exequendis.

Item. Quia plures promotores in eadem sancta synodo et etiam notarii ad conscribendum acta ejusdem sunt necessarii, citra aliorum per ipsam sanctam synodum in ipsius prima sessione deputatorum revocationem magistros, Ademarium de Rossilione, licentiatum in decretis, officialem Basileensem, promotores et Petrum Bruneti, baccalaureum in decretis, canonicum Atrebatensem, notarium ejusdem ordinat et deputat.

Datum in sessione publica ejusdem sanctæ synodi in ecclesia majore Basileensi solemniter celebrata, decimo quinto calendas martii anno à nativitate domini millesimo quadringentesimo trigesimo secundo.

N° 67. — ÉDIT *de révocation des ordonnances et arrêts rendus pendant le schisme pour assurer les libertés de l'église* (1).

1432. (Dutillet, libertés de l'église gallicane, Villaret, p. 138.)

N° 68. — LETTRES *portant confirmation et augmentation des priviléges accordées à l'université d'Angers, pour les facultés de droit canonique et civil, et extension de ces priviléges aux facultés de théologie de médecine et des arts nouvellement incorporées dans cette université.*

Amboise, mai 1433 (2). (C. L. XIII, 186.)

N° 69. — ÉDIT *portant institution d'un tabellionage par chastellenie, avec dépôt et registre des protocolles* (3).

Chinon, 26 juillet 1433. (C. L. XIII, 188.) — Reg. en parlem. 13 juillet.

CHARLES, etc. Comme à nous et à nostre court de parlement,

---

(1) Le procureur-général et les gens du Roi, s'y opposèrent comme ayant été donné par le Roi par inadvertance. Nous n'avons pas trouvé cette pièce. Il y a bonne dans les registres pour cette année 1432. (Isambert.)

(2) Il n'est pas resté d'ordonnances importantes des années antérieures, surtout de 1432; il paraît que la plupart ont été perdues.

(3) Cette loi importante et générale a deux objets; le premier d'établir un dépôt central des minutes, des actes et contrats; le second l'institution des notaires que le roi se réserve; malgré les injonctions faites en cette loi, nous ne croyons pas qu'on ait conservé des minutes antérieures au règne de François 1er, soit que l'ordonnance de 1433, n'ait pas été exécutée, comme les précédentes ordonnances de juillet 1304, février 1320, 10 octobre 1370, janvier 1407. (V. ci-après l'édit de décembre 1437.) Soit que les particuliers dépositaires de ces registres, les aient laissé périr ou dégrader. Il faut convenir que les minutes des actes sont exposés, dans les maisons particulières, et qu'il serait à désirer qu'après un laps

pluseurs grans plaintes et clameurs seient venües et bien souvent viengnent, de plusieurs crimes, faulsetez et abuz qui ou temps passé et de jour en jour sont commis par la multitude, mauvaistié, ignorance, et indiscretion des notaires sur le fait des conctractz, instrumens et passemens faitz en nostre royaume, et que par les plusieurs desdiz notaires, et en aucuns lieux, ne se font aucuns registres (1) ou prothocoles des contratz ou instrumens qu'ilz passent, en telle maniere que quand aucune question ou debat sourt entre les parties contrahans sur iceulx contracts ou instrumens, on ne peut recouvrer la note ou prothocole, pour en savoir la verité, dont souventeffoiz plusieurs inconvéniens aviennent; et nous, pour cause de nostre dignité royal, soyons tenuz de pourveoir à telz et autres inconvéniens qui adviennent entre nosdiz subgiez, et de avoir sur toutes choses regard à l'utilité de la chose publique de nostredict royaume, voulans pour ce, la multitude desraisonnable desdiz notaires réduire et mettre à nombre compettant et raisonnable, et à iceulx offices de notaires pourveoir de personnes ydoines, de science et prudence souffisante pour l'exercice dudit office, et abolir et oster du tout en tant que pourrons les charges importables et excessifz salaires que prennent et exigent iceulx notaires sur nostre peuple, des contractz, passemens et intrumens qu'ilz reçoivent, et sur tout pourveoir de bon et convenable remede : pour ce est-il que eue sur ce grande et meure délibération, tant avecques les gens de nostre grant conseil et de nostredict parlement que autres notables personnes.

Nous, de nostre certaine science, pleine puissance et auctorité royal, avons voulu et ordonné, voulons et ordonnons par ces présentes, par EDIT général, que partout nostredit royaume soit en chacune de noz chastellenies et ressort d'icelles, mis et ordonné de par nous, ung tabellionage seul, (2) lequel sera baillié à traictier, regir et gouverner à ung tabellion ydoine, expert et souffisant, qui sera tenu de traictier, regir et gouverner le fait

---

de 10 ou 15 années, toutes ces minutes fussent réunies dans un dépôt public, qui serait une succursale des archives du royaume. Les notaires n'y perdraient pas et le public y gagnerait ; car les mesures de conservation prescrites par la loi du 16 mars 1803, art. 54 et suiv., sont insuffisantes, et la responsabilité illusoire. V. aussi la loi du 6 octobre 1791. (Isambert.)

(1) C'est à cause de cette forme que les anciennes minutes sont toujours ainsi conçues : *furent présens* ; elles étoient destinées à être reliées en un registre, comme les actes du greffe. (Isambert.)

(2) Ils ont été supprimés par la loi de 1791 et par celle de 1803. (Isambert.)

dudit tabellionnage, et avoir lieu et establie public pour recevoir par lui et ses commis qui à ce seront ordonnez, toutes manieres de contractz, instrumens et passemens; et avecques ce, sera tenu ledict tabellion, de commettre notaires expers et de bonne science, tant audict lieu et establie que ailleurs, par toute la chastellenie ou ressort où il sera ordonné et establi, en tel nombre qu'il verra estre à faire, et que besoing sera pour le fait dudit tabellionage, et sera tenu ledict tabellion de respondre de ce qui sera fait par sesdiz commis.

Et en oultre avons voulu et ordonné, voulons et ordonnons que ledit office de tabellionnage soit baillié à ferme (1) par chacun an, ensemble les droiz, proufiz et émolumens de nostre séel aux contractz en chacune de nosdictes chastellenies, à nostre proufit, bien et convenablement, à personnes souffisans et ydoines à ce; et que les notaires qui, ainsi que dict est, seront commis par ledit tabellion par nous ordonné en chacunes de nosdictes chastellenies, seront tenuz de faire registres et prothocoles, et de escrire et enregistrer en leursdiz registres et prothocoles, toutes les notes des contractz, instrumens et passemens par eulx ou en leur presence passez; et iceulx registres ou prothocoles ou le double d'iceulx, signez de leurs saings manuels apporter par chacun quarteron d'an, par-devers lesdict tabellion, lequel sera tenu les mettre ou faire mettre en lieu seur, en maniere de papiers ou livres (2); et iceulx, sadicte ferme faillie, sera tenu ledict tabellion, garder bien et convenablement sa vie durant, à ses perilz et fortunes, et aussi ceulx de sesdiz commis, pour les mettre en forme deue quant mestier sera. Et après son trespassement, lesdiz prothocoles et registres seront mis et baillez par inventaire, en la main de la garde de nostre séel en chacune nostre chastellenie, ou d'autres personnes qui par nous ou noz juges seront sur ce ordonnez, et sur peine d'amende arbitraire à icelle prendre et exiger sur ceulx qui seront négligens de faire et accomplir ce que dit est.

Et avecques ce, afin que nosdictes ordonnances et edit puissent mieulx et plus seurement estre exécutées, et que en ce pour la multitude innumérable des notaires qui de présent sont en nos-

---

(1) Ainsi c'était une ferme royale dont le Roi voulait tirer profit, ce qui gâta la mesure. (Isambert.)

(2) Aujourd'hui encore ces mêmes minutes sont sur des feuilles volantes, et on peut facilement les supprimer ou les perdre; ces pertes sont fréquentes même à Paris. (Isambert.)

tredit royaume, dont l'en dit les plusieurs estre ignorans et moins discretz, nosdictes ordonnances et edit ne soient retardez ou empeschez en aucune chose : nous, la publication de cesdictes présentes faites, et ledit tabellionage baillé à ferme dès maintenant pour lors, et dès-lors pour maintenant, tous les offices des notaires par noz prédécesseurs, nous, ou nos juges ou commis, créez ou temps passé, avons révoquez, cassez et adnullez; et par ces présentes révoquons, cassons et du tout adnullons, et iceulx notaires destituons et despointons desdiz offices, (1) en leur defendant que après la publication de cestes, et le bail fait comme dessus est dit desdictes fermes, plus n'en usent, sur peine d'estre reputez faulsaires et d'en estre puniz comme à crime de faulx appartient. Et oultre defendons à tous bailliz, séneschaulx et autres juges ou commissaires de quelque auctorité qu'ilz usent, que doresenavant ilz ne facent aucuns notaires, la création desquelx avons reservée et réservons à nous, (2) et noz commis ayans de par nous puissance de ce faire, et non a autres; le nombre desquelx notaires sera par nous et nos commis, moderé en chacune chastellenie comme il appartendra.

Si donnons en mandement, etc. Que noz présentes ordonnances et edit facent publier et enregistrer, etc., facent contraindre tous ceulx qui à contraindre seront, et punir les transgresseurs par les peines devantdictes et autrement, telement que ce soit exemple aux autres. Et pour ce que desdictes présentes l'en pourra avoir afaire en pluseurs lieux, nous voulons que aux *Vidimus* et transcripz d'icelles faiz soubz seaulx royaux ou auctentiques, pleine foy soit adjoustée comme à ce présent original. Et afin que ce soit chose ferme et estable à tousjours, nous avons fait mettre à cesdictes présentes nostre séel ordonné en l'absence du grant.

Par le roy en son conseil.

N°. 70. — LETTRES *portant révocation des domaines aliénés ou engagés dans le Dauphiné et ailleurs, en récompensant les engagistes et faisant des compensations.*

Amboise, 24 octobre 1433. (C. L. XIII, 190.)

---

(1) C'est une confiscation d'office, pour augmenter l'avantage de la ferme. (Isambert.)

(2) Aujourd'hui les notaires sont institués par le roi, et ils sont inamovibles, tandis que les autres officiers sont reputés révocables, quoiqu'abusivement. (Isambert.)

SEPTEMBRE 1433.

N° 71. — **Bulle** *du pape Eugène qui reconnaît la supériorité du concile et révoque les bulles contraires.* (1).

Rome, 18 des calendes de janvier (15 décembre) 1433. (Corps dip. de Dumont).

Eugenius, etc. Dudum sacrum generale Basileense concilium per generalium Constantiensis et Senensis conciliorum statuta, ordinationesque felicis recordationis Martini papæ quinti, ac nostras pro extirpatione hæresum, pace populi christiani, ac generali reformatione ecclesiæ in capite et in membris et pertinentibus ad ea, legitime inchoatum, ex certis causis, in aliis nostris litteris expressis, de fratrum nostrorum sanctæ Romanæ ecclesiæ cardinalium consilio et assensu dissolvimus. Verum cum ex dicta dissolutione ortæ sint graves dissensiones et graviores oriri possint, nihilque magis optemus quam quod predicta sancta opera debitum sortiantur effectum, de consilio et assensu venerabilis fratris Jordani episcopi Sabinensis et dilectorum filiorum nostrorum Antonini sancti Marcelli, Fransisci sancti Clementis, Angeloti tituli sancti Marci præsbyterorum ac Lucidi sanctæ Mariæ in Cosmedin, et Ardecini sanctorum Cosmæ et Damiani, diaconorum sanctæ Romanæ ecclesiæ cardinalium, decernimus et declaramus præfatum generale concilium Basileense a tempore prædictæ inchoationis suæ legitime continuatum fuisse et esse, prosecutionemque semper habuisse, continuari, ac prosecutionem habere debere ad prædicta et pertinentia ad ea perinde ac si nulla dissolutio facta fuisset. Quinimo præfatam dissolutionem irritam et inanem, de concilio et assensu simili, declarantes ipsum sacrum generale concilium Basileense pure, simpliciter et cum effectu et omni devotione et favore prosequimur et prosequi intendimus. Præterea ut mentis nostræ integritas et devotio quam ad universalem ecclesiam et sacrum generale concilium Basileense gerimus omnibus constet evidenter, duas nostras litteras pridem in palatio apostolico promulgatas, nam tertias quarum tenor de verbo ad verbum inferius describitur, quæ dicuntur incipere, *Deus novit*, cum à nobis aut de scitu nostro nunquam emanarunt, licet superfluum videatur quod non extat revocare, tamen quia petitum est et ad cautelam, si ullo unquam tempore apparent et alias quascumque et quidquid per nos aut nostro nomine in prejudicium aut derogationem prædicti sacri concilii Basileensis, seu contra ejus auctoritatem factum et attentatum, seu as-

(1) Voir ci-dessus l'acte du concile de Basle du 15 mars 1432, p. 790.

sertum est, cassamus, revocamus, irritamus et annullamus, nullas et irritas fuisse et esse declaramus.

Item revocamus quoscumque processus quarumcumque censurarum, privationum et suspensionum, factos contra supposita hujus sacri concilii Basileensis et adhærentes eidem, necnon omnia gesta et facta in prejudicium, læsionem et derogationem earumdem, eis non legitime citatis nec legitime defensis, de quibuscunque dignitatibus beneficiis, commendis et officiis, etiam cardinalatus, patriarchatus, archiepiscopatus, episcopatus, abbatiæ, etc. Existant juribus et bonis quibuscumque et specialiter contra cardinales de Cypro, sancti Sixti et Firmi.num, ... in pristinum statum, perinde ac si non emanassent, cum clausulis opportunis mandantes sub pœnis formidabilibus omnibus, qui se dictis dignitatibus, beneficiis, commendis, officiis, juribus et bonis intromisissent, vel ratione dictarum privationum, seu nostrarum ordinationum, quarumcumque se vellent intromittere, ut ab (1) ipsa intromissione et omni molestia penitus desistant. Utrum fuerit autem legitima citatio et defensio, stabitur judicio ipsius sacri concilii; nos autem deinceps, à novitatibus et gravaminibus seu prejudiciis inferendis ipsi sacro concilio, vel suppositis ejus et adhærentibus eidem realiter et cum effectu desistemus. Tenor verò præfatarum litterarum sequitur et est talis.

Fiat Insertio.

Nulli ergo hominum liceat hanc paginam nostræ constitutionis, declarationis, prosecutionis, intentionis, cassationis, revocationis, irritationis, annulationis, voluntatis, red............, et mandati infringere, vel eis ausu temerario contraire. Si quis autem hoc attentare præsumpserit, indignationem omnipotentis Dei et beatorum Petri et Pauli apostolorum ejus se noverit incursurum. Datum, etc.

N°. 72. — ÉTATS-GÉNÉRAUX (2).

Tours, 1453.

---

(1) V. ci-dessus l'acte du concile de Basle, 15 mars 1...
(2) Extrait de la harangue de Juvénal des Ursins, d'après le recueil des états-généraux, tome IX, p. 134.

« Très-révérends pères en Dieu, archevêques et évêques, très-hauts et très
« puissants princes, ducs et comtes, et tous autres gens d'église, nobles,
« bourgeois de bonnes villes, qui de présent êtes assemblés par devers le
« roi souverain seigneur, par forme êtes trois états, pour mettre provision
« comme l'on dit, au fait très-douloureux et très piteux de ce royaume, telle-
« ment détruit et gâté, par faute de bonne police et de bon gouvernement.

« Jean Juvenal des Ursins, povre et indigne évêque de Beauvais, me recommande très-humblement à votre bonne grace. Encore bien que je n'ai sens, entendement, discrétion, forme de langage ne autre chose, de vous savoir avertir en si hautes matieres que devrois traiter; toutesfois les afflictions, douleurs, déplaisances que j'ai de voir l'état de ce royaume, m'ont fait enhardi de aucunement vous advertir, selon ma pauvreté et petite imagination, de vous écrire cette presente épître, en vous suppliant très-humblement que s'il y avoit chose qui deust déplaire au roi mon souverain seigneur, ou à vous, ou à aucun de vous, que envers lui me veuilliez excuser, et vous aussi me tenir pour excusé, et me soit pardonné; car je cuide bien faire ». Après cela, il prend la reformation pour matière, et exhorte la nouvelle assemblée : « De regarder et considérer les fautes horribles et détestables délits qu'on a vu faire et commettre par aucuns dans le royaume : comme hérésies diverses contre la foi pulluler, et user de diverses manieres de sorceries, oppression cruelle du peuple, nouveaux tourmens, pour finances du pauvre exiger, plus terribles et merveilleux que ne faisoient les payens aux benoits martyrs : pour justice violence, pour miséricorde rapine, pour protection destruction, pour soutenance subversion, pour pasteurs pilleurs, pour défenseurs persécuteurs, sacrilèges, destruction d'églises, et en icelles bouter feux et ardre le précieux corps de Jésus-Christ, hommes, femmes et enfans dedans; violation de pucelles, prostitution de mariages, prophanation des lieux saints, pilleries, larcins, meurtres : plusieurs se périr eux-mêmes par désespoir. Tous ces délits, adjouste-t-il, ont été faits et commis, non par les ennemis, ains par aucuns de ceux qui se disoient au roi : lesquels, sous ombre des appatis ou autrement, prenoient hommes, femmes et petits enfans; sans différence d'âge ou sexe; efforçoient les femmes et filles, prenoient les maris et peres, et les tuoient en présence des femmes et filles; prenoient les nourrices, et laissoient les petits enfans, qui par faute de nourriture mouroient; prenoient femmes grosses, les mettoient en ceps, et là ont eu leurs fruits, lequel on a laissé mourir sans baptême. Et après quoi a l'on jetté femmes et enfans dans la riviere, prenoient les moines et gens d'église, laboureurs, les mettoient en ceps et autres manieres de tourmens, nommés sargez, et eux étant en iceux les battoient, dont les anciens sont mutilés, les autres enragés et hors de sens. Appatissoient les villages, tellement que un pauvre village étoit appatis à huit ou dix places. Et si on ne payoit, on alloit bouter le feu es villages et églises. Et quant les pauvres gens étoient prins, et ils ne pouvoient payer, on les a maintes fois assommés eux étant en ceps, et jettés en la riviere. Et n'y demeuroit cheval labourant ny autres bêtes. Si le roi donnoit sauve gardes à autres églises, ou autres personnes, ils étoient rompus, et n'en tenoit un compte, au grand déshonneur du roi et de sa seigneurie ». Puisqu'ayant ainsi présenté les cruautés exercées sur toutes sortes de gens, il dit : « Les fautes qui ont été au fait du gouvernement et police de ce royaume, en général et en particulier, seroient longues à déclarer. Et si me doubte, que en parlant en général, aucuns particuliers cuideroient que je les vousisse charger; et aussi il ne peut que aucun de vous n'en ayent memoire et souvenance, et si j'apperçois l'entendement du roi être tel, que des fautes advenues de son temps, il en a assez cognoissance; et pour ce, de les reciter je m'en passe. Et pour abreger, les choses ont été tellement depuis trente ans, ou autre long temps, mal gouvernées, que ce royaume en est détruit et depeuplé, et n'y a presque

« dixième du peuple, qui y souloit être, et tout par faute de justice, et que re-
« mède n'y s'été mis. »

En après, il toucha les abus et malversations de chacun ordre en particulier, comme des gens d'église, de la noblesse, de la justice, des marchands et de tout le tiers état. Et puis il excite les François à aimer et honorer le roi Charles VII, leur souverain seigneur, en ces termes : « Je dis secondement, que pour Dieu
« appaiser nous devons le roi aimer et honorer ; et crois que si oncques roi deut
« être aimé et honoré, vous devez aimer et honorer le roi votre souverain sei-
« gneur ; car il est aimé de Dieu : sa vie, son gouvernement est bel, honnête et
« plaisant à Dieu. Et n'y a en lui aucuns vices. Je parlasse plus avant de sa per-
« sonne, Dieu ne l'imputât à une manière de flatterie. Regardés et advisés
« quelles merveilles Dieu a faites pour lui ; comme il fut sauvé de la main de
« ses ennemis à Paris : la bataille de Beaugé, ses délivrances des sièges mis
« par les ennemis à Montargis, à Orléans, et à Compiègne, et la forme et ma-
« nière de son sacre, et recouvrement en parti des pays de par deçà ; la mort
« merveilleuse du roi d'Angleterre, du comte de Salisbery, et autres ses enne-
« mis. Ces choses sont-elles venues pour les vaillances et vertus des nobles, par
« les prières des gens d'église ? Je crois que non. Mais Dieu l'a fait, et a donné
« courage à petite compaignie de vaillans hommes à ce entreprendre et faire, à
« la requête et prière du roi. Considerez cette noble maison de France, le roi,
« la royne, M. le dauphin, Jacques Monsieur, les belles filles, leur patience,
« qui me semble tout considéré, chose merveilleuse. Helas ! helas ! et quelle
« compaignie est-ce, de Dieu gardée, de Dieu aimée, de Dieu prisée et ho-
« norée, comme vous pouvez voir apparemment : ne la devez-vous doncques
« aimer ? Certes si faites. Et en aimant, servant et honorant, vous montrerez
« évidemment que vous aimez et craignez Dieu ». Bref, il conclut par la façon dont les ecclésiastiques, la noblesse et les bonnes villes du royaume doivent honorer le roi. « Vous devez aussi, fait-il, honorer le roi du vostre. Il y a
« plusieurs prélats et gens d'église qui sont demourés durant ces guerres sur
« leurs bénéfices, et qui ont très-peu despendu, au regard de la valeur d'iceux,
« et les autres ont eu du bien du roi et de ses prédécesseurs, et en ont eu grands
« chevances ; les autres ont marchandé ; ceux qui ont de quoi feront bien d'en
« aider au roi et à la chose publique. Vous êtes plus tenus à faire les œuvres de
« charité que les autres, et la plus vraie charité, en quoi vous puissiez employer
« le vôtre, c'est pour la chose publique, à relever ce pauvre royaume. Et au
« regard de vous, nobles, ducs, princes, chevaliers et écuyers, aimez et ho-
« norez le roi de vos personnes, comme de vos chevances : en ce ne devez rien
« épargner ne corps, ne biens, que ne aidés du vôtre, vous ne pouvez ou devez
« excuser, veu la nécessité qui y est, et y doivent tous contribuer, et y doibvent
« être contraints : tous doibvent être contraints à offrir pour le fait de la chose
« publique. Faites de bonne volonté, et n'attendez point qu'on vous y con-
« traigne, et ôtez tous argumens de privileges et d'exemptions, contribuez tous
« d'une commune volonté aux nécessités qui sont de présent à faire ; rejettez
« tous rescrits diligemment, et vous ferez votre debvoir, et accomplirez ce que
« dit est : *Regem honorificate*, etc. »

Ce recueil dit que les états se tinrent à Blois ; mais Alain Chartier les place à Tours. Il cite Chartier et nous n'avons pas retrouvé dans cet auteur la harangue ; mais il avertit qu'elle n'est pas imprimée.

JUIN 1434.

N°. 73. — LETTRES *qui permettent aux habitans de Nîmes d'avoir une cloche* (1) *pour sonner l'alarme, ou convoquer les assemblées.*

Vienne en Dauphiné, 16 avril 1434. (C. L. XIII, 196.)

N°. 74. — LETTRES (2) *portant confirmation des priviléges accordés aux habitans de Saint-Chef.*

Vienne, avril 1434. (C. L. XIII, 199.)

N°. 75. — LETTRES *pour le rétablissement des libertés des nobles et ecclésiastiques du Dauphiné* (3).

Vienne en Dauphiné, avril 1434. (C. L. XIII, 197.)

N°. 76. — LETTRES *portant réglement au sujet de l'hommage et dénombrement des fiefs nobles et de l'administration des revenus du roi dans le Dauphiné.*

Vienne en Dauphiné, 31 mai 1434. (C. L. XIII, 202.)

N°. 77. — DÉCRET *du concile de Basle, confirmatif des actes du concile de Constance sur la supériorité des conciles généraux.*

6 des calendes de juillet (24 juin) 1434. (R. des conciles, XXX, 148.)

Sacro sancta generalis sinodus Basileensis, in spiritu sancto legitimè congregata, universalem ecclesiam repræsentans, ad perpetuam rei memoriam.

Ad magnam ecclesiæ catholicæ utilitatem pertinere dignoscitur, ut ipsius auctoritas (cui omnes subesse tenentur) in

---

(1) Le droit de cloche était une des prérogatives des villes qui avaient des consuls, ainsi que des villes d'échevinage. (Villevault, préf. 19.)

(2) On trouve dans ces lettres quelques unes des causes qui dans ces siècles nous ont fait perdre tant de titres. On les perdait souvent par le soin même qu'on prenait pour les conserver. Quand on était menacé de quelque ravage, on les cachait sous terre; et, lorsque le danger étant passé on songeait à les retirer, on les trouvait consumés par la pourriture. D'ailleurs, ceux qui les avaient cachés gardaient le plus profond secret sur le lieu où ils les avaient déposés, et mouraient quelquefois sans le révéler. On trouve dans un registre du trésor des Chartes que deux religieux qui s'étaient retirés auprès de Charles VII, demandaient à Henri la permission de revenir dans leur monastère, que ce dernier tenait en sa puissance; ils alléguaient pour motifs qu'avant leur départ, ils avaient caché plusieurs papiers, registres, lettres et autres choses importantes pour leur église qui ne pourraient être trouvés que par eux. (Villevault, préf. 18.)

(3) Ces lettres ne nous ont pas paru assez importantes pour être transcrites ici.

sacro olim Constantiensi concilio declarata, sæpius manifestetur, et ad omnium notitiam perducatur. Et quemadmodum nonnulla concilia præcedentium synodorum salubres institutiones et declarationes renovare consueverunt, ita et hæc sancta synodus necessariam illam declarationem de generalium conciliorum auctoritate, in dicto Constantiensi concilio promulgatam sub eodem qui sequitur tenore innovat. Primo quod generalis synodus in spiritu sancto legitime congregata, generale concilium faciens, ecclesiam catholicam militantem repræsentans potestatem immediate a Christo habet, cui quilibet cujuscumque status vel dignitatis, etiam si papalis existat, obedire tenetur, in his quæ pertinent ad fidem et extirpationem chismatis et ad generalem reformationem ecclesiæ in capite et in membris. Item declarat quod quicumque cujuscumque status vel dignitatis, etiam si papalis existat, qui mandatis, statutis sive ordinationibus, aut præceptis hujus sanctæ synodi aut cujuscumque alterius concilii generalis legitime congregati, super præmissis, seu ad alia pertinentibus factis vel faciendis, obedire contumaciter contempserit, nisi resipuerit, condignæ pœnitentiæ subjiciatur, et debite puniatur, etiam ad alia juris subsidia, si opus fuerit, recurrendo. Datum in sessione publica ipsius sanctæ sinodi, in ecclesia majori Basileensi solemniter celebrata.

N°. 78. — ACTE *du concile de Basle, pour la réunion de l'église grecque* (1).

Basle, 7 des calendes de septembre (25 août) 1434. (R. des concil. XXX, 140.)

Sacro sancta generalis sinodus Basileensis, in spiritu sancto legitime congregata, universalem ecclesiam repræsentans, ad perpetuam rei memoriam.

Sicut pia mater pro filiorum salute semper anxia est, nec unquam quiescit, donec, si qua inter ipsos dissensio sit sopita fuerit, sic et multo amplius sancta mater ecclesia, quæ filios ad perpetuam vitam regenerare omni conatu laborare consuevit, ut omnes qui christiano nomine censentur, sublato omni dissidio,

---

(1) Ce projet n'eut pas de suite, quoique l'église grecque fût alors aux abois, vu la chute prochaine de Constantinople, et la séparation dure encore. Comme on s'occupe aujourd'hui de réunir les communions protestantes de l'Allemagne, cette pièce a son intérêt ; au reste dans cet acte on n'arrive pas même aux bases de la réunion projetée, mais seulement aux moyens de se réunir en conférence. (Isambert.)

eamdem fidei unitatem, sine quâ salus esse non potest fraterna caritate custodiant. Quamobrem hujus sanctæ synodi ab initio suæ congregationis præcipua cura fuit, illud recens Bohemorum antiquumque Græcorum dissidium prorsus extinguere et eos nobiscum in eodem fidei et caritatis vinculo perpetuo copulare. Bohemos igitur viciniores primo, deinde Græcos per nostras litteras et oratores pro sanctâ unione faciendâ, cum omni caritate ad hoc sacrum concilium vocabitur, et quanquam Bohemorum negotium multi ab omni officio non solum difficile, sed pene impossibile æstimarent nostrosque tanquam vacuos et inutiles judicarent labores, attamen Dominus noster Jesus-Christus cui nil impossibile est sic salubriter rem ipsam usque ad hanc diem direxit ut multo amplius hæc ipsa Bohæmorum vocatio ecclesiæ sanctæ profuerit quam multi potentissimi exercitus qui sæpe Bohæmiam armatâ manu ingressi sunt. Quæ res coampliorem nobis spem præbet ut hanc Græcorum unionem cum omni fiduciâ et constantiâ prosequamur quod quidem eo libentius aggredimur, quo ipsos ad hanc unionem plurimum affectos conspicimus. Ut primum enim serenissimus Græcorum imperator et patriarcha Constantinopolitanus per nostros requisiti sunt oratores, mox tres insignes viros, de his qui apud eos magnæ videntur auctoritatis, (quorum primus imperatorem consanguinitate attinet) ad hanc synodum destinarunt, sufficienti ipsius imperatoris mandato cum bullâ aureâ et ejus manu propriâ suscripta et patriarchæ litteris munitos, qui tam in generali congregatione quam coram commissariis nostris ferventissimum imperatoris et patriarchæ totiusque ecclesiæ orientalis ad hanc unionem desiderium exponentes nos mirum in modum ad tam sancti operis prosecutionem pulsant ac quotidiè excitant, duo inter alia firmiter et constanter affirmantes, unionem ipsam nisi in synodo universali in qua tam ecclesia occidentalis quam orientalis conveniat, fieri nullâ tenus posse: et in eâ synodo si fiat, (ut infra conventum est) omnino ipsam unionem secuturam. His auditis summa lætitia jucunditas nimirum nobis accessit. Quid enim catholicæ ecclesiæ felicius gloriosiusque contingere unquam posset, quam quod tot orientales populi qui numero hominum, qui nostræ fidei sunt non multum distare videntur, in eâdem nobiscum fidei unitate conjungantur? quid utilius aut fructuosius ab exordio nascentis ecclesiæ populus christianus vidit vel audivit, quam quod tam diuturnum et perniciosum chisma penitus extirpetur? Unde et aliam reipublicæ christianæ, deo propitio, utilitatem accrescere confidimus; quonlam ex hac unione cum facta fuerit plurimos ex infanda Mahumeti secta ad fidem catholicam converti sperandum est. Quid igitur pro tam piis ac salutaribus rebus per Christi fideles tentandum faciendumque non esset? Quis catholicus pro tanto nominis christiani et orthodoxæ fidei incremento non modo caducam hujus mundi substantiam, sed et corpus et animam exponere non deberet? Quocirca omnem cogitatum nostrum jactantes in Deum qui facit mirabilia magna solus; venerabiles sanctæ ecclesiæ cardinales præsidentes sedis apostolicæ, patriarcham Antiochenum, archiepiscopos, episcopos, abbates magistrosque et doctores in numero competenti deputavimus ut una cum ipsis Græcorum ambasiatoribus rem ipsam tractare, et quo ordine ad executionem deducenda esse prospicere deberent. Qui tam inter se, quam cum ipsis oratoribus, sæpe numero convenientes, habito inter se digesto consilio, ad infra scripta cum ipsis devenerunt capitula, quæ postea secundum morem hujus sacri concilii per sacras deputationes mature librata, ac deinde per generalem congregationem conclusa firmataque solemniter extiterunt, quorum tenor una cum mandato ipsius domini imperatoris sub bulla aurea sequitur et talis est.

Ambasiatores serenissimi imperatoris Græcorum et domini patriarchæ Constantinopolitani, videlicet dominus Demetrius Protonostiarius, Palœologus Mœolites, venerabilis Isidorus abbas monasterii sancti Demetrii, et dominus Joannis Dissipatus, ejusdem imperatoris familiaris, convenientes cum dominis deputatis sacri concilii, primo exposuerunt, quod si ecclesiæ occidentali placeret, ut hæc sinodus Constantinopoli celebraretur, ecclesia orientalis propriis expensis ibidem conveniret, nec opportet ut ecclesiæ occidentalis prælatis orientalis aliquas expensas faceret. Quinimo dominus imperator in quibus possit, prælatis latinis Constantinopolim venturis subveniret: sin autem placeret ut prælati ecclesiæ orientalis ad terras Latinorum pro prædicta synodo acciderent, necessarium fore propter legitimas causas, ut expensis ecclesiæ occidentalis subvenirent, et cum dictis dominis deputatis videretur multis de causis hanc cessionem commodius fieri posse in hac civitate Basileensi, ubi actu concilium congregatum est, sæpe ac multum apud ipsos dominos oratores institerunt, ut hic locus pro sancta unione eligeretur, offerentes impensas ad hoc necessarias. Sed ipsis oratoribus respondentibus quod cum eorum instructiones limitatæ de certis locis per ipsos imperatorem et patriarcham eis datæ sint, non hunc locum eligere qui in ipsis instructionibus nominatus non esset, domini duputati sacri concilii cognoscentes sanctam ac perfectam ipsius consilii intentionem, quæ est ut pro honore Dei et profectu fidei catholicæ nullis parcatur laboribus et impensis, judicarunt, non expedire, ut propter locum duntaxat tantum bonum negligeretur. Acceptarunt igitur, si placeat sancto concilio, unum de locis inferius nominandis, cum hoc, quod sicut inferius ut conventum, mittantur aliqui vel aliquis ad ipsum dominum imperatorem, patriarcham et alios quibus persuadeant per efficaces rationes, ut in hanc civitatem Basileensem velint assentire. Loca nominata sunt, Calabria, Ancona, vel alia terra maritima, Bononia, Mediolanum, vel alia civitas in Italiâ: extra Italiam, Buda in Ungariâ, Vienna in Austriâ, et ad ultimum Sabaudia. Convenerunt tamen dicti domini deputati cum ipsis dominis ambasiatoribus in his quæ sequuntur si sacro concilio placeant.

(1) Primo dicti ambasiatores promiserunt quod ad hujusmodi modum convenient imperator Græcorum et patriarcha Constantinopolitanus, et cæteri tres patriarchæ, archiepiscopi, episcopi et alii ecclesiastici qui commodè venire poterunt. Similiter quod venient ab omnibus regnis et dominis quæ subjiciuntur ecclesiis Græcorum cum plenâ potestate et mandato vallato juramento et aliis clausulis opportunis, tam ex parte sæcularium dominorum quam prælatorum; item quod mittatur unus, vel plures ambasiatores, ex parte sacri concilii cum octo millibus ducatorum pro facienda congregatione prælatorum ecclesiæ orientalis ad Constantinopolim, quæ octo millia expedientur ab ipsis ambasiatoribus sacri concilii, videbitur ita tamen, quod si dicti prælati nollent Constantinopolim venire, vel, postquam Constantinopolim venerint, nollent ad synodum prædictam accedere, tunc teneatur dictus imperator reddere dictis ambasiatoribus sacri concilii quidquid pro ea re expenderint.

(2) *Item.* Quod ecclesia occidentalis solvat expensas quatuor galearum grossarum, quarum duæ sint de Constantinopoli, et duæ aliunde, pro conducendo, dum tempus erit, ad portum nostrum, et reducendo Constantinopolim dominum imperatorem, et patriarchas, et prælatos ecclesiæ orientalis cum suis, usque ad numerum septingentarum personarum quibus ipsa occidentalis ecclesia impensas faciet hoc modo: quia pro expensis ipsius imperatoris et ipsarum septingentarum personarum à Constantinopoli usque ad portum nostrum ultimum, dabit ipsi imperatori undecim millia ducatorum. A dicto autem ultimo portu usque

ad locum dictæ synodi, et deinde, quamdiu manebunt in synodo, et usque ad reversionem ipsorum ad Constantinopolim, faciet dicto imperatori impensas honestas.

(3) *Item.* Quod infra decem menses incipiendos à mense novembris proxime sequenti, teneatur sacrum concilium mittere duas galeas grossas et duas subtiles versus Constantinopolim cum trecentis balistariis. Super quibus galeis erunt ambasiatores sacri concilii et dominus Demetrius Protonostiarius Palæologus, primus de ipsis ambasiatoribus domini imperatoris, qui quidem ambasiatores sacri concilii habebunt secum quindecim millia ducatorum danda domino imperatori pro expensis suis et patriarcharum et prælatorum ac aliorum venientium usque ad numerum septingentarum personarum, faciendis à Constantinopoli usque ad portum ultimum, ad quem debebunt applicare ut supra.

(4) *Item.* Prædicti ambasiatores sacri concilii, ituri cum prædictis galeis, ordinabunt quod decem millia ducatorum erunt parata ad exponendum, si necessarium fuerit, pro custodia civitatis Constantinopolitanæ, propter periculum quod posset intervenire à Turcis tempore absentiæ dicti domini imperatoris, quæ pecuniæ exponentur per aliquem à dictis ambasiatoribus sacri concilii deputandis, prout necessitas fuerit.

(5) *Item.* Ordinabunt prædicti ambasiatores sacri concilii, et expensis duarum galearum subtilium et trecentorum balistariorum pro custodia civitatis Constantinopolitanæ tempore absentiæ domini imperatoris, et quod gentes dictarum galearum et ipsi balistarii jurabunt in manibus imperatoris fideliter se habere. Et capitanei eorum sint quos imperator instituerit.

(6) *Item.* Quod prædicti ambasiatores habeant expensas duarum galearum grossarum, tot quot expendi consueverunt in armando tales galeas.

(7) *Item.* Quod hujus modi ambasiatores sacri concilii ituri cum prædictis galeis Constantinopolim nominabunt domino imperatori portum, ad quem ultimò debebit applicare, et locum unum de prænominatis, in quo esse debeat dicta universalis synodus. Laborabunt tamen cum omni instantia, ut civitas ista Basileensis eligatur, prout sperandum est.

(8) *Item.* Quod hoc sacrum Basileense consilium interim stabit firmiter in Basilea, nec dissolvetur legitimo impedimento cessante, quo interveniente, (quod Deus avertat) pro continuatione sui justa dispositionem capituli, *frequens*, ad aliam civitatem se transferet. Et in casu quod dominus imperator non contenta-

retur de isto loco, tunc infra mensem, post quam præfatus dominus imperator applicuerit ad dictum portum ultimum, sacrum concilium se transferet ad unum de prædictis locis nominatis per ipsum sacrum concilium (ut supra dictum est) eligendum.

(9) *Item*. Quod in omnem eventum prædicta omnia utrimque adimpleantur.

(10) *Item*. Quod prædicta omnia fient firmiori modo, et cum majori robore et securitate, quo fieri possunt per sacrum concilium : videlicet per decretum et sub bulla.

(11) *Item*. Quod prædictis omnibus conclusis et concordatis, ac (ut præmittitur) firmiter roboratis, summus pontifex expressum præbeat assensum per suas patentes bullas. Et quod prædicta omnia et singula intelligi debeant bona fide, sine dolo et fraude, et absque impedimento legitimo et manifesto. His omnibus adimpletis, dicunt supra dicti ambasiatores Græcorum, et promittunt quod omnino venient, etiamsi bellum foret et instaret civitati. Et ob earum omnium rerum confirmationem tradent mandatum præfati imperatoris sub bulla aurea sacro concilio, et pro prædicto imperatore ipsi et alii jurabunt, scribendo et subscribendo propter firmam et veram fidem, quod fieri debeat cum Deo universalis sancta synodus, si mors imperatoris non intervenerit, aut impedimentum aliquod manifestum et verum, quod fugi vitarique non possit.

(12) Postremo petitum est ab ipsis ambasiatoribus Græcorum, ut exponerent quædam nomina, in eorum instructionibus contenta. Et primò quid intelligant per verbum synodus universalis : responderunt quod papa et patriarchæ sint in dicta synodo per se vel procuratores suos; similiter et alii prælati sint ibidem vere et repræsentative, promittentes (ut supra) quod dominus imperator Græcorum et patriarcha Constantinopolitanus intererunt personaliter liberi et inviolati, hoc est, quod unicuique liceat libere dicere judicium suum sine cujusquam impedimento vel violentia : sine contentione, hoc est sine contentione rixosa et contumeliosa : non tamen excluduntur disputationes et collationes necessariæ, pacificæ, honestæ, et caritativæ. Apostolica et canonica hæc omnia quomodo intelligi debeant, et de modo procedendi in synodo, remittunt se ad ea quæ ipsa universalis synodus declarabit et ordinabit.

(13) *Item*. Quod imperator Græcorum et eorum ecclesia habent honores suos, hoc est quos habebat tempore exorti præsentis schismatis, salvis semper juribus, honoribus, privilegiis et dig-

nitatibus summi pontificis, et Romanæ ecclesiæ, et imperatoris Romanorum. Et quod si qua dubitatio oriatur, detur declarationi universalis concilii præfati.

N° 79. — Bulle *du pape Eugène IV, par laquelle, à la sollicitation des états du Dauphiné, il confirme celle de Boniface VIII, portant défense d'excommunier pour dettes civiles dans les cas qui ne seraient pas de la compétence des juges d'église* (1).

Florence, le 3 des ides de juillet 1435. (Manusc. de la bibl. du Roi, Carton...)

N° 80. — Acte *du concile de Basle contre les appels en cour de Rome.*

Basle, 15 et 16 septembre 1435. (R. des conciles, XXX, 590.)

Concordant tres deputationes quod omnes appellationes ab hoc sacro concilio emanatæ, et quæcumque inde secuta et sequenda cassentur, irritentur, et annulentur. Et tam judices, quam commissarii, partes, procuratores et notarii, qui circa præmissa culpabiles reperti fuerint, moneantur etiam per edictum, et debite

---

(1) Cum autem ex factâ nuper pro parte dilectissimi nobilis viri Ludovici dalp. Vienn., carissimi in Christo filii nostri Caroli regis Francorum illustris, primogeniti, coram nobis relatione nonnulli locorum ordinarii, aliique judices ecclesiastici, tam legati quam alii prædictæ constitutionis, forsan ignari civitates, terras, castra, opida, villas, et loca alia ipsius dalphini temporali dominio subjecta, seu infra limites consistentia, in toto vel in parte, pro pecuniario debito, verbalibus injuriis, seu illorum occasione, sub colore contumaciæ, vel defectus officiariorum temporalium, etiam cumque pro modica summa pecuniæ et alias contra tenorem constitutionis antedictæ, præfato nonnumquam ecclesiastico supponunt interdicto. Nos volentes super prædictis de oportuno remedio providere, ac cupientes, ut litteræ ac constitutio supradictæ, præfato dalphino Vienn. debite suffragentur: discretioni vestræ per apostolica scripta mandamus, quatenus vos vel duo, vel unus vestrum per vos, vel alium seu alios, prædictam constitutionem in ecclesiis civitatum, terrarum, castrorum, oppidorum, villarum et locorum prædictorum ac alias ubilibet, et quando vobis videbitur expedire, super hoc pro parte ipsius dalphini, fueritis requisiti, autoritate nostra solemniter publicari et observari facialis, non permittentes civitates, terras, castra, oppida, villas, et loca prædicta pro pecuniario debito vel pro cujus-vis monetæ seu pecuniæ quantitate, occasione quacumque vel causa, etiam sub colore contumaciæ, vel deffectus officiariorum temporalium hujusmodi, sive alias, contra tenorem constitutionis antedictæ præfatæ quomodolibet supponi interdicto contradictores per censuram ecclesiasticam, appellatione postposita compescendo, nonobstantibus appostolicis ac provincialibus, et sinodalibus conciliis, edictis, constitutionibus et ordinationibus, ceterisque contrariis quibuscumque, etc. (Isambert.)

puniantur. Et ad hoc dati sunt executores in deputatione reformatorii, vicarius Frisingensis; in deputatione pro communionibus, magister Guilelmus de Constantia; in deputatione pacis dominus episcopus Lectorensis, quarta vero de fide concordat cum eisdem deputationibus, dum tamen excipiatur persona domini ducis Sabaudiæ et pro eadem deputatione fidei datus deputatus dominus deputatus præpositus Gueznensis. Quodque ex parte sacri concilii scribatur eidem duci super materia hujus modi Lausanensis. Quodque concilium paratum est sibi et cuicumque de suppositis concilii querulanti justitiam ministrare. Et si opus sit, eidem transmittentur viri notabiles pro tractatu hujusmodi.

Item. Concordant deputationes quod contra appellantes ab hoc sacro concilio, seu à judicibus et commissariis ab eodem concilio deputatis, extra hoc sacrum concilium intimantes hujusmodi appellationes, ac illis deferentes, ac notarios inde instrumenta recipientes, necnon contra illos qui literas quascumque tam à Romana curia quam aliunde extra locum sacri concilii emanatas, contra incorporatos huic sacro concilio exequuntur et procurant exequi. Et ad procedendum contra hujusmodi appellantes, intimantes, et alios prædictos, qui fuerunt deputati pro deputatione pacis, dominus episcopus Lectorensis; pro deputatione reformatorii, vicarius Frisingensis; pro deputatione fidei, præpositus Gueznensis; pro deputatione de communibus, dominus patriarcha Aquilegiensis, qui contra prædictos procedunt cum potestate citandi in loco hujus sacri concilii, extra et ad partes etiam personaliter et per edictum, illosque puniendi et castigandi usque ad privationem officiorum et beneficiorum, atque ad in futurum obtinenda inhabilitandi, prout justitia et criminis qualitas postulant et requirunt, ac eis videbitur expedire: ita tamen quod coram altero ex eis in causis hujusmodi possit procedi et usque ad sententiam exclusive, quæ tunc consensu majoris partis intervenientis possit promulgari, et procedendi simpliciter, summarie, et de plano, sine strepitu et figura judicii, omni juris et styli solennitate atque terminorum observatione remotis, sola tamen facti voluntate inspecta.

Ita concordarunt domini de duodecim, die jovis 15° septembris 1435.

Die veneris 16° mensis septembris 1435, in generali congregatione, præsidente in eadem reverendissimo domino cardinali legato, lectis concordatis dominorum de duodecim, inter quæ concordata supra dicta fuerunt, reverendissimus dominus cardinalis legatus, nomine et auctoritate sacri concilii, juxta concordata dictorum dominorum de duodecim, more solito conclusit.

N°. 81. — Lettres *par lesquelles le duc de Bourgogne accepte la paix aux conditions offertes par le Roi et le reconnait pour Roi de France* (1).

Arras, 21 septembre 1435. (Corps diplom. 309. Monstrelet, f° 108.)

Philippe, par la grace de Dieu duc de Bourgogne, etc. Savoir faisons à tous présens et à venir, que comme pour parvenir à paix générale en ce royaume, aient été tenües plusieurs conventions et assemblées, et mêmement en nôtre ville et cité d'Auxerre, en la ville de Corbeil, et dernierement ait été accordé de tenir en nôtre ville d'Arras, certaine journée et convention, sur le fait de ladite paix générale : à laquel mon très redouté seigneur le roi Charles ait envoyez, et y sont venus, nos tres-chers, et tres-amez freres et cousins, le duc de Bourbon et d'Auvergne, le comte de Richemont, connétable de France; le comte de Vendôme, grand-maitre d'hôtel; et tres-reverend pere en Dieu l'archeveque et duc de Rheims, grand chancelier de France; Christofe de Harcourt, Gilbert seigneur de la Fayette, maréchal de France; maitre Adam de Cambrai, premier président en parlement, maitre Jean Tudart, doyen de Paris, conseiller et maitre des requêtes de l'hôtel du roi; Guillaume Chartier, Etienne Moreaux, conseillers; Jean Chastignier, et Robert Marlier, secretaires de mondit seigneur le roi; tous ses ambassadeurs.

Et de la part de mon tres-cher seigneur et cousin, le roi d'Angleterre, et y sont venus tres-reverends peres en Dieu le cardinal de Vincestre; l'archevêque d'York, nos amez cousins les comtes de Houtindon, et de Suffolk; nos reverends en Dieu les evêques de Norwich, de Saint-David, et de Lisieux, et plusieurs autres gens d'église, et ambassadeurs de mon tres-cher frere et cousin

---

(1) Ce traité fut si important dans les circonstances, que nous croyons devoir le donner ici tout entier. D'une part on y voit un concile stipuler comme corps souverain par ambassadeurs séparément du pape, ce qui est peut-être unique dans les fastes de la diplomatie. D'autre part, le duc de Bourgogne ne fait aucune concession. C'est le Roi de France qui lui offre toutes les conditions les plus humiles qu'il accepte; le Roi se reconnait coupable du meurtre du duc de Bourgogne, au moins de complicité, et il en demande pardon.

Le duc de Bourgogne traite en prince souverain, et il est affranchi pour sa vie de toute dependance, même de foi et hommage. Lambert.

le roi d'Angleterre. Et aussi y sommes venus et comparus en nôtre personne, accompagnez de plusieurs de nôtre sang, et autres nos féaux et sujets en grand nombre.

A laquelle journée et convention de par notre saint pere, ait été envoyé tres-reverend pere en Dieu, nôtre tres-cher et special ami, le cardinal de Sainte-Croix, à tout bon et suffisant pouvoir de nôtre saint pere : et de part le saint concile de Bâle, semblablement aient été envoiez, et soient venus tres-reverend pere en Dieu nôtre tres-cher et tres-aimé cousin le cardinal de Chipre ; tres-reverends peres en Dieu, les evêques de Veronne, d'Albigne; Nicolas Prevost, et Calconie Hucho, archidiacre de Metz en Lorraine, ambassadeurs d'icelui concile :

Pardevant lesquels cardinaux, legats, et ambassadeurs de nôtre saint pere et du saint concile, sont venus et comparus lesdits ambassadeurs de France, d'une part; et ceux d'Angleterre, d'autre ; et nous aussi en nôtre personne toutes les fois qu'il a été besoin. Et par iceux ambassadeurs aient été faites plusieurs ouvertures, et oblations d'un côté et d'autre.

Et combien, que finalement de la part de monseigneur le roi, par lesdits ambassadeurs, aient été faites aux gens et ambassadeurs d'Angleterre, grandes et notables offres (2), afin de parvenir à ladite paix générale : lesquelles comme il semble auxdits cardinaux, autres légats et ambassadeurs de nôtredit saint pere et du concile, être justes et raisonnables, et ne les pouvoient ou devoient raisonnablement refuser lesdits ambassadeurs d'Angleterre : et que lesdits cardinaux de Sainte-Croix, de Chipre, et autres ambassadeurs dudit saint concile, eussent prié et requis à iceux ambassadeurs d'Angleterre, de les accepter, en leur disant, et remontrant qu'autrement et au cas qu'ils ne voudroient entendre à l'effet de ladite paix générale, ils avoient charge et commandement de nôtre saint pere le pape, et du concile, de nous exhorter, requerir, et sommer d'entendre avec monsdit seigneur le roi à paix particuliere, et réunion avec lui en tant que toucher nous pouvoit. Toutefois lesdits ambassadeurs d'Angleterre n'ont voulu accepter lesdites offres à eux faites, mais se sont départis de nôtre ville d'Arras, sans aucune conclusion, et sans vouloir prendre ni accepter jour certain, ni competent de retourner, pourquoi après leur partement par lesdits cardinaux, legats, et

---

(2) Charles offrait de laisser aux Anglais la Guyenne et la Normandie; les Anglais ne voulaient lui laisser que les pays outre Loire, Jambert.

ambassadeurs de nôtredit saint pere, et du concile aions été exhortez, requis et sommez de vouloir entendre par effet à ladite paix particuliere, et réünion avec mondit seigneur le roi; moyennant que par le cas de la mort de feu nôtre tres-cher seigneur et pere, que Dieu pardonne, et pour nôtre interêt en cette partie, nous seroient par mondit seigneur le roi, et par ses ambassadeurs dessus nommez, à ce suffisamment fondez pour lui, et en son nom, fait offres raisonnables, à fin de satisfaction, récompensation, et autrement qu'en devrions être contens; lesquelles offres faites par lesdits ambassadeurs de mondit seigneur le roi, aient été baillées par écrit en un rolle de papier auxdits cardinaux, et ambassadeurs de nôtredit saint pere, et du concile, et par eux à nous présentées, duquel rolle la teneur s'ensuit.

Ce sont les offres, que nous Charles de Bourbon, et d'Auvergne; Artus, comte de Richemont, connétable de France; Louis de Bourbon, comte de Vendôme, Regnaut de Chartres, archevêque et duc de Rheims, grand chancelier de France; Gilbert seigneur de la Fayette, maréchal de France; Adam de Cambrai, premier président en parlement; Jean Tudart, doien de Paris, conseiller et maître des requêtes de l'hôtel du roi; Guillaume Chartier, et Etienne Moreau, conseillers; Jean Chastignier et Robert Marlier, secretaires, et tous ambassadeurs de Charles, roi de France, nôtre souverain seigneur, étans présentement en la ville d'Arras; faisons pour et au nom dudit roi à monseigneur le duc de Bourgogne et de Brabant, pour son interest, et querelle qu'il a et peut avoir à l'encontre du roi, tant à la cause de la mort de feu monseigneur le duc Jean de Bourgogne, son pere, comme autrement, afin de parvenir à traité de paix, et concorde.

(1) *Premierement.* Que le roi dira, ou par ses gens notables suffisamment fondez, fera dire à mondit seigneur le duc de Bourgogne, que la mort de feu monseigneur le duc Jean son pere (que Dieu absolve) fut iniquement et mauvaisement faite par ceux, qui perpetrerent ledit cas et par mauvais conseil, et lui en a toujours déplû, et à présent déplait de tout son cœur : et que s'il eût seu ledit cas, et eut tel âge et entendement qu'il a de présent, il y eût obvié de tout son pouvoir; mais il étoit bien jeune, et avoit pour lors petite connoissance, et ne fut point si avisé que d'y pourvoir. Et priera à mondit seigneur de Bourgogne, que toute haine et rancune, qu'il peut avoir à l'encontre de lui à cause de ce, il ôte de son cœur, et qu'entr'eux y ait bonne paix

d'amour, et se fera de ce expresse mention ès lettres, qui seront faites de l'acord et traité d'eux.

(2) Que tous ceux qui perpetrerent ledit mauvais cas, ou furent consentans, le roi les abandonnera, et fera toutes les diligences à lui possibles de les faire prendre et aprehender quelque part qu'ils pourroient estre trouvez, pour être punis en corps et en biens : et si aprehendez ne peuvent être, il les bannira à toujours, et sans rapel hors du roiaume et du Dauphiné, avec confisation de tous leurs biens, et seront hors de tous traitez.

(3) Ne souffrira le roi aucuns d'eux être reçûs, ou favorisez en aucun lieu de son obéissance et puissance, et fera crier et publier par tous les lieux du roiaume, et Dauphiné, accoûtumez à faire cris et proclamations, qu'aucun ne les reçoive ou favorise, sur peine de confiscation de corps et de biens.

(4) Et que mondit seigneur de Bourgogne, le plutôt qu'il pourra bonnement après ledit accord passé, nommera ceux dont il est, ou sera lors informé, qui perpetrerent ledit mauvais cas ou en furent consentans, afin qu'incontinent et diligemment soit procédé contr'eux de la part du roi, comme dit est. Et en outre pour ce que mondit seigneur le duc de Bourgogne n'a encore pu avoir connoissance vrai de ceux qui perpetrerent ledit mauvais cas, ou en furent consentans, toutes les fois que ci-après en sera informé dûment d'aucuns autres, il les pourra nommer et signifier par ses lettres patentes, ou autrement suffisamment au roi, lequel en ce cas sera tenu de faire procéder tantôt et diligemment à l'encontre d'eux par la maniere dessusdite.

(5) Que pour l'ame de feu monseigneur le duc Jean de Bourgogne, de feu messire Archambault de Foix, comte de Noailles, qui fut mort avec lui et de tous les autres trépassez, à cause des divisions et guerres de ce roiaume, seront faites les fondations et édifices, qui s'ensuivent. C'est à savoir, en l'église de Monstreau, en laquelle fut premierement enterré le corps de mondit feu seigneur le duc Jean, sera fondée une chapelle et chapellenie d'une messe basse de *requiem* chacun jour perpetuellement, laquelle sera rentée et douée convenablement de rentes amorties, jusqu'à soixante livres parisisis par chacun an, et aussi garnie de calices et d'ornemens d'église bien et suffisamment, et tout aux depens du roi; et laquelle chapelle sera à la collation de mondit seigneur de Bourgogne, et de ses successeurs ducs de Bourgogne à toujours.

(6) Qu'en ladite ville de Monstreau, ou au plus près d'icelle;

que faire se pourra bonnement, sera fait, construit et institué par ledit roi, et à ses frais et dépens, une église, couvent et monastère de chartreux; c'est à savoir, pour un prieur et douze religieux avec les cloîtres, salles et réfectoirs, granges et autres édifices qui lui seront nécessaires et convenables, et lesquels chartreux, c'est à savoir, le prieur et douze religieux, seront fondez par le roi, et de bonnes rentes annuelles et perpétuelles, et bien amorties suffisamment et convenablement, tant pour les vivres desdits religieux, et entretenement du divin service, comme pour les soûtenemens des édifices dudit monastère, et autrement jusqu'à la somme de huit cent livres parisis par an de revenuë, à l'ordonnance, et par l'avis de très-reverend père en Dieu monseigneur le cardinal de Sainte-Croix, ou de celui ou ceux qu'il voudra à ce commettre.

(7) Que sur le pont de Monstreau au lieu où fut fait ledit mauvais cas, sera faite, édifiée et bien entaillée, et entretenuë à toujours aux dépens du roi, une belle croix de belle façon, et ainsi qu'il sera divisé par ledit monseigneur de Sainte-Croix ou ses commis.

(8) Qu'en l'église des chartreux les Dijon, en laquelle gist et repose à présent le corps dudit feu monseigneur le duc Jean, sera fondée par le roi, et ses descendans, une haute messe de *requiem* qui se dira chacun jour perpétuellement au grand autel de ladite église, à telle heure qui sera divisée. Et laquelle fondation sera donnée et assignée de bonnes rentes amorties, jusqu'à la somme de cent livres parisis de revenuë par an, et aussi garnie de calices et ornemens, comme dessus.

(9) Que lesdites fondations et édifices, seront commencez à faire le plûtôt que bonnement faire se pourra. En spécial commencera-t-on à dire et célébrer lesdites messes, incontinent après ledit accord passé. Et au regard des édifices qui se doivent en ladite ville de Monstreau, ou plus près d'icelle faire, on y commencera à ouvrer dedans trois mois après que ladite ville sera réduite à l'obéissance du roi, et continuera-t-on diligemment sans interruption, que iceux édifices seront tous parfaits et achevez dedans cinq ans après en suivant : et quant aux dessusdites fondations on y besognera sans délai le plûtôt que faire se pourra. Et pour ces causes tantôt après ledit accord passé, sera faite et assignée la haute messe aux chartreux de Dijon, dont dessus est faite mention, avec ce qui en dépend : c'est à savoir, de livres, calices, et autres choses à ce nécessaires, et aussi y sera dite et

célébrée aux dépens du roi, la basse messe quotidienne, qui doit être fondée en l'église de Monstreau, sitôt qu'elle sera réduite en l'obéissance du roi; et au surplus touchant les édifices et fondations, qui se doivent faire en la ville de Monstreau, et auprès d'icelle, de la part du roi sera mise dedans lesdits trois jours après qu'icelle ville sera réduite en l'obéissance du roi ès mains d'icelui, et ceux que y voudra commettre monseigneur le cardinal de Sainte-Croix, certaine somme d'argent suffisant pour commencer à faire lesdits ouvrages et édifices, et acheter les calices, livres, et ornemens, et autres choses à ce nécessaires et convenables. Et d'autre part seront lors aussi avisées, assises et délivrées les rentes dessus déclarées, montans pour ledit lieu de Monstreau huit cens livres parisis par an, bien revenans, seurement amorties, et assises au plus près que bonnement faire se pourra dudit lieu de Monstreau, sans y comprendre les cent livres parisis de rente qui doivent être assises pour la fondation de ladite haute messe des chartreux de Dijon.

(10) Que pour et en récompensation des joïaux, et autres biens meubles qu'avoit feu mondit seigneur le duc Jean au temps de son décès, qui furent pris et perdus; et pour en avoir et acheter d'autres, et en lieux d'iceux le roi paiera et fera réellement paier et de fait à mondit seigneur de Bourgogne, la somme de cinquante mille écus d'or vieux de poids de soixante-quatre au marc de Troyes, huit onces pour le marc, et à vingt-quatre karats d'aloi, ou autre monnoie d'or courante de la valeur aux termes qui s'ensuivent; c'est à savoir quinze mille au terme de pâques prochain venant en un an qui commencera l'an 1437, et 15000 aux pâques ensuivans, qui sera l'an 1438, et les vingt mille qui resteront aux pâques ensuivans, qui sera l'an 1439. Et avec ce sera sauvé et réservé à mondit seigneur de Bourgogne son action et poursuite au regard du beau collier de feu mondit seigneur son père, contre ceux qui l'ont eu, et l'ont, pour l'avoir et recouvrer, et pareillement autres joïaux à son profit en outre et pardessus lesdits cinquante mille écus.

(11) Et que de la part du roi à mondit seigneur de Bourgogne pour partie de son interest, seront délaissées, et avec ce baillées et transportées de nouveau pour lui, ses hoirs procréés de son corps, et les hoirs de ses hoirs et descendans toujours de droite ligne, soit mâles ou femelles, les terres et seigneuries qui s'ensuivent: c'est à savoir, la cité et comté de Mâcon, Saint Jangon et les mettes d'iceux, et avec ce ensemble toutes les villes,

villages, terres, censes, rentes et revenus quelconques, qui sont et appartiennent, et doivent competer et appartenir en domaine au roi, et à la couronne de France, et par tous les villages roiaux de Macon et de Saint Jangon, et mettes d'iceux, avec toutes les appartenances d'icelle comté de Macon; et autres seigneuries que tient et doit tenir le roi en domaine ancien, en et partout lesdits villages de Macon et Saint Jangon, tant en fief, arriere fief, confiscations, patronages d'églises, collations de benefices, comme en autres droits et profits quelconques, sans y rien retenir de la part du roi de ce qui touche et peut toucher le domaine, la seigneurie, la juridiction ordinaire des comtéz et lieux dessusdits, et est sauvé et réservé au roi semblablement les fiefs et hommages des choses dessusdites, et le ressort et souveraineté des églises, et sujets d'icelle, de fondations roiaux, étans ausdits bailliages et ès mettes enclavées en iceux, et le droit de régale, là où il a lieu; et autres droits roiaux appartenans d'ancienneté à la couronne de France ès bailliages dessusdits; pour à ladite comté de Macon, ensemble des villes, villages, terres et domaines desusdites, jouïr et user par mondit seigneur de Bourgogne, et sesdits hoirs et successeurs à toûjours, et les tenir en foi et hommage du roi, et de la couronne de France, et en pairie sous le ressort du roi et de sa cour de parlement sans moien, pareillement et en telles franchises, droits et prérogatives comme les autres pairs de France. Avec ce, de la part du roi seront transportées et baillées à mondit seigneur de Bourgogne, et celui de sesdits hoirs et successeurs légitimes procréés de son corps, auxquels il delaissera après son décès et trépas, ladite comté de Macon, tous les profits et émolumens quelconques, qui écherront esdits villages roiaux de Macon et Saint-Jangon, à cause des droits roiaux et de souveraineté apartenans au roi, et en iceux bailliages seront par le moien de la garde et souveraineté des églises qui sont de fondation roiale, et des sujets d'icelle, droits de roiale, ou autrement, tant en confiscations pour quelque cas que ce soit, amendes, droits, exploits de justice, et les profits et émolumens de la monnoye, comme autres profits quelconques, pour en jouir par mondit seigneur de Bourgogne et sondit hoir durant leurs vies, et du survivant d'eux tant seulement, en et par la maniere qui s'ensuit: c'est à savoir, qu'à la nomination de mondit seigneur de Bourgogne et sondit hoir après lui, le roi commettra et ordonnera à ce[...] bailly de Macon pour mondit seigneur de Bourgogne [...]al et commis de par lui, de connoître de tous cas roiaux, et autres choses procédans des bailliages de païs et lieux, et enclaveures dessusdites, aussi avant, et tout en la maniere et forme que l'ont fait, et accoutumé de faire, les baillifs roiaux de Mâcon, et de Saint-Jangon, qui ont été le temps passé; lequel bailliage de Saint-Jangon est et sera aboli par ce moyen. Et semblablement seront commis de par le roi, à la nomination de par mondit seigneur de Bourgogne, et de sondit hoir, tous autres officiers nécessaires pour ladite juridiction, et droits roiaux, tant capitaines, châtelains, prevosts, seigneurs, comme receveurs, et autres qui exerceront leurs offices au nom du roi, au profit de mondit seigneur de Bourgogne, et de son hoir après lui, comme dit est dessus.

(12) Semblablement de la part du roi, seront transportez et bailliez à mondit seigneur et à son hoir dessusdit après lui, tous les profits des aydes; c'est à savoir, des greniers à sel, quatriemes de vins vendus à détail, impositions de toutes denrées, tailles, fouages, aydes, et subventions quelconques, qui ont ou auront cours, et qui sont ou seront imposées ès élections de Mâcon, Châlon, Autun, et Langres, ci avant qu'icelles élections s'étendent, en et par le païs et duché de Bourgogne, et la comté de Charolois, et ladite comté de Mâcon, tout le païs de Mâconnois, et ès villes et terres quelconques enclavées en icelle duché, comté et païs pour jouir de la part de mondit seigneur le duc de Bourgogne, et de son hoir après lui, de toutes les dites aydes, tailles, et autres subventions, en avoir le profit durant le cours de leurs vies, et du survivant d'eux, auquel mondit seigneur le duc de Bourgogne, et à sondit hoir, appartiendra la nomination de tous les officiers à ce nécessaires, soit eleus, clers, receveurs, sergens, ou autres, et auront la commission et institution, comme dessus est dit.

(13) Et aussi sera par le roi à mondit seigneur le duc de Bourgogne transporté et baillé à toûjours, pour lui, ses hoirs légitimes procréés de son corps, et les hoirs de ses hoirs, soit mâles ou femelles descendans de droite ligne en héritage perpétuel, la cité et comté d'Auxerre, avec toutes les appartenances et dépendances quelconques, tant justice, domaine, fiefs, patronages d'église, collations de bénéfices, comme autrement, à les tenir du roi, de la couronne de France, et de sa cour de parlement sans moien, et eu tel franchises et droits et prérogatives comme les autres pairs de France.

(14) Et avec ce seront transportées et baillées par le roi à mondit

seigneur de Bourgogne, et à celui de ses hoirs, à qui il délaissera après son décès ladite comté d'Auxerre, tous les profits et émolumens quelconques qui écherront en ladite comté et cité d'Auxerre, et en toutes les villes et terres enclavées en icelles, qui ne sont point en ladite comté, soit églises ou outres, à cause des droits roiaux, en quelque maniere que ce soit, tant en régales, confiscations, amendes, et exploits de justice, le profit et émolument de la monnoye, comme autrement durant leurs vies, et du survivant d'eux tant seulement, en et par la maniere ci-dessus déclarée: c'est à savoir, qu'à la nomination de mondit seigneur de Bourgogne, et son hoir après lui, le roi commettra et ordonnera celui qui sera bailly d'Auxerre pour mondit seigneur de Bourgogne, juge roial et commis de par lui, à connaître tous cas roiaux, et autres choses, ès mettes de la comté d'Auxerre, et ès enclavemens d'icelle, aussi avant, et tout en la même forme et manière que l'ont fait et accoutumé faire par ci-devant les baillifs de Sens audit lieu d'Auxerre, et lequel bailly de Sens ne s'entremettra aucunement durant la vie de mondit seigneur de Bourgogne, et de son hoir; mais on en laissera convenir ledit bailly d'Auxerre, qui sera commis de par le roi, à la nomination de mondit seigneur de Bourgogne, et de son dit hoir. Et semblablement seront commis par le roi, à la nomination de mondit seigneur de Bourgogne, et de sondit hoir, tous autres officiers nécessaires pour l'exercice de ladite juridiction et droits roiaux en ladite comté d'Auxerre, tous châtelains, capitaines, prévosts, et autres, comme sergens et receveurs qui exerceront leurs offices au nom du roi, au profit de mondit seigneur de Bourgogne, et de son hoir après lui.

(15) D'autre part, de la part du roi seront transportez et baillez à mondit seigneur de Bourgogne, et à sondit hoir après lui, tous les profits des aydes; c'est à savoir, de grenier à sel, quatriesmes de vins vendus en détail, impositions de toutes denrées, tailles, foüages, et autres aydes et subventions quelconques qui ont ou auront cours, et qui sont et seront en ladite cité, comté, et élection d'Auxerre, ci avant que icelle élection s'étend en la dessusdite comté, et au païs d'Auxerrois, et ès villes enclavées en iceux pour en jouïr par mondit seigneur de Bourgogne, et sondit hoir après lui, et en avoir les profits le cours de leur vie durant, et du survivant d'eux tant seulement. Auxquels mondit seigneur de Bourgogne, et à sondit hoir, lui appartiendra la nomination de tous les officiers à ce nécessaires, soit éleus, clers, sergens, et

autres, et au roi la commission et institution comme dessus est dit.

(16) Et aussi seront par le roi baillées et transportées à mondit seigneur le duc de Bourgogne, pour lui et ses hoirs légitimes procréés de son corps et les hoirs de ses hoirs, soit mâles ou femelles descendans en ligne directe, à toujours et en héritage à perpétuité, les chatel, ville et châtelenie de Bar sur Seine, ensemble toutes les appartenances, et dépendances d'icelle châtelenie, tant en domaine, justice, jurisdiction, fief, patronage d'église, collations de bénéfices; comme autres profits et émolumens quelconques, à les tenir en foi et hommage du roi et en pairie de France, sous le ressort de la souveraineté du roi, et de la cour de parlement sans moien. Et avec ce appartiendra à mondit seigneur le duc de Bourgogne, et de la partie du roi lui seront baillez et transportez par lui, et ceux de ses hoirs à qui il délaissera après son décès ladite seigneurie de Bar, tous les profits des aydes, tant du grenier à sel, si grenier y a accoutumé avoir, et quatrièmes des vins vendus à détail, impositions de toutes denrées, tailles, foüages, et autres aydes et subventions quelconques qui ont et auront cours, ou sont et seront imposées en la ville et châtelenie de Bar sur Seine, et ès villes et villages sujets et ressortissans à icelle châtelenie, pour jouir de la part de mondit seigneur le duc de Bourgogne, durant les vies de lui, et de sondit hoir après lui, d'icelles tailles et subventions, et avoir le profit de la main des greneliers et receveurs roiaux qui seront à ce commis par le roi, à la nomination de mondit seigneur le duc de Bourgogne, durant les vies de lui, et de sondit hoir après lui, et les survivans d'eux.

(17) Et aussi de la partie du roi, sera transportée et baillée à mondit seigneur de Bourgogne, pour lui et ses hoirs, la comté de Bourgogne pour toujours, en héritage perpétuel; la garde de l'église et abbaye de Luxeuil, ensemble tous les droits, profits et émolumens quelconques appartenant à la dessusdite garde, laquelle comme comté, à cause de sa comté de Champagne, dit et maintient à lui appartenir, combien que les comtes de Bourgogne prédécesseurs à mondit seigneur, aient par ci-devant prétendu en querelle au contraire, disant et maintenant icelle abbaye, qui est hors du roiaume, et mettes de la comté de Bourgogne, devoir être de leur garde. Et pour ce, pour le bien, utilité et profit du pays, et pour obvier à tous débats et noises, sera délaissé par le roi à mondit seigneur de Bourgogne, et lui en demeurera ladite garde tout entièrement.

(18) Aussi seront par le roi transportées à mondit seigneur de Bourgogne, pour lui et ses hoirs mâles légitimes, procréés de son corps, et les hoirs de ses hoirs mâles tant seulement, procréés de leur corps, et descendans d'eux en ligne directe à toujours, et héritage perpétuel, les châteaux, villes, châtelenies et prévôtés foraines de Peronne, Mondidier, et Roye, avec toutes les appartenances et dépendances quelconques, tant en domaines, justices, et juridictions, fiefs et arriere fiefs, patronages d'églises, collations de bénéfices, comme autres droits, profits, et émolumens quelconques, à les tenir du roi et de la couronne de France, en foi et en hommage, et en pairie de France, sous le ressort et souveraineté de sa cour de parlement sans moien. Et avec ce baillera et transportera le roi à mondit seigneur le duc de Bourgogne, et à celui de ses hoirs dessusdits mâles, auquel il délaissera après son décès lesdites villes et châtelenies de Peronne, Mondidier, et Roye, tous les profits et émolumens quelconques, qui écherront en icelles villes, châtellenies et prévôtés foraines, à cause des droits roiaux, en quelque maniere que ce soit, tant en regales, confiscations, amendes, exploits de justice, comme autrement, pour en jouir par mondit seigneur le duc de Bourgogne, et sondit hoir après leurs vies, et du survivant d'eux, tant seulement et par la maniere dessus déclarée; c'est à savoir, qu'à la nomination de mondit seigneur de Bourgogne et de son hoir mâle après lui, le roi commettra et ordonnera celui qui sera gouverneur et baillif desdites villes, et châtellenies, pour mondit seigneur le duc de Bourgogne juge roial, et commis de par lui à connoître de tous cas, et autres choses procédans desdites villes, châtellenies et prévôtes foraines, et ès villes sujetes et ressortissans à icelles, aussi avant et par la maniere que l'on fait, et accoûtumé de faire par ci-devant les baillifs roiaux de Vermandois et d'Amiens. Et en outre seront commis, si métier est, par le roi, à la nomination de mondit seigneur de Bourgogne, et de sondit hoir mâle, tous autres officiers nécessaires pour l'exercice de ladite jurisdiction et droits roiaux, comme châtelains, capitaines, prévôts, sergens, receveurs, et autres qui exerceront leurs offices au nom du roi, et au profit de mondit seigneur le duc de Bourgogne, et de sondit hoir male après lui, tous les profits des aydes; c'est à savoir, du grenier à sel, quatriémes de vins vendus en détail, impositions de toutes denrées, tailles, foüages, et autres aydes et subventions quelconques, qui ont ou auront cours, et qui sont ou seront imposez esdites villes, châtellenies et prévôtez foraines

de Péronne, Mondidier, et Roye, et ès villages et terres sujettes, ressortissans à icelles villes, châtellenies et prévôtez foraines, pour en jouir par mondit seigneur de Bourgogne et sondit hoir mâle, durant le cours de leurs vies, et du survivant d'eux. Auquel mondit seigneur de Bourgogne, et sondit hoir mâle après lui, appartiendra la nomination de tous les officiers à ce nécessaires, soit éleus, clers, receveurs, sergens, ou autres, et au roi leur commission et institution comme dessus.

(19) En outre de la part du roi sera délaissé à mondit seigneur le duc de Bourgogne, ou à celui de ses héritiers auquel après son décès il laissera la comté d'Artois, la compensation des aydes en ladite comté d'Artois, ressorts et enclavemens d'icelle, montans à présent icelles compensations à quatorze mille francs par an ou environ, sans ce que mondit seigneur le duc ou sondit hoir après lui durant leurs vies, soient astreints d'en avoir aucun don, ni octroi du roi, ni de ses successeurs. Et nommeront mondit seigneur, et sondit hoir après lui, tels officiers que bon leur semblera, pour le fait de ladite composition, tant éleus, receveurs, sergens que autres; lesquels ainsi nommez, le roi sera tenu d'instituer et commettre lesdits officiers, et leur en fera bailler les lettres.

(20) Que le roi baillera et transportera à mondit seigneur le duc de Bourgogne pour lui, ses hoirs et aians cause à toujours, toutes les citez, villes, forteresses, terres, et seigneuries appartenans à la couronne de France dessus la rivière de Somme, de l'un côté et de l'autre, comme Saint-Quentin, Corbie, Amiens, Abbeville, et autres, ensemble toute la comté de Ponthieu, deçà et de là ladite rivière de Somme, Dourlens, Saint-Riquier, Crevecœur, Arleux, Mortaigne, avec les appartenances et dépendances quelconques, et toutes autres terres qui peuvent apartenir à ladite couronne de France, depuis ladite rivière de Somme inclusivement; comprenant aussi au regard des villes entrans du côté d'Artois, de Flandres, et de Hainaut, tant du roiaume, comme de l'empire, en y comprenant aussi aux regard des villes seans sur ladite rivière de Somme du côté de France, les banlieuës et échaumages d'icelles villes, pour en jouir par mondit seigneur le duc de Bourgogne, sesdits hoirs et aians cause à toujours, desdites citez, villes et forteresses, terres et seigneuries, en tous profits et revenus, tant en domaine comme des aydes ordonnées pour la guerre, et aussi tailles et émolumens quelconques, et sans y retenir de la part du roi, fors la foi et hommage de souveraineté. Et lequel

transport et bail se fera, comme dit est, par le roi au rachat de la somme de quatre cens mille écus d'or vieux, de soixante-quatre au marc de Troyes, huit onces pour le marc, et d'aloi à vingt-quatre karas, et un quart de karat de remede, et autre monnoie d'or courant; à la valeur duquel rachapt de mondit seigneur le duc de Bourgogne, seront baillées lettres bonnes et suffisantes, par lesquelles il promettra pour lui et les siens, que toutes et quantes fois qu'il plaît au roi, et aux siens faire ledit rachapt, mondit seigneur de Bourgogne et les siens, seront tenus, en recevant ladite somme d'or, de rendre et laisser au roi, et aux siens, toutes lesdites citez, villes, forteresses, et seigneuries comprises en ce présent traité tant seulement. Et sera content en outre mondit seigneur le duc de Bourgogne de recevoir le paiement de quatre cens mille écus d'or à deux fois; c'est à savoir, à chacune fois la moitié, pourvû qu'il ne sera tenu rendre lesdites villes, citez, forteresses, terres, et seigneuries ni aucunes d'icelles, jusqu'à ce que ledit paiement soit accompli, et qu'il ait reçû le dernier des quatre cens mille écus d'or. Et cependant seront à mondit seigneur le duc de Bourgogne les fruis siens de toutes lesdites citez, villes, forteresses et seigneuries, tant des domaines comme des aydes, et autrement, sans en rien déduire ni rabatre du principal. Et est à entendre que audit transport et bail que fera le roi (comme dit est) ne seront point compris les citez de Tournay, Tournesis et Saint-Amand; mais demeureront es mains du roi reservé Mortaigne, qui est comprise, et demeure es mains et gouvernement de mondit seigneur le duc de Bourgogne; ainsi que dessus est dit. Et combien que ladite cité de Tournay ne doive point être baillée à mondit seigneur le duc de Bourgogne, ce nonobstant est réservé à mondit seigneur de Bourgogne, l'argent à lui accordé par ceux de Tournay, par certain traité et accord qu'il a avec eux, durant jusqu'à certain tems et années à venir, et lequel argent lesdits de Tournay paieront pleinement à mondit seigneur le duc de Bourgogne.

(21) Et pour ce que mondit seigneur le duc de Bourgogne prétend avoir droit en la comté de Boulogne sur la mer, laquelle il tient et possède; et pour bien de paix, icelle comté de Boulogne sera et demeurera à mondit seigneur de Bourgogne, et en jouira et possédera en tous profits, et émolumens quelconques pour lui, ses enfans et hoirs mâles procréés de son corps seulement, et en après demeurera icelle comté à ceux, qui droit y ont ou auront, et sera tenu le roi d'apaiser et contenter lesdictes parties

tendans avoir droit en icelle comté, tellement qu'en cependant ne demandent, ni requierent rien, ni fassent aucune poursuite à l'encontre de mondit seigneur de Bourgogne et sesdits enfans.

(22) Que les Châtel, ville, comté et seigneurie de Gien sur Loire, qu'on dit avoir été données et tranportées avec la comté d'Estampes, et la seigneurie de Dourdan, par feu monseigneur le duc de Berry, et feu monseigneur le duc Jean, père de mondit seigneur de Bourgogne, seront de la part du roi mises et baillées réaument, et de fait ès mains de nous duc de Bourbonnois et d'Auvergne. Et tantôt après ledit accord passé pour tenir et gouverner l'espace d'un an ensuivant, et jusqu'à-ce que durant ledit an Jean de Bourgogne comte d'Estampes, ou mondit seigneur pour lui, auront montré ou fait montrer au roi ou à son conseil, les lettres dudit don fait à mondit seigneur de Bourgogne par mondit seigneur de Berry; lesquelles vûes, si elles sont trouvées suffisantes et valables, sommierement et de plein, et sans quelconque procès, nous duc de Bourbonnois et d'Auvergne, serons tenus de la bailler et délivrer audit comte d'Estampes, ou à monseigneur de Bourgogne pour lui, lesdites villes et Châtel de Gien sur Loire, comme à lui appartenans par le moien et transport que lui a fait mondit seigneur de Bourgogne, sans ce que de la part du roi l'on puisse ni doive alleguer au contraire aucune prescription, ou laps depuis le décès de feu mondit seigneur de Berry, et aussi nonobstant quelconques conditions ou oppositions d'autres, qui voudront prendre droit en ladite comté de Gien, ausquels, si aucuns y en a, sera réservé leur droit pour le poursuivre par droit de justice, quand bon leur semblera, contre ledit comte d'Estampe.

(25) Que par le roi sera restitué et paié à mondit seigneur le comte d'Estampes, et mondit seigneur le comte de Nevers son frere, la somme de trente-deux mille deux cens écus d'or, que feu le roi Charles dernierement trépassé, fait, comme on dit, prendre en l'église de Rouen, ou icelle somme étoit en dépost, comme deniers de mariage apartenans à feüe madame Bonne d'Artois mere desdits seigneurs. au cas qu'on en sera directement apparoir que telle somme soit et ait esté allouée au compte, et au profit dudit roi Charles, à payer icelle somme de trente-deux mille deux cent écus à tels termes comme raisonnables, qui seront avisés après le paiement fait et accompli à mondit seigneur de cinquante mille écus, dont dessus est fait mention. Et au re-

gard des dettes que mondit seigneur le duc de Bourgogne, dit et maintient à lui être tenuës, et duës par feu ledit roi Charles, tant à cause des dons, pensions, comme autrement, montant à moult grande somme de deniers, son droit, tel qu'il a, et doit avoir par la recouvrance d'icelles dettes, lui demeurera sauf et entier.

(24) Que mondit seigneur de Bourgogne ne sera tenu faire foi, ni hommage ni service au roi, des terres et seigneuries qu'il tient à présent au roiaume de France, ni de celles qui lui pourroient échoir ci-après par successions audit roiaume; mais sera et demeurera exempt de sa personne en tous cas de subventions, hommages, ressorts, souverainetez, et autres du roiaume durant la vie de lui; mais après le décès du roi, mondit seigneur de Bourgogne fera à son fils et successeurs en la couronne de France, les hommages, fidélitéz et services qui à ce sont apartenans. Et aussi si mondit seigneur de Bourgogne alloit de vie à trepas devant le roi, ses héritiers et aians cause feront au roi lesdits hommages, et fidelitez et services, ainsi qu'il apartiendra. Et pour ce que ci-après mondit seigneur de Bourgogne, tant ès lettres qui se feront de la paix, comme ès autres lettres et écritures, et aussi de bouche reconnoîtra et nommera, et pourra nommer et reconnoître le roi son souverain, offrant et présentant lesdits ambassadeurs du roi, que lesdites nominations et reconnaissances, tant par écrit comme de bouche, ne portent aucun préjudice à ladite exemption personnelle de mondit seigneur le duc de Bourgogne sa vie durant, et que ladite exemption demeure en sa vertu, selon le contenu en l'article précédent; et aussi qu'icelle nomination et reconnaissance ne s'étende que aux terres et seigneuries qu'icelui monseigneur de Bourgogne tient, et tiendra en ce royaume.

(25) Et au regard des féaux et sujets de mondit seigneur de Bourgogne des seigneuries qu'il tient et doit avoir par ce présent traité, et qui lui pourroient en échoir par succession au roiaume de France durant les vies du roi, et de lui, ils ne seront point contraints d'eux armer au commandement du roi, ni de ses officiers, supposé ores qu'ils tiennent avec ce du roi aucunes seigneuries et terres; mais est content le roi, que toutes les fois qu'à plaira à mondit seigneur de Bourgogne, mander ses féaux et sujets pour ses guerres, soit au roiaume ou dehors, ils seront contraints d'y aller sans pouvoir, ni vouloir venir au mandement du roi, si lors il les mandoit. Et pareillement sera fait au regard des serviteurs de mondit seigneur de Bourgogne, qui sont ses fami-

... et serviteurs de son hôtel, suposé qu'ils ne soient point ses ... Et toutefois s'il avenoit, que les Anglois ou autres leurs ... fassent guerre ci-après à mondit seigneur de Bourgogne, ou ... païs et sujets à l'occasion de ce présent traité, ou autre-... , le roi sera tenu de secourir et aider mondit seigneur de ...gogne, et ses païs et sujets ausquels on feroit la guerre, soit ... mer ou par terre, à toute puissance, ou autrement, selon ... le cas requerra, et tout ainsi comme pour son propre fait. ... de la part du roi et de ses successeurs rois de France, ne sera ... , ni promise, ni souffert faire par les princes et seigneurs ...dits, aucune paix, traité ou accord avec son adversaire, et ... de la part d'Angleterre, sans le signifier et faire à savoir à ...dit seigneur le duc de Bourgogne, et à son héritier principal ... lui, et sans leur exprès consentement, et les y apeller et ...prendre, si compris y veulent être, pourvû que pareillement ... fait du côté de mondit seigneur de Bourgogne, et de son hé-... principal au regard, et en tant que lui touche la guerre ...gleterre.

(26) Et que mondit seigneur de Bourgogne, et tous ses féaux et ..., et autres qui par ci-devant ont porté en armes l'enseigne ... mondit seigneur : c'est à savoir, la croix St-Andrieu, ne seront ... contraints de prendre autre enseigne en quelconque man-...ment ou armée, qu'ils soient en ce roiaume ou dehors, soit en ...sence du roi, ou de ses conétables, et soient à ses gages ou ...doier, ou autrement. Que le roi fera restituer et dédommager ... leurs pertes raisonnables, et aussi de leurs rançons ceux qui ... pris le jour de la mort dudit feu monseigneur le duc Jean, ... Dieu pardonne, et qui y perdirent leurs biens, et furent ...dement rançonnez.

(27) Qu'au surplus abolition générale soit faite de tous cas ave-... et de toutes choses dites, passées et faites à l'occasion des ...ens de ce roiaume, excepté ceux qui perpetrerent ledit mau-..., ou qui furent consentans de la mort dudit feu monsei-... le duc Jean de Bourgogne, lesquels seront et demeureront ... de tout traité, et qu'au surplus chacun de côté et d'autre ...rne au sien ; c'est à savoir, les gens d'église à leurs églises ...néfices, les séculiers à leurs terres, rentes, héritages, pos-... et biens immeubles en l'état qu'ils sont, réservé les terres ...eigneuries étans en la comté de Bourgogne ; lesquelles mondit ...eur de Bourgogne, ou feu monseigneur son père ont eues ...tenues ; et ont données à autrui, comme confiscations et

confisquées à eux à cause desdites guerres et divisions, lesquel[les] seront et demeureront, nonobstant ladite abolition et accord[s à] ceux qui les tiennent et possedent; mais partout ailleurs chacu[n] reviendra à ses terres et héritages, comme dit est, sans ce q[ue] pour démolition et empiremens, gardes des places, ou répara[-] tions quelconques, on puist rien demander l'un à l'autre, et se[ra] chacun tout quitte de rentes, décharges écheuës du tems qu[e il] n'aura pas joui de ses terres et héritages; mais au regard d[es] meubles pris, ou ceux d'un côté et d'autre, jamais n'en pour[ra] estre aucune chose, poursuite, querelle ni question faite d'u[n] côté ni d'autre. Et qu'en ce présent traité soit astraintes et ab[o-] lies toutes injures, malveillances et rancunes, tant de paroles [que] de fait, comme autrement avenuës ci-devant à l'occasion des d[i-] visions, partialitez et guerres, tant d'une part comme d'autre, sans ce que aucun en puisse aucune chose demander, ni fai[re] question ni poursuite par prochaineté, ni autrement, ni le repro[-] cher, ni donner le blâme pour avoir tenu aucun parti; et q[ue] ceux qui feront ou diront le contraire, soient punis comme trans[-] gresseurs de fait selon la qualité du fait.

(28) Et en ce présent traité seront compris de la part de mon[dit] dit seigneur de Bourgogne, toutes les gens d'église, nobles, bonnes villes, et autres de quelque état qu'ils soient, qui ont te[-] nu son parti et de feu monseigneur son pere, et jouïront du bé[-] nefice de ce présent traité, tant au regard de l'abolition comm[e] de recouvrer tous leurs héritages et biens immeubles à eux em[-] pêchez, tant au roiaume qu'au Dauphiné à l'occasion desdites d[i-] visions, pourvû qu'ils acceptent ce présent traité, et qu'ils e[n] veüillent jouir. Et renoncera le roi à l'alliance qu'il a faite ave[c] l'empereur contre mondit seigneur le duc de Bourgogne, et [à] toutes autres alliances par lui faites avec quelconques autre[s] princes, ou seigneurs quels qu'ils soient, à l'encontre de mondi[t] seigneur le duc de Bourgogne, pourvû que mondit seigneur d[e] Bourgogne le fasse pareillement : et sera tenu en outre, et le pro[-] mettra à mondit seigneur de Bourgogne, de le soutenir et aide[r] à l'encontre de tous ceux qui le voudroient guerroier, ou fair[e] dommage par voie de guerre ou autrement : et pareillement l[e] fera et promettra à mondit seigneur le duc de Bourgogne, sau[f] toutefois l'exception de sa personne à sa vie, comme dessus e[st] déclaré.

(29) Et consentira le roi et baillera ses lettres, que s'il arrivoi[t] ci-après que de sa part fut enfraint ce présent traité, ses vassaux

... et sujets presens et avenir, ne soient plus tenus de l'obéir [ni ser]vir, mais soient tenus deslors de servir mondit seigneur de [Bour]gogne, et ses successeurs à l'encontre de lui; et qu'audit cas [que] lesdits feaux, vassaux, sujets et serviteurs, soient absous et [quittes] de tous sermens de fidélité, et autres, et de toutes pro[mess]es et obligations de services, en quoi ils pourroient estre te[nus] par avant envers le roi Charles, sans ce que pour le tems [et jour]s à venir il leur pût être imputé à charge et qu'on leur pust [le] demander, et que dès maintenant pour lors le roi Charles [le] commande de ainsi faire, et les quitte et décharge de toutes [oblig]ations, et sermens au cas dessusdit: et que pareillement soit [fait] et consenti au côté de mondit seigneur le duc de Bourgogne, [au re]gard de ses vassaux, feaux, sujets et serviteurs.

(30) Et seront de la part du roi Charles faites les promesses, [oblig]ations, et soubmissions touchant l'entretenement de ce pré[sent] traité, ès mains de monseigneur le cardinal de Sainte-Croix, [lég]at de nôtre saint pere le pape, et de monseigneur le cardinal [de] Chipre, et autres ambassadeurs du saint concile de Bâle, le [plus] ample que l'on pourra aviser. Et sur les peines d'excommu[nic]mens, aggravation, reaggravation, interdit en ses terres et [seig]neuries, et autrement le plus avant que la censure de l'église [se pour]ra étendre en cette partie, selon la puissance et pouvoir [de tou]t mesdits seigneurs les cardinaux de nôtre saint pere le pape [et] du saint concile, pourvû que pareillement soit fait du côté de [mon]dit seigneur le duc de Bourgogne. Avec ce fera le roi avec [son] scellé bailler à mondit seigneur de Bourgogne les scellez des [prin]ces et seigneurs de son rang et de son obéissance, comme [mon]seigneur le duc d'Anjou, Charles son frère, monseigneur le [duc] de Bourbon; monseigneur le comte de Richemont, monsei[gne]ur le comte de Vendosme, le comte de Foix, le comte d'Au[mal]e, le comte de Perdiac, et autres qu'on avisera: esquels [scel]lez desdits princes et seigneurs sera incorporé le scellé du roi. [Et] promettront d'entretenir et maintenir de leur part le contenu [aud]it scellé, et s'il étoit enfraint de la part du roi d'en ce cas être [aid]ans et confortans mondit seigneur de Bourgogne et les siens à [l'en]contre du roi, et pareillement sera fait du côté de mondit sei[gne]ur de Bourgogne, et que pareillement le roi fera bailler sem[bla]bles scellez de gens d'église, et autres nobles et bonnes villes [de c]e roïaume de son obeissance et appartenance; c'est à savoir, [aux] desdites gens d'église, et autres nobles et bonnes villes que [mon]dit seigneur voudra nommer, avec seureté de peines corpo-

relles et pécuniellles, et autres seuretez que messeigneurs les cardinaux, et autres prelats ci-envoyez de par nôtredit saint pere et le concille y aviseront apartenir.

(31) Et s'il avenoit ci-après qu'il y eût aucune faute ou obmission, ou aucune infraction ou attentats faits sur le contenu desdits articles d'une part et d'autre; ce nonobstant, cette présente paix, traité et accord, seront et demeureront vertuables, et en leur pleine force, vertu et vigueur, et ne sera pourtant icelle paix réputée cassée ni annullée, mais les attentats seront reparez et amendez, et aussi les défautes et omissions accomplies et executes deüement, selon ce que dessus est écrit, et à ce contraints ce qu'il appartiendra par la forme et maniere que dit est. Comme aions derechef été tres-instamment exhortez, requis et sommez par lesdits cardinaux, ambassadeurs, et messagers du saint concile, ne vouloir entendre, et de nous incliner et condescendre, moiennant les sommes dessusdites, qui leur semblent être raisonnables et suffisantes, et ne les pouvoient ni devoient par raison refuser, ainsi qu'ils nous ont dit, à paix et réünion avec mondit seigneur le roi Charles, en nous disant et remontrant en outre, que ainsi le devions faire selon Dieu et raison, et tout honneur, nonobstant les sermens, alliances et promesses pieça faites entre feu mon tres-cher et tres-aimé seigneur le roi d'Angleterre dernier trépassé, et nous, pour plusieurs causes et raisons à nous remontrées et alléguées par lesdits cardinaux, et autres ambassadeurs dessusdits de par nôtre saint pere et du concile : nous pour reverence de Dieu principalement pour la pitié et grande compassion que nous avons du pauvre peuple de cedit roiaume, qui a tant souffert en tous états, et aux prieres, requestes et sommations à nous faites par lesdits cardinaux et ambassadeurs de nôtredit saint pere le pape et le saint concile de Bâle, que nous tenons et reputons pour commandement, et comme prince catholique et obeïssant fils de l'église, eu sur ce grand avis et délibération de conseil avec plusieurs grands seigneurs de nôtre sang et lignage, et autres nos feaux, vassaux, sujets, et autres gens de conseil adherons en cette partie, fait et faits, bonne et loiale, ferme, sure, et tres-entiere paix et réünion avec mondit seigneur le roi, et ses successeurs, nous doivent être faites et accomplies ; et lesquelles offres de nôtre part, et en tant qu'il nous touche, tenons agréables et les acceptons, et dès maintenant consentons et faisons les renonciations, promesses, soumissions, et autres promesses et choses dessus déclarées, qui sont à faire de nôtre part.

et reconnoissons mondit seigneur le roi Charles de France nôtre souverain seigneur au regard des terres et seigneuries, que nous avons en ce roiaume; promettons pour nous, et nos hoirs par la foi et serment de nôtre corps, en parole de prince, sur notre honneur, et l'obligation de tous nos biens presens et avenir quelconques, ladite paix et réunion en toutes et singulieres choses ci-dessus transcrites, tenir de nôtre part, et en tant que toucher nous peut, inviolablement et à toûjours, de point en point tout par la forme et maniére dessus écrite, sans faire ou venir, ou souffrir faire au contraire, couvertement ou en appert, ou autrement, en quelque maniére ou façon que ce soit.

Et pour les choses dessusdites et ès chacunes d'icelles, tenir, entretenir et accomplir, nous soumettons à la coertion, conclusion et contrainte de nôtredit saint-pere le pape, dudit saint-concile et des dessusdits cardinaux; lesquels et autres ambassadeurs du concile, et à toutes cours, tant église comme séculiers, veillans et octroians icelles, et chacune d'icelles, être contraint et compellé, par la censure de l'église, tant et avant qu'il semblera expédiant ausdits cardinaux, et ambassadeurs de nôtredit saint-pere le pape et du saint-concile; au cas que faute y auroit de nôtre partès choses dessusdites ou aucuns d'icelles, renonçons à toutes allégations et exemptions, tant de droit comme de fait, que pourrions nous dire ou alleguer au contraire, et par spécial au droit, disant que generale renonciation ne vaut si l'especiale ne precede, et tout sans fraude, barat, ou mal engin.

Et afin que ce soit chose ferme et stable à toujours, nous avons fait mettre notre scel à ces présentes.

Donné, etc. Par monseigneur le duc de Bourgogne en son conseil. (1)

---

(1) Le concile de Basle le confirma le 5 novembre; le dauphin le ratifia à Bruxelles le 28 janvier 1456, en ces termes:

Au dessous est écrit de la main du dauphin. Beaulx oncle Philippe duc de Bourgoigne, nous vous promettons par la foi et serment de nôtre corps, d'entretenir et garder de point en point le traité et apointement de la paix fait entre monseigneur et vous, tout ainsi qu'il est ci-dessus écrit, sans aucunement faire ne venir à l'encontre, et quand il plaira à Dieu que parvenions à la couronne de France, vous prometons encore baillier nos letres patentes de telle substance que ces présentes. Ecrit de ma main. Scellé du sceau secret du daufin de cire verte pendant en lacs de soye rouge et verte. Corps diplom. (Isambert.)

N°. 82. — LETTRES *par lesquelles le Roi ratifie le traité d'Arras.*

Tours, 10 décembre 1435. (Corps. diplom., 317.)

CHARLES, etc. Le très-glorieux roi des rois Dieu nôtre créateur, par lequel nous vivons et regnons, et duquel seulement nous tenons notre royaume, nous enseigne et donne exemple par soi-même à avoir comme vrai pasteur, le salut et le repos de nôtre peuple et le préserver des tres-grans et innumérables maux et dommages de guerre, laquelle chose nous avons toûjours désirée de tout nôtre cœur, et procurée à très-soigneuse diligence, connaissant que par le bien de paix et élevée et exercée justice, par laquelle les rois regnent, et les tems passez nôtre royaume a été exhaussé et conservé. Et comme nous toujours portant à très amere déplaisance les divisions et guerres de nôtre roïaume, lesquelles paravant nôtre avenement à la roiale majesté, étoient encommencées, et jusques à ores ont duré à la très-grande affliction, opression et destruction de nôtredit peuple, avons, dès qu'il a plû à Dieu nous donner âge et tems de discrecion, vaqué, entendu, et travaillé, et fait par plusieurs de nos parens, gens et officiers, vaquer, entendre et travailler à trouver l'apaisement des-dites divisions et guerres, et mettre paix et union en nôtre roïaume, et réconcilier et réunir avec nous nôtre tres-cher et tres-amé frere et cousin Phelippe duc de Bourgogne.

Sur quoi aient été tenuës plusieurs conventions et journées en divers lieux de nôtredit roïaume, avec les Anglais nos anciens ennemis, et nôtredit frere et cousin de Bourgogne, et entre autres en la ville de Nevers, en laquelle eût été prise, accordée et acceptée autre journée et convention en la ville d'Arras. Ausquels lieu et journée d'Arras aïons envoié pour nous nos tres-chers et tres-amez cousins le duc de Bourbon, le comte de Richemont, nôtre connétable, le comte de Vendôme grand maître de nôtre hôtel, et nos amez et féaux l'archevêque de Reims, chancellier, Christoffe de Harcourt nôtre cousin, et le sire de la Fayette maréchal de France, maître Adam de Cambrai, premier président en nôtre parlement, maître Jean Tudert maître des requêtes de nôtre hôtel, maître Guillaume Chartier docteur en droit canon et civil, Etienne Bernard dit Moreau, nos conseillers, et maître Jean Chastenier et Robert Mailbere nos secrétaires, et tous nos ambassadeurs, et à iceux lieu et convention d'Arras aient été, de par nôtre saint-pere le pape, nôtre très-cher et spécial ami le cardinal de Sainte-Croix, et de par le saint concile de Basle, nôtre tres-cher cousin le cardinal de Chypre, et autres plusieurs prélats et gens d'église, notables; par le moien desquels cardinaux et gens d'église aient été pourparlées et avancées plusieurs voies et ouvertures de paix générale et particuliere, tant avec lesdits Anglais, comme avec nôtredit frere et cousin de Bourgogne. Et finalement par le moien d'iceux cardinaux et autres gens d'église, ait été concluë et fermée par nosdits cousins et ambassadeurs, pour et on nom de nous, et icelui nôtre frere et cousin, bonne paix, concorde, et réünion de lui avec nous, et fait, consenti, promis et accordé les choses déclairées et contenuës ès articles qui de mot à mot s'ensuivent.

Ce sont les offres etc.

Lesquelles choses contenuës ès articles dessus écrits, nosdits cousins et ambassadeurs aient promis faire, consentir, approuver, ratifier, et confermer par nous et en bailler nos lettres confirmatoires et patentes en forme deuë à nostredit frere et cousin de Bourgoigne, et sur ce aient baillié leurs lettres à icelui nôtre frere et cousin, lequel a fait et juré bonne, loiale, seure, ferme, et entiere paix et réünion avec nous, et a consenti et fait lettres, renonciations, promesses, submissions, et autres choses dessus déclarées, qu'il doit et est tenu faire de sa part, et nous a reconnu son souverain.

Savoir faisons à tous présens et avenir, que nous oui à plein nosdits cousins et ambassadeurs sur les choses dessusdites, et icelles bien considerées, et tout ce que par eux y a esté fait et passé pour nous et en nostre nom, à l'honneur et pour révérence principalement de nôtre sauveur Jésus-Christ, tout d'estre de honneurs mondains et bien temporels arriere mis, et pour esthener l'effusion du sang humain, et pour pitié et compassion de nôtre peuple, et afin qu'ils puissent vivre sous nous en paix et tranquillité, pour l'honneur aussi et contemplation de nôtre saint-pere, indit concile, et desdits cardinaux, et pour certaines autres causes et considérations à ce nous mouvans, ledit traité de paix accordée et réünion de nostredit frere et cousin Phelippe duc de Bourgoigne avec nous, consentons, ratifions, aprouvons et confermons, et, se métier est, faisons de nouvel, tout ainsi et par la forme et maniere qu'il est contenu ès articles dessus transcrits, et qu'il a été promis et passé par nosdits cousins et ambassadeurs. Promettant de bonne foi et en parole de roi, et sous l'obligation de tous nos biens présens et avenir, pour nous, nos hoirs et successeurs, tenir, garder, entretenir et accomplir à nôtre loial pouvoir, sans fraude, deception ou malengin, ladite paix et réünion, et toutes les choses dessus transcrites, et chacune d'icelles de nôtre part, et en tant qu'il nous touche et peut toucher à toujours, tout par la forme et manière dessus écrite inviolablement et sans enfreindre, sans faire ne venir, ne souffrir faire ou venir au contraire, couvertement ou en appert, en quelque maniere que ce soit. Nous soumetant quant à ce à la censure, cohertion, compulsion, et contrainte de nostredit saint-pere, dudit saint concile, et desdits cardinaux, et de toutes autres cours tant d'église que seculieres ; voulant et octroiant par icelles être contraints et compellez tant et si avant comme faire se peut en tel cas, se faute y avoit de nostre part : et renouçons à toutes allégations et exceptions tant de droit que de fait que pourrions dire ou alléguer au contraire. En espécial au droit disant que générale renonciation ne vaut se especial ne précede, et tout sans fraude, deception et malengin.

N°. 85. — LETTRES d'abolition en faveur des habitans de Paris(1).

Poitiers, pénultième février 1435. (Preuves de l'hist. de Charles VII, p. 795.)
Pub. dans Paris le 14 avril 1436.

CHARLES, etc. Comme nous ayons entendu que nos bien amez les gens d'église, nobles, bourgois et habitants de nostre ville et cité de Paris, ayent volonté et intention, en nous reconnaissant comme doivent le faire, leur seigneur souverain et naturel de nous rendre et faire pleine obéissance, et à cause des divisions qui ont été longuement et encore sont, en cettuy nostre royaume, par le moyen desquelles et pour la saluation de leurs corps, il leur a convenu par force et contrainte adherer et faire obeyssance aux Anglais nos anciens ennemis, il nous ont requis qu'il nous pleut mettre en oubli et tout pardonner et tout oublier, et abollir en les recevant et recueillant en notre bonne grace et bienveillance comme nos vrais et loyaux subjets.

Pour ce est-il que nous euc consideration aux choses dessusdites voulans et desirans toujours retraire et reunir à nous et à nostre bonne obéissance nos vassaux et subiets, et les ôter hors de la servitude de nos dits ennemis : aux dites gens d'église, nobles, bourgeois et habitants de notre dite ville et cité de Paris, pour les considerations que dessus avons par grande et meure deliberation de conseil de nostre certaine science et auctorité royale, et grace spéciale quitté, pardonné et aboly, quittons, pardonnons et abo-

(1) Elles ne furent point enregistrées au parlement. (Isambert.)

lissons par ces presentes et à chacun d'eux qui nous fera le serment de nous estre desormais vray subict et obeissant, tous cas, crimes délits et offenses en quoi l'on pourrait dire eux ou aucun d'eux aurait offensé et délinqué envers nous, nostre majesté et notre couronne aux causes que dessus et leurs dépendances tant en matière de guerre que autrement en quelque manière que ce soit.

Toutes lesquelles choses nous avons annullées, abolies, annullons et abolissons, et voulons estre dites et reputées comme non advenues; et que les dessusdits jouissent des honneurs, franchises, libertez et prérogatives dont auparavant ces choses ils avoient coutûme de jouir, et aussi de leurs biens, héritages, possessions, meubles et immeubles étant en nature de choses, nonobstant quelconques dons que nous pourrions avoir faits et les exploits qui s'en seroient suivis que nous revoquons et annullons par cesdites presentes et surtout imposons silence perpetuel à nostre procureur et tous autres officiers et ne voulons pas qu'à l'occasion des choses devant dites aucune chose leur soit ou à leurs successeurs au temps avenir, reprochée ou imputée contre l'honneur, mais nous voulons que ceux qui ce seroient être contraints à le reparer et amander par voie de justice.

Si donnons en mandement par ces dites presentes à nos amez et feaux conseillers, les gens de nostre parlement, au prevôt de notredite ville et à tous nos autres justiciers et officiers, ou à leurs lieutenants presents et à venir, et à chacun d'eux comme à luy appartiendra, que de nos presens grace, quittance, pardon et abolition de toutes les choses devant dites, ils fassent et souffrent lesdites gens d'église, nobles, bourgeois et habitants de nostredite ville et cité de Paris, et chacun d'eux joyr et user paisiblement et pleinement par la maniere que dit est, sans les travailler et les empecher ores, ni au temps à venir ni souffrir etre travaillez ou empechez en aucune maniere au contraire.

Et afin que ce soit chose ferme et estable à tousjours, nous avons fait mettre notre scel à ces presentes lettres.

Ainsi signé par le Roi, en son grand conseil.

Forme de publication.

Publiées en l'église de Notre-Dame de Paris, ès presence de noble et puissant prince monseigneur le comte de Richemont, connetable de France, monseigneur le bastard d'Orléans, le seigneur de l'isle Adam, le sire de Ternauf et autres seigneurs gens d'église, bourgeois et habitants de la ville de Paris en moult grand nombre, le samedy quatorze jour d'avril, après Pasques l'an 1436.

Item. Ce dit jour publiées en l'hotel de ville, en presence des seigneurs sus nommés et des prevots et echevins de Paris, d'autres bourgeois et habitants de la ville de Paris en grand nombre, et mesme jour publiées en plusieurs carrefours de ladite ville.

N. 84. — INSTRUCTION et ORDONNANCE *sur la manière de lever et gouverner les aides* (1) *du consentement des trois états.*

28 février 1435. (C. L. XIII, 211.)

Instructions et ordonnances faictes et advisées par le roi nostre

---

(1) Il y avait cette différence entre la *taille* et les *aides* et *gabelles*, que la *taille* proprement dite se levait sur les personnes à proportion de leurs possessions et de leurs facultés, les *aides* étaient une imposition sur les denrées et les marchandises; le nom de *gabelle*, d'abord employé pour signifier toute imposition sur les marchandises ou denrées, fut par la suite affecté à l'imposition sur le sel. Mais dans les temps dont nous avons à parler, le mot gabelle se confondait encore avec le mot aide.

La *taille* était dans son origine un droit purement féodal; on nommait ainsi toute levée de deniers, que les seigneurs faisaient dans leurs fiefs; et que nos rois, à titre de seigneurs, faisaient dans leurs domaines. Cette taille était un impôt passager, dont quelque besoin extraordinaire, et le plus souvent la guerre était ou le motif ou le prétexte. On renouvelait l'imposition chaque année, tant que le besoin continuait : le roi en faisait la demande aux états assemblés, qu'il instruisait de la nécessité du secours et dont il écoutait les représentations, soit sur la somme à imposer en général, soit sur les contributions respectives.

Sous Charles VII, le nom de *taille* devint uniquement affecté au subside imposé pour la solde et l'entretien des troupes.

On nommait aide autrefois tout subside imposé par le seigneur sur ses vassaux. La souveraineté se trouvant réunie à la suzeraineté dans la main de nos rois, au commencement de la troisième race, on nomma aides les impôts que le roi mit sur ses sujets, soit comme suzerain, soit comme souverain. Le service militaire était pour lors à la fois un service de vassal et un service de sujet; et lorsqu'il était converti en argent, on le nommait *aide*. On nommait aussi aides, les secours d'argent exigés par Philippe-le-Bel pour le mariage de sa fille; pour la chevalerie de son fils; et c'étaient des aides purement féodales. Celles qu'il obtint pour faire cesser les variations des monnaies, et celles qui furent imposées pour la rançon du roi Jean, tenaient aussi à la féodalité. Le plus souvent, les *aides* étaient imposées pour soutenir la guerre; et on avait pu dans les anciens temps les regarder comme des aides féodales, puisque *le service de l'ostel* était dû au seigneur. Mais par la suite, le service militaire ne fut plus dû qu'au sou-

seigneur, et les seigneurs de son sang et grant conseil, sur la manière de lever et gouverner le fait des aides qui souloient avoir cours pour la guerre, lesquelz le roi nostredit seigneur, depuis son partement de Paris abatit, et du consentement des trois estaz de son obéissance a remis sus le xxviii° jour de février, l'an mille iiii° xxxv.

(1) *Primò*. De toutes denrées et marchandises quelles qu'elles soient, et pour tant de foys qu'elles seront vendues ou eschangées, seront paiez et levez xii. deniers tournois pour livre; excepté menues denrées appelées quinquelleries, que les bonnes gens vendront de leur creu et nourriture, dont ledit seigneur ne veult qu'ilz aient aucune imposicion jusques à cinq solz tournois et au dessoubz; touteffois n'entend-il pas que les revendeurs en soient francs.

(2) *Item*. Semblablement des vins et autres menus breuvaiges qui seront venduz en gros; seront paiez et levez xii. deniers tournois pour livre.

(3) *Item*. Du vin et de tous autres menus breuvaiges qui seront venduz à détail, sera prins et levé du vendeur la huitiesme partie de la vente.

(4) *Item*. Que lesdictes aides seront baillées par les esleuz à ferme, et delivrez aulx plus offrans et derreniers encherisseurs, à tous perilz et à touttes fortunes, après la chandelle estaincte; toutesvoyes se lesdiz esleuz voyent vraysemblablement que les-

---

verain; et deslors, l'aide imposée pour la guerre, ne fut plus un simple droit de seigneurie, mais un droit de souveraineté : voir les art. 36 et 37 de l'ordonnance du 2 novembre 1439.

Au reste, comme les aides, ainsi que les tailles n'étaient dues que dans le cas du besoin, on exigeait pour les accorder que le besoin fût reconnu par le consentement exprès des sujets. Ainsi les aides étaient ordinairement demandées aux états assemblés, et cessaient à l'expiration du terme fixé lors de la concession. Si le besoin continuait au-delà de ce terme, la demande en était renouvelée.

Les aides furent abolies en 1418 par Charles encore dauphin, prenant le titre de régent du royaume. La nécessité de s'attacher les habitans de la partie de la France qui reconnaissait son pouvoir, l'avait forcé à ce sacrifice, que ses ennemis avaient rendu indispensable par un sacrifice pareil. Devenu roi, il fut long-temps sans oser les rétablir. Ce ne fut qu'après avoir fait la paix avec le duc de Bourgogne en 1435, et n'ayant plus affaire qu'aux Anglais, qu'il crut pouvoir remettre sur pied ces anciennes impositions, pour achever de délivrer son royaume de ces ennemis étrangers.

Il obtint le consentement *des trois états de son obéissance* ; et en conséquence, le 28 février 1435, il rétablit les aides qu'il avait supprimées depuis qu'il était sorti de Paris. (Decruzy.)

dictes aides ne fussent mis à pris raisonnable, en ce cas ilz ne livreront point les fermes, mais les bailleront à cuillir et lever à commissaires, par la main du roy; ou autrement y pourvoieront, ainsi qu'ilz verront estre à faire.

(5) *Item.* Et ou cas que aucunes fermes demourroient à bailler par deffault de preneurs ou autrement, qu'elles soient cueillies et levées par personnes bonnes et souffisans, qui en puissent et saichent rendre compte au plus profitablement pour le roy et mendres frais que faire ce pourra.

(6) *Item.* Que aucunes desdictes fermes ne soient baillées ne delivrées à aucuns officiers du roy, gens d'eglise, ou nobles; ne aussi à aucuns qui pour autre cause soient tenuz ne obligez au roy en grans sommes de deniers.

(7) *Item.* Semblablement que aucunes d'icelles fermes ne soient baillées ne délivrées à aucuns officiers de haulx seigneurs, terres et puissance d'iceulx haulx justiciers, et qu'ilz ne soient de condicion dessusdicte; et s'aucun fait le contraire, qu'il soit pugny d'amende arbitraire; et lui pourra la ferme estre ostée pour une simple enchere, en quelque temps que ce soit.

(8) *Item.* Que un fermier ne puisse acompaigner à sa ferme, que un compaignon, jusques à la somme de iij^c livres tournois; et deux compaignons jusques à la somme de vi.^{c} livres tournois; et trois compaignons jusques à la somme de mil livres tournois; et au-dessus quatre compaignons : sur peine de la moictié de la somme à quoy le marché ou ferme se montera, estre appliqué au roy, se ce n'est par l'ordonnance des generaulx-conseillers.

(9) *Item.* Seront tenuz les fermiers de nommer leurs plaiges, qui soient souffisans, le jour qu'ilz prendront leurs fermes; et semblablement seront tenuz lesdiz fermiers d'amener leursdiz pleiges après ce que la ferme leur sera demourée; et ou cas qu'ilz ne les ameneroient, ladicte ferme ne leur sera pas delivrée; et paieront au roy la folle enchere par eulx mise sur lesdictes fermes; et sera icelle ferme delivrée au marchant sur qui le fol encherisseur l'aura encherie, et la plegera par la maniere dessusdicte.

(10) *Item.* Se le premier preneur ne povoit bailler pleges souffisans, en ce cas ladicte ferme sera de rechef criée et baillée au plus offrant et derrenier encherisseur, comme paravant; et ce que on trouvera moins, sera recouvré sur le premier preneur.

(11) *Item.* Seront baillées lesdictes fermes, ès citez et bonnes villes du royaume, à par soy et distinctement, par villes et par paroisses.

(12) *Item.* Seront lesdictes fermes baillées par ung an, tant ès bonnes villes comme ès villes du plat pays.

(13) *Item.* Seront lesdictes fermes delivrées et vendues à solz et à livres, et se paieront de mois en mois ès bonnes villes, et de deux mois en deux mois ès villes du plat pays, ainsi qu'il a esté fait ou temps passé; et se feront paier les receveurs, de ce qui leur sera deu le temps et escheu, sans aucune recreance faire ou souffrance donner.

(14) *Item.* Les esleuz qui delivreront lesdictes fermes, sitost qu'elles seront demourées à la chandelle, iront pardevers les receveurs, porter les noms des fermiers, de leurs pleiges, et aussi de leurs fermes, avec les sommes d'icelles fermes et leurs obligacions, afin que lesdiz receveurs les enregistrent pardevers eulx en leurs livres, pour eulx faire paier aulx termes; et les commissaires ou esleux delivréront aulx fermiers lesdictes fermes, parmy leur baillant leurs lettres; et ne pourront iceulx esleuz ou commissaires, prandre d'une commission que XII. deniers parisis, et aulx tournois les tournois, et non plus, sur peine de perdre leurs offices et d'amende arbitraire; et les receveurs ne prandront ne ne pourront prandre de chascune quictance qu'ilz bailleront aulx fermiers, que III. deniers parisis; et par ce seront tenuz iceulx receveurs de bailler ausdiz fermiers quictances totales en la fin de l'année, sans avoir ne prandre pour ce desdiz fermiers aucune chose desdictes quictances totales.

(15) *Item.* Toutes manieres de gens seront receuz à tiercer les fermes sur le premier pris, dedans le tiers du temps à quoy elles seront baillées, supposé que au bail desdictes fermes les encheres excedent le tiercement du premier pris à quoy lesdictes fermes auront esté mises de premiere assiette; et paieront lesdictes encheres; et aussi semblablement seront receuz à doubler dedans la moictié du temps de la ferme, et non autrement; et pour ce, les fermiers seront tenuz de mettre en escript tout ce qu'ils recevront, et aussi de rendre compte à cellui ou ceulx qui tierceront ou doubleront lesdictes fermes; et seront paiez toutes les encheres precedentes lesdictz tiercemens ou doublemens.

(16) *Item.* Lesdiz fermiers sur qui l'on aura tiercé ou doublé, pourront croistre d'une enchere sur la premiere assiette, sur cellui qui aura tiercé ou doublé, et semblablement l'un sur l'autre, dedans huit jours après le tiercement ou doublement, tant comme leur semblera, et non autre; et seront tenuz les esleuz et receveurs, de faire asscavoir les tiercemens ou doublemens, de-

dans lesdiz huit jours après, à cellui sur qui on aura tiercé ou doublé.

(17) *Item.* Le roy veult et ordonne que les clers des esleuz ou leurs commis, puissent recevoir les obligacions des plegeries des fermes desdictes aides, qui vauldront autant et seront d'autel effect comme se passées estoient devant les tabellions et noteres des lieux; toutesvoyes iceulx clers ou commis ne pourront prandre que vingt deniers tournois de chascune obligacion ou ferme, sur peine d'amende arbitraire.

(18) *Item.* Lesdiz esleuz auront la congnoissance sur lesdiz fermiers, et feront droit souverainement et de plain, sans figure de jugement; et en cas d'appel, parties oyes, seront renvoyées devant les generaulx-conseilliers sur le fait des aides, pour en ordonner et determiner par eulx.

(19) *Item.* Seront tenuz les esleuz, de prandre des receveurs d'iceulx aides, caucion de mil livres tournois, dedans ung mois après ce qu'ilz auront esté instituez esdiz offices de la recepte; et les envoyer incontinant devers les generaulx, pour faire enregistrer en la chambre d'iceulx aides, sur peine de demourer chargez; et que les caucions soient par lesdiz esleuz approuvées estre solvables.

(20) *Item.* Jugeront et promettront lesdiz esleuz et receveurs d'iceulx aides, qu'ilz exerceront leursdiz offices en leurs propres personnes.

(21) *Item.* S'aucun appelle desdiz esleuz, l'appellacion viendra devant les generaulx; comme dit est, pareillement comme autreffois a esté fait; et qui ne relevera sondit appel dedans ung mois, il sera decheu dudit appel, et l'amendera de vingt livres parisis; mais y pourront renoncer dedans huit jours, par paiant soixante solz d'amende; et s'il poursuit sondit appel, et il est dit bien jugé et mal appellé, l'amende en quoy encourra ledit appellant, sera de vingt livres parisis et non plus.

(22) *Item.* Et s'il advient que aucuns sergens ou officiers desdictes aides, soient battuz ou injuriez par main-mise par quelque personne que ce soit, soit chevalier ou escuier, bourgois ou autre noble ou non noble, et que par aucun ou aucuns des condicions dessusdictes feust contredit à paier lesdictes aides, le roy veult et ordonne que information en soit faicte par les esleuz ou grenetiers en quels termes le cas sera advenu, ou par cellui ou ceulx qu'ilz y commettront tantost et fraichement après le fait venu; et que ceulx qui seront trouvez coulpables, qu'ilz soient

au corps, où qu'ilz soient trouvez, hors lieu saint; et toutes leurs terres, possessions et biens prins et mis en la main du roy, et par icelle gouvernez et exploictez, jusques à ce que le meffait soit par eulx admendé; et veult et commande le roy, que si bonne cognicion et justice, selon la qualité du cas, en soit faicte, que tourne en exemple à tous autres, cessant toute faveur; et se lesdiz esleuz ou greneticrs ou leurs commis ont mestier de conseil ou de force, ilz appelleront les baillifs et juges des pays, et le peuple se mestier est, qui seront tenuz d'y aller pour les conseiller et conforter, en peine d'amende arbitraire sur ceulx qui seront refusans; et des cas qui ainsi adviendront, lesdiz esleuz et greneticrs auront la cognoissance et correction et pugnition, ou si bon leur semble ilz les renvoyront par devers les generaulx-conseillers sur ledit fait, lesquelz de tous cas que bon leur semblera pourront advoquer et prandre la cognoissance, supposé que par lesdiz esleuz et greneticrs elle ne leur fust renvoyée; et semblablement des cas qui seront jà advenus, et dont les informacions sont pardevant lesdiz generaulx, esleuz ou greneticrs, sera faicte cognicion et justice.

(23) *Item.* S'il est trouvé qu'il y ait aucuns desdiz malfaicteurs, qui soient estrangers ou mescongnuz, et qu'ilz n'aient terres, possessions et biens ès parties où ilz auront perpetrez lesdiz malefices, ils seront appellez à trois briefs jours, sur peine de bannissement, ou cas que trouvez et prins ne seront ou pourront estre pour en faire justice, comme dit est; et s'ilz sont désobéissans de y venir en personne ausdiz trois briefs jours, ils seront bannis de ce royaume; et deffend le roy à tous ses subjectz, que nulz ne soient si hardis de les recepter, heberger, ne leur administrer aucunes necessitez, ne poursuir ou procurer aucune remission pour eulx en aucune maniere; et dès maintenant le roy discerne et declaire que son intencion n'est pas d'en faire aucune remission ne pardon; et se par importunité de requerans ou par inadvertance il en faisoit aucune, ne veult mye qu'il y soit obey.

(24) *Item.* Le roy nostredit seigneur veult et ordonne que tous advocatz, procureurs, notaires, tabellions ou autres officiers laiz, tant de cours laies comme de court d'eglise, ou qui soubz umbre de privilleige desdictes estudes, de leurs services ou offices, se vouldroient exempter de paier lesdictes aides, y soient constrainctz par prinse, détencion et exploitation de leur temporel, tant à la requeste des receveurs et greneticrs du roy, comme des fermiers desdictes aides, jusques à ce qu'ils auront paié ce

qu'ilz devront; et se ilz perseverent, qu'ilz en soient privez de leurs offices d'advocat, tabellion, et tous autres offices laiz.

(25) *Item*. Que toutes manieres de gens grossiers qui vendront denrées en quelque maniere que ce soit et quelzconques qu'elles soient, seront tenuz de monstrer une foys le mois leurs denrées aulx fermiers desdictes imposicions, à ce que lesdis fermiers en puissent faire inventaire, pour sçavoir de leur droit; et s'ilz en sont reffusans ou rebelles, qu'ilz y soient contrainctz par prinse et détencion de leurs biens et autrement pugniz d'amende arbitraire, ainsi comme bon leur semblera aulx greneticrs ou esleuz.

(26) *Item*. Que tous les receveurs, grenetiers, esleuz ou contrerolleurs, soient tenuz de exercer leurs offices en leurs personnes, et qu'ils ne preignent ou exigent du peuple, que ce qui est ordonné par les instructions, sur peine de perdre leurs offices et d'estre pugnis en corps et en biens, ainsi que bon semblera ausdiz generaulx.

(27) *Item*. Que ceulx qui feront aucunes frauldes ou fait des aides, tant en sel comme des imposicions, huitiesme, et autrement, pour tollir, receler et amaindrir le droit du roi et des fermiers, et qui par après leurs sermens seront trouvez parjures, soient pugniz d'amende arbitraire, ou telle comme au cas appartiendra, par les generaulx, esleuz et grenetiers.

(28) *Item*. Que tous fermiers desdictes aides, qui feront ou feront faire aucune delivrance ou arrest pour le fait de la ferme, après ce qu'ilz seront contentez et paiez, soient tenuz de bailler lettres ou cedulles aulx parties, selon le cas, sans pour ce avoir ou demander aucun proffit pour séel, escripture, ou autrement; et semblablement se lesdiz fermiers font aucun arrest ou empeschemens à tort et sans cause, ilz en feront delivrance et en donneront leurs lettres aulx parties, sans aucun coustement; et paieront les despens d'iceulx qui ainsi sans cause auront par eulx eu empeschement.

(29) *Item*. Que aucuns esleuz ou commis ne pourront avoir ou prandre sur fermiers XII deniers pour livre pour vinaige, ne aucun prouffit sur les fermes; et s'ilz font le contraire, ilz seront pugniz d'amende arbitraire, tauxée par l'ordonnance des generaulx, et privez de leurs offices.

(30) *Item*. Le roy nostredit seigneur deffend, et veult que par luy soit deffendu à tous conservateurs d'estudes et autres qu'il appartiendra, (à certaines grosses peines à prandre sur leur temporel) et autres juges d'eglise, et autres, qu'ilz ne cognoissent par

voye directe ou oblique, du faict des aides, ne des fermes ne des circonstances et deppendances en aucune maniere.

(31) *Item.* Que les receveurs, greneliers ou commis à recevoir l'argent du roy nostre seigneur, durant le temps qu'ilz seront en office, ne puissent marchander en quelque maniere que ce soit, ne par eulx ne par autres; et s'ilz le font, qu'ilz soient pugniz d'amende arbitraire, et privez de leurs offices.

(32) *Item.* Que les esleuz connoissent du fait des aides ainsi qu'ilz ont accoustumé le temps passé; et ou cas que soubs umbre de privilleiges de scolarité, aucuns par vertu des cessions ou transportz frauduleux, se vouldroient exempter, le roy ordonne que s'aucuns peres ou autres transportent leurs vignes, vins ou autres biens en fraulde à leurs enffans estant à l'escolle, que la cause cognue, iceulx peres faisans lesdiz transportz, soient pugniz de grosses amendes par les generaulx ou par les esleuz.

(33) *Item.* S'aucuns qui soient laiz, se veullent exempter de paier les aides à cause de scolarité, qu'ilz y soient contraincts par prise de leurs biens; et que se debat y eschet, que les lesdiz laiz facent convenir lesdiz fermiers pardevant le conservateur de l'estude; et se aucune inhibicion étoit pour ce faicte de par luy à iceulx fermiers ou aux esleuz, le procureur du roy en prendra et déménera la cause, ou se y adjoindra, afin que ledit conservateur n'en cognoisse; et s'il dit et juge le contraire, le roy veult que son procureur royal en appelle en cour de Romme là ou la declaracion ou ordonnance en sera faicte, et que ladicte cause d'appel et tout le démené du procès soit fait aulx despens du roy.

(34) *Item.* Le roy nostredit seigneur ordonne et déclaire que tous les nobles de son royaume, extraictz de noble lignée et vivans noblement sans marchander, et qui continuellement s'arment et poursuyvent les armes, ou qui par ancienneté ne les pevent poursuir, soient frans, quictes et exempts de paier imposicion de vins, grains, et autres biens creuz en leursdiz heritaiges; et aussi que se lesdiz nobles vendent ou font vendre quelque part que ce soit, soit à taverne et détail, lesdiz vins ou brevaiges, ilz en paieront le viiie pour ce que ce n'est pas office de noble que d'estre tavernier; et s'il advient que lesdiz nobles ou aucuns d'eulx baillent à ferme ou moison leurs terres, vignes et autres heritaiges, lesdiz nobles quant ilz vendront ou feront vendre en gros leur part et porcion de la ferme ou moison, ilz en seront quictes de paier imposicion comme dessus; et le fermier ou moisonnier s'il vend sa part et porcion, il en paiera imposicion.

(35) *Item.* Se aucun desdiz nobles, seigneur ou dame, ayant ban en son heritaige, vend ou fait vendre vin à détail durant ledit ban, il en sera franc et quicte de paier le viiime du vin qu'il vendra et fera vendre, qui sera creu en son heritaige, et non autrement; car s'il y vend ou fesoit vendre autre vin, il en paiera le viiime; et ou cas que aucun desdiz nobles commettroit quelque fraulde ès choses dessusdictes ou leurs circonstances, par faulx adveuz ou autrement en quelque maniere que ce soit, le roy veult et ordonne que celluy qui ladicte fraulde aura commise, soit tousjours privé de l'exemption et franchise dessusdictes, et puny d'amende selon l'ordonnance des generaulx-conseillers sur ledit fait, ou des esleux à qui la congnoissance en appartiendra.

(36) *Item.* Pour soulaiger le peuple des oppressions et despenses qui ou temps passé leur ont esté faictes par les sergens royaulx, et afin que les fermiers puissent faire les contrainctes et exploix necessaires à mendres despens et plus aisement, le roy veult et ordonne que les sergens des haults-justiciers facent et puissent faire tous adjournemens, contrainctes, exploix, touchant le fait desdictes aides, ès terres où ilz seront sergens, tant à la requeste des fermiers que autrement, et leur donne povoir de ce faire; et veult que les exploix qu'ilz feront, vaillent et soient d'autel effect comme se faiz estoient par sergens royaulx; et ne prendront lesdiz sergens pour chascun adjournement, que ni deniers parisis, sur peine d'estre puguiz d'amende arbitraire.

(37) *Item.* L'intencion du roy n'est pas par ces présentes instructions et ordonnances, les anciennes faictes ou temps que les aides avoient cours, soient abolies ne mises au néant; mais veult qu'elles demeurent en leur force et vertu, fors en tant que touche les articles et matieres contenues en ces presentes, desrogans ausdictes anciennes.

N°. 85. — Lettres *constatant une convocation des états du Languedoc à Vienne en Dauphiné* (1).

8 mars 1435. (Manusc. de la bibl. du Roi. Carton, 117.)

Raymond, seigneur de Vila, chevalier conseiller et chambellan

---

(1) *Choris*, tom. 2, liv. 13, sect. 6 et 7, dit qu'en 1434, Charles VII, au mois d'avril, vint à Vienne, où il avait convoqué les états des deux provinces de Languedoc et du Dauphiné, et l'acte ci-dessus fixant cette convocation en 1435 pour le 20 de mars, s'accorde avec l'histoire à la différence d'un an de date. Je

roy notre sire et son sénéchal de Beaucaire et de Nysmes a [hon]ourable homme Jehan d'Estampes trésorier pour le roy no[stre]dit seigneur en ladite senechaucie, salut :

Comme par notre ordonnance et commandement Jehan Du[fraisne] habitant de Nysmes soit alé partant dudit lieu de Nysmes [ou] mois de fevrier passé à Uzès, Alès, Anduse, la Romere, Barre, [Men]de, Maruejolz en Givaudan et ailleurs, porter certaines lettres [clo]ses du roy notredit seigneur addressans aux evèques d'Uzès et [de] Mende, aux conte d'Alez, visconte d'Uzès, aux seigneurs de [Gran]de, de Barre, de Tornel, d'Apchier et de Pierre, aux consulz [d'Uz]ès, d'Alès, d'Anduse, de Mende et de Maruejolz en Givaudan [et à] plusieurs autres seigneurs et gens de bonnes villes desdits [pa]ys, contenant en effect qu'ilz fussent en personne devers le roy [nost]redit seigneur à l'assemblée des troiz etatz du pays de Lan[gu]edoc par lui ordonnée estre tenu à Vienne le xx° jour de mars [pro]chain, venant auquel jour ledit seigneur y seroit en personne, [au]quel voyage faisant ledit Jehan Dufraisne à vacquer tant allant [se]journant, pour avoir ses responses, que retournant par l'es[pa]ce de unze jours entiers, c'est à savoir depuis le vIII° jour de [fevr]ier mil cccc trente-cinq derrainier passé incluz, qu'il partit [du]dit Nysmes, jusqu'au xvIII° dudit mois après ensuivant aussi [in]cluz qu'il retourna audit Nysmes porter ces présentes, à raison [de] douze solz six deniers tournois par jour, la somme de six livres [di]x sept solz six deniers tournois.

Si vous mandons et expressément enjoignons que des deniers [de] votre recepte ordinaire ou extraordinaire vous payez, baillez [et] delivrez audit Jehan Dufraisne ladite somme de six livres dix[se]pt solz six deniers tournois, et par rapportant ces présentes et [qu]ittances sur ce souffisantes dudit Jehan Dufraisne, icelle somme [de] vI livres xvII solz vI deniers tournois sera allouée dans vos [co]mptes et rabattue de votredite recepte par ceux à qui il appar[tie]ndra.

Donné, etc.

---

[s]uis l'erreur dans l'acte, et j'y suis fondé : non seulement le dernier historien [de] Languedoc place la tenue des états à Vienne en 1434, mais il en rapporte des [preu]ves authentiques auxquelles on ne peut refuser de se rendre. *Nouvelle his[toire] du Languedoc*, tom. 4, pag. 479, *et preuves*, col. 438 et 439. On est étonné [que] de tous les historiens de Charles VII, il n'y en ait aucun qui ait parlé de ce[la], ni même du voyage du monarque.

Il est singulier que les états de Languedoc fussent convoqués à Vienne. La [prése]nce du roi autorisait apparemment cette convocation hors du Languedoc [mêm]e ; les états lui accordèrent une aide de 160,000 moutons d'or. (Isambert.)

N°. 86. — ORDONNANCE (1) *qui ordonne l'exécution des sentences rendues par les juges du parti de Henri.*

Poitiers, 15 mars 1435. (C. L. XIII, 216.) Publ. en parlem. à Paris, et au Châtelet, 18 décembre 1436.

CHARLES etc. : Comme à l'occasion des guerres et divisions qui, à nostre très-grant desplaisance, ont longuement esté en nostre royaume, pluseurs de noz subjez, tant prelaz et gens d'eglise que autres de divers estaz, ensemble leurs subgez, terres et seigneuries, ayent adheré et tenu le party du roi anglois nostre ancien ennemi et adversaire, en lui obéissant tant en fait et administration de justice comme autrement, ainsi que s'il feust leur souverain seigneur; et il soit ainsi que moyennant la grace de nostre Seigneur, et les diligences et travaulx que sur ce avons mis, nostre très-chier et très-amé frère et cousin philippe duc de Bourgoigne, ensemble ses vassaulx, subgez et adhérens, et terres et seigneuries, se soient puis n'a gueres reconciliez envers nous et reduiz et réunis à nous et à nostre obéissance; (2) après lesqueles réconciliation, réunion et réduction nous ait esté remonstré que pluseurs de nos subgez et justiciables tant par le moyen de nostredit frère et cousin et d'autres, que sans aucun moyen, durant ledit temps qu'ils avoient demouré ou païs à nous desobeïssant, et tenu party à nous contraire, avoient sorty juridicion, et introduit les ungs contre les autres, pluseurs et divers procès pardevant les gens eulx disans tenir tant le parlement de feu nostre trèschier seigneur et père que Dieu absoille, puis nostre departement de nostre ville de Paris, jusques au décès de nostredit feu seigneur et père, que après icelui décès, le parlement de nostredit ancien adversaire ou de par lui en nostredicte ville de Paris, et aussi pardevant autres eulx disans ses juges et officiers ; et que en iceulx procès avoient esté faiz pluseurs enquestes et autres procédeures,

---

(1) C'est la confirmation des actes d'un gouvernement de fait, qui durait depuis le traité de Troyes en 1420. (15 ans environ. V. préface du Recueil complet, année 1814.)

À partir de ce moment, on ne voit plus dans les registres de lettres de Henri VI; le duc de Bourgogne s'était réconcilié; les affaires des Anglais allaient en décadence, et ils étaient à peu près dépossédés. (Isambert.)

(2) Cela n'est pas exact; par le traité d'Arras, le duc stipula une entière indépendance. (Isambert.)

et pluscurs sentences définitives, interlocutoires, et autres appoinctemens faiz et donnez par eulx disans juges, dont les aucuns restoient et restent à exécuter, et pluseurs desdits procès à parachever et accomplir, et desquels les parties ne povoient, ne devoient, ne pevent, ne doivent plus faire aucunes poursuites pardevant ceulx pardevant lesquelz lesditz procès avoient ainsi esté introduiz, commenciez ou poursuiz, ne requérir lesdictes sentences et appoinctements estre mises à exécution par lesdiz eulx disans juges, feust de notredit feu seigneur et pere, puis notredit département de Paris, ou de nostredit ennemi et adversaire d'Angleterre, ne par vertu de leurs lettres ou mandemens; maiz le surplus de leursdiz procès et exécucions, avoient et ont entencion s'il nous plaisoit poursuir et parachever par nostre auctorité, en nous humblement suppliant que sur ce, pour le bien de justice et le relievement de nosdiz subgiez réduiz à nostre obéissance, nous pleust donner provision convenable.

Savoir faisons que nous, ces choses considérées, desirans la paix et tranquillité de nosdiz subgiez, et iceulx gouverner soubz nous en bonne concorde et justice, préférens équité et le bien de nos subgez à rigueur de justice, par l'advis et délibéracion de nostre grant conseil, sans toutesvoyes autoriser, apprœuver ou avoir agréables ne valider en aucune maniere la juridicion, puissance et auctorité de nostredit adversaire et ancien ennemi, soubz umbre de laquelle pluscurs desdiz procez, sentences, appoinctemens et exploiz ont esté faiz, donnez et prononciez, et sans ce que iceulx procès qui ont esté jugiez par lesdiz eulx disans juges, et en païs à nous désobeissans, puissent ou doient porter aucun préjudice ou dommaige en quelque maniere et pour quelque cause ou occasion que ce soit, à nous ne à aucuns de nos subgez qui pour le temps desdiz procès et sentences données estoient à nous obéissans, ne à leurs droiz, heritaiges, possessions et biens quelxconques ne de leurs prédécesseurs, heritiers ou ayans cause : tous iceulx procès, sentences et appoinctemens, faiz par lesdiz eulx disans juges, et en païs à nous désobeissans, entre les parties qui lors y demouroient, lesquelles se sont rendues à nostre obéissance, et en tant que à icelles touche et peut toucher tant seulement, avons toléré et permis, de nostre certaine science, autorité royal et plaine puissance, et de grace spécial, tolérons et permettons, que par vertu de nostre présente ordonnance, et de noz lettres exécutoires sur ce, iceulx procès et sentences sortissent leur effect, et soient doresnavant continuez, poursuiz, conduiz, démenez et exécutez, (1) pourveu que au surplus lesdiz procès, sentences et appointemens aient esté bien et deuement faiz et donnez.

Si donnons en mandement et enjoignons, se mestier est, à noz amez et féaulx conseilliers les gens tenans nostre présent parlement et qui tendront ceulx à venir, aux baillifz de Vermandois, d'Amiens, de Sens, et de Bourges, aux seneschaulx de Poictou, de Lyon, Beaucaire, Thoulouse, et Carcassonne, et à tous noz autres justiciers et à leurs lieuxtenans, et à chascun d'eulx si comme à lui appartendra, que nostre présente ordonnance, tolérance et voulenté facent solemnelment publier et enregistrer en leurs cours et auditoires, et ailleurs, ès lieux acoustumez, en leurs destroiz et juriditions, ainsi que à eulx et à chascun d'eulx appartendra, et icelles tieignent et gardent et facent tenir et garder selon leur forme et teneur; et leur défendons et à chascun d'eulx et généralement à tous les justiciers et officiers de nostre royaume, que autrement que par vertu de nostre autorité et de ceste nostre ordonnance, ilz ne mettent, ne seuffrent mettre lesdictes sentences, procès et appoinctemens à éxécution, ne sortir aucun effect en quelque maniere que ce soit.

Voulons et mandons à nosdiz conseillers, les gens de nostre parlement et à tous noz justiciers et à chascun d'eulx si comme à lui appartendra, qu'ilz punissent ceulx qui feront le contraire, ainsi qu'ilz verront au cas appartenir. Et pour ce que noz presentes lettres il convient pour la publication, effect et entherinement d'icelles porter en plusieurs et divers lieux, et que on ne pourroit pas partout là où il seroit nécessaire finer de l'original d'icelles, nous voulons et mandons que au *Vidimus* d'icelles fait soubz séel royal et autentique, et aux transumps et extraitz des registres de nostredicte court de parlement et de noz autres cours, sieges et juridicions royaux, qui en seront faiz, plaine foy soit adjoustée partout, en jugement et dehors, ainsi comme à ce présent original. En tesmoing de ce, nous avons fait mettre nostre séel à ces présentes.

Donné, etc. Par le roy en son conseil.

---

(1) La cour de cassation a jugé que les décisions judiciaires rendues pendant que les Anglais occupaient la Martinique et autres colonies françaises étaient passées en force de chose jugée, et que le recours en cassation de la part de ceux qui avaient espéré le retour de la souveraineté du roi de France, n'était pas recevable. (Isambert.)

N°. 87. — ÉTATS-GÉNÉRAUX (1).

Tours, 1435. (Recueil des états-généraux, XI. 156.)

N°. 88. — MANDEMENT (2) *pour faire fermer et sceller jusqu'à nouvel ordre les chambres et greffes du parlement, la chambre des chartes (3) de la Sainte-Chapelle, les chambres des comptes, du trésor et des monnaies à Paris.*

Bourges, 15 mai 1436. (C. L. XIII, 218.)

N°. 89. — LETTRES *qui nomment des commissaires pour juger les causes pressées et nécessaires, de ressort et souveraineté, et des aides depuis la cessation des juridictions qui se tenaient à Paris.*

Bourges, 22 mai 1436. (C. L. XIII, 218.)

N°. 90. — CHARTE (4), *portant confirmation des privilèges de l'université de Paris* (5).

Bourges, mai 1436. (C. L. XIII, 219.) Publ. au Châtelet, le 2 juin.

---

(1) Ils sont mentionnés dans les ordonnances des 28 février 1435 et 20 avril 1437, mais on n'en a rien conservé. On n'en sait aucuns détails, si ce n'est que l'archevêque de Reims harangua les états; on croit que ces états engagèrent le Roi à faire la paix avec le duc de Bourgogne. (Isambert.)

(2) Les anglais partis, le connétable prit possession de Paris au nom du Roi. On changea les officiers municipaux. Les gens du parlement établi par Henri VI députèrent vers le connétable pour lui demander des ordres. Il leur fit dire d'écrire au Roi, et, en attendant sa réponse, de continuer leurs fonctions au nom de ce prince. Il fit dire la même chose à la chambre des comptes que Henri avait aussi établie à Paris. La ville, l'église, l'université, députèrent conjointement vers Charles, pour le supplier de confirmer leurs privilèges, et de pourvoir à l'administration de la justice. Le Roi leur promit sur-le-champ les confirmations qu'ils demandaient; quant à l'administration de la justice, il déclara qu'il avait son parlement à Poitiers; mais que son dessein était de le transférer à Paris, aussi bien que les autres cours qui y avaient été anciennement. Ainsi il ordonna que toutes les cours et chambres du palais à Paris fussent closes. Tel est l'objet des lettres ci-dessus. (Villevault, préf. 21.)

(3) On prétend que les Anglais en se retirant emportèrent de nombreuses chartes; mais Brussel affirme le contraire, et les monumens du temps ne parlent pas de cette perte. Cependant elle est probable, car on ne trouve plus les lois des premières années du règne de Charles VII, mais seulement les actes politiques, recueillis par les historiens, ou enregistrés dans le Dauphiné et les provinces restées fidèles. (Isambert.)

(4) Cette expression est technique et du temps. (Isambert.)

(5) Elle n'avait pas été fidèle à la cause royale; les lettres ne font aucune allusion à cette infidélité. (Isambert.)

N°. 91. — LETTRES *portant rétablissement à Paris du parlement séant à Poitiers.*

Tours, août 1436. (C. L. XIII, 226.)

N°. 92. — LETTRES *annullant les confiscations faites au préjudice des sujets demeurés fidèles, depuis le départ du dauphin de Paris, en mai 1418* (1).

Tours, 2 août 1436. (C. L. XIII, 225.) Publ. au parlement 28 septembre.

CHARLES, etc., comme depuis nostre partement de Paris, qui fut ou mois de mai l'an mil quatre cent dix-huit, et paravant, les biens et heritaiges et possessions estant ès païs à nous désobéissans, appartenans à noz bons loyaulx subgiez qui se sont tenuz et retraiz devers nous et demourez ès païs à nous obeissans, aient esté, soient ou pourroient estre ou temps à venir, prins, detenuz et occupez durans lesdictes divisions, par ceulx qui ont esté, sont ou seront, icelles divisions durans, ès païs à nous desobeissans, par le moyen de donacions faictes par feu nostre très chier Seigneur et pere dont Dieux ait l'ame, par notre ennemy et ancien adversaire d'Angleterre, ou par autres, ou par vendicions, cessions, permutacions, transpors entre viz ou en derreniere voulenté, par procès, sentences ou adjudications de decrez, ou par autres tiltres, ou par tenement ou laps de temps, par le moyen desquelles choses ou d'aucune d'icelles ou autrement, les dessusdiz lors à nous désobéissans se vouldroient dire seigneurs, ou pretendre ores ou pour le temps à venir estre ensaisinés desdiz biens de nosdiz loyaulx subgez, et par ce ou autrement vouldroient dire et maintenir ou prétendre lesdiz biens à eulx appartenir, et les actions ou poursuites appartenans à nosdiz vrais et loyaulx subgiez, à cause de leurzdiz biens et de leurs droiz, avoir esté ou estre, ores ou pour le temps à venir, estaintes et prescriptes ou préjudice de nosdiz loyaulx subgez et de leurs droiz ou de leurs prédécesseurs ou successeurs :

---

(1) La différence entre les confiscations de cette époque et celles de 1793 consiste principalement en ce que les partisans de Charles n'avaient pas quitté la France, qu'ils étaient les patriotes, comme le dit l'art. 11 de l'ordonnance d'avril 1434, et que leurs adversaires au contraire s'étaient alliés à l'étranger, en violant un principe fondamental du droit public sur l'hérédité de la couronne. Les partisans du duc de Bourgogne furent exceptés de toute mesure de confiscation, ou réintégrés par le traité d'Arras de 1435. (Isambert.)

Savoir faisons que nous considérans et recognoissans, comme faire devons, la parfaite loyaulté de nosdiz subgiez qui ont abandonné tous leurs biens, leurs parens et leur païs, et se sont retraiz devers nous et ès païs à nous obéissans, désirans eulx garder, préserver et défendre généralement de toutes pertes et dommaiges, et les conserver en tout et partout en leurs biens, droiz, seigneuries et possessions quelxconques, par l'advis et déliberacion de nostre grant conseil, et eue sur ce grant et meure délibération, de nostre certaine science, autorité royal et plaine puissance, en tant que mestier en est, toutes lesdictes donacions, cessions, permutations, transpors, alienations par procès, sentences, adjudicacion de decret, et aultres tiltres quelxconques soubz coulleur desquelz ceux qui ont demouré, demeurent ou demoureront durant lesdictes divisions ès païs à nous désobéissans, vouldroient dire et maintenir, ores ou pour le temps à venir, avoir acquis aucun droit, saisine ou possession sur les biens et droiz de nosdiz loyaulx subgiez, et generalment tout ce qui auroit esté ou sera fait durant lesdictes divisions par quelque voye ou maniere que ce soit ou préjudice d'iceulx noz loyaulx subgez, de leurs biens, droiz et actions quelxconques, ou de leurs prédécesseurs ou successeurs, avons declairez et declairons par ces présentes, nulz de toute nullité, et en tant que mestier en seroit, tout ce qui auroit esté fait contre nosdiz loyaulx subgez et en leur préjudice, soit par voye de justice prétendue, par voye de fait, ou autrement, avons cassé, adnullé, et irrité, cassons, adnullons et irritons par ces présentes, et ne voulons sortir aucun effect; et d'abondant de nosdites certaine science et autorité royal, nosdiz vraiz et loyaulx subgèz avons relevé et relevons, en tant que besoing en est de tout laps de temps qui, ores et pour le temps à venir, l'en vouldroit alleguer estre couru contre eulx durant lesdictes divisions et leur absence, et contre leurs droiz et biens ou en leur préjudice ou de leurdiz prédécesseurs ou successeurs : voulons oultre que tous les droiz et actions de nosdiz loyaulx subgez leur demeurent entiers et saufs en toutes choses, comme ilz estoient avant nostredit partement de Paris et divisions, sans ce que ladite absence pour le temps passé ou à venir leur soit ou puist estre préjudiciable en quelque maniere, ne pour quelque cause ou coulleur que ce soit.

N°. 93. — LETTRES *portant retablissement à Paris des cours du parlement, des généraux, des requêtes de l'hôtel, des requêtes du palais, des comptes et des monnaies.*

Issoudun, 6 novembre 1436. (C. L. XIII, 229.) Publ. le 29 du commandement du parlem., à la fenêtre, en la salle du palais à Paris, par le premier huissier de la cour. — Publ. le même jour au châtelet et par les carrefours.

N°. 94. — LETTRES *portant établissement définitif d'un parlement en Languedoc* (1).

Montpellier, 18 avril 1437. (C. L. XIII, 251.)

CHARLES, etc. Ouye la requeste de nos bien amés les gens des trois estats de nostredit pays de Languedoc, pardevant nous, contenant que nostredit pays est situé et assis ès fins et extrémités de nostre royaume, et moult loingtain et distant de nostre ville de Paris, en laquelle depuis la reduction d'icelle à nostre obeyssance, avons estably, et y sied de present nostre cour de parlement; et se gouverne nostredit pays purement par droict (2); et autresfois par nos predecesseurs roys de France a esté ordonné, et mis un parlement en iceluy pays; et sur ce disent avoir ordonnance de nos predecesseurs; c'est à sçavoir qu'audit pays auroit un parlement tant qu'ils y consentiroient, qu'on ne pût appeler; et y ayons mis autrefois un parlement en nous remonstrant aussi les grands dangers et perils qui sont sur les chemins à aller audit parlement de Paris, et supplians leur estre par nous sur ce pourveu de convenable remede : sçavoir faisons que nous, ce consideré, et la bonne obeyssance et vraye fidelité, que presentement quand sommes venus audit pays, et tousjours, avons trouvé esdits supplians, par deliberation de nostre conseil, à iceux supplians avons accordé et ordonnons, de nostre certaine science, grace speciale et aucthorité royale, par ces presentes, qu'en nostredit pays de Languedoc y ait un parlement et un séel dont on séellera lettres expediées par ledit parlement, et lettres de justice pour les subjects dudit pays de Languedoc, lequel parlement commencera au premier jour d'après la Saint-Martin d'hiver pro-

(1) Voila le deuxième parlement établi en France. Les motifs de cet établissement nous ont paru assez remarquables pour être recueillis ici. Le président Henrion, *autorité judiciaire*, p. 96 et 379, le reporte à 1444; mais il existait même avant 1437. Le parlement de Grenoble a été institué définitivement en 1453, mais le conseil delphinal avait auparavant la même autorité, parce que le Dauphiné était une souveraineté indépendante. (Isambert.)

(2) Le droit Romain; les pays du nord étaient régis par les coutumes qui furent rédigées sous ce regne (Isambert.)

chain venant, et cependant pourvoirons tant de presidens ou autres conseillers du parlement, qu'autres gens notables et suffisants en nombre competant, au fait de la justice en nostredit pays, outre et pardessus nos justiciers ordinaires d'iceluy; voulans et mandans nostre presente ordonnance, grace et octroy estre leues et observées sans enfraindre, ne aller ou estre fait au contraire.

En tesmoin de ce, etc.

N°. 95. — Lettres *portant institution des généraux-conseillers et juges-souverains des aides, et autres subsides en Languedoc.*

Montpellier, 20 avril 1437. (C. L. XIII, 232.)

N°. 96. — Lettres *qui accordent à l'université de Montpellier l'exemption d'impôts, et divers autres privilèges* (1).

Pezenas, mai 1437. (C. L. XIII, 234.)

N°. 97. — Lettres *portant que la contribution volontaire de l'université de Paris au nouveau droit d'aides mises sur cette ville ne pourra préjudicier pour l'avenir aux franchises et privilèges de ladite université* (2).

Paris, 2 septembre 1437. (C. L. XIII, 239.)

N°. 98. — Lettres *en faveur de l'université de Toulouse* (3).

Bray-sur-Seine, 14 septembre 1437. (C. L. XIII, 61, préf. Vaissette, hist. de Languedoc, 504.)

---

(1) Par un de ces privilèges les magistrats et officiers de la ville ne pouvaient entrer dans les maisons des maitres et écoliers de cette université, sous quelque prétexte que ce fût, si ce n'était conformément aux clauses d'une transaction qu'elle avait faite à ce sujet. (C. L. XIII, préf. 62.)

(2) Le nombre des personnes exemptes était très-considérable, les maitres et les écoliers qui assistèrent l'année précédente à la procession solennelle en action de grâce du retour du roi, montèrent seuls à 4,000. (Du Bouloi, *Histoire de l'Université de Paris.*)

(3) Nous n'avons pas le texte de ces lettres. Voici ce que Vaissette nous en apprend : Les sujets du roi d'Angleterre venaient en foule, malgré les guerres, étudier dans l'université de Toulouse; mais souvent ils étaient maltraités en passant sur les terres des seigneurs voisins, ce qui aurait pu à la fin les empêcher de s'y rendre. Charles, par les lettres dont il s'agit, mit ces écoliers sous la sauvegarde du sénéchal de Toulouse, à condition qu'en arrivant, ils se présente-

N°. 99. — Ordonnance *contre les blasphémateurs* (1).

Paris, 1ᵉʳ décembre 1437. (C. L. XIII, 247.) Pub. au parlem. et au Châtelet, 3 avril avant Pâques.

Charles, etc. Combien que par aucuns nos predecesseurs rois de France, de bien long temps, et mesmement par feu nostre treschier seigneur et pere (2) auquel Dieu pardoint, ait esté ordonné que ceux et celles qui meuz de mauvais courage diroient mal de Dieu nostre Createur ou de la glorieuse vierge Marie sa mere, ou jureroient vilain serment (3), feussent mis pour la premiere fois qu'il leur adviendroit, ou pilory, et après teinssent prison ung mois entier au pain et à l'eau; et en après, se il leur advenoit la seconde fois, que eulx mis ou pilory à jour de marchié ou aultre solempnel, on leur fendist la levre de dessus d'ung fer chault; à la tierce fois, la levre de dessoubz; et à la quarte fois tout le baulevre; et se il leur advenoit la quinte fois, que l'en leur coupast la langue tout oultre, affin que dès lors en avant ils ne peussent dire ne proferer teles choses detestables; et avecques ce que sur ceulx qui les orroient dire et proferer, et ne le denonceroient incontinent à justice, fust pris et levée amende jusques à la somme de soixante livres; et ceulx qui ne pourroient payer amende pecuniaire, feussent tenus en prison au pain et à l'eau, jusques à ce qu'ils en eussent souffert penitence convenable : et en oultre nostredit feu seigneur et pere eust ordonné en son temps, que tous ceulx qui despiteroient nostredit Createur, sa très-digne mere, ou les saincts et sainctes, aultrement que dessus est touchié, ou feroient sermens induez et non loisibles, autres que le vilain serment dessus exprimé, seroient corrigiez et punis par detention de leurs personnes en prison fermée; par tel et si long temps que les juges en qui jurisdiction de ce adviendroit, discerneroient et verroient estre à propos et à faire selon l'exigence des cas et la qualité des personnes; et que à ces peines et punitions tous ceulx à qui ce toucheroit et pourroit touchier, fussent contraincts vigueureusement et sans desport, par toutes voyes et

« raient devant le sénéchal, pour faire serment et donner caution que, tandis
« qu'ils demeureraient dans cette ville, ils n'attenteraient rien contre l'état;
« qu'ils se feraient immatriculer devant le recteur de l'université, et que lorsqu'ils
« s'en retourneraient, ils prendraient des lettres testimoniales. (C. L. XIII,
« préf. 62.)

(1) V. lettres du 7 mai 1397, et l'ordonnance de Saint-Louis, en 1268 et 1269, p. 541 et 545, 1ʳᵉ livraison. (Isambert.)

(2) V. lettres du 7 mai 1397.

(3) V. sur le vilain serment lettres du 7 septembre 1415.

manieres expediens et convenables; neantmoins il est venu à nostre congnoissance que plusieurs de nostredit royaume, et autres conversans et habitans en icelui, mescongnoissans leur Createur, et non ayant memoire de leur salut, ont dit par plusieurs fois et dient de jour en jour, de très-felon et mauvais courage, plusieurs paroles injurieuses et blasphêmes de Dieu nostre createur, de sa glorieuse mere, et de ses benois sains et sainctes, et font et jurent vilains serments, renient, maugréent, despitent, et font plus grans et abominables sermens, ou très-grant peril de leurs ames, et en très-grant irreverences de Dieu, de sa très-digne mere et des sains et sainctes, et ou très-grant esclande de la foy catholicque, à nostre très-grant desplaisance ; et s'en sont ensuis et peuvent ensuir plusieurs grans esclandes et inconveniens, se sur ce n'estoit pourveu :

Savoir faisons que nous qui devant toutes choses desirons nostre benoist Createur et Redempteur estre craint et reveré et ausi sa glorieuse mere et ses benois sains et sainctes, et faire du tout cesser en nostre royaume telles choses scandaleuses en la foy chrestienne, et prejudiciables au salut de ceulx qui en usent et les font ou proferent, ainsi que dict est dessus, et en suivant la loy divine, et par grant advis et meure deliberation de plusieurs de ceulx de nostre sang et lignage et de nostre grant conseil, prelats, princes, barons et autres notables personnes, avons ordonné et o. donnons par ces presentes, que ceulx ou celles qui doresenavant feront le vilain serment, despiteront, renieront, maugréeront ou autrement blasphemeront le nom de Dieu, de sa benoiste mere et de ses benois sains et sainctes, soient punis selon les ordonnances de nosdits predecesseurs et des peines dessus exprimées ; lesquelles ordonnances nous voulons et ordonnons, au regart de ceulx qui feront ainsi le vilain serment, despiteront, renieront, maugréeront et blasphemeront le nom de Dieu, de sa benoiste mere et des sains et saintes, comme dit est, estre tenues, gardées, observées et accomplies, et estre mises à execution sans deport, faveur ou dissimulation quelconque. Et au regart de ceulx et celles qui feront sermens indeuz et non loisibles et detestables à Dieu, et à tout bon chrestien, autres que le vilain serment et les despitemens, reniemens, et maugréemens dessusdits, nous voulons et ordonnons qu'ils soient corrigiez et punis par prinse et detention de leurs personnes en prison fermée, par tel et si longtemps, et aussi d'amende arbitraire, telle comme les juges en qui jurisdiction du cas adviendra, discerneront et verront estre à faire selon l'exigence des cas et la qualité des personnes; et s'il leur advient la seconde fois, que avecques la peine et punition dessusdicte ils soient contraints donner et offrir publicquement au plus prouchain hospital du lieu où le cas et delict sera commis et advenu; et se il n'y a hospital, en la plus prouchaine église devant l'image du crucifix, une livre de cire ou argent à la value, se c'est en lieu où il n'ait cire, ou plus ou moins à l'ordonnance des juges comme dict est, selon les cas, et la qualité des personnes. Et en cas que par ce moyen les delinquans ne se vouldroient corrigier et abstenir, mais par obstination et accoustumance persevereroient à faire, dire et proferer lesdits sermens detestables, nous voulons et ordonnons que les delinquans, eu regart à l'excez et grandeur du delict, et à l'estat et qualité des personnes, soient punis de-là en avant selon le teneur desdictes ordonnances de nosdits predecesseurs, sans quelconque espargne, tellement que tous autres y doient prendre exemple. Si donnons en mandement, etc; que ces presentes ordonnances tiennent, etc., et les fasse chacun ès mettes de sa jurisdiction et territoire solempnellement publier par tous les lieux où l'en a accoustumé à faire criz, et ce par telle maniere que aucuns n'en puissent pretendre ignorance, et ne soient si hardis après ladicte publication, de dire, faire ou proposer les sermens, blasphemes, despitemens, maugréemens et reniemens dessusdits; et que se le cas advient, chacun qui les aura oys, les denonce incontinent à justice sur les peines dessusdites, en punissant ceulx et celles qui viendront à l'encontre, toute faveur cessant, selon ce que dit est dessus, et par telle maniere que tous y doient prendre exemple.

Et nous, par ces mesmes lettres, mandons et commandons à nostredit prevost de Paris, et à nosdits bailliz et seneschaulx, leurs lieutenans et à chacun d'eulx que ils le fassent assavoir, à tous les haulx justiciers de leurs prevostés, seneschaussées et baillages, affin que ainsi le fassent tenir et garder en leurs jurisdictions, et des cas qui en ce seront commis par leurs subjects, fassent faire punition en la maniere dessusdicte, en leur intimant que se faulte y a, nous les en ferons punir ainsi qu'il appartiendra, et semblablement nos officiers qui en ce seront tenus et negligens, en telle maniere que ce sera exemple à tous autres.

Et pour ce que besoing sera multiplier, etc.

Donné à Paris, etc. Par le Roy en son conseil.

N°. 100. — ÉDIT *qui ordonne aux notaires du Châtelet de garder les registres de leurs actes et de les transmettre à leurs successeurs* (1).

Paris, 1er décembre 1437. (C. L. XIII, 249.)

CHARLES etc. Comme par observance commune, tous notaires et tabellions publics, autres que de nostre Chastelet de Paris, pardevant lesquels notaires et tabellions les contrats, traitez, convenances, obligations, quittances et autres choses qui se font entre nos sujets et autres en nostre royaume, sont passez et reçus, pour les mettre et rediger par écrit en forme autentique et valable, quant ils en sont requis par les parties qui passent, font et consentent lesdits contrats et autres choses dessusdictes, ayent accoustumé et soient tenus de droit commun faire registres (2) de toutes choses passées, consenties, transigées et accordées pardevant eulx et par eulx reçues, pour en avoir vraie mémoire, avoir recours auxdits registres, et selon la note d'iceulx faire et mettre en forme due les lettres quand les parties le requierent (3); laquelle chose redonde au très-grand bien, proufit et sureté de ceulx ausquels ce touche, et est par ce obvié à plusieurs fraudes, déceptions et malices; ce nonobstant, les notaires de nostredit Chastelet de Paris, qui sont en grant nombre, pour cause de ce que nostre scel dudit Chastelet est privilegié par tout nostre royaume, et que en nostre ville de Paris viennent et affluent souvent gens de divers estats et de toutes les parties de nostredit royaume, combien que pardevant eulx soient faits, passez et consentis plusieurs contrats, traités, obligations et autres choses, dont les plusieurs sont aucunes fois de très-grandes et hautes matieres entre grandes parties, et touchent aussi eglises, communautez de villes et autres de tous estats, ne font aucuns registres, mais seulement de ce qui est passé pardevant eulx ont accoustumé de faire et bailler briefs ou cedules signées de leurs seings manuels, selon lesquels ils font et mettent en forme les lettres, quand ils en sont requis, dont est advenu et advient que plusieurs parties, pour cause des guerres, et autrement par

---

(1) V. ci-dessus la loi générale de juillet 1433.

(2) C'est ce qui n'a jamais été fait; seulement les notaires sont tenus de faire des répertoires du titre des actes. (Isambert.)

(3) Les minutes n'étaient donc pas rédigées comme aujourd'hui, ou bien le protocole était ajouté à la minute, pour lui donner forme authentique, ce qui est plus vraisemblable; la loi actuelle a pour objet de remédier aux abus. (*Idem.*)

cas de fortune, ont perdu et perdent leursdits briefs, et n'ont aucun recours pour avoir leurs lettres, selon les cas, ou très-grand grief, dommage et préjudice de nous, des parties, et de toute la chose publique, et s'en sont ensuivis ès temps passez, et pourroient ensuivre très-grandes fraudes et déceptions, tant de faux contrats, et marchez sur marchez, comme autrement en diverses manieres, si sur ce n'étoit porvû;

Pour ce est-il que nous voulans obvier auxdictes fraudes, malices et autres inconvéniens dessusdits, et donner provision à ce qui concerne le bien de la chose publique, par l'advis et deliberation de nostre conseil, avons de nostre pleine puissance et autorité royale, voulu et ordené, voulons et ordenons par Edit et ordonnance perpetuelle,

Que dorénavant les notaires de nostredit Chastelet, qui à présent sont et seront pour le temps à venir, de tous contrats, pactions, traitez, convenances, promesses, marchez, obligations, quittances, et autres quelconques choses qui par parties ou entre parties ou autrement seront passées, accordées et consenties pardevant eux, en quelque lieu qu'ils soient, soit en nostredicte ville de Paris, en nostredit Chastelet, ou autre part en quelque lieu que ce soit, fassent et soient tenus faire garder et retenir secretement (1) pardevers eux, registres et prothocoles, ou les briefs (2) desdits contrats et autres choses qui seront passées et par eux reçues, soient écrits et enregistrés, nonobstant que de ce ils baillent et puissent bailler aux parties leurs briefs comme il est accoustumé; à telle fin que en tout événement, se la partie avoit perdu ou perdoit son brief ou ses lettres, et pour eschever aux fraudes et malices qui peuvent advenir comme dit est, on puist avoir recours à la note des registres que en auront fait lesdits notaires; et attendu que à recevoir un brief, ils sont toujours deux notaires, et ont pareil salaire, à cette cause nous voulons et ordenons que le registre soit fait par l'un, et le brief par l'autre, sans pour ce prendre ni avoir plus grand salaire qu'auparavant; et voulons aussi et ordenons que à la grosse des lettres, qui selon les notes desdits registres, seront faites et expédiées, lesdits notaires de nostredit Chastelet, usent d'aucun signe et enseigne

---

(1) C'est à dire de ne communiquer à personne sans ordre de justice. (Isambert.)
(2) Ce sont les actes dits en *brevets*, dont il ne restait pas minute, mais seulement mention au répertoire.

en leurs registres, parquoy appere et que on pût connoître que les lettres auront esté une fois ou plusieurs faites ou doublées, selon ce que les cas le requerront, et ainsi que font et ont accoustumé faire les autres notaires et tabellions publics de nostredit royaume; et que à la mutation desdits notaires, soit par mort ou autrement, on se pût aider de leurs registres, collation faite par justice, et les bailler aux successeurs èsdits offices, les droits gardés de ceux qui auront fait lesdits registres, ou de leurs héritiers ou ayans cause; et à ce faire, user et accomplir, voulons tous les notaires de nostredit Chastelet présens et à venir estre abstrains par leurs sermens, que ceux qui sont à présent feront à la publication de ces présentes en nostredit Chastelet, et que les autres qui seront dorénavant feront à leur nouvelle institution, et sur peine de privation de leurs offices, d'amende arbitraire, et de dédommager les parties qui par leurs fautes ne pourroient recouvrer leurs lettres, nonobstant quelconque usage que ils ayent au contraire.

Donné à Paris, etc. Par le roy en son conseil, auquel étoient monseigneur le dauphin de Viennois, monseigneur Charles d'Anjou, etc.

N°. 101. — ARRÊT *du parlement qui enjoint aux rapporteurs d'écrire de leur main la minute des arrêts rendus à leurs rapports* (1).

6 décembre 1437. (Registres du parlement manuscrits.)

N°. 102. — LETTRES *portant défenses aux gens du conseil et des comptes du Dauphiné, d'exiger des commis à la levée des droits la présentation des comptes des deniers levés pour les affaires du pays.*

Tours, 22 janvier 1437. (C. L. XIII, 252.)

---

(1) M. Henrion de Pansey, autorité judiciaire, p. 189, lui donne par erreur le titre d'ordonnance, et la date du 14. Fournel, histoire des avocats, commet une autre erreur en lui donnant la date du 1er. — On lit sur les registres du parlement : « Ce jour la cour a ordonné que quand aucun des conseillers aura trois procès en main, pour visiter, et rapporter, l'on ne lui en baillera plus, et qu'à nul que soit, l'on ne baille espèces, jusques à ce que le procès soit entièrement rapporté et jugé, et celui qui rapportera est tenu de faire l'arrêt, jusqu'après qu'il ait fait son arrêt, et qu'il ait été lu en la chambre selon les ordonnances. »

N°. 103. — DÉCLARATION *faisant défenses aux prélats d'aller à Ferrare où le pape voulait transférer le concile tenu à Basle.*

Tours, 23 janvier 1437. (C. L. XIII, 253.) Reg. et pub. en parlem., 10 mars.

CHARLES, etc. Comme le saint concile général de nostre mère saincte eglise assemblé à Basle, nous ait fait savoir, tant par ses lettres en Bule, que par pluseurs prelaz et autres ses solemnelz ambaxeurs et messaiges pour ce envoyez par pluseurs fois devers nous, qu'il a esleu entre autres lieux la cité d'Avignon, pour y tenir et célébrer prouchainement, au plaisir de nostre Seigneur, le concile ycumenique de l'eglise universelle tant d'Occident que d'Orient, sur la réduction des Grecz, qui ont promis et accordé y envoyer, et aussi pour la réformacion générale, et autres choses grandement touchant le bien d'icelle nostre mere saincte eglise; et que ledit lieu d'Avignon entre tous autres est à ce moult convenable et ydoene, en nous requérant bien instamment que pour l'exaltation et augmentacion de la foy catholique, et le grant bien de l'eglise universele, en ensuyvant sur ce noz prédécesseurs de très-noble mémoire, nous vueillons à ce employer et y donner tout aide et faveur ; ausquelles requestes à nous ainsi faittes de la part d'icellui saint concile de Basle, eu sur icelles grans adviz et meure délibéracion de conseil, pour les causes dessus déclairées, aussi que par les decretz des sains conciles derrenierement célébrez à Constance en Allemaigne et à Sienne en Ytalie, le prouchain concile général doit estre en la nation gallicane célébré, ainsy que a esté ès autres nations crestiennes, et pour autres grans et justes consideracions, à ce nous mouvans, nous nous sommes inclinés, condescenduz et déterminez, desirans de tout nostre cueur l'exaltation de la foy catholique, l'union et prospérité de nostre mere saincte église, et obvier aux grans esclandes et inconvéniens qui autrement advenir et ensuir s'en pourroient, ainsi que de par icellui concile avons esté bien à plain advertiz, depuis lesquelles choses ledit concile nous ait par ses autres bulles et messaiges, fait savoir qu'il a cassé et révoqué certaine translation ou convocation faicte par nostre saint pere le pape, dudit concile de Basle au lieu de Ferrare oudit païs d'Italye, nous requérant très-instamment que pour éviter les grans esclandes et turbacions qui par ladicte translacion ou convocacion audit lieu de Ferrare avenir s'en pourroient, nous nous veillons entretenir et continuer en l'élection faicte par ledit concile.

Savoir faisons que nous, ces choses considérées, desirans, comme dit est, le bien, exaltation et prospérité de nostredicte mere saincte eglise, et obvier aux divisions et autres inconvéniens dessudiz, et eue sur ce grant et meure délibéracion avec pluseurs des seigneurs de nostre sanc et lignage, et gens de nostre grant conseil, avons ordonné et par ces présentes ordonnons que aucuns prélaz, ne autres de quelque estat ou condition qu'ilz soient, de nos royaume et Daulphiné, ne voisent ne envoyent audit lieu de Ferrare pour ladicte convocation, ne occasion d'icelle.

Si vous mandons et très estroictement enjoignons que nos présentes déclaration, voulenté et ordonnance, vous nos conseilliers, faictes tantost et sans délay signifier et publier en nostre court de parlement, et ailleurs où verrez estre à faire, et vous prevost faites aussi publier et signifier à son de trompe par tous les lieux où il est acoustumé de faire criz et publicacions en vostre prevosté, en défendant expressément de par nous à tous arcevesques evesques et autres qu'il appartiendra, de quelque estat, prééminence ou condition qu'ilz soient, qui doivent et ont acoustumé d'aler ou envoyer aux conciles généraulx de l'eglise, sur toutes les peines et offenses qu'ilz pevent et doubtent encourir envers nous, qu'ils ne voisent ou envoyent audit lieu de Ferrare pour la convocation dessusdicte, ne pour occasion d'icelle, maiz se disposent et préparent de aler ou envoyer audit lieu d'Avignon, quant temps sera et nous leur ferons savoir.

Et aussi faites ces choses signifier, prevost ou vostredit lieutenant, par tous les portz et passages de vostredicte prévosté, en contraignant à ce tous les dessusdiz et autres qu'il appartendra, par toutes les voyes et manieres deues et raisonnables, comme il est acoustumé de faire en tel cas pour noz propres affaires. Car ainsy nous plaist-il estre fait.

Donné à Tours, etc. Par le Roi en son grant conseil.

N°. 104. — Lettres *relatives au renouvellement des terriers du domaine royal, qui font grace de l'amende à ceux qui exhiberont leurs titres dans le délai fixé.*

Paris, 20 février (1) 1437. (C. L. XIII, 258.) Pub. chamb. des comptes et au Châtelet le même jour et aux lieux accoutumés, le 22.

---

(1) On paraît avoir eu soin dans tous les temps, de dater très exactement les

N°. 105. — ORDRE *du Roi*, *qui abolit les élections au parlement et se réserve l'institution directe* (1).

Poitiers, 2 mars 1437. (Reg. du parlement. *Mémoire des pairs*, p. 728.)

A notre amé et féal chancelier l'archevêque de Reims. De par le Roi :

Notre amé et féal pour aucunes causes qui nous meuvent, lesquelles nous vous dirons, nous voulons, vous mandons et commandons, que doresnavant, vous ne instituez, ne faciez ou souffrez recevoir et instituer aucuns officiers quelsconques en nostre

---

lettres de nos Rois, du lieu où ils se trouvaient lorsqu'elles étaient expédiées : ce qui s'observe encore actuellement avec la plus grande attention ; cependant on allègue quelques exemples contraires à cet usage, et Secousse en a cité plusieurs dans la préface du 3e volume de la collection du Louvre ; mais il a expliqué cette contradiction apparente, en disant que ces lettres mêmes portent qu'elles étaient expédiées *par le conseil* au nom du Roi, quoiqu'il fût absent. On trouve dans celle-ci la formule, *par le Roi*, et non *par le conseil*. Il est vrai que ce n'est pas simplement *par le Roi*, c'est *par le Roi à la relation de son conseil* ; cette différence suffisait-elle pour distinguer les lettres expédiées en son absence par le conseil. D'ailleurs, la plupart des lettres de cette espèce ne font pas mention du sceau, et celle-ci le fait. Elles ne pouvaient être scellées, étant données en l'absence du Roi, qui se faisait suivre par sa chancellerie. Charles VII dit expressément dans ses lettres du 30 janvier 1437, que *allants et chevauchants en divers lieux, villes et pays de son royaume, il faisoit tenir continuellement sa chancellerie en sa compagnie*. Il nous parait que le Roi fit un voyage à Paris dans le mois de février 1437, quoique ni le Journal de Paris, ni les anciens historiens de ce prince n'en fassent aucune mention et que la chronique de Charles VII par Berry, écrivain exact et contemporain, dise que le Roi partit de Paris en décembre 1437) et s'en alla à Orléans, à Blois, et de là à Tours, où fut et demeura longuement.....

Les lettres du 24 juillet et du 2 septembre 1437, datées toutes deux *de Paris* et signées *par le Roi*, l'une *à la relation du chancelier*, l'autre *à la relation du grand conseil*, paraissent expédiées long-temps avant que ce prince fût entré dans cette ville, puisqu'on lit dans les registres du parlement de ce temps, sous la date du 11 novembre 1437, les paroles suivantes : *Demain, le Roi doit arriver en cette ville, où oncques-mais ne fut comme Roi, ne depuis l'an 1418 qu'il était dauphin*. Cette formule, *par le Roi à la relation*, s'employait donc lorsque le Roi était absent du lieu d'où les lettres étaient datées : et en effet, elle était si usitée en ce cas, qu'elle se trouve constamment employée dans quantité de lettres de Henri VI, datées de Paris, dans le temps qu'il était incontestablement en Angleterre. (Villevault, préf. 24.) V. Préface du Recueil complet des ordonnances, année 1821.

(1) V. notes sur l'ordonnance du 7 janvier 1401 (et non 1404). Le président Henrion qui regrette avec raison les élections, pense que ce sont les Anglais qui les ont abolies, vers l'an 1420, et que Charles VII, les rétablit ; voici une pièce qui prouve son erreur. V. l'autorité judiciaire, p. 101. (Isambert.)

cour de parlement, pour quelconque election que icelle cour aye faite, ou fasse, ne aussi en nos chambres des comptes et des generaux de la justice, pour quelconques retenues ou dons que ayons faicts. Car nous en retenons à nous toutes l'ordonnance et disposition, et le faites sçavoir à nos gens de nosdites cour et chambres, afin que n'en puissent prétendre ignorance, et que par eulx en vostre absence, ou sans vostre sceu ne fassent au contraire.

Donné, etc.

N°. 107. — Lettres *qui donnent au prevôt de Paris, juridiction sur tous les malfaiteurs* (1) *du royaume.*

Paris, 5 avril 1437, avant Pâques. (C. L. XIII, 260.) Pub. au Châtelet, 7 avril avant Pâques.

Charles, etc. Comme nous ayons entendu par la clameur de plusieurs noz subjectz, que en plusieurs et diverses parties de nostre royaulme, tant ès fins et mectes de la prevosté et viconté de Paris, comme par tout nostre royaume, soient, repairent, viennent, voisent et conduisent plusieurs de nos ennemys et adversaires, qui envers nous ont commis crimes de lèze-majesté, plusieurs larrons, murtriers, espieux de chemins, ravisseurs de femmes, violeurs d'églises, bateurs à loyer, abuseurs, joueurs de faulx dez, trompeurs, faulx monnoiers et aultres malfacteurs, leurs associez, recepteurs et complices, lesquelz de jour en jour font, commectent et perpetrent plusieurs meurtres, larrecins, homicides, ravissemens de femmes, violacions d'eglise, mutilacions et autres grans crimes, malefices et delictz dont et pour lesquelz punition capital ou aultre par bonne justice se seroit ensuy en leurs personnes, et se transportent malicieusement de jour en jour de lieu en aultre en plusieurs et diverses jurisdictions, esquelles nostre prevost de Paris à cause de son office ne pourroit faire prinse ne prendre pugnition d'iceulx malfaicteurs, sans prejudice de nos aultres officiers, et aultres haulx-justiciers, se sur ce n'avoient povoir et mandement de nous : sçavoir faisons que, Nous ne voulans telz criminelz demeurer impugniz de leurs meffaictz, desirans sur toute chose bonne justice estre faicte par tout nostre roiaulme, acertenez de la preudommie et affectueuse

---

(1) Un juge d'instruction a aujourd'hui à peu près le même pouvoir par la latitude que lui donne la loi, mais à cette époque d'extension était remarquable, à cause des justices seigneuriales. (Isambert.)

volonté que à bonne justice faire a nostre amé et feal chevallier conseiller et chambellan Ambrois sieur de Loré, baron d'Ivry et notre prevost de Paris, icellui avons commis, ordonné et establi; et par ces presentes ordonnons, commettons et establissons juge et commissaire especial et général reformateur sur les cas dessusdictz en tout nostredict roiaulme en ceste partie, et luy donnons plain povoir, auctorité et mandement espécial de prandre et faire prandre par luy et ses commis en ceste partie, èsdictes fins et mectes de ladicte prevosté et viconté de Paris, et par tout nostre royaume de France, iceulx malfacteurs en quelque lieu et jurisdicion qu'etrouvez pourront estre, hors lieu sainct, pour estre amenez en nostredict Chastellet de Paris, ou ailleurs là où il et sesdictz commis verront estre expedient, d'enquerir et sçavoir par lui et sesdictz commis de leurs vies, estatz et gouvernement, et ce par leurs confessions ou autrement duement; s'ils les treuvent coulpables et criminculx, de les pugnir et faire executer selon leurs demerites, en telz lieux et justices que bon lui semblera; et s'aucuns d'iceulx malfaicteurs se mectent à defense ou se constituent rebelles et desobeissans contre luy ou sesdictz commis et deputez, que ilz facent tant que à nous soit obey, et que la force en soit à nous.

Si donnons en mandement et commandons à tous les justiciers, officiers et subgec'z de ladicte prevosté et viconté de Paris, et aultres estans en nostre royaulme, que à nostredict prevost, sesdictz commis et à ses mandemens, commissaires en ceste partie, et chascun d'eulx, obeissent et entendent diligemment, et leur prestent et donnent conseil, confort et aide, et prestent prisons se mestier en ont et requis en sont. En tesmoing de ce, etc. Par le roi en son conseil.

N°. 108. — ÉTATS-GÉNÉRAUX (1).

Orléans, 1457. (*Recueil des états-généraux*, IX, p. 154.)

(1) Voici l'analyse qu'en donne le recueil précité, je ne sais d'après quelle autorité. (Isambert.)

Peu de temps après se partit le roi de Paris et accompagné des seigneurs, s'en alla à Orléans, et furent assemblés les ambassades des grands seigneurs du royaume, de ceux qui étoient en leurs pays. C'est à savoir l'ambassade de monseigneur le duc d'Orléans; pour laquelle étoit monseigneur le bastard d'Orléans, l'archevêque de Reims, chancelier de France, et de ceux de la ville, lesquels notables, clers et bourgeois. Pour le duc de Bourgogne; l'évêque de Tournay, le sire de Créquy, le bailli d'Amiens et le sire de Huchin. Pour le duc de Bretaigne, monseigneur Pierre son second fils, l'évêque de Nantes, chancelier de Bretaigne, le comte de Laval, marié à la seule fille d'icelui duc de Bretaigne, et plusieurs autres notables hommes. Pour le compte d'Armaignac, le sire d'Estans et aultres. Pour ceux de Paris, l'évêque de Beauvais et plusieurs aultres. Et y avoit de moult notables gens envoyés de tous les pays et cités de ce royaume, pour ouir parler et pratiquer du bien et gouvernement de ce royaume et pour le pouvoir mettre en bonne paix, justice et police. Et en ladite ville d'Orléans le roi voulut faire opiner en son hôtel audit lieu, et savoir l'opinion de tous les ambassadeurs. Et furent tous mandés devers lui pour ouir ce qui seroit dit et demandé de part lui; et aussi pour répondre sur l'opinion et demande au bien de la chose publique. Après l'assemblée de tous les dessusdits venus audit hôtel du roi, vinrent le roi et la vieille reine de Sicile, mere de la reine, accompagnés des seigneurs: c'est à savoir de monseigneur de Bourbon, monseigneur du Maine, monseigneur le connétable; des comtes de la Marche, de Vendosme et de Dunois, et furent assis le roi et les seigneurs dessusdits chacun selon son degré. Et pareillement les prélats, et autres seigneurs et ambassadeurs dont y avoit grand nombre et multiplication de peuple. Et lors fut l'archevêque de Reims, lequel proposa devant le roi, et tous les autres seigneurs et ambassadeurs dessusdits, le bon vouloir que le roi avoit au bien de paix, et comme il avoit de tout son vouloir et pouvoir toujours été, et étoit prest d'y entendre. Et toujours pour ce faire avoit envoyé ses gens et ambassadeurs par tout où les Anglois avoient voulu convenir pour labourer, et entendre au bien de la paix, et dernièrement en la ville de Saint Omer, où étoient envoyés de par lui monseigneur le comte de Vendosme, monseigneur l'archevêque de Reims, et monseigneur l'archevêque de Narbonne, messire Regnault Girard et plusieurs autres notables hommes et seigneurs, lesquels avoient délibéré avec les ambassadeurs du roi d'Angleterre, que au cas qu'il plairoit aux deux rois, de ce qu'ils avoient pratiqué pour le bien de la paix, l'une partie de l'autre et dont chacun des deux porteroient par écrit devers leur roi, que dedans le premier jour de mai en suivant, seroient un chacun audit Saint Omer, pour là conclure toute paix, ou toute guerre. Et pour ce disoit ledit archevêque de Reims, que le roi avoit mandé toute la compagnie qui étoit pour cette heure assemblée audit Orléans pour tendre un chacun au bien public, et au recouvrement du royaume, et en dire en leurs consciences chacun son bon et vrai avis. Et afin que nul ne pût ignorer les demandes que faisoit l'une et l'autre partie pour demeurer les deux rois et royaumes en bonne paix et union, ledit chancelier de France fit là bailler lesdits articles à tous ceux qui en voudroient avoir, afin que un chacun pût mieux répondre, jugier et parler sur chacun article selon leur entendement. Et fut dit que le deuxième jour en suivant un chacun se comparut en la chambre du conseil ordonné pour ce faire, et y venir tous les jours songneusement, jusques à tant que la chose eust prins fin et délibération. Et furent huit jours avant que la matiere fut délibérée. Et là furent ouis tous, ou la pluspart des seigneurs de ce royaume qui là étoient présens; et aussi l'opinion des ambassadeurs et seigneurs qui étoient absens: et pareillement l'opinion de tous ceux des bonnes villes, et en la présence du roi de France et de la reine de Sicile furent proposés de tous ceux de ce royaume là étant, moult de belles choses hautement et sagement, en démontrant la désolation, maux, pilleries, meurtres, rebellions, roberies et rançonnemens qui étoient perpetrés et faits sous ombre de la guerre : et aussi les biens, la joye et les plaisirs qui viennent et sont par les pays où paix est; et plusieurs autres histoires anciennes, et moult belles servans à la matiere : laquelle matiere, et les paroles dites audit conseil seroient trop longues à écrire. Et entre autres choses la pourparlés, fut avisé qu'on mettroit divers gens pour débattre, lequel étoit meilleure de paix ou guerre. Pourquoi furent lors commis par l'ordonnance du roi et avis de son conseil pour maintenir la paix le comte de Vendosme, grant maître d'hôtel, maître Jaques Juvenal des Ursins, qui depuis fut patriarche et évêque de Poitiers, et avec eux quelques conseillers du roi. Lequel des Ursins porta la parole. Et pour tenir la guerre, furent commis le comte de Dunois, le maréchal de la Fayette, et maître Jean Rabbateau, président en parlement, et autres du conseil. Et parla celui Rabbateau. Tous lesquels oys bien au long, fut conclu que le meilleur étoit de tirer au bien de paix et ordonné; que le premier jour de may retourneroient lesdits ambassadeurs audit Saint Omer, pour conclure et fermer la besogne de tous points, au cas qu'il seroit ainsi que les Anglois voudroient entendre.

TABLE ALPHABETIQUE
DES MATIÈRES.

(Les premiers chiffres indiquent la page, ceux qui suivent l'A indiquent l'année, et ceux qui précèdent les lettres préf. indiquent la page de la préface.)

A

Abolition (lettres d') en faveur du duc de Bourgogne, 176, A. 1407.—194, A. 1408.—En faveur du duc de Lorraine et de ses adhérens, à charge de satisfaire la partie civile, 279, A. 1412. — En faveur du duc d'Orléans et de Bourbon, du duc d'Alençon et de leurs adhérens, 401, A. 1415 — En faveur des partisans du duc de Bourgogne, 418, A. 1414. — En faveur du duc de Bourgogne; des cinq cents bannis, ses partisans, à l'exception de 45, 425, A. 1415.—Mise en liberté des personnes comprises dans les lettres d'abolition, 426, A. 1415. — Générale pour tous les crimes à cause des divisions passées; 615, A. 1419.—En faveur des habitans de Paris, 832, A. 1435.—Forme de leur publication, 835, A. 1435. V. *Paris, Bourgogne, Discordes.*

Abus, dans les finances et autres parties du gouvernement corrigés, 219, A. 1406. V. *Finances.*

Actes provocateurs. Leur emploi n'est pas nouveau, 663, roi.

Aides (généraux des), peuvent commettre des personnes pour faire exclusivement des exploits dans le diocèse de Paris, 150, A. 1407. — Réglement sur les aides, 298, A. 1413. — Le président et le général conseiller sont nommés par élection, 412, A. 1413. — L'Auvergne en est exempte, 605, A. 1418. — Et gabelles, en quoi elles différent de la taille, 834, not. V. *Finances, Cour, Gabelles, Impôts.*

Alogemens. V. *Ordres.*

Ambassadeurs. Pouvoirs donnés à ceux de France pour traiter avec ceux d'Angleterre, 57, A. 1483.

Amendes. Il en est fait remise à ceux qui présentent leurs lettres dans un délai fixé, 859, A. 1437. V. *Appels.*

Amnistie. Les habitans de Troyes sont reçus en l'obéissance du roi, 750, A. 1429.

Amortissement (droit d'), 42, A. 1402.

Angleterre (le roi d'), demande au roi de France une satisfaction amiable. Ce dernier lui répond, 425, A. 1415. — Prend le titre de régent de France, 642, not. — Fait inscrire sur les monnaies de France le titre d'héritier du royaume, 664, A. 1420. — Promet, comme enfant de France, à la reine de la respecter et traiter selon sa qualité, 647, A. 1420. — Porte décri de toute monnaie de France, frappée à d'autres coins que les siens, 654, A. 1420. — Reconnu comme roi de France, 668, A. 1422. V. *Gouvernement, Monnaie, Reine.*

Annates. Arrêt contre celles perçues par la cour de Rome, 115, A. 1406. V. *Pape.*

Apanages. Constitution d'un réel au profit du second fils du roi, 4, A. 1401. — Des princes, sont susceptibles d'être engagés, 9, A. 1401.

Appels. Amendes contre ceux qui en interjettent de frivoles, 146, A. 1407. — Comment introduits, 205, A. 1409. — Amende contre ceux qui y renoncent dans la huitaine, 263, A. 1411. — En cour de Rome interdits par le concile de Basle, 808, A.

1435. — En matière ecclésiastique ; ses différens degrés, 189, A. 1408. V. *Amendes, Conciles.*

Aacueas de Paris. Leur règlement, 253, A. 1411.

Archives. Remise au prévôt des marchands de Paris, des titres concernant l'Hôtel-de-Ville, 277, A. 1412. V. *Chartes.*

Armée. Ordre aux gens de guerre de retourner dans leur pays ; ils ne peuvent s'assembler sans un mandement du roi, 105, A. 1405. — Défense même aux princes du sang de lever des troupes, 251, A. 1410. — Les revues des troupes sont faites par les maréchaux et le maître des arbalétriers, 277, A. 1412. — Règlement sur les gens d'armes, 380, A. 1413. — Le roi d'Angleterre, se disant roi de France, convoque l'arrière-ban de Normandie, 757, A. 1429. V. *Assemblée, Arrière-ban, Ban, Militaires, Gaulois, Maréchaux, Princes.*

Arrêt. Troyes déclaré ville d'arrêt, 628, A. 1419.

Arrêts criminels. Arrêt qui ordonne qu'une maison soit rasée pour voies de fait commises, 91, A. 1405. — Ministre des finances condamné à mort, 218, A. 1409. — Jugement par commission contre un ex-prévôt de Paris, 395, A. 1413. — Conspirateurs arrêtés et décapités, 573, A. 1416. — Les rapporteurs doivent signer la minute de ceux qui sont rendus à leurs rapports, 857, A. 1437. — Cela s'observe à la cour de cassation et au conseil d'état, *ibid.*, not. V. *Pucelle d'Orléans, Commissions, Tribunaux, Rapporteurs, Jugement, Conspirateurs, Comptes.*

Arrière-ban. Quand il était convoqué, les gentilshommes et les possesseurs de fiefs nobles devaient prendre les armes, 662, not. V. *Armées.*

Assemblées. Ne peuvent avoir lieu sans la permission du roi. — Défense à l'université de Paris d'assembler le peuple, 170 et 179, A. 1407. — En armes, défendues, 245 et 244, A. 1410. — Même interdiction, sans exprès commandement du roi, du dauphin ou du connétable, 282, A. 1413. — Nouvelles prohibitions, 300, A. 1413. — 376, A. 1413. — Défendues sous peine d'excommunication, 395, A. 1413. — Des vassaux. Les chevaliers, écuyers et autres doivent se refuser aux convocations de leurs seigneurs. — Des notables, 264, A. 1412. V. *Excommunication, Notables, Police générale, Armées, Remontrances, Universités, Vassaux.*

Avocats. Ne peuvent être lieutenans de consuls, 154, A. 1407. — Appelés aux jugemens des affaires douteuses et importantes, 150, A. 1407. — Conditions nécessaires à leur admission, 202, A. 1409. — Obligés de remplir leurs fonctions dans les affaires de Jeanne de Boulogne, 264, A. 1411. V. *Sermens, Consuls.*

Aubaine (droit d'). Aboli par reciprocité en faveur des habitans du Cambresis, 111, A. 1406.

Auditeurs des comptes. V. *Sermens.*

B

Ban et Arrière-ban. Convoqué, 1412, A. 1413. — Convoqué dans la sénéchaussée de Carcassonne, 595, A. 1417. V. *Armées.*

Barbiers. Leurs statuts et privilèges. — Ils peuvent saigner, faire des instrumens pour la santé du corps. — Sont sous la direction du premier valet de chambre du roi, premier barbier, 739, A. 1427.

Bénéfices. Les collations faites par les ordinaires, pendant la soustraction à l'obéissance des papes, sont maintenues, 76, A. 1405. — Les ecclésiastiques tenus de payer le demi-dixième du revenu de leurs bénéfices, pour frais nécessaires à l'effet de parvenir à l'union de l'église, 176, A. 1407. — Les ordinaires y pourvoient pendant la neutralité de l'obédience, 229, A. 1410. — Le pape y nomme alternativement avec les collateurs ou patrons, 667, A. 1421. — Les patrons et collateurs nommaient dans certains mois, et le pape le reste de l'année, 729, A. 1425. — Provisions et collations, 752, A. 1426. — Pour y être admis, il faut être naturel Français, 783, A. 1431. — Les libertés de l'église gallicane et la loi organique de 1801 exigent que l'on soit naturel Français, et non simplement naturalisé. — La pragmatique de saint Louis

DES MATIÈRES.

semble consacrer le même principe, ibid., not. V. *Indigénat, Pape, Ecclésiastiques.*

Béatriciens. Pourvus pendant la neutralité de l'obédience sont maintenus, 160, A. 1411. — Pourvus par le roi pendant les troubles ne peuvent être évincés par les précédens possesseurs, 419, A. 1414. V. *Pape.*

Bestiaux. Vente de ceux à pied fourchu dans le marché de Paris, 73, A. 1403.

Blasphémateurs. Peine contre eux, 228, A. 1409; 424, A. 1415; 648, A. 1420; 852, A. 1437. V. *Législation criminelle.*

Bois. Les habitans voisins des forêts peuvent les travailler en leurs maisons, 69, A. 1403. — Marchands de bois, 469, A. 1415. — Compteurs et moleurs de buche, 475, A. 1415.

Bouchers. Suppression de leur communauté à Chartres; toute personne peut exercer cette profession, 578, A. 1416. — De Paris. Leur communauté rétablie, 606, A. 1418.

Boulangers. Règlement à leur égard, 623, A. 1419.

Bourbogne (maison de). Les avantages qui lui avaient été faits par le traité du mariage du dauphin sont annullés, 59, A. 1403. — Cette dernière disposition est révoquée, 61, A. 1403. — (duc de). Sa réponse aux lettres envoyées au roi par les enfans d'Orléans, 253, A. 1411. — Expose au roi ses griefs, 410, A. 1413. — Le dauphin l'appelle à son secours et à celui du roi contre les Orléanais, 411,

A. 1413. — Invite les bonnes villes de Picardie à se réunir à lui pour délivrer le roi, 411, A. 1413. — Informe les bonnes villes de son expédition contre Paris, 412, A. 1413. — Le roi déclare qu'il va lui faire la guerre en personne, *ibid.* — Exécution de la confiscation prononcée contre lui et ses adhérens, 412, A. 1413. — Veut délivrer le roi et le dauphin de la servitude des Armagnacs, 412, A. 1413. — Est déclaré ennemi de l'état, *ibid.* — Dénoncé pour avoir voulu séduire les peuples et les soulever contre le roi, *ibid.* — Obligé de renoncer à toutes alliances au préjudice du roi, 418, A. 1414. — Demande à servir en personne dans la guerre contre les Anglais, 426, A. 1415. — Préposé au gouvernement du royaume, 599. — Révocation des bannissemens et proscriptions prononcés contre lui et ses adhérens, *ibid.* A. 1418. V. *Abolition, Traité, Rebellion, Manifeste, Parlement.*

Bretagne (le duc de). Jouit de la juridiction temporelle dans le ressort de l'église de Saint-Malo, 426, A. 1415.

Bulles d'indulgences à ceux qui assisteraient l'empereur de Constantinople: la révocation de la permission de les publier est annullée, 124, A. 1406. — Du pape, aujourd'hui vérifiées et publiées au conseil d'état, 752 not. V. *Conciles, Excommunication, Pape.*

C

Cadastre. renouvellement des terriers du domaine royal, 859, A. 1437.

Capitoule. V. *Fiefs.*

Cardinaux (Collège des) convient que celui qui sera nommé pape donnera sa démission pourvu que l'anti-pape en fasse autant, 125, A. 1406. V. *Conclave.*

Cassion de biens. Les acheteurs de vins ne peuvent la faire, 6, A. 1401.

Chanceliers tenus ainsi que le parlement de pourvoir aux affaires et à la tranquillité de Paris, pendant l'absence du roi. 189, A. 1408. —

Nomination à cette dignité, 596, A. 1413. — Formes d'élection, 696, A. 1424.

Chancellerie. Son organisation, 645, A. 1420.

Change. Réglemens à cet égard, 645, A. 1420.

Changeurs. Leur réception à Paris. 655, A. 1421.

Charbons (Marchands de). Règlement à leur égard, 479, A. 1415. — Mesureurs, 479, A. 1415. — Porteurs, 485, A. 1415.

Charles VI. Le dauphin ne veut pas qu'on prenne les armes pour sa délivrance, 411, A. 1413. — Déclare qu'il est libre, et ordonne de confisquer les biens de ceux qui prendront les armes sous prétexte de le délivrer, 411 A. 1413. — Reproche au dauphin de l'avoir abandonné, et menace de l'exhéréder, 607 A. 1418. — transfère la couronne de France, après sa mort, au roi d'Angleterre, au préjudice de ses héritiers légitimes, 633, A. 1420. — Est le premier des enfans de France qui porta le titre de dauphin en naissant, 662, not. — Remarques sur son règne, 662, not. — Les historiens ne s'accordent pas sur le jour de sa mort, 664, not.

Charles VII parvient à la couronne. — Est sacré à Reims. — A été surnommé le victorieux. — Sa mort, 665. V. Sacre, Couronnement.

Chartres (chambre des). De la sainte chapelle, fermée et scellée jusqu'à nouvel ordre, ainsi que son greffe, 847, A. 1436. — Les Anglais en se retirant, en emportèrent de nombreuses, ibid. A. 1436. V. Archives.

Chasteté (Vœu de), 60, préf. V. Clergé.

Châtelet. Réglement à son égard, 604, A. 1424. — Administration de la justice dans ce tribunal, 698, A. 1425. — Ses commissaires qui ont fait arrêt des biens des partisans du dauphin, tenus de les déclarer, 654, A. 1420. V. Sergens.

Chaux (Mesureurs de), 518, A. 1415.

Chirurgie. Défense de l'exercer, si on n'a subi des examens préalables, 85, A. 1404.

Cités. Du temps de Clovis n'existaient plus que par la dignité de l'épiscopat, 15 préf.

Clergé. Subjugue de bonne heure les rois francs, 1, préf. — Accroissement de son influence depuis Constantin, ibid. — Se gouvernait par ses propres lois sous la dynastie Mérovingienne, 27, préf. — Son organisation était essentiellement démocratique, tout s'y faisant par élection, 29, préf. — Décide en assemblée générale que la France serait de nouveau soustraite à l'obédience, et qu'il serait statué dans un concile général sur le schisme, 125, A. 1406. — Cette décision suspendue par la mort d'Innocent VII, ibid. not. — Les permissions données aux gens d'église de plaider pendant un temps les biens acquis par eux, sans payer finance, révoquées, 184, A. 1408. — Autorisé à payer un décime demandé par le pape, 250, A. 1410. — Les ecclésiastiques contraints à réparer leurs églises et maisons bénéficiales. V. Élections, Impôts, Chasteté, Pape.

Cloches (Droit de). Prérogatives des villes qui avaient des consuls, ainsi que des villes d'échevinage, 801, not. — Les habitans de Nîmes peuvent en avoir une, pour sonner l'alarme ou convoquer les assemblées, ibid. A. 1434.

Combat judiciaire, 662, not. V. Duel.

Comédiens. V. Spectacles.

Commerce (Liberté du), assurée entre les Français et les sujets de Tamerlan, 68, A. 1403. — Statuts des courtiers de vin de Rouen, 97, A. 1405. — Les marchands de bois, de foin, etc., peuvent arrêter ceux qui entrent dans leurs bateaux sans permission, 184, A. 1408. — Exportation des marchandises en Arragon défendue à l'exception des armes. — Défense d'exporter du blé, attendu la stérilité, 240, A. 1410. — Marchands de vins à Paris réduits à 60, 250, A. 1410, V. Courtiers.

Commissaires de police et de justice à Paris, révocation de leur pouvoir, 79, A. 1405.

Commissions. V. Arrêts criminels, Pucelle d'Orléans, Tribunaux.

Committimus (Droit de). Les officiers ordinaires du roi en jouissent seuls, 244, A. 1410.

Communes. Les affaires concernant les officiers et membres du corps municipal de Tournay dévolues au prévôt, jurés et échevins de la même ville, 124, A. 1406. — La ville de Périgueux et le Périgord jouissent des privilèges accordés aux autres domaines du roi: levée de toute interdiction à cet égard, 186, A. 1408. — La ville de Béthune est gouvernée par des échevins, 220, A. 1409. — Les bourgeois de Noyon sont tenus de se rendre au conseil de la ville à peine d'amende, 415, A. 1414. — Les gouverneurs de Compiègne peuvent, en appelant douze bourgeois notables, délibérer sur les affaires, 415, A. 1414. — Procès au sujet de l'élection du maire de la Rochelle,

..., A. 1422. — Anciens privilèges de la ville de Paris, 772, A. 1431. — Capitales toujours favorisées, ib., not. — De Saint-Chef, privilèges de ses habitans, 801, A. 1434.

CHAMBRES (Chambres des). Ses arrêts ne peuvent être annullés et cassés que par le roi, 146, A. 1407; 194, A. 1408. — Il peut être statué contre ses arrêts par les gens des comptes, auxquels on adjoint des gens du parlement, 194, A. 1408. — Fixation du nombre de ses officiers, 241, A. 1410. — Le roi peut nommer des clercs pour remplir les charges de conseillers-maîtres, 113, A. 1406. — Ses officiers sont exempts du guet et de la garde extraordinaire, 251, A. 1411. — Son organisation, 322, A. 1413. — Les receveurs et collecteurs des décimes sont tenus de venir y compter, 424, A. 1415. — Institution de ses membres, 613, A. 1418. — Fermée et scellée jusqu'à nouvel ordre, ainsi que son greffe, 847, A. 1436. — Rétablie, 850, A. 1436. — Gens des comptes et du conseil du Dauphiné ne peuvent exiger ceux des deniers levés pour les affaires du pays, 857, A. 1437. V. *Arrêts*.

COMPULSOIRES. Moyen d'y parvenir, 208, A. 1409.

COMTES. V. *Sermens*.

COMTÉS. Celui de Champagne en renferme sept dont les titulaires sont pairs du comté, 85, A. 1403. V. *Pairs*.

CONCIERGES. V. *Sermens*.

CONCILES généraux. Ne pouvaient se réunir sans la convocation spéciale des princes, 37 préf. — Actes de celui d'Orléans tenu sous Clovis, 47 préf. — De Pise, ordre aux prélats et autres ecclésiastiques députés de s'y rendre, et aux autres ecclésiastiques de contribuer aux frais de voyage, 191, A. 1408. — Le même concile excommunie Benoît XIII et Grégoire XII comme antipapes, 199, A. 1409. — De Constance; l'empereur Sigismond invite le roi de France à s'y rendre, 410, A. 1413. — Sa convocation, 411, A. 1413. — Sont déclarés supérieurs au pape, 419, A. 1415; 67 not.; 790, A. 1432; 797, A. 1433; 801, A. 1434. — De Basle; sa dissolution, 767, A. 1431. Le pape reconnaît la supériorité des conciles sur lui, 797, A. 1433. — Défense aux prélats de se rendre à Ferrare où le pape voulait transférer le concile tenu à Basle, 857, A. 1437. — Assemblé à Paris, l'acte par lequel il déclare nuls, et de nul effet les bulles et actes du pape contraires à la soustraction de l'obéience est approuvé, 155, A. 1407. — National, déclare schismatiques les partisans de Benoît XIII, 189, A. 1408. — Métropolitains, pouvaient se réunir librement, 36 préf. — provinciaux, (revue des), 189, A. 1408. V. *Bulles, Excommunication, Schisme, appels, Parlement, Pape*.

CONCLAVE. Défense de piller les biens du pape et des cardinaux à l'époque de l'élection, 588, A. 1417. — Délibération des cardinaux et électeurs du pape, 588, A. 1417. V. *Cardinaux*.

CONFISCATION des biens d'un ministre des finances condamné à la peine de mort, 218, A. 1409. — Contre les rebelles, n'a d'effet qu'après le paiement de ce qu'ils doivent aux habitans de Paris, 257 à 1411. — Révocation des dons des biens confisqués sur les seigneurs revoltés, 260, A. 1411. — Principes sur cette matière, 265, not. — Les biens des rebelles confisqués, vendus ou donnés demeurent aux possesseurs, 271, A. 1412. — Faites au préjudice des sujets fidèles, annullées, 848, A. 1436. — Différence entre les confiscations de cette époque et celles du 1795, ibid., not. V. *Créanciers*.

CONFLIT de juridiction entre le parlement et la chambre des comptes, 8, A. 1401. V. *Parlement*.

CONFRÉRIES. Les porteurs de blé de Paris peuvent en établir une, 244, A. 1410.

CONNÉTABLE. V. *Sergens d'armes*.

CONSEIL secret. Sa composition, 139, A. 1407.

CONSEILLERS. Leur institution, 605, A. 1418. V. *Sermens*.

CONSPIRATEURS. V. *Arrêts criminels*.

CONSULS (Lieutenans de). Il ne peut y en avoir que deux dans chaque lieu. — Les avocats, les anciens consuls et les personnes âgées ne peuvent pas l'être, 150, A. 1407. V. *Avocats*.

CONTRAINTE par corps. Les acheteurs de vins en sont passibles, 6, A. 1401; 70, A. 1403.

Cour de justice. Conseil souverain du Dauphiné, 760, A. 1450. — Souverain des aides, son établissement, 728, A. 1425. V. *Aides*.

Couronne. Un des marchands de Paris autorisé à vendre un des fleurons de la couronne, 742, A. 1428.

Couronnement de Charles VII, 749, A. 1429. V. *Charles VII*.

Courtiers de chevaux à Paris, 467, A. 1415, leur nombre fixé à vingt-quatre, 682, A. 1425. V. *Commerce*.

Coutume. Ce mot équivaut à celui de droit de péage, 566, not. V. *Péage*.

Créanciers. La confiscation des biens de leur débiteur n'est pas obstatif au paiement de leurs créances, 629, A. 1420. V. *Confiscation*.

Criours de vins à Paris, 461, A. 1415.

Crimes. Les partisans du dauphin et du comte d'Armagnac, déclarés criminels de lèse-majesté, 625, A. 1419.

Curés. Taxe des salaires qui leur sont alloués pour enterremens, services, messes, mariages et autres droits d'église, 19, A. 1402. V. *Etole (Droit d')*.

D

Dauphin. Son gouvernement avec conseil de régence, 207. — Le gouvernement du Dauphiné et de la Guienne lui est donné, 228, A. 1409. — Révocation des pouvoirs qui lui avaient été accordés, 607, A. 1418. — On lui impute l'assassinat du duc de Bourgogne, 616, A. 1419. — Déclaré coupable du meurtre du duc de Bourgogne, exilé et reconnu indigne de succéder à la couronne, 649, A. 1420. — Procès à lui faire au sujet de ce meurtre, 650. A. 1420. — Ordre de révéler les biens appartenant à ses partisans, dont le quart est attribué aux révélateurs, 653, A. 1420. — V. *Dauphiné*, *Régence*.

Dauphiné. Le gouvernement en est accordé au Dauphin, 228, A. 1409. — Le roi en fait don à l'un de ses fils, 578, A. 1417. C'est en vertu de cette concession que les aînés du roi de France ont depuis reçu constamment le titre de dauphin, *ibid.* V. *Dauphin*.

Défense (Droit de), 60, préf.

Défi du comte de St-Paul à Henri IV, roi d'Angleterre, 45, A. 1402. — du duc d'Orléans au même, *ibid.*, not. — Des enfans d'Orléans au duc de Bourgogne, 254, A. 1411. — Réponse de ce dernier, 255, A. 1411; — du roi d'Angleterre au dauphin, 424, A. 1415. — Du duc de Gueldres au roi de France, 663, not. — Pour un tournois, *ibid.* — De l'empereur Sigismond au roi de France, 664, not. — du duc de Bedfort au roi Charles VII, 750, A. 1429.

Dénonciateurs des personnes qui répandent de mauvais bruits, ourdissent de secrètes conspirations, récompensés par une part dans les confiscations et amendes 410, A. 1415. — Des biens des partisans du dauphin récompensés, 653, A. 1420.

Déchargeurs de vins à Paris, leur institution, 457, A. 1415.

Dettes. Doivent être payées avant que la confiscation ait son effet, 605, A. 1418. V. *Excommunication*.

Devins exclus de la communion, 36 préf. V. *Sorciers*.

Différends entre le duc de Bourgogne et les enfans d'Orléans, 256 A., 1411.

Dime. Dispositions à ce sujet, 60 préf.

Discipline ecclésiastique; comment réglée, 189, A. 1408.

Discordes civiles. Guerre contre les Armagnacs résolue par le duc de Berry, d'Orléans et de Bourbon, 264, A. 1412. — Rétablissement des officiers destitués pendant les troubles, 266, A. 1412. V. *Abolition*.

Dispenses d'âge accordées au dauphin, 14, A. 1401.

Doctrines séditieuses. — Condamnation d'une apologie de l'assassinat du duc d'Orléans, 411, A. 1415. — Proscription de la doctrine du tyrannicide, 422, A. 1415. — Désaveu de tout ce qui avait été dit contre l'apologiste de l'assassinat du duc d'Orléans, 606, A. 1408. V. *Prédications*.

Domaines. Révocation de ceux engagés, 9, A. 1401. — Annulation des dons faits sur le domaine, 65, A. 1403. — Confirmation du traité de partage entre le roi et un évêque,

189, A. 1408. — Administration du domaine, 285, A. 1413. — Révocation des aliénations qui en ont été faites, 603, A. 1418. — Le dauphin permet de les engager ou vendre pour subvenir aux frais de la guerre, 654, A. 1421. — Vente des meubles de Charles VI, pour payer les frais de ses funérailles, 662, A. 1422. — Révocation des aliénations et engagères des domaines, sauf indemnité, 796, A. 1433. — Nationaux. Le conseil d'état statue, à l'exclusion des tribunaux, sur la validité des ventes, 277, not. V. *Trésor*.

Dons et faveurs de la couronne. Révocation de tous les dons de lieutenances, capitaineries et de pensions, 250, A. 1410. V. *Trésor*.

Dot. Les biens dotaux et paraphernaux des femmes ne peuvent être saisis pour les dettes du mari auxquelles elles ne se sont pas obligées, 5, A. 1401. La reine Isabelle donne quittance au roi d'Angleterre pour la restitution de la sienne, 6, A. 1401.

Ducs. V. *Sermens*.

Duel défendu, 199, A. 1409. V. *Combat judiciaire*.

E

Eaux et Forêts. Règlement général 19, A. 1402. (Maîtres des). Leur juridiction sur les pêcheurs de Corbeil, 244, A. 1410. — Administration, 369, A. 1413.

Ecclésiastiques ne pouvaient être traduits devant les juges séculiers, 29 préf. — Mariés, ne pouvaient recevoir d'avancement s'ils ne gardaient point la chasteté, 30 préf. — Les diacres qui vivaient avec leurs femmes étaient privés de leur office, *ibid*. — Envoyent des gens armés à leur place, ou paient finance, 244, A. 1410. — Ne touchaient rien sur le trésor, 418, not. — Les clercs même tonsurés ne peuvent être huissiers, 728, A. 1425. — Leurs libertés rétablies en Dauphiné, 801, A. 1434, V. *Saisie, Huissiers, Bénéfices*.

Echevinage de Paris rétabli, 261, A. 1411.

Ecrivains de Paris. — Enquête sur tout ce qui est relatif à leur juridiction, 267, A. 1412; 421, A. 1415.

Ecoles de droit civil et canon, établies à Caen, 780, A. 1431. — L'université de Paris s'oppose à cet établissement, *ibid*., not. L'opposition reste sans effet. V. *Instruction publique*.

Eglises. Leurs biens déclarés imprescriptibles et inaliénables, 43 préf. — Dispositions relatives aux dons qui leur sont faits, 60 préf. — Leurs biens ne peuvent être aliénés sous aucun prétexte par l'autorité temporelle, 425, A. 1415. — Maintenus dans leurs libertés et franchises, 594, A. 1418. — Révocation des dispositions qui les avaient confirmées dans leurs franchises, 606; A. 1418. — Maintien des libertés de l'église gallicane, 680, A. 1422. V. *Libertés, Impôts*.

Elections. Tout dans le clergé se faisait par élection sous la dynastie Mérovingienne, 29 préf. — Charles VII les abolit, 664, not. V. *Clergé, Evêques*.

Emprisonnemens de plusieurs personnes faits par les habitans de Paris, approuvés, 282, A. 1413.

Emprunts. Le dauphin régent permet d'emprunter de grosses sommes pour la guerre, 654, A. 1421.

Enterremens. Dispositions à cet égard, 60 préf.

État civil. V. *Légitimation, Mariage*.

États généraux assemblés, 649, A. 1420. — A Bourges, 680, A. 1422. — Motifs pour les assembler, 731, A. 1426, not. — A Poitiers, 741, A. 1427, not. — Convoqués pour procurer de l'argent, 749, A. 1428, not.; 798, A. 1433. — Harangue qui leur est adressée, *ib*., not.; 817, A. 1435. — On croit qu'ils engagèrent le roi à faire la paix avec le duc de Bourgogne, *ibid*., not. — A Orléans, 862, A. 1437. — Analyse de leurs opérations, *ibid*., not. — Du Dauphiné, assemblés au sujet de la demande d'une aide, leur résolution à cet égard, 86, A. 1404. — De la même province autorisés à s'assembler et à imposer une taxe, 95, A. 1404. —

Des Sénéchaussées de Toulouse, de Carcassonne et de Beaucaire, peuvent s'assembler quand il leur plaît, 598, A. 1418. — Du Languedoc, convoqués à Vienne en Dauphiné, 842, A. 1435.

ÉTULE (Droit d'). V. *Curés.*

ÉTRANGERS. Permis à un Génois d'affiner or et argent dans la ville de Paris, 70, A. 1403. — Exemption d'impôts en faveur des marchands Castillans trafiquant en France, 680, A. 1423.

ÉVÊQUES. Sous la première race, un ecclésiastique qui avait à s'en plaindre, pouvait porter un appel au synode métropolitain, 29 préf. — Ne pouvaient être ordonnés s'ils n'avaient été élus par le clergé et le peuple, 30 préf. — Mariés, devaient laisser quelque chose à l'église, 36 préf. — S'étaient déclarés inviolables, 40 préf. — Saisie de leur temporel pour le paiement des frais faits pour parvenir à l'union de l'église, 179, A. 1407. — Recours à eux en matière de censure, 189, A. 1408. V. *Saisie, Élections, Mariages, Monastères.*

EXCOMMUNICATION contre le roi et ses adhérens, 179, A. 1407. — Contre ceux qui se soustraient à l'obéissance du pape, 146, A. 1407. — Assemblée des notables au sujet d'une bulle d'excommunication, 184, A. 1408. — Contre le roi, les princes et le royaume : défense d'obéir aux bulles; les porteurs de ces bulles décrétés de prise de corps, 185, A. 1408. — Ne peut être prononcée pour dettes civiles, 808, à 1435. V. *Assemblées, Bulles, Conciles, Dettes, Rebellion, Pape.*

EXIL de la reine à Blois, 585 à 1417. V. *Reine.*

F

FÉODAL (Régime). Réception de l'hommage du nouveau duc de Bretagne, 79, A. 1403. — Hommage du duc de Bourgogne pour son duché, 83, A. 1404. — Lods et ventes payables par les acquéreurs d'héritages relevant immédiatement du roi, 147, A. 1407. V. *Foi et hommage, Travers.*

FÊTES ET DIMANCHES. Leur observation, 52, 59 et 62, préf.

FIEFS acquis par les non nobles et gens d'église, 181, A. 1408. — Les tenans fiefs doivent venir servir le roi en armes, 244, A. 1410. — Tenus de venir à Paris avec leurs vassaux, pour servir le roi, 412, A. 1413. — Les capitouls de Toulouse non nobles peuvent en acquérir, 629, A. 1419. Hommage, démembrement des fiefs nobles, 801, A. 1434. V. *Capitouls.*

FILLES PUBLIQUES. Édit concernant celles de Paris, 684, A. 1424. — Le roi les prend sous sa protection, 695, A. 1424.

FOI ET HOMMAGE du dauphin comme duc de Guienne, 14, A. 1401. V. *Régime féodal.*

FINANCES (Gouvernement des). Confié à quelques particuliers, 64, A. 1403. — (Officiers de). Leur nombre, leurs fonctions et leurs gages, 158, A. 1407. — Correction des abus dans cette partie, 219, A. 1409. — Abus et malversation commis dans leur administration, 219, not. — Suppression d'officiers, révocation de dons et assignations sur les finances, 277, A. 1412. — Trésoriers des guerres, 317, A. 1413. — Leur administration donnée au dauphin, 416, A. 1414. — Leur gouvernement confié au connétable d'Armagnac, 427, A. 1415. — Leur administration, 645, A. 1420. — Défenses de sceller les lettres de don de finances, 698, A. 1423. — Généraux-conseillers et juges souverains des aides et autres subsides, institués en Languedoc, 851, A. 1437. V. *Abus, Aides.*

FORTIFICATIONS. Le prévôt de Paris tenu de faire fortifier cette ville, et de contraindre tous les habitans à participer à cette dépense, 58, A. 1417. — La ville de Niort peut lever des impôts pour les siennes, 615, A. 1417. — Le prévôt des marchands et les échevins de Paris ont la garde et la disposition de celles de la ville, 655, A. 1420.

FRONTIÈRES (Places). Le roi les réunit à son domaine, en vertu de sa prérogative, mais avec indemnité, 144, A. 1407.

FRUITS. Vente de noix, pommes et autres fruits; règlement sur les mesureurs, 515, A. 1415.

G

Gabelles. V. *Aides.*

Garnisus. Cette dénomination équivaut à celle de garnisaire, 384, A. 1413.

Gaulois, conservent leurs droits politiques sous la conquête, 5, préf. — Gens-d'armes. V. *Armées.*

Gouvernement (Conseil de). Sa composition et sa compétence pour décider les affaires, en cas d'absence du roi, 49, A. 1403. — De fait, ses chanceliers, 665. — Légitime, ses chanceliers, *ibid.* — De fait, confirmation de ses actes; les sentences rendues par les juges du parti du roi d'Angleterre, doivent être exécutées, 844, A. 1435. V. *Jugemens, Angleterre, Lieutenant général.*

Grace (Lettres de). Le chancelier a droit d'en accorder en conseil, 14, A. 1401. — Les seigneurs et les grands officiers du royaume s'arrogeaient anciennement le droit d'en accorder.

— Cette faculté leur a été interdite.
— Des légats et des évêques se crurent autorisés à faire grace. — Ces délégations n'étaient point reconnues par le parlement. — Ce droit est le plus essentiel de la souveraineté, *ibid.*, not. Législation sur cet objet, 15, *not.* — Les lettres de grace doivent être vérifiées, avant de recevoir leur exécution, 240, A. 1410.

Grains et farine. Fixation de leur prix, 654, A. 1420.

Graisses (Courtiers de), 520, A. 1415.

Greffiers. Leurs devoirs, 303, A. 1409. V. *Sermens.*

Guerre projetée contre le roi d'Angleterre; lit de justice à cet effet, 226, A. 1409. — Mesure pour continuer celle contre les Anglais, 266, A. 1412. — Résolution de leur livrer bataille, 426, A. 1415. V. *Lit de justice.*

Guienne (le duc de), mis sous la surintendance du duc de Bourgogne, 229.

H

Halles de Paris. Correction des abus qui s'y sont introduits; observation des anciens réglemens, 181, A. 1408.

Hérésies. Doctrine de Wicleff condamnée par le concile de Constance, 420, A. 1415. — Précis de cette doctrine, *ibid.*, not. V. *Wicleff.*

Hérétiques. Le clergé a droit d'informer contre eux et de les punir corporellement, 425, A. 1415.

Hôteliers. V. *Police.*

Houssines. Les ecclésiastiques, même

simples tonsurés, ne peuvent l'être, 728, A. 1425. V. *Ecclésiastiques.*

Hypothèques. Les habitans de Tournay ne peuvent créer de nouvelles rentes sur leurs maisons; ils peuvent racheter les anciennes, 244, A. 1410. — Sur les maisons vacantes ou en ruines; privilège des bourgeois de Paris à cet égard, 686, A. 1424. — Dispositions de celles qui existent sur les maisons de Paris, en ruines ou inhabitées, 777, A. 1431.

I

Idolatrie. Mesure pour en abolir les restes, 59, préf.

Impôts. Existaient sous la première race, 8, préf. — Les biens des églises n'en étaient pas exempts, 11, préf. — Étaient établis par les lois romaines; ils étaient généraux, *ibid.* — Les officiers du château et de la basse-cour du Louvre en sont

exempts, 19, A. 1402. — Levée d'une aide pour la guerre, 79, A. 1403. — Les nobles en sont exempts ainsi que les ecclésiastiques et les pauvres mendians, *ibid.* — Les officiers et sujets demeurant au palais royal à Paris, exempts de tailles, d'aides, etc. 83, A. 1404. — Levés en Languedoc en proportion du nombre de feux, 95, A. 1404. — Nouvelle taxe imposée sous prétexte de faire la guerre aux Anglais, 103, A. 1405.—Etablissement d'une aide applicable à la réparation des chaussées de Paris, 136, A. 1407.—Celui d'un demi-dixième imposé pour l'union de l'église est payable par les ecclésiastiques, par saisie du temporel, 157, A. 1407; 176, A. 1407. — Second demi-douzième, imposé aux ecclésiastiques, pour fournir aux frais nécessaires pour parvenir à l'union de l'église, 189, A. 1408. — Les receveurs du demi-dixième imposé au clergé tenus de rendre compte des sommes qu'ils ont reçues, ibid. — Pour la guerre contre les princes, levée d'un dixième sur le clergé, 263, A. 1411. — Sur le clergé, 427, A. 1415. — Etablissement d'un droit nouveau sur le vin, 606, A. 1418. — Suspension de la levée d'une aide imposée sans la participation des états de Languedoc, 739, A. 1427. — Ne peuvent être frappés sur la nation sans le consentement de ses députés, 739, not. — La ville d'Orléans en est exemptée pendant le règne de Charles VII, 760, A. 1429. — Les habitans de Mehun-sur-Eure en sont affranchis moyennant finances, 762, A. 1430. — Les peintres et vitriers en sont exempts, 763, A. 1430.—Manière de lever et de gouverner les aides, du contentement des trois états, 834, A. 1433. V. *Aides, Clergé, Saisie, Eglises.*

INDIGÉNAT V. *Bénéfices.*

INDULT. Moyen d'être pourvu de bénéfices ecclésiastiques sans recourir au pape, 418, not. — Accordé aux officiers du parlement, 418, A. 1415.

INSTRUCTION criminelle. Information sur le meurtre du duc d'Orléans, et assignation de jour pour faire punir, 153, A. 1407. — Commissaires nommés pour informer sur l'assassinat du duc de Bourgogne, 616, A. 1419. V. *Lit de justice.* — Publique. V. *Ecole.*

INSURRECTION. Manifeste des princes confédérés pour justifier leur prise d'armes, 219, A. 1410. — Le roi demande du secours pour le délivrer de l'oppression où il est tenu par le peuple de Paris, 395, A. 1413. — Annullation de tout ce qui s'est passé pendant celle de Paris, 400, A. 1413. V. *Rebellion.*

J

JAUGEURS de vins. Leur institution, 454, A. 1415.

JOURS (grands). Le duc d'Orléans peut en établir pour son comté de Vertus, 59, A. 1403.

JUGEMENT. Ses formes, 60, préf. — Mode d'exécution, 209, A. 1409. V. *Arrêts criminels, Gouvernement.*

JUGES. Leur responsabilité, 60, préf.

JUSTICE (Officiers de). Leur nombre, leurs fonctions et leurs gages, 158, A. 1407. — Son administration, 535, A. 1415. — Son administration en Dauphiné, 616, A. 1419; 671, A. 1422. — Le prévôt de Paris a juridiction sur tous les malfaiteurs du royaume, 861, A. 1437. — C'est à peu près le même pouvoir qu'ont aujourd'hui les juges d'instruction, ibid., not.

L

LÉGISLATION criminelle, 42, préf. V. *Blasphémateurs.*

LÉGITIMATION d'une fille naturelle de Charles VI, 741, A. 1427. V. *Etat civil.*

LÉGUMES. Mesureurs d'oignons, 513, A. 1415.

LÉPREUX. Doivent porter une marque sur leurs habits, 176, A. 1407.

LEVÉE EN MASSE. Appel aux gens de toute classe de se rendre auprès du roi pour le défendre contre ceux qui avaient entrepris de le détrôner, 257, A. 1411.

LIBERTÉ DE PENSER. Défense de soutenir qu'il appartienne à aucun vassal ou sujet, d'écrire sans commandement du juge compétent, 558, A.

DES MATIÈRES.   875

1416. — PERSONNELLE. Les habitans d'Issoudun dégagés de tout lien de servitude et restitués à toute ingénuité et naturalité, 682, A. 1425. — De l'église ; les ordonnances et arrêts pour les assurer sont revoqués, 793, A. 1432. — Le procureur général et les gens du roi s'opposent à cette mesure, ibid., not. — Pourvoi aux prélatures et aux bénéfices, suivant les lois canoniques, sans égard aux réserves et aux grâces expectatives, 126, A. 1406. V. Églises.

LINAIRES. Le commerce en est interdit à tous fripiers, merciers, pelletiers et autres vendeurs de denrées, 253, A. 1411.

LIEUTENANT GÉNÉRAL du royaume. Le dauphin établi comme tel. — Annullation de toute autre lieutenance générale, 584, A. 1417. V. Gouvernement.

LIT DE JUSTICE pour entendre la justification du duc d'Orléans et l'acte d'accusation contre le duc de Bourgogne, 188, A. 1408. — Arrêt sur les lits de justice, 596, A. 1418. — C'est un empiètement sur l'indépendance du parlement, ibid. V. Guerre, Instruction criminelle.

LOIS des Romains-Gaulois, 1, préf. — romaines, confirmées par Clovis, 2, préf. Par Thierry, par Charles le chauve, 3, préf. — Les Gaulois, quant à l'ordre civil, étaient régis par le Code Théodosien, 6, préf. — Observations sur leur constitution, 60, préf. — Personnelles, ibid. — Recours au prince contre leur violation, ibid.

M

MAGISTRATURES. Sous les Mérovingiens n'étaient point patrimoniales, elles appartenaient aux comtes ou aux magistrats inférieurs, 15, préf.

MAITRES des requêtes. Juridiction de ceux de l'hôtel sur les valets d'écurie du roi, 124, A. 1406. — Leur institution, 603, A. 1418.

MAJORITÉ des rois de France fixée à quatorze ans, 53, not.

MALADRERIES. Le prévôt de Paris tenu de visiter celles des lépreux qui sont dans sa juridiction, et d'y faire observer les réglemens, 85, A. 1404.

MANIFESTE du duc de Bourgogne contre les Armagnacs, 580, A. 1417. — Il promet de maintenir le peuple dans ses anciennes franchises, et d'empêcher qu'il ne paie aucune taille ou impôt ; il procédera par voie de feu et de sang contre les opposans, ibid., not. V. Bourgogne.

MARCHES et foires. Les gens des comptes et les trésoriers de Paris décident s'il y a lieu d'accorder une foire aux habitans d'une ville, 410, A. 1415. — Ordre de porter aux marchés tous grains, farines et denrées, 623, A. 1419.

MARÉCHAUX de France. Leur juridiction sur les archers et les canonniers, 251, A. 1411. V. Armée.

MARÉE. Vente de poissons d'eau douce, 511, A. 1415.

MARIAGES prohibés entre les Romains et les Visigoths, 25, préf. — Entre beau-frère et belle-sœur, beau-fils et belle-mère, 52, préf. — Liberté des mariages, 60, préf. — Promesse d'un triple mariage entre les enfans du roi et ceux du duc de Bourgogne, 59, A. 1403. V. Évêques, État civil.

MARQUES (Lettres de), abolies, 420, A. 1415.

MÉDECINE. On ne peut l'exercer à moins d'avoir subi des examens préalables, 85, A. 1404.

MÉNÉTRIERS (Communauté des). Ses statuts, 157, A. 1407.

MERCIERS de Paris, leurs statuts, 179, A. 1407.

MÉTIERS (Corps de). Les jurys de la maçonnerie et de la charpenterie à Paris nomment aux offices vacans parmi eux, 97, A. 1404.

MILITAIRES. Ordres à ceux qui tiennent des villes, châteaux ou forteresses, d'en sortir, 396, A. 1415. — Défense aux princes du sang d'en assembler, 410, A. 1415. — Toutes poursuites sont suspendues contre eux pendant le cours de la campagne, 662, not. V. Armées.

MINES (Statut sur les), 386, A. 1415. — Observations sur leur domaine, ibid. not.

MINISTÈRE PUBLIC. Ses officiers jouissent des privilèges et des prérogatives des cours de justice, 575, A. 1416.

MINORITÉ. La reine, quoique mineure,

autorisée à donner quittance de sa dot, 1, A. 1401.—Du roi, ne l'empêche pas d'user de tous les droits de la royauté sans régence.—Manière dont le royaume doit être alors gouverné.—Garde des enfans de France pendant leur minorité, 55, A. 1403. V. *Reine*, *Régence*.

MISE HORS LA LOI. Permis de courir sus à soixante-dix personnes ou environ désignées comme rebelles, 574, A. 1416. V. *Rebellion*.

MONARCHIE des Francs, plutôt établie par soumission que par voie de conquête, 3, préf.

MONASTÈRES. Ne pouvaient être établis sans le consentement des évêques, 36, préf. V. *Evêques*.

MONNAIES (Clerc des), nommé sur la résignation de son père, 95, A. 1404.— Fabrication autorisée à Besançon, 124, A. 1406.— Ordonnances anciennes à ce sujet renouvellées; fixation du prix des espèces d'or et d'argent, 179, A. 1407.—Les changeurs peuvent acheter et vendre les espèces courantes à un prix plus fort que celui fixé par les ordonnances, 136, A. 1407.— Règlement sur les monnaies, 297, A. 1413.— Hôtel des monnaies établi à Lyon, 427, A. 1415.— Règlement sur le cours des monnaies, 582, A. 1415. — Mesures pour établir l'uniformité des espèces d'or et d'argent, 615, A. 1419.— Le marc d'argent porté à 18 livres tournois, 629, A. 1420. — Proscription de l'usage des monnaies décriées. — Règlement du prix de celles qui doivent avoir cours.—Défense de transporter hors du royaume les matières d'or et d'argent, 645, A. 1420.— Monnaie mise en cours quoique défectueuse, 649, A. 1420. —Mutation dans les espèces, mode de paiement à ce sujet, 654, A. 1421; 655, A. 1421.— Le roi d'Angleterre décrie celles qui ont été fabriquées hors des villes de son obéissance, 680, A. 1422. — Leur réformation cesse en Poitou, 750, A. 1426.— Abus dans la fabrication et le cours des monnaies, *ibid.*, not.— Ne peuvent avoir cours dans le royaume sans l'autorité du roi, 762, A. 1430.— La chambre des monnaies fermée et scellée ainsi que son greffe jusqu'à nouvel ordre, 847, A. 1436.—Cour des monnaies rétablie, 850, A. 1436. V. *Angleterre*, *Système monétaire*.

N

NAVIGATION INTÉRIEURE. Levée d'un subside sur les bâteaux pour l'entretien de la navigation de la Loire, 240, A. 1410. — Maîtres des ponts de Paris, 533, A. 1415.—Idem, du pont de Poissy, 536, A. 1415.—Id. du pont de Mante, 507, A. 1415.— Id. du pont de Vernon, 538, A. 1415. —Id. du pertuis de Combarbes, 539, A. 1415.—Id. du pertuis des Poses, 540, A. 1415. — Id. du pont de l'Arche, 541, A. 1415.—Id. du pont de Pontoise, 542, A. 1415.—Id. du pont de l'Ile Adam, 543, A. 1415. — Id. du pont de Beaumont-sur-Oise, 544, A. 1415. — Id. du pont de Creil, 546, A. 1415.— Id. du pont de Pons-Ste-Maxence, 547, A. 1415.—Id. du pont de Compiègne, 549, A. 1415.— Id. du pont de Corbeil, 550, A. 1415.— Id. du pont de Melun, 551, A. 1415.—Chableur établi à Montereau Faut-Yonne, 553, A. 1415.—Id. au pertuis d'Auferne, 554, A. 1415. — Id. à Pons-sur-Yonne, 555, A. 1415.—Id. du pont de Sens, 557, A. 1415.— Id. au pont de Villeneuve-le-Roi, 558, A. 1415. — Coutumes et constitutions des rivières, 563, A. 1415. — Abolition des péages sur la Loire et ses affluens, 760, A. 1430.

NOBLES. V. *Vassaux*, *Vagabondage*.

NOBLESSE. N'existait point sous la première race, 44, préf.— Réformation de celle de Bretagne, 739, A. 1426. — Conférée à la pucelle d'Orléans et à sa famille, 758, A. 1429. — Etablissement de ses libertés en Dauphiné, 801, A. 1434. V. *Pucelle*.

NOM. Permis à un particulier d'en changer, 662, A. 1422.

NOTABLES. V. *Assemblées*.

NOTAIRES. Leur nombre réduit à 60, 124, A. 1406. — Leurs protocoles appartiennent à leurs héritiers, le gataires ou donataires, 167, A. 1407; 228, A. 1409. — Ceux du châtelet ont le prévôt pour gardien et juge dans toutes les affaires, 251, A. 1411. — Ils doivent garder les registres de leurs actes, et les transmettre à leurs successeurs, 855, A. 1437. V. *Sermens.*

O

OFFICIERS, exerçant à la mort de Charles VI, confirmés par le régent au nom du roi d'Angleterre, 666, A. 1422. — Cette mesure fut depuis sanctionnée par le même roi, 669, A. 1422. — Serviteurs des hôtels du roi et de la famille royale; leurs priviléges de juridiction et autres confirmés, 698, A. 1425.

ORDRES MILITAIRES des chevaliers de la Genette, 263, A. 1411. — Institué par Charles-Martel, demeure en considération jusqu'au règne de Saint-Louis, *ibid.*, not. — Institution de celui de la Toison-d'Or, 763, A. 1430. — RELIGIEUX ET MILITAIRES. Les biens de celui de St-Jean de Jérusalem situés en France, affranchis de l'impôt établi sur le clergé pour l'union de l'église, 135, A. 1406. — RELIGIEUX. Leurs membres ne peuvent, sous prétexte de priviléges accordés par le pape, ajourner dans les causes réelles, devant les juges conservateurs de ces priviléges, 150, A. 1407. — Les religieux mendians ne peuvent administrer les sacremens que conformément aux saints canons, 228, A. 1409. — Ils ne peuvent posséder dans le royaume d'autres bénéfices que des évêchés, archevêchés, 412, A. 1413. V. *Ajournemens, Toison.*

P

PAIRS. Le duc de Bourgogne prête hommage en la double qualité de pair et de doyen des pairs, 83, A. 1404. — Le même duc prête serment en qualité de pair au parlement, 148, A. 1407. — Ils sont créés pour défendre la couronne, comme les électeurs pour le soutien de l'empire, 250, A. 1410. — Ce qui s'est passé dans leur assemblée sur la réconciliation des ducs d'Orléans et de Bourgogne, 266, A. 1412. V. *Comtés.*

PAIRS. La baronnie de Coucy et le comté de Soissons possédés en pairie par le duc d'Orléans, 83, A. 1404. — Nemours érigé en duché pairie en faveur du roi de Navarre, 85, A. 1404. — Le comté d'Alençon érigé en la même qualité, 418, A. 1414. — Celle du duché de Bourgogne et du comté de Bourgogne délivrée au duc de Bourgogne, 629, A. 1420.

PAIX. Défense de la troubler même par propos séditieux, 408, A. 1413.

PAPE. Le roi prie les cardinaux de l'obédience romaine de suspendre le choix d'un nouveau pape, jusqu'à l'arrivée de ses ambassadeurs, 91, A. 331. — Le roi, l'église et le peuple remis sous l'obédience de Benoît XIII, 65, A. 1403. — Restitution à son obédience; suppression des choses contraires à ses droits, 85, A. 1404. — Permis de publier ses bulles d'indulgence à ceux qui assisteraient l'empereur de Constantinople contre les Turcs, révoqué, 108, A. 1406. — Les mesures prises par suite de la restitution à son obédience doivent être exécutées, nonobstant les bulles contraires, 109, A. 1406. — Soustraction à son obédience; défense de la désapprouver; tout ce qui a été fait durant cette soustraction doit être exécuté sans égard aux censures de Rome, 125, A. 1406. — Ordre de faire cesser les exactions commises sur le clergé par ses officiers, 130, A. 1406. — Déclare qu'on ne doit pas étendre en France les fins de l'excommunication, sans ordre spécial, 134, A. 1406. — Élection de ses officiers, 135, A. 1406. — Le roi fixe un terme pour la nomination d'un pape, unanimement reconnu, après lequel il prendra le parti de la neutralité, 148, A. 1407. — Le roi veut se soustraire à l'obédience de Benoît XIII, s'il ne donne sa démiss'on dans un terme fixe, 172, A. 1407. — Ses agens conduits dans Paris, et échaudés publiquement, 185, A. 1408. — Comme il n'y en a pas qui soit unanimement reconnu, le roi se déclare neutre. Procès à faire aux fauteurs de Benoît XIII, 215, A. 1409. — Jean XXIII déclaré hérétique par le concile de Constance, 420, A. 1415. — Ne peut être élu sans le consentement du concile, 422, A. 1415. — Benoît XIII privé de la papauté, 584, A. 1417. — Mode d'élection du pape déterminé par le concile de Constance, *ibid*. — Adjonction aux cardinaux de deux archevêques, des évêques et des abbés pour l'élection du pape, 588, A. 1417. — Lettres de Martin V à Charles VII sur la mort du roi son père, 684, A. 1423. V. *Annates, Excommunication, Bulle, Bénéfices, Bénéficiers, Clergé, Schisme, Conciles*.

Paris. Privilèges de ses habitans confirmés, 215, A. 1409. — Approbation de tout ce qui a été fait par ses habitans contre les ducs d'Orléans et de Berry, 260, A. 1411. V. *Abolition*.

Parlement. N'est pas tenu d'obtempérer aux ordres verbaux du roi, sur l'élargissement des prisonniers, 16, A. 1402. — Renvoi lui est fait des affaires du duc de Bourgogne dans lesquelles son procureur se sera constitué partie, 91, A. 1404. — Révocation des dons de gages à vie à ses officiers ayant moins de vingt ans d'exercice, 107, A. 1405. — Les présidens peuvent contraindre les conseillers par suspension de leur office, à faire leur devoir, 108, A. 1405. — Peut seul connoître par appel des jugemens rendus par les prévôts et jurés de Tournay, 124, A. 1406. — Président provisoire nommé par le roi, 151, A. 1407. — Ses présidens et autres gens sont élus par lui en présence du chancelier, 181, A. 1408. — Tenu de faire lire et publier des lettres dont il avait fait différer la lecture et la publication, 184, A. 1408. — Tenu, ainsi que le chancelier, de pourvoir aux affaires et à la tranquillité de Paris, pendant l'absence du roi, 189, A. 1408. — Ses officiers qui ont des gages à vie en jouissent, s'ils ont vingt ans de service, 199, A. 1408. — Provisions

delivrées aux élus aux offices vacans, 227, A. 1409. — Ses officiers exempts du service militaire de l'arrière-ban, 265, A. 1412. — Son organisation, 328, V. 1413. — Autorisé à s'assembler pour délibérer sur les bénéfices électifs du royaume, 400, A. 1415. — Sa délibération pour nommer ses représentans au concile de Constance, 418, A. 1414. — Ses présidens sont chargés de veiller à la sûreté de la ville, 426, A. 1415. — Ses représentations sur le gouvernement du royaume, 427, A. 1415. — Présidé par l'empereur d'Allemagne, 577, A. 1415. — Nouvelle institution de ses membres, 603, A. 1418. — N'étaient point encore inamovibles, 606, not. — Établi à Poitiers, 606, A. 1418. — De Paris, refuse de reconnaître la qualité de régent au dauphin, 613, A. 1418. — Continuation de tous arrêts rendus par la cour de Poitiers pendant les troubles, 615, A. 1419. — Dans les cas des dernières divisions, les affaires sont évoquées au parlement de Paris, *ibid*. — Établi à Toulouse, 620, A. 1419. — Le règlement sur l'élection de ses membres cesse à partir du traité de Troyes, 642, not. — Chargé de faire démolir ou fortifier les places du Poitou, 645, A. 1420. — Demande provision en bénéfice, attendu la pauvreté de ses membres et la petitesse de leurs gages, 645, A. 1420. — De Toulouse, sa nouvelle institution, 654, A. 1420. — Le même parlement peut juger en matière criminelle au nombre de cinq membres seulement, 655, A. 1421. — Le même autorisé à procéder par élection à la nomination de cinq conseillers, 655, A. 1421. — Les conseillers tenus de prendre de nouvelles lettres après la mort du roi, 671, A. 1422. — Réunion de celui de Languedoc à celui de Paris, 749, A. 1428. — Établi à Toulouse en 1302, supprimé quelque temps après, recréé le 20 mars 1420, transféré à Poitiers en 1425, *ibid*., not. — Prorogation de sa rentrée, 763, A. 1430. — Sa prestation de serment de fidélité au roi d'Angleterre, 771, A. 1431. — Formule de ce serment, *ibid*., not. — Clôture des chambres et greffes, jusqu'à nouvel ordre, 847, A. 1436. — Séant à Poitiers rétabli à Paris, 848, A.

1436; 859, 1356. — Définitivement établi en Languedoc, 850, A. 1437. — Les élections y sont abolies; le roi se réserve l'institution directe, 860, A. 1437. V. *Pension, Université, Conflit, Bourgogne, Pape.*

Pots ou guesdes (Mesureurs de). Règlement à leur égard, 517, A. 1415.

Pâturage. Les bestiaux étrangers libres de venir paître dans le Gévaudan et le Velay, sans être sujets aux droits de marque et de représaille, 185. A. 1408.

Pavés. Transport et vente à Paris des carreaux de grès, 510, A. 1415.

Péages. Titres et qualités de ceux du Dauphiné; manière d'en jouir, 97, A. 1404. — (droits de). Les officiers ordinaires du roi en sont seuls exempts, 244, A. 1410. — Droit seigneurial qui se prend sur le bétail ou marchandises passant, pour entretenir les ponts, ports ou passages, 566, not. V. *Coutume, Pontage.*

Pensions des officiers du roi, 220, A. 1409. V. *Parlement.*

Perches et échalas. Qualités qu'ils doivent avoir pour être livrées au commerce, 506, A. 1415.

Places-fortes. Le gouvernement en est confié au connétable d'Armagnac, 427, A. 1415.

Plâtre et moiron. Leur transport et vente à Paris, 508, A. 1415.

Police générale. Décret pour assurer la tranquillité publique, 56, préf. — Acte pour le maintien de la paix publique, 58, préf. — Défense d'entrer en armes dans Paris sans ordre du roi, 152, A. 1407. — Ordonnance dite Cabochienne, rendue en conséquence de l'assemblée des notables, 283, A. 1413. — Le roi fait déchirer cette ordonnance, qui contient quelques règlemens utiles, ibid., not. — Ordre de ne laisser passer par aucun endroit au eau seigneurs, ni gens d'armes, de rompre les ponts, de détruire les bacs pour empêcher de venir à Paris, ou dans tout autre endroit où le roi serait, 426, A. 1415. V. *Municipale.* — Défense de jeter des ordures dans la Seine, dont le lit sera nettoyé aux dépens de ceux qui en auront jeté, 95, A. 1404. — Les hôteliers et habitans de Paris doivent chaque jour faire savoir au prévôt le nom des personnes qui logent chez eux, auxquelles ils auront loué, 152, A. 1407. — Dispositions pour la sûreté et la tranquillité de Paris, 186, A. 1408. — En cas de péril et de guerre les consuls de Montpellier élisent quatre députés pour veiller à la garde et à la défense de la ville, 263, A. 1411. — Surveillance des ports et marchés de Paris, 427, A. 1415. — Commerce de vins à Paris, 438, A. 1415. — Vente de blés, farines et grains à Paris, 430, A. 1415. Ordonnances générales, 522, A. 1415. — Le prévôt de Paris tenu de faire abattre la grande boucherie, 574, A. 1416. — A cause des rassemblemens qui s'y formaient, *ibid.*, not. — Les chaines de Paris remises entre les mains du prévôt des marchands et des échevins, 574, A. 1416. — *rurale.* Défense d'enlever les grains et autres fruits avant le lever et après le coucher du soleil, 92, A. 1404. V. *Hôteliers, Assemblées, Prévôt.*

Pontage. Droit que le seigneur prend sur les marchandises passant sur les ponts, 566, A. 1415. V. *Péages.*

Pontonniers. Du port au vin en grève, leur établissement, 475, A. 1416.

Population. Dénombrement des habitans de Paris, 427, A. 1415.

Port-d'armes. Accordé aux marchands de vin de Paris, 250, A. 1410. — Permis aux huissiers de salle du roi, comme aux nobles, 251, A. 1411.

Possesseurs. Par violence ou clandestinité; provision contre eux, 212, A. 1409.

Prédications séditieuses. Informations à cet égard, 179, A. 1407. V. *Doctrines.*

Prescription. De cinquante ans autrefois établie chez les Gaulois, 25, préf. — De trente ans, 60, préf.

Président (premier). Henri de Marle succède à messire de Popincourt, 57, A. 1403.

Prévôt de Paris. Sa juridiction sur tous les malfaiteurs du royaume, 1, A. 1401. — Tenu de faire lire et publier des lettres dont il avait fait différer la lecture et la publication, 184, A. 1408. — Enquête sur tout ce qui est relatif à sa juridiction, 267, A. 1412. — Sa juridiction, 421, A. 1415; — et 426, A. 1415. — Juge sommairement les affaires relatives à la vente du poisson, 644, A. 1420. V. *Postes générales.*

Prévôté des marchands de Paris. Le garde jouit des droits et revenus qui appartenaient à la ville avant la mise de la prevôté en la main du roi, 97, A. 1405. — Rétablie, 271, A. 1411.

Princes du sang. V. *Armée*

Prises (droit de). Suspendu dans le royaume pendant quatre ans, 147, A. 1407. — Lettres de marques accordées à l'archevêque de Pergame contre les sujets du roi d'Arragon, 240, A. 1410. — Suspendu, 266, A. 1412.

Prisonniers. Ne peuvent être élargis sans représentation de lettres patentes, 230, A. 1410.

Privilèges. Les donataires évincés des biens qui leur ont été donnés par le roi, peuvent les retenir jusqu'au remboursement des réparations qu'ils y ont faites, 748, A. 1488. V. *Universités.*

Procédure en Dauphiné, 616, A. 1418.

Procès en état. Manière de les juger dans l'intervalle de l'ancien au nouveau parlement, 99, A. 1403. — Instruction et jugement, 206, A. 1409. — Ordre de pourvoir a leur abregement dans le Dauphiné, 667, A. 1422.

Procureurs. Mesure pour en diminuer le nombre, 71, A. 1403. — Au Châtelet, ne peuvent se présenter en justice pour des parties qui n'ont pas obtenu l'autorisation de plaider par procureur, 151, A. 1407. — Tenus de remplir leurs fonctions dans les affaires de Jeanne de Boulogne, 264, A. 1411. V. *Serment.*

Proscription. Désignation des cinq cents bannis, partisans du duc de Bourgogne, 423, A. 1415.

Pucelle d'Orléans. Condamnée par une commission d'inquisition à être brûlée vive, comme hérétique, 764, A. 1431. — Détails de son procès et de son exécution, *ibid.,* not. V. *Arrêts, Commissions, Tribunaux, Noblesse.*

R

Raisin et verjus. Ne peuvent être vendus qu'autant que le vendeur prouve qu'ils proviennent de son héritage, 85, A. 1404.

Rapporteurs. Les seuls officiers salariés par la couronne peuvent l'être des affaires domaniales et criminelles, dans la sénéchaussée de Toulouse, 150, A. 1407. V. *Arrêts.*

Rebellion. Les ducs d'Orléans et de Bourgogne et autres déclarés rebelles pour avoir levé des troupes et pris les armes sans permission, 257, A. 1411. — Les seigneurs qui assemblent des troupes pour soutenir leur rebellion, sont excommuniés, 260, A. 1411. — Le roi défend de donner retraite au duc de Bourgogne, 410, A. 1413. — Les habitans de Paris sont payés de leurs avances sur les biens confisqués des rebelles, 412, A. 1413. — Les sujets fidèles relevés de leurs dettes envers les sujets rebelles; biens des rebelles attribués à leurs parens fidèles, par droit de présuccession, 753, A. 1429. V. *Bourgogne, Excommunication, Insurrection, Mise hors la loi.*

Récompense nationale. Pension de 600 livres accordée à La Hire, pour services rendus à l'état, 763, A. 1431.

Réformation (commission de), instituée, 628, A. 1419.

Régence de la reine pendant la maladie du roi, ne fut d'abord que nominale, 57, not. — La reine peut concilier les différends entre les princes, et congédier leurs gens de guerre, 101, A. 1405. — Du dauphin, pendant la maladie du roi, 157, A. 1407. — De la reine et du dauphin, 188, A. 1408. — Du dauphin, dans le cas où ni le roi, ni la reine, ne pourront vaquer aux affaires, 192, A. 1408. — La reine est confirmée dans son autorité sur les affaires du gouvernement, 221, A. 1409. — Pouvoir donné au dauphin de gouverner avec un conseil, 225, A. 1409. — Du dauphin, 282, A. 1412; 420, A. 1415. — De la reine, 570. — La reine annonce qu'elle va prendre le gouvernement. — Elle invite les bonnes villes à se ranger du parti du duc de Bourgogne. — Elle défend de payer des impôts à d'autres, 590, A. 1417. — Elle donne pouvoir d'abolir les impôts ayant cours, *ibid.*

institue les cours du parlement et des comptes de Paris, en institue de nouvelles à Troyes, *ibid.*, not.— Du dauphin, il prend le titre de régent de sa propre autorité, 607, A. 1418. V. *Minorité, Reine, Dauphin.*

REINE (la). Conciliatrice entre les princes, 253, A. 1411. V. *Angleterre, Exil, Minorité, Régence.*

RELIGION CATHOLIQUE. Depuis longtemps dominante avant Clovis, 4, préf.

REMONTRANCES au roi, sur les abus introduits dans le gouvernement, 279, A. 1412. V. *Assemblée des notables.*

RENTES. Défense aux propriétaires des maisons de les charger de nouvelles rentes, 220, A. 1409. —Constituées sur les maisons et héritages à Paris, 690, A. 1424. — Rachat desdites rentes, 742, A. 1428.

REPRÉSAILLES (Lettres de) abolies, 420, A. 1415.

REPRÉSENTATION (Droit de), en ligne collatérale, 52, préf.

REQUÊTES de l'hôtel (Cour des), rétablie, 850, A. 1436. — Du palais, rétablie, *ibid.*

RETRAIT d'anciennes rentes peut être exercé dans les mains des cessionnaires, 220, A. 1409.

S

SACRE de Charles VII, 719, A. 1429. V. *Charles VII.*

SAISIE du temporel des ecclésiastiques qui ne sont pas venus à une assemblée indiquée par le roi, 148, A. 1407. V. *Ecclésiastiques, Impôts.*

SCEAU. Son émolument par rapport aux lettres criminelles distribué entre tous les notaires lais du roi, 124, A. 1406. — Les officiers ordinaires du roi seuls exempts du droit du sceau, 244, A. 1410.

SCHISME. Ses principaux événemens, 65, not. — Permis aux sujets du roi de se rendre en Italie pour aider à l'extirper, 97, A. 1405. — Défense de désapprouver les voies de cession et de renonciation au souverain pontificat, pour le faire cesser, 125, A. 1406. — Le roi continue à prendre des mesures pour son extinction, 172, A. 1407. — Mesures pour arriver à la réunion de l'église grecque, 802, A. 1434. V. *Conciles, Pape.*

SÉDUCTION (Rapt de), 52, préf.

SEL (Marchands de), à Paris, 488, A. 1415. — Mesureurs, 490, A. 1415. —Hénouars porteurs de sel, 494, A. 1415.— Courtiers, 502, A. 1415.

SERGENS, non reçus avant information préalable sur leur capacité, astraints à un cautionnement, 45, A. 1402. — D'armes, justiciables des juges ordinaires et non du connétable, 100, A. 1405.—Leurs causes personnelles, civiles et criminelles, sont du ressort du connétable, 109, A. 1406. — Confirmation de leurs privilèges, 249, A. 1410. — A verge du châtelet, peuvent élire parmi eux des personnes à charger du soin de leurs affaires communes, 97, A. 1405. — Peuvent, s'ils en ont le droit, exploiter seuls dans la ville, faubourgs et banlieue de Paris, 115, A. 1406. — A cheval. Règlement pour ceux du Châtelet de Paris, 116, A. 1407. —De la marchandise et du parloüer bourgeois, 529, A. 1415. V. *Châtelet, Connétable.*

SERMENT Formule de celui qui était imposé aux ducs et aux comtes, dépositaires de la puissance royale, 45, préf. — De fidélité à prêter au roi sur la reconnaissance de son fils aîné pour lui succéder après sa mort, 51, A. 1405. — Pareille mesure n'avait pas eu lieu depuis Louis VIII, 51, not. — Des conseillers. — Des auditeurs des comptes. — Des greffiers. — Des avocats. — Des procureurs. — Des concierges. — Des notaires. — Des vassaux, 212, 213, 214, A. 1409. — Formule de celui à prêter au roi d'Angleterre, 642, A. 1420. — Renouvelé au roi d'Angleterre en sa qualité de prétendu roi de France, 757, A. 1429. V. *Notaires, Procureurs, Greffiers, Conseillers, Avocats, Auditeurs, Vassaux, Ducs, Comtes, Concierges.*

SERVICE militaire. Défense de s'enrôler pour servir quelque seigneur que ce soit, sans l'exprès commandement du roi, 409, A. 1413. — Les officiers des cours supérieures, les magistrats de la cour des comptes en sont exempts, 662, not. — La ville d'Orléans en est exemptée pendant la vie de Charles VII, 760, A. 1429. — Les peintres et vitriers en sont exempts, 763, A. 1430.

SORCIERS. Peines portées contre eux, 36, préf. V. *Devins*.

SPECTACLES. La confrérie de la Passion est autorisée à représenter les mystères, 42, A. 1402. — Corporations des comédiens, leurs statuts et leurs modifications successives, 42, not. V. *Comédiens*.

SUBSIDES. Permison d'arrêter les détenteurs de ceux perçus pour le secours de l'empereur de Constantinople contre les Turcs, 199, A. 1409.

SUBSISTANCES. Défense d'aller au-devant des vivres qu'on amène à Paris, 184, A. 1408. — Le prévôt de Paris tenu d'approvisionner cette ville, et de contraindre les habitants à participer à cette dépense, 580, A. 1417. V. *Vivres*.

SYSTÈME monétaire. Tous marchés ou contrats doivent être faits à sous-et à livres, 645, A. 1420. V. *Monnoies*.

T

TABELLIONNAGE. Il en est établi un par châtellenie, avec dépôt et registre des protocoles, 793, A. 1433. Ils ont été supprimés par les lois de 1791, et de 1803, 794, not.

TAXES. Suppression du droit de Hellebic qui se levait sur le poisson de mer vendu à Paris, 70, A. 1403.

TOISON D'OR. V. *Ordres militaires*.

TOURNOI. Joûtes ou faits d'armes défendus, 106, A. 1405.

TRAITEMENS (Privation de) contre ceux qui n'exerceront pas leur charge en personne, 607, A. 1418.

TRAITÉS entre le duc d'Orléans et le duc de Bourgogne, 103, A. 1405.— De commerce entre le roi d'Angleterre et le duc de Bourgogne, 154, A. 1406. — Entre le duc de Bourgogne et les enfans d'Orléans 194, A. 1408. — D'alliance entre le duc de Berry et le duc d'Orléans contre le duc de Bourgogne, 229, A. 1410. — Entre le duc de Bretagne et le duc de Bourgogne; mandement au parlement de le recevoir et de le faire exécuter, 249, A. 1410. — Entre les partis d'Orléans et de Bourgogne, 250, A. 1410. — De Bicêtre, plainte sur sa violation, 254, A. 1411. — D'alliance entre le duc d'Orléans et le roi d'Angleterre, 26, A. 1411. — Entre le roi d'Angleterre et les ducs de Berry, d'Orléans et de Bourbon, 265, A. 1412.—Entre les Bourguignons et les Orléanais, 265, A. 1412. — Le duc d'Orléans et sa famille sont remis par ce traité en possession des biens saisis sur eux, ibid. — De paix entre la maison d'Orléans et le duc de Bourgogne doit être observé, 266, A. 1412. — Entre la faction d'Orléans et celle de Bourgogne, 395, A. 1413. — Entre le roi et le dauphin d'une part, et le duc de Bourgogne de l'autre, 416, A. 1414. — De paix et d'alliance entre l'empereur Sigismond et le roi de France, 416, A. 1414. — De paix d'Arras, confirmé, 418, A. 1414. — Avec les commissaires du roi d'Arragon, 420, A. 1415. — Entre le dauphin et le duc de Bourgogne, confirmé, 606, A. 1418. — De réconciliation entre le dauphin et le duc de Bourgogne, 615, A. 1419. — Du Dauphin avec le duc de Bourgogne, 655, A. 1420. — De Troyes. Depuis ce traité, le chancelier fit mettre au-dessous des lettres qui s'expédiaient en chancellerie ces mots: *Par le roi, à la relation du roi d'Angleterre, héritier et régent du royaume*, 651, not. — D'Arras, entre le roi de France et le duc de Bourgogne, 810, A. 1435. — Confirmé par le concile de Basle, ratifié par le dauphin, 829 not. — Ratifié par le roi, 830, A. 1435. V. *Bourgogne*.

TRAVERS. Droit que prend le seigneur châtelain sur les denrées et marchandises que l'on conduit et traverse d'une province en une autre, 566, A. 1415. V. *Régime féodal*.

TRÉSOR. On ne peut faire de dons sur le trésor ni sur le domaine; révocation de ceux faits précédemment, 19, A. 1402. — Ceux faits aux officiers du domaine doivent avoir leur effet, 19, A. 1402. — Administration de ses revenus, 801, A. 1434. — Chambre du trésor et des monnaies à Paris, fermée jusqu'à nouvel ordre, ainsi que son greffe, 847, A. 1436. V. *Dons*, *Domaines*.

TRÉSORIERS. Il n'y en a plus que deux pour le gouvernement de la justice et des finances, 409, A. 1413.

TRÊVES entre le roi de France et le roi d'Angleterre, renouvelées, 69, A. 1405. — *Idem*, 428, A. 1413.

TRIBUNAUX. Administration de la justice du Dauphiné, 199, A. 1409. — Jugement en vacation des papes en état, 417, A. 1414. — Extraordinaires. Commission chargée de procéder contre les rebelles, révoquée, 607, A. 1418. — Commissaires nommés pour juger plusieurs causes importantes, depuis la cessation des juridictions qui se tenaient à Paris, 847, A. 1436. — D'inquisition condamne la Pucelle d'Orléans, 764, A. 1431. V. *Arrêts, Commissions, Pucelle*.

U

UNIVERSITÉS. D'Angers. Homologation de ses nouveaux statuts, 252, A. 1410. — Confirmation et extension de ses privilèges, 795, A. 1433. — De Montpellier, exempte d'impôts, obtient encore d'autres privilèges, 854, A. 1437. — De Paris, ses privilèges confirmés, 49, A. 1402. — Porte les premiers coups à la restitution d'obédience, 115, not. — Son recteur peut faire inventaire des biens des écoliers qui meurent *intestats*, 250, A. 1410. — Le parlement est seul compétent pour connaître de ses affaires, 264, A. 1412. — Ses membres ne peuvent être traduits en jugement hors des murs de la ville, 280, A. 1412. — Mesure pour la faire jouir des privilèges, 655, A. 1420. — Exempte de toutes tailles et impositions, 771, A. 1431. — Avait alors un grand pouvoir sur le peuple, *ibid.*, not. — Ses privilèges confirmés, 817, A. 1436. — Sa contribution volontaire au droit d'aides mis sur la ville de Paris, ne préjudicie point à ses privilèges, 851, A. 1437. — De Toulouse; dispositions en sa faveur, 851, A. 1437. — Établie à Poitiers, 782, A. 1431. V. *Privilèges, Assemblées, Parlement*.

USURE. Ne doit pas être confondue avec le prêt à intérêt qui est essentiellement variable, 46, not.

USURIERS. Commission instituée pour les rechercher et punir, 46, A. 1402.

V

VAGABONDAGE. (Répression du) Les nobles sont autorisés à s'assembler pour s'opposer aux excès commis par des compagnies de troupes sans aveu, 142, A. 1407. V. *Nobles*.

VASSAUX (Convocation itérative des) pour repousser l'invasion des Anglais, 424, A. 1415. — Le dauphin convoque les nobles, leur ordonne de se rendre en avant, sous peine de perdre leur noblesse, de voir leurs maisons rasées et leurs biens confisqués, 655, A. 1421. V. *Assemblées, Sermens*. V. *Nobles*.

VINS (Marchands de) à Paris. Règlement à leur égard, 445, A. 1416.

VISITEUR général des œuvres. Suppression de cet office, 409, A. 1413.

VIVRES. V. *Subsistances*.

VOIES DE FAIT. Les gens du duc de Berry condamnés pour avoir forcé de nuit un hôtel, 85, A. 1404.

W

WICLEFF. Exhumation de ses os, 420, A. 1415. V. *Hérésies*.

FIN DE LA TABLE DE LA QUATRIÈME LIVRAISON.

www.ingramcontent.com/pod-product-compliance
Lightning Source LLC
Chambersburg PA
CBHW072113220426
43664CB00013B/2108